LES ORGANISMES DE TITRISATION

Logiques Juridiques

Fondée par Gérard Marcou

Dirigée par Thomas Perroud

Le droit n'est pas seulement un savoir, il est d'abord un ensemble de rapports et pratiques que l'on rencontre dans presque toutes les formes de sociétés. C'est pourquoi il a toujours donné lieu à la fois à une littérature de juristes professionnels, produisant le savoir juridique, et à une littérature sur le droit, produite par des philosophes, des sociologues ou des économistes notamment.
Parce que le domaine du droit s'étend sans cesse et rend de plus en plus souvent nécessaire le recours au savoir juridique spécialisé, même dans des matières où il n'avait jadis qu'une importance secondaire, les ouvrages juridiques à caractère professionnel ou pédagogique dominent l'édition, et ils tendent à réduire la recherche en droit à sa seule dimension positive. À l'inverse de cette tendance, la collection « Logiques juridiques » des éditions L'Harmattan est ouverte à toutes les approches du droit. Tout en publiant aussi des ouvrages à vocation professionnelle ou pédagogique, elle se fixe avant tout pour but de contribuer à la publication et à la diffusion des recherches en droit, ainsi qu'au dialogue scientifique sur le droit. Comme son nom l'indique, elle se veut plurielle.

Dernières parutions

Christophe DELATTRE, *Le ministère public et la prévention des difficultés des entreprises*, 2025.
Alessio BELLI, *La citoyenneté sociale à la recherche d'un nouvel imaginaire normatif. L'héritage oublié*, 2025.
Ibrahima DIOR, *Le forum non conveniens et les injonctions anti-suit dans les arbitrages d'investissement des États africains*, 2025.
Laetitia DESMONS, *L'autonomie de l'ordre juridique de l'Union européenne sur la Cour de justice. Contribution à l'étude des fondements de la construction européenne*, 2025.
Boubacar EL IDE, *Influence du droit international des droits de l'homme sur le droit des investissements. L'économique au détriment du social ?* 2025.
Adolphe KUMBA SHINDANO, *Introduction au droit congolais de la santé*, 2025.

Brune-Laure Dugourd

LES ORGANISMES DE TITRISATION

Préface de Nicolas Borga

L'Harmattan

5-7, rue de l'École Polytechnique, 75005 Paris
http://www.editions-harmattan.fr
ISBN : 978-2-336-56088-5
EAN : 9782336560885

À ma famille

Remerciements

Mes plus sincères remerciements s'adressent tout d'abord à mon directeur de thèse, Monsieur le Professeur Nicolas Borga, pour avoir accepté de diriger ce travail et la confiance qu'il m'a témoignée. Sa disponibilité, ses conseils et son exigence furent particulièrement précieux.

Je remercie ensuite les Professeures Nadège Jullian, Pauline Pailler, ainsi que les Professeurs Thierry Bonneau et Régis Vabres qui m'ont fait l'honneur de lire et de juger mon travail.

Je tiens également à remercier Cécile, Rebecca, Chloé, Samir, Pablo, Simon, Marie et Antoine pour leur relecture bienveillante, leur patience face à ce sujet, leurs conseils et surtout pour le temps qu'ils m'ont accordé.

Mes remerciements vont aussi à mes amis qui ont toujours été d'un soutien sans faille. Ils ont largement contribué à rendre ces cinq dernières années un peu plus légères. Je remercie particulièrement Marie et Julia pour avoir décidé de soutenir leur travail la même semaine, et qui m'ont permis de partager les derniers instants de cette aventure.

Mes remerciements vont également à ma famille pour toute l'aide qu'elle m'a apportée et tout l'amour dont elle m'a comblée. Je tiens plus particulièrement à remercier mes parents pour avoir su me transmettre leur goût de l'effort, de la recherche et leur curiosité, mais également pour leur soutien au quotidien.

Je remercie mon époux, pour ses relectures, sa patience, pour son soutien et son humour, sa confiance et l'amour dont il me témoigne chaque jour. Je remercie enfin Maïeul, qui a rejoint l'aventure en cours de route, qui a accepté de partager un peu sa maman et m'a permis de porter un plus juste regard sur mon travail.

PREFACE

Les matières que l'on présente comme arides, en masquant parfois mal une certaine forme de dédain, sont souvent les repères cachés de la technique juridique la plus fine. Il arrive même qu'elles soient l'occasion de questionnements fondamentaux, aussi ne les explore-t-on ne que solidement armé.

La thèse consacrée par Madame Brune-Laure Dugourd aux organismes de titrisation n'est pas une thèse de droit financier. Ou, du moins, elle n'est pas que cela. Mêlant droit financier, droit des obligations, droit des biens et droit des sociétés, elle invite plus largement le lecteur à s'interroger sur le sens des qualifications et sur la qualité du travail législatif contemporain. Ce travail est empreint de modernité, puisqu'à en croire Oppetit « *seule la modernité rend intelligible un corps de règles disparates, contingentes, voire contradictoires qu'une analyse purement technique ne permet plus de pénétrer dans sa globalité ni dans ses ressorts profonds* »[1].

Il était grand temps de consacrer un travail de recherche d'ampleur aux organismes de titrisation. Cette technique occupe en effet une place centrale dans l'architecture financière contemporaine. Instrument de refinancement devenu indispensable aux établissements de crédit et aux entreprises, elle constitue également un vecteur privilégié de diversification pour les investisseurs et un levier stratégique pour les politiques publiques. Pourtant, malgré cette importance économique indéniable, les fondements juridiques des organismes qui la portent demeurent largement méconnus et, plus préoccupant encore, conceptuellement défaillants.

Le bon fonctionnement de la titrisation sur un plan pratique a trop longtemps occulté la fragilité de certaines bases théoriques qui, tôt ou tard, peuvent menacer l'édifice. C'est à cette lacune fondamentale que s'attaque la présente recherche avec une ambition aussi nécessaire qu'originale : réconcilier l'innovation financière avec la rigueur juridique, l'efficacité économique avec la cohérence conceptuelle. Cette thèse ne se contente pas d'une analyse technique des règles applicables aux organismes de titrisation ; elle interroge leurs fondements théoriques, révèle leurs contradictions internes et propose une reconstruction d'ensemble qui honore à la fois les exigences du droit et les impératifs de la pratique financière.

---

[1] B. Oppetti, Droit et modernité, Préface, in *Droit et modernité*, PUF, 1998, p. 1.

L'originalité de cette recherche tient d'abord à son point de départ : le constat, aussi simple qu'accablant, que les qualifications juridiques attribuées aux organismes de titrisation sont « assujetties à l'opération financière » en cause. Cette observation, qui pourrait paraître anodine, révèle en réalité une inversion fondamentale de la logique juridique traditionnelle selon laquelle le régime découle de la qualification, et non l'inverse.

Cette approche critique permet de mettre au jour les contradictions profondes qui traversent le droit de la titrisation. En empruntant au droit commun les qualifications de copropriété pour le fonds commun de titrisation et de société anonyme ou de société par actions simplifiée pour la société de titrisation, le législateur s'est emparé de qualifications qu'il a dévoyées, puisqu'elles perdent leurs caractéristiques les plus traditionnelles sous le poids des dérogations nécessaires au fonctionnement de l'opération financière. Mais le juriste ne saurait se résoudre à l'abandon ou au forçage des principes les mieux établis au prétexte de compétitivité de la place.

La thèse révèle ainsi combien l'adaptation française d'une pratique financière anglo-saxonne fondée originellement sur le trust a généré des incohérences conceptuelles majeures. Le fonds commun de titrisation, privé de personnalité morale mais néanmoins cessionnaire de créances, la société de titrisation réduite à une simple « enveloppe patrimoniale » malgré sa forme sociétaire : autant d'oxymores juridiques qui fragilisent les organismes de titrisation.

La richesse de cette recherche procède également de son approche à la croisée des chemins. Loin de s'enfermer dans les limites du droit financier, elle mobilise avec maîtrise les concepts et notions propres à un grand nombre de disciplines de droit privé. Cette approche transversale était nécessaire compte tenu de la nature et de l'objet des organismes de titrisation. L'analyse des mécanismes de cession de créances, pierre angulaire de l'opération de titrisation, l'illustre parfaitement : comment comprendre les difficultés juridiques soulevées par la cession au profit d'un fonds commun dépourvu de personnalité morale sans maîtriser les principes généraux du droit des obligations ? Comment appréhender la « dimension artificielle » de la société de titrisation sans une connaissance approfondie du droit des sociétés ? Cette thèse propose ainsi une véritable théorie générale des organismes de titrisation, ancrée dans les principes fondamentaux du droit civil et commercial mais attentive aux spécificités de la matière financière.

La seconde partie de cette thèse témoigne d'une ambition reconstructrice qui honore son auteure. Plutôt que de se contenter de critiquer l'existant, Brune-Laure Dugourd propose une refonte complète des organismes de titrisation selon deux modèles alternatifs : une société de titrisation rénovée, dotée d'un véritable régime sociétaire cohérent, et une fiducie-titrisation fondée sur le mécanisme du patrimoine d'affectation.

Cette reconstruction ne procède pas d'une logique purement théorique. Elle s'enracine dans une volonté de ne pas bousculer certaines habitudes de la pratique et témoigne d'une compréhension des contraintes propres à l'opération de titrisation. La conservation d'une dualité d'organismes, à l'instar des droits étrangers, témoigne de cette attention pragmatique. Cette approche équilibrée constitue sans doute l'un des apports les plus précieux de cette recherche. Elle démontre qu'il est possible de respecter la logique interne du droit sans pour autant sacrifier l'efficacité économique, de préserver la cohérence des qualifications sans entraver l'innovation financière.

L'apport de cette thèse dépasse largement le cadre de la titrisation pour éclairer les rapports complexes entre droit commun et droit spécial, entre innovation financière et tradition juridique. Les réponses apportées à toutes les questions soulevées constituent une contribution durable à la réflexion sur l'avenir du droit financier. Cette thèse confirme, s'il en était vraiment besoin, que loin d'être un obstacle à l'innovation, la rigueur conceptuelle en constitue le meilleur garant en assurant la pérennité et la prévisibilité des solutions adoptées.

Nicolas BORGA
Professeur à l'Université Jean Moulin-Lyon 3
Directeur de l'Institut de droit et d'économie des affaires

LISTE DES PRINCIPALES ABREVIATIONS

ACPR	Autorité de contrôle prudentiel et de résolution
Adde	*Addenda*, ajouter
AEDBF	Association Européenne pour le Droit Bancaire et Financier
AFG	Association française de la gestion financière
AJ Contrat	Actualité juridique Contrat
al.	Alinéa
AMF	Autorité des marchés financiers
ANC	Autorité des normes comptables
anc.	Ancien
ANSA	Association Nationale des Sociétés par Actions
APC	Actualités des procédures collectives
APD	Archives de philosophie du droit
Art.	Article
Ass. Plén.	Assemblée plénière de la Cour de cassation
BJB	Bulletin joly bourse
BJS	Bulletin joly sociétés
Bull.	Bulletin
C. civ.	Code civil
C. com.	Code de commerce
C. mon. fin.	Code monétaire et financier
CNRTL	Centre National de Ressources Textuelles et Lexicales
C. pén.	Code pénal
CA	Cour d'appel
Cf.	Confer
CGI	Code général des impôts
Chron.	Chronique
Civ.	Chambre civile de la Cour de cassation
Com.	Chambre commerciale de la Cour de cassation
Comm.	Commentaire
Comp.	Comparez
Cons.	Considérant
Contra	Contraire
CPC	Code de procédure civile
D.	Dalloz
Déc.	Décision
Dr. et pat	Droit et patrimoine
Dr. fiscal	Droit fiscal
Dr. sociétés	Droit des sociétés
et al.	*et alii,* et autres
ex.	exemple

Fasc.	Fascicule
FCC	Fonds commun de créances
FCP	Fonds commun de placement
FCT	Fonds commun de titrisation
FIA	Fonds d'investissement alternatif
Gaz. pal.	Gazette du palais
HCJP	Haut comité juridique de la place financière de Paris
HCSF	Haut conseil de stabilité financière
Ibid.	*Ibidem*, au même endroit
Infra	ci-dessous
JCl.	Juriclasseur
JCP	Semaine juridique
JCP E	Semaine juridique, édition Entreprise
JCP G	Semaine Juridique, édition Générale
JCP N	Semaine Juridique, édition Notariale
JORF	Journal officiel de la République française
JOUE	Journal officiel de l'Union européenne
LEDEN	L'Essentiel droit des entreprises en difficulté
LGDJ	Librairie générale de droit et de jurisprudence
LLC	*Limited liability company*
LLP	*Limited liability partnership*
LPA	Les Petites Affiches
Nbp	Note de bas de page
n°	numéro
not.	notamment
op. cit.	*Opere citato*, cité précédemment
OPCI	Organisme de placement collectif immobilier
OPCVM	Organisme de placement collectif en valeurs mobilières
p.	page
PCG	Plan comptable général
pp.	pages
Préc.	Précité
Préf.	Préface
PUAM	Presses universitaires d'Aix-Marseille
PUF	Presses universitaires de France
Rappr.	Rapproché
RB	Revue banque
RDBB	Revue de droit bancaire et de la bourse
RDBF	Revue de droit bancaire et financier
RDC	Revue des contrats
Rép. civ.	Répertoire de droit civil
Rép. com.	Répertoire de droit commercial
Rép. soc.	Répertoire de droit des sociétés
Req.	Chambre des requêtes de la Cour de cassation
Rev. soc.	Revue des sociétés
RFP	La revue fiscale du patrimoine

RG	Règlement général
RG AMF	Règlement général de l'AMF
RIDC	Revue internationale de droit comparé
RJ Com.	Revue de jurisprudence commerciale
RJDA	Revue de jurisprudence de droit des affaires
RLDA	Revue Lamy droit des affaires
RLDC	Revue Lamy droit civil
RPC	Revue des Procédures Civiles et Commerciales
RRJ	Revue de la recherche juridique et de droit prospectif
RSC	Revue de science criminelle et de droit pénal comparé
RTD civ.	Revue trimestrielle de droit civil
RTD com.	Revue trimestrielle de droit commercial
RTDF	Revue trimestrielle de droit financier
s.	suivant
s. v.	sub verbo
SA	Société anonyme
SARL	Société à responsabilité limitée
SAS	Société par actions simplifiée
SCA	Société en commandite par actions
SCS	Société en commandite simple
Spéc.	spécialement
SPV	*special purpose vehicle*
Supra	ci-dessus
t.	tome
Titrisation STS	Titrisation simple, transparente et standardisée
TCN	Titres de créances négociables
UE	Union européenne
v.	voir
vol.	Volume

SOMMAIRE

Une table des matières détaillée figure à la fin de l'ouvrage.
L'ouvrage est à jour au 15 janvier 2024.

INTRODUCTION

1. Comment transformer le plomb en or ? Contre toutes attentes, la réponse ne réside pas dans un savant arrangement chimique mais dans un montage conçu à la fin des années 1970 par les financiers de Wall Street, appelé titrisation. Ce dernier consiste à créer une entité entièrement dédiée à la transformation d'actifs illiquides, tels que des créances à terme, en actifs liquides. Les créances à terme, issues de prêts consentis par des établissements de crédit en dehors des marchés financiers, sont effectivement peu attractives pour des investisseurs car elles ne peuvent être revendues rapidement et aisément sans perte de valeur significative pour leur titulaire en raison du terme dont elles sont potentiellement affectées, de la faible demande sur les marchés et des restrictions règlementaires existantes[1]. À l'inverse, les titres financiers sont attractifs pour les investisseurs car ils se cèdent aisément et sont standardisés. La transmutation de l'actif illiquide en actif liquide permet donc à son propriétaire de s'en séparer aisément[2]. Le montage financier créé offre de nombreuses opportunités, tant en matière d'investissement que de gestion des risques. Il s'est rapidement exporté à travers le monde, et notamment en France où la magie s'opère au sein d'organismes de titrisation. La titrisation est ainsi devenue essentielle au financement de l'économie. Dernièrement, les organismes de titrisation ont pu être utilisés pour répondre aux besoins de financement suscités par la crise de la covid-19[3] et ont vocation à participer activement au développement durable[4]. La titrisation devrait

---

[1] Pour une définition de la liquidité, v. not. B. SOUSI-ROUBI, S. DUSSART et F. MARMOZ, *Lexique de la banque et des marchés financiers*, 6e éd., coll. « Lexiques et dico », Dunod, 2009, s. v. « liquidité ». S'agissant plus spécialement de la cession de créance, celle-ci est soumise en droit français au respect du formalisme des articles 1321 et suivants du Code civil.

[2] La logique est la même que lorsqu'il reste à un chef cuisinier des poissons de la veille. Ces derniers ne seront pas achetés comme tels par le client. Faites-en une bouillabaisse, ils se vendront alors aisément. V. en ce sens la vulgarisation de l'opération financière par le chef Anthony Michael Bourdain dans A. MCKAY, *The Big Short : Le Casse du siècle*, Paramount Pictures, 23 décembre 2015.

[3] V. en ce sens le règlement (UE) 2021/557 du Parlement européen et du Conseil du 31 mars 2021 modifiant le règlement (UE) 2017/2402 créant un cadre général pour la titrisation ainsi qu'un cadre spécifique pour les titrisations simples, transparentes et standardisées, afin de favoriser la reprise après la crise liée à la COVID-19 et le règlement (UE) 2021/558 du Parlement européen et du Conseil du 31 mars 2021 modifiant le règlement (UE) nº 575/2013 en ce qui concerne les ajustements à apporter au cadre relatif à la titrisation afin de soutenir la reprise économique en réponse à la crise liée à la COVID-19.

[4] A. QUIQUEREZ, « Le rapport de l'*ABE Developing a framework for sustainable securitisation* : la titrisation au bénéfice du développement durable », *RTDF*, avril 2022, nº 2, p. 143 et s. ; pour des exemples récents d'opérations, notamment dans le domaine de l'innovation, v. A. QUIQUEREZ, « Titrisation et startup : quels mariages possibles ? », *RTDF*, juin 2023, nº 2, p. 125 et s.

notamment permettre de financer des projets écologiques[1], des véhicules électriques ou encore l'amélioration énergétique de bâtiments[2].

Aux premiers abords, une approche juridique de ces organismes peut surprendre dans la mesure où la titrisation est avant tout une innovation financière dont le droit ne se saisit qu'à travers une réglementation technique. Cependant, sous couvert d'anglicismes et de termes techniques, ce sont des concepts juridiques de droit commun qui sont employés[3]. En effet, il existe deux types d'organismes de titrisation en France : un fonds commun de titrisation (FCT) et une société de titrisation. Le premier est qualifié de copropriété tandis que la seconde prend la forme d'une société anonyme ou d'une société par actions simplifiée. Ces qualifications sont cependant assujetties à l'opération financière. Bien qu'employées depuis longtemps en droit commun, elles ne ressortent pas indemnes de leur mobilisation par le droit financier. Une définition des organismes de titrisation (I) est un préalable nécessaire pour comprendre cette primauté de la logique financière sur la logique juridique (II) et présenter l'approche retenue pour une recherche les concernant (III).

I. Définition des organismes de titrisation

2. La notion d'organisme de titrisation peut faire l'objet d'une double appréhension. Au sens strict, elle désigne le véhicule *ad hoc*[4], le contenant, dans lequel sont logés les actifs illiquides. Dans un sens large, dynamique, elle désigne l'ensemble des « composantes » qui participent à la réalisation de l'opération de titrisation, incluant à la fois le contenant mais également ses gestionnaires sans lesquels il ne peut fonctionner[5]. Cette seconde approche est

---

[1] Certains estiment que les opérations de titrisation verte pourraient dépasser les 300 milliards d'euros d'ici 2030, v. ASSOCIATION FOR FINANCIAL MARKETS IN EUROPE, *European Green Securitisation Regulatory State of Play, Obstacles to growth and opportunities for leadership*, décembre 2022, p. 24.

[2] *Ibidem.* Plus spécifiquement sur l'amélioration énergétique de bâtiments, v. *Report on developing a framework for sustainable securitisation*, EBA, 2022, p. 15 ; v. aussi le groupe BPCE qui a effectué une opération de titrisation verte d'un montant de 1,5 milliard d'euros destiné au financement de logements basse consommation, https://groupebpce.com/toute-l-actualite/actualites/2021/climat-premiere-operation-de-titrisation-destinee-au-financement-de-logements-verts.

[3] Sur la notion de concept, v. W. DROSS, « L'identité des concepts juridiques : quelles distinctions entre concept, notion, catégorie, qualification, pratique ? », *RRJ*, décembre 2012, n° 5, p. 2229 et s.

[4] L'expression de véhicule *ad hoc* ou de véhicule de titrisation est l'équivalent français de l'expression anglaise utilisée pour désigner l'organisme de titrisation, *special purpose vehicle*. Elle sera utilisée dans les développements suivants afin de limiter les répétitions mais aussi car elle est plus neutre que celle d'organisme de titrisation, qui renvoie intuitivement en droit français au FCT et à la société de titrisation.

[5] V. en ce sens G. CORNU (dir.), *Vocabulaire juridique*, 14e éd., Association Henri Capitant, coll. « Quadrige », PUF, 2022, s. v. « Organisme de titrisation »; sur l'approche dynamique de

préférable car elle rend mieux compte de la réalité, les organismes de titrisation étant obligatoirement animés par une société de gestion et un dépositaire[1]. Elle est également celle retenue par le législateur. En effet, dans la sous-section réservée aux organismes de financement, dont font partie les organismes de titrisation , il ne se contente pas de décrire le contenant et son contenu, mais vient organiser sa gestion obligatoire par un dépositaire et une société de gestion. À cet égard, la structure des organismes de titrisation est avant tout pensée pour servir leur objet exclusif. Son appréhension (B) suppose donc que soit préalablement définie l'opération de titrisation (A).

A. L'opération de titrisation

3. Définition de la titrisation classique ou *cash*. La titrisation est à l'origine une technique de refinancement qui permet à un établissement de crédit ou à une entreprise (l'initiateur[2]) de recouvrer immédiatement ses créances à terme en les cédant à un organisme de titrisation. L'établissement de crédit n'a donc pas besoin d'attendre l'échéance de ses créances pour les recouvrer et perçoit immédiatement leur prix de cession[3]. De ce fait, il n'est plus exposé à un risque de non-recouvrement. De son côté, l'organisme de titrisation obtient les fonds nécessaires à l'acquisition des créances en émettant des titres sur les marchés financiers. Ces derniers prennent la forme d'actions, de parts de copropriété ou de titres de créance et sont souscrits par des investisseurs désireux de diversifier leurs placements. Le produit de ces souscriptions sert à payer le prix de cession des créances. Les investisseurs sont par la suite remboursés grâce aux flux financiers générés par le recouvrement des créances cédées à l'organisme de titrisation. Les sommes perçues par ce dernier sont en principe supérieures au prix d'acquisition des créances, qui a subi une décote pour prendre en compte le risque d'insolvabilité des débiteurs cédés. Dans cette opération, l'organisme sert ainsi d'intermédiaire entre les initiateurs et les investisseurs. Il canalise un échange complexe de flux financiers que le législateur décrit à travers l'objet

l'organisme, entendu au sens commun du terme, v. le dictionnaire de l'Académie française, s. v. « Organisme », disponible sur dictionnaire-academie.fr, consulté le 29 septembre 2023.

[1] Art. L. 214-168, III et art. L. 214-175-2, C. mon. fin.

[2] Ce terme est celui utilisé par le règlement (UE) 2017/2402 du Parlement européen et du Conseil du 12 décembre 2017 créant un cadre général pour la titrisation ainsi qu'un cadre spécifique pour les titrisations simples, transparentes et standardisées (STS), et modifiant les directives 2009/65/CE, 2009/138/CE et 2011/61/UE et les règlements (CE) n° 1060/2009 et (UE) n° 648/2012.

[3] Ce prix de cession est égal à la valeur des créances diminuée pour prendre en compte le risque d'insolvabilité des débiteurs.

social des organismes comme étant l'exposition à un risque et son financement ou sa couverture[1].

Précisons toutefois qu'il ne faut pas se laisser abuser par les définitions expliquant que la titrisation consiste en la transformation d'actifs illiquides en titres financiers liquides[2]. En réalité, les créances cédées ne sont pas éteintes et remplacées par les titres financiers. Elles sont conservées par l'organisme de titrisation et servent de sous-jacent aux titres financiers émis par l'organisme. Cela signifie que la valeur des titres émis dépend de celle des créances acquises par l'organisme. La pratique exprime cette idée en disant que les titres financiers émis sont adossés aux créances.

Afin d'éclairer le propos, nous raisonnerons désormais essentiellement à partir de l'exemple le plus fréquent en pratique : celui d'un établissement de crédit cédant ses créances à l'organisme de titrisation[3]. Les différences pouvant être occasionnées par la nature de l'opération seront signalées le cas échéant.

---

[1] Art. L. 214-168, I, C. mon. fin.

[2] V. not. G. CORNU (dir.), *Vocabulaire juridique*, *op. cit.*, s. v. « Titrisation » ; S. GUINCHARD et T. DEBARD, *Lexique des termes juridiques*, 31e éd., coll. « Lexique », Dalloz, 2023, s. v. « Titrisation » ; A. COURET *et al.*, *Droit financier*, 3e éd., coll. « Précis », Dalloz, 2019, no 974, p. 755 ; P. LE CANNU, T. GRANIER et R. ROUTIER, *Droit commercial : instruments de paiement et de crédit, titrisation*, 9e éd., coll. « Précis », Dalloz, 2016, no 632, p. 507.

[3] Pour une illustration récente de cette pratique, Boursorama a créé un FCT qui lui permettrait de céder des créances adossées à des prêts résidentiels d'une valeur de 10 milliards d'euros. La banque en ligne a déjà transféré 4 200 prêts pour 2,7 milliards, v. F. ANSELMI, « Boursorama a placé auprès de la Société Générale sa première titrisation RMBS », *L'AGEFI Quotidien*, novembre 2022, p. 5 et s.

Schéma d'une opération de titrisation classique

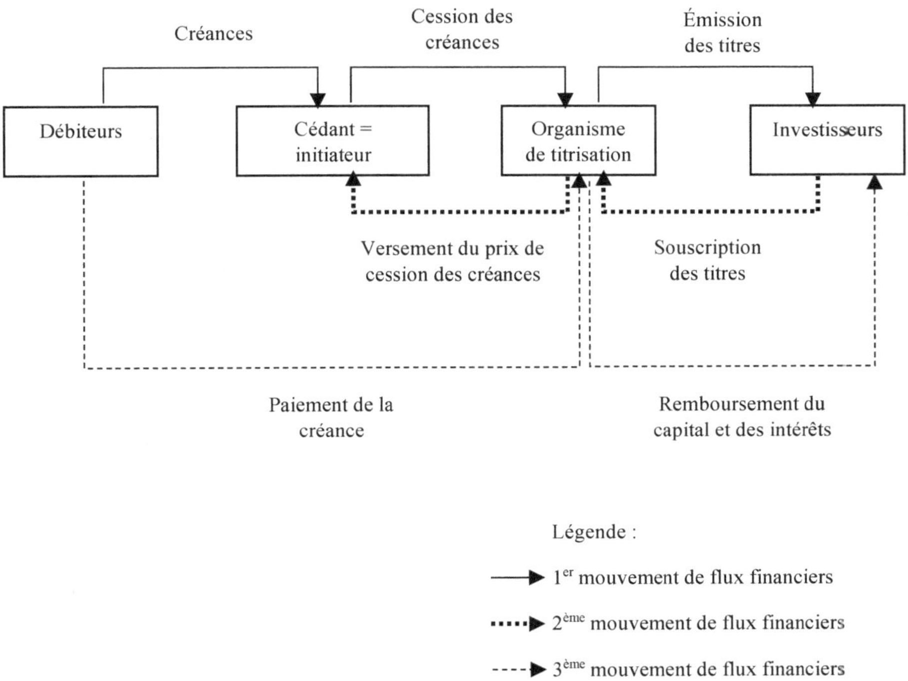

4. Diversification des opérations de titrisation. Depuis sa naissance dans les années 1970, la titrisation s'est fortement développée, conduisant à une diversification des opérations. Elle peut, en premier lieu, porter sur d'autres actifs que les créances[1]. Elle peut notamment avoir pour objet des titres de capital[2] ou des actifs intellectuels[3]. C'est ainsi qu'en 1997, les obligations Bowie (*Bowie Bonds*) ont permis au chanteur éponyme de se financer à hauteur de 55 millions de dollars[4], en cédant ses droits d'auteur et droits voisins à une société de titrisation. Pour se financer, cette dernière a émis des titres obligataires qui furent souscrits par un fonds de pension américain. David Bowie a immédiatement reçu les sommes correspondant aux futurs revenus dégagés par ses albums. La société de titrisation a quant à elle

---

[1] Art. L. 214-175-1 , C. mon. fin.

[2] En France, il ne peut s'agir que de titres de capital obtenu par conversion, échange ou remboursement de titres de créance ou de titres donnant accès au capital, ou par l'exercice des droits attachés à de tels titres.

[3] A. QUIQUEREZ, *La titrisation des actifs intellectuels*, coll. « Collection de la faculté de Droit, d'Économie et de Finance de l'Université du Luxembourg », Larcier, 2014 ; A. QUIQUEREZ, « La titrisation de droits de propriété intellectuelle : actualité et innovations », *Communication - Commerce électronique*, janvier 2023, n° 1, étude 1.

[4] A. QUIQUEREZ, *La titrisation des actifs intellectuels*, *op. cit.*, n° 6, p. 28.

perçu les revenus dégagés par les droits de propriété intellectuelle et les a reversés à ses investisseurs. Cette titrisation d'actifs intellectuels est pratiquée à l'étranger, notamment aux États-Unis et au Luxembourg[1]. Elle ne s'est en revanche pas encore développée en France car le cadre juridique ne permet pas de titriser directement des actifs intellectuels et oblige à trouver des subterfuges[2].

En second lieu, l'opération de titrisation peut également se réaliser sans transfert d'actifs, mais avec un transfert de risque. Il s'agit d'une opération de titrisation synthétique, qui n'a pas pour but de permettre un refinancement mais la couverture d'un risque[3]. Dans ce cas, le mécanisme rappelle celui de l'assurance. L'établissement de crédit achète une protection à l'organisme de titrisation par le biais d'un contrat financier[4]. En contrepartie, l'organisme s'engage à l'indemniser en cas de réalisation du risque de crédit, déterminé en amont de la signature du contrat. Pour réunir les fonds nécessaires à l'éventuelle indemnisation de l'acheteur de protection, l'organisme de titrisation investit la prime versée par l'établissement de crédit. Il émet également des titres sur les marchés financiers et place les sommes issues de leur souscription par les investisseurs. Ces derniers sont rémunérés grâce aux produits de l'investissement effectué par l'organisme. Leur rémunération dépend alors de la réalisation du risque de crédit et de l'indemnisation de l'acheteur de protection. L'intérêt d'une telle opération, comparée à la titrisation classique, est qu'elle est plus facile à structurer et permet de passer outre la cession d'actifs et les potentielles clauses d'incessibilité affectant les créances. Puisqu'elle ne repose pas sur un refinancement, elle permet également de mettre en place des opérations de plus grande ampleur[5]. En 2022, la banque BNP Paribas a ainsi pu transférer les risques d'un portefeuille de prêts accordés aux entreprises pesant 8 milliards d'euros[6].

---

[1] *Ibid.*, n° 6, p. 27.

[2] Sur les modes de titrisation indirects, v. A. QUIQUEREZ, « La titrisation de droits de propriété intellectuelle : actualité et innovations », art. préc., n° 6.

[3] Le mécanisme permet de couvrir le risque de crédit, tel que décrit par la suite, mais également d'assurance, sur lequel v. *infra* n° 176.

[4] P. PAILLER, *Le contrat financier, un instrument financier à terme*, préf. J.-J. Daigre, coll. « Bibliothèque de l'Institut de Recherche Juridique de la Sorbonne - André Tunc », n° 28, IRJS, 2011 ; F. CASTRES SAINT-MARTIN-DRUMMOND, « Le contrat comme instrument financier », in *L'avenir du droit, Mélanges en hommage à François Terré*, Dalloz, PUF, Éditions du Jurisclasseur, 1999, p. 661 et s. ; T. BONNEAU *et al.*, *Droit financier*, 4e éd., coll. « Précis Domat », LGDJ, 2023, nos 869 et s., p. 571 et s. ; A. COURET *et al.*, *Droit financier*, *op. cit.*, n° 1219, p. 949.

[5] P. BARNETO et G. GREGORIO, *Les mécanismes financiers de la titrisation*, coll. « Finance et économie », Hermes science publications - Lavoisier, 2011, nos 15. 3 et s., p. 159.

[6] L. POCHARD, « BNP Paribas transfère le risque d'un gros portefeuille de prêts », *L'AGEFI*, février 2022 disponible sur https://www.agefi.fr/asset-management/actualites/bnp-paribas-transfere-le-risque-dun-gros-portefeuille-de-prets, consulté le 29 septembre 2023.

<u>Schéma d'une opération de titrisation synthétique</u>

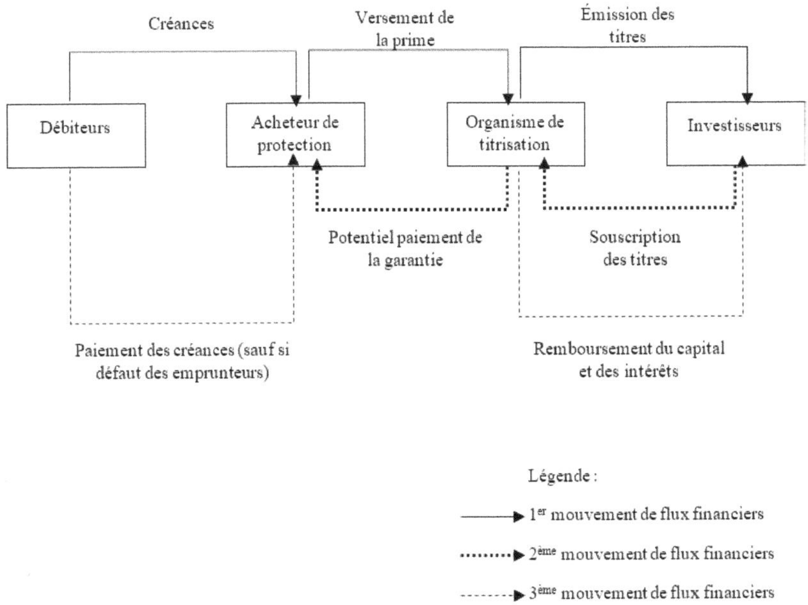

5. Une pratique controversée. La titrisation présente plusieurs utilités. Tout d'abord, elle assure le refinancement des acteurs économiques en diversifiant les sources de financement. Ce dernier n'est plus uniquement bancaire, mais s'effectue directement par les marchés financiers, si bien que ce sont des investisseurs qui financent l'économie réelle. Grâce à ce refinancement, les banques sont en mesure de prêter à nouveau, plus rapidement que si elles avaient attendu l'échéance de leurs créances et à un taux plus élevé, dans un contexte d'augmentation des taux d'intérêts. Cette fonction de financement des organismes de titrisation est désormais illustrée par leur classification au sein de la catégorie d'organismes de financement créée par le législateur par l'ordonnance n° 2017-1432 du 4 octobre 2017 portant modernisation du cadre juridique de la gestion d'actifs et du financement par la dette [1]. La titrisation favorise ensuite une meilleure répartition des risques sur les marchés financiers puisque les banques ne sont plus les seules à supporter les risques de crédit mais les partagent avec les

[1] Avant l'ordonnance de 2017, les organismes de titrisation étaient simplement une sous-catégorie d'organismes de placement collectif. Sur la distinction des organismes de titrisation et des organismes de financement spécialisé selon la possibilité d'effectuer un « tranchage » du risque, v. A. COURET *et al.*, *Droit financier*, *op. cit.*, n° 994, p. 776.

investisseurs[1]. De plus, la titrisation permet aux investisseurs de diversifier leurs placements et donc de compenser la potentielle dépréciation de certains de leurs titres par la rentabilité d'autres titres. Enfin, la titrisation facilite l'apurement des bilans. Les créances titrisées sont cédées et « sortent » du bilan des cédants. Cette technique est donc particulièrement utilisée dans le secteur bancaire puisqu'elle facilite le respect des ratios de solvabilité imposés par les accords de Bâle[2].

Malgré son utilité indéniable, la titrisation a été fortement décriée au moment de la crise des *subprimes*[3]. Il est donc légitime de s'interroger sur son utilisation. En réalité, la titrisation n'est pas directement responsable de la crise. Le mécanisme financier a seulement été mal maitrisé, en particulier aux États-Unis[4]. En effet, avant la crise financière, les banques américaines ont largement octroyé des crédits *subprimes* pour favoriser l'accès à la propriété et se sont refinancées grâce à la titrisation[5]. Ces crédits *subprimes* sont des crédits hypothécaires accordés à des emprunteurs à risques, en opposition aux crédits *primes* octroyés à des emprunteurs présentant de bonnes garanties. Ils étaient basés sur un taux d'intérêt fixe assez bas les premières années qui se transformait par la suite en taux variable[6]. En cas de défaillance des emprunteurs, les banquiers estimaient que les prêts pourraient être remboursés grâce à la vente des biens immobiliers hypothéqués[7]. Cependant, avec l'augmentation des taux d'intérêt, les ménages n'ont pas été en mesure de s'acquitter de leurs emprunts. Concomitamment, la chute des prix de l'immobilier a empêché les banques de se rembourser en vendant les biens hypothéqués[8]. Dans ce contexte, la titrisation a eu pour effet de transmettre les risques des crédits *supbrimes* aux investisseurs sur le marché mondial. Deux critiques ont donc pu être émises à son encontre. D'une part, elle a

---

[1] V. en ce sens cons. 4 du règlement (UE) 2017/2402 précité ; PARIS EUROPLACE, *Rapport Paris Europlace : « Une titrisation au service de la croissance »*, 18 novembre 2015, p. 5.

[2] V. en ce sens l'accord Bâle I de 1988 créant le ratio *Cooke*, l'accord de Bâle II, de 2004 créant le ratio *Mac Donough* et l'accord de Bâle III de 2010 qui vient compléter la réforme de 2004. Ces ratios ont pour objectif d'imposer aux établissements de crédit un montant minimal de fonds propres par rapport aux risques qu'elles subissent. Le ratio *Mac Donough* est une version affinée du ratio *Cooke* dans la mesure où il tient compte de la diversité des risques courus par les banques.

[3] V. notamment en ce sens F. LACROIX, « Retour en grâce, Titrisation : le diable au service de l'économie réelle ? », *RB*, juillet 2014, vol. 774, p. 34 et s. ; P. MINOR, « La titrisation : mécanisme décrié mais toujours utilisé », *JCP E*, juin 2009, n° 23, 1572.

[4] P. LE CANNU, T. GRANIER et R. ROUTIER, *Droit commercial*, *op. cit.*, n° 648, p. 518 ; P. MINOR, « La titrisation : mécanisme décrié mais toujours utilisé », art. préc.

[5] Pour explication plus divertissante de la crise financière, le lecteur est invité à visionner A. MCKAY, « The Big Short : Le Casse du siècle », *op. cit.* ; v. aussi A. ORLEAN, *De l'euphorie à la panique : penser la crise financière*, coll. « Collection du CEPREMAP », n° 16, Éditions Rue d'Ulm, 2009.

[6] D. CHAMPY et L. DURAND, « Titrisation », *Gaz. Pal.*, avril 2008, n° 120, p. 5 et s.

[7] P. LE CANNU, T. GRANIER et R. ROUTIER, *Droit commercial*, *op. cit.*, n° 647, pp. 518-519.

[8] D. CHAMPY et L. DURAND, « Titrisation », art. préc.

déresponsabilisé les banquiers qui, ne supportant pas les risques de crédit, ont massivement accordé des emprunts sans considération pour la qualité de leurs débiteurs [1]. D'autre part, la titrisation a propagé la crise financière en permettant la diffusion de titres adossés aux crédits *supbrimes* sur les marchés financiers[2]. Leur diffusion a été facilitée par la complexité et l'opacité des opérations de titrisation[3]. En effet, les opérateurs ont souhaité proposer des titres qui alliaient un rendement élevé à un risque relativement faible. Pour ce faire, ils ont eu recours à divers montages et notamment à la retitrisation[4]. Concrètement, les financiers ont rassemblé des titres issus de la titrisation des crédits *supbrimes*. Ils ont ensuite émis des titres adossés à ces titres regroupés. Les titres créés n'étaient donc plus directement adossés aux crédits *subprimes*. Les actifs originaires étaient totalement dilués [5] et les investisseurs ne comprenaient plus véritablement le sous-jacent sur lequel reposait leur investissement ni les risques auxquels ils s'exposaient. Leur ignorance était d'autant plus grande que les agences de notation n'ont pas joué leur rôle, accordant des notes dignes de produits financiers sans risques à ces instruments[6].

Cette implication de la titrisation dans la crise financière n'a cependant pas été de nature à stopper toutes les opérations. La titrisation participe au bon fonctionnement des marchés comme en témoigne son utilisation dans la gestion de la crise de la covid-19[7]. Les autorités l'ont donc maintenue et dotée d'une règlementation plus contraignante[8]. Afin de responsabiliser davantage les établissements de crédit, les initiateurs doivent conserver 5 % du risque de l'opération de titrisation[9]. Il existe plusieurs options, mais l'établissement de

---

[1] V. en ce sens not. A. SUPIOT, « Contribution à une analyse juridique de la crise économique de 2008 », *Revue internationale du Travail*, août 2010, vol. 149, n° 2, p. 165 et s., spéc. p. 169.

[2] A. COURET *et al.*, *Droit financier*, *op. cit.*, n° 977, p. 758.

[3] *Ibid.* ; P. LE CANNU, T. GRANIER et R. ROUTIER, *Droit commercial*, *op. cit.*, n° 648, p. 518.

[4] V. *infra* n° 379.

[5] Hubert de Vauplane utilise l'image des poupées russes pour illustrer cette dilution à l'excès, v. H. DE VAUPLANE, « Crise du "subprime" : quelle responsabilité pour les juristes ? », *RB*, février 2008, n° 699, p. 67 et s., spéc. p. 68.

[6] P. MINOR, « La titrisation : mécanisme décrié mais toujours utilisé », art. préc.

[7] V. en ce sens les considérants des règlements 2021/557 du Parlement européen et du Conseil du 31 mars 2021 et 2021/558 du Parlement européen et du Conseil du 31 mars 2021 préc..

[8] V. not. concernant l'Union européenne, le règlement 2017/2402 du Parlement européen et du Conseil du 12 décembre 2017 préc. et le règlement 2017/2401 du 12 décembre 2017 modifiant le règlement 575/2013 concernant les exigences prudentielles applicables aux établissements de crédit et aux entreprises d'investissement. Pour les États-Unis v. le *Dodd-Frank Act* de 2010.

[9] Art. 6 du règlement 2017/2402 préc. ; cette mesure trouve son équivalent aux États-Unis, v. en ce sens *Dodd-Frank Act Section 941*. Précédemment la règlementation européenne imposait uniquement aux investisseurs de vérifier si les initiateurs, sponsors et ou prêteurs initiaux conservaient 5 % des risques, v. en ce sens art. 112 *bis* de la directive 2009/111/CE du Parlement européen et du Conseil du 16 septembre 2009 modifiant les directives 2006/48/CE, 2006/49/CE et 2007/64/CE en ce qui concerne les banques affiliées à des institutions centrales, certains éléments des fonds propres, les grands risques, les dispositions en matière de surveillance et la gestion des crises et art. 405 du règlement 575/2013 du Parlement européen

crédit satisfait notamment à cette exigence lorsqu'il retient 5 % au moins de la valeur nominale de chacune des tranches vendues ou transférées aux investisseurs ou lorsqu'il conserve des créances choisies aléatoirement parmi celles devant être titrisées, pour un montant égal à 5 % du montant nominal des créances titrisées[1]. Pour plus de lisibilité des produits financiers, la retitrisation a été interdite[2] et les modalités de notation des titres ont été revues[3]. Ces nouvelles contraintes s'imposent aux acteurs de l'opération de titrisation, et non aux organismes. En effet, ces derniers sont de simples coquilles, ayant pour but de réaliser l'opération financière. Leur règlementation s'effectue ainsi essentiellement sous le prisme de cette opération. Absorbés par leur objet, ils présentent de nombreuses particularités qu'il convient désormais de développer.

B. La structure des organismes de titrisation

6. Présentation sommaire des organismes de titrisation. Qu'ils soient qualifiés de copropriété ou de société, les organismes de titrisation permettent d'isoler les actifs titrisés tout en facilitant le financement de l'opération. Réduits à ce rôle patrimonial, ils ne présentent pas une véritable autonomie et sont gérés de façon extériorisée par une société de gestion de portefeuille et un dépositaire[4]. La société de gestion est chargée de leur administration courante et de leur représentation à l'égard des tiers[5]. Le dépositaire, ayant la qualité d'établissement de crédit ou d'un autre établissement agréé, est chargé de conserver leur trésorerie, leurs créances et de contrôler la régularité des décisions de la société de gestion[6]. Le choix gouvernant cette gestion bicéphale trouve sa source dans la reprise du modèle de gestion des organismes de placement collectif en valeurs mobilières et d'un principe de précaution, selon lequel les personnes gérant et conservant les actifs doivent être distinctes et indépendantes[7]. Plus globalement, cette gestion extériorisée découle directement de la réception de l'organisme anglo-saxon par le droit français.

---

et du Conseil du 26 juin 2013 concernant les exigences prudentielles applicables aux établissements de crédit et aux entreprises d'investissement et modifiant le règlement (UE) n° 648/2012.

[1] Art. 6 du règlement 2017/2402 préc.

[2] Art. 8 du règlement 2017/2402 préc.

[3] V. en ce sens le règlement n° 1060/2009 du Parlement européen et du Conseil du 16 septembre 2009 sur les agences de notation de crédit.

[4] Règlementés aux art. L. 532-9 et s. et art. L. 214-175-2, I et art. L. 511-1 et s., C. mon. fin.

[5] Art. L. 214-168, III, art. L. 214-172 et art. L. 214-183, C. mon. fin.

[6] Art. L. 214-175-2, I, C. mon. fin.

[7] A. Couret *et al.*, *Droit financier*, *op. cit.*, n° 898, p. 682 ; v. aussi art. 10 de la directive 85/611/CEE du Conseil du 20 décembre 1985 portant coordination des dispositions législatives, réglementaires et administratives concernant certains organismes de placement collectif en valeurs mobilières établissant ce principe dès 1985.

7. Genèse des organismes : le modèle américain. La pratique de la titrisation est née aux États-Unis dans les années 1970 pour répondre au besoin de financement du marché hypothécaire, confronté à la croissance démographique de l'après-guerre et au désir d'accéder à la propriété des Américains. Pour répondre à cette demande, les établissements financiers ont procédé aux premières titrisations en émettant des valeurs mobilières adossées aux créances hypothécaires sur les marchés financiers (ce sont les *mortgage-backed securities, MBS*). Le produit de souscription de ces titres leur permettait de retrouver des liquidités[1]. Face au succès du mécanisme, les praticiens n'ont eu de cesse d'optimiser le montage financier. C'est ainsi que, dès 1977, l'opération est structurée autour d'un *trust*[2]. L'utilisation de ce dernier était d'autant plus naturelle qu'il présente les mêmes fonctions que la titrisation, notamment en ce qu'il positionne la propriété « dans une situation juridique provisoire »[3]. En effet, le *trustee*, chargé d'administrer le *trust*, est un propriétaire temporaire des actifs compris au sein du *trust,* ces derniers ayant vocation à appartenir aux bénéficiaires[4]. Dans une opération de titrisation, les investisseurs perçoivent les bénéfices économiques de la gestion, opérée par une société de gestion. La combinaison de ces deux techniques suppose ainsi que l'entreprise souhaitant être refinancée (le *settlor*) cède ses créances à un *trust*, spécialement constitué dans le but de les acquérir. Ce dernier émet par la suite des titres financiers sur le marché afin de financer l'opération[5]. Les investisseurs qui acquièrent ces titres sont les bénéficiaires du *trust* et perçoivent, au fur et à mesure, les sommes issues du remboursement des créances. Ils ont ainsi la propriété bénéficiaire des actifs (*beneficial interest*). Le *trustee* en a, quant à lui, la propriété légale (*legal title*) et les prérogatives qui lui sont associées afin d'en assurer la gestion. Il est alors tenu envers les investisseurs de respecter ses obligations définies par l'acte constitutif du *trust*[6].

En tant que véhicule *ad hoc* uniquement consacré à l'opération de titrisation (le *special purpose vehicle*), le *trust* présente plusieurs avantages. Il permet tout d'abord de transférer la propriété des créances de l'établissement de crédit, si bien qu'elles n'alourdissent plus son bilan. Il sécurise ensuite l'opération en isolant les créances. Ces dernières sont insaisissables par les créanciers de l'initiateur et du *trustee*. Cet isolement permet également de limiter les risques subis par les parties prenantes à l'opération, notamment les

---

[1] P. LE CANNU, T. GRANIER et R. ROUTIER, *Droit commercial*, *op. cit.*, n° 639, p. 513 ; C. FERRY, « *Trust* et titrisation aux Etats-Unis, Aspects juridiques », *RDBB*, décembre 1993, n° 40, p. 243 et s.
[2] V. FORTI, *La titrisation des créances en droit comparé : contribution à l'étude de la propriété*, préf. É. Savaux, coll. « Thèses », n° 59, Fondation de Varenne, 2013, n° 29, p. 34.
[3] *Ibid.*, n°s 262 et s., p. 192 et s. et spéc. n° 264, p. 193.
[4] *Ibid.*, n° 264, p. 193.
[5] *Ibid.*, n° 28, p. 33.
[6] C. FERRY, « *Trust* et titrisation aux Etats-Unis, Aspects juridiques », art. préc., n° 1, p. 243.

investisseurs, puisque seul le *trust* supporte directement les pertes dues à une absence de recouvrement des créances. Le *trust* permet enfin d'émettre des titres représentant la propriété des bénéficiaires des biens isolés au sein du *trust.* Au regard de ces différents avantages, l'opération de titrisation est donc désormais réalisée selon un schéma invariable où le véhicule *ad hoc* occupe une place centrale, et ce quelle que soit la diversité des montages [1], la qualification qui lui est attribuée, ou le pays dans lequel l'opération est pratiquée.

8. Genèse des organismes : la création du FCC. Le législateur français a bien compris ce rôle clé du véhicule *ad hoc.* Souhaitant faciliter le financement du marché hypothécaire et le respect des ratios de solvabilité par les établissements de crédit[2], il a implanté la pratique financière en créant un organisme de titrisation. Le fonds commun de créances (FCC) a ainsi été institué par la loi n° 88-1201 du 23 décembre 1988 relative aux organismes de placement collectif en valeurs mobilières et portant création des fonds communs de créances. En 2008, il est modernisé et renommé fonds commun de titrisation [3].

La technique financière ne pouvait pas être développée en France par l'intermédiaire du *trust.* Ce dernier repose sur une propriété simultanée du *trustee* et des bénéficiaires du *trust,* le premier étant propriétaire du bien et les seconds de ses utilités, principalement économiques. Or, Motulsky explique très tôt que le *trust* ne peut pas être intégré en droit français sans perdre ses caractéristiques essentielles ou sans violation de nos catégories[4]. En effet, depuis la Révolution, le droit français s'est construit sur l'idée d'un droit de propriété individuel et exclusif, dont les seules limitations sont listées au sein

---

[1] Le *trust* peut notamment détenir directement les actifs ou être titulaire d'un nantissement portant sur les actifs titrisés. Dans le premier cas, les investisseurs perçoivent les sommes issues du recouvrement des créances. Dans le second cas, l'initiateur demeure propriétaire des créances. Les sommes issues de leur recouvrement demeurent donc sa propriété et servent de garantie au remboursement des titres émis. Ces sommes peuvent également être directement affectées au remboursement des investisseurs. Pour un exposé des différents montages, v. C. FERRY, « *Trust* et titrisation aux Etats-Unis, Aspects juridiques », art. préc. ; V FORTI, *La titrisation des créances en droit comparé, op. cit.*, n° 27, p. 33.

[2] J. LARCHE, *Rapport sur le projet de loi relatif aux organismes de placement collectif en valeurs mobilières et aux fonds communs de créances*, Sénat, première session ordinaire de 1988-1989, p. 128 et s., pp. 11 et 38 et s. ; v. aussi C. GAVALDA, « Les fonds communs de créances bancaires : un exemple du phénomène de titrisation financière (art. 34 à 42 de la loi n° 88-1201 du 23 décembre 1988) », *Rev. soc.*, 1989, p. 187 et s., spéc. n°s 4 et s., p. 189 et s.

[3] Ordonnance n° 2008-556 du 13 juin 2008 transposant la directive 2005/68/CE du Parlement européen et du Conseil du 16 novembre 2005 relative à la réassurance et réformant le cadre juridique des fonds communs de créances.

[4] H. MOTULSKY, « De l'impossibilité de constituer un "trust" anglo-saxon sous l'empire de la loi française », *Revue critique de droit international privé*, 1948, p. 451 et s.

du Code civil[1], et ce en réaction aux propriétés simultanées de l'Ancien Régime[2]. Cependant, dans un contexte de mondialisation, l'attractivité de la place de Paris dépendait de celle de sa règlementation[3]. Le législateur a donc cherché à « greffer » la pratique financière anglo-saxonne déjà adoptée par les opérateurs au moyen de nos outils juridiques[4]. À cet égard, le choix de la qualification à attribuer à cet organisme a été particulièrement difficile à effectuer, comme en témoigne l'emploi du terme évasif de « fonds »[5]. Les parlementaires hésitaient sérieusement entre les qualifications de société et de copropriété[6]. Ces deux qualifications sont pourtant relativement éloignées, l'une désignant une personne morale et l'autre une modalité de la propriété. Plusieurs éléments ont été avancés en faveur de la copropriété, mais sans emporter pleinement la conviction. Certains parlementaires considéraient qu'il était incohérent d'opter pour la qualification de société alors que les

---

[1] On peut songer à l'usufruit ou aux servitudes. Sur l'ambiguïté concernant le caractère limitatif de la liste du Code civil, v. J.-L. HALPERIN, *Histoire du droit des biens*, coll. « Corpus Histoire du droit », Economica, 2008, p. 199. Le caractère non limitatif des droits réels a néanmoins été récemment rappelé, v. en ce sens Civ. 3e, *Maison de Poésie I*, 31 octobre 2012, no 11-16304, *Bull. III*, no 159 ; *D.*, 2012, p. 2596, obs. A. Tadros ; *D.*, 2013, p. 53, note L. d'Avout et B. Mallet-Bricout ; *D.*, p. 2123, obs. N. Reboul-Maupin ; *AJDI*, 2013, p. 540, obs. F. Cohet-Cordey ; *RDI*, 2013, p. 80, obs. J.-L. Bergel ; *JCP G*, 2012, p. 48, note F.-X. Testu ; *JCP G*, 2013, no 12, p. 740, obs. H. Périnet-Marquet ; *RDC*, 2013, p. 627, obs. J.-B. Seube ; *LPA*, 29 octobre 2013, p. 10, note N. Thomassin ; *RTD civ.*, 2013, p. 141, obs. W. Dross ; *RLDC*, 2013, no 101, p. 7, note M. Julienne et J. Dubarry ; *LPA*, 12 juin 2013, p. 11, note J.-F. Barbiéri ; *LPA*, 16 janvier 2013, p. 10, note F.-X. Agostini ; *RDC*, 1er oct. 2013, no 4, p. 1261, note L. Pfister ; *Gaz. Pal.*, 23 fév. 2013, p. 39, obs. M. Leroy ; *RDC*, 1er avril 2013, no 2, p. 627, obs. J.-B. Seube ; *RDC*, 1er avril 2013, no 2, p. 584, obs. R. Libchaber ; *Defrénois*, 15 janv. 2013, no 1, p. 12, obs. L. Tranchant ; *JCP G*, 2013, no 5, p. 210, obs. M. Mekki ; *Dr. sociétés*, juillet 2014, no 7, doss. 4, obs. R. Mortier ; Civ. 3e, *Maison de Poésie II*, 8 septembre 2016, no 14-26.953 ; *JCP G*, 2016, no 38, p. 1692, obs. S. Milleville ; *D.*, 2016, p. 1816 ; *Dr & patr.*, nov. 2016, p. 93, obs. J.-B. Seube ; J.-F. Davignon et M. Poumarède, *Dr. & patr.*, avr. 2017, chron., p. 94 ; *D.*, 2016, p. 2237, note Méano; *D.*, 2017, p. 134, note d'Avout et Mallet-Bricout ; *D.*, 2017, p. 375, obs. Mekki ; *D.*, p. 1789, obs. Reboul-Maupin; *RDI*, 2016, p. 598, obs. Bergel ; *RTD civ.*, 2016, p. 894, obs. W. Dross; *JCP N*, 2016, p. 24, note Boffa, *JCP N*, 2016, p.27, note Dubarry et Streiff ; *Defrénois* 2016, p

[2] J.-L. HALPERIN, *Histoire du droit des biens*, *op. cit.*, p. 194 ; A.-M. PATAULT, *Introduction historique au droit des biens*, coll. « Droit fondamental », PUF, 1989, no 185, p. 216. À l'époque, le domaine faisait l'objet d'une propriété utile par les vassaux (jouissant des utilités du domaine) et d'une propriété dominante par le seigneur (véritable propriété).

[3] V. not. M.-A. FRISON-ROCHE, « Aspects juridiques de la mondialisation des marchés financiers », *Banque et Droit*, juin 1995, no 41, p. 46 et s.

[4] V. en ce sens l'intervention de Monsieur Colcombet dans le compte-rendu des débats parlementaires, ASSEMBLEE NATIONALE, *Compte-rendu intégral des débats parlementaires*, deuxième séance du mardi 13 décembre 1988, *JO*, 14 décembre 1988, p. 3621.

[5] Sur cette notion, v. L. CHATAIN-AUTAJON, *La notion de fonds en droit privé*, préf. P. Mousseron, coll. « Bibliothèque de droit de l'entreprise », no 72, Litec-LexisNexis, 2006.

[6] ASSEMBLEE NATIONALE, *Compte-rendu intégral des débats parlementaires* (deuxième séance du mardi 13 décembre 1988), préc., p. 3619 et s. ; J. LARCHE, *Rapport sur le projet de loi relatif aux organismes de placement collectif en valeurs mobilières et aux fonds communs de créances*, préc., p. 44 et s.

fonds communs de placement (FCP), cousins des anciens FCC, étaient qualifiés de copropriété. Ils craignaient aussi que la qualification de société n'alourdisse le fonctionnement de l'organisme[1]. Enfin, la copropriété évitait une double imposition des revenus issus des créances, lors de leur perception par la personne morale puis de leur distribution aux investisseurs[2]. Son autonomie patrimoniale lui permettait néanmoins de remplir la même fonction que le *trust*. À défaut de consensus juridique, les parlementaires ont opté pour la « prudente » copropriété[3]. Cette dernière leur semblait refléter au mieux le *trust*, tant par sa qualification que par son régime[4]. Cela leur a permis de reproduire à l'identique le fonctionnement de l'opération financière et donc le régime du *trust*, sans pour autant l'implanter[5]. Ainsi, les investisseurs, copropriétaires du FCT, sont des propriétaires passifs tandis que la société de gestion gère toute l'opération. Elle constitue le véhicule, administre ses actifs et rémunère les investisseurs.

9. Genèse des organismes : la création de la société de titrisation. Vingt-ans plus tard, le législateur est néanmoins revenu sur ses premières considérations. Profitant de la transposition d'une directive européenne, il crée un second organisme, la société de titrisation[6]. Cette dernière avait pour objectif de favoriser les opérations de titrisation d'échelle internationale, notamment celles reposant sur un transfert des créances étrangères au véhicule *ad hoc* français. En effet, dotée de la personnalité morale, la société de titrisation peut se voir appliquer les conventions fiscales internationales de non double imposition, contrairement au FCC[7].

---

[1] J. LARCHE, *Rapport sur le projet de loi relatif aux organismes de placement collectif en valeurs mobilières et aux fonds communs de créances*, préc., p. 44.

[2] T. BONNEAU, « Les fonds communs de placement, les fonds communs de créances, et le droit civil », *RTD civ.*, mars 1991, n° 1, p. 1 et s., spéc. n° 43.

[3] ASSEMBLEE NATIONALE, *Compte-rendu intégral des débats parlementaires* (deuxième séance du mardi 13 décembre 1988), préc., p. 3622.

[4] V. en ce sens *ibid.*, pp. 3621-3622 où D. Strauss-Kahn explique que le *trust* est une copropriété dépourvue de la personnalité morale et où le ministre de l'Économie, des Finances et du Budget explique que la copropriété reflète mieux l'esprit du mécanisme financier et que les investisseurs doivent avoir un droit réel sur les actifs du fonds.

[5] Il s'agit d'un phénomène d'acculturation juridique volontaire, v. en ce sens J. CARBONNIER, *Sociologie juridique*, 3e éd., coll. « Quadrige Manuels », PUF, 2016, p. 377 et s. ; sur l'intégration plus largement v. M. DELMAS-MARTY (dir.), *Critique de l'intégration normative*, coll. « Les voies du droit », PUF, 2004 ; pour un exemple v. S. NORMAND, « La culture juridique et l'acculturation du droit : le Québec », *ISAIDAT Law Review*, 2011, vol. 1, n° 1, article 23.

[6] Ordonnance n° 2008-556 du 13 juin 2008 transposant la directive 2005/68/CE du Parlement européen et du Conseil du 16 novembre 2005 relative à la réassurance et réformant le cadre juridique des fonds communs de créances.

[7] V. en ce sens le *rapport au Président de la République relatif à l'ordonnance n° 2008-556 du 13 juin 2008 transposant la directive 2005/68/CE du Parlement européen et du Conseil du 16 novembre 2005 relative à la réassurance et réformant le cadre juridique des fonds communs de créances.*

La règlementation de cette société s'est effectuée selon la même logique que celle ayant présidé à la création du FCC puisque le *trust* et son fonctionnement ont une fois de plus servi de référence. La société de titrisation répond ainsi à un régime dérogatoire afin d'organiser son administration par une société de gestion et la passivité de ses investisseurs. À cette fin, les droits d'intervention des actionnaires sont réduits [1]. Ce faisant, la société de titrisation est une copie du FCT, exception faite de sa personnalité. Cette différence doit être relativisée dans la mesure où le fonds est en partie traité comme une personne morale par le législateur. L'article L. 214-169 du Code monétaire et financier prévoit effectivement que le FCT peut être partie à des contrats, que ce soit à travers la souscription d'instruments financiers à terme ou l'acquisition de créances [2]. La consécration de deux organismes de titrisation distincts est donc surprenante. Si l'on considère, après vingt-ans d'utilisation, qu'un organisme doté de la personnalité morale serait plus performant, pourquoi ne pas le substituer au FCT ? Une telle substitution apparaît aujourd'hui inopportune puisque quinze ans après l'ordonnance du 13 juin 2008, seules trois sociétés de titrisation semblent avoir été créées[3]. Le faible succès de cet organisme est d'autant plus surprenant que la société est l'un des véhicules *ad hoc* les plus utilisés à l'étranger.

10. Droit comparé[4]. L'importation de la pratique financière américaine au sein des autres pays s'est effectuée selon des modalités similaires, sans que la nature du véhicule *ad hoc* utilisé n'influe sur la substance économique de l'opération[5]. Dans les pays de *common law*, l'opération de titrisation a pu être réalisée directement grâce au *trust* mais également grâce à des sociétés. Ces dernières prennent la forme de sociétés par actions à responsabilité limitée (*limited liability companies – LLC* aux États-Unis et *private/public limited company – PLC* au Royaume-Uni), de sociétés en commandite simple (*limited liability partnership – LLP*) ou de sociétés par

[1] Pour une illustration, v. not. art. L. 214-179, I, 1°, C. mon. fin. qui prévoit que l'assemblée générale ordinaire peut se tenir sans quorum ; v. *infra* n° 198.

[2] V. déjà en ce sens art. 34 de la loi n° 88-1201 du 23 décembre 1988 relative aux organismes de placement collectif en valeurs mobilières et portant création des fonds communs de créances.

[3] PARIS EUROPLACE, *Rapport Paris Europlace : « Une titrisation au service de la croissance »*, préc., p. 54. Entre 2008 et 2012 seulement deux sociétés de titrisation ont été créées. Une troisième société a été créée par la suite. Eu égard à la publicité financière ayant entouré la création de ces sociétés et à l'absence de données complémentaires, il est probable que le chiffre de trois soit toujours d'actualité ; v. « Clifford Chance conseille Natixis », *Le Monde du droit*, février 2015, disponible sur https://www.lemondedudroit.fr/deals/11162-clifford-chance-conseille-natixis.html ; O. BIROUK et F. DARVES, « La titrisation en France : les évolutions récentes », *Bulletin de la Banque de France*, décembre 2013, n° 194, p. 99 et s., spéc. p. 100.

[4] V. not. P. BARNETO et G. GREGORIO, *Les mécanismes financiers de la titrisation, op. cit.*, pp. 54-55 ; A. QUIQUEREZ, *Droit et techniques internationales de la titrisation, Des actifs aux titres financiers*, 2e éd., coll. « Cahiers financiers », Larcier, 2023, nos 32 et s., p. 56 et s.

[5] V. FORTI, *La titrisation des créances en droit comparé, op. cit.*, n° 63, p. 63.

actions (*company limited by shares – CLS*)[1]. Malgré l'utilisation courante du *trust* au Royaume-Uni, les praticiens utilisent principalement des sociétés à responsabilité limitée[2].

Dans les pays de tradition romano-germanique, le fonds et la société ont constitué les principales alternatives au *trust.* Le fonds est ainsi le véhicule utilisé en Espagne[3] et en Belgique[4]. Le Luxembourg permet également aux opérateurs de constituer un fonds de titrisation, prenant la forme d'une copropriété ou d'un patrimoine fiduciaire[5], sans qu'il ne rencontre un véritable succès[6]. La société est, quant à elle, la forme privilégiée en Allemagne, en Italie, aux Pays-Bas, en Suisse et au Luxembourg[7]. À chaque fois, la société utilisée est une société à responsabilité limitée pour circonscrire les pertes en cas d'échec de l'opération. Parmi ces différentes sociétés, seules les sociétés italiennes et luxembourgeoises font l'objet d'une règlementation particulière. Comme en droit français, les dispositions créées sont avant tout opérationnelles, fortement marquées par l'objectif économique à atteindre. La loi luxembourgeoise a ainsi assoupli un certain nombre de règles issues du

---

[1] P. BARNETO et G. GREGORIO, *Les mécanismes financiers de la titrisation, op. cit.*, pp. 54-55 ; K.N. KLEE et B.C. BUTLER, « Asset-Backed Securitization, Special Purpose Vehicles and Other Securitization Issues », *Uniform Commercial Code Law Journal*, décembre 2002, vol. 35, n° 2, p. 23 et s., spéc. pp. 26-27 ; F. BURNAT et J. CHARTIER, « French versus English securitisation: a comparative study following the Ordinance of June 13, 2008 », *International Business Law Journal*, 2010, vol. 2, p. 143 et s. ; et plus spécialement v. R. WALL et F. GLEBOCKI, « Structured finance and securitisation in the UK (England and Wales): overview », *Practical Law Country Q&A 1-501-1955*, Thomson Reuters, 1 décembre 2019 ; J.E. YARETT, E.R. BERMAN et N.D. MARTIN, « Structured finance and securitisation in the United States: overview », *Practical Law Country Q&A 5-501-4117*, Thomson Reuters, 1 juin 2021 ; PRACTICAL LAW FINANCE, « Securitization: The SPV », *Practice Note 7-501-8497*, Thomson Reuters, 25 septembre 2023.

[2] A. QUIQUEREZ, *Droit et techniques internationales de la titrisation, Des actifs aux titres financiers*, *op. cit.*, n° 34, p. 57.

[3] Il s'agit du *Fondo de Titulización*, v. P. RAVINA MARTIN, S. MORENO MERODIO et U. MENENDEZ ABOGADOS, « Structured finance and securitisation in Spain: overview », *Practical Law Country Q&A 6-523-1219*, Thomson Reuters, 1 juin 2020.

[4] Il s'agit du fonds de placement en créances J.-C. PAPEIANS, « Asset securitization: a comparative study between the United States and Belgium », *International Business Law Journal*, 1996, vol. 3, p. 341 et s. ; *adde* E. WYMEERSCH, « Belgium », in *Asset backed securitization in Europe*, Kluwer Law Internat, 1996, p. 25 et s.

[5] Art. 6, §1, de la loi du 22 mars 2004 relative à la titrisation.

[6] A. QUIQUEREZ, *Droit et techniques internationales de la titrisation, Des actifs aux titres financiers*, *op. cit.*, n° 206, p. 174.

[7] S. WITTINGHOFER, « Structured finance and securitisation in Germany: overview », *Practical Law Country Q&A 6-501-1000*, Thomson Reuters, 1 avril 2021 ; V. ZANEV et N. TAILLEFER, « Structured finance and securitisation in Luxembourg: overview », *Practical Law Country Q&A 0-624-2615*, Thomson Reuters, 1 juillet 2020 ; A. QUIQUEREZ, *Droit et techniques internationales de la titrisation, Des actifs aux titres financiers*, *op. cit.*, n° 34, pp. 58-59. On retrouve également la possibilité d'avoir recours à la société en Belgique avec la société d'investissement en créances. J.-C. PAPEIANS, « Asset securitization: a comparative study between the United States and Belgium », art. préc.

droit commun, notamment en créant un régime fiscal avantageux[1]. La loi italienne aménage, elle aussi, les dispositions de droit commun afin de singer le modèle américain[2], et prévoit notamment que la société de titrisation dispose d'un patrimoine fiduciaire[3]. La rupture avec la théorie du patrimoine est ainsi plus assumée qu'en France. Les exemples belges et italiens sont particulièrement intéressants dans la mesure où la titrisation a été introduite après la loi du 23 décembre 1988 et que les législateurs ont été confrontés à la difficulté de concilier la pratique financière anglo-saxonne avec leur droit commun, tout en pouvant s'inspirer du modèle français[4]. Bien que partageant notre tradition juridique, l'Italie a ainsi choisi de coller davantage à l'exemple du *trust* en créant la société de titrisation et en la dotant d'un patrimoine d'affectation. Celle-ci n'est alors pas obligatoirement gérée par une société de gestion. Les Belges ont quant à eux décidé de reproduire le FCC français et d'introduire la forme sociétaire, pour offrir une option aux opérateurs entre deux organismes, sur le modèle des États-Unis[5]. Il s'avère en pratique que le fonds de placement en créances belge est plus utilisé que la société d'investissement en créances. Ce dernier a également souffert des mêmes critiques que le FCC, notamment concernant l'absence d'exercice du droit de propriété par les indivisaires, due à la gestion des actifs par une société de gestion[6]. En effet, la confrontation de la qualification de copropriété, issue du droit commun, au régime du fonds a très tôt mis en évidence l'asservissement des qualifications par l'opération financière.

II. La primauté de la logique économique sur la logique juridique

11. Copropriété originale. Dès sa promulgation, le FCC a fait l'objet de critiques. En effet, bien que qualifié de copropriété, celui-ci déroge au régime de l'indivision, comprise comme synonyme[7]. Cette dérogation permet de doter la société de gestion des pouvoirs les plus larges pour gérer le fonds, tout en écartant l'intervention des copropriétaires, notamment à travers la gestion ou une demande en partage[8]. L'absence de pouvoir des copropriétaires

---

[1] A. QUIQUEREZ, *Droit et techniques internationales de la titrisation, Des actifs aux titres financiers*, *op. cit.*, n° 34, p. 59.
[2] V. FORTI, *La titrisation des créances en droit comparé*, *op. cit.*, n°s 57 et s., p. 58 et s.
[3] *Ibid.*, n° 314, p. 218.
[4] La pratique a été introduite en Belgique par la loi du 5 août 1992 modifiant en ce qui concerne les organismes de placement en créances, la loi du 4 décembre 1990, relative aux opérations financières et aux marchés financiers et par la loi n° 130 de 1999 en Italie.
[5] J.F. ROMAIN, « Examen du régime de la titrisation des créances du droit belge (la loi du 5 août 1992) », *Revue de Droit Commercial Belge*, 1992, p. 837 et s., spéc. n° 9, p. 844.
[6] *Ibid.*, n° 9.3.2, p. 846.
[7] V. *infra* n° 121.
[8] Art. 815 et art. 815-2 et s., C. civ.

est néanmoins telle qu'elle semble remettre en question jusqu'à l'existence de leur droit de propriété[1]. En effet, elle ne peut s'expliquer par un mandat de gestion de la copropriété accordé à la société de gestion en raison du déroulé de l'opération. La première phase de l'opération est la constitution du fonds par la société de gestion et l'acquisition des créances. Ce n'est que lors de la seconde phase de l'opération, l'émission des parts de copropriété, que les copropriétaires font leur apparition[2].

De même, malgré son absence de personnalité morale, le FCC est appréhendé juridiquement comme un sujet de droit. Afin de permettre le financement de l'opération par les marchés, cette copropriété est en effet autorisée à émettre des valeurs mobilières et, plus largement aujourd'hui, des titres financiers alors que leur émission est en principe réservée aux personnes morales[3]. Elle est également représentée par la société de gestion pour tous les actes concourant à la réalisation de l'opération de titrisation[4], tels que l'acquisition des créances titrisées. Une représentation sans représenté et une cession sans cessionnaire sont ainsi institutionnalisées. Pourtant, en l'absence de cocontractant, la cession des créances par l'initiateur est en principe juridiquement impossible. Dans le même esprit, la loi n° 2003-706 du 1er août 2003 de sécurité financière a autorisé les FCC à émettre des titres de créance. Il en résulte qu'une copropriété, par essence dépourvue de personnalité morale, peut avoir la qualité de débiteur, illustrant à nouveau la primauté de la logique financière sur la logique juridique[5].

12. Régime dérogatoire de la société de titrisation. Les critiques portées à l'encontre du FCT ne devraient pas se retrouver chez la société de

---

[1] Critiquant les copropriétaires sans pouvoirs, v. not. T. Revet et F. Zenati, *Les biens*, 3e éd., coll. « Droit fondamental », PUF, 2008, n° 64, p. 112 ; F. Nizard, *Les titres négociables*, préf. H. Synvet, coll. « Pratique du droit », Economica, Revue Banque Édition, 2003, n° 103, p. 51 ; sur l'usage de cette expression, v. T. Bonneau, « Les fonds communs de placement, les fonds communs de créances, et le droit civil », art. préc., n° 29 ; pour une critique similaire dans le cadre des fonds communs de placement, v. P. Jestaz, *Revue trimestrielle de droit civil*, 1980, p. 180 et s., spéc. p. 181.

[2] Sur la succession de ces deux étapes, v. not. V. Forti, *La titrisation des créances en droit comparé*, *op. cit.*, n° 405, p.279 ; T. Granier, *Titrisation et organismes de financement, Approche juridique*, coll. « Droit », RB Édition, 2018, n° 37, p. 29 ; A. Couret *et al.*, *Droit financier*, *op. cit.*, n° 974, p. 755 ; P. Le Cannu, T. Granier et R. Routier, *Droit commercial*, *op. cit.*, n° 753, p. 580.

[3] Art. 34 de la loi n° 88-1201 du 23 décembre 1988 relative aux organismes de placement collectif en valeurs mobilières et portant création des fonds communs de créances et art. L. 211-2, C. mon. fin. ; pour une critique, v. F. Zenati et A. Coeuret, « obs. sous la loi n° 88-1201 du 23 décembre 1988 relative aux organismes de placement collectif en valeurs mobilières et portant création des fonds communs de créances », *RTD civ.*, mars 1989, n° 1, p. 162 et s. ; J. Terray et P. Derouin, « La titrisation des crédits », *BJS*, janvier 1989, n° 1, p. 7 et s.

[4] Art. 40, II de la loi n° 88-1201 du 23 décembre 1988 relative aux organismes de placement collectif en valeurs mobilières et portant création des fonds communs de créances et art. L. 214-172 et art. L. 214-183, al. 1er, C. mon. fin.

[5] A. Couret, « Innovation financière et règle de droit », *D.*, juin 1990, n° 21, p. 135 et s.

titrisation. *A priori*, son régime correspond à la qualification qui lui est attribuée, les dérogations aux régimes des SA et SAS étant limitées[1]. Dotée de la personnalité morale, cette société a la propriété des actifs titrisés, peut être représentée et être partie à la cession des créances. Cependant, son autonomie est limitée dans la mesure où elle est obligatoirement gérée par une société de gestion qui n'a pas pour autant le statut de dirigeant[2]. Cette dernière effectue tous les actes concourant à la réalisation de l'opération de titrisation, si bien que l'objet social de la société de titrisation est réalisé par un tiers à la société[3]. La place occupée par la société de gestion est d'autant plus problématique que le législateur ne l'a pas intégrée à l'organisation sociale[4]. La société de gestion est donc en concurrence avec les dirigeants sociaux tout en étant à l'abri du contrôle des actionnaires. Cette extériorisation de la gestion contribue également à la réduction de la participation des actionnaires. Reproduisant la situation des bénéficiaires du *trust,* ces derniers sont appelés à la passivité. Leurs droits d'intervention sont réduits. Certains sujets tels que l'approbation des comptes échappent ainsi à la compétence de l'assemblée générale[5]. Leur collaboration à l'activité sociale est donc insignifiante voire inexistante, faisant douter de leur intention de s'associer[6].

13. Difficultés tenant à la logique du droit financier. L'attribution de qualifications de droit commun aux organismes de titrisation et d'un régime dérogatoire semble paradoxale. Retenir une qualification pour en exclure immédiatement le régime n'est-il pas l'aveu du caractère inadéquat des qualifications choisies ? Les incohérences portées par les organismes de titrisation illustrent ainsi un phénomène plus profond de contradiction entre le droit financier et le droit commun. Cette antinomie est en partie due aux méthodes d'élaboration de la norme en droit financier. Celui-ci s'avère fortement instrumentalisé[7] dans la mesure où il sert les objectifs politiques du législateur. Le droit financier français, qui s'est grandement européanisé sous la multiplication des textes communautaires, garantit ainsi une économie

---

[1] V. art. L. 214-179, C. mon. fin.
[2] Art. L. 214-168, III, C. mon. fin. et *infra* n° 39.
[3] V. *infra* n° 40.
[4] V. *infra* n°s 200 et s.
[5] V. *infra* n° 197.
[6] V. *infra* n° 229 et s.
[7] Certains auteurs qualifient même le droit d'instrument financier, au sens large, v. not. M.-A. FRISON-ROCHE, « Aspects juridiques de la mondialisation des marchés financiers », art. préc., n° 3, p. 46 ; A. COURET, « La dimension internationale de la production du droit », in *Les transformations de la régulation juridique et la production du droit*, coll. « Droit et Société, Recherches et Travaux », n° 5, LGDJ, 1998, p. 197 et s. ; M. DELMAS-MARTY, « La mondialisation du droit : chances et risques », *D.*, février 1999, n° 5, p. 43 et s. Percevant déjà l'instrumentalisation du droit par le marché, v. G. RIPERT, *Aspects juridiques du capitalisme moderne*, 2e éd., LGDJ, 1951.

libérale et participe à la création d'une union de marché de capitaux[1]. Ce contexte politique a favorisé l'émergence d'innovations financières, majoritairement issues de la pratique anglo-saxonne, que le législateur s'efforce désormais de retranscrire[2]. À cet égard, les difficultés sont doubles.

En premier lieu, le droit tente de saisir des techniques financières particulièrement complexes, ce qui le conduit à être « absorbé par son objet »[3]. Le législateur intervient effectivement davantage pour codifier *a posteriori* des pratiques régissant le fonctionnement des marchés financiers[4], sous l'influence des *lobbys*[5], mais également pour des questions de sécurité juridique et d'attractivité du droit. En effet, une fois la pratique adoptée, et des sommes investies, il devient délicat, tant pour le législateur que pour le juge de mettre un coup d'arrêt à la pratique et de remettre en question les opérations. De plus, les règles élaborées, asservies par les exigences de l'objet règlementé[6], se révèlent être d'une grande technicité et essentiellement pragmatiques[7].

En second lieu, le contexte de globalisation financière[8] impose au législateur de se saisir des pratiques étrangères. En effet, les marchés

---

[1] Sur l'influence du droit européen, v. not. P. AÏDAN, *Droit des marchés financiers, Réflexions sur les sources*, préf. X. Boucobza, Banque éditeur, 2001, n°s 303 et s., p. 187 et s. ; T. BONNEAU, « Législation " financière " et droit communautaire », in *1807-2007, Le Code de commerce, Livre du bicentenaire*, Dalloz, 2007, p. 707 et s. ; F. DRUMMOND, *Droit financier, Les institutions - Les activités - Les abus de marché*, coll. « Corpus Droit privé », Economica, 2020, n°s 14 et s., p. 23 et s. et n° 22, p. 30 ; H. CAUSSE, *Droit bancaire et financier*, coll. « Droit privé & sciences criminelles », Mare & Martin, 2015, n° 18, p. 33.

[2] A. COURET, « De quelques apports conceptuels au droit financier contemporain », in *Mélanges en l'honneur de Claude Champaud, Le droit de l'entreprise dans ses relations externes à la fin du XXe siècle*, Dalloz, 1997, p. 215 et s., spéc. n° 51, p. 207.

[3] A. COURET *et al.*, *Droit financier, op. cit.*, n° 5, p. 6.

[4] N. RONTCHEVSKY, J.-P. STORCK et M. STORCK, « Le réalisme du droit des marchés financiers », in *Mélanges D. Schmidt, Liber amicorum*, Joly éditions, 2005, p. 425 et s., spéc. p. 431.

[5] P. DEUMIER, *Introduction générale au droit*, 7e éd., coll. « Manuel », LGDJ, 2023, n° 67, p. 70 ; pour une étude globale de l'action des lobbyistes, v. J. LAPOUSTERLE, *L'influence des groupes de pression sur l'élaboration des normes, Illustration à partir du droit de la propriété littéraire et artistique*, préf. P. -Y. Gautier, coll. « Nouvelle Bibliothèque de Thèses », n° 88, Dalloz, 2009 ; M. MEKKI (dir.), *La force et l'influence normatives des groupes d'intérêt : identification, utilité et encadrement*, Gazette du Palais, 2011.

[6] M.-A. FRISON-ROCHE, « Le droit financier entre volontés et informations », in *Prospectives du droit économique, Dialogues avec Michel Jeantin*, Dalloz, 1999, p. 11 et s., spéc. p. 12.

[7] S'interrogeant sur la nature de la norme en la matière au regard de sa technicité, v. F. DRUMMOND, *Droit financier, op. cit.,Les institutions - Les activités - Les abus de marché*, coll. « Corpus Droit privé », Economica, 2020, n° 39, p. 41 ; C. GRANIER, *Les sources du droit financier, Étude sur la singularité de la production de la norme financière*, préf. P. Deumier et A.-C. Muller, coll. « Bibliothèque de droit privé », n° 628, LGDJ, 2023, n° 726, p. 500.

[8] Pour une définition de cette notion, v. D. PLIHON, « II. La globalisation financière », in *Les enjeux de la mondialisation, Les grandes questions économiques et sociales, III*, coll. « Repères », La Découverte, 2013, p. 23 et s., spéc. n° 1 qui définit la globalisation financière comme « un processus d'interconnexion des marchés de capitaux aux niveaux

financiers sont interconnectés, si bien qu'aucun « ne réagit de manière totalement indépendante par rapport aux autres. Les valeurs mobilières émises doivent permettre aux entreprises de capter les ressources sur tous les marchés de la planète »[1]. Le droit français ne peut donc ignorer les techniques financières étrangères s'il veut proposer aux acteurs une place attractive. En sus de l'action des *lobbys*, le législateur est également influencé indirectement par les acteurs qui vont choisir la loi la plus avantageuse au regard des opérations menées. Cette tendance est bien illustrée par la titrisation puisque la règlementation de l'opération issue de la loi du 23 décembre 1988 était si contraignante, notamment concernant la nature des créances pouvant être titrisées et des titres émis, que de nombreuses opérations ont été délocalisées, notamment aux Pays-Bas[2]. La globalisation s'accompagne ainsi nécessairement d'une internationalisation du droit financier[3]. Celui-ci tend à se standardiser sur le modèle considéré comme le plus performant, majoritairement anglo-saxon[4]. Les techniques financières étant identiques, la loi française cherche à être tout aussi attractive que ses voisines pour attirer les opérateurs.

Ces deux difficultés sont parfaitement illustrées par les organismes de titrisation, ces derniers étant issus de la transposition d'une pratique anglo-saxonne et faisant l'objet de dispositions techniques[5]. L'emprise est telle que la plupart des termes employés sont en anglais ou, au mieux, correspondent à des néologismes. L'organisme de titrisation est effectivement couramment désigné sous le terme de *special purpose vehicle (SPV)* ou de *special purpose entity (SPE)*[6], les titres issus de la titrisation de créances hypothécaires sont les *mortgage backed securities* (*MBS*) et les titres adossés à des créances de nature diverses sont les *asset backed securities* (*ABS*)[7]. De même, le terme de

---

national et international, conduisant à l'émergence d'un marché unifié de l'argent à l'échelle planétaire ».

[1] A. COURET *et al.*, *Droit financier*, *op. cit.*, n° 6, p. 7.

[2] A. COURET, « La dimension internationale de la production du droit », art. préc., n°s 24 et s., p. 204. Pour une étude des différents assouplissements en réponse aux règles originellement trop contraignantes v. P. LE CANNU, T. GRANIER et R. ROUTIER, *Droit commercial*, *op. cit.*, n°s 667 et s., p. 529 et s.

[3] A. COURET *et al.*, *Droit financier*, *op. cit.*, n° 6, p. 7.

[4] V. not. M.-A. FRISON-ROCHE, *Droit, finance, autorité : les modes de régulation juridique propres aux autorités de marchés financiers, Résumé et synthèse de la recherche*, Paris, Laboratoire de sociologie juridique, Paris II, 1999, p. 13, disponible sur https://mafr.fr/media/assets/mafr-resume-droit-finance-autorite-1999.pdf, consulté le 27 septembre 2023 ; A. COURET, « La dimension internationale de la production du droit », art. préc., n°s 11 et s., p. 199 et s. ; et faisant le même constat à propos du droit des sociétés, v. A. MARTIN-SERF, « L'instrumentalisation du droit des sociétés », *RJ com.*, mars 2002, n° 3, p. 108 et s., spéc. p. 110.

[5] Art. L. 214-166-1 et s. , C. mon. fin.

[6] V. not. le règlement 2017/2402 préc. qui désigne les organismes de titrisation sous le terme de *SSPE* (*securitisation special purpose entity*).

[7] P. LE CANNU, T. GRANIER et R. ROUTIER, *Droit commercial*, *op. cit.*, n°s 639-640, p. 513.

titrisation est l'imitation du terme anglais *securitization* [1] qui signifie transformer en titres.

14. Rejet de l'autonomie du droit financier ? Les difficultés dénoncées chez les organismes ressortant d'une confrontation du droit financier et du droit commun, il serait tentant de s'y soustraire en considérant que le droit financier est autonome. Il trouverait ainsi « sa loi en lui-même et en lui seul, bien plus, qu'il se constitue[rait] à soi-même cette loi, qu'il se la fait, sinon sans souci du reste, à tout le moins suivant sa nature et ses visées propres, se résumant dans ce qu'on place sous le vocable » de droit financier[2]. Une telle vision du droit financier fait ainsi écho aux méthodes d'élaboration de la norme à partir des innovations financières. Il n'est cependant pas possible de reconnaitre l'autonomie du droit financier dans la mesure où les concepts utilisés demeurent ceux du droit commun[3]. Le droit financier ne parvient donc pas à s'affranchir des concepts juridiques fondamentaux. Par ailleurs, la vocation subsidiaire du droit commun permet de suppléer certaines lacunes de ses dispositions [4]. Affirmer l'autonomie du droit financier signifierait qu'il serait autosuffisant. Or, cela ne serait pas souhaitable car il ne serait pas possible de s'appuyer sur le droit commun en cas d'insuffisance de la norme financière. Ceci créerait *in fine* des difficultés d'application et porterait atteinte à la sécurité et à l'efficience des marchés financiers. À défaut de reconnaitre l'autonomie du droit financier, il est en revanche possible d'admettre son particularisme.

15. Particularisme du droit financier. Le particularisme du droit financier ressort des nombreuses dérogations au droit commun, motivées par la spécificité de la matière et de ses enjeux. En effet, le droit civil et le droit des sociétés, élaborés alors que les marchés financiers ne s'étaient pas encore développés, peuvent sembler inaptes à saisir toute la complexité de la matière[5]. En particulier, la règlementation financière poursuit des objectifs spécifiques que sont l'éthique, la sécurité et l'efficience des marchés

---

[1] Ce terme peut également se trouver sous l'orthographe suivante : *securitisation.*

[2] F. Geny, « Le particularisme du droit fiscal », *RTD civ.*, 1931, p. 797 et s., spéc. n° 1, p. 799 citant L. Trotabas, « Essai sur le droit fiscal », *Revue de science de législation financière*, 1928, p. 201 et s., spéc. p. 214 ; F. Grua, « Les divisions du droit », *RTD civ.*, mars 1993, n° 1, p. 59 et s., spéc. nos 20 et 24.

[3] X. Lagarde, « Le droit des marchés financiers présente-t-il un particularisme ? », *JCP G*, novembre 2005, n° 44-45, p. 2045 et s., spéc. n° 1 ; A. Couret, « De quelques apports conceptuels au droit financier contemporain », art. préc., n° 78, p. 215 ; A. Couret *et al.*, *Droit financier*, *op. cit.*, n° 9, p. 8 ; T. Bonneau *et al.*, *Droit financier*, *op. cit.*, n° 37, p. 46.

[4] N. Balat, *Essai sur le droit commun*, préf. M. Grimaldi, coll. « Bibliothèque de droit privé », n° 571, LDGJ, 2016, n° 87, p. 56.

[5] F. Peltier, *Marchés financiers & droit commun*, Revue Banque, 1997, n° 2, p. 13.

financiers, légitimant certaines dérogations [1]. L'efficience et la sécurité imposent ainsi de lutter contre le risque systémique, et justifient certaines exceptions au droit des procédures collectives. Le risque systémique correspond à la dégradation brutale de la stabilité financière due à la défaillance d'un acteur financier se répercutant sur les autres acteurs de ce secteur et affectant à terme l'économie réelle[2]. Sa réalisation peut être en partie contrée par une limitation des réactions en chaîne, notamment en payant le « créancier financier » malgré la défaillance de son débiteur[3]. Au regard des finalités de la matière, admettre un tel particularisme s'avère plus réaliste mais également préférable à l'autonomie du droit financier dans la mesure où en l'absence de règle spéciale, il est toujours possible de se référer aux règles générales.

Cependant, le particularisme du droit financier ne permet pas de justifier certaines caractéristiques des organismes de titrisation. En effet, ces derniers ne se contentent pas de déroger aux règles de droit commun mais y portent atteinte. Invoquer alors le particularisme du droit financier ne saurait être une solution pérenne. Dans le cas contraire, cela signifierait que les notions mobilisées, telles que la copropriété ou la société, n'auraient pas le même sens qu'en droit commun. Il faudrait alors définir ces notions en droit financier[4]. À long terme, une telle approche porterait atteinte à la lisibilité du système juridique. En premier lieu, par un effet d'entrainement, le particularisme du

---

[1] *Ibid.*, n°s 104 et s., p. 73 et s. ; v. également en ce sens N. RONTCHEVSKY, J.-P. STORCK et M. STORCK, « Le réalisme du droit des marchés financiers », art. préc., p. 447.

[2] V. en ce sens J.-F. LEPETIT, *Rapport sur le risque systémique*, La Documentation française, avril 2010, p. 10. La crise des *subprimes* est un exemple de réalisation de ce risque. La concomitance de la défaillance des emprunteurs et de l'éclatement de la bulle immobilière a, dans un premier temps, empêché les banques de se rembourser en vendant les biens hypothéqués par leurs emprunteurs. Ceci a provoqué la défaillance de plusieurs établissements de crédit et une suspension des crédits interbancaires mais aussi aux particuliers et aux entreprises. L'économie réelle fut donc affectée par cet arrêt du financement. Dans un deuxième temps, les ménages n'ayant pas pu rembourser leur prêt, se trouvaient ruinés et expulsés. Ils n'étaient donc plus en mesure de consommer des biens ou des services, conduisant les entreprises à anticiper une baisse de la croissance et à licencier leurs salariés. Dans un troisième temps, une partie des risques de crédit supportés à l'époque par les banques ont été titrisés et transmis à d'autres acteurs financiers, propageant la crise à l'échelle mondiale. L'ensemble des investisseurs particuliers ayant souscrits des produits reposant sur les crédit *subprimes* ont ainsi également subis des pertes, les obligeant à réduire leur consommation.

[3] Sur l'emploi de cette expression et sur les nombreuses dérogations au droit des procédures collectives inhérentes au droit financier, v. D. ROBINE, *La sécurité des marchés financiers face aux procédures collectives,* préf. P. Le Cannu, coll. « Bibliothèque de droit privé », n° 400, LGDJ, 2003, n°s 439 et s., p. 238 et s. À titre d'exemple, les contrats financiers s'exécutent même si l'un des contractants fait l'objet d'une procédure collective, ce qui déroge à l'interdiction de payer les créances antérieures, v. not. art. L. 211-18 et art. L. 211-36 à L. 211-40, C. mon. fin. Les garanties financières échappent également au domaine des actions en nullité de la période suspecte, v. art. L. 211-38, C. mon. fin.

[4] V. également en ce sens à propos du droit fiscal, F. GENY, « Le particularisme du droit fiscal », art. préc., n° 17, p. 824.

droit financier justifie déjà une multiplication des dérogations au droit commun. Il se présente ainsi davantage comme un corpus de normes techniques, adoptées en réaction à une pratique toujours plus innovante, qu'à des lois stables et générales. Or, au-delà de la difficulté de compréhension des règles, tant par leur technicité que par les renvois opérés entre différentes dispositions et codes, il devient difficile de combiner les règles édictées. En second lieu, d'autres disciplines pourraient être tentées de s'autonomiser et d'adopter leur propre définition des concepts de droit commun. On arriverait ainsi rapidement à un ensemble chaotique de règles, plus spéciales les unes que les autres, qui devraient pourtant être combinées à chaque fois qu'un problème juridique impliquerait plusieurs matières. La question n'est pas purement hypothétique, il suffit de songer aux infractions financières qui concernent le droit pénal et le droit financier, ou à l'émission de valeurs mobilières par les sociétés cotées qui impliquent à la fois le droit des sociétés et le droit des marchés financiers. Au contraire, la lisibilité du système juridique repose sur une combinaison des règles applicables, facilitée par l'emploi de concepts communs [1]. Cette lisibilité participe d'ailleurs à l'attractivité du droit français et de la Place de Paris, puisqu'elle minimise le coût juridique des opérations et favorise la concurrence entre les différents acteurs.

16. La fiducie, une occasion manquée ? Les atteintes portées par les organismes de titrisation au droit commun ne sont pourtant peut-être pas irrémédiables. Depuis la loi du 23 décembre 1988, la conception du patrimoine a tant évolué que le législateur a consacré la fiducie par la loi du 19 février 2007 et l'entrepreneur individuel est doté d'un patrimoine professionnel, en sus de son patrimoine personnel[2]. La fiducie est souvent présentée comme une alternative au *trust* puisqu'elle organise la gestion d'un patrimoine d'affectation dans l'intérêt de bénéficiaires. Son utilisation dans le cadre d'une opération de titrisation permettrait donc, peut-être, de mener l'opération financière sans travestir les concepts de droit commun. Ce contrat permettrait d'ailleurs sans doute de réunir à la fois les aspects patrimoniaux et contractuels de l'opération de titrisation, aujourd'hui différenciés en présence des organismes. En effet, le FCT et la société de titrisation font simplement office d'enveloppes patrimoniales tandis qu'un noyau contractuel garantit leur

[1] Sur la systématisation du droit, v. not. H. ROLAND et L. BOYER, *Introduction au droit*, coll. « Traités », Litec, 2003, n°s 309 et s., p. 116 et s. ; J.-L. BERGEL, « Différence de nature = Différence de régime », *RTD civ.*, 1984, p. 258 et s. ; F. ROUVIERE, « Le revers du principe "différence de nature (égale) différence de régime" », in *Le droit entre autonomie et ouverture, Mélanges en l'honneur de Jean-Louis Bergel*, Bruylant, 2013, p. 427 et s. ; M. CUMYN, « Les catégories, la classification et la qualification juridiques : réflexions sur la systématicité du droit », *Les Cahiers de droit*, décembre 2011, vol. 52, n° 3-4, p. 351 et s.

[2] V. les lois n° 2007-211 du 19 février 2007 instituant la fiducie et n° 2022-172 du 14 février 2022 en faveur de l'activité professionnelle indépendante.

gestion dans l'intérêt des investisseurs[1]. Les créances sont ainsi isolées dans le patrimoine de ces organismes. En revanche, leur gestion et leur conservation sont organisées dans une convention de gestion [2] et une convention de dépositaire. Chacune de ces conventions développe les missions de ces acteurs, leurs prérogatives et organise leurs interactions[3]. Les actes de gestion pouvant être effectués par la société de gestion et les modalités de la conservation des actifs par le dépositaire sont notamment précisés.

Malgré ses attraits, la fiducie n'a pas servi de base à une réforme des organismes de titrisation. L'occasion ne manquait pas puisqu'elle était déjà consacrée depuis un an lorsque le législateur est venu réformer les organismes de titrisation et créer la société de titrisation, avec l'ordonnance du 13 juin 2008. La fiducie aurait pu se substituer au FCC. Son absence au sein des réflexions à l'époque, et par la suite, s'explique sans doute pour deux raisons. En 2008, l'objectif était de favoriser les opérations internationales et l'attention s'est sans doute concentrée sur la création d'un véhicule doté de la personnalité morale pour pouvoir bénéficier des conventions internationales de non double imposition. De plus, la fiducie était encore toute récente, tandis que le FCC était bien adopté des praticiens, éludant toute question sur le sujet. Les incohérences dénoncées ainsi que l'apprivoisement de la fiducie par la pratique invitent aujourd'hui à repenser les organismes de titrisation.

17. Apports d'une recherche sur les organismes de titrisation. Aux yeux des praticiens, une recherche consacrée aux organismes de titrisation pourrait paraître superflue. En effet, les organismes de titrisation sont performants, ce qui devrait être suffisant si l'on considère que la logique financière doit primer[4]. Pourtant, une première approche des organismes de titrisation a permis de souligner leurs imperfections et invite à les corriger. Grâce à cette démarche, les organismes pourraient parfaitement s'intégrer dans notre système juridique et seraient plus faciles à appréhender. Le droit français gagnerait ainsi en lisibilité et en attractivité, enjeu intéressant dans un contexte post-Brexit[5]. Le droit commun pourrait également s'enrichir d'une

---

[1] V. FORTI, *La titrisation des créances en droit comparé*, *op. cit.*, n° 174, p. 136.

[2] Afin de désigner le contrat conclu avec la société de gestion, le terme de convention de gestion sera employé dans les développements suivants, sachant que cette dernière peut être incluse dans le document constitutif de l'organisme de titrisation.

[3] Sur ces conventions, v. *infra* n°s 36 et 148.

[4] Sur le conservatisme des praticiens et le statisme du droit, v. G. RIPERT, *Les forces créatrices du droit*, 2e éd., LGDJ, 1955, n° 5, p. 14.

[5] Monsieur d'Arsouze a néanmoins mis en évidence que la règlementation n'est pas le principal facteur d'attractivité pour les acteurs. Il s'agit, par ordre d'importance de : la liquidité de la place, la qualité de l'analyse financière, l'étendue de la base d'investisseurs à laquelle elle permet d'accéder, le coût de revient des négociations et du règlement-livraison, et enfin l'environnement règlementaire qui doit être ni trop strict, ni trop laxiste. V. en ce sens A. COURET *et al.*, *Droit financier*, *op. cit.*, n° 5, p. 7.

telle étude. En effet, il n'est pas exclu que certaines des dérogations opérées en faveur de l'opération de titrisation soient généralisées et permettent ainsi une évolution des notions[1]. À rebours du droit commun des sociétés, la société de titrisation a notamment la possibilité de créer des patrimoines d'affectation en vue de réaliser plusieurs opérations de façon indépendante. Son régime invite ainsi à une réflexion sur la reconnaissance d'un patrimoine d'affectation au profit des personnes morales[2], alors qu'il semblait jusqu'à présent réservé aux personnes physiques. Par ailleurs, peu d'études sont consacrées aux organismes de titrisation[3]. En effet, la complexité de l'opération financière a limité le nombre de recherches doctrinales en la matière et celles qui ont déjà été réalisées se concentrent sur l'opération de titrisation[4]. Une étude des organismes de titrisation s'inscrit donc dans la poursuite de ces travaux et la démarche retenue doit désormais être présentée.

III. La démarche retenue

18. Délimitation du champ de recherche. La présente étude se concentre sur les organismes de titrisation de droit français. Le choix d'une recherche en droit interne peut surprendre en raison de la concurrence internationale en la matière et du poids de la règlementation européenne. Néanmoins, les faiblesses des organismes de titrisation français apparaissent au regard de nos concepts de droit des biens, de droit des sociétés et de droit des contrats. Or, une recherche à l'échelle internationale concentrerait l'attention sur une comparaison des organismes et de leur efficacité. La confrontation des organismes de titrisation au droit français serait alors uniquement secondaire. Par ailleurs, une étude en droit interne n'exclut pas toute perspective internationale.

Premièrement, la règlementation européenne doit nécessairement être prise en considération à travers les règlements et directives consacrés à la titrisation[5]. Elle permet effectivement d'expliquer certains éléments du régime des organismes de titrisation. Elle est notamment à l'origine d'une distinction

---

[1] Sur cette idée v. A. COURET, « Innovation financière et règle de droit », art. préc.
[2] V. *infra* n° 257.
[3] V. not. T. BONNEAU, « Les fonds communs de placement, les fonds communs de créances, et le droit civil », art. préc. ; pour une présentation pragmatique des organismes de titrisation, v. aussi T. GRANIER, *Titrisation et organismes de financement*, *op. cit.* ; A. QUIQUEREZ, « Fasc. 2260 : Les organismes de titrisation », *JCl. Sociétés Traité*, LexisNexis, 5 juin 2023.
[4] V. spéc. A. QUIQUEREZ, *La titrisation des actifs intellectuels*, *op. cit.* ; V. FORTI, *La titrisation des créances en droit comparé*, *op. cit.* ; A. BAVOUIDIBIO-MASSENGO, *Contribution à l'étude juridique de l'opération de titrisation*, Thèse Paris II, 2019 ; L. PAPAÏS, *Titrisation et fiducie*, Thèse Toulouse 1, 2012.
[5] V. not. le règlement 2017/2402 du Parlement européen et du Conseil du 12 décembre 2017 créant un cadre général pour la titrisation ainsi qu'un cadre spécifique pour les titrisations simples, transparentes et standardisées, et modifiant les directives 2009/65/CE, 2009/138/CE et 2011/61/UE et les règlements n° 1060/2009 et n° 648/2012.

en droit français entre les organismes de titrisation soumis aux dispositions sur les fonds d'investissement alternatifs (FIA) et les organismes de titrisation non soumis à ces dispositions. En effet, la directive 2011/61/UE du Parlement européen et du Conseil du 8 juin 2011 sur les gestionnaires de fonds d'investissement alternatifs appelée directive AIFM a soumis les FIA à un certain nombre de règles concernant l'agrément, les activités et la transparence de leurs gestionnaires. Cette directive définit les FIA comme des organismes de placement collectif levant des capitaux auprès d'investisseurs en vue de les investir conformément à une politique d'investissement définie dans l'intérêt de ces investisseurs et qui ne sont pas soumis à l'agrément des OPCVM[1]. Les organismes de titrisation sont par principe exclus du champ d'application de la directive[2]. Cependant, lors de sa transposition, le législateur français était soucieux de l'utilisation d'organismes de titrisation à des fins de contournement de la règlementation européenne. Ceux-ci profiteraient de leur qualification pour échapper à la règlementation européenne, tout en fonctionnant comme des FIA. Le législateur a donc distingué deux catégories d'organismes de titrisation : les organismes de titrisation classiques (les vrais organismes de titrisation) et les organismes de titrisation de contournement (qui n'effectuent pas de vraies opérations de titrisation)[3]. Tous sont qualifiés de FIA. En revanche, les organismes de titrisation classiques ne sont pas soumis aux dispositions relatives aux FIA. À l'inverse, les organismes de titrisation de contournement sont soumis aux prescriptions de la directive[4]. Pour être qualifié d'organisme de titrisation de contournement, l'organisme doit avoir pour objet d'être exposé à plus de 50% de son actif à des risques prenant la forme de titres financiers ou tout autre actif ne constituant pas une exposition à un risque d'assurance ou de crédit. Ces actifs doivent aussi être gérés discrétionnairement par une société de gestion. Les risques encourus par l'organisme peuvent également prendre la forme de contrats financiers gérés et résiliés de façon discrétionnaire par la société de gestion[5]. À cet égard, nous nous concentrerons sur les organismes de titrisation classiques.

Les éventuelles corrections apportées aux organismes de titrisation doivent également respecter les prescriptions de la règlementation européenne. Les organismes de titrisation doivent effectivement correspondre aux entités de titrisation définies par le règlement du 12 décembre 2017 créant un cadre général pour la titrisation ainsi qu'un cadre spécifique pour les titrisations simples, transparentes et standardisées (STS). Cette contrainte doit toutefois être relativisée, dans la mesure où l'entité de titrisation fait l'objet d'une

---

[1] Art. 4 de la directive 2011/61/UE du Parlement européen et du Conseil du 8 juin 2011 sur les gestionnaires de fonds d'investissement alternatifs.

[2] Art. 2, §3, G de la directive 2011/61/UE préc.

[3] Art. L. 214-167, I et II, et art. D. 214-232 et s., C. mon. fin.

[4] Art. L. 214-167, I et II, C. mon. fin.

[5] Art. L. 214-167, II, et D. 214-216-1, C. mon. fin.

définition suffisamment large pour accueillir la diversité des véhicules de titrisation européens[1]. Il peut effectivement s'agir d'une « *entreprise, une fiducie ou autre entité, autre qu'un initiateur ou un sponsor, qui est créée dans le but de réaliser une ou plusieurs titrisations, dont les activités sont limitées à celles appropriées pour la réalisation de cet objectif, dont la structure vise à isoler les obligations de la SSPE de celles de l'initiateur* »[2]. Les propositions formulées doivent également satisfaire aux exigences édictées par le règlement) permettant de bénéficier de la désignation « titrisation STS ». Ce label STS est commun à tous les États membres et renvoie à une liste de critères concernant la structuration des opérations. Il facilite ainsi les investissements transfrontaliers dans la mesure où les investisseurs n'ont pas à se familiariser avec la règlementation de chaque État membre[3].

Deuxièmement, les solutions retenues par les autres pays de tradition romano-germanique méritent d'être considérées dans le cadre d'une correction des imperfections de nos organismes. De même, l'attractivité du droit français implique la compétitivité de nos organismes qui ne peut être appréciée qu'au regard des organismes de titrisation étrangers.

19. Méthodologie de la recherche. En raison de la technicité des normes financières, une étude des organismes de titrisation doit nécessairement passer par une décortication des dispositions qui leur sont applicables. Cette étape se heurte cependant à la diversité des sources du droit en la matière. En effet, les organismes de titrisation sont régis par des règles émanant à la fois des institutions européennes, de l'État et d'autorités administratives indépendantes, telles que l'AMF[4]. Toutes ces règles doivent être combinées pour avoir une vue d'ensemble de la règlementation applicable

---

[1] Sur cette diversité, v. *supra* n° 10.

[2] Art. 2, §2, du règlement 2017/2402 préc.

[3] V. en ce sens le considérant n° 20 du règlement 2017/2402 préc.

[4] Pour étude détaillée des sources du droit financier et de la question de la régulation v. C. GRANIER, *Les sources du droit financier, Étude sur la singularité de la production de la norme financière*, préf. P. Deumier et A.-C. Muller, coll. « Bibliothèque de droit privé », n° 628, LGDJ, 2023, spéc. n°s 220 et s., p. 197 et s. La loi n'est pas la seule source du droit financier. En effet, la construction de la norme en droit financier est également le fait d'autorités administratives indépendantes telles que l'AMF, en concertation avec des professionnels, qu'il s'agisse des gestionnaires des infrastructures de marchés ou d'associations professionnelles. Depuis la crise financière, on observe un fort retour à la règlementation, notamment sous l'impulsion des institutions européennes. V. aussi ; F. DRUMMOND, *Droit financier*, *op. cit.*, n°s 27 et s., p. 34 et s. ; T. BONNEAU, *Régulation bancaire et financière européenne et internationale*, 6e éd., coll. « Droit de l'Union européenne », n° 2, Bruylant, 2022, n° 6, p. 11 ; H. DE VAUPLANE, « Marchés financiers : régulation, réglementation ou autoréglementation ? », in *1807-2007, Le Code de commerce, Livre du bicentenaire*, Dalloz, 2007, p. 373 et s. ; A. COURET *et al.*, *Droit financier*, *op. cit.*, n°s 1852 et s., p. 1507 et s. ; sur l'enchevêtrement des différents codes, *adde* F. DRUMMOND, « Code de commerce et Code monétaire et financier, ou l'enchevêtrement des codes », in *1807-2007, Le Code de commerce, Livre du bicentenaire*, Dalloz, 2007, p. 96 et s.

aux organismes de titrisation. La tâche est d'autant plus ardue qu'en droit financier, la norme n'est pas un cadre stable auquel il convient de se conformer mais davantage un instrument adapté aux nouvelles pratiques et en perpétuelle évolution [1]. En témoignent les réformes successives des organismes de titrisation, ayant pour objectif de répondre davantage aux besoins du marché et de rendre le droit français plus attractif[2]. L'appréhension des organismes est également complexifiée par l'opacité du milieu financier, limitant l'accès aux données pratiques.

Cette décortication des règles applicables devrait permettre d'identifier les éléments caractéristiques du FCT et de la société de titrisation, leurs avantages et leurs inconvénients et donc de comprendre les fondements de la distinction entre les deux organismes. Elle devrait également mettre en évidence les concepts empruntés au droit civil et au droit commercial et les éventuels décalages existants. Tant les concepts instrumentalisés par le droit financier que les organismes de titrisation pourraient ressortir éprouvés de cette confrontation. Dans ce cas, un meilleur compromis devrait être trouvé pour les règlementer. Il faut néanmoins être prudent car toutes les divergences observées ne doivent pas être condamnées. D'une part, certaines sont dues aux objectifs poursuivis par le droit financier et doivent être conservées. En effet, si les impératifs d'efficacité et de sécurité[3], passaient au second plan, les propositions formulées à l'égard des organismes ne seraient pas retenues ou les organismes perdraient en efficience. D'autre part, certaines spécificités du droit financier constituent de véritables innovations qui pourraient venir enrichir notre droit commun, comme c'est le cas des patrimoines d'affectation de la société de titrisation.

Au regard de ces différents éléments, il convient de critiquer les organismes de titrisation (partie 1) avant d'en proposer une approche renouvelée (partie 2).

Partie 1 – Analyse critique des organismes de titrisation
Partie 2 – Approche renouvelée des organismes de titrisation

---

[1] V. not. F. OST, « Le temps virtuel des lois postmodernes ou comment le droit se traite dans la société de l'information », in *Les transformations de la régulation juridique*, coll. « Droit et Société, Recherches et Travaux », n° 5, LGDJ, 1998, p. 423 et s., spéc. p. 436.

[2] On dénombre six réformes importantes. Pour un aperçu historique, v. T. BONNEAU, *Droit bancaire*, 15e éd., coll. « Précis Domat », LGDJ, 2023, n° 1121, p. 841 ; I. RIASSETTO et M. STORCK, *Les organismes de placement collectif. T. 2, Les fonds d'investissement alternatifs*, coll. « Pratique des affaires », Joly éditions, 2022, n° 3431, p. 1275.

[3] Tous ces impératifs sont complémentaires et participent à l'efficience des marchés et à la confiance des opérateurs, v. T. BONNEAU *et al.*, *Droit financier*, *op. cit.*, n° 23, p. 39 ; F. PELTIER, *Marchés financiers & droit commun*, *op. cit.*, nos 105 et s., p. 73 et s.

PARTIE 1 – ANALYSE CRITIQUE DES ORGANISMES DE TITRISATION

20. Les organismes de titrisation sont des structures complexes. Dotés ou non de la personnalité morale, ils associent à la fois une société de gestion, un dépositaire et une collectivité d'investisseurs[1]. Ils sont ainsi difficiles à appréhender au moyen des concepts de droit commun[2], comme en attestent les débats parlementaires ayant entouré la création du fonds commun de créances[3]. Les caractéristiques de ce fonds ont rapidement été arrêtées, notamment sur le modèle des fonds communs de placement, mais sa nature a fait l'objet de nombreuses discussions pour savoir s'il s'agissait ou non d'une personne morale[4]. Faute de solution adéquate, il fut même proposé une formule vague, à savoir que le FCC prendrait la forme « soit d'une copropriété de parts représentatives des créances, soit d'une structure juridique lui conférant la personnalité morale »[5]. C'est *in fine*, la première solution qui fut adoptée, puisqu'en 1988 le FCC est qualifié de copropriété[6]. Néanmoins, ce choix n'a pas permis de régler la question de la qualification, car à peine vingt-ans plus tard, le législateur consacre un second organisme aux côtés du FCC (devenu FCT) : la société de titrisation. Ce rattachement des organismes de titrisation aux qualifications de société et de copropriété n'en simplifie pas la compréhension, dans la mesure où ils se voient appliquer un régime largement dérogatoire au droit commun. L'étude de la règlementation des organismes de titrisation laisse ainsi tout d'abord perplexe. En effet, elle fait apparaître tant de similitudes entre les organismes qu'il faut conclure au caractère artificiel de leur dualité (titre 1). Elle met ensuite en évidence le décalage profond existant entre les qualifications de droit commun et les régimes issus du droit financier. Conçus sur le modèle du *trust*, ceux-ci s'avèrent inconciliables avec les qualifications de société et de copropriété,

---

[1] V. également en ce sens à propos du FCP, B. DONDERO, « Détenir des actions sans avoir la personnalité juridique, et autres questions passionnantes », *D.*, novembre 2022, n° 38, p. 1950 et s., spéc. n° 9.

[2] V. not. sur la notion de concept v. W. DROSS, « L'identité des concepts juridiques : quelles distinctions entre concept, notion, catégorie, qualification, pratique ? », art. préc.

[3] V. ASSEMBLEE NATIONALE, *Compte-rendu intégral des débats parlementaires* (deuxième séance du mardi 13 décembre 1988), préc. ; J. LARCHE, *Rapport sur le projet de loi relatif aux organismes de placement collectif en valeurs mobilières et aux fonds communs de créances*, préc.

[4] V. not. ASSEMBLEE NATIONALE, *Compte-rendu intégral des débats parlementaires* (deuxième séance du mardi 13 décembre 1988), préc., p. 3619 et s.

[5] *Ibid.*, p. 3620.

[6] Art. L. 214-180, al. 1er, C. mon. fin.

conduisant à leur remise en question (titre 2). Le choix d'une démarche inversée – traitant du régime avant la qualification – pour peu orthodoxe qu'il soit, est celui qui révèle le mieux les frictions existantes entre le droit financier et le droit commun, et toutes les incohérences que recèlent les organismes[1]. L'approche contraire conduirait à se satisfaire des qualifications et de la spécificité des régimes qui leur sont assignés, notamment en raison de la technicité de l'objet règlementé.

---

[1] Admettant également qu'il est permis de raisonner à partir du régime connu pour apprécier la justesse d'une qualification dans une optique de recherche juridique, v. J.-L. BERGEL, « Différence de nature = Différence de régime », art. préc., n° 10, p. 263 ; F. ROUVIERE, « Le revers du principe "différence de nature (égale) différence de régime" », art. préc., n° 3, p. 419.

TITRE 1 – UNE DUALITE ARTIFICIELLE

21. Le manque d'homogénéité de la catégorie des organismes de titrisation ne se retrouve pas dans les opérations de titrisation. Ces dernières sont toujours caractérisées par plusieurs étapes : l'élaboration des conditions financières de l'opération ; la constitution de l'organisme par la société de gestion ; l'émission de titres financiers et leur souscription par les investisseurs ; la gestion de l'organisme jusqu'au terme de l'opération. Les organismes font ainsi simplement office d'enveloppes patrimoniales administrées par une société de gestion et un dépositaire, et dont l'activité se réduit aux opérations de titrisation. Au regard de ce rôle commun, leur dualisme n'apparaît pas justifié[1]. En réalité, sa raison d'être est uniquement de nature fiscale[2], la société de titrisation ayant été créée pour que le droit français soit doté d'un organisme de titrisation pouvant bénéficier des conventions fiscales internationales de non double imposition[3]. Cependant, concentrée sur ce seul aspect, la distinction n'emporte que peu de conséquences juridiques et s'avère artificielle. En effet, la catégorie d'organismes de titrisation gomme les spécificités attachées aux qualifications de société et de copropriété. Les organismes sont ainsi soumis à des régimes essentiellement communs, guidés par des considérations financières (chapitre 1). Une identité de régimes impliquant en principe une identité de nature[4], il est possible d'en déduire que les organismes présentent en réalité une nature unique (chapitre 2).

---

[1] S'interrogeant déjà sur l'intérêt de la dualité d'organismes lors de sa création, v. N. MARTIAL-BRAZ, « Un vent de modernisation souffle sur la titrisation ! (vraie tempête ou faux-semblant ?) », *RLDC*, octobre 2008, n° 53, p. 30 et s., spéc. n° 7.

[2] V. *supra* n° 9 et *infra* n° 95.

[3] Le FCT non personnifié ne pouvait en profiter. V. sur ce point le *rapport au Président de la République relatif à l'ordonnance n° 2008-556 du 13 juin 2008 transposant la directive 2005/68/CE du Parlement européen et du Conseil du 16 novembre 2005 relative à la réassurance et réformant le cadre juridique des fonds communs de créances.*

[4] V. not. en ce sens F. ROUVIERE, « Le revers du principe "différence de nature (égale) différence de régime" », art. préc., n° 16, p. 440. Ce principe n'est cependant pas absolu. Le crédit-bail illustre notamment ses limites puisque s'il n'est pas un opération de crédit, il en présente le même régime. Sur les limites à ce principe, v. aussi F. ROUVIERE, *Argumentation juridique*, coll. « Thémis Droit », PUF, 2023, n° 274, p. 269 .

CHAPITRE 1 : UNE COMMUNAUTE DE REGIMES

22. La différence de nature entre le FCT et la société de titrisation devrait en principe se traduire par une différence de régime. Certaines similitudes entre ces deux organismes n'ont cependant pas manqué d'être soulignées[1]. Ces dernières se justifient en partie parce qu'ils servent de pivot à la même opération financière. L'examen approfondi des dispositions du Code monétaire et financier révèle néanmoins qu'il ne s'agit pas d'une simple ressemblance. Les règles de fonctionnement applicables aux deux types d'organismes de titrisation s'affranchissent de leur nature et sont majoritairement identiques (section 1). L'identité de leurs régimes est d'autant plus importante qu'elle se retrouve également au niveau de leurs investisseurs, censés être le paroxysme de la distinction entre le FCT et la société de titrisation (section 2). Qualifiés notamment de copropriétaires et d'actionnaires, les investisseurs devraient se voir appliquer des règles différentes. Ils sont pourtant soumis aux mêmes règles.

Section 1 : L'identité des règles applicables aux organismes de titrisation

23. L'uniformité des organismes de titrisation se manifeste au niveau de leur structure, par une identité des règles de fonctionnement. Sur le modèle du *trust*, les actifs titrisés sont isolés dans un patrimoine et affectés au remboursement des investisseurs, qui ne prennent pas part à leur gestion. Cette organisation repose sur une autonomie des organismes qui exercent tous deux les attributs de la personnalité morale (§ 1) ainsi que sur une gestion bicéphale, exercée obligatoirement par une société de gestion et un dépositaire (§ 2).

§ 1 : L'exercice commun des attributs de la personnalité morale

24. Répondant à la demande des acteurs économiques, le régime des organismes de titrisation est modelé par les impératifs de l'opération financière, quitte à se démarquer de concepts fondamentaux[2]. En effet, bien que seule la société de titrisation soit personnifiée[3], les organismes sont tous

---

[1] A. COURET *et al.*, *Droit financier*, *op. cit.*, n° 1051, p. 821 ; P. LE CANNU, T. GRANIER et R. ROUTIER, *Droit commercial*, *op. cit.*, n° 689, p. 543.
[2] V. en ce sens à propos du droit des sociétés A. MARTIN-SERF, « L'instrumentalisation du droit des sociétés », art. préc., p. 116.
[3] Art. L. 214-180, al. 2, C. mon. fin.

deux dotés d'un patrimoine (A) et peuvent être titulaires de droits et d'obligations (B).

A. Le patrimoine des organismes

25. Organisation patrimoniale identique des organismes de titrisation. Malgré sa qualification de copropriété, le FCT est doté d'un patrimoine tout aussi hermétique que celui de la société de titrisation. En effet, l'article L. 214-175 III du Code monétaire et financier prévoit que l'actif du FCT répond exclusivement de son passif. De plus, l'article L. 214-184 du même code précise que les copropriétaires ne sont tenus des dettes du fonds qu'à hauteur du montant de leur investissement. Leur responsabilité est donc aussi limitée que celle des actionnaires de la société de titrisation. À l'inverse, l'actif du FCT ne répond pas de leurs dettes ni de celles de ses gestionnaires[1]. Les créanciers personnels des copropriétaires ne peuvent donc pas provoquer le partage. Le droit commun commande pourtant que seule la société de titrisation personnifiée ait un patrimoine. En effet, l'indivision, qui est synonyme de copropriété concernant le FCT[2], se réduit en principe à une masse de biens dont l'autonomie est relative[3]. Elle est composée des biens indivis, des fruits ou revenus qu'ils produisent et des biens subrogés aux biens indivis[4]. Elle constitue ainsi le gage des créanciers qui auraient pu agir sur les biens indivis avant qu'il n'y ait indivision et de ceux dont la créance résulte de la gestion ou de la conservation de ces biens[5]. En revanche, elle n'est pas aussi hermétique que le patrimoine social, les indivisaires répondant individuellement des dettes de l'indivision de façon non subsidiaire[6] et leurs créanciers personnels pouvant provoquer le partage[7]. Ainsi, en application du droit commun de l'indivision, les copropriétaires du FCT devraient répondre des dettes de la copropriété, notamment issues de l'émission de titres de créance. Cependant, en dérogeant au droit commun, l'organisation patrimoniale du FCT permet de reproduire l'isolement des actifs titrisés et la responsabilité limitée des investisseurs garantis par le *trust*[8]. Elle ne permet cependant pas de distinguer efficacement les organismes alors qu'elle devrait

---

[1] T. BONNEAU, « Les fonds communs de placement, les fonds communs de créances, et le droit civil », art. préc., n° 46 ; V. FORTI, *La titrisation des créances en droit comparé*, *op. cit.*, n° 305, p. 213.
[2] V. *infra* n° 21.
[3] V. cependant F. DELHAY, *La nature juridique de l'indivision, Contribution à l'étude des rapports de la notion d'indivision avec la notion de sociétés civiles et de personnalité morale*, préf. J. Patarin, coll. « Bibliothèque de droit privé », n° 89, LGDJ, 1968, n° 250, p. 377 et s.
[4] Art. 815-10, al. 1 et 2, C. civ.
[5] Art. 815-17, al. 1, C. civ.
[6] V. W. DROSS, « L'évolution du droit de l'indivision », *Droit et Ville*, juin 2014, n° 77, p. 3 et s., spéc. n° 19, p. 20 qui analyse cet engagement en une garantie à première demande.
[7] Art. 815-17, al. 3, C. civ.
[8] V. *supra* n° 8.

faire office d'élément distinctif, et ce d'autant plus qu'elle peut être affinée au sein de compartiments[1].

26. Compartimentation des organismes. Les compartiments constituent des patrimoines d'affectation[2]. En effet, certains actifs du patrimoine des organismes, tels que des créances, des titres de capital, des liquidités, des contrats, des garanties ou des sûretés[3], peuvent être isolés au sein d'un compartiment. Dans ce cas, ils répondent exclusivement du passif du compartiment correspondant[4], constitué d'emprunts contractés par les organismes et de sommes correspondant aux garanties qu'ils ont octroyées[5]. Les règles d'affectation entre compartiments s'imposent aux créanciers de l'organisme[6], si bien que la compartimentation permet aux organismes d'accueillir plusieurs opérations de titrisation tout en limitant les risques en cas d'échec de l'une d'entre elles[7].

27. Titularité du patrimoine du FCT. L'absence de distinction des organismes sur le plan patrimonial atteste d'un décalage entre la qualification de copropriété et le régime attribué au FCT. En effet, l'organisation patrimoniale unique des organismes de titrisation impose de déterminer le titulaire du patrimoine du FCT. Or, il n'est pas possible de trouver un titulaire de ce patrimoine sans travestir la qualification de copropriété ou la réalité de l'opération de titrisation. À cet égard, le FCT n'étant pas personnifié, les copropriétaires en sont théoriquement les titulaires. La titularité en commun du patrimoine leur confèrerait ainsi la propriété des actifs indivis compris dans le patrimoine du FCT[8], et notamment des créances cédées par l'établissement de crédit. La réalité de l'opération s'oppose cependant à cette conception. En effet, les copropriétaires n'exercent pas les attributs de la propriété sur les actifs titrisés, ne peuvent pas en disposer et ne jouissent d'aucune exclusivité. Ils n'en sont donc pas propriétaires[9]. Pour la même raison, ils ne sont pas non plus copropriétaires du patrimoine. La propriété d'un patrimoine peut

---

[1] V. not. I. RIASSETTO et M. STORCK, « Les compartiments d'OPC entre indépendance et dépendance », in *Droit bancaire et financier, Mélanges AEDBF France VII*, 2018, p. 351 et s.
[2] Art. L. 214-169, I, C. mon. fin. ; sur cette qualification, v. aussi *ibid.*, n° 14, p. 355 ; M.-C. AUBRY, *Le patrimoine d'affectation*, Thèse Paris 13, 2010, n° 332, p. 246 ; N. JULLIAN, *La cession de patrimoine*, préf. R. Mortier, coll. « Nouvelle Bibliothèque de Thèses », n° 174, Dalloz, 2018, n° 102, p. 118. Pour un exposé de la notion de patrimoine d'affectation, v. *infra* n°s 369 et s.
[3] Art. R. 214-218, 1°, C. mon. fin.
[4] Art. L. 214-169, I et L. 214-175, III, C. mon. fin.
[5] Art. R. 214-222 et R. 214-223, C. mon. fin.
[6] Art. L. 214-169, II, C. mon. fin.
[7] P. LE CANNU, T. GRANIER et R. ROUTIER, *Droit commercial*, *op. cit.*, n° 695, p. 547.
[8] Sur cette considération pour l'indivision en général, v. W. DROSS, « L'évolution du droit de l'indivision », art. préc., n° 21, p. 21.
[9] V. *infra* n°s 125 et s.

effectivement être admise[1] lorsque l'on conçoit la propriété comme une relation d'appartenance entre le bien et le sujet de droit[2]. Les attributs de la propriété, exclusivité et disposition, s'exercent alors sur le patrimoine[3]. Tel n'est cependant pas le cas en présence du FCT.

La titularité du patrimoine du FCT ne peut pas non plus être accordée à l'un de ses gestionnaires puisque le FCT est défini comme étant une copropriété d'investisseurs. La propriété d'un de ses gestionnaires remettrait en question la propriété des investisseurs et la nature indivise du fonds.

La nature du FCT s'oppose ensuite, en principe, à ce qu'il soit lui-même titulaire du patrimoine. Le FCT donnerait donc à observer un patrimoine sans maître. Tel que conceptualisé par Brinz[4], le patrimoine sans maître est unifié autour d'un but et non de la personne. Le patrimoine du FCT serait donc unifié autour de l'opération de titrisation. Cependant, malgré sa consécration en droit québécois[5], le patrimoine sans maître a fait l'objet d'un rejet massif par les auteurs[6]. En effet, le but ne peut être considéré comme un sujet de droit. Par ailleurs, la reconnaissance d'un tel patrimoine crée plus de difficultés qu'elle n'en résout. À défaut de sujet de droit, la première phase de l'opération de titrisation ne peut effectivement pas être réalisée. Celle-ci correspond à l'exposition aux risques, via l'acquisition des créances à titriser auprès des entreprises ou la souscription d'instruments financiers par l'organisme de titrisation. À cet égard, la cession des créances permet à l'initiateur de céder les risques qui leurs sont attachés à l'organisme de titrisation. Non personnifié, l'organisme ne peut cependant pas effectuer ces différents actes juridiques. Le recours à la notion d'affectation ne pallie pas cette difficulté puisqu'elle ne correspond pas à un transfert de propriété. Dans cette hypothèse, les actifs simplement affectés demeurent la propriété des initiateurs, qui en conservent

---

[1] V. *infra* n° 183.

[2] S. GINOSSARD, *Droit réel, propriété et créance : élaboration d'un système rationnel des droits patrimoniaux*, LGDJ, 1960, n° 12, p. 33 ; F. ZENATI, *Essai sur la nature juridique de la propriété : contribution à la théorie du droit subjectif*, Thèse Lyon III, 1981.

[3] N. JULLIAN, *La cession de patrimoine*, *op. cit.*, n° 67, p. 77.

[4] Pour un exposé de sa théorie, v. F. BELLIVIER, « Brinz et la réception de sa théorie du patrimoine en France », in *La science juridique française et la science juridique allemande de 1870 à 1918, Actes du colloque organisé à la Faculté de droit de Strasbourg les 8 et 9 décembre 1995*, coll. « Annales de la Faculté de droit de Strasbourg », n° 1, Presses universitaires de Strasbourg, 1997, p. 165 et s., spéc. p. 169.

[5] L'article 1261 du Code civil du Québec précise que le patrimoine fiduciaire est un « patrimoine d'affectation autonome et distinct de celui du constituant, du fiduciaire ou du bénéficiaire, sur lequel aucun d'entre eux n'a de droit réel ». V. cependant F. ZENATI-CASTAING, « L'affectation québécoise, un malentendu porteur d'avenir, Réflexions de synthèse », *La Revue juridique Thémis*, novembre 2014, vol. 2, n° 48, p. 623 et s., spéc. p. 633 qui considère que les codificateurs ont souhaité reprendre la théorie développée par Brinz mais ont en réalité involontairement personnifié la fiducie.

[6] Seuls Duguit et Plastara s'en firent l'écho en France. V. en ce sens G. PLASTARA, *La notion juridique de patrimoine*, Arthur Rousseau éditeur, 1903, p. 68 ; N. JULLIAN, *La cession de patrimoine*, *op. cit.*, n° 34, p. 39.

également les risques. Le FCT ne peut donc pas être qualifié de patrimoine sans maître. Il n'est pas possible de dépasser la difficulté en personnifiant le FCT, puisque cela conduirait à nier la qualification de copropriété qui lui est attribuée. En effet, si le FCT est une personne morale, il ne peut plus faire l'objet d'une propriété indivise. Un glissement s'opèrerait alors d'une logique de propriété collective – l'actuelle propriété des copropriétaires – à une logique de propriété individuelle – celle du FCT personnifié[1].

À défaut de solution idoine, il faut se résoudre à admettre que les gestionnaires du FCT sont les titulaires du patrimoine ou que le FCT en est le titulaire, titularité qui met en exergue l'inadaptation de la qualification légale. En effet, quelle que soit la solution adoptée, la qualification de copropriété du FCT est ignorée. En particulier, la titularité du patrimoine par le FCT ne tient pas compte de sa nature et participe à son autonomisation, à sa personnification, le rapprochant de la société de titrisation. Néanmoins, cette solution s'avère être la plus probable dans la mesure où le FCT est traité par le législateur comme une entité autonome. Ce dernier délimite notamment l'activité des organismes de titrisation à travers un objet social, admettant qu'ils sont tous deux titulaires de droits et obligations.

B. La titularité de droits et d'obligations

28. Objet social commun aux organismes de titrisation induisant la titularité de droits et d'obligations. Les organismes de titrisation partagent le même objet social, défini par l'article L. 214-168 I du Code monétaire et financier, comme étant d'une part, de s'exposer à des risques, et d'autre part d'en assurer la couverture ou le financement. Celui-ci suppose néanmoins la passation d'actes requérant la personnalité morale, alors que seule la société de titrisation en est dotée. En effet, l'article L. 214-175-1 I du Code monétaire et financier précise que les organismes s'exposent par l'acquisition, la souscription ou la détention de créances ou de titres de capital. Ils peuvent également octroyer des prêts, conclure des contrats financiers ou transférer des risques d'assurance. Leur exposition peut encore résulter de l'octroi de garanties, de sûretés et de sous-participations en risque ou en trésorerie. Les organismes se financent via l'émission de parts, d'actions ou de titres de créance, la conclusion de contrats financiers, de garanties, de sûretés, de sous-participations en risque ou en trésorerie, la conclusion de contrats transférant des risques d'assurance[2]. Ils peuvent également recourir à l'emprunt ou à d'autres formes de ressources, de dettes ou d'engagements. L'objet social des organismes a ainsi pour fonction de circonscrire leur activité à l'opération de

---

[1] V. également en ce sens à propos de la personnification de l'indivision, W. DROSS, « L'évolution du droit de l'indivision », art. préc., nº 21, p. 21.

[2] Art. L. 214-175-1, C. mon. fin.

titrisation, limitant le nombre de leurs créanciers[1] ainsi que leur risque de faillite[2]. Il permet également de réserver les actifs compris dans le patrimoine de l'organisme au paiement des investisseurs et des éventuelles dettes nées de l'opération de titrisation. Cet objet crée cependant une situation paradoxale dans la mesure où les organismes devraient se distinguer selon leur activité. Cette communauté d'objet a ainsi pour effet d'opérer un double rapprochement entre les organismes, en autonomisant le FCT et en restreignant l'activité de la société de titrisation.

29. Champ d'action réduit de la société de titrisation. Malgré sa personnalité, la société de titrisation n'est pas plus active que le FCT. Comme ce dernier, elle est réduite à un rôle d'enveloppe patrimoniale et se distingue des sociétés de droit commun dont l'objet social peut être rédigé en termes suffisamment larges pour ne pas bloquer leur activité et leur velléité d'extension. En effet, conformément au principe de spécialité, la société de titrisation ne peut agir que dans la limite de son objet social légal et statutaire[3]. Or, son objet social légal, défini par l'article L. 214-175-1 du Code monétaire et financier, est particulièrement détaillé et circonscrit son activité à l'opération de titrisation. Son objet social peut être davantage restreint dans la mesure où les statuts peuvent prévoir qu'elle ne peut effectuer que certaines des activités visées par l'article L. 214-175-1 du Code monétaire et financier. À cet égard, aucune sanction spécifique n'étant prévue en cas de dépassement de son objet, le droit commun des sociétés doit s'appliquer. La société est ainsi engagée par les actes sortant de son objet, sauf en cas de connaissance du dépassement de l'objet social par le tiers[4]. Or, ce dernier a nécessairement connaissance du dépassement de son objet social légal. Celui-ci est expressément détaillé à l'article L. 214-175-1 du Code monétaire et financier et le tiers est obligatoirement informé de la qualité de la société de titrisation[5]. De ce fait, la société de titrisation ne peut être tenue que par les actes entrant dans le champ des activités des organismes de titrisation et n'entrant pas dans son objet statutaire. À cet égard, l'objet social des organismes de titrisation circonscrit également les activités pouvant être menées par le FCT. Il n'a pourtant pas le même effet réducteur que dans la société de titrisation, puisqu'il conduit à octroyer un ersatz de capacité juridique à une entité inerte.

---

[1] A. QUIQUEREZ, *Droit et techniques internationales de la titrisation, Des actifs aux titres financiers*, *op. cit.*, n° 216, p. 180.

[2] Sur le risque de faillite qui doit être réduit chez les organismes de titrisation, v. *supra* n° 7 et *infra* n° 242.

[3] P. LE CANNU et B. DONDERO, *Droit des sociétés*, 10e éd., coll. « Précis Domat », LGDJ, 2023, n° 251, p. 198.

[4] Art. L. 225-35, art. L. 225-56, art. L. 225-64 et art. L. 227-6, C. com.

[5] Art. L. 214-176, al. 2, C. mon. fin.

30. Capacité juridique du FCT. Au regard des actes listés à l'article L. 214-175-1 du Code monétaire et financier, le législateur admet que le FCT soit titulaire de droits et d'obligations. En effet, il n'est pas possible de considérer que les copropriétaires sont engagés à travers les activités du FCT, car malgré la lettre de l'article L. 214-180 alinéa 4 du Code monétaire et financier, la désignation du FCT ne se substitue pas valablement à celle des copropriétaires en raison du déroulé de l'opération de titrisation. Celle-ci se décompose en deux phases successives : l'exposition de l'organisme et son financement ou sa couverture. Les copropriétaires interviennent lors de la seconde phase en souscrivant les parts de copropriété émises par le FCT. Ils ne peuvent donc pas procéder à la première phase de l'opération, même en étant représentés par la société de gestion[1].

En réalité, les parlementaires ont assimilé l'objet social du FCT à l'objet social des personnes morales[2]. Ce dernier permet au FCT de conclure un certain nombre d'actes se rattachant à la seule opération de titrisation. Le fonds se voit ainsi octroyer une sorte de capacité de jouissance lui permettant de réaliser l'opération financière malgré son absence de personnalité. En pratique, cette capacité est mise en œuvre par la société de gestion[3]. La solution demeure toutefois artificielle puisqu'elle permet à une copropriété d'être titulaire de droits et d'obligations. Bien que la fiducie n'ait été consacrée qu'après la loi du 23 décembre 1988 relative aux organismes de placement collectif en valeurs mobilières et portant création des fonds communs de créances, il aurait été plus pertinent de qualifier le FCT de patrimoine d'affectation et de prévoir que la société de gestion pouvait l'administrer en effectuant les actes listés à l'article L. 214-175-1 du Code monétaire et financier.

31. Difficultés créées par l'émission de titres par le FCT. Le paradoxe créé par la nature du FCT et son activité est illustré par le régime des titres qu'il émet. Dès l'introduction de la titrisation en 1988, les auteurs s'étaient étonnés que le FCC[4] ait la possibilité d'émettre des valeurs mobilières, ce qui est normalement réservé aux personnes morales[5]. Le

---

[1] Sur l'absence de véritable représentation des copropriétaires, v. *infra* n°s 139 et s.

[2] J. LARCHE, *Rapport sur le projet de loi relatif aux organismes de placement collectif en valeurs mobilières et aux fonds communs de créances*, préc., pp. 46 et 80.

[3] Également en ce sens à propos des FCP, v. B. DONDERO, « Détenir des actions sans avoir la personnalité juridique, et autres questions passionnantes », art. préc., n° 10.

[4] Le FCC a changé d'appellation pour devenir le FCT, v. art. 16 de l'ordonnance n° 2008-556 du 13 juin 2008 transposant la directive 2005/68/ CE du Parlement européen et du Conseil du 16 novembre 2005 relative à la réassurance et réformant le cadre juridique des fonds communs de créances.

[5] V. en ce sens F. ZENATI et A. COEURET, « obs. sous la loi n° 88-1201 du 23 décembre 1988 relative aux organismes de placement collectif en valeurs mobilières et portant création des fonds communs de créances », art. préc. ; J. TERRAY et P. DEROUIN, « La titrisation des

législateur avait artificiellement pallié cette difficulté en prévoyant que les valeurs mobilières pouvaient être émises par des FCC. Par la suite, ce subterfuge a été reproduit lors de la diversification des titres pouvant être émis par les organismes de titrisation. L'ancien article L. 211-1 I du Code monétaire et financier, modifié par la loi n° 2003-706 du 1er août 2003 de sécurité financière, disposait que les titres de créance « représentent chacun un droit de créance sur la personne morale ou le fonds commun de créances qui les émet »[1]. Désormais, l'article L. 211-2 du Code monétaire et financier dispose que « les titres financiers [...] ne peuvent être émis que par l'État, une personne morale, [...] ou un fonds commun de titrisation ». Ces affirmations légales n'écartent pas pour autant la difficulté théorique[2]. L'émission de titres par le FCT doit être analysée comme une offre de contracter adressée aux investisseurs[3]. Ainsi, en émettant des parts de copropriété le FCT propose aux investisseurs une convention d'indivision. Or, cette dernière ne peut exister qu'entre les indivisaires[4]. Elle ne peut lier les indivisaires et l'objet de l'indivision, c'est-à-dire le FCT. Ce dernier ne peut donc être l'émetteur des parts de copropriété, ce d'autant plus qu'il n'a pas la possibilité de contracter, à défaut de patrimoine et de capacité. De même, la nature du FCT s'oppose à ce qu'il émette des titres de créance, correspondant également à une offre de prêt[5].

La difficulté ne peut être écartée en considérant que l'émission est effectuée par les gestionnaires de l'organisme. En effet, les titres émis par

---

crédits », art. préc. ; A. COURET, « Innovation financière et règle de droit », art. préc. ; v. aussi P. LE CANNU, T. GRANIER et R. ROUTIER, *Droit commercial*, *op. cit.*, n° 794, p. 606.

[1] L'ajout de la mention du fonds commun illustre parfaitement la difficulté puisqu'elle trahit la nature de ce financement, un droit de créance sur une personne morale. Or, en présence d'un FCT, le titre ne peut ni être un droit de créance, ni porter sur une personne morale.

[2] Le malaise lié à l'émission de titres par des fonds dépourvus de personnalité se retrouve dans les autres types de fonds autorisés par le même article à émettre des titres financiers. Il s'agit des fonds communs de placement, des fonds de placement immobilier, des fonds professionnels de placement immobilier et des fonds de financement spécialisé.

[3] Sur la définition de l'émission de titres comme une offre de contracter, v. T. BONNEAU *et al.*, *Droit financier*, *op. cit.*, n° 848, p. 549 ; F.-G. TREBULLE, *L'émission de valeurs mobilières*, préf. Y. Guyon, coll. « Recherches juridiques », n° 3, Economica, 2002, nos 1 et s., p. 35 et s. ; H. CAUSSE, *Les titres négociables*, préf. B. Teyssié, coll. « Bibliothèque de droit de l'entreprise », n° 29, Litec, 1993, n° 46, p. 26 et sur les FCT spéc. n° 799, p. 403.

[4] V. également H. CAUSSE, *Les titres négociables*, *op. cit.*, n° 799, p. 403 qui qualifie le FCC de contrat multilatéral d'indivision.

[5] Sur cette assimilation, v. A. COURET *et al.*, *Droit financier*, *op. cit.*, n° 664, p. 469. Il convient néanmoins de préciser que toutes les émissions de titres de créance ne peuvent pas être assimilés à un prêt. V. en ce sens Civ. 2e, 23 novembre 2017, n° 16-22.620, *D.*, 2018, p. 270, note M. Storck et T. de Ravel d'Esclapon ; *Rev. soc.*, 2018, p. 392, note Moulin ; *RTD com.*, 2018, p. 389, obs. Moury ; *BJS*, 2018, p. 37, note Couret ; *BJB*, 2018, p. 47, note Endréo ; *RDBF*, 2018, n° 11, obs. Leblond ; *RJDA*, 2018, n° 236 ; *Banque et Droit*, 2018, n° 3-4, p. 31, obs. Mekoui, et de Civ. 2e, 16 juillet 2020, n° 19-16.922 où la Cour a refusé de subordonner la qualification d'obligation à la garantie de remboursement du nominal du titre. V. également en ce sens T. BONNEAU *et al.*, *Droit financier*, *op. cit.*, n° 804, p. 518 et s.

l'organisme sont adossés aux actifs compris dans son patrimoine afin que les investisseurs perçoivent les flux financiers issus du recouvrement de ces actifs[1]. Or, cette corrélation entre les flux produits par les actifs et les flux perçus par les investisseurs n'est pas assurée si les titres sont émis par les gestionnaires. Ces derniers ne sont effectivement pas propriétaires du FCT et ne peuvent donc pas conférer des droits sur ce patrimoine.

32. Difficultés créées par l'inscription des titres financiers. L'incohérence résultant de l'activité du FCT et de sa nature est également illustrée par la gestion des titres financiers émis par les organismes de titrisation. Ces titres sont inscrits dans un compte-titres tenu par l'émetteur ou un intermédiaire habilité[2]. Ils peuvent aussi être inscrits dans un dispositif d'enregistrement électronique partagé, une *blockchain,* lorsqu'ils ne sont pas admis aux opérations d'un dépositaire central[3]. Or, contrairement à la société de titrisation, le FCT n'est pas en mesure d'ouvrir et de tenir ce compte ou dispositif[4]. En pratique, la société de gestion tient le compte-titres en sa qualité de représentante de l'organisme, éventuellement assistée du dépositaire. Cependant, cette représentation ne suffit pas à combler le défaut de personnalité du fonds. Elle est effectivement inconcevable d'un point de vue théorique, l'absence de capacité de jouissance de l'organisme empêchant d'établir un quelconque rapport de représentation[5] et d'être tenu des actes accomplis par la société de gestion. *De lege ferenda,* il serait plus opportun d'attribuer les missions d'ouverture et de tenue de comptes de façon exclusive à la société de gestion ou au dépositaire en leur qualité d'intermédiaires habilités. Ils agiraient dans ce cas directement pour les investisseurs.

33. Difficultés contenues en pratique. Les difficultés suscitées par la situation du FCT restent limitées en pratique. En effet, l'établissement de rapports d'obligation avec une entité non personnifiée suscite principalement deux craintes. D'une part, il fait redouter l'inexécution de ses obligations puisque l'entité est inerte. D'autre part, il induit une absence de patrimoine garantissant la bonne exécution des obligations[6]. Ces craintes sont écartées dans le cadre du FCT. En effet, la société de gestion « prête » sa personnalité au fonds. En tant que représentante de l'organisme, elle assure matériellement l'exécution de ses obligations. Par ailleurs, les obligations souscrites par le FCT sont garanties par son patrimoine, si bien que les sanctions de l'inexécution contractuelle de l'article 1217 du Code civil sont opérantes. Les

---

[1] V. *supra* n° 3.
[2] Art. L. 211-3, C. mon. fin et renvoyant à l'art. L. 542-1, 2° à 7°, C. mon. fin. listant les intermédiaires en question.
[3] Art. L. 211-7, C. mon. fin.
[4] T. GRANIER, *Titrisation et organismes de financement*, *op. cit.*, n° 217, p. 154.
[5] Sur l'étude de la représentation de l'organisme par la société de gestion, v. *infra* n°s 138 et s.
[6] Art. 2284, C. civ.

créanciers lésés peuvent ainsi solliciter une exécution forcée, une résolution du contrat ou une réparation du préjudice en assignant la société de gestion. Les dommages et intérêts obtenus sont alors prélevés sur le patrimoine du FCT.

34. Bien que qualifiés de société ou de copropriété, les organismes de titrisation ont été conçus afin de reproduire les effets du *trust*. Le législateur en a ainsi fait des structures autonomes patrimonialement et entièrement dédiées à l'opération de titrisation, permettant l'affectation des créances dans l'intérêt des investisseurs. Cette démarche prive cependant d'effet la distinction qui devrait découler de la personnification de la seule société de titrisation, si bien que les organismes de titrisation ne s'intègrent pas à la *summa divisio* personnes-choses. Leur rapprochement est accru par le partage d'un même mode de gestion. En effet, la gestion du *trustee* est singée à travers l'administration des organismes par une société de gestion et la conservation de leurs actifs par un dépositaire.

§ 2 : La gestion des organismes de titrisation

35. Rôle de la société de gestion. Le modèle de gestion bicéphale des organismes de titrisation participe également de leur rapprochement. Alors que la société est en principe gérée par ses dirigeants, et l'indivision par les indivisaires ou un gérant, les organismes de titrisation sont obligatoirement gérés par une société de gestion et un dépositaire. La société de gestion est chargée de la gestion courante de l'organisme de titrisation[1]. Elle prend ainsi toutes les décisions stratégiques relatives à l'opération financière[2]. Elle est aussi chargée de la constitution du FCT[3] et de la liquidation des organismes dans les conditions prévues par leur document constitutif, c'est-à-dire le règlement du FCT ou les statuts de la société de titrisation[4]. La société de gestion administre donc l'opération de titrisation dans sa totalité. Son rôle central se retrouve même dans l'hypothèse où la gestion de l'organisme est assurée par un sponsor puisqu'il doit lui déléguer la gestion du portefeuille[5].

En principe, la société de gestion a un champ d'action plus réduit dans la société de titrisation que dans le FCT. En effet, la capacité de la société de

[1] Art. L. 214-168, III, C. mon. fin.
[2] A. COURET *et al.*, *Droit financier*, *op. cit.*, n° 1078, p. 844.
[3] Art. L. 214-181, C. mon. fin.
[4] Art. L. 214-175, IV et art. L. 214-186, C. mon. fin.
[5] Art. L. 214-175-1, IV, C. mon. fin. Le sponsor est un établissement de crédit, situé ou non dans l'Union européenne, ou une entreprise d'investissement autre qu'un initiateur. Il établit un programme de papier commercial adossé à des actifs ou une autre titrisation, achète les expositions de tiers et les gère ou en délègue la gestion à une entité habilitée, au sens de l'article 2, § 5 du règlement 2017/2402 du Parlement européen et du Conseil du 12 décembre 2017 créant un cadre général pour la titrisation ainsi qu'un cadre spécifique pour les titrisations STS.

titrisation justifie qu'elle puisse effectuer seule un certain nombre de tâches, telles qu'établir le prospectus accompagnant l'offre au public de ses titres financiers [1]. Cependant, les dispositions légales ne réservent aucune compétence exclusive à la société de titrisation. De ce fait, la société de gestion de la société de titrisation peut être chargée, par les statuts ou la convention de gestion, de ces différentes tâches dès lors qu'elles participent à sa mission de gestion de l'opération de titrisation. Tel est notamment le cas de la rédaction du prospectus ou de la publication des informations règlementées[2]. Ainsi, rien ne s'oppose à ce que la société de gestion se charge de l'information permanente des investisseurs à la place de la société de titrisation. En effet, puisqu'elle détient les informations nécessaires, elle est en mesure d'établir les différents documents d'information et de les transmettre directement, ou par l'intermédiaire de la société de titrisation, aux investisseurs.

36. Rôle du dépositaire. Cette gestion active de l'organisme est complétée par celle du dépositaire. Ce dernier fait l'objet d'une règlementation unique, qu'il exerce sa mission pour le compte d'une société de titrisation ou d'un FCT. Il peut être un établissement de crédit ou tout autre établissement habilité, et a tout d'abord pour mission de conserver les actifs de l'organisme de titrisation et de veiller au suivi des flux de liquidités[3]. Au titre de la conservation, il garde les instruments financiers, vérifie l'existence des créances et détient leurs bordereaux de cession. Il tient également le registre des autres actifs. Il procède « à des contrôles portant sur la réalité des actifs cédés ou acquis et des sûretés, garanties et accessoires qui y sont attachés » [4]. Les conditions de cette conservation sont prévues dans le document constitutif de l'organisme[5]. Il doit ensuite surveiller la régularité des décisions de la société de gestion[6]. Il ne s'agit cependant que d'un contrôle *a posteriori,* l'opportunité des décisions de la société de gestion n'étant pas évaluée[7]. Enfin, le dépositaire veille à la régularité de tous les mouvements affectant les titres émis par l'organisme et à la bonne affectation des produits perçus par l'organisme. Il exécute également les ordres de la société de gestion[8]. Le dépositaire assure ainsi la gestion passive de l'organisme en

---

[1] A. COURET *et al.*, *Droit financier*, *op. cit.*, n° 1078, p. 843.
[2] Sur le prospectus, v. not. règlement (UE) 2017/1129 du Parlement européen et du Conseil du 14 juin 2017 concernant le prospectus à publier en cas d'offre au public de valeurs mobilières ou en vue de l'admission de valeurs mobilières à la négociation sur un marché réglementé et sur ces informations, v. art. 425-14 et s., RG AMF ; v. aussi *infra* n° 63.
[3] Art. L. 214-175-2, I et art. L. 214-175-4, I, C. mon. fin.
[4] Art. L. 214-175-4, II, C. mon. fin.
[5] P. LE CANNU, T. GRANIER et R. ROUTIER, *Droit commercial*, *op. cit.*, n° 747, p. 576.
[6] Art. L. 214-175-2, I, C. mon. fin.
[7] Art. 323-47, al. 2, RG AMF.
[8] Art. L. 214-174-4, III, C. mon. fin.

conservant la valeur de son patrimoine[1]. En effet, les missions de suivi des flux et de conservation des actifs permettent de s'assurer de la présence et de la réalité des actifs contenus dans ce patrimoine. La surveillance de la société de gestion a pour but d'éviter toute dépréciation du patrimoine imputable à une faute de la société de gestion.

La règlementation relative au dépositaire fait cependant abstraction de la différence de nature des organismes et témoigne de l'inanité de leur distinction. En effet, l'article L. 214-175-2 I du Code monétaire et financier dispose que le dépositaire est lié par un contrat à l'organisme de titrisation[2]. Son contenu est établi avec l'organisme ou sa société de gestion[3]. Cependant, l'absence de personnalité du FCT s'oppose à ce qu'il soit le cocontractant du dépositaire. Les copropriétaires devraient donc être parties à la convention de dépositaire. Néanmoins, le dépositaire est généralement désigné dans le document constitutif de l'organisme[4] et sa mission débute dès la première phase de l'opération de titrisation, avant l'intervention des copropriétaires. La convention de dépositaire ne peut donc être conclue avec les copropriétaires. En réalité, et à rebours de l'article L. 214-175-2 I du Code monétaire et financier, la société de gestion est la cocontractante du dépositaire. Le contenu de la convention de dépositaire le confirme. En effet, l'article 323-53 du règlement général de l'AMF dispose que « les parties peuvent prévoir que l'accord porte sur **plusieurs organismes de titrisation** gérés par la société de gestion » [5]. Cet article impose également aux parties certaines mentions dans la convention de dépositaire en cas de délégation de leurs fonctions respectives. Or, l'organisme de titrisation n'a pas la possibilité de désigner un tiers pour effectuer l'opération de titrisation. Le terme de « parties » doit donc être compris comme incluant la société de gestion et le dépositaire. L'article 323-53 du règlement général de l'AMF étant commun aux organismes de titrisation, ce constat vaut également pour la société de titrisation. Celle-ci est

---

[1] Sur la conservation de la valeur, v. C. BRUNETTI-PONS, *L'obligation de conservation dans les conventions*, PUAM, 2003, n° 232, p. 256.

[2] Art. L. 214-175-2, I, C. mon. fin.

[3] Art. 323-53, RG AMF. La convention de dépositaire développe notamment les procédures adoptées pour la conservation des actifs. Elle évoque également les modalités d'accès et de transmission des informations nécessaires à l'organisme ou au dépositaire pour l'exercice de leurs missions respectives. Elle précise par quels moyens le dépositaire peut s'informer de la façon dont l'organisme de titrisation mène ses activités et évaluer la qualité des informations obtenues, notamment par des visites sur place. Réciproquement, la convention décrit les procédures permettant à l'organisme de s'assurer du respect des obligations contractuelles du dépositaire. La convention peut également prévoir qu'elle porte sur plusieurs organismes de titrisation gérés par la société de gestion et listés dans l'accord.

[4] Cet élément sera peut-être amené à évoluer dans la mesure où la plupart des règlements observés sont antérieurs à l'ordonnance n° 2019-1067 du 21 octobre 2019 modifiant les dispositions relatives aux offres au public de titres, qui porte l'initiative de la constitution de l'organisme à la charge de la seule société de gestion, et non plus à sa charge ainsi qu'à celle du dépositaire.

[5] Nous soulignons.

pourtant en mesure de contracter directement avec le dépositaire. De ce fait, la règlementation unique du dépositaire affecte la propriété des copropriétaires mais aussi celle de la société de titrisation, puisqu'elle permet à la société de gestion de confier de façon discrétionnaire leurs biens au dépositaire.

37. Gestion dérogatoire de l'indivision. Cette gestion bicéphale des organismes de titrisation, inhérente à leur structuration sur le modèle du *trust* et des OPCVM, empêche le FCT de se démarquer de la société de titrisation. Elle paraît néanmoins nécessaire, dans le cadre du FCT, en raison de la nature inerte du fonds et de la passivité des investisseurs. En effet, le FCT doit être représenté pour la réalisation de l'opération de titrisation et ses actifs doivent être conservés. Ces derniers ne peuvent être conservés directement par les copropriétaires pour plusieurs raisons. Premièrement, les actifs forment un tout qui ne peut être divisé entre les copropriétaires en vue d'en assurer la conservation. La passivité de ces copropriétaires s'oppose alors à ce qu'ils les conservent ensemble. Secondement, les investisseurs ne disposent pas des ressources nécessaires pour conserver les actifs du fonds et en contrôler les flux. En particulier, ils n'ont pas de registres et peineraient à contrôler la réalité des actifs du FCT et des sûretés, garanties et accessoires qui leurs sont attachés. Ce manque de ressources les empêcherait également de contrôler efficacement la société de gestion. Par ailleurs, la gestion bicéphale des organismes s'explique aussi par la compétence de la société de gestion et du dépositaire. Leur agrément et leur rôle prudentiel garantissent la sécurité de l'opération de titrisation. À cet égard, le recours à un dépositaire est obligatoire dans tout organisme de placement collectif [1]. Il garantit la « ségrégation » des actifs et le respect des dispositions législatives et règlementaires applicables par les organismes de gestion[2].

Ce régime de gestion dérogatoire au droit commun peine néanmoins à se justifier autrement que par des considérations liées au déroulé de l'opération financière. En effet, le droit commun de l'indivision suffirait à organiser la gestion du FCT et la conservation de ses actifs. Il permettrait également d'assurer la présence des deux acteurs prudentiels. Il faudrait imposer aux copropriétaires de les désigner en qualité de co-gérants du FCT ou en qualité de gérant et de dépositaire. Le modèle de l'indivision serait alors respecté puisque la désignation des gestionnaires en qualité de gérant de la copropriété justifierait la limitation temporaire des attributs de propriété des copropriétaires. Cette organisation supposerait néanmoins une modification du déroulé de l'opération de titrisation puisque, à l'instar du *trust*, le FCT est créé et ses gestionnaires désignés avant même l'apparition des investisseurs-copropriétaires.

---

[1] F. PELTIER, *Marchés financiers & droit commun*, *op. cit.*, n°s 125 et s., p. 85 et s.
[2] V. not. en ce sens, la décision de la Commission des sanctions de l'AMF à l'égard de la Société Générale, 29 juillet 2013, p. 3.

38. Glissement de l'indivision vers la société. Ce modèle de gestion des organismes de titrisation rapproche doublement le FCT de la société de titrisation. D'une part, il altère la principale différence qui devrait exister entre les deux organismes et qui est attachée au mode d'appropriation du bien[1]. En effet, il ne permet pas aux indivisaires d'organiser librement la gestion des biens indivis. De ce fait, il tend à supprimer leur droit de propriété puisqu'ils ne peuvent pas en jouir exclusivement et en disposer[2]. Les copropriétaires sont également privés des attributs de leur propriété, sans y avoir renoncé volontairement[3]. Ils se rapprochent ainsi des actionnaires de la société de titrisation qui ne sont pas propriétaires des actifs titrisés. Au contraire, les pouvoirs de la société de gestion conduisent à considérer qu'elle en a la propriété[4]. Ainsi, à l'instar des actifs sociaux, les actifs titrisés réunis au sein du FCT font l'objet d'une propriété individuelle et non collective.

D'autre part, ce régime commun aux organismes a également pour effet de considérer le FCT comme une entité personnifiée. Les règles gouvernant la responsabilité du dépositaire en sont un bon exemple. Celui-ci est personnellement responsable à l'égard de l'organisme de titrisation et des investisseurs de la perte d'instruments financiers ou d'autres actifs de l'organisme. Il est également responsable de toute autre perte « résultant de la négligence ou de la mauvaise exécution intentionnelle de ses obligations »[5]. Or, ces règles font abstraction de la nature des organismes. En effet, à défaut d'être une personne, le FCT ne devrait pas pouvoir agir en justice pour engager la responsabilité du dépositaire, même en étant représenté par la société de gestion[6]. L'action en responsabilité devrait donc être réservée à ses copropriétaires, victimes de la perte des biens indivis et en mesure d'agir directement en justice ou de se faire représenter par la société de gestion. Le fait que le FCT puisse engager la responsabilité du dépositaire participe ainsi à son autonomisation et le rapproche de la société de titrisation.

---

[1] C. SAINT-ALARY-HOUIN, « Les critères distinctifs de la société et de l'indivision depuis les réformes récentes du Code civil », *RTD com.*, décembre 1979, n° 4, p. 645 et s., spéc. n° 2, p. 648.

[2] Sur cette définition de la propriété, v. not. F. ZENATI, *Essai sur la nature juridique de la propriété*, préc., n°s 504-505, pp. 688-689.

[3] La souscription des parts de copropriété n'emporte pas renonciation. Les pouvoirs des gestionnaires s'exercent sur les biens indivis avant cette souscription, si bien que les copropriétaires n'exercent donc jamais les attributs de la propriété. Pour une étude plus détaillée de l'absence de propriété des copropriétaires, v. *infra* n°s 125 et s.

[4] Sur la propriété de la société de gestion, v. *infra* n° 137.

[5] Art. L. 214-175-6, I, C. mon. fin.

[6] V. en ce sens art. 32, CPC qui prévoit que toute prétention émise par ou contre une personne dépourvue du droit d'agir est irrecevable ; v. également sur ce point C. CHAINAIS *et al.*, *Procédure civile, Droit commun et spécial du procès civil, MARD et arbitrage*, 36e éd., coll. « Précis », Dalloz, 2022, n°s 178-179, pp. 160-161 ; v. également É. SAVAUX, « La personnalité morale en procédure civile », *RTD civ.*, mars 1995, n° 1, p. 1 et s., spéc. n°s 2 et 8.

39. Gestion dérogatoire de la société de titrisation injustifiée. La gestion obligatoire des organismes de titrisation par une société de gestion et un dépositaire peine également à se justifier en présence de la société de titrisation. Contrairement au FCT, celle-ci est naturellement dotée d'organes capables de la gérer et de la représenter. La compétence des gestionnaires et la sécurité de l'opération de titrisation pourraient être garanties aisément en désignant la société de gestion en qualité de dirigeant de la société de titrisation. En tant que société personnifiée, elle devrait également pouvoir organiser librement la conservation de ses actifs, en l'effectuant de façon autonome ou en ayant recours à un dépositaire, intégré à la structure sociale en qualité d'organe ou non. La société de titrisation pourrait également suivre ses flux de liquidités. Enfin, la surveillance de la société de gestion pourrait être réalisée par les autres organes sociaux et être renforcée en lui imposant de rendre compte régulièrement de sa mission. Les organes sociaux conserveraient ainsi un rôle dans la gestion de la société de titrisation et en assureraient le contrôle. La société de titrisation serait donc en mesure de s'autogérer, à l'image des SICAV[1]. Le législateur a néanmoins fait le choix de ne retenir qu'un mode de gestion externalisé, sans s'appuyer sur l'organisation sociale[2]. Ce dernier se déduit de plusieurs éléments et n'est que sous-entendu par l'actuelle formule de l'article L. 214-168 III du Code monétaire et financier, selon laquelle « la gestion des organismes de financement est assurée par une société de gestion de portefeuille ». En effet, l'évolution des dispositions en la matière démontre que le rôle de la société de gestion de la société de titrisation a été copié sur le modèle du FCT. Il ne faisait l'objet d'aucune mention spécifique dans l'ordonnance du 13 juin 2008 ayant créé la société de titrisation[3]. Les dispositions issues de l'ordonnance n° 2013-676 du 25 juillet 2013 modifiant le cadre juridique de la gestion d'actifs reprennent quant à elles les mêmes termes que celles concernant le FCT[4]. À cet égard, si la société de gestion était destinée à être obligatoirement un dirigeant de la société de titrisation, le législateur l'aurait énoncé clairement,

---

[1] Art. L. 214-7-1, al. 1, C. mon. fin.

[2] P. LE CANNU, T. GRANIER et R. ROUTIER, *Droit commercial*, *op. cit.*, n° 704, p. 552 ; A. QUIQUEREZ, « Fasc. 2260 : Les organismes de titrisation », *op. cit.*, n° 35 ; X. DE KERGOMMEAUX, « Titrisation », *Rép. soc.*, Dalloz, décembre 2022, n° 65.

[3] Ordonnance n° 2008-556 du 13 juin 2008 transposant la directive 2005/68/ CE du Parlement européen et du Conseil du 16 novembre 2005 relative à la réassurance et réformant le cadre juridique des fonds communs de créances.

[4] L'ancien article L. 214-177 du Code monétaire et financier disposait que « la gestion de la société de titrisation est assurée par une société de gestion relevant de l'article L. 532-9. Cette société est désignée dans les statuts de la société de titrisation », tandis que les anciens articles L. 214-181 alinéa 1er et L. 214-183 I du même code précisaient qu'une société de gestion, relevant de l'article L. 532-9, était chargée de la gestion du FCT et désignée dans son règlement. Ces deux dispositions se retrouvaient dès l'origine à l'article 37 de la loi n° 88-1201 du 23 décembre 1988 relative aux organismes de placement collectif en valeurs mobilières et portant création des fonds communs de créances.

dans la mesure où le président, le directeur général, et les membres du directoire des SA sont obligatoirement des personnes physiques[1]. Il aurait également précisé son statut, ne serait-ce que dans la SA. À défaut, elle pourrait être membre du conseil d'administration et donc dirigeante de la société, sans pour autant être un dirigeant exécutif – ce qui irait à l'encontre de l'objectif de gestion des organismes par un acteur compétent. Cette reproduction de la gestion du FCT visait sans doute à conforter l'habitude prise par les acteurs et conduit *in fine* à singer le modèle de gestion du *trust*. Par ailleurs, les textes laissent certaines tâches à la discrétion de la société de titrisation, tandis que d'autres – telles que la gestion des créances – sont de la compétence exclusive de la société de gestion[2]. Ce faisant, le législateur sous-entend que les deux entités sont bien distinctes, et que la société de gestion joue un rôle spécifique sans pour autant agir en qualité d'organe de la société de titrisation. Cette gestion externalisée de la société de titrisation prive alors d'efficacité son organisation sociale[3]. En effet, ses dirigeants sociaux sont conservés mais leurs prérogatives sont drastiquement réduites en fonction du champ d'action de la société de gestion. De même, les prérogatives des associés[4] de la société de titrisation ne leur permettent pas de contrôler la société de gestion. La même remarque peut être formulée au sujet du dépositaire qui agit aussi de façon externalisée. Plus encore, ce régime de gestion ne se contente pas de mettre à mal l'organisation sociale mais conduit à une perte d'autonomie de la société de titrisation, la rapprochant du FCT.

40. Perte d'autonomie de la société de titrisation. N'étant pas un organe de la société de titrisation, la société de gestion ne l'incarne pas lorsqu'elle réalise l'opération de titrisation[5]. Au contraire, elle instrumentalise

---

[1] Art. L. 225-47, art. L. 225-51-1 et L. 225-59, C. com.

[2] V. en ce sens art. L. 214-172 et art. L. 214-175-1, IV, C. mon. fin.

[3] V. *infra* n°s 213 et s.

[4] Le terme d'« associé » est utilisé tout au long de la thèse pour désigner les actionnaires de la société de titrisation et limiter les répétitions. Il s'agit effectivement d'un terme générique issu du droit commun des sociétés pour désigner les parties au contrat de société. Pour une explication plus détaillée, v. C. Barrillon, *Le critère de la qualité d'associé*, préf. M.-L. Coquelet, coll. « Institut de Droit des Affaires », PUAM, 2017, n° 12, p. 33.

[5] Sur la nuance entre les notions de représentant et d'organe, v. L. Michoud, *La théorie de la personnalité morale et son application au droit français*, Éditions Panthéon-Assas, 2020, n°s 59 et s., p. 70 et s. et spéc. n° 60, p. 71 : « Dans la représentation il y a un rapport juridique entre deux sujets de droit, dont l'un agit pour l'autre ; les actes du représentant sont bien ses propres actes, mais on leur fait produire le même effet juridique que s'ils étaient ceux du représenté. Quand il y a organe, au contraire, c'est la personne juridique qui agit elle-même ; son organe n'est pas quelque chose qui soit distinct d'elle ; il est une partie d'elle-même dont elle se sert comme la personne physique se sert de la bouche ou de la main ; car l'organisation juridique dont il est le produit appartient à l'essence de la personne morale ; elle est comme son corps juridique, sans laquelle elle est incapable d'existence ».

le patrimoine social pour réaliser l'opération de titrisation[1], puisqu'elle peut librement en disposer dans le cadre de sa gestion. La société de titrisation est donc rarement à l'origine des actes concourant à l'opération de titrisation et, par conséquent, à la réalisation de son objet social. Elle n'en subit que les effets et s'avère aussi passive que le FCT. De même, le recours automatique à un dépositaire externe l'empêche de gérer la conservation de ses biens de façon autonome. En plus d'atrophier la personnalité morale de la société de titrisation[2], ce mode de gestion l'empêche de contrôler son propre patrimoine et limite l'exercice des prérogatives attachées à sa propriété. La société de titrisation se rapproche ainsi des copropriétaires du FCT qui n'ont pas la propriété effective du bien indivis[3]. En effet, les seules limites rencontrées par la société de gestion sont les stipulations statutaires, voire contractuelles en présence d'une convention de gestion, et sa révocation par le dirigeant de la société de titrisation.

De même, la règlementation unique du dépositaire nie l'écran constitué par la personnalité morale. À cet égard, et à l'inverse du FCT, la société de titrisation devrait être la seule à pouvoir engager la responsabilité du dépositaire. En effet, toute perte lui cause un préjudice personnel. Les actionnaires et investisseurs n'en subissent les conséquences que de façon indirecte. Pourtant, le régime de responsabilité du dépositaire leur permet de demander la réparation d'un préjudice qui n'est ni direct, ni personnel[4]. Ce régime commun aux organismes avait sans doute pour but de maximiser les chances d'indemnisation des investisseurs, que ce soit directement ou à travers l'organisme de titrisation. Il créé néanmoins un risque de double indemnisation des investisseurs[5].

41. Conclusion de section. Les organismes de titrisation présentent un régime commun, reproduisant les caractéristiques du *trust*. Il en résulte que la distinction légale opérée entre la société de titrisation et le FCT n'est pas effective. En effet, la reproduction de l'indépendance du *trust*[6], notamment patrimoniale, participe à l'autonomisation de la copropriété sur le modèle de la personne morale. La copropriété se distingue ainsi parfaitement des

---

[1] Comp. A. COURET *et al.*, *Droit financier*, *op. cit.*, n° 1080, p. 843 qui considèrent que « *le fonctionnement de la société est adossé à une société de gestion qui "assure" la gestion de la société de titrisation* ».
[2] Sur la semi-personnalité de la société de titrisation, v. *infra* n°s 88 et s.
[3] V. *infra* n°s 125 et s.
[4] Pour une illustration de l'appréciation du caractère direct et personnel du préjudice subi en droit des sociétés, v. not. Com., 26 janvier 1970, n° 67-14.787, *Bull. civ.*, IV, n° 30 ; Com., 1er avril 1997, n° 94-18.912 ; Com., 7 juillet 2009, n° 08-19.512.
[4] C. CHAINAIS *et al.*, *Procédure civile*, *op. cit.*, n°s 178-179, pp. 160-161 ; v. également É. SAVAUX, « La personnalité morale en procédure civile », art. préc., n°s 2 et 8.
[5] V. *infra* n°s 56 et s.
[6] H. MOTULSKY, « De l'impossibilité de constituer un "trust" anglo-saxon sous l'empire de la loi française », art. préc., n° 9, p. 13.

copropriétaires, tant patrimonialement que lorsqu'elle effectue des actes juridiques pour réaliser l'opération de titrisation en étant représentée par la société de gestion. De même, l'absence de personnalité du *trust* et sa nécessaire gestion par un *trustee*, conduisent à la consécration d'un régime de gestion privant d'autonomie la société de titrisation. Cette dernière, gérée de façon externalisée par une société de gestion, n'est pas à l'origine de la majorité des actes concourant à la réalisation de son objet social. Elle n'organise pas non plus la conservation de ses propres actifs. De ce fait, elle se rapproche du simple groupement de biens. Ce régime commun des organismes de titrisation garantit également la passivité des investisseurs, malgré leur qualité de copropriétaires et d'actionnaires[1]. La situation des investisseurs illustre ainsi particulièrement l'absence d'effectivité de la distinction établie entre les organismes. En effet, les mêmes règles s'appliquent aux investisseurs, sans considération pour la qualification qui leur est attribuée et donc pour la nature de l'organisme dans lequel ils ont investi.

Section 2 : L'identité des règles applicables aux investisseurs

42. Diversité des titres financiers. Les titres émis par les organismes afin de financer leur activité sont de nature diverse. Tout d'abord, le FCT et la société de titrisation émettent respectivement des parts de copropriété et des actions. Ces titres reflètent ainsi la qualification attribuée à chaque organisme et leur émission est impérative pour permettre la constitution de l'organisme[2]. Leurs porteurs sont membres de l'organisme et sont généralement les derniers investisseurs rémunérés. À cet égard, on peut les désigner sous les termes de porteurs de titres résiduels[3], les parts de copropriété et les actions étant les titres résiduels.

Ensuite, depuis 2003[4], les organismes peuvent également émettre des titres de créance[5]. Les porteurs de ces titres sont assimilables à de simples prêteurs

1 Comp. pour les bénéficiaires du *trust*, M.-F. PAPANDREOU, *Le droit anglais des biens*, préf. C. Witz et S. Geoffrey, coll. « Bibliothèque de droit privé », n° 418, LGDJ, 2004, n°s 784 et s., p. 563 et s.

2 Les actions de la société de titrisation sont émises une fois le capital souscrit. S'agissant du FCT, l'article R. 214-234-1, alinéa 3 du Code monétaire et financier dispose que « le passif d'un fonds commun de titrisation comprend à tout moment un nombre minimal de deux parts ». En réalité, le FCT est constitué avant toute émission par la société de gestion. V. *infra* n° 141.

3 Ce terme est utilisé par la pratique, v. not. les règlements des FCT Crédilège 2005 et Prêt d'Union disponibles aux adresses suivantes : http ://abcgestion.com/c05rg_en5382.pdf ; https://www.younited-credit.com/media/192626/fct-pret-dunion-reglement-general.pdf, consulté le 28 septembre 2023.

4 Loi n° 2003-706 du 1 août 2003 de sécurité financière.

5 Sur l'emploi du singulier ou du pluriel concernant les titres de créance v. A. COURET *et al.*, *Droit financier*, *op. cit.*, n° 668, p. 473 qui rappellent que le législateur traite des « titres de créance » mais des « titres de créances négociables ».

et ne sont pas membres des organismes. Ces titres prennent la forme de titres de créances négociables (TCN) ou d'obligations. Les TCN sont des titres émis à l'unité, au gré de l'émetteur[1]. Ils peuvent être à court terme, c'est-à-dire d'une durée initiale inférieure ou égale à un an, ou à moyen terme lorsque leur durée initiale est supérieure à un an[2]. Les obligations confèrent quant à elles les mêmes droits de créance pour une même valeur nominale dans une même émission[3]. Depuis que les organismes ont la possibilité d'émettre des titres de créance, les obligations sont les titres majoritairement émis[4]. Elles présentent effectivement l'avantage d'avoir un régime éprouvé par la pratique et sont connues des investisseurs étrangers.

43. Diversité de régimes postulée. La nature des titres souscrits ainsi que l'identité de leur émetteur devraient se traduire par une différence de régime entre les différents investisseurs. Le législateur fait cependant abstraction des particularités des différents types d'investisseurs en les soumettant à un régime unique. Pour ce faire, il supprime les spécificités des porteurs de titres résiduels (§ 1) et standardise les règles applicables à tous les investisseurs (§ 2).

§ 1 : La suppression des spécificités des porteurs de titres résiduels

44. Diminution du droit d'intervention des actionnaires. En gommant les prérogatives caractéristiques des copropriétaires et des actionnaires, le régime des organismes de titrisation participe à la création d'un statut unique d'investisseur. Le régime dérogatoire de la société de titrisation prive notamment d'efficacité les droits individuels d'intervention des actionnaires[5]. Tout d'abord, l'action en responsabilité et la demande d'expertise dont disposent les actionnaires visent le dirigeant social, qui n'est pas le dirigeant effectif de la société de titrisation dont la gestion est déléguée

---

[1] Art. L. 213-1, C. mon. fin.

[2] Art. D. 213-1, C. mon. fin. tel que modifié par le décret n° 2016-707 du 30 mai 2016 portant réforme des titres de créances négociables et supprimant la distinction entre les certificats de dépôts, les billets de trésorerie et les bons à moyen termes négociables.

[3] Art. L. 213-5, C. mon. fin.

[4] V. not. en ce sens T. GRANIER, *Titrisation et organismes de financement*, *op. cit.*, n° 231, p. 166.

[5] Pour une étude détaillée de la participation des actionnaires, v. *infra* n°s 197 et s. et n°s 213 et s. Sur la théorie des droits individuels de l'actionnaire v. not. M. GERMAIN et V. MAGNIER, *Traité de droit des affaires, T. 2, Les sociétés commerciales*, 23e éd., coll. « Traités », LGDJ, 2022, n°s 616 et s., p. 421 et s. et les références citées ; P. LE CANNU et B. DONDERO, *Droit des sociétés*, *op. cit.*, n° 940, p. 689 ; P. MERLE et A. FAUCHON, *Droit commercial, Sociétés commerciales*, 27e éd., coll. « Précis », Dalloz, 2023, n° 345, p. 396 ; *contra* M. COZIAN, A. VIANDIER et F. DEBOISSY, *Droit des sociétés*, 36e éd., coll. « Manuels », LexisNexis, 2023, n° 563, p. 227.

à une société de gestion[1]. Ensuite, les actionnaires ne nomment pas les commissaires aux comptes. Ces derniers sont nommés par le conseil d'administration de la société de titrisation ou par son directoire[2]. Le contrôle indirect de la gestion par les actionnaires de la société de titrisation par ce biais est donc moins important qu'en droit commun. Enfin, la participation des actionnaires aux assemblées n'est pas une nécessité. Ces dernières peuvent fonctionner sans véritable quorum[3]. De plus, les sujets ressortant généralement de la compétence de l'assemblée générale ordinaire échappent aux associés de la société de titrisation. Ils ne sont ainsi pas compétents pour désigner le commissaire aux comptes ou pour approuver les comptes[4]. Ils ne peuvent pas non plus nommer ou révoquer le dirigeant effectif de la société. La passivité des actionnaires est donc organisée par le législateur et ne résulte pas uniquement de leur désintérêt pour l'affaire. *In fine,* seul le droit de ne pas voir augmenter leurs engagements sans leur consentement est véritablement effectif.

45. Limitation des droits pécuniaires des actionnaires. Les droits pécuniaires des actionnaires de la société de titrisation procèdent d'une logique financière commune à tous les investisseurs[5]. Il en résulte que les particularités propres à la rémunération des actionnaires sont estompées. Tout d'abord, les actionnaires n'ont pas un véritable pouvoir sur la répartition des bénéfices de la société de titrisation. En droit commun, la rémunération des actionnaires n'est pas automatique[6]. Elle suppose l'existence d'un bénéfice distribuable et une décision de leur part, si bien que son montant peut varier selon les résultats de l'exercice et la volonté des associés. Il en va de même en présence de la société de titrisation, à la différence que les associés ne déterminent pas librement la part des bénéfices distribuables. En effet, les statuts de la société de titrisation organisent l'affectation des sommes reçues par la société. Les stipulations statutaires peuvent ainsi prévoir un calendrier

---

[1] V. *supra* n° 39 et *infra* n°s 213 et s.

[2] V. en ce sens art. L. 214-179, I, 4°, C. mon. fin. comp. art. L. 225-218 et art. L. 227-9-1, C. com.

[3] Art. L. 214-179, I, 1°, C. mon. fin.

[4] V. *infra* n° 197.

[5] V. en ce sens art. L. 214-175-1, II, C. mon. fin. qui dispose que « les parts ou actions et les titres de créance émis par l'organisme de titrisation peuvent donner lieu à des droits différents, en particulier sur le capital ou les intérêts » selon les prévisions des documents constitutifs de l'organisme ou de tout contrat qu'il conclut. Les termes de droit des sociétés sont délaissés au profit des termes financiers, v. *infra* n° 53.

[6] V. art. L. 232-15, C. com. qui prohibe les clauses d'intérêt fixe promettant aux actionnaires un dividende quel que soit le résultat de la société. Il est possible de contourner cette interdiction puisqu'un associé peut s'engager à verser une rémunération à un autre actionnaire dans le cas où la société ne distribuerait pas un bénéfice suffisant, v. en ce sens J. MESTRE, JACQUES *et al.*, *Les principales clauses des contrats d'affaires*, vol. 3, 2e éd., coll. « Les intégrales », LGDJ, 2018, n° 762, p. 365.

d'amortissement ou l'affectation des recettes et intérêts dans le respect des règles de droit commun[1]. Les sommes réservées aux titulaires de titres de créances réduisent alors significativement la part des bénéfices distribuables[2], et indirectement la liberté des associés en la matière. Les statuts peuvent aussi prévoir une répartition inégalitaire des pertes et bénéfices, dans la limite de l'article 1844-1 du Code civil. Ces différentes règles d'affectation des résultats de la société s'imposent aux actionnaires[3], sans qu'ils en soient à l'origine. En effet, elles sont établies par les fondateurs de la société qui ne sont pas forcément les associés de la société de titrisation[4]. Ces derniers sont alors contraints d'y adhérer pour devenir membres de la société de titrisation. Les délibérations de l'assemblée générale ne sont alors que l'élément déclencheur des distributions entre actionnaires.

Les actionnaires peuvent ensuite être privés d'une partie du *boni* de liquidation. Jusqu'à son partage, celui-ci est normalement la propriété indivise de tous les associés[5]. Les règles d'affectation, propres aux organismes de titrisation, permettent néanmoins de l'attribuer à autrui. En effet, le *boni* est généralement promis en tout ou partie au cédant des créances. Cette promesse est intégrée à la convention de cession des créances, négociée par la société de gestion[6]. La vocation au partage des associés est donc réduite, ce qui s'oppose à la définition de la société. En effet, le cédant des créances ne peut pas être considéré comme un créancier hypo-chirographaire, qui serait payé après tous les créanciers de la société et juste avant les associés. Dans ce cas, le constat d'un *boni* serait simplement retardé jusqu'au paiement complet du cédant. Le cédant ne peut pas non plus être considéré comme le créancier personnel des actionnaires. Plusieurs arguments peuvent être avancés en ce sens. Premièrement, l'article L. 214-169 VI du Code monétaire et financier prévoit que le cédant des créances (l'initiateur) peut avoir « une créance sur tout ou partie du boni de liquidation éventuel de l'organisme ». Il ne dispose pas que le *boni* intègre le patrimoine des actionnaires. Deuxièmement, le cédant n'est pas en concours avec les autres créanciers personnels des associés, sans pour autant disposer d'une créance privilégiée. Troisièmement, sa créance est négociée par la société de gestion qui ne représente pas les actionnaires, à défaut de disposition légale en ce sens. Cette dernière se limite donc à représenter la société de titrisation, en particulier lors de la conclusion de la convention de cession. Le législateur supprime ainsi également les droits pécuniaires caractéristiques des associés. Les actionnaires ne présentent ainsi

---

[1] X. DE KERGOMMEAUX, « Titrisation », *op. cit.*, n° 196.
[2] Elles diminuent le résultat, comme toute dette sociale.
[3] Art. 214-169, VI, C. mon. fin.
[4] L'organisme de titrisation est généralement créé par le cédant des créances, ses conseillers et les gestionnaires de l'opération ; v. *infra* n° 75.
[5] Art. 1844-9, al. 2, C. civ.
[6] Art. 214-169,VI, C. mon. fin.

plus de particularités et se confondent avec les autres investisseurs. La même démarche s'observe au niveau des copropriétaires du FCT.

46. Suppression des prérogatives des copropriétaires dans le FCT. Le régime de gestion des organismes de titrisation empêche les copropriétaires d'exercer leur propriété sur les actifs titrisés, que ce soit individuellement ou collectivement [1]. Ils n'en exercent pas les attributs, ne jouissent pas exclusivement du bien indivis et ne peuvent pas en disposer librement. En pratique, cela se traduit par l'impossibilité de gérer les actifs titrisés. Leur situation est ainsi comparable à celle des actionnaires de la société de titrisation, ou plus largement, à celle des porteurs de titres de créance émis par les organismes. À l'inverse, la société de gestion concentre ces pouvoirs, remettant ainsi en question la qualification de copropriété[2].

Le droit au partage des copropriétaires, issu de l'article 815 du Code civil, est également supprimé par l'éviction des règles du droit commun de l'indivision [3]. Ils n'ont donc pas vocation à retrouver leur propriété individuelle et sont contraints de céder leurs parts pour ne plus être membres du fonds.

47. Règlementation excessivement adaptée aux enjeux des marchés. La suppression des prérogatives caractéristiques des porteurs de titres résiduels les contraint à la passivité, ce qui renforce l'efficience et la sécurité de l'opération de titrisation. En effet, cette dernière ne souffre pas des potentiels atermoiements ou conflits pouvant résulter des assemblées d'actionnaires ou de copropriétaires. Les porteurs de titres résiduels auraient néanmoins au moins pu conserver un droit de contrôle dont les modalités seraient adaptées à leur qualification sans que l'efficacité ni la sécurité de l'opération ne s'en trouvent affaiblies. Le compromis trouvé est donc excessif en ce qu'il ignore inutilement des qualifications attribuées aux investisseurs. Privés de leurs spécificités, les actionnaires et les copropriétaires ne se distinguent plus véritablement, ce qui participe à l'affaiblissement de la distinction des organismes. Celle-ci est d'autant plus affaiblie que le législateur mutualise en parallèle les règles applicables aux investisseurs.

§ 2 : La standardisation des règles applicables aux investisseurs

48. La standardisation du régime applicable aux investisseurs s'effectue en deux temps. Dans un premier temps, les règles qui sont en principe réservées à une catégorie particulière d'investisseurs sont étendues aux autres catégories (A). C'est ainsi que les copropriétaires se voient notamment

---

[1] V. *supra* n° 38 et *infra* n°s 125 et s.
[2] V. *infra* n° 137.
[3] Art. L. 214-180, al. 2, C. mon. fin.

appliquer les règles propres aux actionnaires. Les investisseurs sont, dans un second temps, soumis à un corpus de règles communes (B). En effet, le législateur a élaboré des dispositions applicables à tous les investisseurs, considérés en cette seule qualité.

A. La mutualisation des règles catégorielles

49. Responsabilité limitée des porteurs de titres résiduels. Les investisseurs des organismes de titrisation encourent tous le même risque, dans la mesure où leur perte maximale est plafonnée au montant de leur investissement initial. Cette responsabilité limitée des porteurs de titres de créance découle de leur statut de créancier. Elle est en revanche expressément prévue par le législateur pour les porteurs de titres résiduels[1]. Ces derniers ne sont tenus des dettes de l'organisme ou d'un compartiment qu'à hauteur de la valeur d'émission des parts. Cette responsabilité limitée résulte directement des formes sociales que peut prendre la société de titrisation et de la qualification du FCT en patrimoine d'affectation[2]. Les copropriétaires du FCT se démarquent ainsi des copropriétaires de droit commun tenus des dettes de l'indivision[3].

50. Attribution imparfaite des droits propres des actionnaires aux copropriétaires. Le rapprochement des porteurs de titres résiduels procède également de l'article L. 214-185 alinéa 3 du Code monétaire et financier qui dispose que « les porteurs de parts du fonds exercent les droits reconnus aux actionnaires par les articles L. 225-231 et L. 823-6 du code de commerce ». Les porteurs de parts ont ainsi le droit de poser une question écrite au dirigeant et de demander en justice la désignation d'un expert. Ils peuvent également récuser le commissaire aux comptes du fonds. L'extension de ces prérogatives aux copropriétaires permet en théorie de réserver un droit d'intervention aux membres des organismes de titrisation. Celui-ci s'avère néanmoins ineffectif en présence d'investisseurs passifs. Il l'est d'autant plus que la société de gestion, n'ayant pas le statut de dirigeant de la société de titrisation, ne peut pas être questionnée et ses actes ne peuvent pas faire l'objet d'une expertise de gestion[4]. Par ailleurs, les prérogatives des actionnaires n'ont pas été adaptées au FCT. Ce dernier est dépourvu de dirigeant *stricto sensu* et le législateur ne désigne pas le destinataire spécifique de la question posée dans le FCT. Il ne délimite pas non plus le champ de l'expertise de gestion. *De lege ferenda*, l'effectivité des règles susmentionnées pourrait être garantie si la

---

[1] Art. L. 214-184, C. mon. fin. pour le FCT et art. L. 225-1 et L. 227-1, C. com. pour la société de titrisation.
[2] Sur cette qualification, v. *supra* n° 25 et sur la responsabilité limitée, v. *infra* n° 123.
[3] Art. 815-10, al. 4, C. civ.
[4] V. *infra* n° 214.

société de gestion en était la cible. Par ailleurs, la mise en œuvre des deux articles est conditionnée, en droit des sociétés, par la détention d'une participation de 5 % du capital social. Il faudrait substituer à cette participation, la quote-part de chaque copropriétaire dans le bien indivis. Par cette transposition des dispositions du Code de commerce, les copropriétaires auraient alors un accès plus direct à la gestion que les actionnaires qui se heurtent à l'extériorisation de la gestion.

51. Uniformisation des règles applicables aux obligataires. La mutualisation des règles applicables aux investisseurs s'effectue également au niveau des obligataires. En effet, les dispositions du Code de commerce s'appliquent aux émissions obligataires effectuées par la société de titrisation[1]. Seul l'article L. 228-39 du Code de commerce est expressément exclu[2]. Les obligataires sont ainsi notamment regroupés de « plein droit pour la défense de leurs intérêts communs, en une masse qui jouit de la personnalité civile »[3]. Ils peuvent également participer aux assemblées d'obligataires prévues par le Code commerce ayant pour objet d'assurer la défense de leurs intérêts communs ainsi que de statuer sur toute proposition tendant à la modification du contrat[4].

Ces dispositions ne sont pas automatiquement applicables aux émissions effectuées par le FCT, dont les modalités sont contractuellement fixées dans les documents relatifs à l'opération. Néanmoins, ces documents peuvent se référer en tout ou partie aux dispositions du Code de commerce[5] qui sont connues des opérateurs[6]. Certains aménagements sont alors nécessaires pour éviter les conflits d'intérêts. Il faut ainsi interdire aux gestionnaires du fonds ou au cédant des créances d'être les représentants de la masse des obligataires[7]. À défaut de disposition légale spécifique, cette remarque vaut également pour la société de titrisation. En effet, l'article L. 228-49 du Code de commerce qui interdit à un certain nombre de personnes d'être le

---

[1] V. également en ce sens T. GRANIER, *Titrisation et organismes de financement*, *op. cit.*, n° 234, p. 168 ; A. REYGROBELLET, « Le fonds commun de titrisation émetteur d'obligations : qui peut le moins pourrait-il le plus ? », in *Mélanges en l'honneur d'Alain Couret, Un juriste pluriel*, coll. « Études, mélanges, travaux », Dalloz, Éditions Francis Lefebvre, 9 décembre 2020, p. 743 et s., spéc. n° 6, p. 745.

[2] Art. L. 214-179, II, C. mon. fin

[3] Art. L. 228-42, C. com.

[4] Art. L. 228-65, C. com.

[5] E. LEBAUBE et J.-P. BRUN, « L'émission de titres de créance par les fonds communs de créances, contraintes juridiques et premières applications pratiques », *RTDF*, juillet 2007, n° 2, p. 96 et s., spéc. p. 98 ; P. LE CANNU, T. GRANIER et R. ROUTIER, *Droit commercial*, *op. cit.*, n° 814, p. 619 ; A. REYGROBELLET, « Le fonds commun de titrisation émetteur d'obligations : qui peut le moins pourrait-il le plus ? », art. préc., n°s 30-31, p. 755.

[6] T. GRANIER, *Titrisation et organismes de financement*, *op. cit.*, n° 237, p. 170.

[7] E. LEBAUBE et J.-P. BRUN, « L'émission de titres de créance par les fonds communs de créances, contraintes juridiques et premières applications pratiques », art. préc., p. 99 ; P. LE CANNU, T. GRANIER et R. ROUTIER, *Droit commercial*, *op. cit.*, n° 814, p. 619.

représentant de la masse, ne permet pas de viser la société de gestion et le dépositaire. Le partage des règles applicables à un type d'investisseurs n'est donc pas uniquement le fait du législateur mais est également le fruit de la pratique. Ce mouvement d'uniformisation est cependant plus profond dans la mesure où certaines règles sont créées pour s'appliquer à tous les investisseurs, sans considération de leur qualification.

B. L'application d'un corpus de règles communes

52. La primauté de la logique financière sur la logique juridique[1] conduit à considérer les investisseurs pour cette seule qualité[2], et à les soumettre à une règlementation unique. C'est ainsi que les actionnaires, les copropriétaires et les titulaires de titres de créance des organismes de titrisation sont soumis à un corpus de règles communes (1). La standardisation des différentes catégories d'investisseurs n'est cependant pas le propre des organismes de titrisation et découle d'une tendance générale observée au sein des dispositions du droit commun financier[3] (2).

1. La règlementation unique des investisseurs des organismes de titrisation

53. Identité des droits pécuniaires. Les droits pécuniaires des investisseurs des organismes de titrisation relèvent d'un régime unique, gouverné par la logique de l'opération financière. En atteste tout d'abord le vocabulaire employé par le législateur. Les termes de droit des sociétés ou de l'indivision – « dividendes », « remboursement des apports », « partage du *boni* », « fruits » ou « revenus » – sont délaissés au profit des termes financiers plus génériques de « capital » et « intérêts ». Dans cet esprit, l'article L. 214-175-1 II du Code monétaire et financier, prévoit que les titres des investisseurs peuvent donner lieu à des droits différents, en particulier sur le capital ou les intérêts. Les droits d'une catégorie d'investisseurs peuvent également être subordonnés à ceux d'une autre catégorie. En contrepartie, les investisseurs ont une responsabilité limitée au montant investi. Dans le prolongement de cette idée, l'article R. 214-221 du Code monétaire et financier dispose que « le produit des parts, actions et titres de créance émis par l'organisme ou des emprunts contractés par lui peut être affecté au

---

[1] Sur cette question, v. not. A. COURET, « Innovation financière et règle de droit », art. préc.

[2] Pour une réflexion sur l'investisseur, v. not. H. CAUSSE, « L'investisseur », *in Liber amicorum Jean Calais-Auloy, Études de droit de la consommation*, Dalloz, 2004, p. 261 et s.

[3] Le rapprochement des actionnaires et des obligataires sous l'effet des impératifs du droit financier a déjà pu être dénoncé, v. not. T. BONNEAU, « La diversification des valeurs mobilières et ses implications en droit des sociétés », *RTD com.*, décembre 1988, n° 4, p. 535 et s. ; A. PIETRANCOSTA, *Le droit des sociétés sous l'effet des impératifs financiers et boursiers*, Thèse Paris I, 1999, n°s 335 et s., p. 189 et s.

remboursement ou à la rémunération de ses parts, actions, titres de créance ou emprunts ». À cet égard, la nature des investisseurs importe peu. En effet, le législateur prévoit que toute catégorie d'investisseurs peut être subordonnée à une autre[1]. Il précise néanmoins à l'article R. 214-235 du Code monétaire et financier que le paiement des sommes exigibles dues aux copropriétaires est subordonné au paiement des sommes exigibles dues aux porteurs de titres de créance, aux personnes auprès desquelles des emprunts ont été contractés ou des engagements résultant des contrats constituant des instruments financiers à terme. Il peut ainsi arriver que les indivisaires soient payés en priorité par rapport aux titulaires de titres de créance, dont les droits ne sont pas encore exigibles. Leur responsabilité étant limitée, les indivisaires qui récupèreraient le montant de leur investissement via ce paiement ne contribueraient pas alors réellement aux pertes de l'indivision[2]. Puisque l'article L. 214-175-1 II précité pose une règle spéciale ayant vocation à déroger aux règles générales de droit des sociétés, il semble également possible que les actionnaires soient payés en priorité par rapport aux titulaires de titres de créance. Il suffit à cet égard d'imaginer que le calendrier prévisionnel des paiements prévoit en année n le paiement des actionnaires pour un certain montant (égal par exemple à celui de leur investissement), puis le paiement des autres investisseurs avec les sommes restantes et à défaut en année n+1. Même si ce paiement ne correspond pas juridiquement au remboursement de leur apport et n'intervient pas au moment de la liquidation de la société, il s'avère en pratique que les actionnaires récupèrent le montant de leur investissement. De même, si la société est constituée avec plusieurs compartiments ayant chacun conduit à l'émission d'actions, il est possible que les actionnaires répondent uniquement du passif d'un compartiment désigné et ne récupèrent leurs apports que sur son actif[3]. De ce fait, les actionnaires dont les actions sont affectées au compartiment A peuvent être payés avant les créanciers affectés au compartiment B. Contrairement au droit commun, les actionnaires n'auraient donc pas vocation à contribuer aux pertes de la société[4]. La subordination des paiements et le cloisonnement patrimonial soumettent ainsi les investisseurs aux mêmes aléas, la rentabilité de leur placement dépend du succès de l'opération de titrisation[5].

---

[1] Art. L. 214-175-1, II, C. mon. fin. : « Le règlement ou les statuts de l'organisme et tout contrat conclu par lui peuvent prévoir que les droits de certaines catégories de porteurs de parts, actionnaires, détenteurs de titres de créance ou de certains créanciers de l'organisme sont subordonnés aux droits ou intérêts d'autres catégories de porteurs de parts, actionnaires, détenteurs de titres de créance ou d'autres créanciers de l'organisme ».

[2] Comp. art. 815-10 al. 4, C. civ.

[3] V. *infra* n° 225.

[4] Comp. art. 1832, al. 3, C. civ.

[5] Déjà sur le rapprochement des actionnaires et des obligataires sur ce point, v. T. BONNEAU, « La diversification des valeurs mobilières et ses implications en droit des sociétés », art. préc., n° 67, p. 576.

Ensuite, les règles d'affectation des sommes perçues par l'organisme, élaborées en amont de l'opération par ses fondateurs, s'imposent à tous les investisseurs[1]. Les actionnaires et les copropriétaires n'ont aucun pouvoir en la matière, si bien que leur situation est assimilable à celle des créanciers de l'organisme. L'impérativité de ces règles garantit ainsi l'effectivité du cloisonnement patrimonial de l'organisme et de ses compartiments[2]. Les investisseurs ne peuvent réclamer le paiement de leur créance[3] par le biais d'actifs attribués à d'autres investisseurs ou contenus dans un autre compartiment de l'organisme.

Enfin, les conditions de liquidation de l'organisme s'imposent aux différents investisseurs[4]. Il en va de même de l'affectation du *boni* de liquidation[5]. Ni les copropriétaires censés en avoir la propriété, ni les actionnaires ayant vocation à se le partager n'ont de droits dessus. Ils sont dans la même situation que les titulaires de titres de créance. La règlementation afférente aux organismes de titrisation a ainsi pour effet de standardiser les droits pécuniaires des différents types d'investisseurs. Distinguer les actionnaires, les copropriétaires ou les titulaires de titres de créance s'avère alors dépourvu d'intérêt lorsque l'on s'intéresse à leurs droits financiers. Il en va de même s'agissant de leur droit d'intervention.

54. Intervention des investisseurs. Quelle que soit leur nature, les investisseurs des organismes de titrisation disposent d'un droit d'intervention identique. En principe, ils ne peuvent s'immiscer dans la gestion de l'organisme[6]. Par ailleurs, l'article L. 214-169 II du Code monétaire et financier dispose que « le règlement ou les statuts de l'organisme peuvent également prévoir des règles relatives aux décisions de la société de gestion. Ces règles et les décisions qui en résultent, s'imposent aux porteurs de parts, aux actionnaires, aux détenteurs de titres de créance de toutes catégories ». Les investisseurs ne peuvent donc pas intervenir dans le processus décisionnel de la société de gestion et sont contraints de se conformer à ses décisions. Pour les titulaires de titres de créance, cette passivité est la conséquence de la nature de leur droit. En revanche, elle n'est pas naturelle pour les porteurs de titres résiduels. En tant que membres des organismes, ils devraient pouvoir fixer les règles relatives aux décisions du gestionnaire de l'organisme et intervenir en

---

[1] Art. L. 214-169, II, C. mon. fin.
[2] Art. L. 214-169, I, C. mon. fin.
[3] Sur la qualification du droit des investisseurs en droit de créance, v. *infra* n°s 104 et s.
[4] Art. L. 214-175, IV, C. mon. fin.
[5] Art. L. 214-169, IV, C. mon. fin.
[6] Il n'existe aucune disposition légale en ce sens mais l'impossible immixtion dans la gestion résulte de la pratique. Certains auteurs en ont déduit une interdiction de principe, v. not. J. TERRAY et P. DEROUIN, « La titrisation des crédits », art. préc. ; P. LE CANNU, T. GRANIER et R. ROUTIER, *Droit commercial*, *op. cit.*, n° 714, p. 558 ; T. GRANIER, *Titrisation et organismes de financement*, *op. cit.*, n° 225, p. 162.

cas de nécessité[1]. Leur passivité est accentuée par le régime de gestion des organismes de titrisation. En effet, la gestion exclusive du FCT par la société de gestion et le dépositaire empêche les copropriétaires d'exercer leur propriété sur les actifs titrisés, que ce soit individuellement ou collectivement[2]. De même, la gestion extériorisée de la société de titrisation prive d'efficacité les droits d'intervention des actionnaires[3].

Lorsque la consultation des investisseurs s'avère néanmoins nécessaire[4], les documents constitutifs de plusieurs organismes révèlent qu'ils sont tous interrogés, qu'ils soient porteurs de titres résiduels ou titulaires de titres de créance[5]. Tous les investisseurs peuvent ainsi être sollicités pour avis, notamment avant une opération d'investissement. Tous doivent donner leur accord en cas de changement de la stratégie d'investissement de l'organisme ou d'un autre élément important. Tel est le cas notamment en présence d'une modification du critère d'éligibilité des créances ou de la modification de la rémunération des gestionnaires. Cela concerne aussi la modification des périodes d'investissement ou d'amortissement. Les investisseurs doivent également consentir à l'augmentation de leurs engagements. Les porteurs de titres résiduels n'ont donc pas plus de droits dans la prise de telles décisions que les titulaires de titres de créance. Les conséquences des changements opérés ne sont pourtant pas les mêmes pour tous si l'on s'en tient aux qualifications légales. Par exemple, les différents cas de consultation conduisent généralement à une réduction de l'assiette du droit de propriété des copropriétaires alors que les titulaires de titres de créance ne souffrent que d'une modification du patrimoine sur lequel ils exercent leur droit de créance. Le législateur et les praticiens n'en tiennent cependant pas compte, privilégiant une appréhension indifférenciée des investisseurs. Cette dernière est néanmoins source d'incohérences. Ces dernières sont particulièrement illustrées par le régime de responsabilité du dépositaire.

55. Responsabilité du dépositaire à l'égard des investisseurs et de l'organisme. Le régime de responsabilité du dépositaire n'est pas non plus

---

[1] Comp. en droit commun art. 815-3 et art. 815-9, C. civ. en matière d'indivision et art. 1835, C. civ., art. L. 225-36-1, art. L. 225-64, art. L. 225-231 et art. L. 227-5, C. com. en matière de droit des sociétés.

[2] V. *supra* n° 38 et *infra* n°s 125 et s.

[3] V. *infra* n°s 213 et s.

[4] Le règlement du FCT peut prévoir une consultation des porteurs de parts et des titulaires de titres de créances, v. en ce sens E. LEBAUBE et J.-P. BRUN, « L'émission de titres de créance par les fonds communs de créances, contraintes juridiques et premières applications pratiques », art. préc., p. 97. En revanche, cette consultation est obligatoire pour les actionnaires de la société dès lors qu'elle conduit à une modification statutaire ou à une augmentation de leurs engagements. Sur la consultation des porteurs de titres et ses modalités, v. X. DE KERGOMMEAUX, « Titrisation », *op. cit.*, n° 104 et s.

[5] La constitution d'une masse obligataire dans le FCT ne conditionne pas la consultation des titulaires d'obligations.

adapté aux différentes catégories d'investisseurs puisque tous sont considérés comme victimes des manquements du dépositaire. L'article L. 214-175-6 I du Code monétaire et financier dispose ainsi que le dépositaire « est responsable à l'égard de l'organisme ou à l'égard des porteurs de parts ou de titres de créance ou des actionnaires de la perte » d'instruments financiers ou d'autres actifs de l'organisme. Le dépositaire répond également de toute autre perte « résultant de la négligence ou de la mauvaise exécution intentionnelle de ses obligations ». À chaque fois, le dépositaire engage sa responsabilité personnelle. En effet, il n'est pas titulaire du patrimoine de l'organisme de titrisation. Par ailleurs, exercer l'action en responsabilité sur le patrimoine de l'organisme n'aurait pas de sens dans la mesure où il subit déjà la perte des actifs[1].

56. Risque de double indemnisation du préjudice des investisseurs. Ce régime de responsabilité unique du dépositaire n'est pas satisfaisant. Seuls les copropriétaires et la société de titrisation subissent directement la perte des actifs. Ils doivent donc être les seuls à pouvoir engager la responsabilité du dépositaire. En effet, les porteurs de titres de créance ne subissent la perte des actifs qu'à travers la perte de valeur du patrimoine garantissant leur créance[2]. Cette dernière se traduit instantanément par une dépréciation de leurs titres et, à long terme, par un remboursement incomplet. Leur préjudice est indirectement réparé grâce à l'indemnisation de la société de titrisation ou des copropriétaires. Il en va de même pour les actionnaires de la société de titrisation. Aucun dommage qui leur soit strictement personnel ne peut être établi sur la base de la seule perte des actifs de l'organisme. Le régime actuel de responsabilité du dépositaire crée donc un risque de double indemnisation du préjudice des investisseurs. Il s'oppose ainsi au principe de réparation intégrale du préjudice et au droit commun des sociétés[3].

Ce risque de double indemnisation existe également pour les copropriétaires puisque le FCT peut lui aussi être indemnisé de façon autonome à la demande de son représentant légal, la société de gestion.

57. Insuffisance du droit positif pour limiter le risque de double indemnisation. Ce risque de double indemnisation n'est pas purement

---

[1] Il s'agit ici de la même logique que celle qui anime l'article 2026 du Code civil affirmant la responsabilité du fiduciaire sur son patrimoine personnel pour les fautes qu'il commet dans l'exercice de sa mission.

[2] Sur la définition du droit de créance de l'associé, v. *infra* n° 111.

[3] Tenant compte du principe de réparation intégrale du préjudice et de l'écran de la personnalité morale, la jurisprudence a toujours refusé de réparer le préjudice lié à la dépréciation des actions puisque celui-ci n'est pas distinct du préjudice social et se trouve réparé grâce aux dommages et intérêts accordés à la société. V. not. Com., 26 janvier 1970, n° 67-14.787, *Fouilly c/ Sté Sodina, Bull. civ. IV, n° 30, p. 31* ; Com., 1 avril 1997, n° 94-18.912 ; Com., 7 juillet 2009, n° 08-19.512.

hypothétique. En effet, la société de gestion ne centralise pas obligatoirement toute action en responsabilité, si bien que les investisseurs peuvent agir directement et sans délai. Or, aucune disposition ne permet d'éviter totalement une double indemnisation des investisseurs. En effet, le Code monétaire et financier n'impose pas l'attribution des dommages et intérêts à l'organisme de titrisation en cas d'action engagée par les investisseurs. Un tel mécanisme aurait pourtant permis de réparer concomitamment le préjudice subi par les investisseurs et par l'organisme.

Le législateur ne prévoit pas non plus que les actions en responsabilité de l'organisme et des investisseurs, au sens large, sont exclusives l'une de l'autre. Actuellement, le juge peut uniquement rejeter l'action des investisseurs lorsque l'organisme a préalablement obtenu la réparation de son préjudice. En effet, leur préjudice est indirectement réparé. Pour les mêmes raisons, il peut rejeter l'action des titulaires de titres de créance en cas d'indemnisation des copropriétaires. En théorie, l'indemnisation directe des copropriétaires suffit à réparer leur préjudice et doit permettre de rejeter celle du FCT. Celui-ci n'a pas la personnalité morale et ne peut se prévaloir d'un préjudice propre. Cela suppose néanmoins que le juge prenne acte de la nature du FCT. Or, la pratique judiciaire démontre qu'il le traite comme une personne morale[1].

En revanche, l'action intentée par la société de titrisation après une indemnisation des investisseurs doit être accueillie puisqu'elle a subi un préjudice personnel. Cela conduit cependant à indemniser deux fois les investisseurs, une fois directement et une fois indirectement à travers l'indemnisation de la société. En effet, il n'est pas possible d'exiger le remboursement de leur première indemnisation. Il est également difficile de diminuer la réparation accordée à la société du montant de l'indemnisation préalablement accordée aux investisseurs sans nier le caractère personnel de son préjudice. Ces réflexions peuvent également être formulées lorsque la réparation des porteurs de titres de créance précède celle des copropriétaires du FCT. Dans cette hypothèse, la double indemnisation ne peut être évitée en attribuant aux copropriétaires uniquement ce qu'ils auraient pu retirer de leur investissement. Le calcul s'effectuerait en diminuant la valeur du patrimoine du FCT du passif dont il était grevé au moment de la perte des actifs. Cependant, ce mode d'indemnisation demeure imprécis en raison du caractère évolutif des actifs compris dans le patrimoine. Il nie en outre la réalité du préjudice des copropriétaires et leur propriété.

58. Représentation en justice. Le régime de responsabilité du dépositaire uniformise également la représentation des investisseurs par la société de gestion. En effet, l'article L. 214-175-7 du Code monétaire et

---

[1] Les juges admettent sa représentation par une société de gestion ou l'entité chargée du recouvrement des créances, alors que la représentation d'une entité non personnifiée est théoriquement impossible. Sur le problème de représentation, v. *infra* n° 141.

financier dispose que « la responsabilité du dépositaire à l'égard des porteurs de parts, de titres de créance ou d'actions émis par l'organisme de titrisation peut être mise en cause directement, ou indirectement par l'intermédiaire de la société de gestion ». En tant que représentant légal du fonds[1], c'est-à-dire de la copropriété, il est logique que la société de gestion représente les copropriétaires dans cette action en justice. En revanche, ces derniers devraient être privés de leurs pouvoirs le temps de la représentation et ne devraient pas pouvoir agir directement, contrairement à ce que prévoit actuellement l'article L. 214-175-7 du Code monétaire et financier[2]. À l'inverse, la société de gestion, n'étant pas le représentant légal des actionnaires et des titulaires de titres de créance, ne devrait pas pouvoir les représenter. La disposition susmentionnée institue donc un cas de représentation spéciale. Elle a sans doute pour but de permettre un groupement des actions en responsabilité par la société de gestion et de réparer indifféremment le préjudice des investisseurs. Ce regroupement ne tient cependant pas compte du risque de double indemnisation du préjudice, la société de gestion étant en mesure d'engager simultanément la responsabilité du dépositaire au nom des copropriétaires et des titulaires de titres de créance. Pour limiter ces difficultés tout en traitant la cause des investisseurs de façon unique, il aurait été possible d'ouvrir uniquement l'action en responsabilité à la société de gestion et de prévoir que les dommages et intérêts soient versés à l'organisme de titrisation. Cela se justifie d'autant plus que la faute du dépositaire n'est présumée qu'en cas de perte des actifs de l'organisme. Dans les autres cas, la négligence ou la mauvaise intention du dépositaire doit être démontrée, ce qui est plus facile pour la société de gestion. Le régime actuel a pour simple mérite de permettre aux investisseurs ou à l'organisme de pallier l'inaction de la société de gestion en la matière. Dans cette optique, le législateur aurait cependant également pu instituer une sorte d'action *ut singuli* permettant à tout investisseur de représenter l'organisme. Une telle action ferait néanmoins abstraction de la nature du FCT et contreviendrait également au droit des sociétés. En effet, le dépositaire n'est pas un organe de la société de titrisation et les titulaires de titres de créance ne sont pas membres de l'organisme. Ceci illustre bien la difficulté de règlementer les investisseurs de façon unique et satisfaisante. En s'évertuant pourtant à le faire, le législateur créé des incohérences en niant la nature des organismes et de fait leur distinction. À cet égard, les incohérences suscitées par un traitement indifférencié des investisseurs ne sont pas uniquement dues au régime des organismes de titrisation. Elles procèdent plus globalement du droit financier qui se concentre sur la seule qualité des investisseurs.

---

[1] Art. L. 214-172 et art. L. 214-183, al. 1er, C. mon. fin.

[2] Comp. art. 1159, al. 1er, C. civ.

2. L'appréhension unique des investisseurs par le droit financier

59. Bien que de nature distincte, les titres émis par les organismes de titrisation sont tous regroupés sous la qualification de titres financiers et règlementés en tant que tels. Afin de répondre aux objectifs d'efficacité et de transparence des marchés [1], ils sont soumis à un régime de cession unique (a) et leurs titulaires jouissent du même droit d'information (b). Il en résulte cependant que la distinction entre les différents types d'investisseurs est privée d'efficacité, ce qui participe au caractère artificiel de la distinction entre les organismes de titrisation.

a. L'exemple de la cession de titres

60. Présentation du régime de cession. Malgré leur diversité, les titres financiers ont pour principale caractéristique d'être négociables [2]. Ils se transmettent de façon simplifiée par simple virement de compte à compte ou par inscription dans une *blockchain* [3]. Leur cession est opposable dès l'inscription, ce dont la majorité des auteurs déduit qu'elle déroge au formalisme de la cession de créances[4]. Du fait de cette inscription, les titres sont également purgés de tout vice affectant la chaîne de transmission[5]. Enfin, malgré leur nature diverse, les titres font tous l'objet d'un droit de propriété de la part de leurs titulaires, comme en témoignent le paragraphe intitulé « transfert de propriété » et l'article L. 211-17 du Code monétaire et financier disposant que le « transfert de propriété résulte de l'inscription »[6].

---

[1] Sur lesquels v. not. F. PELTIER, *Marchés financiers & droit commun*, *op. cit.*

[2] Art. L. 211-14, C. mon. fin. (L'article exclut néanmoins les parts de sociétés civiles de placement immobilier et de sociétés d'épargne forestière.)

[3] Art. L. 211-15, C. mon. fin.

[4] Art. 1322 et s., C. civ. ; v. également anc. art. 1690, C. civ. Sur cette caractéristique, v. V. MALASSIGNE, *Les titres représentatifs, Essai sur la représentation juridique des biens par des titres en droit privé*, préf. A. Ghozi, coll. « Nouvelle Bibliothèque de Thèses », n° 158, Dalloz, 2016, n° 159, p. 116 ; M. DUBERTRET, *Négociabilité et possession : essai sur l'inopposabilité des vices de la propriété mobilière*, préf. A. Ghozi, coll. « Thèses », Éditions Panthéon-Assas, 2010, n°s 210 et s., p. 161 et s. ; H. CAUSSE, *Les titres négociables*, *op. cit.* ; F. NIZARD, *Les titres négociables*, *op. cit.* ; *contra* W. DROSS, *Droit civil, Les choses*, LGDJ, 2012, n° 504-1, p. 928.

[5] Art. L. 211-16, C. mon. fin. ; plus généralement sur ce second élément caractéristique de la négociabilité, v. H. CAUSSE, *Les titres négociables*, *op. cit.*, n° 580, p. 279 ; V. MALASSIGNE, *Les titres représentatifs*, *op. cit.*, n° 174, p. 128 ; M. DUBERTRET, *Négociabilité et possession*, *op. cit.*, n° 127, p. 114. Les vices affectant la chaîne de transmission se distinguent de ceux affectant la créance. Seule l'inopposabilité des vices affectant la chaîne de transmission est propre à l'ensemble des droits négociables, assurant la sécurité du cessionnaire de bonne foi. Les vices affectant la créance sont généralement transmis en même temps que cette dernière, en vertu de l'adage *nemo plus juris ad alium transferre potest quam ipse habet*. V. en ce sens V. MALASSIGNE, *Les titres représentatifs*, *op. cit.*, n° 166, p. 121.

[6] Art. L. 211-17, I, C. mon. fin.

61. Critique de la propriété des titres financiers. L'affirmation du droit de propriété des investisseurs sur les titres financiers illustre bien l'indifférence quant aux différentes qualifications qu'ils peuvent revêtir. En effet, lorsque le titre est une action ou un titre de créance, cette standardisation revient à consacrer légalement la propriété des créances[1]. Celle-ci ne pose pas de difficulté puisqu'elle est aujourd'hui admise par une majorité d'auteurs[2]. En revanche, lorsque le titre est une part de copropriété, cette standardisation du droit des investisseurs créé une situation ubuesque. En effet, si cette dernière s'inscrit dans le mouvement qui consiste à individualiser les quotes-parts de copropriété et à en reconnaître la propriété exclusive[3], elle aboutit à un double droit de propriété de l'indivisaire. Celui-ci l'exerce en premier lieu sur la chose indivise en sa qualité d'indivisaire et en concurrence avec les autres indivisaires. Il exerce en second lieu sa propriété sur sa quote-part. La propriété de cette dernière octroie ainsi à l'indivisaire la propriété du bien indivis alors qu'il l'a déjà. Plusieurs droits de propriété sont ainsi superposés inutilement. En réalité, la part n'est qu'une fraction arithmétique du bien indivis, anticipant le résultat du partage, sans pour autant avoir le statut de bien[4].

62. Critique générale de la négociabilité. La consécration d'un principe général de négociabilité n'est pas non plus exempte de critiques. Tout d'abord, le principe général de négociabilité fait abstraction de la nature des titres financiers et de l'identité de leur émetteur. En effet, la négociabilité des parts de copropriété émises par le FCT n'a pas lieu d'être[5]. La cession de ces parts correspond à la vente du bien indivis[6]. Il s'agit de la vente du patrimoine du FCT et non des créances et autres actifs qu'il contient. Ces actifs n'influencent donc pas la nature de la cession, si bien qu'elle n'est pas soumise

---

[1] Sur la qualification des actions de droit de créance, v. *infra* n° 111.

[2] Sur la propriété des créances, v. *infra* n° 168.

[3] V. not. C. LARROUMET et B. MALLET-BRICOUT, *Traité de droit civil, T. 2, Les biens, les droits réels principaux*, 6e éd., coll. « Corpus Droit privé », Economica, 2019, n° 290 bis, p. 176 ; F. TERRE et P. SIMLER, *Droit civil, Les biens*, 10e éd., coll. « Précis », Dalloz, 2018, n° 558, p. 455 ; J.-L. BERGEL *et al.*, *Les biens*, 3e éd., coll. « Traité de droit civil », LGDJ, 2019, n° 496, p. 579 ; C. ALBIGES, « Indivision : régime légal », *Rép. civ.*, Dalloz, juillet 2023, n° 142 ; T. REVET et F. ZENATI, *Les biens*, *op. cit.*, n° 396, pp. 576-577.

[4] W. DROSS, *Droit civil*, *op. cit.*, n° 160-5, p. 311 ; P. BERLIOZ, *La notion de bien*, préf. L. Aynès, coll. « Bibliothèque de droit privé », n° 489, LGDJ, 2007, n° 13404, p. 404 ; L. JOSSERAND, « Essai sur la propriété collective », in *Le Code civil 1804-1904, Livre du Centenaire*, coll. « Bibliothèque Dalloz », Dalloz, 2004, p. 355 et s., spéc. p. 373.

[5] Cette remarque vaut également pour le FCP, le fonds de placement immobilier, le fonds de financement spécialisé qualifiés de copropriétés par les articles L. 214-8, L. 214-71 et L. 214-190-3 du Code monétaire et financier.

[6] F. ZENATI, *Essai sur la nature juridique de la propriété*, préc., n° 408, p. 564 ; comp. *ibid.*, p. 396 et s., p. 576 et s. qui constate une évolution et une autonomisation de la quote-part.

au formalisme de la cession de créances[1], et n'a pas besoin d'y échapper. La seule formalité requise par le droit commun est la notification des indivisaires afin de leur permettre d'exercer leur droit de préemption[2]. Or, cette formalité n'est pas applicable aux parts du FCT, puisqu'il déroge au droit commun de l'indivision. Bien qu'incohérente, la généralisation du régime de cession des titres financiers ne créée pas de véritable difficulté pratique en présence des parts de copropriété. En effet, l'inscription en compte des titres financiers va jouer un rôle probatoire et la protection du possesseur de bonne foi édictée à l'article L. 211-16 du Code monétaire et financier se contente de réitérer la règle de l'article 2276 du Code civil.

Ensuite, la négociabilité s'avère illusoire pour les titres représentatifs d'un droit de créance. Ces derniers n'échappent pas au formalisme de la cession de créances[3] parce que le transfert de propriété est conditionné par l'inscription en compte-titres ou dans une *blockchain*[4], ce qui permet à la fois de constater par écrit la cession et de la rendre opposable au débiteur[5]. En effet, le compte-titres est tenu par l'émetteur[6] (la société de titrisation ou le FCT représenté par la société de gestion), c'est-à-dire par le débiteur cédé, si bien qu'il prend nécessairement acte de la cession en procédant à l'inscription. Il en va de même lorsque les titres sont inscrits dans une *blockchain* car le régime de cession des titres financiers n'a pas été adapté à cette nouvelle technologie et qu'une gestion des registres par l'émetteur ou un mandataire demeure nécessaire[7].

En réalité, le régime des titres financiers facilite l'appréhension des règles par les opérateurs qui peuvent se référer à un régime type, applicable à tous les investisseurs. Cette simplicité du régime des titres financiers participe ainsi à l'attractivité du droit français mais s'effectue au détriment de la distinction entre les différents types d'investisseurs et de celle opérée entre les organismes de titrisation. Le même constat peut s'effectuer en matière d'information des investisseurs. Celle-ci est délivrée à tous, avec pour seule considération la qualité des investisseurs, entendue comme leurs caractéristiques et leur situation au moment de l'investissement[8].

---

[1] *Contra* T. REVET et F. ZENATI, *Les biens*, *op. cit.*, n° 397, p. 579 qui considèrent que la personnification de l'indivision a conduit à une autonomisation de la part. Celle-ci serait désormais un droit incorporel auquel doit s'appliquer le formalisme de la cession de créance.

[2] Art. 815-14, C. civ.

[3] W. DROSS, *Droit civil*, *op. cit.*, n° 504-1, p. 928.

[4] Art. L. 211-17, I, C. mon. fin

[5] Sur ces exigences en matière de cession de créance, v. art. 1322 et art. 1324, C. civ.

[6] Art. L. 211-7, C. mon. fin.

[7] V. MALASSIGNE, « Le principe d'équivalence de l'inscription en compte et de l'inscription dans un dispositif d'enregistrement électronique partagé », in *Blockchain et droit des sociétés*, coll. « Thèmes & commentaires », Dalloz, 2019, p. 37 et s., spéc. n° 19, p. 44 Sur la possible intervention d'un mandataire, v. art. R. 211-4 C. mon. fin.

[8] v. sur cette notion C. NOBLOT, *La qualité du contractant comme critère légal de protection, Essai de méthodologie législative*, préf. F. Labarthe, coll. « Bibliothèque de droit privé », n°

b. L'exemple du droit d'information

63. Information des investisseurs lors du placement. En application du règlement prospectus[1], une information standardisée est délivrée aux investisseurs potentiels des organismes de titrisation. Celle-ci ne varie pas selon la nature du titre placé mais selon le mode de placement. En effet, l'information est obligatoire en cas d'offre au public de titres[2] ou d'admission des titres à la négociation sur des marchés règlementés[3]. Un prospectus est ainsi communiqué aux potentiels investisseurs. Il détaille le contenu et les modalités de l'opération. Il précise l'agencement de l'organisme, sa situation financière et l'évolution de son activité. Ces éléments sont aussi renseignés pour les garants des titres émis[4]. Le prospectus prend la forme d'un document unique ou composé de trois documents distincts[5]. Il comprend toujours un document de référence contenant les informations relatives à l'émetteur, une note relative aux titres émis et un résumé[6]. En revanche, le placement de titres auprès d'investisseurs qualifiés ou d'un cercle restreint d'investisseurs ne nécessite pas l'établissement de ce prospectus[7]. Il en va de même pour le placement de titres d'une valeur nominale unitaire inférieure à 100 000 euros[8]. Les investisseurs concernés par ces opérations sont censés avoir une connaissance suffisante des risques de l'opération et sont en mesure de négocier les informations qu'ils souhaitent obtenir.

Il en résulte que dès le commencement de l'opération de titrisation, les investisseurs des organismes font l'objet d'un traitement indifférencié en

---

382, LGDJ, 2002, n° 13, pp. 10-11 qui définit largement la qualité comme « *la situation, les caractéristiques d'une personne* » et justifiant sa protection.

[1] Règlement (UE) 2017/1129 du Parlement européen et du Conseil du 14 juin 2017 concernant le prospectus à publier en cas d'offre au public de valeurs mobilières ou en vue de l'admission de valeurs mobilières à la négociation sur un marché réglementé.

[2] Art. L. 411-1, C. mon. fin., par renvoi au règlement (UE) 2017/1129 du Parlement européen et du Conseil du 14 juin 2017, préc., définissant l'offre au public à l'article 2, d, comme : « une communication adressée sous quelque forme et par quelque moyen que ce soit à des personnes et présentant une information suffisante sur les conditions de l'offre et sur les titres à offrir, de manière à mettre un investisseur en mesure de décider d'acheter ou souscrire ces valeurs mobilières. Cette définition s'applique également au placement de valeurs mobilières par des intermédiaires financiers ».

[3] Art. 3, § 3 du règlement (UE) 2017/1129 du Parlement européen et du Conseil du 14 juin 2017, préc.

[4] T. GRANIER, *Titrisation et organismes de financement*, *op. cit.*, n° 218, p. 155.

[5] Art. 8, § 6 du règlement (UE) 2017/1129 du Parlement européen et du Conseil du 14 juin 2017, préc.

[6] T. GRANIER, « Fasc. 1610 : Offre de titres au public et admission de titres aux négociations sur un marché règlementé », *JCl. Sociétés Traité*, LexisNexis, décembre 2020, n° 49.

[7] Art. L. 411-2, C. mon. fin.

[8] V. art. 1er, § 4 du règlement 2017/1129 du Parlement européen et du Conseil du 14 juin 2017, préc.

matière d'information afin de garantir une transparence sur les marchés[1]. Une distinction selon le mode de placement des titres supplante ainsi celle opérée entre les actionnaires, copropriétaires et titulaires de titres de créance, ce qui participe à l'inanité de la distinction entre organismes. Ce phénomène est d'autant plus important qu'il se manifeste au sein de la règlementation relative à la titrisation et au niveau de l'information permanente et périodique des investisseurs.

64. Règlementation spécifique à la titrisation. La standardisation de l'information délivrée aux investisseurs des organismes s'observe également au sein de la règlementation française et européenne. En effet, l'article L. 214-170 du Code monétaire et financier prévoit, en annexe du prospectus, un document incluant une appréciation des caractéristiques des titres émis, des principaux éléments d'actif et de passif de l'organisme de titrisation, des contrats qu'il se propose de conclure et évaluant les risques[2]. De même, le règlement 2017/2402 du Parlement européen et du Conseil du 12 décembre 2017 créant un cadre général pour la titrisation ainsi qu'un cadre spécifique pour les titrisations STS impose de communiquer aux investisseurs et aux potentiels investisseurs certaines informations complémentaires au prospectus, telles que les contrats de cession de créances[3]. Ces informations sont aussi communiquées en fonction de la seule qualité d'investisseur et sans considération pour la nature des titres émis puisque seuls les investisseurs n'ayant pas droit au prospectus ont une information réduite[4]. Au regard de la

---

[1] Rappr. M.-A. FRISON-ROCHE, « Le droit financier entre volontés et informations », art. préc., p. 14 et s. qui explique que la « société émettrice elle-même n'est plus prise en tant que personne juridique : elle apparaît simplement en tant qu'élément d'information, en tant que source d'information bref en tant que fait ».

[2] Art. L. 214-170, C. mon. fin.

[3] V. pour plus de détail art. 7 du règlement (UE) 2017/2402 du Parlement européen et du Conseil du 12 décembre 2017 créant un cadre général pour la titrisation ainsi qu'un cadre spécifique pour les titrisations STS. Les informations portent sur les expositions sous-jacentes, sur les créances ou sur les créances privées sous-jacentes dans le cas des ABCP. Les investisseurs potentiels peuvent également demander la documentation sous-jacente essentielle à la compréhension de l'opération. Elle comprend notamment le document d'offre final ou le prospectus. Elle comporte également « l'accord de vente, de cession, de novation ou de transfert d'actifs et toute notification de fiducie pertinente, les contrats dérivés et accords de garantie, ainsi que tout document pertinent sur la couverture par des sûretés lorsque les expositions qui sont titrisées restent des expositions de l'initiateur, les contrats de gestion, de gestion de support, d'administration et de gestion des flux de trésorerie ». Les investisseurs potentiels peuvent enfin obtenir les rapports destinés aux investisseurs. Ces derniers mentionnent les données importantes relatives à la qualité de crédit et à la performance des expositions sous-jacentes. Ils délivrent des informations sur des événements qui déclenchent des modifications dans la priorité des paiements ou le remplacement de contreparties. Ils peuvent aussi comprendre des données sur les flux de trésorerie générés par les expositions sous-jacentes et par les passifs de la titrisation.

[4] Selon l'article 7, c du règlement (UE) 2017/2402 du Parlement européen et du Conseil du 12 décembre 2017, préc., ces investisseurs peuvent demander, « un résumé de l'opération ou un

nature de leurs droits, les investisseurs mériteraient toutefois une information différenciée. En effet, les potentiels copropriétaires ou copropriétaires du FCT sont davantage légitimes à être informés de la composition exacte de l'actif du FCT et à accéder aux actes de cession des créances, que les titulaires de titres de créance, simples créanciers du fonds. Si la première information des titulaires de titres de créance peut s'expliquer par le besoin d'investir de façon éclairée, la seconde peine à se justifier. En effet, seuls les porteurs de parts de copropriété sont propriétaires des actifs du FCT et devraient pouvoir vérifier les actes de cession.

65. Droit à l'information permanente et périodique identique pour tous les investisseurs. Une information permanente et périodique est également délivrée à tous les investisseurs dont les titres sont admis aux négociations sur un marché règlementé ou sur un système multilatéral de négociation organisé[1]. Dans le cadre de la titrisation, cette information comprend la communication du compte-rendu d'activité annuel et semestriel, d'informations sur l'actif et le passif de l'organisme[2]. Les autres investisseurs doivent négocier les informations qu'ils souhaitent obtenir.

Ce traitement global de l'information des porteurs de titres financiers conduit à relativiser le droit à l'information privilégiée des actionnaires et des obligataires et à octroyer un droit d'intervention équivalent à tous les investisseurs. En effet, l'actionnaire de SA dispose d'un droit de communication périodique avant chaque assemblée. Il prend ainsi connaissance des comptes et du rapport de gestion. Il se voit aussi communiquer le rapport du commissaire aux comptes et la liste des rémunérations et avantages de toute nature reçus par les mandataires[3]. Il dispose également d'un droit de communication permanent puisqu'il peut obtenir ces documents au titre des trois derniers exercices[4]. En revanche, l'organisation de ce droit de communication est libre dans la SAS, si bien que l'information délivrée peut être plus ou moins importante. De même, les obligataires disposent également d'un droit à l'information privilégié. En application du droit commun, le représentant de la masse obligataire de la société de titrisation a accès aux mêmes informations que les actionnaires et doit en rendre compte aux obligataires[5]. À l'inverse, le droit commun ne

---

aperçu des principales caractéristiques de la titrisation ». Ils peuvent ainsi obtenir des précisions sur la structure de l'opération. Ils prennent connaissance des caractéristiques de l'exposition, des flux de trésorerie et des droits de vote des détenteurs d'une position de titrisation.

[1] Art. 425-12, RG AMF renvoyant aux art. 223-1 à 223-10, RG AMF relatifs à l'information permanente, et art. 425-13, RG AMF.

[2] Art. 425-17, RG AMF.

[3] Art. L. 225-115, C. com.

[4] Art. L. 225-117, C. com.

[5] Art. L. 228-55, al. 2, C. com. Les obligataires ne peuvent pas en demander la communication de façon individuelle en vertu de l'art. L. 228-70, C. com.

prévoit pas de droit d'information des indivisaires. Tout au plus, l'article 1873-11 du Code civil impose au gérant de l'indivision conventionnelle de rendre compte de sa gestion et de communiquer les documents afférents. Il n'est cependant pas applicable au FCT[1]. L'obligation générale d'information des investisseurs permet donc aux copropriétaires d'obtenir automatiquement une information détaillée sur la gestion de l'organisme de titrisation. Il en va de même concernant les titulaires de titres de créance dont la qualité de créancier ne confère pas, en principe, un droit à des informations sur la gestion du débiteur. Il faut préciser que les informations communiquées aux investisseurs dans les comptes-rendus d'activités sont les mêmes que celles obtenues par les actionnaires grâce au droit commun des sociétés. Les comptes-rendus comportent tout d'abord les documents comptables de l'organisme. Ils comprennent ensuite un rapport de gestion contenant des informations sur toutes les opérations réalisées, en particulier sur la nature, le montant et le pourcentage de frais et commissions supportés par l'organisme. Ils précisent enfin les « modifications apportées au(x) document(s) de notation et aux éléments caractéristiques du prospectus ainsi que les événements susceptibles d'avoir une incidence sur les titres émis par l'organisme »[2]. Les éléments sur lesquels l'information est susceptible de varier entre les catégories d'investisseurs sont donc minimes et ne présentent pas de réel intérêt pour les opérateurs dans le cadre d'une opération de titrisation. À cet égard, les actionnaires et le représentant des obligataires de la société de titrisation sont notamment les seuls à se voir communiquer la liste des dirigeants sociaux. Or, l'identité de ces derniers importent peu dans la mesure où la société est dirigée de façon extériorisée par la société de gestion. De ce fait, les divergences minimes qui demeurent ne portent pas atteinte au phénomène d'uniformisation du droit d'information périodique et permanent des investisseurs. Elles ne permettent donc pas une différenciation des différentes catégories d'investisseurs et ne viennent pas en renfort de la distinction entre les organismes de titrisation.

66. Conclusion de section. Censés refléter le dualisme des organismes de titrisation, les investisseurs du FCT et de la société de titrisation ne se distinguent pas véritablement. En effet, qu'ils soient copropriétaires, actionnaires ou titulaires de titres de créance, ils présentent les mêmes droits d'intervention et les mêmes droits pécuniaires. Ainsi, bien que membres de l'organisme, les actionnaires et les copropriétaires sont traités comme de simples créanciers. Cette identité des droits des investisseurs met en évidence leur passivité mais également le rôle éminemment financier des organismes, ces derniers étant de simples enveloppes patrimoniales servant de support à

---

[1] Art. L. 214-180, al. 2, C. mon. fin.

[2] AMF, *Instruction portant sur les organismes de titrisation, DOC-2011-01*, 23 juillet 2015, p. 7.

des investissements. Finalement, seule la qualité d'investisseur justifie une différence de régime entre les porteurs de titres émis par les organismes. Le droit à l'information est ainsi fonction du niveau de connaissances des risques par l'investisseur et des modalités de l'opération menée. De même, le profil de risque de l'investisseur justifie une différenciation en termes de paiement. En effet, la subordination des paiements des investisseurs permet de leur proposer des titres moins rémunérés mais prioritaires en termes de paiement et, à l'inverse, des titres plus risqués présentant un meilleur rendement, mais dont la rémunération n'intervient qu'après celle d'autres catégories d'investisseurs. Il résulte de cette attention particulière portée à la qualité de l'investisseur qu'une distinction basée sur la nature des titres émis par les organismes de titrisation n'est pas efficiente. De ce fait, elle ne permet pas d'affermir la distinction entre les organismes de titrisation, déjà ébranlée par leur règlementation commune. Cette distinction est d'autant moins opérante que les investisseurs préfèrent souscrire des titres de créance, rendant très secondaire le choix de la forme de l'organisme.

67. Conclusion du chapitre. L'étude du régime des organismes de titrisation révèle que, en apparence distincts, ces organismes partagent un régime commun. Façonné pour permettre la réalisation de l'opération financière, ce dernier ignore les qualifications attribuées aux organismes. Simple copropriété dépourvue de toute personnalité, le FCT devrait se distinguer de la société de titrisation personnifiée. Il est pourtant assimilé à un sujet de droit. Il est effectivement doté d'un patrimoine et titulaire de droits et obligations puisqu'il est le cessionnaire des créances titrisées et l'émetteur de titres financiers. De même, la gestion obligatoire des organismes par une société de gestion et un dépositaire permet de douter de la propriété des actifs titrisés des copropriétaires et de la société de titrisation. Cette gestion obligatoire des organismes entraine également une perte d'autonomie de la société de titrisation dont l'objet social est réalisé par la société de gestion qui n'est pas l'un de ses organes. Le régime des organismes de titrisation opère ainsi un rapprochement des organismes. Ce phénomène s'observe également au niveau de leurs investisseurs. Censés refléter la distinction entre les organismes de titrisation, les actionnaires, copropriétaires et porteurs de titres de créance sont titulaires des mêmes droits pécuniaires et d'intervention. En effet, le législateur élabore un régime commun à tous les investisseurs, tantôt en supprimant les spécificités d'une catégorie, tantôt en appliquant les règles d'une catégorie aux autres investisseurs, ou encore en créant des règles applicables à tous. *In fine,* leur qualification est occultée et la qualité de l'investisseur, déterminée notamment en fonction de son niveau de connaissance des risques ou des modalités de l'opération menée, est la seule à justifier des différences de régime. Ces différences ne sont ainsi pas liées à une différence nature. Dès lors, qu'elle soit observée au niveau des organismes de titrisation ou à celui des investisseurs, la similarité du régime des organismes invite à constater la très grande relativité de leur distinction. Cette dernière est confirmée par leur nature unique.

CHAPITRE 2 : UNE IDENTITE DE NATURE

68. Schéma abstrait ne retenant que les traits communs à sa situation[1], la catégorie d'organismes de titrisation rassemble deux institutions antagoniques : une copropriété et une société. Il a été démontré préalablement que ce manque d'homogénéité n'est qu'apparent, les organismes répondant à un régime commun. Une telle identité de régime induit *a priori* une identité de nature et devrait donc conduire à remettre en cause la dualité des organismes[2]. Il serait néanmoins possible de rejeter cette identité de nature à l'issue d'un effort d'abstraction. Cela suppose d'identifier les éléments caractéristiques de la société de titrisation et du FCT qui permettraient de les distinguer l'un de l'autre. Il s'avère néanmoins que l'opération économique a laissé sa marque sur ces deux organismes et empêche de déterminer des critères de distinction parfaitement opérants (section 1). Les éléments caractéristiques observés chez la société de titrisation et le FCT leur sont communs, si bien qu'ils présentent la même substance. Il est ainsi possible de définir les organismes de titrisation de façon unique, à rebours de l'affirmation légale de leur nature duale (section 2).

---

[1] J.-L. BERGEL, « Différence de nature = Différence de régime », art. préc., n° 3, pp. 257-258.

[2] F. ROUVIERE, « Le revers du principe "différence de nature (égale) différence de régime" », art. préc.

Section 1 : L'absence de critères de distinction entre la société de titrisation et le FCT

69. Rapprochement excessif de la société et de l'indivision. Les qualifications de société et de copropriété sont en principe opposées. Néanmoins, lorsqu'elles sont attribuées aux organismes de titrisation, quantité d'éléments les rapproche. Cette proximité s'explique en partie par le fait que l'indivision (entendue comme synonyme de la copropriété[1]) et la société renvoient toutes deux à une forme de propriété collective[2]. En effet, bien

---

[1] V. *infra* n° 121.

[2] F. MASSON, *La propriété commune*, préf. Ph. Stoffel-Munck, coll. « Bibliothèque de droit privé », n° 605, LGDJ, 2021 ; à propos de l'indivision, v. not. C. DUVERT, « La propriété collective », *LPA*, mai 2002, n° 90, p. 4 et s., spéc. n° 11 ; J.-L. BERGEL *et al.*, *Les biens*, *op. cit.*, n° 490, p. 569 ; G. CORNU, *Les biens*, 13e éd., Montchrestien, 2007, n° 57, p. 133 ; et à propos des sociétés, v. not. C. LARROUMET et B. MALLET-BRICOUT, *Traité de droit civil, t. 2, Les biens, les droits réels principaux*, *op. cit.*, n°s 177 et s., p. 94 et s., n° 268, p. 147 ; pour l'admission des sociétés mais uniquement à responsabilité illimitée v. W. DROSS, *Droit civil*, *op. cit.*, n° 204-2, p. 387 ; P. CATALA, « Trois figures de la propriété collective », in *Famille et patrimoine*, PUF, 2000, p. 107 et s. ; *contra* L. JOSSERAND, « Essai sur la propriété collective », art. préc. ; F. ZENATI-CASTAING, « La propriété collective existe-t-elle ? », in *Mélanges en l'honneur du Professeur Gilles Goubeaux*, Dalloz LGDJ, 2009, p. 590 et s. Ces deux auteurs adoptent une conception restrictive de la propriété commune et rejettent l'indivision. Ils considèrent que l'indivision ne saurait être une propriété commune puisqu'il s'agit d'une technique d'appropriation individuelle, la pluralité de droits indivis qu'elle confère étant foncièrement individuels. Comme la majorité des auteurs, nous ne souscrivons pas à cette analyse. En effet, et ce d'autant plus au regard des récentes réformes, l'indivision s'est rapprochée de la propriété collective telle qu'envisagée par Josserand. L'indivision est aujourd'hui une masse pratiquement autonome et les indivisaires peuvent se prémunir de l'intrusion de tiers dans leur communauté. Par ailleurs, l'individualisme a laissé sa place en partie au communisme puisque le droit au partage et la gestion à l'unanimité, stigmates du droit de propriété individuelle, ont été remplacés par un droit exercé collectivement. Le droit au partage peut être limité. Les indivisaires peuvent désormais effectuer un certain nombre d'actes seuls et la règle de la majorité des 2/3 est venue remplacer celle de l'unanimité dans une majeure partie des cas. L'indivision nous semble ainsi présenter la nature d'une propriété commune, v. également en ce sens W. DROSS, *Droit civil*, *op. cit.*, n° 164, p. 319 ; J. ROCHFELD, *Les grandes notions du droit privé*, 3e éd., coll. « Thémis Droit », PUF, 2022, n° 20, p. 386. Les partisans de la conception étroite de la propriété collective n'incluent pas non plus la personnalité morale puisqu'elle correspond à une technique d'appropriation individuelle, seule la personne morale exerce le droit de propriété. Cette approche restrictive de la propriété collective témoigne du biais individualiste qui pousse le juriste à ramener le collectif à l'individuel. Inclure la personne morale révèle une appréciation plus réaliste ou sociologique que technique de la personnalité mais est aujourd'hui admise. Il ne s'agit pas ici de nier cette technique d'appropriation individuelle par la personne morale mais de tenir compte du fait qu'elle dissimule en réalité une pluralité de membres la contrôlant. Particulièrement derrière la société, il y a une mise en commun d'apports. Cette approche collective de la personnalité trouve son prolongement chez les auteurs qui estiment que l'acte créateur de la personne morale est un acte conjonctif, entendu comme un « acte juridique dans lequel plusieurs personnes sont rassemblées au sein d'une même partie, c'est-à-dire par un même intérêt défini rapport à l'objet de l'acte ». Pour une définition de l'acte conjonctif, v. R. CABRILLAC, *L'acte juridique conjonctif en droit privé français*, préf. P. Catala, coll. « Bibliothèque de droit privé », n° 213, LGDJ, 1990, n° 229,

qu'elles aient évolué du fait des nécessités pratiques jusqu'à leur configuration actuelle [1], ces dernières sont issues du *consortium* de droit romain [2], communauté dans laquelle les fils du défunt géraient les biens de ce dernier de façon égalitaire[3]. Le rapprochement opéré en présence des organismes est cependant total, alors qu'en droit commun, société et indivision conservent certains traits caractéristiques[4]. Les critères de distinction permettant de différencier les catégories génériques que sont la société et l'indivision[5] sont ainsi ineffectifs en présence du FCT et de la société de titrisation (§ 1). Il est alors tentant de se concentrer sur les éléments caractéristiques du FCT et de la société de titrisation, en faisant abstraction de leur qualification de copropriété et de société, pour tenter de les différencier. Cependant, aucun critère de distinction satisfaisant ne parvient à être identifié (§ 2).

§ 1 : L'inefficacité des critères de distinction entre la société et la copropriété

70. Dualité des critères de distinction. Traditionnellement, l'indivision et la société sont distinguées sur la base de deux types de critères. En premier lieu, sont utilisés des critères objectifs qui se concentrent sur les caractéristiques du groupement telles que son dynamisme ou son organisation. En second lieu, est employé un critère subjectif, la volonté des membres du groupement. Ces critères sont cependant inefficaces en présence des organismes de titrisation. Les critères objectifs sont insuffisants pour

---

p. 125 ; et plus généralement, sur cette approche extensive de la propriété collective, et en sus des références précitées, v. n° 262, p. 145 ; B. OPPETIT, *Les rapports des personnes morales et de leurs membres*, Thèse Paris, 1963, p. 454 ; F. TERRE et P. SIMLER, *Droit civil, op. cit.*, n° 534, p. 427 ; G. WICKER, « La théorie de la personnalité morale depuis la thèse de Bruno Oppetit », in *Études à la mémoire du Professeur Bruno Oppetit*, Litec, LexisNexis, 2009, p. 691 et s., spéc. n° 44, p. 724.

[1] F. DELHAY, *La nature juridique de l'indivision, op. cit.*, n° 19, p. 36. Les liens entre société et indivision, considérées comme propriétés communes ont néanmoins été distendus au moment de l'adoption du Code civil de 1804 et la consécration de la propriété individuelle comme seul modèle propriétaire. En effet, le Code n'a conservé que certaines formes de propriétés communes qu'il a fragmentées en les assignant à des domaines bien précis et en ne permettant plus aucune approche unitaire. L'abandon du cadre de la propriété commune a été accentué par le développement de la personnalité morale qui a servi de point de départ pour toute réflexion sur les propriétés communes, et qui se retrouve dans les tentatives de théorisation de la distinction entre société et indivision, v. F. MASSON, *La propriété commune, op. cit.*, n°s 63 et s., p. 35 et s.

[2] F. DELHAY, *La nature juridique de l'indivision, op. cit.*, n° 18, pp. 34-35 ; J.-P. LEVY et A. CASTALDO, *Histoire du droit civil*, 2e éd., coll. « Précis », Dalloz, 2010, n° 474, p. 734 et n° 1000, 1388.

[3] F. MASSON, *La propriété commune, op. cit.*, n° 22, p. 19.

[4] V. *infra* n°s 74 et s.

[5] C. EISENMANN, « Quelques problèmes de méthodologie des définitions et des classifications en science juridique », *APD*, 1966, n° 11, p. 25 et s., spéc. n° 7, p. 30.

distinguer le FCT de la société de titrisation (A) et le critère subjectif est inadapté dans le cadre de l'opération financière (B).

A. L'insuffisance des critères objectifs

71. Annonce de plan. Aucun des critères objectifs de distinction entre la société et l'indivision ne permet de différencier clairement les organismes. Tout d'abord, certains critères sont utilisés à tort par les auteurs ou les juridictions pour distinguer la société de l'indivision et ne peuvent pas être employés pour distinguer la société de titrisation du FCT (1). Les critères restants sont ensuite privés d'efficacité au regard des caractéristiques communes des organismes de titrisation (2). Enfin, la personnalité morale, qui n'est qu'un critère de distinction subsidiaire dans la mesure où toutes les sociétés ne sont pas personnifiées, ne peut les suppléer, les organismes présentant une personnalité identique (3).

1. Les critères à écarter

72. Immatriculation de la société. Selon certains auteurs, l'immatriculation serait un critère de distinction entre la société et l'indivision [1]. En effet, les formalités effectuées en vue d'obtenir la personnalité morale démontreraient la volonté des associés de constituer une société. L'immatriculation doterait alors cette volonté d'une force particulière qu'elle ne présenterait pas lorsqu'elle est exprimée dans le contrat de société. *A priori,* ce critère pourrait être utilisé pour les organismes de titrisation. En effet, si ces derniers donnent tous les deux lieu à l'établissement d'un contrat – le règlement pour le FCT et les statuts pour la société – seule la société de titrisation est immatriculée au RCS.

Cet élément de comparaison est toutefois inadéquat. Tout d'abord, il n'est pas absolu. Certaines sociétés, comme la société créée de fait et la société en participation, ne sont pas immatriculées. Les sociétés civiles constituées avant 1978 étaient également dispensées d'immatriculation, jusqu'à la loi n° 2001-420 du 15 mai 2001 relative aux nouvelles régulations économiques[2]. Ensuite, l'absence d'immatriculation peut résulter d'une démarche tout aussi volontaire. Les associés d'une société en participation choisissent ainsi de ne pas immatriculer la société afin qu'elle n'ait pas la personnalité morale. Enfin, cela conduit à faire de la volonté des associés le principal élément de

---

[1] G. WICKER et F. DEBOISSY, « Fasc. 60 : Indivision - Indivision et société », *JCl. Civil Code*, LexisNexis, février 2011, n° 32 ; I. TCHOTOURIAN, *Vers une définition de l'affectio societatis lors de la constitution d'une société*, préf. Y. Dereu, coll. « Bibliothèque de droit privé », n° 522, LGDJ, 2011, n° 796, p. 488.

[2] V. en ce sens art. 44 de la loi NRE abrogeant l'article 4 al. 4 de la loi n° 78-9 du 4 janvier 1978 modifiant le titre IX du livre III du Code civil.

qualification de la société. Or, la volonté n'exerce qu'une influence limitée sur la qualification[1]. En effet, les juges ne sont jamais tenus par la qualification donnée par les parties [2]. Par ailleurs, ce critère ne peut s'appliquer correctement dans le cadre des organismes de titrisation. Ces derniers suivent une procédure de constitution identique, menée par l'initiateur ou un tiers à l'opération. Généralement, celui-ci désigne les futurs gestionnaires de l'organisme de titrisation. Assistés par des conseils et coordonnés par un arrangeur[3], ils déterminent ensemble les conditions optimales pour mener l'opération de titrisation[4]. Ils choisissent notamment la forme de l'organisme[5]. Les membres de l'organisme, associés ou copropriétaires, sont donc en principe étrangers à ce choix[6]. De ce fait, la qualification n'est pas influencée par la volonté des parties mais par la volonté de tiers[7].

73. Éléments caractéristiques du contrat de société. Les juridictions administratives établissent la distinction entre société et indivision sur les éléments objectifs caractéristiques du contrat de société. Ce sont les « apports faits à cette entreprise par deux ou plusieurs personnes, la participation de celles-ci à la direction et au contrôle de l'affaire ainsi qu'aux bénéfices et aux pertes » [8]. Cependant, ces éléments ne peuvent pas servir de critère de distinction car ils ne sont pas étrangers à l'indivision[9]. En effet, dès lors que l'indivision est volontaire, les indivisaires décident de mettre en commun des biens. Ils participent aussi aux bénéfices et aux pertes de l'indivision et leur intervention dans la direction et le contrôle de l'indivision est organisée[10]. En

---

[1] Pour une étude du rôle de la volonté, v. F. TERRE, *L'influence de la volonté individuelle sur les qualifications*, préf. R. Le Balle, coll. « Anthologie du Droit », LGDJ, 2014.

[2] Art. 12 CPC ; requalifiant une association en société créée de fait, v. Com., 2 mars 1982, n° 80-13.790, *Bull. civ. IV*, n° 85.

[3] L'arrangeur est généralement une banque d'investissement ou un cabinet d'avocats qui conseille l'initiateur sur la structure juridique et financière de l'opération et qui assurera la mise en relation et les négociations entre les différentes parties prenantes. Il peut également aider à commercialiser les titres émis par l'organisme. V. en ce sens A. QUIQUEREZ, *La titrisation des actifs intellectuels*, *op. cit.*, n° 32, p. 25 ; V. FORTI, *La titrisation des créances en droit comparé*, *op. cit.*, n° 76, p. 78 ; J.-P. DE CORMIS et I. ROSEAU, « L'arrangeur, conseiller du cédant », *Revue d'économie financière*, 2000, n° 59, p. 99 et s.

[4] P. LE CANNU, T. GRANIER et R. ROUTIER, *Droit commercial*, *op. cit.*, n° 717, p. 560.

[5] V. not. en ce sens *ibid.*, n° 646, p. 516.

[6] Les associés ou copropriétaires peuvent éventuellement participer à ce choix s'ils sont à l'origine de l'opération de titrisation. Une telle hypothèse ne recouvre cependant qu'une minorité de cas.

[7] V. *infra* n° 97 ; v. sur ce point spéc. F. TERRE, *L'influence de la volonté individuelle sur les qualifications*, *op. cit.*, n°s 158 et s., p. 146 et s.

[8] CE, 8e et 9e ss-sect., *Ministre c/ Carcassonne*, 13 mars 1998, *Dr. fisc.* 1998, comm. 588, concl. F. Lolum ; *RJF* mai 1998, p. 420 ; *RTD com.* 1998, p. 974, obs. Fl. Deboissy ; BOI-BIC-PDSTK-10-20-110-10-20120912, 12 septembre 2012, n° 210.

[9] F. DEBOISSY et G. WICKER, « La distinction de l'indivision et de la société et ses enjeux », *RTD civ.*, avril 2000, n° 2, p. 241 et s., spéc. n° 13 et s.

[10] Art. 815-10, al. 4 et art. 815-3, C. civ.

effet, une majorité des deux tiers suffit pour effectuer des actes d'administration ou octroyer un mandat général d'administration. Elle permet également de vendre les meubles indivis pour payer les dettes et charges de l'indivision. Le consentement de tous les indivisaires n'est requis que pour les actes ne ressortant pas d'une exploitation normale des biens indivis ou les actes de disposition n'ayant pas pour objectif de payer les dettes et charges de l'indivision.

De même, ces différents éléments caractéristiques du contrat de société se retrouvent dans le FCT. Les sommes versées par les copropriétaires lors de la souscription des parts émises par le fonds commun de titrisation peuvent être assimilées à un apport. Par ailleurs, les copropriétaires participent aux bénéfices et aux pertes puisqu'ils ont vocation à être rémunérés par l'organisme de titrisation. En cas d'échec de l'opération de titrisation, ils ne perçoivent ni les intérêts issus du remboursement des créances ou autres actifs sous-jacents, ni le remboursement du principal. En revanche, les copropriétaires ne participent pas à la gestion et au contrôle de l'affaire puisque le FCT est exclusivement géré par la société de gestion[1]. Leur passivité ne peut néanmoins servir à établir la distinction puisqu'elle se retrouve également chez les actionnaires de la société de titrisation. En effet, la gestion extériorisée de cette dernière les empêche d'intervenir en usant des mécanismes du droit commun des sociétés[2].

Les éléments caractéristiques du contrat de société, comme l'immatriculation, doivent donc être écartés en ce qu'ils ne permettent pas, traditionnellement, de distinguer efficacement la société de l'indivision, et sont logiquement tout aussi inefficaces en présence des organismes de titrisation. Il faut alors constater que les critères de distinction normalement opérants sont également privés d'effet lorsqu'ils appliqués à la société de titrisation et au FCT.

2. L'inadaptation des critères de distinction classiquement retenus

74. Identification des critères de distinction. Traditionnellement, l'indivision est caractérisée par son état subi, passif, inorganisé et précaire. De plus, la conservation du bien indivis nécessitait jusqu'à récemment la prise de décisions unanimes des indivisaires. L'indivision s'oppose ainsi au caractère voulu, dynamique, organisé et durable de la société où les décisions sont prises à la majorité en vue de l'exploitation du bien[3]. Ces critères objectifs de

---

[1] V. *infra* n° 126 et s.

[2] V. *infra* n°s 213 et s.

[3] V. not. C. Saint-Alary-Houin, « Les critères distinctifs de la société et de l'indivision depuis les réformes récentes du Code civil », art. préc., n° 2, p. 647 ; W. Dross, « L'évolution du droit de l'indivision », art. préc., n° 23 et s. ; P. Malaurie, L. Aynes et M. Julienne, *Droit des biens*, 9e éd., coll. « Droit civil », LGDJ, 2021, n° 323, p. 230 ; M. Germain et V. Magnier, *Les sociétés commerciales*, *op. cit.*, n° 16, p. 16.

distinction ont cependant perdu de leur pertinence à la suite des réformes de 1976[1], 1978[2] et 2006[3] qui ont sensiblement rapproché l'indivision de la société. Le législateur l'a effectivement dotée d'un mode de gestion plus efficace et de la possibilité d'adopter des décisions à la majorité. Le droit au partage peut également être limité[4]. L'indivision est donc désormais une technique d'exploitation collective d'un ensemble de biens, concurrente de la société. De ce fait, il est devenu nécessaire de se référer à la volonté des parties pour établir la distinction[5]. Les critères objectifs restent néanmoins utiles pour distinguer la société des indivisions successorale ou post-communautaire. Une étude exhaustive des critères de distinction entre les organismes de titrisation impose donc de les étudier.

75. Constitution volontaire des organismes. La nature distincte des organismes de titrisation devrait se révéler dès leur constitution. L'indivision résulte de l'existence d'une pluralité de droits de propriété exercés sur un même bien. Le FCT devrait donc être constitué par l'acquisition des actifs titrisés par une pluralité d'investisseurs, sans autre formalité. Comme toute société, la société de titrisation devrait, quant à elle, être issue de la réunion volontaire d'associés. En réalité, la constitution des organismes résulte d'une même démarche volontaire. Cette dernière est effectivement nécessaire à la mise en place de l'opération financière puisqu'elle permet à la fois d'isoler les actifs titrisés et d'assurer le financement de l'opération par les investisseurs sur les marchés[6]. Par ailleurs, il faut constater le rôle central des fondateurs dans cette constitution. Ces derniers – pouvant être l'arrangeur, les gestionnaires ou les initiateurs – déterminent les modalités de l'opération, rédigent les documents constitutifs obligatoires et accomplissent les formalités nécessaires. À l'inverse, les membres des organismes de titrisation partagent la même passivité et se contentent d'y adhérer.

76. Organisation identique. Le droit commun des sociétés et de l'indivision n'impliquent pas nécessairement de distinction en termes d'organisation patrimoniale puisque les sociétés non personnifiées sont soumises au régime de l'indivision. Cependant, la société de titrisation, étant personnifiée, devrait se démarquer du FCT sur ce point. Tel n'est pas le cas en pratique, les organismes de titrisation partageant une même organisation patrimoniale. Ils sont tous les deux structurés autour d'un patrimoine

---

[1] Loi n° 76-1286 du 31 décembre 1976 relative à l'organisation de l'indivision.
[2] Loi n° 78-627 du 10 juin 1978 modifiant diverses dispositions du Code civil relatives à l'indivision.
[3] Loi n° 2006-728 du 23 juin 2006 portant réforme des successions et des libéralités.
[4] W. Dross, « L'évolution du droit de l'indivision », art. préc., n° 24, p. 23.
[5] V. *infra* n°s 91 et s.
[6] Sur la nécessité du véhicule de titrisation, v. *supra* n° 7 et *infra* n° 242.

hermétique et peuvent isoler leurs activités au sein de compartiments distincts[1].

Par ailleurs, les organismes sont également gérés de façon identique par une société de gestion et un dépositaire[2]. Les règles de gestion propres à chaque catégorie générique sont ainsi écartées ou dépassées et les membres des organismes sont contraints à la même passivité. La société de titrisation n'est donc pas plus organisée que le FCT. Le fonctionnement de ce dernier n'est pas non plus alourdi par la loi de l'unanimité comme pourrait l'être une indivision.

77. Dynamisme de la gestion commun. Traditionnellement, l'indivision peut se distinguer de la société par sa gestion statique. Celle-ci n'a pas pour but de faire fructifier les biens indivis, mais uniquement d'en conserver la valeur, contrairement à la gestion de la société[3]. Les organismes de titrisation ne se distinguent cependant pas non plus par leur dynamisme. En effet, les organismes sont dotés d'un objet social identique, si bien que le FCT peut procéder aux mêmes activités que la société de titrisation[4]. Il permet ainsi une gestion active des biens indivis et pas seulement conservatoire. À l'inverse, cet objet social est limité et empêche la société de titrisation de développer son activité au-delà de l'opération de titrisation. Elle est ainsi circonscrite à un rôle d'enveloppe patrimoniale et ne s'avère pas plus dynamique que le FCT.

78. Conditions de dissolution communes. Les organismes ne se distinguent pas non plus par leur éventuelle précarité[5]. En effet, les règles de droit commun de l'indivision ne s'appliquent pas au FCT[6]. Il n'est donc pas menacé par un partage incertain à plus ou moins long terme[7]. En pratique, une clause prévoyant la durée de l'organisme, les conditions de sa dissolution et de sa liquidation est insérée dans le règlement du FCT, comme dans les statuts de la société de titrisation[8]. Le FCT est donc une structure stable ayant

---

[1] V. *supra* n°s 25 et s.

[2] V. *supra* n°s 35s.

[3] V. not. en ce sens S. CAPORALE, « Société et indivision », *Rev. soc.*, 1979, p. 265 et s., spéc. n°s 22-23, pp. 274-275 ; C. SAINT-ALARY-HOUIN, « Les critères distinctifs de la société et de l'indivision depuis les réformes récentes du Code civil », art. préc., n° 61, p. 687 ; *contra* F. DEBOISSY et G. WICKER, « La distinction de l'indivision et de la société et ses enjeux », art. préc., n° 26 et s.

[4] V. *supra* n° 28.

[5] Sur ce critère de distinction entre l'indivision sujette au partage et à la société constituée pour une durée pouvant aller jusqu'à quatre-vingt-dix-neuf ans, v. not. F. DEBOISSY et G. WICKER, « La distinction de l'indivision et de la société et ses enjeux », art. préc., n° 58.

[6] Art. L. 214-180, al. 2, C. mon. fin.

[7] V. art. 815 et art. 1873-3, al. 1er, C. civ. Le partage de l'indivision conventionnel peut être retardé de cinq années.

[8] Art. L. 214-175, IV et art. L. 214-186, C. mon fin.

vocation à perdurer jusqu'au terme de l'opération de titrisation. De plus, sa pérennité a été renforcée puisque sa durée de vie n'est plus limitée à celle d'une seule opération de titrisation. Il peut ainsi se « recharger » en rachetant des créances ou en procédant à de nouvelles opérations de titrisation isolées dans de nouveaux compartiments[1]. Il concurrence donc la société de titrisation aussi bien sur une perspective à court qu'à long terme. En effet, cette dernière est soumise aux conditions de dissolution de droit commun[2]. Elle a ainsi vocation à être dissoute après la réalisation de son objet ou en cas de décision de dissolution anticipée. Dès lors, sauf si elle prend la forme d'une SASU, elle ne risque pas d'être dissoute par le caprice d'un seul associé.

79. Les organismes de titrisation se présentent comme deux véhicules interchangeables au service de l'opération financière. Ils arborent effectivement un schéma de fonctionnement unique et le but économique de l'opération de titrisation estompe toute différence qui découlerait de leur qualification. Il en résulte que les critères utilisés pour distinguer la société de l'indivision sont inutilisables. Traditionnellement, ces derniers peuvent être complétés par le critère subsidiaire de la personnalité morale. Celui-ci permettrait *a priori* de suppléer les critères inopérants, puisque seule la société de titrisation est personnifiée. Il se révèle cependant tout aussi inefficace, dans la mesure où le FCT présente une personnalité morale sous-jacente et la société une personnalité réduite.

3. Le caractère inopérant de la personnalité morale comme critère subsidiaire

80. Subsidiarité de la personnalité morale. La personnalité morale est souvent utilisée comme critère de distinction entre la société et l'indivision en raison de la différence de régime qu'elle engendre. Cette approche mêle néanmoins de façon trop étroite société et personnalité. La personnalité morale n'est qu'un attribut optionnel de la société et ne permet pas de distinguer toutes les sociétés, et notamment la société en participation, des indivisions[3]. Plus particulièrement, la distinction entre indivision et société est antérieure à la personnification des sociétés civiles, puisque le Code civil de 1804 différenciait les deux notions, alors même qu'il n'accordait pas expressément la personnalité morale à la société civile[4]. En réalité, la personnalité morale

[1] Cette possibilité lui a été offerte par la réforme de 1993, v. lois n° 93-06 du 4 janvier 1993 et n° 93-1444 du 31 décembre 1993.

[2] Art. 1844-7, C. civ.

[3] F. DELHAY, *La nature juridique de l'indivision*, *op. cit.*, n° 230, p. 351 ; C. SAINT-ALARY-HOUIN, « Les critères distinctifs de la société et de l'indivision depuis les réformes récentes du Code civil », art. préc., n° 14, p. 655.

[4] La jurisprudence a reconnu, dès le XIXe siècle, la personnalité morale aux sociétés civiles. Cependant, le législateur ne l'a pleinement admise qu'avec la loi n° 78-9 du 4 janvier 1978

n'est qu'un indice subsidiaire pour déterminer la nature de l'entité considérée. Elle devrait néanmoins permettre de distinguer clairement la société de titrisation du FCT, seule la première étant personnifiée. Ce critère de distinction n'est cependant pas fonctionnel. En effet, le régime des organismes ne tient pas compte de leur personnification [1]. Quels qu'ils soient, les organismes de titrisation présentent une « semi-personnalité »[2], c'est-à-dire une personnalité dont l'effectivité est toute relative : trop faible pour être parfaite mais trop importante pour être ignorée. Les expressions de « grande non-personne » et de « petite personne »[3] illustrent ainsi particulièrement bien la situation des organismes de titrisation puisque le FCT présente une « personnalité sous-jacente » [4] (a) et la société de titrisation une « personnalité affaiblie »[5] (b).

a. La personnalité sous-jacente du FCT

81. Les débats parlementaires autour de la loi du 23 décembre 1988 se sont cristallisés sur la question de la personnification du fonds commun de créances[6]. Ils mettaient notamment en lumière que malgré sa qualification de copropriété, le FCC aurait tous les attributs de la personnalité morale. La pratique du FCT sur les trente-cinq dernières années l'a confirmé. Bien que dépendant de la société de gestion pour l'exercice de son activité, le FCT est une entité particulièrement autonome. De nombreux auteurs ont ainsi estimé que le fonds présentait une personnalité morale sous-jacente ou semi-personnalité[7] (α), de quoi relancer le débat autour de sa personnification (β).

---

modifiant le titre IX du livre III du Code civil, conditionnant la personnification à l'immatriculation. Sur la lente reconnaissance de la personnalité morale aux sociétés civiles, v. F. DELHAY, *La nature juridique de l'indivision*, *op. cit.*, n°s 232 et s., p. 353 et s.

[1] V. *supra* n°s 24s.

[2] Pour l'emploi de cette expression, v. P. MALAURIE et N. PETERKA, *Droit des personnes, La protection des mineurs et des majeurs*, 12e éd., coll. « Droit civil », LGDJ, 2022, n° 219, p. 223.

[3] *Ibid.*, n° 268, p. 257.

[4] V. en ce sens T. BONNEAU, « Les fonds communs de placement, les fonds communs de créances, et le droit civil », art. préc., n° 41 ; P. LE CANNU, T. GRANIER et R. ROUTIER, *Droit commercial*, *op. cit.*, n° 711, p. 556 ; A. COURET *et al.*, *Droit financier*, *op. cit.*, n° 1080, p. 845 ; A.-L. THOMAT-RAYNAUD, *L'unité du patrimoine : essai critique*, préf. D. Tomasin, coll. « Doctorat & notariat », n° 25, Defrénois, 2007, n°s 395 et s., p. 186 ; sur le même constat au sujet des FCP v. P. JESTAZ, « obs. sous la loi n° 79-594 du 13 juillet 1979, le décret n° 79-835 du 27 septembre 1979 et l'arrêté du 27 novembre 1979, » art. préc.

[5] A. COURET *et al.*, *Droit financier*, *op. cit.*, n° 1078, p. 843.

[6] ASSEMBLEE NATIONALE, *Compte-rendu intégral des débats parlementaires* (deuxième séance du mardi 13 décembre 1988), préc., p. 3619, spéc. le résumé des débats dans l'intervention du rapporteur Douyère.

[7] Cette expression est préférée à celle de personnalité sous-jacente. Elle est plus large que cette dernière car elle fait référence à l'effectivité de la personnalité morale et ne se limite pas aux groupements dont la personnalité est au stade embryonnaire. Elle atteste aussi davantage de la réalité de la personnalité du FCT qui ne se réduit pas à de simples indices.

α. L'existence d'une semi-personnalité

82. Nom du FCT. Le nom fait partie des attributs extrapatrimoniaux participant à l'autonomie de la personne morale[1]. Or, malgré sa nature, le FCT se voit individualisé grâce à un nom[2]. Certains auteurs ont pu minimiser son importance au sein du FCT en considérant qu'il permettait simplement de désigner l'ensemble des porteurs de parts, conformément à l'article L. 214-180 alinéa 4 du Code monétaire et financier[3]. Tel était peut-être l'objectif originel du législateur. Cependant, le nom sert désormais davantage à identifier le FCT en tant que tel. À cet égard, sa désignation est plus représentative et pérenne que celle des copropriétaires dont l'identité est modifiée au gré des cessions des titres financiers. De plus, le législateur fait régulièrement référence à l'organisme et aux porteurs de parts de façon distincte[4].

83. Rejet de la qualification d'attribut de la personnalité. Si le nom du FCT constitue un indice de sa personnalité sous-jacente[5], il ne peut être qualifié d'attribut de la personnalité sans nier la nature inerte du fonds. Il en résulte que le fonds ne peut pas protéger son nom, notamment par le biais d'une action en concurrence déloyale. Un FCT pourrait ainsi théoriquement jouer sur l'homonymie avec un autre fonds préalablement créé. Cette hypothèse d'école s'oppose aux objectifs de sécurité des marchés et des investisseurs même si les risques sont concrètement limités. En effet, il est d'une part probable que l'AMF n'accorde pas d'agrément ou de visa au FCT jouant sur l'homonymie[6]. D'autre part, la création d'un tel organisme suppose

---

[1] G. WICKER et J. PAGNUCCO, « Personne morale », *Rép. civ.*, Dalloz, mai 2018, n° 70.

[2] Art. L. 214-180, al. 4, C. mon. fin : « pour toutes les opérations faites pour le compte des copropriétaires, la désignation du fonds ou, le cas échéant, d'un compartiment du fonds peut être valablement substituée à celle des copropriétaires ». Ce nom doit être compris comme dénomination sociale, et non comme nom commercial. En effet, ce dernier permet d'identifier l'entreprise mais n'est pas un élément d'identité dont elle peut se prévaloir dans le cadre de ses rapports juridiques. V. en ce sens G. LOISEAU, « Nom commercial », *Rép. com.*, Dalloz, septembre 2011, n° 1. Par ailleurs, à la différence de certains auteurs, nous ne déduisons pas de cette disposition le fait que le FCT dispose également d'un domicile, *contra* P. LE CANNU, T. GRANIER et R. ROUTIER, *Droit commercial*, *op. cit.*, n° 711, p. 556 ; L. PAPAÏS, *Titrisation et fiducie*, préc., n° 93, p. 71.

[3] V. en ce sens L. PAPAÏS, *Titrisation et fiducie*, préc., n° 93, p. 72.

[4] V. not. en ce sens art. L. 214-175-2, II, C. mon. fin. : « dans l'intérêt de l'organisme de titrisation et des porteurs de parts, d'actions ou de titres de créance émis par l'organisme ».

[5] V. en ce sens G. WICKER et J. PAGNUCCO, « Personne morale », *op. cit.*, n° 103 ; v. également à propos des FCP E. DAILLY, *Rapport fait au nom de la commission des Lois constitutionnelles, de Législation, du Suffrage universel, du Règlement et d'Administration générale, sur le projet de loi adopté par l'Assemblée Nationale après déclaration d'urgence, relatif aux fonds communs de placement*, Sénat, seconde session ordinaire de 1979-1978, p. 20 qui estime que la dénomination correspond à une parcelle de personnalité juridique.

[6] Sur l'agrément des FCT supportant un risque d'assurance, v. art. L. 214-189, C. mon. fin. ; sur le visa de l'AMF, v. art. L. 621-8 et L. 621-8-1, C. mon. fin.

la complicité de gestionnaires enclins à ne pas respecter leurs obligations professionnelles dans la mesure où ils ne sauraient gérer un FCT de façon honnête et loyale en jouant sur son homonymie[1].

L'absence de protection du nom du FCT n'est cependant pas irrémédiable. En effet, le législateur a pu doter les fonds de droits et d'obligations lorsque cela était nécessaire, notamment pour permettre d'engager la responsabilité du dépositaire[2]. Cette démarche pourrait parfaitement être reproduite en présence de l'hypothèse évoquée. Or, si le législateur permettait de protéger le nom du FCT, celui-ci présenterait alors toutes les caractéristiques d'un attribut de la personnalité.

84. Personnalité substantielle du fonds. De façon plus flagrante, le FCT est doté d'un patrimoine autonome[3] et est titulaire de droits et d'obligations[4]. Il présente donc une personnalité substantielle[5] et sa situation est comparable à celle d'un incapable, uniquement doté d'une capacité de jouissance[6]. Son objet lui permet effectivement d'accomplir certains actes malgré sa nature[7]. Son patrimoine assure, quant à lui, matériellement la réalisation de cet objet, il subit les effets des actes accomplis pour son compte par la société de gestion. Le patrimoine du fonds est ainsi l'émanation de sa personnalité sous-jacente. Dès lors, bien que la personnalité morale soit expressément refusée au FCT, il faut constater qu'il en présente certaines caractéristiques majeures. Les difficultés théoriques et pratiques causées par sa semi-personnalité sont nombreuses et militent toutes en faveur d'une personnification du FCT[8].

β. La possible personnification du FCT

85. Intérêt de la théorie de la réalité technique. La jurisprudence a consacré la théorie de la réalité des personnes morales[9]. La personnalité

[1] V. art. L. 214-175-2, II, C. mon. fin.
[2] V. *supra* n° 38.
[3] V. *supra* n° 25.
[4] V. *supra* n°s 28 et s.
[5] À propos des FCP mais transposable aux FCT v. G. WICKER et J. PAGNUCCO, « Personne morale », *op. cit.*, n° 48 ; sur la théorie de la réalité, v. L. MICHOUD, *La théorie de la personnalité morale et son application au droit français*, *op. cit.*
[6] G. WICKER et J. PAGNUCCO, « Personne morale », *op. cit.*, n° 48 ; T. BONNEAU, « Les fonds communs de placement, les fonds communs de créances, et le droit civil », art. préc., n° 41.
[7] V. *supra* n°s 28 et s.
[8] Sur ces difficultés, v. *supra* n° 27, n°s 31 et s. et n° 38.
[9] Civ. 2e, 28 janvier 1954, n° 54-07.081, *Bull. II*, n° 32, p. 20 ; V. également en faveur de cette conception L. MICHOUD, *La théorie de la personnalité morale et son application au droit français*, *op. cit.* ; N. BARUCHEL, *La personnalité morale en droit privé : éléments pour une théorie*, préf. Br. Petit, coll. « Bibliothèque de droit privé », n° 410, LGDJ, 2004 ; *contra J.* PAILLUSSEAU, « Le droit moderne de la personnalité morale », *RTD civ.*, décembre 1993, n°

morale est ainsi octroyée aux groupements pourvus « d'une possibilité d'expression collective pour la défense d'intérêts licites, dignes, par suite, d'être juridiquement reconnus et protégés »[1]. Certains auteurs considèrent néanmoins que cette théorie a perdu de son importance depuis que l'octroi de la personnalité aux sociétés est soumis à leur immatriculation[2]. Cette théorie reste cependant d'actualité. Tout d'abord, l'immatriculation ne joue qu'en droit des sociétés[3]. La Cour de cassation a ainsi pu faire application de la théorie de la réalité en reconnaissant la personnalité morale des comités de groupe[4] et des comités d'hygiène, de sécurité et des conditions de travail[5]. Ensuite, le législateur accepte l'application subsidiaire de la théorie de la réalité. Il s'en est servi pour reconnaître la responsabilité pénale des personnes morales[6]. Il n'a également pas remis en question les solutions jurisprudentielles accordant la personnalité morale à certains groupements, et notamment au comité d'établissement[7]. Enfin, la théorie de la réalité ne nie pas le pouvoir du législateur en matière d'attribution de la personnalité[8]. C'est uniquement dans son silence que les juges peuvent doter un groupement de la personnalité morale. En l'espèce, le refus exprès de toute personnification du fonds conduit à des difficultés théoriques et à un effritement du concept de personnalité morale. Il est donc opportun de vérifier si le FCT ne pourrait pas être personnifié, malgré le refus du législateur, grâce à l'application de la théorie de la réalité.

86. Application de la théorie de la réalité au FCT. Le FCT présente les éléments requis par la théorie de la réalité. Tout d'abord, le fonds a un intérêt distinct de celui des copropriétaires, qui est la réalisation d'une

---

4, p. 705 et s. ; N. MATHEY, *Recherche sur la personnalité morale en droit privé*, Thèse Paris II, 2001 en faveur d'une conception utilitariste de la personnalité morale ; *contra* également F.C. von SAVIGNY, *Traité de droit romain*, Librairie de Firmin Didot Frères, 1855, pp. 271-272 en faveur de la théorie de la fiction ; et de façon plus générale, pour une synthèse des différentes théories et leur critique, v. N. BARUCHEL, *La personnalité morale en droit privé*, *op. cit.*

[1] Civ. 2e, 28 janvier 1954, préc.

[2] V. par exemple W. DROSS, « L'évolution du droit de l'indivision », art. préc., nº 11, p. 13.

[3] *Ibid.*, nº 11, p. 14.

[4] Soc. 23 janv. 1990 : nº 86-14.947, *Bull. civ. V*, nº 20.

[5] Soc., 17 avr. 1991 : nº 89-17.993, 89-43.767 et 89-43.770, *Bull. civ. V*, nº 206.

[6] N. BARUCHEL, *La personnalité morale en droit privé*, *op. cit.*, nºs 208 et s., p. 114 et s.

[7] Sa personnalité a été reconnu dans un premier temps dans l'arrêt emblématique Civ. 2e, 28 janvier 1954, préc., puis dans un second temps par le législateur au sein de l'ancien article L. 435-1 aliéna 2 du Code du travail.

[8] L. MICHOUD, *La théorie de la personnalité morale et son application au droit français*, *op. cit.*, nº 57, p. 67 ; v. également Civ. 2ème, 28 janvier 1954, préc. où la Cour de cassation estime que la « personnalité civile n'est pas une création de la loi » et que si le législateur peut priver spécifiquement un groupement de la personnalité dans un but de haute police, il en reconnait également implicitement l'existence « en faveur d'organismes créés par la loi elle-même avec mission de gérer certains intérêts collectifs présentant ainsi le caractère de droits susceptibles d'être déduits en justice ».

opération de titrisation[1]. Cet intérêt est effectivement plus large puisque s'il prend en considération l'intérêt des porteurs de parts de copropriété, il tient également compte de l'intérêt des titulaires de titres de créance émis par le fonds. De plus, le législateur le distingue clairement de l'intérêt des investisseurs, puisqu'il mentionne par moment simultanément l'intérêt de l'organisme et celui des investisseurs[2]. Ensuite, cet intérêt est incarné par la société de gestion, qui représente constamment le fonds dans ses rapports avec les tiers et dans toute action en justice[3]. La société de gestion est ainsi l'organe[4] permettant la prise de décisions et la représentation de la collectivité[5]. Enfin, le FCT dispose d'un patrimoine voire de plusieurs patrimoines d'affectation[6].

87. Refus constant de personnification. Les éléments énoncés doivent conduire à personnifier le FCT. Les juges ne l'ont cependant jamais admis pour plusieurs raisons. Tout d'abord, les contentieux impliquant les FCT concernent rarement directement la reconnaissance de sa personnalité[7]. Tenus par l'objet du litige[8], les juges ne peuvent s'en saisir d'office. Ensuite, dans l'hypothèse où un juge serait confronté à cette question, il est permis de douter de son empressement à adopter une solution *contra legem*. Il n'en demeure pas moins qu'il en aurait la possibilité. En effet, le législateur peut priver de la personnalité civile une catégorie de groupement « dans un but de haute police »[9], si bien que les autres groupements peuvent implicitement mais nécessairement se voir reconnaitre la personnalité juridique en justice. Or, le refus d'octroi de la personnalité morale au FCT ne procède pas d'un objectif de haute police comme en témoignent les débats ayant précédé la création du FCT et le tâtonnement des parlementaires au sujet de la personnification du fonds. Monsieur Douyère estimait ainsi que la personnalité morale allait de soi « puisque si elle n'existait pas, il faudrait une loi pour l'interdire »[10], laissant ainsi peu de doute sur l'origine de l'interdiction. Enfin, le législateur

---

[1] G. WICKER et J. PAGNUCCO, « Personne morale », *op. cit.*, n° 26 et s.

[2] Art. L. 214-175-2, II, C. mon. fin. : « la société de gestion de portefeuille et le dépositaire agissent de manière honnête, loyale, professionnelle, indépendante et **dans l'intérêt de l'organisme de titrisation** et des porteurs de parts, d'actions ou de titres de créance émis par l'organisme ». (Nous soulignons.)

[3] Art. L. 214-183, C. mon. fin.

[4] Sur cette notion, v. L. MICHOUD, *La théorie de la personnalité morale et son application au droit français*, *op. cit.*, n° 60, p. 71.

[5] Sur son absence dans l'indivision et le refus de sa personnification v. W. DROSS, « L'évolution du droit de l'indivision », art. préc., n° 10, p. 13.

[6] V. *supra* n°s 25 et s.

[7] V. néanmoins CA Paris, Pôle 1, chambre 10, 23 février 2023, n° 22/13160 ; CA Reims, chambre civile, 1e section, 14 septembre 2021, n° 19/02368 où les requérants invoquent l'irrecevabilité des demandes du fonds non personnifié pour défaut de capacité à agir.

[8] Art. 5 CPC.

[9] Civ. 2e, 28 janvier 1954, préc.

[10] ASSEMBLEE NATIONALE, *Compte-rendu intégral des débats parlementaires*, deuxième séance du mardi 13 décembre 1988, préc., p. 3619.

a accordé cette personnalité à la société de titrisation qui présente des caractéristiques identiques. La situation actuelle est donc paradoxale et les juges disposent des arguments nécessaires pour dépasser le refus du législateur. Leur volonté ne semble toutefois pas aller en ce sens puisqu'ils rappellent régulièrement, notamment dans le contentieux relatif au recouvrement des créances, que le FCT n'a pas la personnalité morale[1]. Si cette précision a pour but de justifier la compétence de la société de gestion à représenter le FCT en justice, elle sous-entend néanmoins que l'absence de personnalité du fonds est acquise par les magistrats. Ils contribuent ainsi à l'équilibre précaire du FCT et au dévoiement de la notion de personnalité morale. L'altération de cette notion date de l'adoption du FCC en 1988, celui-ci pouvant agir comme une personne morale bien que non personnifié. La suppression du FCT lors de la création de la société de titrisation aurait permis de redonner de la cohérence à cette notion. Le législateur a cependant souhaité conserver ce véhicule *ad hoc,* familier des praticiens. La distinction entre les deux organismes de titrisation ne peut donc pas être établie sur le fondement de la personnalité morale. Elle le peut d'autant moins que la personnalité de la société de titrisation est également originale, car à l'inverse de celle du FCT, elle s'avère très affaiblie.

b. La personnalité morale affaiblie de la société de titrisation

88. Absence d'autonomie de la société de titrisation. L'autonomie de la société de titrisation n'est pas assurée par les attributs de sa personnalité. En effet, ces derniers sont neutralisés par le régime commun des organismes de titrisation. La société de titrisation est ainsi gérée de façon extériorisée par une société de gestion et un dépositaire[2], sans respect pour le principe d'organisation légale des sociétés[3]. Il en résulte que la société de titrisation n'a pas la maîtrise de son patrimoine et que les organes sociaux ne lui permettent pas de réaliser son objet social de façon autonome. Ils ne lui permettent pas non plus de conserver ses actifs dont la garde est obligatoirement assurée par le dépositaire[4]. La société de titrisation est en réalité exploitée comme un outil patrimonial et n'est plus un véritable sujet de droit. Les craintes exprimées par Monsieur Strauss-Kahn lors de l'élaboration de la loi du 23 décembre 1988

[1] V. en ce sens Com., 13 décembre 2017, n° 16-19.681, n° 16-24.853, *Bull.* 2017, IV, n° 263 ; *D.*, 2018, p. 7 ; *AJ contrat*, 2018, p. 133, obs. V. Forti ; *JCP E*, 2018, p. 25, note Klein ; *RDBF*, 2018, n° 21, obs. M. Storck ; *BJB*, 2018, p. 107, note T. Granier ; *Banque et Droit*, avril 2018, p. 22, obs. T. Bonneau ; Com. 17 avril 2019, n° 18-11.964.
[2] V. *supra* n°s 35 et s.
[3] Civ., 4 juin 1946, *Motte, S.* 1947, 1, 153, note. Barbry ; *JCP G* 1947, II, 3518, note Bastian. Sur les problématiques suscitées, v. *infra* n°s 207 et s.
[4] V. *supra* n° 36.

sont donc vérifiées puisqu'il ne reste à la société de titrisation qu'une « personnalité morale croupion »[1].

89. Exclusion du droit des procédures collectives. L'absence d'autonomie de la société de titrisation transparaît également, dans une moindre mesure, de l'exclusion du droit des procédures collectives par l'article L. 214-179 II du Code monétaire et financier. En effet, le droit des entreprises en difficulté s'applique en principe à toute personne morale de droit privée[2], si bien que son exclusion semble nier la personnalité de la société de titrisation. Elle se justifie néanmoins par la spécificité de l'opération financière, car l'application du droit des procédures collectives est contreproductive en présence d'une société de titrisation. Tout d'abord, les procédures de sauvegarde ou de redressement sont inadaptées. En effet, du fait de la structuration des paiements entre les différents créanciers de l'organisme, la survenance de difficultés justifiant la mise en œuvre d'une procédure collective témoigne en réalité d'un échec de l'opération de titrisation. Il n'est alors plus possible d'éviter la faillite de la société via l'élaboration d'un plan de sauvegarde ou de redressement. Dès lors, seule la liquidation judiciaire pourrait être envisagée. Elle est cependant écartée à raison par l'article L. 214-179 II du Code monétaire et financier car ses modalités alourdiraient l'opération financière et dénoteraient avec sa réalité. Elle supposerait notamment la participation active des investisseurs qui, en qualité de créanciers de l'organisme, devraient déclarer leur créance. Cette déclaration serait trop lourde pour les investisseurs qui aspirent à percevoir automatiquement leur rémunération. Par ailleurs, l'actuelle mise à l'écart de la liquidation judiciaire n'a pas d'impact sur le traitement des créanciers de l'organisme. La société de titrisation étant à risque limité, ses créanciers ne peuvent pas espérer obtenir plus que le contenu du patrimoine social. Les règles fixant un ordre de paiement entre les différents créanciers sociaux – figurant dans les statuts et les contrats conclus par la société de titrisation – permettent de résoudre le problème économique. Il faut alors distinguer les investisseurs des autres créanciers de la société de titrisation. Ces derniers sont payés par préférence aux investisseurs[3]. Ces créanciers sont classés entre eux grâce aux règles de priorité stipulées dans les contrats qu'ils ont conclus[4]. La

---

[1] ASSEMBLEE NATIONALE, *Compte-rendu intégral des débats parlementaires,* deuxième séance du mardi 13 décembre 1988, préc., p. 3621, intervention de D. Strauss-Kahn.

[2] V. en ce sens art. L. 620-2, art. L. 631-2 et art. L. 640-2, C. com et art. 1er de la loi n° 67-563 du 13 juillet 1967 sur le règlement judiciaire, la liquidation des biens, la faillite personnelle et les banqueroutes. Seules certaines personnes morales sont expressément exclues comme les syndicats de copropriétaires, v. en ce sens art. 29-15 de la loi n° 65-557 du 10 juillet 1965 fixant le statut de la copropriété des immeubles bâtis.

[3] V. not. en ce sens PRACTICAL LAW FINANCE, « Securitisation : US overview », *Practical Law Practice Note Overview 5-501-7050*, Thomson Reuters, 1 août 2020.

[4] V. en ce sens art. L. 214-175-1, II, C. mon. fin.

dérogation au droit des procédures collectives ne les affecte donc pas. Le paiement des investisseurs est quant à lui effectué selon les règles de priorité qu'ils ont acceptées lors de la souscription des titres. La discipline des créanciers est ainsi d'ores et déjà garantie. À cet égard, les modalités de liquidation des deux organismes de titrisation sont identiques puisque leurs documents constitutifs fixent toujours en amont un ordre de paiement. Ce rapprochement entre les deux organismes n'est pas surprenant puisqu'ils partagent les mêmes enjeux économiques. Il n'en pas moins qu'en pratique, la société de titrisation est liquidée dans les mêmes conditions qu'un simple groupement de biens dépourvu de toute personnalité.

90. Critique de l'attribution de la personnalité. La personnalité morale réduite de la société de titrisation, combinée à celle sous-jacente du FCT, empêche d'utiliser la personnalité morale comme critère de distinction des organismes, même à titre subsidiaire. Ces deux constats conduisent en réalité à un rapprochement des organismes qui arborent tous deux une semi-personnalité. À cet égard, l'attribution de la personnalité morale à la société de titrisation peut être remise en question. En effet, sa gestion externalisée prive d'efficacité son organisation interne. Celle-ci ne permet pas de représenter l'intérêt de la société et d'exercer ses droits, si bien que l'une des conditions requises pour octroyer la personnalité juridique est défaillante[1]. La personnalité de la société de titrisation est d'autant plus douteuse que son organisation et sa représentation obéissent à la même logique que dans le FCT, à qui le législateur refuse expressément la personnalité. L'octroi de la personnalité morale à la société de titrisation est donc artificiel et illustre, bien qu'imparfaitement, la théorie de la fiction. La personnification des organismes de titrisation résulte effectivement de la seule volonté du législateur. Elle n'implique cependant pas l'application du régime cohérent qui en découle, si bien que le législateur participe à l'érosion de la notion de personnalité morale. Il prive également d'utilité cet élément de comparaison entre la société et l'indivision. Dès lors, puisqu'aucun critère objectif issu des catégories génériques ne permet d'établir la distinction entre les organismes, il convient de se tourner vers la volonté des parties. Ce critère se révèle cependant être inadapté aux organismes.

B. L'inadéquation du critère subjectif

91. Critère principal de distinction. Face à la convergence des caractéristiques de la société et de l'indivision, les juridictions se concentrent désormais sur l'*affectio societatis* pour les différencier[2]. Cette approche

---

[1] Sur ces conditions, v. Civ. 2e, 28 janvier 1954, préc.

[2] V. not. Com., 12 février 1973, n° 71-13.615, *Bull. civ. IV*, n° 70 ; Com., 18 novembre 1997, n° 96-10.999 ; CA Versailles, 3e chambre, 17 mars 2000 ; v. également pour une définition de

n'emporte cependant pas la conviction de la totalité des auteurs[1]. Elle est notamment critiquée en raison de l'existence d'une *affectio communionis,* analogue à l'*affectio societatis,* pouvant complexifier la mise en œuvre de la distinction. En effet, l'*affectio communionis* sert également de base à une égalité des indivisaires, à une collaboration entre eux et à une possibilité d'intervention dans la gestion[2]. Afin de résoudre la difficulté, les auteurs favorables à l'utilisation de l'*affectio societatis* se réfèrent au but poursuivi par les parties. En effet, la société se caractérise par une « volonté d'affectation de biens à l'entreprise collective » alors que les indivisaires n'ont que « le souci d'en maintenir la valeur »[3]. La recherche de bénéfices n'est ainsi pas le but exclusif et principal des indivisaires, contrairement aux associés[4]. Malgré ses imperfections[5], ce critère de distinction est appliqué par les magistrats et retenu par la majorité des auteurs[6]. Il doit donc être étudié dans le cadre des

---

l'*affectio societatis* en la matière C. SAINT-ALARY-HOUIN, « Les critères distinctifs de la société et de l'indivision depuis les réformes récentes du Code civil », art. préc., n° 59, p. 686 ; J.-J. DAIGRE, « L'étalon au prétoire ou des saillies comme critère de la société en participation », *BJS*, février 1998, n° 2, p. 99 et s. ; H. ABERKANE, « L'étalon, la société en participation et la convention d'indivision », in *Mélanges en hommage à André Breton et Fernand Derrida*, Dalloz, 1991, p. 11 et s., spéc. p. 11 ; I. TCHOTOURIAN, *Vers une définition de l'affectio societatis lors de la constitution d'une société*, *op. cit.*, n° 818, p. 506.

[1] V. not. H. ABERKANE, « L'étalon, la société en participation et la convention d'indivision », art. préc., pp. 15-16 ; F. DEBOISSY et G. WICKER, « La distinction de l'indivision et de la société et ses enjeux », art. préc., n° 26 et s.

[2] C. SAINT-ALARY-HOUIN, « Les critères distinctifs de la société et de l'indivision depuis les réformes récentes du Code civil », art. préc., n°s 53-55 ; H. ABERKANE, « L'étalon, la société en participation et la convention d'indivision », art. préc., pp. 15-16 ; S. CAPORALE, « Société et indivision », art. préc., n° 23 ; J.-J. DAIGRE, « L'étalon au prétoire ou des saillies comme critère de la société en participation », art. préc. ; F. DEBOISSY et G. WICKER, « La distinction de l'indivision et de la société et ses enjeux », art. préc., n° 17 et s.

[3] C. SAINT-ALARY-HOUIN, « Les critères distinctifs de la société et de l'indivision depuis les réformes récentes du Code civil », art. préc. ; v. également en ce sens H. ABERKANE, « L'étalon, la société en participation et la convention d'indivision », art. préc., n°s 16-17 ; J.-J. DAIGRE, « L'étalon au prétoire ou des saillies comme critère de la société en participation », art. préc. ; *contra F.* DEBOISSY et G. WICKER, « La distinction de l'indivision et de la société et ses enjeux », art. préc., n° 26 et s. qui considèrent que la cause de l'indivision n'est pas réduite à la conservation du bien mais est librement déterminée par les parties dans le cadre des indivisions conventionnelles. Il en résulte que les biens indivis peuvent librement être affectés par les indivisaires, ce qui détermine l'organisation de leur jouissance.

[4] S. CAPORALE, « Société et indivision », art. préc., n° 22, p. 274.

[5] Admettant les faiblesses du critère, v. not. H. ABERKANE, « L'étalon, la société en participation et la convention d'indivision », art. préc., p. 17 ; J.-J. DAIGRE, « L'étalon au prétoire ou des saillies comme critère de la société en participation », art. préc.

[6] V. not. C. SAINT-ALARY-HOUIN, « Les critères distinctifs de la société et de l'indivision depuis les réformes récentes du Code civil », art. préc., n°s 49 et s., p. 679 et s. ; J.-J. DAIGRE, « L'étalon au prétoire ou des saillies comme critère de la société en participation », art. préc. ; F. DEBOISSY et G. WICKER, « La distinction de l'indivision et de la société et ses enjeux », art. préc., n°s 24 et s. ; Y. GUYON et A. MAIROT, « Fasc. 20-10 : *Affectio societatis* », *JCl. Sociétés Traité*, LexisNexis, 7 mars 2023, n° 41 ; V. CUISINIER, *L'affectio societatis*, préf. A. Martin-Serf, coll. « Bibliothèque de droit de l'entreprise », n° 78, Litec, LexisNexis, 2008,

organismes de titrisation. Or, force est de constater son absence, tant au stade de la constitution que du fonctionnement de la société de titrisation.

92. Absence d'*affectio societatis* lors de la constitution de la société. L'*affectio societatis* ne permet pas de différencier les deux organismes de titrisation. En effet, elle[1] ne se retrouve pas plus dans la société de titrisation que dans le FCT, leurs membres partageant le même état passif. Ces derniers ne participent ni à la constitution de l'organisme, qui est assurée par ses gestionnaires, un arrangeur et l'initiateur[2], ni à l'établissement de ses règles de fonctionnement. Dès lors, les associés ne manifestent pas d'*affectio societatis,* sauf s'ils sont également les fondateurs de la société de titrisation. Ils sont, comme les copropriétaires du FCT, dans la position d'adhérents au contrat rédigé par les fondateurs de l'organisme[3]. Leur volonté de collaborer est ainsi réduite à leur acte d'investissement, à l'affectation de sommes d'argent en vue de permettre la réalisation de l'opération financière. Cet acte d'investissement, essentiel au financement de l'opération de titrisation, se retrouve dans le FCT. Il n'est donc pas possible d'identifier une volonté d'affectation des biens à l'entreprise commune présente dans la société de titrisation et absente dans le FCT.

Il peut être objecté que la situation des actionnaires de la société de titrisation est assimilable à celle des actionnaires des grandes sociétés par actions. Ces dernières comptent en effet davantage d'investisseurs que d'associés[4]. Cependant, un petit groupe d'actionnaires fondateurs participe généralement à la constitution de la société. Ils expriment ainsi une *affectio societatis* plus importante et laissent leur empreinte sur la société. Par ailleurs, les autres actionnaires manifestent activement leur adhésion au projet de statuts. En effet, les statuts doivent être signés dans les sociétés constituées sans offre au public ou avec offre au public mentionnée au 1° ou au 2° de

n° 71, p. 67 ; I. Tchotourian, *Vers une définition de l'affectio societatis lors de la constitution d'une société*, *op. cit.*, n° 818, p. 506 ; P. Le Cannu et B. Dondero, *Droit des sociétés*, *op. cit.*, n° 108, p. 102 ; M. Germain et V. Magnier, *Les sociétés commerciales*, *op. cit.*, n° 1765, p. 213 ; sur l'utilisation de ce critère pour les FCP v. E. Dailly, *Rapport fait au nom de la commission des Lois constitutionnelles, de législation, du suffrage universel, du Règlement et d'administration générale, sur le projet de loi adopté par l'Assemblée nationale après déclaration d'urgence, relatif aux fonds communs de placement*, Sénat, seconde session ordinaire de 1978-1979, p. 20.

[1] Sur l'emploi du féminin, v. *infra* note n° 964.

[2] v. en ce sens X. de Kergommeaux, « Titrisation », *op. cit.*, n°s 46-47.

[3] Pour une analyse similaire au sujet du règlement du FCP et des statuts de la SICAV v. S. Bonfils, *Le droit des obligations dans l'intermédiation financière*, préf. M.-A. Frison-Roche, coll. « Droit & Économie », LGDJ, 2005, n° 282, p. 148.

[4] V. en ce sens F.-X. Lucas, « Les actionnaires ont-ils tous la qualité d'associé ? Brefs propos discursifs autour du thème de l'associé et de l'investisseur », *RDBF*, juillet 2002, n° 4, p. 216 et s.

l'article L. 411-2 ou à l'article L. 411-2-1 du Code monétaire et financier[1]. Une assemblée constitutive doit également être tenue pour modifier et adopter les statuts des sociétés constituées avec offre au public[2]. Or, cette participation minimale n'est pas conservée dans le cadre de la société de titrisation. Les actionnaires n'interviennent pas lors de la rédaction des statuts et l'article L. 214-179 II du Code monétaire et financier supprime l'obligation de tenir une assemblée constitutive. À défaut d'exclusion de l'article L. 225-15 du Code de commerce, il est probable que les associés des sociétés de titrisation constituées sans offre au public ou avec offre au public mentionnée au 1° ou au 2° de l'article L. 411-2 ou à l'article L. 411-2-1 du Code monétaire et financier se contentent de signer les statuts pour manifester leur adhésion. En l'absence de précision concernant les sociétés de titrisation constituées avec offre au public, on peut considérer que la signature des statuts n'est pas exigée. Dans tous les cas, il est peu probable que les actionnaires lisent en détail les statuts et puissent suggérer une quelconque modification.

93. Absence d'*affectio societatis* en cours de fonctionnement. L'*affectio societatis* ne s'exprime pas plus au cours du fonctionnement de la société de titrisation. L'externalisation de la gestion de la société de titrisation prive d'effectivité les pouvoirs des associés. Leurs prérogatives visent le dirigeant social et non le dirigeant effectif de la société, c'est-à-dire la société de gestion[3]. Leurs autres droits d'intervention sont également réduits. Leur participation aux assemblées est limitée, comme en témoignent la suppression des quorums et la réduction des compétences de l'assemblée[4]. Les associés ne peuvent donc pas véritablement collaborer de façon active à la vie sociale ou même en manifester l'intention. Par conséquent, *l'affectio societatis* n'est pas un critère de distinction fiable entre le FCT et la société de titrisation. Dès lors, aucun des différents critères traditionnellement employés pour différencier la société et l'indivision ne permet de distinguer les organismes de titrisation. La distinction opérée entre les organismes devrait donc reposer sur des critères qui leur seraient propres. Les critères pouvant ainsi être identifiés se révèlent cependant décevants.

---

[1] Art. L. 225-15, C. com. Les offres au public mentionnées sont notamment celles s'adressant à un cercle restreint d'investisseurs, celles proposées par un prestataire de services de financement participatif ou celles respectant certains seuils.

[2] Art. L. 225-7, C. com.

[3] V. *infra* n°s 213 et s.

[4] V. *infra* n°s 197 et s.

§ 2 : L'insuffisance des critères de distinction propres aux organismes de titrisation

94. Même considérés de façon autonome, en faisant abstraction de leur qualification de société et d'indivision, les deux organismes de titrisation peinent à être distingués. Pour cause, ils sont soumis à un régime commun. La seule différence notable et effective est de nature fiscale. Ce critère objectif est cependant trop faible pour assurer une véritable distinction (A). Finalement, la différence entre les deux organismes apparaît comme étant la conséquence d'un choix opéré par les parties prenantes à l'opération. La volonté, utilisée comme critère subjectif, est cependant inadéquate car elle n'est pas exprimée par les membres des organismes , mais par ses fondateurs qui leur sont extérieurs (B).

A. La faiblesse du critère objectif

95. Rejet du critère fiscal comme outil de distinction. Le régime fiscal des organismes de titrisation tire directement les conséquences de la personnification de la société de titrisation et permet de la distinguer du FCT sur deux points. D'une part, elle est soumise à l'impôt sur les sociétés dans les mêmes conditions que les sociétés de droit commun[1]. À l'inverse, le FCT, privé de personnalité morale, n'y est pas soumis[2]. D'autre part, les conventions fiscales internationales évitant les doubles impositions sont uniquement applicables à la société de titrisation. C'est d'ailleurs la raison de sa création : le législateur espérait à l'époque multiplier les opérations de titrisation internationales grâce à l'application de ces conventions[3]. En effet, malgré sa semi-personnalité, le législateur n'a pas négocié l'application des conventions internationales aux FCT. Le fonds est une structure particulière que ne connaissent pas nécessairement les autres États parties aux conventions fiscales. Une reconnaissance des FCT par les autres États signataires aurait sûrement conduit la France à devoir reconnaître réciproquement certaines structures ignorées de notre système juridique. Il était donc plus simple de créer un organisme doté de la personnalité morale.

Pour autant, ce critère de distinction s'appuie uniquement sur un point précis du régime des organismes de titrisation. Il est donc un peu faible en ce qu'il procède davantage d'une différence de régime que d'une véritable différence de nature. En effet, il résulte directement de la personnification de

---

[1] Art. 205 et art. 206, CGI.

[2] Art. 208, 3°, *octies*, CGI.

[3] *Rapport au Président de la République relatif à l'ordonnance n° 2008-556 du 13 juin 2008 transposant la directive 2005/68/CE du Parlement européen et du Conseil du 16 novembre 2005 relative à la réassurance et réformant le cadre juridique des fonds communs de créances*, préc.

l'organisme de titrisation. Or, la personnalité morale n'est pas en elle-même un critère de distinction. Par ailleurs, il ne se révèle pas déterminant en pratique, la société de titrisation demeurant peu utilisée. Alors que la société de titrisation est majoritairement utilisée dans d'autres pays tels que les États-Unis ou le Luxembourg[1], il n'en existe *a priori* que trois en France[2]. Ainsi, même dans le cadre d'une titrisation paneuropéenne, la société de titrisation n'est pas plus intéressante que le FCT, notamment d'un point de vue fiscal[3]. Son manque d'attractivité a pu être expliqué par l'application du régime fiscal de droit commun, qui n'est pas adapté à l'activité menée et conduit à une négociation avec le Trésor pour toute opération[4]. L'application des conventions fiscales internationales ne semble pas compenser cet inconvénient et les praticiens conservent une préférence pour le FCT. Le traitement fiscal des organismes de titrisation est donc insuffisant pour les différencier. À défaut de pouvoir identifier un trait caractéristique propre à chaque organisme, il faut constater que leur distinction relève de la volonté de leurs fondateurs. Cette dernière n'est cependant pas exprimée par les investisseurs et ne paraît pas pouvoir constituer le critère de distinction.

B. L'inadéquation du critère de volonté

96. Admission du pouvoir de la volonté. Malgré leur qualification distincte, les organismes de titrisation masquent des situations de faits identiques. Ils se bornent effectivement à reproduire la pratique financière anglo-saxonne. La temporalité de l'opération financière mise en place à travers les organismes, l'existence d'un patrimoine autonome et une organisation bicéphale et externe de la gestion en constituent le schéma typique. Seule la volonté des parties prenantes peut donc permettre d'opter pour l'une ou l'autre des deux qualifications. Il est en effet admis que certaines situations présentant un contenu identique soient qualifiées différemment au gré de la volonté des parties[5]. Ce choix est souvent offert par le législateur. Les associés peuvent ainsi préférer une forme sociale plutôt qu'une autre. Certains auteurs estiment également que c'est la volonté des parties qui

---

[1] A. QUIQUEREZ, *Droit et techniques internationales de la titrisation*, coll. « Cahiers financiers », Larcier, 2018, n° 196, p. 164.

[2] PARIS EUROPLACE, *Rapport Paris Europlace : « Une titrisation au service de la croissance »*, préc., p. 54. Entre 2008 et 2012 seulement deux sociétés de titrisation ont été créées, v. en ce sens « Clifford Chance conseille Natixis », art. préc. Eu égard à la publicité financière ayant entouré la création de ces sociétés et à l'absence de données complémentaires, malgré nos recherches, il est probable que le chiffre de 3 soit toujours d'actualité, v. O. BIROUK et F. DARVES, « La titrisation en France : les évolutions récentes », art. préc., p. 100.

[3] PARIS EUROPLACE, *Rapport Paris Europlace : « Une titrisation au service de la croissance »*, *op. cit.*, note n° 2, p. 18.

[4] *Ibid.*, p. 35.

[5] F. TERRE, *L'influence de la volonté individuelle sur les qualifications*, *op. cit.*, n° 145, p. 133 et n°s 548 et s., p. 439 et s.

emporte la qualification d'indivision ou de société, en particulier non personnifiée[1]. Dans le cadre de la titrisation, la volonté porte ainsi sur le choix des organismes, en faisant abstraction de leur qualification de société et d'indivision. Elle ne s'identifie donc pas à l'*affectio societatis* ou à l'*affectio communionis*. Par ailleurs, le rôle prédominant de la volonté en la matière conduit à relativiser les deux catégories d'organismes.

97. Volonté exprimée par un tiers. Mise à part l'hypothèse où ils participent à sa fondation, les membres de l'organisme ne choisissent pas sa forme. Cette dernière est déterminée par les fondateurs de l'organisme, qui sont généralement l'initiateur, l'arrangeur ou les gestionnaires[2]. Ces derniers sont parties prenantes à l'opération de titrisation mais ne sont pas membres de l'organisme. La volonté à l'origine de la qualification n'est donc pas exprimée par l'une des parties à l'acte[3]. Le Professeur Terré admet néanmoins que la volonté d'un tiers puisse influer sur la qualification. Il prend l'exemple de la donation à un époux[4]. Selon la présence d'une intention libérale, il assimile la volonté du tiers à un élément matériel utilisé pour la qualification. Cependant, faire de la volonté des fondateurs le critère de distinction des organismes est incompatible avec les qualifications génériques. Cela supposerait que des personnes soient liées par un contrat de société ou une convention d'indivision, sans en avoir eu l'intention, et donc sans avoir échangé leur volonté.

La difficulté ne peut être écartée en considérant que les investisseurs manifestent leur volonté lorsqu'ils adhèrent à la forme de l'organisme en souscrivant aux titres. Cette dernière n'est alors pas un élément fiable. En effet, l'acte a été rédigé unilatéralement par un tiers[5]. Dans cette hypothèse, le Professeur Terré propose de se référer directement au texte de l'acte pour interpréter de façon objective la volonté des parties[6]. On tombe cependant dans une impasse en présence des organismes de titrisation. Les juges confrontés à un doute sur la qualification d'un organisme se réfèreront ainsi aux mentions de son document constitutif. Or, ce texte n'est pas rédigé par les parties, si bien que leur volonté ne peut pas servir de critère de distinction entre les organismes.

---

[1] F. DEBOISSY et G. WICKER, « La distinction de l'indivision et de la société et ses enjeux », art. préc., n° 30 et s.

[2] V. *supra* n° 72.

[3] Il faut rappeler que même si les gestionnaires fondateurs du FCT sont les signataires du règlement du fonds, ils n'ont pas la qualité de membres de l'indivision. Ils ne sont pas propriétaires du bien indivis.

[4] F. TERRE, *L'influence de la volonté individuelle sur les qualifications*, *op. cit.*, n°s 158 et s., p. 146 et s.

[5] *Ibid.*, n° 217, p. 202.

[6] *Ibid.*

98. Difficultés liées au relativisme des catégories. Admettre la volonté des parties prenantes à l'opération de titrisation comme seul critère de distinction est également source d'insécurité[1]. La qualification est uniquement fonction de la volonté des parties et de son interprétation. Cette situation ouvre donc la porte à un contentieux portant sur la requalification. Un copropriétaire de FCT, désireux de participer davantage à la gestion de l'organisme et d'user de son droit de vote, pourrait essayer de faire requalifier le FCT en société. Il pourrait ainsi démontrer que son investissement correspond en réalité à un apport et que l'entité présente les caractéristiques de la société de titrisation. En pratique, il est peu probable qu'un investisseur demande une telle requalification en raison de sa passivité. En revanche, la société de gestion est légalement la seule responsable de la constitution du FCT[2] alors qu'elle partage la responsabilité de la constitution de la société de titrisation avec les autres fondateurs[3]. Pour échapper en tout ou partie à sa responsabilité, elle pourrait demander la requalification du FCT en société de titrisation. Le risque doit néanmoins être relativisé. Enfin, il est fort probable que les juges rejettent toute demande de requalification en se fondant sur les mentions du document constitutif de l'organisme.

99. Conclusion de section. Bien que légalement affirmée, la dualité des organismes de titrisation doit être relativisée. En effet, celle-ci ne repose pas sur des critères de distinction effectifs. D'une part, les éléments utilisés pour distinguer les catégories de droit commun – société et indivision – auxquelles appartiennent les organismes sont inopérants. En effet, les organismes présentent les mêmes traits caractéristiques et leurs membres manifestent la même intention qui se réduit à procéder à l'acte d'investissement. D'autre part, si l'on se place au niveau des organismes, seules les mentions du document constitutif permettent leur rattachement à une catégorie plutôt qu'à une autre. Ces mentions sont cependant le reflet de la volonté des fondateurs de l'organisme[4], qui ne se confondent pas avec ses membres. Cette volonté ne saurait alors constituer un véritable critère de distinction, sans trahir les qualifications de société et d'indivision attribuées aux organismes. En effet, cela supposerait dans le cas contraire que les membres de l'organismes soient liés par un contrat de société ou une convention d'indivision, sans en avoir eu l'intention.

Au-delà de la remise en cause de la dualité des organismes, l'élimination des différents critères de distinction risque d'affecter la structure des catégories de droit commun auxquelles sont rattachées les organismes[5]. Les

---

[1] *Ibid.*, n° 548, p. 439.
[2] V. en ce sens art. L. 214-181, C. mon. fin.
[3] V. art. L. 210-8, al. 1er, C. com. qui s'applique à la société de titrisation.
[4] Sur l'emploi de la volonté d'un tiers comme critère objectif de qualification, v. F. TERRE, *L'influence de la volonté individuelle sur les qualifications*, *op. cit.*, nos 158 et s., p. 146 et s.
[5] Comp. à propos de l'effet de la volonté sur les qualifications *ibid.*, nos 20 et s., p. 23 et s.

organismes illustrent effectivement la vétusté de la distinction entre société et indivision, dénoncée principalement depuis les réformes de 1976 et 2006[1] et invitent à la reconsidérer. En effet, les catégories, créées pour appréhender le réel, sont amenées à être adaptées et à évoluer. Toutefois, les similitudes observées entre les deux catégories s'expliquent par le fait que la société et l'indivision sont toutes deux des propriétés collectives[2]. De plus, la distinction société-indivision conserve un intérêt, notamment en matière successorale, et doit être conservée. Par ailleurs, chaque organisme considéré isolément ne correspond pas parfaitement à la qualification de société ou de copropriété qui lui est attribuée[3]. Il serait alors trop hâtif de remettre en cause des catégories établies en se basant sur des entités qualifiées improprement. Il faut donc plutôt détacher les organismes des qualifications qui leur sont attribuées et ne pas les inscrire dans la distinction société-indivision. Cette démarche est d'autant plus justifiée que les organismes présentent la même substance et peuvent faire l'objet d'une définition unique[4].

Section 2 : La définition unique des organismes de titrisation

100. Construits sur le modèle du *trust*, les organismes de titrisation présentent une même nature. Le manque d'homogénéité de la catégorie d'organismes de titrisation n'est donc qu'apparent. Les développements précédents ont permis d'apprécier les traits caractéristiques de cette catégorie. Présentant un objet spécifique, qui est l'exposition à un risque et son financement[5], l'organisme de titrisation se définit comme un patrimoine d'affectation administré par des acteurs règlementés disposant de pouvoirs prudentiels (§ 1), dont la substance économique[6] est appropriée par les investisseurs grâce à leur droit de créance (§ 2).

---

[1] V. not. en ce sens F. DELHAY, *La nature juridique de l'indivision*, *op. cit.* ; C. SAINT-ALARY-HOUIN, « Les critères distinctifs de la société et de l'indivision depuis les réformes récentes du Code civil », art. préc., n°s 4 et s., p. 649 et s. ; T. REVET et F. ZENATI, *Les biens*, *op cit.*, n°s 350-351, p. 516 et s.

[2] V. *supra* n° 69.

[3] V. *infra* n°s 119 et s.

[4] Rappr. F. GENY, *Science et technique en droit privé positif, Nouvelle contribution à la critique de la méthode juridique, T. 3, Troisième partie : élaboration technique du droit positif*, Recueil Sirey, 1921, n° 213, p. 166.

[5] V. art. L. 214-168, I, C. mon. fin. ; et sur le détail de cet objet, v. *supra* n° 28.

[6] Sur laquelle v. not. G. BLANLUET, *Essai sur la notion de propriété économique en droit privé français, Recherches au confluent du droit fiscal et du droit civil*, préf. P. Catala et M. Cozian, coll. « Bibliothèque de droit privé », n° 313, LGDJ, 1999, n°s 437 et s., p. 269 et s. ; S. LE NORMAND-CAILLERE, *Droit et fiscalité du transfert temporaire de valeurs mobilières*, préf. Y. Sérandour, coll. « Bibliothèque de droit de l'entreprise », n° 87, LexisNexis, 2015, n° 213, p. 167.

§ 1 : Un patrimoine d'affectation administré par des acteurs règlementés

101. Isolement des actifs dans un patrimoine d'affectation. Les organismes de titrisation sont tous les deux construits autour d'un ou plusieurs patrimoines d'affectation [1] . En effet, les actifs du FCT répondent exclusivement de son passif. Les investisseurs et les gestionnaires du fonds ne répondent donc pas de ses dettes, ce qui limite le risque encouru par les investisseurs au montant de leur souscription. Réciproquement, le FCT ne répond pas des dettes personnelles de ces acteurs. Par ailleurs, le passif des organismes est limité dans la mesure où leur objet social ne leur permet que de s'engager dans des opérations de titrisation[2]. S'agissant de la société de titrisation, le patrimoine social peut être assimilé à un patrimoine d'affectation. Le principe d'autonomie patrimoniale et la responsabilité limitée de la société de titrisation garantissent effectivement qu'il est le gage exclusif des créanciers sociaux. La personnalité morale crée uniquement un niveau d'intermédiation entre les investisseurs et le patrimoine comprenant les actifs titrisés[3]. Parler de patrimoine d'affectation pour désigner le patrimoine social pourrait être critiqué, cela conduisant à nier la réalité de la personnalité morale. L'emploi de ce terme est néanmoins adapté au regard de la réalité de l'opération menée et de la personnalité réduite de la société de titrisation[4].

Dans le cadre d'une titrisation classique, l'isolement des créances dans le patrimoine d'affectation s'opère grâce à leur cession par l'initiateur à l'organisme. En présence d'une titrisation synthétique[5], ce sont la prime versée par l'acheteur de protection à l'organisme en échange de sa protection et les investissements effectués par l'organisme qui sont compris dans le patrimoine d'affection. Cet isolement des actifs au sein d'un patrimoine, se retrouvant aussi bien dans la société de titrisation que dans le FCT, peut ainsi être considéré comme la première caractéristique de l'organisme de titrisation.

102. Gestion du patrimoine d'affectation. L'organisme de titrisation est obligatoirement géré dans l'intérêt des investisseurs par des acteurs règlementés[6]. Leur présence se justifie par leur compétence et par le souci d'assurer la sécurité de l'opération. En effet, ces acteurs doivent être agréés par l'Autorité des marchés financiers et sont soumis à des règles

---

[1] V. *supra* n° 25.
[2] V. *supra* n 29.
[3] V. également en ce sens V. MALASSIGNE, *Les titres représentatifs*, *op. cit.*, n° 813, p. 534.
[4] V. *supra* n° 88.
[5] La titrisation synthétique vise l'hypothèse où l'initiateur transfère seulement le risque de crédit à l'organisme par le biais d'un contrat financier. En application de ce dernier, l'initiateur verse une prime à l'organisme en échange de la couverture du risque de crédit. L'organisme est en mesure de payer l'indemnité en investissant la prime perçue ainsi que le produit de souscription des titres financiers qu'il émet. Sur cette opération, v. *supra* n° 4.
[6] V. *supra* n°s 35 et s.

d'organisation et de bonne conduite garantissant leur intégrité[1]. Ils sont également dotés de pouvoirs prudentiels puisqu'ils sont notamment chargés d'une mission de surveillance et de conservation des actifs des organismes[2]. Les gestionnaires sont ainsi chargés de se surveiller mutuellement, ce qui permet de contrebalancer les pouvoirs de chacun. Leur expertise et les modalités de leur contrôle, notamment développées dans la convention de dépositaire[3], garantissent l'effectivité de leur surveillance et participent, *in fine,* à alléger la tâche de l'AMF en la matière.

La gestion du patrimoine d'affectation par ces acteurs ne conduit pas à le confondre avec leur patrimoine personnel. Cependant, les pouvoirs de la société de gestion sont tels qu'ils la conduisent à exercer les attributs de la propriété sur le patrimoine et ses éléments, que l'on soit en présence de la société de titrisation ou du FCT[4]. À rebours de la qualification de copropriété attribuée au FCT, il faut donc admettre qu'elle en a la propriété et l'exerce dans l'intérêt des investisseurs. Elle est ainsi assimilable au *trustee* qui a la propriété légale des biens compris dans le *trust.* En revanche, tel n'est pas le cas du dépositaire. Bien qu'il exécute l'autre aspect des missions du *trustee* dans les opérations anglo-saxonnes, ses pouvoirs sont moindres. En effet, il se contente de conserver les actifs, suivre les flux financiers et exécuter les ordres de la société de gestion[5]. Ce modèle de gestion, commun aux organismes de titrisation, est un préalable nécessaire à l'appropriation de la substance économique de ces patrimoines par les investisseurs et participe de leur nature unique. Il est ainsi le second élément caractéristique de l'organisme de titrisation.

§ 2 : L'appropriation de la substance économique du patrimoine d'affectation par les investisseurs

103. Droit de créance des investisseurs. L'article 34 de la loi n° 88-1201 du 23 décembre 1988 relative aux organismes de placement collectif en valeurs mobilières et portant création des fonds communs de créances disposait que les parts émises par le FCT étaient représentatives des créances acquises par le fonds. Cette assimilation des titres émis aux créances acquises se retrouve encore aujourd'hui dans les définitions de la titrisation mais n'a

---

[1] V. not.de façon générale concernant les sociétés de gestion de portefeuille et les établissements de crédit dépositaires, art. L. 533-10, I et art. L. 511-41 C. mon. fin. Plus particulièrement dans le cadre de la gestion des organismes de titrisation, v. art. L. 214-175-2, II du C. mon. fin. et art. 323-49, RG AMF.

[2] V. not. art. L. 214-175-2 et art. L. 214-175-4, C. mon. fin. Pour une étude de ces pouvoirs, v. A. BAVOUIDIBIO-MASSENGO, *Contribution à l'étude juridique de l'opération de titrisation,* préc., n°s 377 et s., p. 254 et s.

[3] Art. 323-53, RG AMF.

[4] V. *supra* n° 40 et *infra* n° 137.

[5] Art. L. 214-175-4, III, 3°, C. mon. fin.

plus de fondement juridique[1]. Elle conserve néanmoins une réalité financière puisqu'il est de l'essence de l'organisme de titrisation de permettre aux investisseurs de s'approprier le flux financier généré par le recouvrement des créances. En effet, il est possible d'identifier, tant chez les investisseurs du FCT que de la société de titrisation, un droit de créance (A) qui leur permet de s'approprier la substance économique des actifs de l'organisme (B).

A. L'identification du droit de créance des investisseurs

104. La reconnaissance du droit de créance des investisseurs toutes catégories confondues s'effectue en partie *contra legem*, une partie des investisseurs du FCT étant des copropriétaires[2]. Il convient donc d'identifier le droit de créance au niveau des copropriétaires (1), des titulaires de titres de créance (2) et des actionnaires (3).

1. Le droit de créance des copropriétaires

105. Rejet de la qualification légale de la part. Les copropriétaires sont rémunérés grâce aux sommes issues du remboursement des créances acquises par le FCT. La détention de leur part justifie qu'ils reçoivent les flux générés par les actifs du fonds. Ils ont ainsi une impression de propriété de ces actifs et des sommes qui leur sont subrogées, conformément à la qualification légale retenue[3]. Cette propriété est cependant illusoire puisque les copropriétaires ne s'approprient à aucun moment les actifs figurant au sein du patrimoine d'affectation[4]. Ils ne s'arrogent que leur substance économique à travers leur rémunération[5]. À défaut d'appropriation au sens juridique du terme par les copropriétaires, la qualification du FCT en copropriété doit être exclue. De ce fait, le droit conféré par la part du FCT ne peut pas être de nature réelle.

---

[1] Pour des exemples de définition, v. G. CORNU (dir.), *Vocabulaire juridique*, *op. cit.*, s. v. « Titrisation » ; S. GUINCHARD et T. DEBARD, *Lexique des termes juridiques*, *op. cit.*, s. v. « Titrisation ».

[2] V. déjà en ce sens X. DE KERGOMMEAUX, « Titrisation », *op. cit.*, n° 177 qui considère que le droit des copropriétaires est une « combinaison complexe d'un droit de copropriété et d'un droit de créance, chaque part donne à son titulaire un accès direct à un flux de recettes d'origine financière. On ne peut donc ranger a priori les parts de fonds communs de titrisation dans l'une des deux familles de titres, propriété ou créance, et en tirer des conclusions juridiques indiscutables ».

[3] V. en ce sens art. 34 de la loi n° 88-1201 du 23 décembre 1988 relative aux organismes de placement collectif en valeurs mobilières et portant création des fonds communs de créances codifié par la suite à l'art. L. 214-43 anc., C. mon. fin. ; sur cette impression de propriété v. également V. MALASSIGNE, *Les titres représentatifs*, *op. cit.*, n° 693, p. 458.

[4] V. *infra* n°s 125 et s.

[5] Sur cette caractéristique des titres représentatifs imparfaits, v. V. MALASSIGNE, *Les titres représentatifs*, *op. cit.*, n°s 690 et s., p. 456 et s.

106. Qualification de droit de créance. En réalité, la part émise par le FCT représente le droit de créance des investisseurs sur la société de gestion. En effet, leur paiement dépend en pratique de la gestion du patrimoine d'affectation. À cette fin, la société de gestion est notamment tenue d'informer les investisseurs[1], de les consulter et de les payer[2]. Elle est donc débitrice d'une obligation de gestion du patrimoine d'affectation auprès des porteurs de parts[3]. Elle répond de ses obligations sur le patrimoine affecté. En revanche, elle est personnellement responsable des fautes qu'elle commet. En effet, ces dernières diminuent la valeur du patrimoine d'affectation sur lequel s'exerce le droit de créance des investisseurs. Il serait donc doublement affecté s'il servait également à payer des dommages et intérêts.

La reconnaissance de la nature personnelle du droit des copropriétaires permet d'écarter les difficultés préalablement exposées. Les incohérences relevées dans le régime des titres financiers sont notamment supprimées. Ce droit de créance est le plus difficile à identifier dans la mesure où il s'opère *contra legem*. À l'inverse, l'existence du droit de créance des titulaires de titres de créance ne fait pas de doute. Son contenu doit être précisé afin de mettre en évidence ses similitudes avec le droit des porteurs de parts.

2. Le droit de créance des porteurs de titres de créance

107. Qualification légale du droit de créance des porteurs de titres de créance. La nature du droit des titulaires de titres de créance est évidente. L'article L. 213-0-1 du Code de commerce énonce que « les titres de créance représentent chacun un droit de créance sur la personne morale ou le fonds commun de titrisation qui les émet ». Ce droit de créance recouvre tout d'abord le droit au remboursement du prêt consenti par l'investisseur à l'organisme en capital et en intérêts et est directement tributaire de la gestion de ce dernier. Il comprend ensuite le droit à l'information et à la consultation de l'investisseur.

108. Identification des débiteurs de ce droit de créance dans le FCT. La nature du FCT s'oppose à ce qu'il soit le débiteur de ce droit de créance. En réalité, la qualification de copropriété qui lui est attribuée implique que les débiteurs du droit de créance soient les copropriétaires. Cependant, il s'avère en pratique qu'ils ne sont pas tenus de l'exécution des différentes prestations. De plus, la qualification de copropriété étant critiquable[4], il serait artificiel de

---

[1] V. not. art. L. 214-175, II C. mon. fin. ; P. Le Cannu, T. Granier et R. Routier, *Droit commercial*, *op. cit.*, n° 800, p. 610.

[2] *Ibid.*, n° 799, p. 610.

[3] V. not. également en ce sens F. Nizard, *Les titres négociables*, *op. cit.*, n° 115, p. 55 ; V. Malassigne, *Les titres représentatifs*, *op. cit.*, n° 470, p. 320.

[4] V. spéc. *infra* n°s 125 et s.

les considérer comme les débiteurs des titulaires de titres de créance. En réalité, le débiteur des investisseurs est la société de gestion du FCT qui exécute ses obligations sur le patrimoine d'affectation. Cette qualité est conforme à la réalité de l'opération de titrisation puisque la rémunération des investisseurs dépend de sa gestion. En effet, les titulaires de titres de créance profitent de la même manière que les copropriétaires des flux générés par l'opération.

109. La société de titrisation comme débiteur intermédiaire. En pratique, la société de titrisation n'est qu'un instrument patrimonial géré par la société de gestion. Cette dernière est donc *in fine* chargée d'exécuter les diverses obligations incombant à la société de titrisation sur le patrimoine social. La personnalité morale de la société de titrisation crée cependant un écran, un niveau d'intermédiation, entre ce gestionnaire et les investisseurs. Ainsi seule la société de titrisation est liée contractuellement avec la société de gestion. Les titulaires de titres de créance sont donc théoriquement créanciers de la société de titrisation, sans que le contenu de leur droit de créance ne soit modifié par l'identité de ce débiteur ou par le droit commun des sociétés. En effet, les investisseurs disposent toujours d'un droit à l'information, au paiement des intérêts et au remboursement du principal, ainsi qu'à la consultation[1].

110. Possible action oblique des investisseurs. Malgré l'écran constitué par la personne morale, les investisseurs peuvent agir contre la société de gestion. Son inexécution entraîne *de facto* l'inexécution de la société de titrisation. La carence de la société de titrisation dans l'exécution de ses obligations et la mise en péril des intérêts des investisseurs leur permettent alors d'intenter l'action oblique[2]. En effet, les conditions de cette action sont réunies puisque leur créance est liquide, certaine et exigible au moins pour une partie des intérêts échus selon le calendrier établi. Si les porteurs de titres de créance sont des obligataires, le représentant de la masse peut intenter cette action, en application de l'article L. 223-54 du Code de commerce. Les mêmes observations peuvent être réalisées au sujet des actionnaires de la société qui sont aussi directement créanciers de la société de titrisation.

3. Le droit de créance des actionnaires

111. Affirmation du droit de créance de l'actionnaire. La nature du droit de l'actionnaire est débattue. Certains considèrent qu'il s'agit d'un droit

---

[1] V. *supra* n°s 53 et s.
[2] Art. 1341-1, C. civ.

de nature réelle[1]. Cela conduit néanmoins à nier la propriété de la personne morale ou à recourir à un démembrement original de la propriété. D'autres auteurs considèrent que le titre d'associé correspond à sa qualité de partie au contrat de société[2]. Cette analyse réduit cependant la société à un contrat. Elle n'envisage pas sa nature institutionnelle et fait abstraction de sa personnalité. Elle ne peut donc être admise qu'en présence de sociétés non personnifiées. De façon plus atypique, un auteur considère que le titre d'associé représente sa qualité d'ayant-cause de la personne morale[3]. À l'inverse de l'analyse précédente, cette thèse complexe ne s'applique qu'en présence de sociétés personnifiées. À l'instar de l'analyse majoritaire nous considérons que l'associé est titulaire d'un droit de créance[4], lui permettant notamment de percevoir les bénéfices et de partager l'éventuel *boni* de liquidation. Ce dernier s'exerce contre la société personnifiée. Lorsque la société n'est pas personnifiée, il s'exerce sur les autres associés et est garanti par le patrimoine de l'indivision. Cette qualification prend ainsi en compte les différentes dimensions de la société, et notamment son optionnelle personnification. Elle est néanmoins critiquée parce qu'elle se concentre sur les droits pécuniaires

---

[1] V. not. D.R. MARTIN, « Valeurs mobilières : défense d'une théorie », *D.*, avril 2001, n° 15, p. 1228 et s. ; J.-F. QUIEVY, *Anthropologie juridique de la personne morale*, préf. D. R. Martin, coll. « Bibliothèque de droit privé », n° 510, LGDJ, 2009 qui considère que l'associé a la propriété de son apport et des profits de l'indivision. L'associé a ainsi la sur-propriété des biens de la société, tandis que celle-ci en a la subpropriété. Pour un résumé de cette thèse et sa critique, v. W. DROSS, *Droit civil*, *op. cit.*, n° 505-1, p. 933.

[2] V. not. H. CAUSSE, *Les titres négociables*, *op. cit.*, n° 147, p. 91 ; R. LIBCHABER, « Pour un renouvellement de l'analyse des droits sociaux », in *Aspects actuels du droit des affaires : mélanges en l'honneur de Yves Guyon*, Dalloz, 2003, p. 717 et s. ; S. LACROIX-DE SOUSA, « La cession de droits sociaux: à la lumière de la cession de contrat », préf. M.-E. Ancel, coll. « Thèses », n° 37, 2010.

[3] W. DROSS, *Droit civil*, *op. cit.*, n°s 506 et s., p. 935 et s. L'auteur assimile le droit au *boni* de liquidation à un droit à l'héritage. La distribution de dividendes correspond quant à lui à une libéralité. L'obligation aux dettes est une garantie légale. Enfin, l'exercice des droits politiques assure la représentation de la personne morale à l'image d'un tuteur.

[4] V. not. M. GERMAIN et V. MAGNIER, *Les sociétés commerciales*, *op. cit.*, n° 520, p. 364 ; F.-X. LUCAS, « Retour sur la notion de valeur mobilière », *BJS*, août 2000, n° 8-9, p. 765 et s., spéc. n° 13 ; F. NIZARD, *Les titres négociables*, *op. cit.*, n°s 30 et s., p. 17 et s. ; P. MERLE et A. FAUCHON, *Sociétés commerciales*, *op. cit.*, n° 314, p. 348 ; M. BUCHBERGER, *Le contrat d'apport, Essai sur la relation entre la société et son associé*, préf. M. Germain, coll. « Thèses », Éditions Panthéon-Assas, 2011, n°s 29 et s., p. 50 et s. ; A.-L. ARCHAMBAULT, *La nature juridique des valeurs mobilières*, Thèse Paris I, 1998 ; V. ALLEGAERT, « De la propriété des valeurs mobilières », *BJS*, mars 2005, n° 3, p. 339 et s. ; F.-G. TREBULLE, *L'émission de valeurs mobilières*, *op. cit.* ; C. DONZEL-TABOUCOU, « Les actions : une espèce, au sein du genre des droits personnels », in *Le droit des affaires à la confluence de la théorie et de la pratique, Mélanges en l'honneur du Professeur Paul Le Cannu*, Dalloz, LGDJ, IRJS, Thomson Reuters Transactive, 2014, p. 269 et s. ; T. BONNEAU, « Les fonds communs de placement, les fonds communs de créances, et le droit civil », art. préc., n° 16 ; H. LE NABASQUE, « Les actions sont des droits de créance négociables », in *Aspects actuels du droit des affaires : mélanges en l'honneur de Yves Guyon*, Dalloz, 2003, p. 671 et s.

des associés et réduit leurs prérogatives politiques à un droit de créance[1]. Cette difficulté s'entend en réalité uniquement pour le droit de vote et peut être écartée. De nature double, il est à la fois un droit de créance et un pouvoir[2]. Il est un droit de créance permettant à l'actionnaire d'exiger que soient organisées les assemblées et d'y être convoqué. Il devient un pouvoir lorsqu'il est exercé. Il permet alors à l'associé de contrôler la société[3]. Sa nature ne l'empêche donc pas de l'appréhender en sa qualité de droit de créance. Par ailleurs, sa nature de pouvoir est particulièrement relative dans la société de titrisation, le droit de vote des actionnaires ne leur conférant pas plus de pouvoir qu'aux autres investisseurs[4].

112. Débiteur de l'actionnaire. La société de titrisation est la débitrice des associés bien qu'en pratique la société de gestion de portefeuille exécute l'ensemble des obligations sur le patrimoine social. La situation des actionnaires est donc identique à celle des titulaires de titres de créance émis par la société de titrisation. En cas d'inexécution de la société de gestion, ils peuvent également effectuer l'action oblique à son encontre. Il ne leur est effectivement pas possible d'utiliser l'action sociale *ut singuli,* la société de gestion n'ayant pas le statut de dirigeant de la société[5].

113. Le droit de créance, ainsi identifié chez les différents investisseurs, est typique de la structuration de l'opération de titrisation puisqu'il leur permet de s'approprier la substance économique des actifs titrisés.

B. La perception des revenus issus des actifs

114. Réservation des flux financiers. La titrisation repose sur un échange de flux financiers. Le premier est généré par la souscription des titres par les investisseurs et permet à l'organisme d'acquérir les créances ; le second est généré au moment du recouvrement de ces créances. L'agencement de l'opération financière permet aux investisseurs de se l'approprier. En effet, leur droit de créance leur assure une gestion de l'organisme conforme à leur intérêt et leur permet de recevoir les sommes perçues dans le cadre de cette gestion[6]. En outre, dans le FCT, le patrimoine d'affectation garantit un rapport d'exclusivité entre les investisseurs et les actifs titrisés. Ni les créanciers des investisseurs, ni ceux de la société de gestion ne peuvent les saisir. Les

---

[1] W. DROSS, *Droit civil*, *op. cit.*, n° 506-4, p. 938 ; J.-F. QUIEVY, *Anthropologie juridique de la personne morale*, *op. cit.*, n° 36, p. 47.

[2] F. NIZARD, *Les titres négociables*, *op. cit.*, n°s 39 et s., p. 20 et s.

[3] V. MALASSIGNE, *Les titres représentatifs*, *op. cit.*, n° 441, p. 303 ; A. ROCHER, *L'exercice du droit de vote dans les sociétés*, Thèse Lyon III, 2018, n° 310, p. 373.

[4] Sur l'atrophie du droit de vote de l'actionnaire, v. *supra* n°s 44 et 54 et *infra* n°s 197 et s.

[5] V. en ce sens Com., 29 mars 2017, n° 16-10.016.

[6] V. aussi V. MALASSIGNE, *Les titres représentatifs*, *op. cit.*, n° 687, p. 454.

investisseurs sont donc les seuls à pouvoir s'en approprier la substance économique[1]. Plus précisément, les investisseurs s'approprient la substance économique de l'organisme, composé de divers éléments d'actifs amenés à évoluer ou à être subrogés. Les titres des investisseurs ne représentent donc pas les créances acquises par l'organisme considérées isolément, mais leur contenant[2]. Cette jouissance exclusive de la valeur des actifs de l'organisme se retrouve dans le cadre de la société de titrisation. Le droit de créance des investisseurs s'exerce sur le patrimoine social qui joue parfaitement le rôle de patrimoine d'affectation puisque les actifs sont protégés des créanciers des investisseurs et des gestionnaires. La réservation des utilités économiques des actifs est simplement indirecte du fait de la personnalité morale[3].

En revanche, l'appropriation de la substance économique de l'organisme par les investisseurs ne signifie pas qu'ils sont propriétaires de ses actifs. Autrement dit, bien qu'ils perçoivent les sommes générées grâce au recouvrement des créances titrisées, les investisseurs ne sont pas propriétaires de ces créances. L'ambiguïté du droit de l'investisseur et de l'encadrement des pouvoirs du gestionnaire ou de l'émetteur des titres au profit des investisseurs donne pourtant actuellement l'apparence d'une propriété des investisseurs[4]. En réalité, la société de gestion est la véritable propriétaire juridique desdits actifs, à la manière du *trustee* ou d'un fiduciaire.

115. Inutilité du recours à la propriété économique. Certains auteurs ont tenté d'expliquer la situation originale des investisseurs des organismes en faisant référence à la propriété économique[5]. Cette dernière peut être définie comme « la relation d'une personne juridique relativement à un bien dont elle n'est pas juridiquement propriétaire, laquelle relation, d'une part, résulte d'un acte juridique, le plus souvent un contrat conclu entre cette personne et le propriétaire juridique et d'autre part, confère, à cette même personne un droit dont l'exercice lui donne vocation à bénéficier, pour elle-même et à titre exclusif, de la totalité de la substance économique du bien »[6]. Cette propriété procède d'un dédoublement des biens, considérés en tant que biens et en tant que valeurs. Dans le cadre de l'opération de titrisation, le patrimoine d'affectation est la propriété juridique du gestionnaire[7]. Ce dernier le gère et exerce les attributs du droit de propriété. Le gestionnaire a ainsi la propriété

---

[1] *Ibid.*, n°s 685 et s., p. 453 et s. ; v. également V. FORTI, *La titrisation des créances en droit comparé*, *op. cit.*, n° 542, p. 365 qui considère que tous les titres émis par les organismes assurent la réservation des utilités économiques des actifs de l'organisme.

[2] V. MALASSIGNE, *Les titres représentatifs*, *op. cit.*, n°s 704 et s., p. 464.

[3] *Ibid.*, n° 813, pp. 533-534.

[4] *Ibid.*, n°s 690 et s., p. 456 et s.

[5] V. not. V. FORTI, *La titrisation des créances en droit comparé*, *op. cit.*, n° 678, p. 451 et s.

[6] G. BLANLUET, *Essai sur la notion de propriété économique en droit privé français*, *op. cit.*, n° 305, p. 198. V. également sur cette notion, S. LE NORMAND-CAILLERE, *Droit et fiscalité du transfert temporaire de valeurs mobilières*, *op. cit.*, n°s 197 et s., p. 157 et s.

[7] Sur l'admission de la propriété d'un patrimoine, v. *infra* n° 183.

juridique des actifs. Le patrimoine d'affectation est également considéré pour sa valeur par les investisseurs[1]. Ils en ont la propriété économique et peuvent en disposer au moyen de leurs titres[2].

Ce recours à la propriété économique n'est pas surprenant dans la mesure où il permet de rendre compte des propriétés simultanées engendrées par le *trust.* Celui-ci repose effectivement sur un dédoublement de la propriété entre la *legal ownership* et la *beneficial ownership*, c'est-à-dire entre la propriété juridique et économique. Cette référence est néanmoins contestable. Tout d'abord, même en *common law,* la nature réelle de la propriété économique est toujours discutée[3], le *beneficial owner* étant parfois considéré comme créancier du *trustee.* Ensuite, qualifier le droit des investisseurs de propriété économique ne présente pas de véritable vertu explicative dans notre système juridique, mis à part en droit fiscal[4]. Cette qualification n'emporte effectivement aucune conséquence, car la propriété économique n'est pas reconnue et n'est dotée d'aucun régime. L'utilisation des actions de droit commun permettant la sauvegarde du droit de propriété par le propriétaire économique est ainsi incertaine, en l'absence de précédent[5]. Dans le cadre de l'opération de titrisation, il s'avère aussi que l'exercice des prérogatives de propriétaire par l'investisseur ne lui est pas d'un grand secours en pratique. Il n'a pas d'accès direct au bien. Il exerce également son droit en concurrence avec les autres propriétaires économiques et avec le propriétaire juridique. En réalité, seul le propriétaire juridique peut user de façon effective des actions dont est assorti son droit. À ce stade, l'actuel droit de créance de l'investisseur assure de façon plus satisfaisante la protection de son droit. Il faut donc s'en tenir à cette qualification de droit de créance des investisseurs et rejeter l'idée d'une propriété économique.

116. Conclusion de section. L'opération économique imprime sa marque sur les organismes de titrisation. En effet, elle suppose qu'ils

---

[1] V. FORTI, *La titrisation des créances en droit comparé*, *op. cit.*, n° 678, p. 451.

[2] *Ibid.*, n° 678, p. 452.

[3] F. ZENATI-CASTAING, « L'affectation québécoise, un malentendu porteur d'avenir, Réflexions de synthèse », art. préc., pp. 643-644.

[4] Cette notion rend compte du pragmatisme du droit fiscal, qui se saisit de la réalité économique des situations qui lui sont soumises. Pour des études en la matière, v. G. BLANLUET, *Essai sur la notion de propriété économique en droit privé français*, *op. cit.*, ; S. LE NORMAND-CAILLERE, *Droit et fiscalité du transfert temporaire de valeurs mobilières*, *op. cit.*, spéc. n°s 197 et s., p. 157 et s.

[5] À cet égard, l'exclusivisme du propriétaire économique sur le bien n'est pas celui du propriétaire juridique. S'il lui ressemble, il prend sa source dans le contrat liant les deux propriétaires. Le propriétaire économique n'a donc accès qu'aux actions que lui ouvrent le droit des contrats. C'est ainsi que le bénéficiaire d'une fiducie, assimilable au propriétaire économique pour les partisans de cette théorie, ne peut revendiquer un bien qui serait cédé par le fiduciaire et ne peut qu'engager sa responsabilité contractuelle. V. sur l'exclusivisme du propriétaire économique G. BLANLUET, *Essai sur la notion de propriété économique en droit privé français*, *op. cit.*, n° 406, pp. 249-250.

présentent certaines caractéristiques essentielles. Ils sont ainsi des patrimoines affectés au profit d'investisseurs, gérés par des professionnels règlementés. Cette similitude des organismes est également perceptible au niveau de leurs investisseurs qui, malgré leurs qualifications diverses, s'approprient tous la substance économique de l'organisme à travers leur droit de créance. L'identification de ces différentes caractéristiques, spécifiques aux organismes de titrisation permet de conclure à leur nature unique, et ce malgré leur manque d'homogénéité apparent.

117. Conclusion du chapitre. L'étude des fondements de la distinction des organismes de titrisation confirme l'intuition suscitée par leur régime unique. Le FCT et la société de titrisation ne présentent aucun trait caractéristique propre, si bien que leur distinction apparaît rapidement comme très relative. Il est en revanche possible d'identifier des éléments distinctifs communs aux deux organismes, ce qui conduit à admettre leur nature unique. Une fois cette dernière reconnue, le régime commun des organismes prend tout son sens. Pour plus de cohérence, on pourrait alors décider de supprimer l'une des formes d'organisme. Ce faisant, l'une des catégories de porteurs de titres résiduels – copropriétaires ou actionnaires – serait automatiquement supprimée. Il ne resterait ainsi qu'un couple de catégories d'investisseurs, soit celui de copropriétaire et de titulaire de titres de créance, soit celui d'actionnaire et de titulaire de titres de créance. *De lege ferenda,* si l'on conservait le régime actuellement applicable aux organismes, il faudrait éliminer une des catégories d'investisseurs restantes, dans la mesure où les investisseurs partagent une situation unique. Dans le cadre de la société de titrisation, il faudrait ainsi nécessairement conserver les actionnaires et supprimer les titulaires de titres de créance. Seule une réforme du régime applicable aux investisseurs conduisant à leur différenciation effective permettrait de tous les conserver. Dans le FCT, il serait plus opportun de supprimer les copropriétaires dont le droit de propriété est illusoire.

118. Conclusion du titre. Au regard du succès de l'opération de titrisation, il semble de prime abord que la règlementation des organismes de titrisation est efficiente et que leur distinction est acquise par les praticiens. S'ils permettent effectivement de conduire l'opération de titrisation, le FCT et la société de titrisation reposent toutefois sur des fondations fragiles, et notamment sur une dualité artificielle. En effet, leur régime commun, modelé sur l'opération financière, efface les spécificités qu'ils seraient censés présenter au regard de leur qualification et de la personnification de la société de titrisation. Par ailleurs, il est possible de les définir de façon unitaire comme des patrimoines d'affectation administrés par des acteurs règlementés disposant de pouvoirs prudentiels, dont la substance économique est appropriée par les investisseurs grâce à leur droit de créance, et donc d'admettre leur nature unique. De ce fait, la distinction légale opérée entre le FCT et la société de titrisation doit être abandonnée. En effet, même si elle n'entrave pas la pratique, elle crée un certain nombre de difficultés théoriques.

Tout d'abord, elle remet en cause l'intérêt de chacun des organismes, ce d'autant plus que les qualifications qui leur sont attribuées ne correspondent pas à leur régime. La société de titrisation est effectivement dotée de la personnalité morale à l'inverse du FCT, mais peut faire exactement les mêmes opérations et est gérée par un dépositaire et une société de gestion qui lui sont extérieurs. Dès lors, pourquoi le législateur n'a-t-il pas supprimé le FCT lors de la création de la société de titrisation ? Si la société de titrisation ne permet pas au véhicule d'accéder à plus d'activités, pourquoi la consacrer ?

Ensuite, si le principe selon lequel toute différence de nature implique une différence de régime est admis[1], son envers, à savoir, toute différence de régime implique une différence de nature est également vérifiable[2]. Dès lors, toute identité de régime induit une identité de nature. Le constat d'une quasi-identité de régime des organismes de titrisation doit donc conduire à consacrer leur nature commune[3]. La catégorie d'organismes de titrisation a d'ailleurs pu être définie de façon autonome. Maintenir la distinction constitue donc à ce stade une faute logique qui prive l'opération de qualification d'intérêt. Il n'est effectivement pas possible de rattacher des situations de fait à un organisme spécifique auquel est appliqué un régime déterminé, les deux organismes pouvant indifféremment être qualifiés de société ou de fonds. La qualification ne parvient donc pas à expliquer leur nature juridique et toute solution les concernant[4]. À terme, cette faute logique atteint nécessairement l'explication, la précision et la sécurité du droit[5]. Sa portée est d'autant plus importante qu'elle entache les concepts de société et de copropriété, largement utilisés en droit commun.

Il est donc opportun de réformer la distinction actuelle. Cela peut, en premier lieu, s'effectuer en revalorisant la distinction, notamment en modifiant le régime de chaque organisme en accord avec leur qualification. La réforme peut, en second lieu, conduire à la suppression d'une forme d'organisme. En troisième lieu, il est possible de se détacher des catégories actuelles et de repenser l'organisme de titrisation. Cette dernière solution est radicale dans la mesure où elle impose de faire abstraction des organismes existants. Il faut donc tenter dans un premier temps de sauver les organismes de titrisation, soit par la suppression de l'un d'eux, soit par une réforme de leur régime. À ce titre, l'étude du FCT puis de la société de titrisation devrait

---

[1] J.-L. BERGEL, « Différence de nature = Différence de régime », art. préc.

[2] F. ROUVIERE, « Le revers du principe "différence de nature (égale) différence de régime" », art. préc.

[3] Le principe selon lequel toute identité de régime induit une identité de nature s'applique même si les régimes visés présentent quelques différences. V. en ce sens *ibid.*, n° 16, p. 440.

[4] F. TERRE, *L'influence de la volonté individuelle sur les qualifications*, *op. cit.*, n° 622, p. 494.

[5] J.-L. BERGEL, « Différence de nature = Différence de régime », art. préc., n° 2, p. 257.

permettre de déterminer laquelle de ces deux options doit être retenues pour chacun des organismes. En réalité, cette analyse des organismes de titrisation met en évidence un décalage profond entre leur régime et leur qualification. Elle révèle ainsi la faiblesse des qualifications qui leur sont attribuées. Celles-ci ne correspondent pas à la réalité de l'opération de titrisation, et notamment au rôle dévolu à chacune des parties prenantes à l'opération[1].

---

[1] Sur la possible conservation des qualifications en cas de modification du déroulé de l'opération, v. *infra* n°s 185 et s., et n° 235.

TITRE 2 – DES QUALIFICATIONS USURPEES

119. La fragilité des qualifications attribuées aux organismes de titrisation est rapidement dévoilée, concernant le FCT, par les dispositions qui lui sont consacrées dans le Code monétaire et financier. Le législateur l'autorise effectivement à acquérir des créances et autres actifs par le biais de son représentant. On peine cependant à imaginer une entité inerte être représentée ou partie à un contrat. Plus classiquement, c'est le rapport entretenu par la société de gestion de portefeuille avec les créances titrisées qui conduit certains auteurs à douter de la pertinence de la qualification de copropriété [1]. En effet, en sa qualité de gestionnaire de l'organisme, la société de gestion concentre les pouvoirs d'un propriétaire sur les actifs titrisés, tandis que les investisseurs – qualifiés de copropriétaires – en sont dépourvus. À l'inverse, la faiblesse de la qualification de société attribuée à la société de titrisation est moins flagrante et n'a pas été critiquée. Elle est néanmoins révélée par le régime dérogatoire de la société de titrisation qui empêche notamment les actionnaires de participer à l'aventure sociale [2]. *A priori* simplement dérogatoire au droit commun en raison de la spécificité de son objet, le régime des organismes se révèle être déconnecté des qualifications auxquelles il se réfère. En effet, focalisé sur l'opération économique, le législateur a attribué des qualifications sans se soucier de leur justesse. Il est pourtant manifeste que le FCT est une propriété individuelle (chapitre 1) et que la nature sociétaire de la société de titrisation est artificielle (chapitre 2).

[1] V. not. T. REVET et F. ZENATI, *Les biens*, *op. cit.*, n° 64, p. 112 ; F. NIZARD, *Les titres négociables*, *op. cit.*, n° 103, p. 51.

[2] Sur l'amoindrissement des droits d'intervention, v. *supra* n° 44 et *infra* n° 197 et s. ; sur l'absence de participation aux résultats de la société, v. *supra* n° 45.

CHAPITRE 1 : LE FONDS COMMUN DE TITRISATION, UNE PROPRIETE INDIVIDUELLE

120. Les incertitudes concernant la nature du FCT sont parfaitement illustrées par sa désignation sous le terme générique de « fonds ». Celui-ci est employé pour désigner une multitude d'entités différentes telles que les fonds communs de placement, les fonds d'indemnisation ou encore les fonds de commerce, sans pour autant renvoyer à une catégorie spécifique, ni être affecté d'un régime[1]. L'indécision concernant la nature du FCT est accrue par sa qualification de « copropriété ». L'usage simultané des deux termes permet sans doute de lui attribuer un régime particulier, adapté à l'opération de titrisation, sans que ne lui soient opposés immédiatement les principes de droit civil. Il ressort néanmoins de la confrontation de ce régime au droit commun qu'il est incompatible avec celui de la copropriété (section 1). Le régime de droit financier donne effectivement davantage à observer l'exercice d'une propriété individuelle de la société de gestion, que celle des copropriétaires. Cette incohérence invite ainsi à remettre en question le régime de droit financier ou la qualification de copropriété. Cette seconde possibilité doit être préférée. En effet, la qualification du FCT en copropriété ne permet pas de rendre compte du déroulé de l'opération financière (section 2).

Section 1 : L'inadaptation du régime de la copropriété

121. Synonymie. L'incohérence entre la qualification et le régime du FCT est révélée dès le début des dispositions réservées à cet organisme. L'article L. 214-180 du Code monétaire et financier dispose que le FCT est constitué sous la forme d'une copropriété mais que les dispositions du Code civil relatives à l'indivision ne lui sont pas applicables. Une qualification est donc retenue pour en exclure immédiatement le régime dans la mesure où indivision et copropriété doivent être comprises comme synonymes. L'indivision est traditionnellement définie comme l'exercice concurrent de droits de même nature sur une même chose[2]. La copropriété est quant à elle définie comme une « modalité de la propriété dans laquelle le droit de

---

[1] Sur la notion de fonds, v. spéc. L. CHATAIN-AUTAJON, *La notion de fonds en droit privé*, *op. cit.*

[2] W. DROSS, *Droit civil*, *op. cit.*, n° 154, p. 298 ; v. également en ce sens J.-L. BERGEL *et al.*, *Les biens*, *op. cit.*, n° 520, p. 618 ; C. ALBIGES, « Indivision : généralités », *Rép. civ.*, Dalloz, avril 2023, n° 1. ; T. REVET et F. ZENATI, *Les biens*, *op. cit.*, n° 347, p. 513.

propriété sur une même chose ou un ensemble de choses appartient à plusieurs personnes dont chacune est investie d'une quote-part (égale ou inégale) accompagnée, sur le tout, en concurrence avec les autres copropriétaires, de certains droits (droit d'usage, pouvoir de gestion au moins à titre conservatoire) »[1]. Cependant, les critères de distinction entre les deux notions, c'est-à-dire leur objet plus ou moins déterminé et leur état plus ou moins subi, ne sont pas convaincants car ils ne se vérifient pas dans tous les cas de figure[2]. En effet, une indivision peut porter sur un bien déterminé ou être souhaitée par les indivisaires. La copropriété désigne donc simplement une indivision organisée, soustraite au régime de l'indivision ordinaire[3]. Dans le cas du FCT, cela permet notamment au législateur d'exclure l'article 815 du Code civil relatif au partage[4]. La stabilité de l'opération de titrisation ne pourrait effectivement pas être garantie si les copropriétaires pouvaient exercer ce droit au partage. Or, ce dernier est de droit dans l'indivision, même conventionnelle, si bien que tout sursis est provisoire et suppose une stipulation spécifique[5]. En revanche, cette règle ne trouve pas d'équivalent au sein des différents régimes de copropriété tels que la copropriété des immeubles bâtis[6] ou la copropriété des navires[7] ; d'où la qualification du FCT en copropriété. Il n'en demeure pas moins que les termes de copropriété et d'indivision doivent être compris, et seront utilisés, comme synonymes.

122. Objet de la copropriété. L'objet de la copropriété qu'est le FCT n'est pas légalement défini. À l'origine, celui-ci a été conçu sur le modèle du fonds commun de placement, copropriété de valeurs mobilières[8]. Le FCT était ainsi une copropriété de créances, ayant pour objet exclusif de les acquérir et d'émettre des parts les représentant[9].

---

[1] G. CORNU (dir.), *Vocabulaire juridique*, *op. cit.*, s. v. « Copropriété ».
[2] V. not. F. TERRE et P. SIMLER, *Droit civil*, *op. cit.*, n° 546, p. 442 ; P. MALAURIE, L. AYNES et M. JULIENNE, *Droit des biens*, *op. cit.*, n° 324, p. 230.
[3] F. DELHAY, *La nature juridique de l'indivision*, *op. cit.*, n° 278, p. 412 ; F. TERRE et P. SIMLER, *Droit civil*, *op. cit.*, n° 546, p. 442 ; W. DROSS, *Droit civil*, *op. cit.*, n° 216, p. 409 ; C. LARROUMET et B. MALLET-BRICOUT, *Traité de droit civil, T. 2, Les biens, les droits réels principaux*, *op. cit.*, n° 270, p. 150 et n° 696, 433 ; G. GOUBEAUX et P. VOIRIN, *Droit civil : introduction au droit, personnes, famille, personnes protégées, biens, obligations, sûretés, T. 1*, 42e éd., coll. « Manuel », LGDJ, 2022, n° 740, p. 327 ; *contra* V. FORTI, *La titrisation des créances en droit comparé*, *op. cit.*, n° 653, p. 433 qui assimile la copropriété sans indivision à la propriété en main commune.
[4] T. BONNEAU, « Les fonds communs de placement, les fonds communs de créances, et le droit civil », art. préc., n° 31.
[5] Art. 1873-3, C. civ.
[6] Loi n° 65-557 du 10 juillet 1965 fixant le statut de la copropriété des immeubles bâtis.
[7] Art. L. 5114-30 et s., C. trans.
[8] Art. L. 214-20, C. mon. fin. : « *le fonds commun de placement, qui n'a pas la personnalité morale, est une copropriété de valeurs mobilières* ».
[9] Art. 34 de la loi n° 88-1201 du 23 décembre 1988 relative aux organismes de placement collectif en valeurs mobilières et portant création des fonds communs de créances.

Depuis, le contenu des fonds communs de titrisation s'est diversifié et la représentativité des créances par les titres émis par les organismes a été supprimée par l'ordonnance n° 2008-556 du 13 juin 2008. Les organismes peuvent effectivement comprendre des titres de capital, des prêts consentis par l'organisme, des contrats constituant des instruments financiers à terme ou transférant des risques d'assurance, des garanties, des sûretés, ou des sous-participations en risque ou en trésorerie[1]. La copropriété porterait donc sur la totalité de ces actifs[2]. Cependant, du fait de l'opération financière, ces différents actifs sont uniquement appréhendés en tant que valeurs patrimoniales. Ils sont également rassemblés en un portefeuille au sein duquel ils sont tous fongibles. Cette masse d'actifs ne se réduit pas à une simple universalité de fait, dans la mesure où elle répond exclusivement du passif né de sa gestion[3]. En effet, la contribution à la dette des copropriétaires est limitée au montant de leur investissement[4]. Réciproquement la masse ne répond pas de leurs dettes ou de celles des gestionnaires[5]. Cette masse peut ainsi être qualifiée d'universalité de droit[6] et plus particulièrement de patrimoine d'affectation[7]. Cette dernière doit alors être considérée comme l'objet de la copropriété[8], si bien que les titres émis représentent une fraction du patrimoine. La copropriété porte donc sur les actifs uniquement de manière indirecte[9].

123. Régime de responsabilité original. Cette évolution de l'objet de la copropriété justifie davantage le régime de responsabilité des porteurs de parts du FCT, que lorsqu'il portait sur les créances. En application du droit commun, les copropriétaires devraient supporter indéfiniment les pertes proportionnellement à leurs droits dans l'indivision[10] et leurs créanciers

---

[1] Art. R. 214-218, C. mon. fin.

[2] En faveur de cette interprétation, v. L. Papaïs, *Titrisation et fiducie*, préc., n° 120, p. 92 ; V. Malassigne, *Les titres représentatifs*, *op. cit.*, n° 464, p. 318.

[3] Art. L. 214-169, I, C. mon. fin.

[4] Art. L. 214-184, C. mon. fin.

[5] T. Bonneau, « Les fonds communs de placement, les fonds communs de créances, et le droit civil », art. préc., n° 46 ; V. Forti, *La titrisation des créances en droit comparé*, *op. cit.*, n° 305, p. 213.

[6] R. Libchaber, « Biens », *Rép. civ.*, Dalloz, décembre 2019, n° 87 ; A. Denizot, *L'universalité de fait*, préf. R. Libchaber, coll. « Thèses », n° 23, Fondation Varenne, LGDJ, 2008, n° 178, p. 111 et sur cette qualification pour le FCP v. n° 170, p. 101 ; à propos des FCP v. également T. Bonneau et F. Drummond, *Droit des marchés financiers*, 3e éd., coll. « Corpus droit privé », Economica, 2010, n° 210, p. 289.

[7] Sur cette notion, v. *supra* n° 25.

[8] Sur l'admission de la propriété du patrimoine, v. *infra* n° 183.

[9] Sur la propriété de l'universalité et des biens qui la composent, v. not. R. Libchaber, « Biens », *op. cit.*, n° 90.

[10] Art. 815-10, C. civ. Il semble que la règle soit identique dans la copropriété des immeubles bâtis, le législateur se bornant simplement à un descriptif de la répartition des charges à l'article 10 de la loi n° 65-557 du 10 juillet 1965 fixant le statut de la copropriété des immeubles bâtis.

personnels devraient pouvoir provoquer le partage en leur nom[1]. En pratique, les copropriétaires du FCT présentent une responsabilité limitée qui procède du recours au patrimoine d'affectation. Ils sont ainsi dans une situation comparable à celle des bénéficiaires d'une fiducie. En effet, les bénéficiaires de la fiducie ne contribuent pas à la dette et le patrimoine fiduciaire « ne peut être saisi que par les titulaires de créances nées de la conservation ou de la gestion de ce patrimoine »[2].

124. La qualification légale de copropriété ne sied pas au FCT, et ce même si l'on considère qu'il s'agit d'une copropriété *sui generis* dont le règlement constitutif fixerait les modalités de fonctionnement[3]. En effet, la spécificité de l'objet de la copropriété ne parvient pas à légitimer toutes les particularités de son régime. Il n'y a qu'à observer ce dernier pour se rendre compte qu'il est incompatible avec la qualification de copropriété choisie par le législateur. Il n'est effectivement pas possible d'établir le droit de propriété des copropriétaires sur autre chose que les sommes perçues au titre de leur rémunération (§ 1). À l'inverse, la propriété est exercée par la société de gestion (§ 2).

§ 1 : L'introuvable propriété des copropriétaires

125. En principe, copropriété et propriété ne sont pas antinomiques. La propriété est exclusivité et disposition[4], ce dont découlent ses attributs[5]. La concurrence des copropriétaires a alors seulement pour effet de la limiter dans tous ces aspects. Le régime du FCT vient cependant vider la propriété des copropriétaires de ses attributs (A) et de sa substance (B), sans que cela ne se justifie par l'affectation du bien indivis dans l'intérêt collectif des copropriétaires (C).

---

[1] Art. 815-17, C. civ.

[2] Art. 2025, C. civ.

[3] *contra* I. RIASSETTO et M. STORCK, *Les organismes de placement collectif, T. 1, OPCVM*, 2e éd., coll. « Pratique des affaires », Joly éditions - Lextenso éditions, 2016, n° 840, p. 616 à propos des FCP construits sur le même modèle.

[4] F. ZENATI, *Essai sur la nature juridique de la propriété*, préc., nos 504-505, pp. 688-689. Elle est « la situation dans laquelle un bien déterminé se retrouve sous le pouvoir exclusif d'une personne déterminée, laquelle peut seule mettre fin à cette relation exclusive en usant de son pouvoir de disposer de son bien », v. en ce sens T. REVET et F. ZENATI, *Les biens*, *op. cit.*, n° 210, p. 335.

[5] F. ZENATI, *Essai sur la nature juridique de la propriété*, préc., nos 398 et 400, p. 541 et s. ; N. JULLIAN, *La cession de patrimoine*, *op. cit.*, n° 67, p. 76 ; v. également T. REVET et F. ZENATI, *Les biens*, *op. cit.*, n° 192, p. 313 pour qui la propriété est un droit illimité qui ne saurait se réduire à ces seules prérogatives ; M. DE VAREILLES-SOMMIERE, « La définition et la notion juridique de la propriété », *RTD civ.*, 1905, p. 443 et s., spéc. p. 486 ; *contra* J.-L. BERGEL *et al.*, *Les biens*, *op. cit.*, n° 81, p. 95 ; C. LARROUMET et B. MALLET-BRICOUT, *Traité de droit civil, T. 2, Les biens, les droits réels principaux*, *op. cit.*, nos 215 et s., p. 118 et s. qui définissent la propriété par ses attributs.

A. L'absence des attributs de la propriété

126. Absence d'*usus*. Certains auteurs se sont étonnés face à la figure des « copropriétaires sans pouvoir » [1]. En effet, les copropriétaires du FCT n'exercent, individuellement ou collectivement aucun des attributs du droit de propriété. Ils ne jouissent pas, n'usent pas et ne disposent pas du patrimoine d'affectation ou de ses actifs. L'*usus* est le droit de se servir de la chose conformément à sa destination[2] et dépend de la nature de la chose. L'usage du patrimoine d'affectation correspond ainsi à l'usage des créances, titres de capital, liquidités et dépôts le composant. Or, l'usage de ces différents actifs du FCT est effectué par la société de gestion. En effet, l'usage du droit de créance, qui correspond au recouvrement[3] et à la conservation de la créance[4], notamment grâce aux actes interruptifs de prescription[5], n'est pas effectué par les copropriétaires mais par la société de gestion. Celle-ci peut notamment décider d'assurer le recouvrement des créances titrisées ou de mandater un tiers à cette fin[6]. Elle en confie également la conservation matérielle au dépositaire[7]. Sa gestion est si exclusive que certains auteurs estiment que les copropriétaires ont interdiction de s'immiscer dans la gestion du fonds[8]. De même, la société de gestion a un usage exclusif des titres de créance puisqu'elle s'assure du remboursement du capital. Il en va également ainsi concernant les titres de capital ou parts et actions des OPC, dans la mesure où elle exerce les droits que ces titres constatent. En sa qualité de représentant légal du fonds[9], elle peut exercer le droit de vote, le droit à l'information, ou encore exercer les droits préférentiels de souscription. L'usage de la société de gestion se retrouve aussi pour les dépôts puisqu'elle dépose les sommes et

---

[1] T. Revet et F. Zenati, *Les biens*, *op. cit.*, n° 64, p. 112 ; F. Nizard, *Les titres négociables*, *op. cit.*, n° 103, p. 51 ; pour l'emploi de l'expression, v. T. Bonneau, « Les fonds communs de placement, les fonds communs de créances, et le droit civil », art. préc., n° 29.

[2] R. Boffa, *La destination de la chose*, préf. M.-L. Mathieu-Izorche, coll. « Doctorat & notariat », n° 32, Defrénois, 2008, n° 409, p. 283 ; J.-L. Bergel *et al.*, *Les biens*, *op. cit.*, n° 83, p. 97 ; v. également G. Cornu (dir.), *Vocabulaire juridique*, *op. cit.*, s. v. « Usage ».

[3] S. Ginossard, *Droit réel, propriété et créance : élaboration d'un système rationnel des droits patrimoniaux*, *op. cit.*, n° 19, p. 47 ; Y. Emerich, *La propriété des créances : approche comparative*, préf. F. Zenati-Castaing, coll. « Bibliothèque de droit privé », n° 469, LGDJ, 2007, n° 254, p. 148.

[4] C. Larroumet et B. Mallet-Bricout, *Traité de droit civil, T. 2, Les biens, les droits réels principaux*, *op. cit.*, n° 530, p. 313.

[5] Cass. req., 21 mai 1930, S. 1930, I, p. 286.

[6] Art. L. 214-172, C. mon. fin.

[7] Sur l'existence d'une convention de dépositaire entre la société de gestion et le dépositaire, v. *supra* n° 36.

[8] J. Terray et P. Derouin, « La titrisation des crédits », art. préc. ; P. Le Cannu, T. Granier et R. Routier, *Droit commercial*, *op. cit.*, n° 714, p. 558 ; T. Granier, *Titrisation et organismes de financement*, *op. cit.*, n° 225, p. 162.

[9] Art. L. 214-183, al. 1er, C. mon. fin.

peut en demander le retrait ou le remboursement[1]. Si ces différents éléments s'expliquent par la gestion de l'opération financière, ils conduisent néanmoins à constater l'absence d'*usus* des copropriétaires. Celle-ci est d'autant plus problématique que les autres attributs de la propriété font également défaut.

127. Absence de *fructus*. Les copropriétaires ne perçoivent pas directement les fruits générés par le patrimoine d'affectation. Ces derniers sont perçus, dans un premier temps, par la société de gestion qui recouvre directement les intérêts issus des créances et des titres de créance. Elle perçoit également les dividendes ou autres rémunérations selon le type d'actifs concerné, ainsi que les revenus issus des sommes déposées. Ce n'est que dans un second temps que la société de gestion affecte les sommes récoltées et les redistribue éventuellement aux investisseurs, conformément aux stipulations du règlement du fonds et des contrats qu'elle a pu conclure dans le cadre de sa gestion. L'appréhension des fruits par les copropriétaires résulte ainsi davantage de la détention de leurs parts[2] que de leur droit de propriété sur le patrimoine d'affectation.

128. Absence d'*abusus*. Le droit de disposer de la chose est également absent chez les copropriétaires[3]. Celui-ci n'est pas seulement un attribut de la propriété mais est aussi l'un des éléments constitutifs de la propriété. Il est donc analysé en tant que composant de la propriété, aux côtés de l'exclusivité.

B. Le manque de substance de la propriété

129. Absence d'exclusivité. Les copropriétaires ne jouissent pas, individuellement comme collectivement, de l'exclusivité du patrimoine d'affectation et de ses éléments. En effet, ils ne peuvent pas protéger leur bien de l'immixtion de tiers et subissent nécessairement l'interférence de la société de gestion chargée de gérer le FCT. L'ingérence de cette dernière est d'autant plus importante qu'ils ne la choisissent pas, ne serait-ce que parmi d'autres sociétés de gestion, et ne peuvent pas véritablement la révoquer. La société de

---

[1] Les dépôts se définissent comme les sommes déposées auprès des établissements de crédit et faisant l'objet d'un droit de propriété. Sur la monnaie, meuble corporel v. H. ROLAND et L. BOYER, *Introduction au droit*, *op. cit.*, n° 1494, p. 518 ; W. DROSS, *Droit civil*, *op. cit.*, n° 26-2, p. 41 ; J. FRANÇOIS, « Retour sur la revendication des sommes d'argent », *D.*, juin 2012, n° 23, p. 1493 et s. ; D.R. MARTIN, « De la revendication des sommes d'argent », *D.*, décembre 2002, n° 44, p. 3279 et s. ; *contra* R. LIBCHABER, « Biens », *op. cit.*, n° 74 ; R. LIBCHABER, *Recherches sur la monnaie en droit privé*, préf. P. Mayer, coll. « Bibliothèque de droit privé », n° 225, LGDJ, 1992 ; F. GRUA, « Le dépôt de monnaie en banque », *D.*, juillet 1998, n° 27, p. 259 et s.

[2] T. BONNEAU, « Les fonds communs de placement, les fonds communs de créances, et le droit civil », art. préc., n° 24.

[3] Sur le droit de disposer, v. not. J.-L. BERGEL *et al.*, *Les biens*, *op. cit.*, n° 87, p. 102.

gestion est effectivement désignée en amont de l'opération de titrisation par l'initiateur, puisqu'elle est mentionnée dans le règlement du fonds[1]. Or ce dernier est établi avant que les parts de copropriété du FCT ne soient proposées aux investisseurs. De même, aucune disposition légale n'organise la révocation ou le remplacement de la société de gestion par les copropriétaires[2]. En pratique, la révocation n'est pas interdite et dépend des stipulations du règlement du FCT. Cependant, il s'avère que les règlements de FCT ayant pu être étudiés ne l'envisagent pas[3]. À défaut de stipulation en ce sens, les modalités d'adoption de la décision sont inconnues, laissant planer le doute sur sa possible réalisation. En outre, les copropriétaires, ne se connaissant pas mutuellement, ne peuvent pas se réunir de leur propre chef[4]. Le remplacement de la société de gestion par les copropriétaires est donc irréalisable.

130. Absence de disposition. Les copropriétaires ne peuvent pas non plus disposer du bien. D'une part, un copropriétaire ne peut pas céder individuellement le patrimoine d'affectation ou l'un de ses actifs, conformément au droit commun de l'indivision. Il ne peut pas non plus constituer une sûreté ou une garantie sur ce dernier puisque le patrimoine répond uniquement des dettes, engagements et obligations nés de la gestion du fonds ou d'un de ses compartiments[5], sauf stipulation contraire dans le règlement. Le copropriétaire peut uniquement disposer de son titre sur lequel il a un droit de propriété individuel[6].

D'autre part, les copropriétaires ne disposent pas du patrimoine d'affectation collectivement. Ils ne peuvent pas décider d'émettre des titres garantis par ce patrimoine ou constituer une sûreté sur ce bien. Ils ne peuvent pas non plus sélectionner ou céder ses actifs. Tous ces actes sont de la compétence de la société de gestion. De plus, les copropriétaires sont dans l'impossibilité matérielle de s'immiscer dans la gestion[7]. Il n'existe pas

---

[1] V. en ce sens art. L. 214-181, C. mon. fin. selon lequel le fonds est constitué l'initiative de la société de gestion.

[2] T. BONNEAU, « Les fonds communs de placement, les fonds communs de créances, et le droit civil », art. préc., n° 71 ; P. LE CANNU, T. GRANIER et R. ROUTIER, *Droit commercial*, *op. cit.*, n° 735, p. 569.

[3] V. notamment les règlements des FCT Crédilège et LBPAM FCT European Debt Funds.

[4] Les fonds peuvent émettre autant de parts que nécessaire. Le nombre d'investisseurs et la négociabilité de ces titres empêchent la connaissance mutuelle en temps réel de l'identité des autres investisseurs.

[5] Art. L. 214-169, C. mon. fin.

[6] Sur les difficultés théoriques créées par ce droit, v. *supra* n° 61.

[7] Il n'existe aucune disposition légale en ce sens. L'impossible immixtion dans la gestion résulte de la pratique. Il est trop réducteur de parler d'une interdiction d'immixtion dans la gestion. Faisant ce raccourci, v. J. TERRAY et P. DEROUIN, « La titrisation des crédits », art. préc. ; P. LE CANNU, T. GRANIER et R. ROUTIER, *Droit commercial*, *op. cit.*, n° 714, p. 558 ; T. GRANIER, *Titrisation et organismes de financement*, *op. cit.*, n° 225, p. 162.

d'assemblée des copropriétaires leur permettant de prendre de telles décisions. Dans le silence du législateur, la réunion d'une telle assemblée est irréaliste. Les copropriétaires n'ont pas connaissance de chaque actif individualisé et ne disposent pas des documents nécessaires pour les gérer. Leur droit de propriété n'est ainsi pas uniquement privé de ses attributs mais également vidé de sa substance. Son absence d'effectivité ne pouvant être justifiée par l'affectation du bien dans leur intérêt collectif, il faut en conclure, à rebours de la qualification légale, que les copropriétaires n'ont pas de droit de propriété.

C. L'absence de justification par l'affectation du bien indivis

131. Affirmation de la propriété des copropriétaires. Selon le Professeur Bonneau, les copropriétaires seraient privés de leurs pouvoirs en raison de l'affectation de la chose à la satisfaction de l'intérêt collectif du groupe d'investisseurs[1]. Tous les investisseurs veulent tirer un maximum de profit de leur investissement. Dès lors, pour que chacun puisse exercer son droit en respectant celui des autres, la gestion du bien doit être confiée à un tiers[2]. Les copropriétaires consentent à cette restriction puisqu'ils acquièrent volontairement les actifs[3]. Ces derniers sont indisponibles mais constituent des valeurs alimentant leur patrimoine[4], si bien que les copropriétaires conservent leur qualité de propriétaires[5]. Il s'agirait finalement de la problématique générale soulevée par l'indivision portée par l'article 815-9 du Code civil[6] et la copropriété[7]. Il serait donc inutile, selon cet auteur, de les comparer aux bénéficiaires d'une fiducie-gestion, et d'investir la société de gestion de la propriété fiduciaire des actifs[8].

---

[1] T. BONNEAU, « Les fonds communs de placement, les fonds communs de créances, et le droit civil », art. préc., n°s 34-35.
[2] V. en ce sens S. GUINCHARD, *L'affectation des biens en droit privé français*, préf. R. Nerson, coll. « Bibliothèque de droit privé », n° 145, LGDJ, 1976, n° 232 qui affirme que l'affectation « protège la collectivité des copropriétaires contre l'abus des droits individuels des copropriétaires ».
[3] T. BONNEAU, « Les fonds communs de placement, les fonds communs de créances, et le droit civil », art. préc., n° 35.
[4] *Ibid.*
[5] *Ibid.*, n° 34.
[6] Art. 815-9, C. civ : « Chaque indivisaire peut user et jouir des biens indivis conformément à leur destination, dans la mesure compatible avec le droit des autres indivisaires et avec l'effet des actes régulièrement passés au cours de l'indivision. À défaut d'accord entre les intéressés, l'exercice de ce droit est réglé, à titre provisoire, par le président du tribunal.
L'indivisaire qui use ou jouit privativement de la chose indivise est, sauf convention contraire, redevable d'une indemnité. »
[7] L'affectation de l'immeuble en copropriété justifie une restriction aux droits d'usage, et de jouissance des copropriétaires sur les parties communes et privative. V. en ce sens S. GUINCHARD, *L'affectation des biens en droit privé français*, *op. cit.*, n° 232.
[8] T. BONNEAU, « Les fonds communs de placement, les fonds communs de créances, et le droit civil », art. préc., n° 36.

132. Modulation du droit de propriété dans la copropriété. En droit commun, la concurrence du droit des indivisaires limite nécessairement leur droit individuel de propriété[1]. Tout d'abord, la substance de la propriété est adaptée. L'exclusivité et le pouvoir de disposition sont réduits, puisqu'un indivisaire ne peut en exclure un autre[2]. En revanche l'exclusivité demeure pleinement effective par rapport aux tiers à l'indivision. La vente des meubles indivis pour payer les dettes et charges de l'indivision s'effectue à la majorité des deux tiers des droits indivis, tandis que les autres actes de disposition requièrent le consentement unanime de tous les indivisaires[3]. Ils exercent également leur droit de disposer lorsqu'ils constituent des sûretés, telles qu'une hypothèque, sur leur quote-part[4] ou sur le bien indivis[5].

Ensuite, les indivisaires conservent et exercent les attributs de la propriété[6]. En témoigne l'article 815-9 du Code civil précité. L'indivisaire de titres sociaux peut ainsi exercer ses droits à l'information et de préemption. Il participe aux décisions collectives par sa présence aux assemblées[7]. Les indivisaires peuvent également s'accorder sur l'exercice de leurs droits. L'indivisaire qui jouit et use seul de la chose indivise est débiteur d'une indemnité d'occupation pour compenser l'absence d'exercice de leur droit par les autres indivisaires.

Le même constat peut s'opérer par rapport aux copropriétés dérogeant au régime de l'indivision. C'est ainsi que, dans la copropriété des immeubles bâtis, les droits individuels des copropriétaires peuvent être restreints, notamment par le règlement de copropriété, afin de respecter la destination de l'immeuble. Le pouvoir de disposer est ainsi soumis au consentement d'une majorité plus ou moins importante des copropriétaires[8]. En revanche, l'exercice de la propriété indivise est facilité par le syndicat, personne morale

---

[1] Sur la concurrence des droits individuels de propriété caractéristique de l'indivision, v. F. ZENATI-CASTAING, « La propriété collective existe-t-elle ? », art. préc., p. 593.

[2] F. ZENATI, *Essai sur la nature juridique de la propriété*, préc., n° 415, p. 574 ; adde T. REVET et F. ZENATI, *Les biens*, *op. cit.*, n° 210, p. 335 sur la disposition.

[3] Art. 815-3, C. civ.

[4] Pour une application v. Civ. 1ère, 20 oct. 1982, n° 81-15.560, *Bull. civ. I*, n° 297, p. 254.

[5] Art. 2414, C. civ. Dans ce cas, l'efficacité de l'hypothèque dépend du consentement des autres indivisaires ou copropriétaires à cette sûreté puisque sans celui-ci, elle ne conserve pas son effet, quel que soit le résultat du partage. Si jamais les coindivisaires ou copropriétaires n'y ont pas consenti, l'hypothèque ne conserve son effet que si l'indivisaire qui l'a consentie se retrouve alloti de l'immeuble ou du prix de la licitation de l'immeuble.

[6] T. BONNEAU, « Les fonds communs de placement, les fonds communs de créances, et le droit civil », art. préc., n° 21.

[7] P. LE CANNU et B. DONDERO, *Droit des sociétés*, *op. cit.*, n° 121, p. 110.

[8] Selon leur type, les actes de disposition effectués dans la copropriété des immeubles bâtis sont soumis à la majorité des voix des copropriétaires ou des deux tiers, v. art. 25 et 26 de la loi n° 65-557 du 10 juillet 1965 fixant le statut de la copropriété des immeubles bâtis.

constituée par les copropriétaires, qui dispose d'un patrimoine propre et gère les parties communes[1].

133. Suppression radicale de la propriété dans le FCT. Le FCT ne présente pas le même compromis entre les droits des indivisaires que celui observé dans l'indivision et la copropriété. Premièrement, le droit de propriété des copropriétaires n'est pas simplement limité par l'affectation du patrimoine à la réalisation de l'opération de titrisation, mais s'avère supprimé. En effet, ils ne peuvent prendre aucune décision concernant le patrimoine d'affectation ou ses actifs, même dans le respect de l'affectation. La suppression de leur droit de propriété n'est alors pas justifiée par leur intérêt collectif puisqu'ils peuvent disposer des compétences nécessaires pour assurer la gestion du patrimoine d'affectation. Tel est notamment le cas lorsqu'ils sont des établissements de crédit.

Deuxièmement, les copropriétaires ne renoncent pas volontairement à leurs prérogatives lors de la souscription des titres. La société de gestion exerce ses pouvoirs dès la constitution du fonds, alors que les copropriétaires ne sont pas encore présents. Elle n'acquiert donc pas ses pouvoirs de leur renoncement. L'abandon de leurs prérogatives est une des conditions de l'acte d'investissement, et donc à l'établissement de leur droit de propriété. Cette condition se réalisant concomitamment à l'acquisition de la qualité de copropriétaire, ce ne peut être en tant que propriétaires que les copropriétaires renoncent à leur propriété.

Troisièmement, la société de gestion ne peut être assimilée au syndicat des copropriétaires d'immeubles bâtis dans la mesure où elle n'est pas constituée par ces derniers pour leur permettre d'exercer indirectement leur propriété.

134. Assimilation à la fiducie. Pour expliquer leur situation originale, les copropriétaires ne peuvent être assimilés à un fiduciaire, dont la propriété[2]

---

[1] Art. 14 de la loi n° 65-557 du 10 juillet 1965 fixant le statut de la copropriété des immeubles bâtis.

[2] Reconnaissant la propriété du fiduciaire, v. P. MALAURIE, L. AYNES et M. JULIENNE, *Droit des biens*, *op. cit.*, n° 392, p. 287 ; W. DROSS, *Droit civil*, *op. cit.*, n° 112, p. 220 ; C. WITZ, *La fiducie en droit privé français*, préf. D. Schmidt, Economica, 1980 ; F. BARRIERE, *La réception du trust au travers de la fiducie*, préf. M. Grimaldi, coll. « Bibliothèque de droit de l'entreprise », n° 66, Litec, 2004, n° 421, p. 337 ; C. KUHN, *Le patrimoine fiduciaire : contribution à l'étude de l'universalité*, Thèse Paris I, 2003 ; *contra* B. MALLET-BRICOUT, « Le fiduciaire propriétaire ? », *JCP E*, février 2010, n° 8, p. 13 et s., spéc. n° 8, p. 10 pour qui fiduciaire ne saurait être un « propriétaire asservi » dès lors que la liberté est l'apanage du propriétaire.

est majoritairement considérée comme « modelée »[1], « finalisée »[2] par une obligation réelle[3] ou personnelle[4]. En effet, les prérogatives des copropriétaires ne sont pas modelées mais anéanties au profit de la société de gestion, sans que l'affectation des actifs ne puisse justifier la disparition de leur droit. Au contraire, les copropriétaires se rapprochent davantage des bénéficiaires de la fiducie à qui la propriété des actifs n'est transférée qu'au terme du contrat[5]. La société de gestion gère effectivement les FCT, patrimoines d'affectation, en exerçant toutes les prérogatives des propriétaires tandis que les copropriétaires n'en perçoivent que les bénéfices selon les modalités prévues par le règlement[6].

135. Absence de retour à une propriété exclusive des biens. L'absence du droit de propriété des copropriétaires du FCT se déduit de l'absence de ses attributs et de sa substance. Ces limitations ne procèdent pas de l'existence de la copropriété. D'une part, elles sont trop radicales puisqu'elles suppriment le droit de propriété. D'autre part, le droit de propriété n'est pas reconstitué dans l'hypothèse où il ne resterait qu'un copropriétaire[7]. En effet, même dans cette hypothèse, les modalités de la gestion du fonds ne sont pas modifiées. La propriété n'est pas plus rétablie en cas de partage. Le *boni* de liquidation n'est pas automatiquement attribué aux copropriétaires censés en être les propriétaires. Sa remise dépend des clauses du règlement[8] ainsi que de celles de la convention de cession des créances. Sont généralement attributaires du *boni,* la société de gestion, le cédant, le dépositaire ou encore un organisme garant[9]. Les copropriétaires, ne participant pas à ce choix, sont donc

---

[1] F. BARRIERE, « La loi instituant la fiducie : entre équilibre et incohérence », *JCP E*, septembre 2007, n° 36, p. 2053 et s., spéc. n° 19.
[2] C. WITZ, « La fiducie française face aux expériences étrangères et à la convention de La Haye relative au "trust" », *D.*, mai 2007, n° 20, p. 1369 et s. ; F. DANOS, *Propriété, possession et opposabilité*, préf. L. Aynès, coll. « Recherches juridiques », Economica, 2007, n° 43, p. 50.
[3] C. KUHN, « La mission du fiduciaire », *Dr. & Patr.*, juin 2008, n° 171, p. 52 et s., spéc. p. 55.
[4] C. WITZ, *La fiducie en droit privé français*, *op. cit.*, n° 244, pp. 238-239 ; v. également W. DROSS, *Droit civil*, *op. cit.*, n° 111-1, p. 218 et n° 112, p. 220 qui considère que le fiduciaire a une véritable propriété et que ses prérogatives ne pourront être limitées que par le contrat de fiducie.
[5] Sur la situation des bénéficiaires de fiducie, v. not. C. DE LAJARTE, « La nature juridique des droits du bénéficiaire d'un contrat de fiducie », *RLDC*, mai 2009, n° 60, p. 71 et s., spéc. n°s 13 et s. V. cependant sur la propriété économique du bénéficiaire M. GRIMALDI, « La fiducie : réflexions sur l'institution et sur l'avant-projet de loi qui la consacre », *Defrénois*, septembre 1991, n° 17, p. 897 et s. ; G. BLANLUET, *Essai sur la notion de propriété économique en droit privé français*, *op. cit.*
[6] Pour un rejet de cette analyse dans l'actuel FCT, v. *infra* n°s 158 et s.
[7] Le FCT doit toujours avoir à son passif deux parts de copropriété. Cela ne s'oppose cependant pas à ce qu'un copropriétaire rachète la part restante.
[8] Art. L. 214-169, II et VI C. mon. fin.
[9] P. LE CANNU, T. GRANIER et R. ROUTIER, *Droit commercial*, *op. cit.*, n° 799, p. 610.

expropriés, même à l'issue de l'opération[1]. Ce faisant, le régime du FCT n'est pas celui d'une copropriété, même *sui generis*. Partant, le régime du FCT est en contradiction avec la qualification légale de copropriété qui lui est attribuée, et ce d'autant plus que les pouvoirs de la société de gestion lui confèrent la propriété individuelle du patrimoine d'affectation.

§ 2 : La propriété manifeste de la société de gestion

136. Quelle que soit la configuration de l'opération de titrisation, la société de gestion cumule les attributs et les éléments constitutifs de la propriété. Ce constat s'effectue même lorsque le FCT est géré par un sponsor[2] puisqu'il a l'obligation de déléguer la gestion du portefeuille d'actifs à une société de gestion[3]. Il faut donc admettre que la société de gestion exerce le droit de propriété des copropriétaires, ce qui lui confère le statut de propriétaire (A). Ce statut ne saurait lui être dénié en qualifiant ses prérogatives de pouvoirs, à défaut de fondement juridique satisfaisant (B).

A. L'exercice de la propriété par la société de gestion

137. Propriété de la société de gestion. La société de gestion exerce les attributs de la propriété sur le patrimoine d'affectation et ses actifs[4]. Elle concentre également les éléments constitutifs de la propriété. Elle a ainsi le pouvoir de disposer de la chose puisqu'elle engage le patrimoine du FCT à sa seule discrétion. À ce titre, elle émet des titres de créances garantis par celui-ci et acquiert ou cède tous les éléments d'actif. Elle peut notamment réaliser des opérations de pension[5] ou des cessions temporaires de titres. Elle peut aussi consentir des garanties ou des sûretés sur les actifs du fonds[6]. La société

---

[1] V. *supra* n° 53 et pour une analyse comparable dans le cadre de la société de titrisation, v. *supra* n° 45.

[2] Le sponsor est un établissement de crédit qui rachète les créances de tiers afin de les titriser et qui peut gérer lui-même l'opération ou en déléguer la gestion. L'article 2, § 5 du règlement 2017/2402 du Parlement européen et du Conseil du 12 décembre 2017 préc., le définit comme étant un établissement de crédit, situé ou non dans l'Union européenne, ou une entreprise d'investissement autre qu'un initiateur. Il établit un programme de papier commercial adossé à des actifs ou une autre titrisation, achète les expositions de tiers et les gère ou en délègue la gestion à une entité habilitée.

[3] Art. L. 214-175-1, IV, C. mon. fin.

[4] V. *supra* n°s 126 et s.

[5] La pension est définie par l'art. L. 211-27, C. mon. fin. comme étant l'opération par laquelle une personne morale ou un FCT « cède en pleine propriété à une autre personne morale, à un fonds commun de placement, à un fonds de placement immobilier, un fonds professionnel de placement immobilier ou à un fonds commun de titrisation, moyennant un prix convenu, des titres financiers et par laquelle le cédant et le cessionnaire s'engagent respectivement et irrévocablement, le premier à reprendre les titres, le second à les rétrocéder pour un prix et à une date convenus ».

[6] Art. L. 214-169, III et art. R. 214-222, C. mon. fin.

de gestion peut ainsi constituer un nantissement sur les créances acquises ou les transférer en fiducie. Enfin, elle confie la garde des actifs au dépositaire. Pour chacun de ces actes, elle fait figure de cocontractante, bien qu'elle n'engage pas son patrimoine personnel. Sa seule limite est le respect des dispositions du règlement du FCT qu'elle a contribué à rédiger[1].

Elle jouit également exclusivement du patrimoine d'affectation. Elle peut sur ce point être comparée au fiduciaire[2]. En effet, tant que dure l'opération de titrisation, la société de gestion gère seule le patrimoine d'affectation et ses actifs. Elle peut ainsi admettre l'interférence d'un tiers, notamment en chargeant le cédant des créances ou tout autre personne du recouvrement des créances. Par ailleurs, en tant que représentant légal de l'organisme elle engage toute action en justice nécessaire au respect de cette exclusivité[3]. À l'image de l'exclusivité du fiduciaire, l'exclusivité de la société de gestion n'est pas absolue. Toutefois, sa relativité ne saurait pas remettre en question sa propriété. En effet, la théorie de l'abus de droit atteste de la relativité de l'exclusivité du propriétaire. Ce dernier commet une faute pour laquelle il engage sa responsabilité lorsqu'il dépasse le cadre de son droit de propriété en le détournant de sa finalité[4]. De même, la fiducie offre un second exemple du caractère relatif de l'exclusivité du propriétaire. Notant que le fiduciaire peut être remplacé par le constituant et les bénéficiaires[5], certains auteurs considèrent qu'il ne dispose pas de l'exclusivité et ne peut donc pas être un véritable propriétaire[6]. En réalité ce remplacement est limité et ne remet pas en cause l'exclusivité du fiduciaire. En effet, il intervient dans le cadre des stipulations contractuelles qu'il a acceptées, ou à défaut, en cas de manquement à ses devoirs fiduciaires ou de mise en péril des intérêts confiés. L'exclusion du fiduciaire, et ainsi son expropriation, se justifient donc par la conservation des intérêts qui lui sont confiés. À cet égard, l'exclusivité de la société de gestion est encore plus importante que celle du fiduciaire car elle n'est pas aussi facilement substituable. Son remplacement s'effectue

---

[1] Art. L. 214-183, art. R. 214-225, art. D. 214-232-4, C. mon. fin.

[2] Sur l'exclusivité du fiduciaire, v. not. N. JULLIAN, *La cession de patrimoine*, *op. cit.*, n° 91, p. 103 ; T. REVET et F. ZENATI, *Les biens*, *op. cit.*, n° 271, p. 429 qui considèrent que seul le fiduciaire gère les biens transmis ; M. GRIMALDI, « La fiducie : réflexions sur l'institution et sur l'avant-projet de loi qui la consacre », art. préc., n°s 17 et 18 qui considère de la même façon que le fiduciaire gère seul le bien transféré. L'auteur admet néanmoins une double exclusivité de gestion et économique, profitant respectivement au fiduciaire et au bénéficiaire ; *contra* B. MALLET-BRICOUT, « Fiducie et propriété », in *Liber amicorum Christian Larroumet*, 2009, p. 297 et s., spéc. n° 12, p. 308 qui considère que l'article 2027 du Code civil permet au bénéficiaire ou au constituant d'exclure le fiduciaire, si bien que celui-ci ne peut être considéré comme étant le propriétaire.

[3] Art. L. 214-183, al. 1er, C. mon. fin.

[4] Req., 3 août 1915, n° 00-02.378, *Coquerel c/ Clément-Bayard*.

[5] Art. 2027, C. civ.

[6] V. not. B. MALLET-BRICOUT, « Le fiduciaire propriétaire ? », art. préc., n° 8 ; C. GOURET, *L'administration fiduciaire, Contribution à l'étude de la fiducie*, préf. Ch. Albiges et F. Pérochon, coll. « Doctorat & Notariat », n° 67, Defrénois, 2022, n° 243, p. 123.

essentiellement à la demande du dépositaire lorsqu'il constate qu'elle ne satisfait pas à ses obligations, dans la limite des stipulations contractuelles. À défaut de telles dispositions, le dépositaire peut seulement solliciter le remplacement des dirigeants de la société de gestion condamnés pénalement[1]. Le remplacement de la société de gestion peut également résulter de la perte de son agrément. De ce fait, son exclusion est exceptionnelle. Elle n'est pas l'œuvre d'un caprice ou de la simple liberté contractuelle mais est essentielle à la poursuite de l'affectation et à la conservation de l'intérêt des investisseurs. Le possible remplacement de la société de gestion ne suffit donc pas à nier le rapport d'exclusivité qu'elle entretient avec le patrimoine d'affectation. Dès lors, puisqu'elle cumule à la fois les attributs du droit de propriété et ses éléments constitutifs, il faut la considérer comme propriétaire du patrimoine d'affectation[2]. En effet, cette qualité ne peut lui être refusée en considérant que l'exercice de ces différents attributs n'est que l'exercice d'un pouvoir qui lui serait conféré par les copropriétaires.

B. Le rejet de la qualification de pouvoir

138. Qualifier les prérogatives de la société de gestion de pouvoirs justifierait leur importance et permettrait de confirmer la qualification légale de copropriété. En effet, le pouvoir ne se confond pas avec le droit subjectif qu'est la propriété[3]. Il est « la prérogative qui permet à son titulaire d'exprimer un intérêt au moins partiellement distinct du sien par l'émission d'actes juridiques unilatéraux contraignants pour autrui »[4]. Il permet ainsi d'agir sur des biens qui n'appartiennent pas à la personne dotée du pouvoir[5]. La société de gestion n'est cependant pas dotée de pouvoirs sur le FCT et ses actifs. En effet, les dispositions légales ne constituent pas un fondement satisfaisant à un quelconque pouvoir (1). La société de gestion n'est pas plus habilitée par un contrat qu'elle aurait conclu avec les copropriétaires (2).

1. L'absence de fondement légal

139. La qualification des prérogatives de la société de gestion de pouvoirs légaux n'est pas satisfaisante. En effet, ces derniers ne peuvent pas procéder d'un rapport de représentation (a) et il serait artificiel de considérer qu'ils s'exercent en dehors de toute représentation (b).

---

[1] Art. L. 231-6, C. mon. fin

[2] Sur la propriété du patrimoine, v. *infra* n° 183.

[3] F. ZENATI, *Essai sur la nature juridique de la propriété*, préc., n° 547, p. 750.

[4] E. GAILLARD, *Le pouvoir en droit privé*, préf. G. Cornu, coll. « Droit civil, Série Études et recherches », Economica, 1985, n° 345, p. 232.

[5] V. not. I. TOSI, « Acte translatif et titularité des droits », préf. M.-L. Mathieu-Izorche, coll. « Bibliothèque de droit privé », n° 471, 2006, n° 170, p. 107 ; C. GOURET, *L'administration fiduciaire, Contribution à l'étude de la fiducie*, *op. cit.*, n° 467, p. 248.

a. La représentation

140. Défauts de la qualification de pouvoir. La société de gestion est le représentant légal du FCT[1]. Cependant, par nature, celui-ci ne peut être représenté[2]. Sa représentation légale signifierait donc que les copropriétaires sont représentés par la société de gestion. La représentation organisant en principe le transfert des prérogatives du représenté au représentant[3], leurs prérogatives de propriétaires seraient ainsi transmises à la société de gestion. Cette explication est toutefois insuffisante. Premièrement, les pouvoirs de la société de gestion constituent des prérogatives autonomes et ne sont pas la « pâle émanation »[4] des attributs de la propriété. Leur importance est telle qu'ils sont les attributs de la propriété, ce que confirme le cumul des éléments constitutifs de la propriété par la société de gestion. Deuxièmement, la représentation instituée est défaillante, car, au regard du déroulé de l'opération financière, elle ne peut concerner que le FCT.

141. Rejet de la représentation des copropriétaires. Ce n'est pas la représentation des copropriétaires qui est consacrée à travers la représentation du FCT[5]. En effet, la société de gestion représente l'intérêt du FCT. Celui-ci est autonome et transcende les intérêts individuels des copropriétaires[6]. L'article L. 214-175-2 II du Code monétaire et financier prévoit ainsi que les gestionnaires de l'organisme de titrisation agissent dans l'intérêt de l'organisme de titrisation *et* des investisseurs[7]. Par ailleurs, les copropriétaires interviennent dans la phase de financement de l'opération alors que la représentation débute dès la phase d'exposition du fonds, lors de l'acquisition des créances[8]. Durant cette première phase, la société de gestion représente donc le fonds, qui est alors une copropriété sans copropriétaires. En effet, aucune disposition légale n'établit la date de constitution du fonds[9]. Sa nature commande que sa constitution résulte de la souscription des parts par les

---

[1] Art. L. 214-183, al. 1er, C. mon. fin.

[2] Comp. Civ., 3 novembre 1914, *DP* 1916, 1, 191 refusant à une société en participation, dépourvue de la personnalité juridique, d'agir en justice par un représentant.

[3] V. en ce sens art. 1159, C. civ. qui prévoit le dessaisissement du représenté en cas de représentation judiciaire ou légale.

[4] Sur la définition de la propriété comme un droit subjectif, v. spéc. F. ZENATI, *Essai sur la nature juridique de la propriété*, préc., n° 101, pp. 145-146.

[5] *Contra* art. L. 214-180, al. 4, C. mon. fin. qui prévoit une substitution de la désignation du FCT à celle de ses copropriétaires et qui aurait pu s'appliquer aux dispositions légales.

[6] Sur l'identification de cet intérêt autonome et distinct de celui des copropriétaires, v. *supra* n° 86.

[7] Nous soulignons.

[8] Sur les différentes phases de l'opération de titrisation, v. *supra* n° 11.

[9] Cette difficulté se retrouve également en droit des sociétés puisque le législateur n'a pas défini le point de départ de la période de formation de la société. V. sur ce point D. PLANTAMP, « Le point de départ de la période de formation des sociétés commerciales », *RTD com.*, mars 1994, n° 1, p. 1 et s.

copropriétaires. La pratique s'inspire néanmoins sur ce point du droit des sociétés, certaines cessions étant faites au nom du « fonds en formation ». Cette notion n'a pas pour autant été définie. Elle a sans doute pour objectif principal de permettre une résolution de la cession des créances au fonds en l'absence de souscription des titres émis[1]. En effet, la société de gestion ne peut être tenue par la cession des actifs. La formation du FCT se rapprocherait ainsi *a priori* de celle de sociétés constituées par offre au public. Ces dernières sont constituées après l'émission des titres, adoption des statuts par les souscripteurs et immatriculation. En réalité, le règlement du FCT est en vigueur dès la première phase de l'opération. Il délimite les conditions de l'opération de titrisation, de la cession des actifs à la souscription des titres. La période de formation du FCT court donc du projet de l'opération de titrisation jusqu'à la signature du règlement par les fondateurs du fonds. À cette date, le FCT est constitué bien qu'il soit dénué de copropriétaires. La jurisprudence confirme cette analyse puisqu'elle considère que l'existence des FCT est établie grâce à la production de leur règlement[2].

Le rejet de la représentation des copropriétaires par la société de gestion est opportun. Si celle-ci était admise, elle priverait les copropriétaires de la possibilité d'intenter toute action en justice. Ils ne pourraient donc pas engager la responsabilité de la société de gestion.

142. Représentation d'une entité non personnifiée. La représentation mise en place par le législateur relève donc d'une pure fiction. La société de gestion permet de figurer le fonds[3], à l'image de l'organe de la personne

---

[1] Le régime de la société en formation ne le permet pas. La personne qui contracte au nom de la société demeure tenue par l'acte, v. en ce sens art. 1843, C. civ.

[2] Com., 17 mai 2017, n° 15-25.788 ; CA Basse-Terre, civ. 2e, 12 octobre 2020, n° 19/01171 ; CA Cayenne, civ., 26 avril 2021, n° 18/00275. Cette solution permet de limiter la responsabilité de la société de gestion, responsable de la constitution du FCT. Sa responsabilité se trouve cantonnée à la rédaction du règlement et à la structuration de l'opération. Le placement des parts semble donc y échapper, à moins que les conditions exprimées par la société de gestion dans le règlement rendent impossible le succès de l'opération de titrisation.

[3] Sur l'usage de cette expression, v. P. DIDIER, *De la représentation en droit privé*, préf. Y. Lequette, coll. « Bibliothèque de droit privé », n° 339, LGDJ, 2000, n° 5, p. 3 ; H. MOUBSIT, *La représentation en droit des sociétés*, coll. « Logiques juridiques », L'Harmattan, 2013, p. 77 et s.

morale[1]. Elle lui octroie également un ersatz de capacité de jouissance[2]. Par l'entremise de la société de gestion, le FCT est ainsi en mesure de réaliser son objet et d'être partie à des rapports d'obligation. Cette représentation fait cependant abstraction de la nature légale du FCT[3]. En effet, la représentation suppose que le représenté soit un sujet de droit. Dans le cas contraire, il ne peut être tenu des actes juridiques accomplis par le représentant et sa capacité, inexistante, ne permet pas de circonscrire les actes de ce dernier[4]. Le FCT, simple copropriété, n'est pas propriétaire et ne peut transférer aucun pouvoir à la société de gestion. Les pouvoirs octroyés à la société de gestion ne dépendent ainsi pas de ceux du représenté, et la représentation instituée par le législateur ne permet pas d'expliquer leur origine. Cette atteinte au concept de représentation n'est pas inédite. En droit des entreprises en difficulté, le mandataire judiciaire représente, depuis 1985, l'intérêt collectif des créanciers qui s'est substitué à la masse. Or, ce dernier est une entité dépourvue de la personnalité morale[5], contrairement à la masse représentée à l'époque par le syndic[6]. La représentation est ainsi instrumentalisée pour assurer le respect du principe d'égalité des créanciers et les discipliner. Elle s'appuie toutefois sur la personnalité des individus partageant l'intérêt collectif et dont le patrimoine est affecté par les engagements adoptés. Tel n'est pas le cas dans le FCT dont l'intérêt est autonomisé et représenté avant la présence de tout sujet de droit.

143. Conséquences de l'absence de représenté. En pratique, la représentation du FCT produit ses effets puisque tous les engagements pris

---

[1] Pour une analyse comparée de la représentation et de la théorie de l'organe, v. L. MICHOUD, *La théorie de la personnalité morale et son application au droit français*, *op. cit.*, n° 60, p. 71, « dans la représentation il y a un rapport juridique entre deux sujets de droit, dont l'un agit pour l'autre ; les actes du représentant sont bien ses propres actes, mais on leur fait produire le même effet juridique que s'ils étaient ceux du représenté. Quand il y a organe, au contraire, c'est la personne juridique qui agit elle-même ; son organe n'est pas quelque chose qui soit distinct d'elle ; il est une partie d'elle-même dont elle se sert comme la personne physique se sert de la bouche ou de la main ; car l'organisation juridique dont il est le produit appartient à l'essence de la personne morale ; elle est comme son corps juridique, sans laquelle elle est incapable d'existence ».

[2] V. *supra* n° 30.

[3] Les juridictions n'ont jamais statué en ce sens mais certaines parties ont pu relever cette incohérence, v. en ce sens CA Rouen, Chambre de la proximité, 4 juin 2020, 19/04155.

[4] N. MATHEY, « Représentation », *Rép. civ.*, Dalloz, mai 2018, n° 55 ; M. STORCK, « Art. 1119 - Fasc. unique : Contrats et obligations – Représentation dans les actes juridiques », *JCl. Civil Code*, LexisNexis, août 2018, n° 17.

[5] M. CABRILLAC, « L'impertinente réapparition d'un condamné à mort ou la métempsychose de la masse des créanciers », in *Propos impertinents de droit des affaires, Mélanges en l'honneur de Christian Gavalda*, coll. « Études, mélanges, travaux », Dalloz, 2001, p. 69 et s., spéc. n°s 8 et s., p. 72 et s. ; sur les difficultés liées à la suppression de la masse, v. not. A. MARTIN-SERF, « L'intérêt collectif des créanciers ou l'impossible adieu à la masse », in *Procédures collectives et droit des affaires, Mélanges en l'honneur d'Adrienne Honorat*, Frison-Roche, 2000, p. 143 et s.

[6] Com. 17 janvier 1956.

pour son compte sont exécutés sur le patrimoine d'affectation. La solution est cependant risquée puisqu'elle s'oppose à la théorie de la représentation. La société de gestion n'est qu'artificiellement investie des pouvoirs de représentant et la nature du FCT empêche théoriquement qu'il soit engagé par les actes passés. À cet égard, la croyance légitime des tiers cocontractants dans les pouvoirs de la société de gestion ne devrait pas permettre d'opposer les actes au FCT[1]. Au contraire, les actes contractés au nom du FCT devraient pouvoir être annulés[2]. Le concept de représentation retrouverait ainsi sa cohérence. Il est à ce stade peu probable que les juges procèdent à une telle annulation. Cela supposerait qu'ils reviennent aux principes de droit commun et s'opposent à l'article L. 214-183 du Code monétaire et financier, et partant à la règle selon laquelle le spécial déroge au général. Toutefois, un débiteur ne souhaitant pas payer le FCT cessionnaire des créances pourrait invoquer la nullité de la cession opérée entre son créancier initial et le FCT. La création d'un contentieux en la matière, même s'il n'était pas accueilli favorablement, suffirait à affecter l'efficacité de l'opération financière et à l'attractivité du droit français. Par ailleurs, aussi infime soit-il, le risque d'une telle annulation porte atteinte à la sécurité juridique en la matière. En effet, s'il était accueilli favorablement, ce contentieux entrainerait une remise en cause de toutes les opérations de titrisation. Une réforme légale en la matière est donc indispensable. Ce d'autant plus qu'il n'est pas possible de sécuriser la situation actuelle en considérant que les pouvoirs de la société de gestion procèdent d'une habilitation légale, détachée de tout rapport de représentation.

b. Le pouvoir sans représentation

144. Pouvoir autonome. Le pouvoir peut être exercé en l'absence de tout rapport de représentation. Tel est notamment le cas des pouvoirs de l'employeur, grâce auxquels il peut édicter un règlement intérieur dans l'intérêt du bon fonctionnement de l'entreprise[3]. Ces derniers se restreignent à l'établissement d'actes règlementaires dans un intérêt de nature objective[4] et ne lui permettent pas d'exercer un droit subjectif. Dès lors, cette situation ne correspond pas à celle de la société de gestion. Cette dernière ne se contente pas d'actes règlementaires mais exerce les prérogatives attachées au droit de propriété.

D'autres pouvoirs sans représentation permettraient d'exercer un droit subjectif. Il suffit de penser à la communauté des époux qui sont chacun investis par le législateur du pouvoir d'administrer et de disposer des biens de

---

[1] Comp. art. 1156, C. civ.

[2] Pour une solution similaire lorsqu'un contrat est conclu directement par la société en formation, v. not. Com., 19 janvier 2022, n° 20-13.719.

[3] G. WICKER, *Les fictions juridiques : contribution à l'analyse de l'acte juridique*, préf. J. Amiel-Donat, coll. « Bibliothèque de droit privé », n° 253, LGDJ, 1996, n° 64, p. 71.

[4] *Ibid.*, n° 63, p. 70.

la communauté[1], sans pour autant la représenter. Les pouvoirs de la société de gestion pourraient procéder d'une même habilitation légale et se justifieraient par l'affectation du bien à la réalisation de l'opération de titrisation. Cependant, la majorité des auteurs estiment que la communauté est une indivision spéciale entre époux[2]. Leurs pouvoirs correspondent donc aux attributs de leur propriété. Par ailleurs, le concept de pouvoir légal est un « concept "attrape-tout" [qui] supprime plus de problèmes qu'il n'en résout »[3]. La société de gestion concentre les éléments constitutifs de la propriété et ses attributs alors que les copropriétaires en sont privés. Il est donc artificiel de nier la propriété de la société de gestion en passant par la qualification de pouvoir légal. De même, considérer que les pouvoirs de la société de gestion trouvent leur source dans un contrat conclu avec les copropriétaires, après émission de leurs titres, n'est pas satisfaisant, ce contrat étant difficilement identifiable.

2. Le rejet du fondement contractuel

145. Difficile qualification des actes effectués lors de la phase d'exposition. Le contrat passé entre les copropriétaires et la société de gestion trouve sa source dans l'acte de souscription des titres. Ce n'est qu'à ce moment précis de l'opération que les investisseurs expriment un consentement. Les actes de gestion effectués antérieurement à l'émission ne procèdent donc pas de ce contrat. Il est donc nécessaire de leur trouver un autre fondement. Cependant, aucun fondement ne s'avère totalement satisfaisant. En effet, ces actes ne relèvent pas de la notion d'acte juridique unilatéral. Celui-ci correspond à la « manifestation de la volonté émanant d'un individu, qui entend créer certains effets de droit sans le concours d'une autre volonté »[4]. La société de gestion est théoriquement l'auteur du règlement de l'organisme de titrisation et se désigne elle-même gestionnaire de l'organisme. L'acte juridique unilatéral, étant source d'obligations, permettrait donc à la société de gestion de s'engager auprès des futurs copropriétaires. Cependant, l'acte unilatéral n'est pas créateur d'obligations à la charge d'autrui, sous peine de nier sa liberté individuelle[5]. La société de gestion ne peut donc pas exiger une rémunération de la part des copropriétaires sur le fondement de cet acte. De

---

1 Art. 1421, C. civ.

2 V. not. C. GOURET, *L'administration fiduciaire, Contribution à l'étude de la fiducie*, *op. cit.*, n° 465, p. 247.

3 F. ZENATI, *Essai sur la nature juridique de la propriété*, préc., n° 101, p. 147.

4 F. TERRE *et al.*, *Droit civil, Les obligations*, 13e éd., coll. « Précis », Dalloz, 2022, n° 82, p. 70 ; adde B. MORON-PUECH, *L'acte juridique : une réponse à la crise du contrat*, préf. D. Fenouillet, coll. « Bibliothèque de droit privé », n° 591, LGDJ, 2020 ; M.-L. IZORCHE, *L'avènement de l'engagement unilatéral en droit privé contemporain*, préf. J. Mestre, coll. « Institut de Droit des Affaires », PUAM, 1995.

5 F. TERRE *et al.*, *Les obligations*, *op. cit.*, n° 83, p. 71.

même, il ne justifie pas les pouvoirs de la société pendant la première phase de l'opération de titrisation. Si l'on considère que les actifs sont acquis pour les copropriétaires, la société de gestion s'octroie unilatéralement un pouvoir de gestion sur ces biens, niant la liberté individuelle des copropriétaires. Ces derniers ne jouissent pas exclusivement de leurs biens, si bien que l'acte unilatéral contredit leur propriété.

Qualifier les prérogatives de la société de gestion de pouvoirs légaux, pour cette première phase, n'est pas non plus satisfaisant. Cela ne permet pas d'expliquer comment la société de gestion est désignée. En effet, ni le juge, ni le législateur, ne procèdent à une telle désignation, comme cela peut être le cas en matière de protection des personnes[1].

Enfin, ces actes ne semblent pas plus relever de la gestion d'affaires. En effet, cette dernière suppose la spontanéité du gérant[2], sa gestion ne pouvant relever de l'accomplissement d'une obligation, notamment légale ou contractuelle. Or, la gestion de l'organisme de titrisation par une société de gestion est une obligation légale[3]. À défaut de trouver un fondement satisfaisant aux pouvoirs de la société de gestion lors de la phase d'exposition, il faudrait se résoudre à assimiler les actes effectués durant cette période à une gestion d'affaires. Malgré ses faiblesses, cette qualification est la plus adaptée. En effet, les obligations du gérant sont celles du mandataire et se rapprochent des obligations de la société de gestion. Elles protègeraient ainsi les intérêts des futurs copropriétaires. De plus, le consentement donné par les copropriétaires permettrait de ratifier les actes antérieurs effectués par la société de gestion, même s'il ne permettrait pas de fonder ses pouvoirs.

146. Situation identique en cas d'intermédiation d'un sponsor. L'article L. 214-175-1 IV du Code monétaire et financier autorise la gestion du FCT par un sponsor. Ce dernier est un établissement financier qui créé des opérations de titrisation en rachetant les créances auprès des prêteurs initiaux. Il peut ainsi regrouper un nombre suffisant de créances pour effectuer une opération de titrisation qui, prises isolément chez chacun des prêteurs initiaux, auraient été trop peu nombreuses pour créer une opération intéressante financièrement. Cette pratique est particulièrement intéressante concernant les créances commerciales. Même s'il peut gérer lui-même le FCT, le sponsor doit obligatoirement déléguer la gestion du portefeuille de créances à une société de gestion. Le contrat de gestion de l'organisme est donc conclu entre les copropriétaires et le sponsor qui contracte ensuite avec la société de gestion. Il lui transmet ainsi son pouvoir de gestion qu'il tiendrait des

---

[1] V. en ce sens art. 382 C. civ qui confie automatiquement l'administration légale des biens de l'enfant mineur aux parents qui exercent l'autorité parentale ; art. 447 et s., C. civ. qui confient au juge la désignation d'un tuteur ou d'un curateur, et le choix de ce dernier malgré certaines limitations légales quant à son identité.

[2] Art. 1301, C. civ.

[3] Art. L. 214-168, C. mon. fin.

copropriétaires. Le recours à un sponsor crée uniquement un niveau d'intermédiation entre les copropriétaires et la société de gestion. Les réflexions concernant un contrat conclu directement avec la société de gestion s'appliquent donc également au contrat conclu avec le sponsor. Cette organisation de la gestion n'est pas la plus courante. Ainsi, à des fins de simplification du propos, seule la société de gestion sera donc mentionnée par la suite.

147. Préliminaire méthodologique. Diverses méthodes de qualification du contrat ont été proposées. Certains auteurs font ainsi référence à l'objet du contrat, c'est-à-dire à sa prestation caractéristique[1]. Cependant, cette méthode a une portée limitée. En effet, conçu comme tel, l'objet du contrat peut être commun à plusieurs contrats[2] et un contrat peut présenter plusieurs prestations caractéristiques[3]. L'objet ne permet alors plus de qualifier le contrat. D'autres auteurs se réfèrent à la cause du contrat (ou cause typique du contrat) définie comme la « finalité de la structure contractuelle dans son ensemble ou encore de l'opération à réaliser »[4]. Cette finalité du contrat le différencie des autres contrats[5]. En effet, elle l'organise entièrement autour de son économie en lui assignant des obligations[6]. Celles-ci forment ensemble les contreparties et sont hiérarchisées selon leur importance dans la poursuite du but recherché[7]. C'est ainsi que l'objet, employé comme outil de qualification, joue en réalité le rôle de la cause typique du contrat[8]. Il intègre l'opération économique que les parties entendent mener. La cause typique du contrat doit être utilisée pour la qualification car elle présente l'avantage de tenir compte de la volonté des

---

1 J.-F. OVERSTAKE, *Essai de classification des contrats spéciaux*, préf. J. Brèthe de La Gressaye, coll. « Bibliothèque de droit privé », LGDJ, 1969, p. 28 et s. ; F. COLLART DUTILLEUL et P. DELEBECQUE, *Contrats civils et commerciaux*, 11e éd., coll. « Précis », Dalloz, 2019, n° 29, p. 37 ; P. PUIG, *La qualification du contrat d'entreprise*, préf. B. Teyssié, coll. « Droit privé », Éditions Panthéon-Assas, 2002, n° 135, p. 202.

2 A.-S. LUCAS-PUGET, *Essai sur la notion d'objet du contrat*, préf. M. Fabre-Magnan, coll. « Bibliothèque de droit privé », n° 441, LGDJ, 2005, nos 609 et s., p. 352 et s., spéc. n° 619, p. 320 où l'auteur prend l'exemple de mise à disposition de terres agricoles qui peut empoter la qualification de bail rural ou de vente d'herbe.

3 V. not. la problématique du contrat de déménagement dont la manutention et le transport sont caractéristiques, *ibid.*, nos 626 et s., p. 363 et s.

4 J. ROCHFELD, *Cause et type de contrat*, préf. J. Ghestin, coll. « Bibliothèque de droit privé », n° 311, LGDJ, 1999, n° 504, p. 458.

5 *Ibid.*, nos 523 et s., p. 472 et s.

6 *Ibid.*, n° 199, p. 192.

7 *Ibid.*, n° 198, p. 192.

8 F. TERRE, *L'influence de la volonté individuelle sur les qualifications*, *op. cit.*, nos 378 et s., p. 352 et s. ; J. ROCHFELD, *Cause et type de contrat*, *op. cit.*, n° 143, p. 134 ; v. également A.-S. LUCAS-PUGET, *Essai sur la notion d'objet du contrat*, *op. cit.*, nos 485 et s., p. 266 et s. qui admet la proximité entre la cause et l'objet du contrat. Elle estime cependant que la cause est typique lorsque le but poursuivi par les parties se réduit à l'objet du contrat et atypique lorsque ce but intègre des motivations ne réduisant pas à cet objet. Sur les différentes conceptions de la cause v. F. TERRE *et al.*, *Les obligations*, *op. cit.*, nos 397 et s., p. 444 et s.

parties[1]. Sa suppression par la réforme du droit des obligations ne remet pas en cause cette approche puisqu'elle demeure présente en substance dans les nouveaux textes[2].

148. Mission de la société de gestion. La finalité du contrat qui lierait la société de gestion aux copropriétaires est la gestion des organismes[3]. Cependant, le législateur n'a pas défini plus en détail cette gestion et la réalité qu'elle recouvre. Ce constat s'illustre particulièrement par l'absence de modification de la règlementation après la diversification des activités de la société de gestion. À l'origine, celles-ci étaient cantonnées à la constitution du FCT et au recouvrement des créances. Elles comptent désormais la prise de décisions stratégiques pour la gestion de l'organisme, sans qu'aucune mention spécifique sur ce point n'ait été ajoutée au Code monétaire et financier. Cette mission est simplement comprise sous le terme général de gestion[4]. La réalité de cette gestion peut toutefois être appréhendée à travers la pratique. Ses modalités sont précisées dans le règlement du fonds[5] ou un contrat-cadre de gestion. Elle revêt ainsi différents aspects juridiques, financiers et comptables[6]. La société de gestion gère de la sorte le(s) compte(s) bancaire(s) de l'organisme et établit ses documents comptables. Elle contrôle l'éligibilité des créances, calcule les amortissements et les frais, recouvre les créances et émet les titres. La société de gestion effectue donc des actes matériels et juridiques de façon complémentaire. Par ailleurs, elle est chargée de constituer le FCT[7], même si en pratique,

[1] Pour une étude complète du rôle de la volonté sur la qualification, v. F. TERRE, *L'influence de la volonté individuelle sur les qualifications*, *op. cit.*

[2] V. en ce sens le *rapport au Président de la République relatif à l'ordonnance n° 2016-131 du 10 février 2016 portant réforme du droit des contrats, du régime général et de la preuve des obligations*, qui mentionne « *l'abandon formel* » de la notion de cause et la consécration de ses fonctions. La notion de cause objective est toujours effective à travers l'article 1169 du Code civil qui sanctionne par la nullité le contrat onéreux dont la contrepartie est dérisoire ou illusoire au moment de sa formation. De même, la cause du contrat a été conservée à travers le but envisagé à l'article 1162 du Code civil. V. aussi en ce sens, F. TERRE *et al.*, *Les obligations*, *op. cit.*, n° 404, p. 454 ; C. LARROUMET et S. BROS, *Droit civil, T. 3, Les obligations, Le contrat*, 10e éd., coll. « Corpus Droit privé », Economica, 2021, n° 372, p. 345.

[3] V. en ce sens art. L. 214-168, III, C. mon. fin.

[4] Seuls les articles L. 214-177 et art. L. 214-183, al. 2 du Code monétaire et financier laissent entrevoir la possibilité offerte à la société de mener une stratégie d'investissement à travers les procédures applicables.

[5] Le règlement du FCT doit établir une stratégie de financement et d'investissement s'imposant à la société de gestion afin d'échapper aux dispositions sur les fonds d'investissements alternatifs (FIA). Sur l'application du régime des FIA, v. supra n° 18. Sur la pratique, v. not. A. QUIQUEREZ, « Fasc. 2260 : Les organismes de titrisation », *op. cit.*, n° 35 ; v. également le règlement du FCT Younited credit et les missions de sa société de gestion, Eurotitrisation, n° 4, p. 5.

[6] *Ibid.*

[7] Art. L. 214-181, C. mon. fin.

l'initiateur et l'arrangeur sont davantage à l'origine de cette constitution[1]. Elle est aussi la représentante légale du FCT[2], ce qui facilite sa gestion. En raison de sa nature légale, cette représentation ne doit pas être prise en considération pour qualifier la convention de gestion.

149. Une fois les missions de la société de gestion déterminées, le contrat s'avère constituer un fondement imparfait des pouvoirs de la société de gestion. En effet, il n'est pas possible de qualifier de façon pleinement satisfaisante la convention de gestion. Les qualifications de contrat de mandat et de contrat d'entreprise sont trop étroites (a). Le contrat de gestion ne justifie pas l'importance des pouvoirs de la société de gestion (b). Le contrat de fiducie-gestion passé entre l'initiateur et la société de gestion, qui semble être la qualification la plus adaptée au regard des pouvoirs de la société de gestion, est quant à lui incompatible avec la qualification légale de copropriété (c).

a. Le rejet des contrats de mandat et d'entreprise

150. Exclusion du contrat de mandat. La convention de gestion a pu être qualifiée de contrat de mandat a été retenue par l'AMF et certains auteurs[3]. Cependant, la finalité de ce dernier ne correspond pas à celle de la convention de gestion[4], qui ne se réduit pas à la représentation de l'organisme. En réalité le choix de qualification opéré notamment par l'AMF résulte de la représentation du FCT par la société de gestion. Or, cette représentation est de nature légale[5] et ne peut pas servir d'élément de qualification.

---

[1] H. HOVASSE, N. MARTIAL-BRAZ et A. QUIQUEREZ, « Fasc. 2260 : La titrisation », *JCl. Droit bancaire et financier*, LexisNexis, 30 juillet 2020, n° 21.
[2] V. art. L. 214-172 et art ; L. 214-183, al. 1er, C. mon. fin. La nature légale de la représentation a été affirmée par la loi n° 2019-486 du 22 mai 2019 relative à la croissance et la transformation des entreprises.
[3] V. en sens l'art. 314-60 anc. du règlement général de l'AMF et abrogé en 2018 qui mentionne plusieurs fois le mandat de gestion de la société de gestion ; v. également à propos des FCT, T. BONNEAU, « Les fonds communs de placement, les fonds communs de créances, et le droit civil », art. préc., n° 67 et s. ; J. TERRAY, *La titrisation des crédits*, coll. « Pratique des affaires », GLN-éditions, 1990, p. 34 ; sur la société de titrisation v. T. GRANIER, *Titrisation et organismes de financement*, *op. cit.*, n° 135, p. 96 ; sur les FCP v. Y. CHARTIER, « Les nouveaux fonds communs de placement (Commentaire du Titre Ier de la loi n° 79-594 du 13 juillet 1979 et de ses textes d'application) », *JCP G*, 1980, p. 3001 et s., spéc. n° 115 et s. ; et de façon plus générale sur les contrats de gestion de portefeuille, v. P. LE TOURNEAU, « Mandat », *Rép. civ.*, Dalloz, mai 2023, n° 47 ; S. PIEDELIEVRE, « Remarques sur la responsabilité en matière de gestion de portefeuille », *RLDC*, décembre 2010, n° 77, p. 18 et s. ; B. BOULOC, « La responsabilité en matière de gestion de titres », in *Mélanges Michel Cabrillac*, Dalloz, Litec, 1999, p. 437 et s., spéc. p. 437.
[4] La finalité du contrat de mandat est de permettre à un individu d'agir au nom et pour le compte d'autrui en contrepartie d'une rémunération ou par bienfaisance. V. not. en ce sens J. ROCHFELD, *Cause et type de contrat*, *op. cit.*, n° 162, p. 154.
[5] V. en ce sens art. L. 214-172 et art. L. 214-183, al. 1er, C. mon. fin.

De plus, la qualification de mandat est inappropriée au regard du fonctionnement du FCT. Les copropriétaires, ne nomment ni ne révoquent la société de gestion. Dès lors, si l'on retient la qualification de contrat de mandat, c'est pour en écarter largement le régime et consacrer un mandat *sui generis*, ce qui atteste davantage de son inanité.

151. Rejet du contrat d'entreprise. La finalité du contrat d'entreprise est également trop étroite par rapport à celle de la convention de gestion[1]. La société de gestion effectue des actes matériels et un travail intellectuel pour l'organisme. Elle accomplit également des actes juridiques pour le compte de l'organisme, sans qu'il soit possible de leur conférer un caractère accessoire[2]. Par ailleurs, ce contrat ne permet pas de fonder les pouvoirs de la société de gestion. Ces derniers s'identifient au droit de propriété alors que le contrat d'entreprise n'implique pas de transfert de propriété.

152. Rejet de la qualification distributive. Les différentes missions de la société de gestion ne peuvent pas donner lieu à une qualification distributive entre les contrats de mandat et d'entreprise[3]. En effet, la mission de la société de gestion réalise une finalité unique, si bien que la qualification distributive s'oppose à la logique de l'opération et à la volonté des parties. À cet égard, le contrat de gestion permet de transcender la distinction entre ces deux contrats et donc de dépasser cette difficulté. Néanmoins, il ne justifie qu'imparfaitement les pouvoirs de la société de gestion.

b. Le rejet du contrat de gestion

153. Recours à la qualification de contrat de gestion. La convention de gestion du FCT revêt la même finalité que le contrat de gestion qui a pour but

---

[1] Il s'agit de l'accomplissement d'un travail, de façon indépendante et sans représentation, en contrepartie d'une rémunération. V. en ce sens P. PUIG, *La qualification du contrat d'entreprise*, *op. cit.*, n° 16, p. 45 ; J. ROCHFELD, *Cause et type de contrat*, *op. cit.*, n° 162, p. 153 ; B. BOUBLI, « Contrat d'entreprise », *Rép. civ.*, Dalloz, avril 2023, n° 4.

[2] Il doit par exemple rédiger et publier un prospectus dont il est responsable.

[3] Sur la combinaison de ces deux contrats, v. P. PUIG, *La qualification du contrat d'entreprise*, *op. cit.*, n° 135, p. 202 ; *contra* K. TORBEY, *Les contrats de franchise et de management à l'épreuve du droit des sociétés: étude de droit français et de droit libanais*, préf. Ph. Merle, coll. « Bibliothèque de droit privé », n° 384, LGDJ, 2002, n° 161, p. 72. Plus généralement sur la qualification distributive, v. A. BENABENT, *Droit des contrats spéciaux civils et commerciaux*, 14e éd., coll. « Précis Domat », LGDJ, 2021, n° 499, p. 367 ; J. RAYNARD et J.-B. SEUBE, *Droit des contrats spéciaux*, 10e éd., coll. « Manuels », LexisNexis, 2019, n° 472, p. 404 ; J. HUET *et al.*, *Les principaux contrats spéciaux*, 3e éd., coll. « Traité de droit civil », LGDJ, 2012, n° 11, p. 25 ; v. en particulier à propos du contrat de gestion de patrimoine P. MALAURIE, L. AYNES et P.-Y. GAUTIER, *Droit des contrats spéciaux*, 12e éd., coll. « Droit civil », LGDJ, 2022, n° 503, p. 463 ; et à propos de la gestion de portefeuille, v. Com., 7 octobre 1997, 95-15.270, *Bull. n° IV*, p. 243 et s.

l'administration et la valorisation des biens d'autrui[1]. Les actes matériels et juridiques participent alors de façon égale à cette gestion[2].

Ce contrat a été théorisé par Monsieur Cuif mais n'a pas été reconnu comme un nouveau type contractuel autonome par les praticiens et les auteurs[3]. Pour cause, la nature de ce contrat n'est pas véritablement établie. Certains auteurs considèrent qu'il s'agit d'un contrat hybride[4]. D'autres qu'il s'agit d'un contrat d'intermédiation relevant du mandat[5]. D'autres encore le qualifient de contrat d'entreprise[6]. Cependant, s'il correspond effectivement à l'accomplissement d'un travail matériel [7] ou intellectuel [8] de manière indépendante et avec la compétence nécessaire[9], sa finalité est plus spécifique que celle du contrat d'entreprise. Cette dernière ne peut être réalisée que par l'accomplissement d'actes matériels et juridiques et implique une nouvelle organisation du contrat à travers une réorganisation de ses obligations. La réalisation d'actes juridiques justifie effectivement la présence de certaines obligations relevant du contrat de mandat et non du contrat d'entreprise. Tel est notamment le cas de la reddition des comptes [10]. Cette spécialisation du

[1] P.-F. CUIF, *Le contrat de gestion*, préf. L. Aynès, coll. « Recherches juridiques », Economica, 2004, n° 317, p. 217.

[2] *Ibid.*, n° 316, p. 216.

[3] Son faible succès se perçoit notamment par le fait que ce contrat ne fasse pas partie des propositions comprises dans l'offre de réforme du droit des contrats spéciaux.

[4] K. TORBEY, *Les contrats de franchise et de management à l'épreuve du droit des sociétés*, *op. cit.*, n° 170, p. 74 qui considère que le contrat de gestion est un contrat hybride, auquel s'appliquent principalement les règles du contrat d'entreprise, et plus ponctuellement celles du mandat d'intérêt commun.

[5] J. HUET *et al.*, *Les principaux contrats spéciaux*, *op. cit.*, n° 31600, p. 1161 qui le situe dans un titre consacré au mandat et autres contrats d'intermédiation mais qui reconnait sa nature sui generis ; v. également de façon plus générale P. PUIG, *La qualification du contrat d'entreprise*, *op. cit.*, n° 135, p. 202 qui estime que le régime du mandat aura toujours tendance à s'appliquer, même en cas de qualification unitaire de contrat d'entreprise en présence d'un ensemble d'actes matériels et juridiques, et ce en raison des spécificités du mandat.

[6] V. not. P.-F. CUIF, *Le contrat de gestion*, *op. cit.*, n° 314 et s., p. 216 et s.

[7] Sur cet élément caractéristique du contrat d'entreprise, v. P. PUIG, *La qualification du contrat d'entreprise*, *op. cit.*, n° 134, p. 201 ; A. BENABENT, *Droit des contrats spéciaux civils et commerciaux*, *op. cit.*, n°s 496, spéc. p. 366 ; J. HUET *et al.*, *Les principaux contrats spéciaux*, *op. cit.*, n° 31124, p. 1009 ; P. MALAURIE, L. AYNES et P.-Y. GAUTIER, *Droit des contrats spéciaux*, *op. cit.*, n° 502, p. 462 ; F. COLLART DUTILLEUL et P. DELEBECQUE, *Contrats civils et commerciaux*, *op. cit.*, n° 700, p. 656 ; M. PLANIOL, « Classification synthétique des contrats », *Rev. crit. de législation et de jurisprudence*, 1904, p. 470 et s. et s., spéc. p. 489 ; P. TRISSON-COLLARD, « Tentative de distinction des contrats d'entreprise et de mandat fondée sur l'objet du contrat », *LPA*, février 2001, n° 27, p. 4 et s., spéc. n° 6 ; contra M. MEKKI, « La distinction entre acte juridique et acte matériel à l'aune du contrat de mandat », in *Le mandat en question*, Bruylant, 2013, p. 13 et s. qui considère la distinction basée sur ce critère comme mal connue et malvenue.

[8] P. TRISSON-COLLARD, « Tentative de distinction des contrats d'entreprise et de mandat fondée sur l'objet du contrat », art. préc., n° 9.

[9] P.-F. CUIF, *Le contrat de gestion*, *op. cit.*, n° 320, p. 218.

[10] *Ibid.*, n°s 614-615, pp. 415-416.

contrat d'entreprise lui confère une nouvelle fonction. De ce fait, le contrat de gestion est en réalité un nouveau type contractuel relevant de l'innomé[1]. Il est un contrat *sui generis* répondant à un régime autonome[2].

154. Identification des obligations principales du contrat de gestion. Le contrat de gestion confère nécessairement un pouvoir d'agir sur les biens du géré[3]. Ce pouvoir suppose que le géré mette ses biens à la disposition du gérant. La mise à disposition est garantie pendant toute l'exécution du contrat par l'interdiction d'immixtion dans la gestion qui incombe au géré[4]. Le gérant a ainsi un pouvoir d'agir irrévocable. En contrepartie, le gérant est tenu d'une obligation de loyauté et d'une obligation de rendre des comptes. Cette dernière obligation se décompose entre une obligation de faire un compte-rendu de la gestion et une obligation de reddition des comptes équivalente à celle du mandat[5]. Cependant, l'obligation d'information du gérant ne doit pas entraver son indépendance et n'est délivrée qu'en cas de changement exceptionnel de circonstances.

Ces différents éléments sont présents dans le FCT. La mise à disposition des biens gérés est assurée par l'absence d'immixtion des copropriétaires dans la gestion. La société de gestion dispose d'un pouvoir d'agir exclusif sur le patrimoine d'affectation et ses différents pouvoirs assurent la gestion du bien

---

[1] J. ROCHFELD, *Cause et type de contrat*, *op. cit.*, n° 525, p. 475 ; D. GRILLET-PONTON, *Essai sur le contrat innomé*, Thèse Lyon III, 1982, n° 132, pp. 144-145. L'auteur suit le même raisonnement que le Professeur Rochfeld. En effet, si elle considère que le droit contemporain met à l'épreuve cette appréhension de la fonction unique du contrat, elle n'en accepte pas moins cette idée. L'auteur distingue le cas où de nouvelles obligations sont stipulées, tout en poursuivant la finalité de l'opération, et celui d'une modification de l'objet du contrat entendu comme finalité du contrat. Dans le premier cas, la qualification innommée n'est que temporaire, jusqu'à l'élargissement du cadre contractuel nommé, tandis que dans le second cas, le contrat devient une entité contractuelle autonome, appartenant à l'innommé, hors des types existants.

[2] P.-F. CUIF, *Le contrat de gestion*, *op. cit.*, n° 289, p. 202 ; J. HUET *et al.*, *Les principaux contrats spéciaux*, *op. cit.*, n° 31600, p. 1161 ; v. aussi sur le contrat de management A. RIERA, « Le contrat de gestion d'entreprise ou de management : l'art de travailler avec l'argent des autres ? », *AJ Contrat*, février 2017, n° 2, p. 56 et s. L'expression contrat sui generis est ici utilisée dans un sens différent de contrat innomé, signifiant un « refus d'assimiler le contrat qualifié sui generis à un type voisin de contrat afin d'affirmer l'autonomie de son régime juridique », v. en ce sens J. GHESTIN, C. JAMIN et M. BILLIAU, *Les effets du contrat*, 3e éd., coll. « Traité de droit civil », LGDJ, 2001, n° 105, pp. 127-128 ; N. ARANDA, « Le sui generis : un paradoxe pour la représentation du droit ? », in *Les affres de la qualification juridique*, Presses de l'Université Toulouse 1 Capitole, 2015, p. 143 et s., spéc. p. 149 ; M. PAINCHAUX, « La qualification sui generis : l'inqualifiable peut-il devenir catégorie ? », *RRJ*, juin 2004, n° 3, p. 1567 et s., spéc. nos 13 et s., p. 1575 et s. ; certains auteurs ne distinguent cependant pas l'innommé du *sui generis*, v. not. F. TERRE, *L'influence de la volonté individuelle sur les qualifications*, *op. cit.*, n° 569, p. 441 ; D. GRILLET-PONTON, *Essai sur le contrat innomé*, préc. ; J. ROCHFELD, *Cause et type de contrat*, *op. cit.*, n° 46, p. 43.

[3] P.-F. CUIF, *Le contrat de gestion*, *op. cit.*, n° 316, p. 216.

[4] *Ibid.*, n° 325, p. 222.

[5] *Ibid.*, nos 614-615, pp. 415-416.

confié[1]. Par ailleurs, la société de gestion est tenue d'accomplir la gestion de façon loyale et d'en rendre compte aux copropriétaires[2]. En revanche, la mise à disposition initiale ne procède pas des copropriétaires[3]. Elle ne procède pas non plus de l'initiateur. En effet, si la cession des actifs par ce dernier assure concrètement la mise à disposition des biens, elle doit être analysée juridiquement comme un transfert de propriété et non comme une mise à disposition. La volonté de l'initiateur porte bien sur un véritable transfert de propriété qui lui est indispensable pour se défaire des risques attachés aux créances et se refinancer. Il est ainsi artificiel de considérer que le pouvoir de gestion ne trouve son fondement dans une mise à disposition des biens. Dès lors, la qualification de contrat de gestion est imparfaite et il faut considérer qu'en représentant la copropriété lors de la cession, la société de gestion se saisit des biens d'autrui.

155. Adhésion des copropriétaires au contrat de gestion. À défaut de consécration par le droit positif, le contenu du contrat de gestion dépend en grande partie des stipulations contractuelles. L'*instrumentum* doit donc être particulièrement développé[4] pour sécuriser le déroulement de l'opération de titrisation. Or, il est peu probable que les copropriétaires participent à la rédaction de la convention de gestion qui est négociée au moment de la structuration de l'opération de titrisation et de la copropriété. À cet égard, trois phases de rédaction se distinguent. Premièrement, un projet de règlement est rédigé par des experts connaissant les intentions des parties[5]. Deuxièmement, le projet est soumis aux principaux intéressés, c'est-à-dire principalement à la société de gestion qui peut demander certaines modifications. Troisièmement, une version finale du contrat est adoptée. Les copropriétaires peuvent uniquement y adhérer lors de la souscription des titres. De ce fait, il est artificiel de considérer qu'ils octroient un pouvoir de gestion à la société de gestion. En effet, ils ne connaissent pas nécessairement le contenu de la

---

[1] V. *supra* n°s 130 et 137.

[2] Art. L. 214-175-2, II, C. mon. fin. ; sur les obligations d'information des investisseurs, v. *supra* n° 65. La société de gestion rend également compte de toutes les sommes qu'elle a perçues en rémunérant les copropriétaires.

[3] Par exemple, si l'organisme participe à des opérations de titrisation synthétique, il est possible que le contrat financier soit conclu avant l'intervention des copropriétaires. Les primes sont versées par l'initiateur, en échange de sa protection, avant toute souscription de parts par les copropriétaires. Dans ce cas, la société de gestion s'octroie un pouvoir sur le patrimoine d'affectation.

[4] v. not. R. LIBCHABER, *Le contrat au XXIe siècle, L'ingénierie juridique et les nouveaux contrats d'affaires*, coll. « Droit des affaires », LGDJ, 2020, n°s 42 et s., p. 73 et s., spéc. n° 44, p. 77 qui parle de contrat *sui juris*, contrat soumis à sa propre volonté. Le contrat ne peut cependant s'extraire totalement de la règlementation et des règles impératives.

[5] Il s'agira ici de l'intention de l'initiateur, ou des investisseurs s'ils sont à l'origine de l'opération, de l'arrangeur, éventuellement du futur dirigeant de la société de titrisation et de l'intention supposée de la société de gestion.

convention de gestion. Les copropriétaires se trouvent *de facto* dans une situation de faiblesse justifiée par la célérité de l'opération financière. Cette situation peut se poursuivre au cours de la durée de l'opération. Les copropriétaires n'ont pas nécessairement accès à l'*instrumentum*. Il est peu probable que les copropriétaires soient en sa possession, à moins qu'il ne soit intégré au règlement de l'organisme. Ils peuvent donc avoir plus de difficultés à relever les manquements de la société de gestion. Seule la violation des conditions de l'opération de titrisation, développées dans le règlement du FCT et l'éventuelle documentation financière, peut être identifiée facilement. Les prérogatives que les copropriétaires pourraient tirer du contrat afin de faire respecter leur droit de propriété sont donc peu effectives en pratique.

156. Incompatibilité de la gestion et du droit de propriété. En réalité, le fondement contractuel des pouvoirs de la société de gestion doit être écarté car l'absence de pouvoir de révocation des copropriétaires est incompatible avec leur droit de propriété. En tant que propriétaires ils doivent pouvoir rétablir leur jouissance exclusive du patrimoine d'affectation[1], et ce d'autant plus que la mise à disposition des biens initiale s'est opérée sans leur consentement. La possibilité de changer de gestionnaire assure également l'effectivité de leur pouvoir de disposition, si bien que la révocation est essentielle à la conservation de leur propriété. À cet égard, elle n'est pas incompatible avec l'indépendance de la gestion qui suppose uniquement une absence d'immixtion du propriétaire dans la gestion courante. En l'état de la pratique, les copropriétaires subissent en tous points la gestion, si bien que leur droit de propriété s'en trouve atteint en substance. Ce faisant, on ne peut admettre que les copropriétaires contractent *ès-qualités* avec la société de gestion et que cette dernière tire ses pouvoirs d'un contrat de gestion.

157. Le contrat de gestion ne parvient pas à justifier de façon satisfaisante les prérogatives de la société de gestion. Il y parvient d'autant moins qu'il est dépassé par le contrat de fiducie qui présente l'avantage de ne pas souffrir des mêmes limites et d'être consacré par le droit positif. Ce dernier permet notamment de résoudre les difficultés temporelles posées par la nature du FCT. Cependant, il n'est pas possible de fonder les pouvoirs de la société de gestion sur ce contrat, la qualification légale de copropriété s'y opposant.

c. Le rejet de la fiducie-gestion

158. Assimilation de l'opération de titrisation à la fiducie-gestion. La finalité de la convention de gestion peut être appréhendée par la fiducie-

---

[1] *Contra* P.-F. Cuif, *Le contrat de gestion*, *op. cit.*, n°s 648 et s., p. 442 et s. pour qui l'irrévocabilité du contrat est de principe. L'auteur admet uniquement une stipulation contractuelle contraire ou une révocation judiciaire.

gestion. La présence des quatre piliers de la fiducie dans le fonctionnement du FCT confirme *a priori* l'adéquation de ce contrat avec l'opération de titrisation[1]. La cession des créances au fonds correspond ainsi à un transfert temporaire de propriété[2]. En effet, la copropriété a vocation à être liquidée, permettant à chaque copropriétaire de récupérer la pleine propriété du *boni* de liquidation de l'organisme, sauf clause contraire[3]. La gestion de l'organisme crée également une dissociation entre la personne qui exerce les attributs de la propriété et la personne qui bénéficie de ses utilités. À ce titre, l'exercice des attributs de la propriété par la société de gestion est limité par le règlement du fonds [4]. Le FCT se présente également comme un patrimoine d'affectation[5]. Il est distinct du patrimoine de toutes les parties prenantes à l'opération et protégé de leurs créanciers[6]. Le FCT a ainsi pu être qualifié de fiducie-gestion, avant même que celle-ci ne soit consacrée [7]. Cette qualification ne surprend guère. Le FCT est la traduction française du véhicule à usage spécial dit *special purpose vehicle (SPV)* issu de la pratique anglo-saxonne. Ce dernier est un *trust* dont l'équivalent français est généralement considéré comme étant la fiducie[8].

159. Identification des acteurs. Le recours à la fiducie-gestion n'emporte pas uniquement des conséquences sur la relation entre les copropriétaires et la société de gestion mais affecte la totalité des acteurs qu'il convient d'identifier. Le FCT est le patrimoine fiduciaire[9]. La société de gestion est le fiduciaire[10].

---

[1] V. MALASSIGNE, *Les titres représentatifs*, *op. cit.*, n° 474, p. 322.
[2] Art. 2018, 2°, C. civ.
[3] Sur l'attribution du *boni* de liquidation v. *supra* n° 53.
[4] Comp. art. 2018, 6°, C. civ.
[5] V. sur ce point *supra* n° 122.
[6] Comp. au patrimoine fiduciaire, v. art. 2003, art. 2024 et art. 2025, C. civ.
[7] M. GRIMALDI, « La fiducie : réflexions sur l'institution et sur l'avant-projet de loi qui la consacre », art. préc., n° 3 ; H. DE VAUPLANE, « La fiducie avant la fiducie : le cas du droit bancaire et financier », *JCP E*, septembre 2007, n° 36, p. 8 et s., spéc. n° 12 ; F. BARRIERE, *La réception du trust au travers de la fiducie*, *op. cit.*, n° 275 ; v. également C. WITZ, *La fiducie en droit privé français*, *op. cit.*, n° 133 b, p. 123 qui considère que les difficultés constatées entre le gérant et les souscripteurs du FCP n'auraient pas existé si l'on avait eu recours à une véritable fiducie.
[8] D. GRILLET-PONTON, « Nouveau regard sur la vivacité de l'innommé en matière contractuelle », *D.*, juin 2000, n° 21, p. 331 et s., spéc. n° 4 ; F. BARRIERE, *La réception du trust au travers de la fiducie*, *op. cit.*
[9] Monsieur de Roux avait néanmoins proposé de faire du FCT le fiduciaire, dans l'optique des titrisations synthétiques, v. en ce sens ASSEMBLEE NATIONALE, *Compte rendu intégral*, Première séance du mercredi 7 février 2007, 133e séance de la session ordinaire 2006-2007.
[10] V. en ce sens not. L. PAPAÏS, *Titrisation et fiducie*, préc. et plus spécifiquement n° 368, spéc. p. 268 ; v. également V. FORTI, *La titrisation des créances en droit comparé*, *op. cit.*, nos 668 et s., p. 443 et s. qui considère que le gestionnaire du véhicule est le propriétaire fiduciaire. L'auteur envisage ici la propriété fiduciaire du gestionnaire du véhicule, mais n'essaye pas d'assimiler le fonds à une fiducie.

Les bénéficiaires de la fiducie sont les copropriétaires. Il s'agit également des titulaires de titres de créances[1]. Tous profitent de la gestion de façon égale [2]. En effet, les copropriétaires n'ont pas plus vocation à obtenir les biens transférés dans le patrimoine fiduciaire que les titulaires de titres de créance. En théorie et conformément au droit commun de l'indivision, les copropriétaires devraient récupérer la propriété des actifs à l'issue de la liquidation de l'organisme. En pratique, le *boni* de liquidation ne leur est pas obligatoirement attribué puisqu'il peut notamment être octroyé à l'initiateur[3]. Dans ces conditions, les copropriétaires récupèrent le résultat de la gestion à travers leur rémunération conforme aux dispositions du règlement. Leur situation est donc similaire à celle des autres investisseurs qui sont bénéficiaires, bien qu'indirects, de la gestion.

L'identité du constituant est plus incertaine. Un auteur a proposé que les investisseurs soient les constituants. Ils remettent au gestionnaire une somme qui est investie pour l'achat des créances[4]. Dans le premier temps de l'opération, les créances acquises sont subrogées à ces sommes. Dans le second temps de l'opération, les sommes issues du recouvrement des créances sont subrogées aux créances acquises[5]. Les sommes sont alors transférées aux constituants-bénéficiaires. Cette hypothèse est cependant imparfaite. Elle ne fonctionne que si l'acquisition des créances est effectuée après l'émission et la souscription des titres par les copropriétaires. En effet, l'acquisition ne pourrait pas être effectuée par la société de gestion à charge de s'auto-céder les titres en tant que fiduciaire. D'une part, les sociétés de gestion ne souhaiteraient pas s'engager personnellement dans l'attente de l'arrivée des investisseurs. D'autre part, cela pourrait occasionner des conflits d'intérêts et augmenter le coût de l'opération puisque la société de gestion pourrait chercher à couvrir son risque en diminuant le prix de la première cession ou en augmentant celui de la seconde. Elle pourrait également être tentée d'effectuer une plus-value. Il est donc plus pertinent de considérer que le constituant est l'initiateur de l'opération[6].

160. Incompatibilité de la fiducie et de la qualification de copropriété. Le recours à la fiducie est intéressant pour fonder les pouvoirs de la société de

---

[1] V. également en ce sens L. PAPAÏS, *Titrisation et fiducie*, préc., n° 387, p. 278.

[2] V. *supra* n°s 103 et s.

[3] Art. L. 214-169, VI, C. mon. fin.

[4] V. MALASSIGNE, *Les titres représentatifs*, *op. cit.*, n°s 464, spéc. p. 323 ; C. BERGER-TARARE, « La fiducie-titrisation : c'est possible ! », *RDBF*, mai 2016, n° 3, p. 21 et s., spéc. n° 10 citant V. SAVAGE, *La fiducie sur parts et actions de sociétés*, préf. F. Lenglart et J.-C. Rivalland, coll. « Crimen », Larcier, 2015, chap. 1, sect. 1, II, C, 2.

[5] V. MALASSIGNE, *Les titres représentatifs*, *op. cit.*, n° 474, spéc. p. 323.

[6] V. également en ce sens C. BERGER-TARARE, « La fiducie-titrisation : c'est possible ! », art. préc., n° 9 ; L. PAPAÏS, « La fiducie comme instrument de réalisation de la titrisation ? », *RTDF*, janvier 2013, vol. 1, p. 61 et s., spéc. p. 61 ; v. plus généralement L. PAPAÏS, *Titrisation et fiducie*, préc.

gestion. En effet, la majorité des auteurs considère que le fiduciaire est propriétaire[1]. Les pouvoirs de la société de gestion résultent donc de son droit de propriété. L'absence de propriété des copropriétaires est également expliquée car ils ne sont pas propriétaires du patrimoine fiduciaire mais créanciers de la société de gestion [2]. Cette approche est cependant incompatible avec la nature légale du FCT. Elle suppose que le FCT soit une propriété individuelle et non une copropriété. La fiducie-gestion ne peut donc pas être utilisée pour fonder les pouvoirs de la société de gestion.

161. Conclusion de section. L'étude du régime du FCT met en évidence l'absence de propriété des copropriétaires-investisseurs. En effet, ils n'en ont ni la substance, ni les attributs. À l'inverse, la société de gestion du FCT présente ces deux éléments, sans que ses prérogatives puissent être qualifiées de pouvoirs, à défaut de fondement légal ou contractuel. Par conséquent, il n'est pas possible d'expliquer l'absence de propriété des copropriétaires autrement que par la propriété de la société de gestion. Dépourvus de propriété, ils ne peuvent être qualifiés de copropriétaires[3]. En effet, leur seule appropriation est privative et porte uniquement sur les flux financiers issus du recouvrement des créances[4]. L'attribution de ces derniers est alors assurée grâce à un droit personnel qu'ils exercent sur la société de gestion[5]. Le régime du FCT dénonce donc dans son ensemble la qualification de copropriété. Pour la maintenir, il serait artificiel de considérer que la société de gestion a un droit réel *sui generis* sur le bien indivis[6]. En effet, les utilités que lui confèrent son droit sont celles de la propriété. De même, reconnaitre un dédoublement de la propriété est inopportun[7]. Ce dernier conduirait à conférer aux copropriétaires

---

[1] V. not. en ce sens P. MALAURIE, L. AYNES et M. JULIENNE, *Droit des biens*, *op. cit.*, n° 392, p. 287 ; W. DROSS, *Droit civil*, *op. cit.*, n° 112, p. 220 ; C. WITZ, *La fiducie en droit privé français*, *op. cit.* ; F. BARRIERE, *La réception du trust au travers de la fiducie*, *op. cit.*, n° 421, p. 337 ; C. KUHN, *Le patrimoine fiduciaire*, préc.

[2] Les bénéficiaires de la fiducie n'ont qu'un droit personnel à l'égard du fiduciaire, jusqu'au terme de la fiducie, v. en ce sens C. DE LAJARTE, « La nature juridique des droits du bénéficiaire d'un contrat de fiducie », art. préc., n°s 44 et s., p. 79 et s.n° 77, p. 86.

[3] T. REVET, « Décret n° 97-919 du 6 octobre 1997 portant modification du décret n° 89-158 du 9 mars 1989 portant application des articles 26 et 34 à 42 de la loi n° 88-1201 du 23 décembre 1988 et relatif aux fonds communs de créances », *RTD civ.*, mars 1998, n° 1, p. 198 et s. ; F. NIZARD, *Les titres négociables*, *op. cit.*, n°s 99 et s., p. 51 et s. ; T. REVET et F. ZENATI, *Les biens*, *op. cit.*, n° 64, p. 112 ; *contra T.* BONNEAU, « Les fonds communs de placement, les fonds communs de créances, et le droit civil », art. préc., n° 36.

[4] V. *supra* n°s 105 et 127.

[5] V. *supra* n° 106.

[6] Sur l'absence de numerus clausus des droits réels, v. Civ. 3ème, *Maison de Poésie I*, 31 octobre 2012, n° 11-16.304, préc.

[7] *Contra* V. FORTI, *La titrisation des créances en droit comparé*, *op. cit.*, n°s 660 et s., p. 439 et s.

une propriété économique. Celle-ci n'est cependant pas consacrée par le droit positif et demeure ineffective[1].

L'identification de la propriété de la société de gestion conduit également à porter un nouveau regard sur l'opération de titrisation. Celle-ci n'est pas unique mais double. Une première opération de titrisation classique existe entre l'initiateur et la société de gestion. L'initiateur cède ses créances à la société de gestion. Une seconde opération est initiée par la société de gestion et correspond à une opération de titrisation synthétique. La société de gestion émet des titres adossés aux actifs acquis lors de la première opération. Elle transmet ainsi les risques portés par ces actifs aux investisseurs. Elle conserve néanmoins la propriété des actifs. Les investisseurs espèrent être rémunérés grâce aux flux générés par ces derniers et ne récupèrent pas leur investissement si leur risque se réalise.

Ces différentes incohérences imposent une réforme des dispositions légales consacrées à la titrisation. Un choix doit être effectué entre une conservation de la qualification légale de copropriété ou celle du régime issu du droit financier. Ce dernier correspond à la réalité de l'opération financière. À l'inverse, la qualification de copropriété ne permet pas d'appréhender parfaitement cette opération. Elle doit donc être abandonnée.

Section 2 : L'inadaptation de la qualification de copropriété

162. L'opération de titrisation peut être envisagée comme une situation de fait à qualifier. À cet égard, la qualification de copropriété apparaît inadaptée pour saisir la masse d'actifs titrisés qu'est le FCT et sa gestion dans l'intérêt des investisseurs. En effet, elle suppose que soit préalablement admise la copropriété d'un patrimoine d'affectation (§ 1). Même dans cette hypothèse, elle ne parvient qu'à saisir partiellement l'opération financière (§ 2).

§ 1 : La nécessaire admission préalable de la copropriété du patrimoine d'affectation

163. Qualifier le FCT de copropriété suppose préalablement d'en déterminer l'objet. À cet égard, les actifs qu'il contient ne sont pas tous, par nature, appropriables, si bien qu'ils ne peuvent être l'objet de la copropriété (A). Cette dernière ne peut donc porter que sur le patrimoine d'affectation (B).

---

[1] V. *supra* n° 115. La fiducie aurait pu être l'opportunité de consacrer une telle forme de propriété.

A. Le rejet d'une copropriété des actifs du FCT

164. Actifs du FCT. L'approche du législateur, en matière d'organismes de titrisation, est avant tout économique. En témoigne le vocabulaire utilisé pour décrire le FCT. Le législateur définit ainsi son actif, comme étant notamment composé de créances, de contrats constituant des instruments financiers à terme ou transférant des risques d'assurance. Il compte également des sous-participations en risque ou en trésorerie[1]. Ces différents éléments sont tous désignés sous le terme d'actifs et non de biens. Or, l'actif est une notion comptable définie comme « un élément identifiable du patrimoine ayant une valeur économique positive pour l'entité, c'est-à-dire un élément générant une ressource que l'entité contrôle du fait d'évènements passés et dont elle attend des avantages économiques futurs »[2]. Appréhendé par les juristes, l'actif est « l'ensemble des biens et droits évaluables en argent qui constituent les éléments positifs du patrimoine d'une personne (physique ou morale) et forment le gage de ses créanciers par opposition au passif »[3]. L'actif est donc une valeur économique positive du patrimoine[4]. Éminemment économique, cette notion demeure plus large que celle de bien[5]. En effet, elle se réfère au contrôle de l'actif par l'entreprise et non à sa propriété au sens juridique du terme. Les traditionnelles difficultés tenant à la qualification de bien de certains actifs, tels que les créances, sont ainsi écartées[6]. En effet, la valeur des différents actifs du FCT permet de les inclure automatiquement dans la copropriété et de justifier leur fongibilité. Toute approche juridique ne peut cependant pas être abandonnée. Qualifier le FCT de copropriété suppose ainsi *a priori* d'admettre la propriété des actifs compris dans le FCT. Or, si la propriété des créances est concevable (1), la propriété des contrats doit quant à elle être écartée (2).

---

[1] Art. R. 214-218, 1°, a, d et g, C. mon. fin. ; v. également la note de présentation du règlement n° 2016-02 du 11 mars 2016 relatif aux comptes annuels des organismes de titrisation de l'ANC, 2016, p. 8 et s., p. 5 qui classe les contrats conclus par l'organisme dans ses actifs.

[2] Art. 211-1 du PCG.

[3] G. CORNU (dir.), *Vocabulaire juridique*, *op. cit.*, s. v. « Actif ».

[4] Pour une approche semblable, v. A. QUIQUEREZ, *La titrisation des actifs intellectuels*, *op. cit.*, n° 53, p. 85 qui définit la notion d'actif comme « tout droit patrimonial constituant une source actuelle, ou future mais probable, de revenus ». V. également É. ANDRE, *Les actifs incorporels de l'entreprise en difficulté*, préf. N. Borga, coll. « Nouvelle Bibliothèque de Thèses », n° 191, Dalloz, 2020, n° 4, p. 6 qui considère qu'il y a corrélation entre actif et valeur économique. B. BRIGNON, *L'actif social, Plaidoyer pour la reconnaissance de la notion*, préf. J. Mestre, coll. « Institut de Droit des Affaires », PUAM, 2009.

[5] V. en ce sens P. BERLIOZ, *La notion de bien*, *op. cit.*, n°s 702 et s., p. 230 et s. ; É. ANDRE, *Les actifs incorporels de l'entreprise en difficulté*, *op. cit.*, n° 4, p. 6 ; certains auteurs tendent néanmoins à faire de toute valeur un bien, v. en ce sens W. DROSS, *Droit civil*, *op. cit.*, n° 9, p. 13.

[6] É. ANDRE, *Les actifs incorporels de l'entreprise en difficulté*, *op. cit.*, n° 6, p. 10.

1. L'admission de la propriété des créances facilitée par la titrisation

165. L'actif du FCT est essentiellement composé de créances. Il s'agit des créances titrisées mais aussi de titres de créance et de titres de capital[1]. La propriété des créances est aujourd'hui admise en droit commun (a). La créance peut donc être considérée comme un bien. Cette analyse est confortée par le droit financier dans la mesure où la cession de créances mise en place pour l'opération de titrisation conduit à une objectivation de la créance (b).

a. L'admission d'une propriété des créances en droit commun

166. L'obstacle de la conception subjective de l'obligation. La conception subjective de l'obligation s'oppose traditionnellement à toute propriété des créances[2]. Selon les partisans de cette approche, l'obligation est le « lien qui unit au moins deux personnes individualisées, qui permet à l'une d'elles d'exiger quelque chose de l'autre »[3]. Cette conception est appuyée par l'étymologie des mots obligation et paiement. Le mot obligation est formé du préfixe « ob » et du verbe « ligare » qui signifie lier[4]. Le mot paiement est issu du mot « solutio ». Il est formé du verbe « solvere », c'est-à-dire délier[5]. Le

---

[1] Sur la qualification des titres de capital en créances, v. supra n° 111 ; v. aussi M. GERMAIN et V. MAGNIER, *Les sociétés commerciales*, *op. cit.*, n° 520, p. 364 ; F.-X. LUCAS, « Retour sur la notion de valeur mobilière », art. préc., n° 13 ; F. NIZARD, *Les titres négociables*, *op. cit.*, n°s 30 et s., p. 17 et s. ; P. MERLE et A. FAUCHON, *Sociétés commerciales*, *op. cit.*, n° 314, p. 348 ; M. BUCHBERGER, *Le contrat d'apport*, *op. cit.*, n°s 29 et s., p. 50 et s. ; A.-L. ARCHAMBAULT, *La nature juridique des valeurs mobilières*, préc. ; V. ALLEGAERT, « De la propriété des valeurs mobilières », art. préc. ; F.-G. TREBULLE, *L'émission de valeurs mobilières*, *op. cit.* ; C. DONZEL-TABOUCOU, « Les actions : une espèce, au sein du genre des droits personnels », art. préc. ; T. BONNEAU, « Les fonds communs de placement, les fonds communs de créances, et le droit civil », art. préc., n° 16 ; H. LE NABASQUE, « Les actions sont des droits de créance négociables », art. préc.

[2] V. not. J. GHESTIN, M. BILLIAU et G. LOISEAU, *Traité de droit civil*, *op. cit.*, n° 11, p. 11 et s. ; W. DROSS, *Droit civil*, *op. cit.*, n° 493, p. 899 ; J. FRANÇOIS, « Les créances sont-elles des biens ? », in *Liber Amicorum Christian Larroumet*, Economica, 2009, p. 149 ; F. CHABAS, *Obligation : théorie générale, T. 2*, 1, 9e éd., Leçons de droit civil Henri, Jean et Léon Mazeaud, LGDJ, 1998, n° 11, p.8.

[3] J. GHESTIN, M. BILLIAU et G. LOISEAU, *Traité de droit civil*, *op. cit.*, n° 4, p. 3. Cette conception se retrouve dès l'époque romaine. Il est précisé dans le Digeste que « la substance des obligations ne consiste pas à faire nôtre le bien ou la servitude d'autrui mais à contraindre autrui à nous donner, à faire ou à nous prester quelque chose ». Les Institutes de Justinien définissent l'obligation comme « un lien de droit par lequel nous sommes astreints à la nécessité de payer quelque chose selon le droit de notre cité ». V. en ce sens *Digeste* 44, 7, 3, pr : « Obligationum substantia non in eo consistit, ut aliquod corpus nostrum aut servitutem nostram faciat, sed ut alium nobis adstringat ad dandum aliquid vel faciendum vel praestandum ». JUSTINIEN, *Institutes* III, 13, pr « Obligatio est juris vinculum, quo necessitate adstringimur alicujus solvendae rei, secundum nostrae civitatis jura ».

[4] J.-P. LEVY et A. CASTALDO, *Histoire du droit civil*, *op. cit.*, n° 440, p. 682.

[5] *Ibid.*

lien entre le débiteur et le créancier était à l'origine matériel puisqu'il désignait la chaîne de fer par laquelle étaient attachés les esclaves[1]. Il est désormais abstrait et les adeptes de la conception subjective de l'obligation refusent qu'il fasse l'objet d'un droit de propriété et soit réduit à un simple bien.

167. Conception objective de l'obligation. D'autres auteurs appréhendent l'obligation de façon économique, car elle a pour effet la création, le maintien, l'exploitation ou la restauration d'une richesse[2]. Elle est ainsi un élément d'actif du patrimoine du créancier et est incluse dans le passif du débiteur[3]. Il est dans ce cas fait abstraction des sujets du rapport d'obligation et celle-ci peut changer de patrimoine sans rupture de ce rapport. Cette vision objective de l'obligation a été principalement développée au XIXe siècle au Royaume-Uni et en Allemagne mais n'a pas été retenue par la doctrine majoritaire française qui consacre une conception mixte de l'obligation[4].

168. Conception dualiste de l'obligation. La conception dualiste propose un compromis entre les deux approches précédentes puisqu'elle implique que l'obligation soit à la fois un lien de droit et un bien[5]. Le lien n'est pas nié mais l'attention est principalement portée sur la nature patrimoniale de l'objet de l'obligation[6], dont la valeur finale dépend de l'exécution qui en est faite[7]. La créance[8] est un élément d'actif du patrimoine du créancier. En effet, elle correspond à « l'anticipation du résultat économique objectif attendu de l'exécution de l'obligation »[9], « au produit potentiel, [...] à l'objet attendu de la réalisation de ce droit »[10]. De ce fait, la créance peut être appropriée. Ce d'autant plus que l'obstacle de la *summa divisio* entre droits réels et personnels a été franchi. Il est effectivement traditionnellement opposé

---

[1] W. DROSS, *Droit civil, op. cit.*, n° 135-1, p 259.

[2] J. GHESTIN, M. BILLIAU et G. LOISEAU, *Traité de droit civil, op. cit.*, n° 4 p. 5-6.

[3] V. not. Y. EMERICH, *La propriété des créances, op. cit.*, n° 137, p. 81 ; Y. PICOD, « Obligations », *Rép. civ.*, Dalloz, janvier 2019, n° 17.

[4] Y. EMERICH, *La propriété des créances, op. cit.*, n° 144, p. 85.

[5] *Ibid.*, n° 144, p. 85 ; F. TERRE *et al.*, *Les obligations, op. cit.*, n° 1618, p. 1773 ; J. FRANÇOIS, *Traité de droit civil, T. 4, Les obligations – Régime général*, 6e éd., coll. « Corpus Droit privé », Economica, 2022 qui structure son ouvrage en deux parties : « *l'obligation comme lien* », « *l'obligation comme bien* » ; J. FLOUR, J.-L. AUBERT et É. SAVAUX, *Droit civil, Les obligations, t.1, L'acte juridique*, 17e éd., coll. « Université », Dalloz, 2022, n° 3, p. 2 ; Y. EMERICH, *La propriété des créances, op. cit.*, n° 147, p. 88.

[6] F. RIZZO, *Le traitement juridique de l'endettement*, préf. J. Mestre, Institut de droit des affaires », PUAM, 1996.

[7] C. LARROUMET et S. BROS, *Droit civil, T. 3, Les obligations, Le contrat, op. cit.*, n° 24, p. 20.

[8] Comp. W. DROSS, *Droit civil, op. cit.* pour qui il s'agit d'une mutilation de l'obligation, n° 493-1, p. 900.

[9] J. GHESTIN, M. BILLIAU et G. LOISEAU, *Traité de droit civil, op. cit.*, n° 6, pp. 7-8.

[10] M. FABRE-MAGNAN, « Propriété, patrimoine et lien social », *RTD civ.*, juillet 1997, n° 3, p. 583 et s. n° 25.

à la propriété des créances qu'un droit réel ne peut porter sur un droit personnel. Toutefois, une partie de la doctrine a démontré que le droit de propriété représente une relation entre la personne et son bien[1]. La propriété est au-dessus de tous les droits patrimoniaux et les irrigue[2]. Elle peut porter sur des droits personnels comme les créances[3]. Cette idée est de plus en plus répandue. On la trouve notamment à l'article 534 de la proposition de réforme du Livre II du Code civil relatif aux biens, portée par l'Association Henri Capitant[4]. L'idée de copropriété des créances portée par le FCT n'est donc pas incongrue. Elle l'est d'autant moins que la titrisation procède à une réification des créances.

b. L'objectivation des créances par l'opération de titrisation

169. Réification de la créance par l'opération de titrisation. La personne du débiteur des créances cédées à l'organisme de titrisation est occultée par l'opération de titrisation. L'efficience de cette dernière est effectivement assurée par la cession massive de créances. Celle-ci dépend de trois éléments complémentaires : l'allègement du formalisme lié à la cession, la cession par bordereau et la fongibilité des créances.

170. Allègement du formalisme de la cession de créance. Le régime de cession des créances au cours d'une opération de titrisation est minimaliste. Les créances sont transmises au moyen d'un bordereau de cession. La cession est alors opposable aux tiers et au débiteur à la date apposée sur le bordereau transmis[5]. L'information du débiteur est donc superflue[6] et n'intervient qu'en

---

[1] S. GINOSSARD, *Droit réel, propriété et créance : élaboration d'un système rationnel des droits patrimoniaux*, *op. cit.* ; et repris par la suite not. par F. ZENATI, *Essai sur la nature juridique de la propriété*, préc., n°s 580 et s., p. 798 et s. ; T. REVET et F. ZENATI, *Les biens*, *op. cit.*, n° 289, p. 451 ; R. LIBCHABER, « Biens », *op. cit.*, n° 62.

[2] V. FORTI, *La titrisation des créances en droit comparé*, *op. cit.*, n° 658, p. 437.

[3] T. REVET et F. ZENATI, *Les biens*, *op. cit.*, n° 3, p. 21 ; Y. EMERICH, *La propriété des créances*, *op. cit.* ; J. LAURENT, *La propriété des droits*, préf. Th. Revet, coll. « Bibliothèque de droit privé », n° 537, LGDJ, 2012 ; R. LIBCHABER, « Biens », *op. cit.*, n° 61 ; et plus particulièrement en droit financier v. V. FORTI, *La titrisation des créances en droit comparé*, *op. cit.* ; T. BONNEAU, « Les fonds communs de placement, les fonds communs de créances, et le droit civil », art. préc. ; A. COURET, « Innovation financière et règle de droit », art. préc.

[4] Art. 534 de la proposition de réforme du Livre II du Code civil relatif aux biens portée par l'Association Henri Capitant : « la propriété est le droit exclusif et perpétuel d'user, de jouir et de disposer des choses et des droits ». Pour une analyse de l'avant-projet, v. W. DROSS et B. MALLET-BRICOUT, « L'avant-projet de réforme du droit des biens : premier regard critique », *D.*, février 2009, n° 8, p. 508 et s.

[5] Art. L. 214-169 V, C. mon. fin.

[6] Comp. art. 1690 anc., C. civ. qui conditionnait l'opposabilité de la cession à la signification au débiteur ou à l'acceptation de ce dernier par acte authentique ; et les art. 1323 et 1324, C. civ. qui conditionnent toujours l'opposabilité de la cession au débiteur à son consentement, notification ou prise d'acte mais qui admet l'opposition aux tiers à la date de l'acte.

cas de changement de la personne chargée du recouvrement des créances[1]. Le débiteur n'a donc pas connaissance de son véritable créancier. Ce faisant, la personne du débiteur est occultée au profit de la cession rapide et massive des créances. En effet, l'importance du débiteur se manifeste normalement à travers le formalisme de la cession de créances[2]. Depuis la réforme du droit des obligations, l'information du débiteur n'a plus d'effet à l'égard des tiers et lui rend seulement la cession opposable[3]. Il est ainsi informé de la modification du rapport d'obligation et de l'identité du créancier entre les mains duquel il peut se libérer, voire négocier une remise de dette ou un délai de paiement[4]. L'information du débiteur assure également la sauvegarde de ses intérêts[5]. Il peut se prévaloir d'un défaut d'information à chaque fois qu'il a intérêt à ce que le cédant soit toujours son créancier[6]. Le régime de la titrisation réduit néanmoins les créances à de simples valeurs patrimoniales en éclipsant la personne du débiteur[7].

171. Cession en masse organisée par le bordereau. La technique du bordereau participe également à l'objectivation des créances. Selon l'article D. 214-227 du Code monétaire et financier, le bordereau doit permettre une certaine désignation ou individualisation des créances cédées ou des éléments susceptibles d'y pourvoir. Il peut s'agir de l'indication du débiteur ou simplement du ***type*** de débiteurs concernés. Il peut également s'agir des actes ou des *types* d'actes dont les créances sont ou seront issues. Cela comprend aussi le lieu de paiement, le montant des créances ou leur évaluation et, éventuellement, leur échéance. En réalité, cette identification donne les éléments nécessaires au recouvrement des créances. Elle permet également de rassembler les créances en catégories facilitant leur présentation aux

---

[1] Art. L. 214-172, al. 3, C. mon. fin. ; *adde* art. 34 de la loi n° 88-1201 du 23 décembre 1988 relative aux organismes de placement collectif en valeurs mobilières et portant création des fonds communs de créances qui prévoyait une information par lettre simple.

[2] V. également en ce sens W. DROSS, *Droit civil, op. cit.*, n° 493-2, spéc. p. 902. ; *contra J.* CARBONNIER, *Droit civil, T. 2, Les biens, Les obligations*, coll. « Quadrige, Manuels », PUF, 2004, n° 1236, p. 2459 pour qui l'ancien formalisme de l'article 1690 du Code civil n'était pas lié à la protection de la personne du débiteur cédé, mais permettait l'investiture du cessionnaire à l'égard du cédé et la publicité de la cession à l'égard des tiers.

[3] Art. 1323 et 1324, C. civ.

[4] L. AYNES, « " Cession de contrat, cession de créance : rôle de la signification au débiteur cédé ", note sous Civ. 1re, 5 févr. 2009, n° 08-10.230 », *Recueil Dalloz*, 2009, p. 842, n° 12.

[5] *Ibid.*, n° 14.

[6] *Ibid.*, n° 10. Une telle situation peut se rencontrer en présence de créances réciproques, lorsque le créancier du débiteur-cédé est placé en procédure collective. Le débiteur peut invoquer la compensation intervenue avant l'opposabilité de la cession afin d'éviter d'exécuter son obligation, sans pouvoir recouvrer sa créance. La compensation lui permet ainsi d'échapper à l'interdiction de paiements des dettes antérieures.

[7] Sur l'objectivation des créances, v. V. FORTI, *La titrisation des créances en droit comparé*, *op. cit.*, n° 532, p. 355.

investisseurs[1]. Par ailleurs, les créances sont cédées au moyen d'un document unique. Elles sont ainsi négociées comme faisant partie d'un ensemble, et ne font pas l'objet d'une véritable individualisation, si bien que la personne de chaque débiteur importe peu[2].

172. Fongibilité des créances. Considérées uniquement comme des valeurs appropriables[3], les créances titrisées deviennent des biens[4]. Les créances cédées sont donc des choses fongibles[5] et se confondent au sein du portefeuille de créances. Elles se fondent également avec les autres actifs du fonds. Chaque investisseur est donc copropriétaire de la masse d'actifs et dispose, individuellement, d'une quote-part de cette masse. Sa quote-part représente ainsi par exemple 1/100e ou 1/10 000e des créances et autres actifs compris dans le fonds[6]. Devenues des biens, les créances peuvent faire l'objet d'un droit de propriété[7] et donc être l'objet de la copropriété des investisseurs. Cependant, des contrats figurent aussi parmi les autres actifs du FCT. Or, les évolutions conceptuelles des dernières décennies qui ont permis d'arriver à la propriété des créances n'ont pas conduit à admettre la propriété du contrat.

2. Le rejet de la propriété des contrats

173. Divers contrats figurent à l'actif du FCT (a). Malgré, la valeur économique qui leur est attribuée, il n'est pas possible de faire abstraction de leur nature et d'en admettre la propriété (b).

a. Les contrats figurant à l'actif du FCT

174. Brève présentation des contrats financiers. Les contrats financiers font partie de la catégorie des instruments financiers[8]. Ils sont conclus dans une logique de couverture ou de spéculation et reposent sur un

---

[1] P. BARNETO et G. GREGORIO, *Les mécanismes financiers de la titrisation, op. cit.*, p. 82.
[2] V. FORTI, *La titrisation des créances en droit comparé, op. cit.*, n° 534, p. 355.
[3] Il ne s'agit pas de leur valeur nominale mais de leur valeur d'échange, v. également en ce sens *ibid.*, n° 538, p. 357.
[4] T. REVET et F. ZENATI, *Les biens, op. cit.*, n° 2, p. 18 ; P. BERLIOZ, *La notion de bien, op. cit.*
[5] V. FORTI, *La titrisation des créances en droit comparé, op. cit.*, n° 534, p. 355.
[6] T. BONNEAU, « Les fonds communs de placement, les fonds communs de créances, et le droit civil », art. préc., n° 1.
[7] V. FORTI, *La titrisation des créances en droit comparé, op. cit.*, n°s 660 et s., p. 439 et s., spéc. n° 669, p. 444.
[8] Art. L. 211-1, C. mon. fin. Ces contrats peuvent également être désignés sous le terme d'instruments financiers à terme.

sous-jacent[1] qui détermine la valeur finale de l'opération financière[2]. L'opérateur qui est dans une optique de couverture se prémunit contre un risque de perte lié à la fluctuation de la valeur du sous-jacent. Pour ce faire, il conclut un contrat financier dans une position inverse, si bien que ce qu'il perd sur le marché réel est compensé sur le marché à terme[3].

175. Contrats financiers dans le cadre de la titrisation. Le recours aux instruments financiers à terme a été largement ouvert aux organismes de titrisation par l'ordonnance n° 2008-556 du 13 juin 2008[4]. Ceci a permis le développement de la titrisation synthétique dans laquelle l'initiateur « cède » le risque inhérent à une créance, tout en conservant cette créance à son bilan. Cette titrisation s'effectue au moyen d'un contrat financier conclu avec l'organisme de titrisation. Ce dernier couvre l'opérateur contre la dégradation de la qualité du crédit, c'est-à-dire le risque d'inexécution apprécié par les agences de notation[5]. Plusieurs types de contrats financiers permettent de mettre en place cette opération. Le principal contrat financier utilisé dans le cadre de la titrisation synthétique est le *credit default swap* (CDS)[6]. L'acheteur de protection s'engage à verser une prime régulière contre l'engagement d'un dédommagement de la part du vendeur de la protection en cas de survenance de l'évènement de crédit[7].

D'autres techniques peuvent être utilisées telles que le *first to default*, c'est-à-dire le *swap* sur première défaillance d'un panier de créances. L'acheteur de

---

[1] Les sous-jacents sont listés à l'art. D. 211-1 A du Code monétaire et financier. Il peut s'agir d'une matière première, d'une créance, ou encore d'une devise ; sur leur diversification v. F. CASTRES SAINT-MARTIN-DRUMMOND, « Le contrat comme instrument financier », art. préc., n° 7, p. 664.

[2] P. PAILLER, « Existe-t-il une notion d'instrument financier à terme ? », *RTDF*, décembre 2010, vol. 4, p. 36 et s., spéc. p. 37 ; pour un résumé des deux finalités, v. T. BONNEAU *et al.*, *Droit financier*, *op. cit.*, n°s 855 et s., p. 577 et s. ; et sur la notion de sous-jacent, v. spéc. P. PAILLER, *Le contrat financier, un instrument financier à terme*, *op. cit.*, n° 4, p. 11 et n° 8, p. 18.

[3] F. CASTRES SAINT-MARTIN-DRUMMOND, « Le contrat comme instrument financier », art. préc., n° 7, p. 665. Face à la complexité du mécanisme, une illustration s'impose. Afin de faire face à une baisse de la valeur de son stock de bois, un négociant va décider de conclure un contrat financier prévoyant la vente de son stock à une date déterminée, pour une valeur prédéterminée (le cours actuel du bois). Il ne subira donc pas ainsi la baisse du cours du bois. Dans cet exemple, il s'agit d'une vente à terme ferme. Il existe d'autres contrats tels que les contrats d'échange (les *swaps*) ou les contrats d'option. D'autres exemples sont donnés dans l'article. V. aussi P. PAILLER, *Le contrat financier, un instrument financier à terme*, *op. cit.*, n° 3, p. 9.

[4] Les FCC pouvaient recourir aux contrats financiers depuis la loi n° 2003-701 du 1er août 2003 de sécurité financière, mais dans la seule fin de couverture, v. en ce sens anc. art. R. 214-92, C. mon. fin.

[5] T. BONNEAU *et al.*, *Droit financier*, *op. cit.*, n° 884, p. 585.

[6] P. LE CANNU, T. GRANIER et R. ROUTIER, *Droit commercial*, *op. cit.*, n° 916, p. 678.

[7] *Ibid.*, n° 817, p. 620 ; sur la notion de credit default swap, v. A. GAUDEMET, *Les dérivés*, préf. H. Synvet, coll. « Recherches Juridiques », Economica, 2010, n°s 185 et s., p. 89.

la protection verse alors une prime régulière mais le vendeur doit le dédommager dès la première survenance d'un événement de crédit sur l'un des actifs d'un panier de référence[1]. Une autre technique appelée *total rate of return swaps* ou *swap* sur le rendement total consiste, pour deux contreparties, à s'échanger « les flux représentant, pour l'établissement acheteur de protection, la rémunération de l'actif majorée, le cas échéant de son appréciation, contre, pour l'investisseur vendeur de protection, le coût de financement de l'actif majoré, le cas échéant, de sa dépréciation »[2]. L'échange porte sur les flux, c'est-à-dire les revenus de l'actif risqué. Autrement dit, il porte sur les sommes représentatives de l'évolution qualitative de l'actif sous-jacent[3]. Il est enfin possible d'avoir recours à des options sur écart de crédit ou *credit spread option*. « L'acheteur de protection verse une prime régulière au vendeur de protection qui s'engage à acquérir (*credit spread call option*) ou à vendre (*credit spread put option*), à un niveau déterminé un actif sous-jacent. Il en résulte que l'incident de crédit est l'élargissement de l'écart de crédit, il n'a donc pas à être défini avec précision »[4].

176. Contrats transférant les risques d'assurance. L'organisme de titrisation peut également conclure des contrats transférant des risques d'assurance[5]. Il prend alors en charge les risques transférés par une entreprise d'assurance ou de réassurance. Son exposition aux risques est financée par l'émission d'une dette ou le recours à un autre mécanisme de financement. Le droit au remboursement des investisseurs est alors conditionné aux obligations de réassurance de l'organisme de titrisation[6].

177. Contrats de sous-participations en risque ou en trésorerie. Les organismes de titrisation peuvent aussi s'exposer à un risque de crédit en concluant des contrats de sous-participations en risque ou en trésorerie[7]. Ces derniers sont traditionnellement issus du regroupement d'établissements de crédit dans un *pool* bancaire, une syndication bancaire, pour financer des opérations de grande ampleur. Le poids du financement ainsi que les risques

---

[1] P. LE CANNU, T. GRANIER et R. ROUTIER, *Droit commercial*, *op. cit.*, n° 817, p. 621.
[2] J.-L. QUEMARD, *Dérivés de crédit*, Revue banque, 2003, p. 30.
[3] P. LE CANNU, T. GRANIER et R. ROUTIER, *Droit commercial*, *op. cit.*, n° 817, p. 621.
[4] *Ibid.*
[5] À ce titre, ils répondent à certaines règles spécifiques figurant aux art. L. 214-187 et s., C. mon. fin. Sur la titrisation du risque d'assurance, v. A. COURET *et al.*, *Droit financier*, *op. cit.*, n°s 1017 et s, p. 795 et s.
[6] Art. 13, § 26 de la directive 2009/138/CE du Parlement européen et du Conseil du 25 novembre 2009 sur l'accès aux activités de l'assurance et de la réassurance et leur exercice et anc. art. 2, § 1, p) de la directive 2005/68/CE du Parlement européen et du Conseil du 16 novembre 2005 relative à la réassurance et modifiant les directives 73/239/CEE et 92/49/CEE du Conseil ainsi que les directives 98/78/CE et 2002/83/CE ayant offert un cadre légal à la titrisation du risque d'assurance.
[7] T. GRANIER, *Titrisation et organismes de financement*, *op. cit.*, n° 212, p. 152.

qui lui sont associés sont ainsi répartis entre les différents acteurs[1]. Il y a sous-participation lorsqu'une seule banque accorde le crédit et transfère ensuite le risque à plusieurs banques qui « supporteront une partie du risque et/ou de la trésorerie (c'est-à-dire des avances de fonds à l'emprunteur) afférents au crédit »[2] en échange d'une rémunération.

178. Ces différentes conventions répondent à la définition classique du contrat[3] et la majorité des auteurs les qualifient comme tel malgré leurs particularités. Il en va de même pour les sûretés figurant à l'actif du FCT[4]. Or, si le contrat peut être une source de valeur, il est avant tout la source de liens d'obligation[5] et d'un cadre obligatoire[6]. Il est ainsi rétif à toute forme de propriété.

b. La critique de la propriété du contrat

179. Discussion sur la valeur du contrat. Certains auteurs estiment que le contrat présente une valeur économique[7]. Cette approche est également celle du législateur en matière de titrisation. En effet, tous les actifs composant le fonds sont fongibles en valeurs[8]. Les contrats sont donc également réduits au rang de valeurs patrimoniales. La prévalence de cette vision économique consacrerait ainsi à demi-mot la propriété du contrat.

Cependant, la valeur économique que l'on attribue au contrat n'est rien de plus que l'anticipation de l'exécution de l'obligation, c'est-à-dire une dette ou une créance. Ce sont seulement ces dernières qui figurent au bilan des contractants[9]. En effet, le traitement comptable des instruments financiers implique que seules les primes et soultes initiales versées ou reçues à l'entrée dans les contrats, les appels de marge, les dépôts de garantie et les pertes et gains latents et réalisés sur ces contrats sont comptabilisés, le montant nominal

---

[1] *Ibid.*, n° 211, p. 151.
[2] *Ibid.*
[3] V. art. 1101, C. civ.
[4] Art. R. 214-218, C. mon. fin.
[5] P. BERLIOZ, *La notion de bien, op. cit.*, n° 1031, p. 331.
[6] P. ANCEL, « Force obligatoire et contenu obligationnel du contrat », *RTD civ.*, décembre 1999, n° 4, p. 771 et s., spéc. n° 9.
[7] V. not E. JUEN, « Contrat-lien ou contrat-bien », *RRJ*, octobre 2012, n° 2, p. 737 et s., spéc. p. 749 ; E. BAYER, « La propriété du contrat », *LPA*, mars 2006, n° 43, p. 6 et s. ; B. BRIGNON, *L'actif social, op. cit.*, n° 258, p.185 et n° 268, 189 ; É. ANDRE, *Les actifs incorporels de l'entreprise en difficulté, op. cit.*, n°s 523-524, pp. 312-313 ; M.-A. FRISON-ROCHE, « Le contrat et la responsabilité : consentements, pouvoirs et régulation économique », *RTD civ.*, mars 1998, n° 1, p. 43 et s., spéc. n° 29.
[8] V. sur ce point *supra* n° 122.
[9] V. en ce sens B. BRIGNON, *L'actif social, op. cit.*, n° 261, p. 186.

du contrat étant inscrit dans les engagements hors bilan[1]. Le contrat n'a donc pas de valeur en soi[2]. Il consiste en un accord de volontés et ne devrait pas pouvoir être approprié[3].

180. Rejet théorique de la propriété du contrat. Le Professeur Berlioz justifie le rejet de la propriété du contrat par deux éléments. D'une part, il constate qu'en contractant, les parties consentent à une restriction de leur liberté. Or, la « propriété est l'une des formes de la liberté reconnue à chaque personne »[4]. Malgré l'existence de propriétés affectées ou finalisées, le propriétaire conserve un droit exclusif sur son bien. Il peut librement en disposer dans la seule limite d'une affectation[5]. L'idée de propriété du contrat est donc antinomique[6]. D'autre part, la propriété du contrat conduit à consacrer la toute-puissance de la volonté du propriétaire sur le contrat[7]. L'accord de volonté des parties est donc, de façon paradoxale, soumis à l'unique volonté de son propriétaire[8].

181. Rejet pratique de la propriété du contrat. Une approche plus pragmatique de l'idée de propriété du contrat conduit également à la rejeter. Tout d'abord, elle ne permet pas l'exercice des attributs de la propriété. Le contractant ne peut pas disposer du contrat. À ce titre, la cession du contrat ne milite pas en faveur de la propriété du contrat. D'une part, tout ce qui entre dans l'échange ne peut être qualifié de bien[9]. D'autre part, la cession du contrat correspond à la substitution d'un tiers à l'un des cocontractants initiaux sans

---

[1] V. en ce sens art. 628-1 et s. du règlement ANC n° 2014-03 relatif au plan comptable général dans sa version consolidée au 1er janvier 2023.
[2] Pour une autre analyse de la valeur du contrat v. R. LIBCHABER, « Biens », *op. cit.*, n° 28 où l'auteur explique que le contrat synallagmatique qui repose sur l'échange de prestations équivalentes ne saurait avoir de valeur, réalisant les désirs de chacun.
[3] Comp. W. DROSS, *Droit civil*, *op. cit.*, nos 8 et s., p. 12 et s. qui définit l'objet du droit de propriété comme une chose présentant une valeur.
[4] P. BERLIOZ, *La notion de bien*, *op. cit.*, n° 1042, p. 334.
[5] Sur la réalité de la propriété fiduciaire, v. *infra* n° 408.
[6] P. BERLIOZ, *La notion de bien*, *op. cit.*, n° 1042, p. 334.
[7] *Ibid.*, n° 1043, p. 334.
[8] *Ibid.*, n° 1044, p. 335.
[9] V. en ce sens W. DROSS, « La valeur, moteur des nouveaux biens de l'entreprise », in *Le patrimoine de l'entreprise : d'une réalité économique à un concept juridique ?*, coll. « Contrats & patrimoine », Larcier, 2014, p. 63 et s., spéc. n° 15, p. 72, « la désincarnation du bien et sa réduction à sa seule valeur d'échange ne permettent pas de rendre évident le chemin inverse et de qualifier ainsi de bien tout ce qui rentre dans l'échange, étant à nouveau souligné que s'aperçoit toujours en filigrane d'une telle qualification la propriété ».

rupture du lien d'obligation[1]. Elle n'est donc pas un transfert de la propriété du contrat[2].

Ensuite, l'exercice des attributs de la propriété porte sur la créance ou la dette née du contrat. En effet, ce n'est qu'une fois le contrat conclu et ses effets déterminés que l'on peut isoler la valeur de chacune des prestations. Les parties peuvent alors en user, en jouir et en disposer[3].

Enfin, l'idée de propriété du contrat suppose d'avoir autant de propriétaires du contrat que de contractants. À cet égard, une indivision du contrat n'est pas envisageable, chaque contractant ayant la propriété exclusive des prestations qui lui sont promises et de façon non temporaire. Il a donc été proposé de reconnaitre la propriété commune de la structure contractuelle par les contractants et la propriété exclusive des prestations qui leur sont dues[4]. L'exercice intellectuel est cependant complexe. Il l'est d'autant plus en présence d'une multitude de contractants. En pratique, reconnaître la propriété des copropriétaires du FCT impliquerait de diviser les prestations entre ces différents protagonistes, ce qui est irréalisable. Comment déterminer en amont la valeur des contrats conclus alors qu'ils reposent sur des sous-jacents dont la valeur fluctue ? En réalité, le contrat est rétif à toute propriété. Celui-ci faisant partie des actifs du FCT, il faut se résoudre à écarter l'idée d'une copropriété d'actifs. De ce fait, la copropriété ne peut porter que sur le patrimoine d'affectation.

B. La copropriété du patrimoine d'affectation

182. Intérêt de la copropriété du patrimoine d'affectation. Si la copropriété ne peut pas porter directement sur les actifs, elle peut porter sur le patrimoine d'affectation qui les contient. Cette approche justifie la fongibilité des différents éléments d'actifs et limite la responsabilité des copropriétaires. Elle permet aussi d'intégrer les différents contrats financiers. En effet, ces derniers engendrent nécessairement des créances incluses dans le patrimoine d'affectation ou des dettes venant le grever. Cette approche nécessite néanmoins d'admettre la propriété du patrimoine.

---

[1] Art. 1216 C. civ., v. également la section 4 du *rapport au Président de la République relatif à l'ordonnance n° 2016-131 du 10 février 2016 portant réforme du droit des contrats, du régime général et de la preuve des obligations*, préc. ; L. AYNES, *La cession de contrat et les opérations juridiques à trois personnes*, préf. Ph. Malaurie, coll. « Droit civil », Economica, 1984, n°s 94 et s., p. 75 et s.

[2] R. LIBCHABER, « Pour un renouvellement de l'analyse des droits sociaux », art. préc., n° 11, p. 729.

[3] V. en ce sens R. LIBCHABER, « Biens », *op. cit.*, n° 29.

[4] E. BAYER, « La propriété du contrat », art. préc. ; E. JUEN, « Contrat-lien ou contrat-bien », art. préc., p. 754.

183. Propriété d'un patrimoine. Les auteurs classiques rejettent la propriété du patrimoine car la propriété ne pourrait s'exercer pleinement sur celui-ci[1]. Par ailleurs, tout bien objet de propriété faisant partie du patrimoine, ce dernier ne pourrait être objet de propriété sans être compris dans lui-même[2].

Une définition renouvelée de la propriété permet néanmoins de passer outre ces difficultés [3]. La propriété est définie comme la relation d'appartenance entre le bien et le sujet de droit[4]. Elle est le droit subjectif[5]. Elle est exclusivité et disposition[6] et ces deux pouvoirs s'exercent pleinement sur le patrimoine. D'une part, la personne a la jouissance exclusive de son patrimoine puisqu'elle peut en exclure les tiers. D'autre part, elle a la possibilité de disposer de son patrimoine lorsqu'elle conclut des « actes constitutifs de droit personnels »[7]. Le patrimoine peut ainsi faire l'objet d'un droit de propriété[8]. Il en va alors naturellement de même pour le patrimoine d'affectation. Le FCT peut donc être considéré comme la copropriété d'un patrimoine d'affectation.

184. Nature mobilière du patrimoine. La propriété du patrimoine le fait accéder au rang de bien[9]. Les dettes ne sont alors pas un obstacle. En effet, les auteurs classiques qualifient le patrimoine d'universalité de droit, par opposition à l'universalité de fait, en raison de la présence de dettes en son

---

[1] V. not. en ce sens J.-L. AUBERT et É. SAVAUX, *Introduction au droit et thèmes fondamentaux du droit civil*, 19e éd., coll. « Université », Dalloz, 2023, n° 225, p. 317 ; M. HENRI, C. FRANÇOIS et M. LEON, *Leçons de droit civil, Introduction à l'étude du droit*, Montchrestien, 2000, n° 283, p. 320 ; G. CORNU, *Les biens*, *op. cit.*, n° 5, p. 10 ; F. TERRE et P. SIMLER, *Droit civil*, *op. cit.*, n° 19, p. 26 ; J.-L. BERGEL *et al.*, *Les biens*, *op. cit.*, n° 4, p. 11.

[2] Pour un exposé de ces difficultés, v. N. JULLIAN, *La cession de patrimoine*, *op. cit.*, nos 65-66, pp. 74-75.

[3] *Ibid.*, n° 67, p. 77.

[4] S. GINOSSARD, *Droit réel, propriété et créance : élaboration d'un système rationnel des droits patrimoniaux*, *op. cit.*, n° 12, p. 33 ; F. ZENATI, *Essai sur la nature juridique de la propriété*, préc.

[5] F. ZENATI, *Essai sur la nature juridique de la propriété*, préc., n° 547, p. 750.

[6] *Ibid.*, nos 504-505, pp. 688-689.

[7] N. JULLIAN, *La cession de patrimoine*, *op. cit.*, n° 67, p. 77.

[8] V. également en faveur de cette conception Y. EMERICH, *La propriété des créances*, *op. cit.* ; J. LAURENT, *La propriété des droits*, *op. cit.* ; N. JULLIAN, *La cession de patrimoine*, *op. cit.* ; rappr. A. NALLET, *La notion d'universalité, Étude de droit civil*, préf. F. Zenati-Castaing, coll. « Nouvelle Bibliothèque de Thèses », n° 209, Dalloz, 2021 qui critique la notion d'universalité, dont celle de patrimoine. Pour l'auteur, la notion de patrimoine fait double emploi avec celle de personnalité. Ainsi, l'auteur propose d'exclure le patrimoine des universalités et de consacrer un bien universel, remplaçant nos actuelles universalités. Les patrimoines d'affectation constitués par l'EIRL ou dans le cadre de la fiducie sont qualifiés de bien universel car, à l'inverse du patrimoine que nous connaissons aujourd'hui, les biens qu'ils comprennent ne sont pas affectés au passif mais à l'activité menée. Le bien universel peut être approprié. Ces deux patrimoines d'affectation peuvent donc être appropriés. V. spéc n° 542, p. 245.

[9] P. BERLIOZ, *La notion de bien*, *op. cit.*, n° 58, p. 25.

sein[1]. Si les dettes sont plus importantes que les biens compris dans le patrimoine, celui-ci présente une valeur mathématique négative, ce qui s'oppose *a priori* à sa qualification de bien[2]. La difficulté peut néanmoins être écartée de deux manières. D'une part, il est possible de reconnaitre une valeur à la dette[3], comme en témoigne la pratique de la défaisance. Cette dernière correspond à une cession de dette à un tiers, chargé de les gérer contre rémunération. La dette présente alors une valeur d'usage pour son nouveau propriétaire[4] puisqu'elle lui permet d'exécuter une prestation de service rémunérée. La reconnaissance de biens à valeur vénale négative nécessite toutefois de repenser la propriété et les contrats spéciaux. Or, les probabilités d'un tel cheminement sont minces. Les différentes études consacrées à ce sujet n'ont pas conduit à des changements majeurs et la consécration de la cession de dettes a été amoindrie par l'exigence du consentement du créancier cédé[5]. Elle n'est donc pas un premier pas vers la reconnaissance par le droit positif des biens à valeur vénale négative.

---

[1] R. GARY, *Les notions d'universalité de fait et d'universalité de droit dans leur état actuel*, Thèse Bordeaux, 1931 ; N. JULLIAN, *La cession de patrimoine*, *op. cit.*, n° 50, p. 58 ; v. plus généralement sur l'inclusion des dettes dans le patrimoine C. AUBRY et C.-F. RAU, *Cours de droit civil français d'après la méthode de Zachariae, T. VI*, 4e éd., Librairie générale de droit et de jurisprudence Cosse, Marchal et Billard, Imprimeurs-Éditeurs, Libraires de la Cour de cassation, 1873, n° 573, p. 231.

[2] La majorité des auteurs considère que le bien est une « chose » pourvue d'utilités et d'une rareté, lui conférant sa valeur et justifiant qu'elle fasse l'objet d'un rapport exclusif. V. en ce sens T. REVET et F. ZENATI, *Les biens*, *op. cit.*, n° 2, p. 18 ; R. LIBCHABER, « Biens », *op. cit.*, n° 11 ; J. LAURENT, *La propriété des droits*, *op. cit.*, n° 264, p. 207 ; N. JULLIAN, *La cession de patrimoine*, *op. cit.*, n° 47, p. 50 ; A. NALLET, *La notion d'universalité, Étude de droit civil*, *op. cit.*, n° 407, p. 178 ; *contra* P. BERLIOZ, « Patrimoine d'affectation : esquisse d'un régime général », in *Le droit des affaires à la confluence de la théorie et de la pratique, Mélanges en l'honneur du Professeur Paul Le Cannu*, Dalloz, LGDJ, IRJS, Thomson Reuters Transactive, 2014, p. 499 et s. pour qui le bien doit en plus être saisissable par les créanciers du propriétaire ; W. DROSS, *Droit civil*, *op. cit.*, n° 1, p. 1 pour qui le bien est une valeur d'échange. Sur l'inutile appropriation des dettes, v. J. GHESTIN, M. BILLIAU et G. LOISEAU, *Traité de droit civil*, *op. cit.*, n° 15, p. 21 et n° 376, p. 415 ; T. REVET et F. ZENATI, *Les biens*, *op. cit.*, n° 47, p. 93 ; J. LAURENT, *La propriété des droits*, *op. cit.*, n° 446, p. 351.

[3] V. sur ce point D. CHILSTEIN, « Les biens à valeur vénale négative », *RTD civ.*, décembre 2006, n° 4, p. 663 et s. ; M. RENOUF, *Contribution à l'analyse juridique de la notion de valeur : essai sur les biens à valeur négative*, Thèse Caen, 2012 ; J. FRANÇOIS, « Les opérations sur la dette », *RDC*, avril 2016, p. 45 et s., spéc. nos 45-46 ; les droits sociaux ou un terrain pollué pourraient être considérés comme des biens à valeur vénale négative. Si l'on recherche une autre utilité que l'échange, ces choses peuvent accéder au statut de bien car elles présentent une valeur.

[4] Sur cette notion v. W. DROSS, *Droit civil*, *op. cit.*, n° 24, p. 36.

[5] Concevoir la dette comme un bien aurait conduit à admettre sa cession sans le consentement du créancier. La protection de ce dernier pouvait être assurée par le fait que le débiteur initial ne soit pas libéré ou soit garant de la bonne exécution du nouveau débiteur. V. sur ces proposition, v. M. JULIENNE, « La cession de dette : une théorie inachevée », *Dr. & Patr.*, juillet 2016, n° 260, p. 56 et s.

Il est d'autre part possible de considérer que le patrimoine est un bien dans la mesure où les dettes doivent être exclues du patrimoine[1]. L'argument historique milite effectivement en ce sens puisque le patrimoine de droit romain ne comprenait que les biens de la personne[2]. Par ailleurs, il est paradoxal de soutenir « d'une part, que le patrimoine est l'ensemble de l'actif et du passif, et, d'autre part, que tout le patrimoine est grevé du passif ». Dans ce schéma, « le passif est responsable pour soi-même, ce qui est une absurdité »[3]. La Cour de cassation est également favorable à cette exclusion des dettes du patrimoine. Elle a jugé, au visa de l'article 2092 du Code civil, « que le droit de gage général qui résulte de ce texte au profit des créanciers ne porte que sur le patrimoine même du débiteur »[4]. Or, l'article 2092 ne vise pas expressément le patrimoine mais uniquement « les biens mobiliers et immobiliers, présents et à venir », si bien qu'il faut en déduire que le patrimoine n'est composé que des biens de la personne[5]. Le passif lui est corrélé en vertu d'un lien de garantie[6]. Le droit de gage général dont dispose le créancier sur le patrimoine de son débiteur est ainsi « *la face* réelle » de son droit personnel[7]. Cette conception du patrimoine permet de dépasser l'obstacle constitué par les dettes. Elle ne remet pas en cause un pan entier de notre droit et s'est considérablement développée parmi les auteurs, à l'inverse des biens à valeur vénale négative. De ce fait, la qualification de copropriété du FCT est admissible lorsqu'elle porte sur le patrimoine

---

[1] A. SERIAUX, « La notion juridique de patrimoine », *RTD civ.*, décembre 1994, n° 4, p. 801 et s., spéc. n° 1 ; M.N. MERVORACH, « Le patrimoine », *RTD civ.*, 1936, p. 811 et s. ; F. CHENEDE, « La mutation du patrimoine, colloque Entreprise et patrimoine », *Gaz. Pal.*, mai 2011, n° 139, p. 19 et s., spéc. n° 8 et s. ; C. KUHN, *Le patrimoine fiduciaire*, préc., n° 141, p. 107 ; D. HIEZ, *Étude critique de la notion de patrimoine en droit privé actuel*, préf. Ph. Jestaz, coll. « Bibliothèque de droit privé », n° 399, LGDJ, 2003, n° 40, p. 33 ; P. BERLIOZ, *La notion de bien*, *op. cit.*, n° 655, p. 213 ; N. JULLIAN, *La cession de patrimoine*, *op. cit.*, n° 51, p. 59 ; A. NALLET, *La notion d'universalité, Étude de droit civil*, *op. cit.*, n° 507, p. 228 ; *contra* M. FABRE-MAGNAN, « Propriété, patrimoine et lien social », art. préc., n° 29 et s.

[2] F. CHENEDE, « La mutation du patrimoine, colloque Entreprise et patrimoine », art. préc., n° 8 ; v. également T. REVET et F. ZENATI, *Les biens*, *op. cit.*, n° 6, p. 24 qui établissent une distinction avec la notion de *bona*.

[3] M.N. MERVORACH, « Le patrimoine », art. préc. repris not. par F. CHENEDE, « La mutation du patrimoine, colloque Entreprise et patrimoine », art. préc. ; D. HIEZ, *Étude critique de la notion de patrimoine en droit privé actuel*, *op. cit.*, n° 395, p. 257.

[4] Civ. 1ère, 6 juillet 1988, n° 86-11.153 et n° 86-11.450, *Bull.* 1988 I n° 227 p. 159 ; Civ. 1ère, 4 janvier 1995, n° 93-10.175, *Bull. civ.* I, n° 6 ; Com., 1 octobre 1997, n° 95-15.499, *Bull. civ.* IV, n° 234 ; *JCP*, 1998, I, 103, obs. Delebecque *; Revue critique de droit international privé*, 1997, p. 751, Rémery.

[5] B. ROMAN, « Le patrimoine dans l'avant-projet de réforme du droit des biens », *Defrénois*, mars 2009, n° 5, p. 504 et s. ; N. JULLIAN, *La cession de patrimoine*, *op. cit.*, n° 51, p. 60.

[6] N. JULLIAN, *La cession de patrimoine*, *op. cit.*, n°s 52 et s., p. 61 et s. ; F. CHENEDE, « La mutation du patrimoine, colloque Entreprise et patrimoine », art. préc., n° 11 ; F. ZENATI-CASTAING et T. REVET, *Cours de droit civil - Obligations - Régime*, coll. « Droit fondamental », PUF, 2013, n° 65, p. 137.

[7] F. ZENATI-CASTAING et T. REVET, *Cours de droit civil*, *op. cit.*, n° 64, p. 137 ; et reprenant cette idée, v. N. JULLIAN, *La cession de patrimoine*, *op. cit.*, n° 55, p. 65.

d'affectation. Cela suppose néanmoins d'adopter cette vision renouvelée de la propriété, qui n'est pas encore accueillie par la majorité des auteurs. La qualification de copropriété risque donc d'être critiquée sur ce point. Cet obstacle n'est cependant pas dirimant. En revanche, considérée dans son ensemble, la qualification de copropriété est inapte à saisir la dynamique de l'opération financière et doit être rejetée.

§ 2 : Une qualification inadaptée à l'opération de titrisation

185. Appréhension partielle de l'opération financière. La copropriété ne permet pas de saisir parfaitement la réalité de l'opération de titrisation. En effet, cette dernière suppose un isolement des créances titrisées et leur gestion dans l'intérêt d'investisseurs. À l'inverse du *trust* utilisé dans les pays de *common law* [1], la copropriété repose uniquement sur la propriété des investisseurs et n'admet pas de répartition du droit de propriété avec un tiers gestionnaire. Seuls des pouvoirs de gestion du bien indivis peuvent lui être confiés. Ils sont cependant insuffisants pour permettre la gestion de l'opération de titrisation. Maintenir une gestion du FCT par un professionnel compétent risque alors d'entraîner une perte de propriété des copropriétaires et un retour à la situation actuellement observée. En outre, la qualification de copropriété ne paraît pas opportune dans la mesure où elle s'oppose au déroulé temporel de l'opération et qu'elle conduit à déresponsabiliser les gestionnaires.

186. Difficile gestion directe du patrimoine d'affectation par les investisseurs. La propriété des copropriétaires est limitée par l'indivision et l'affectation du patrimoine. La gestion du patrimoine d'affectation, dans le respect des règles de l'indivision, par les investisseurs permettrait donc *a priori* d'assurer la bonne transmission des flux financiers. Cette gestion n'est cependant pas réaliste. Tout d'abord, les investisseurs sont généralement passifs, si bien qu'un désintérêt pour la gestion est à craindre. À cet égard, les règles de majorité de droit commun nécessaires pour l'administration du bien indivis renforcent ce risque d'inertie. Ensuite, les investisseurs ne disposent pas nécessairement des compétences techniques indispensables à la gestion du patrimoine d'affectation. Enfin, dans l'hypothèse où les investisseurs seraient actifs, il est nécessaire d'appliquer les décisions adoptées. Cela suppose que l'un d'eux soit habilité à mener des opérations sur les marchés financiers. En pratique, l'intervention d'un tiers compétent est donc souhaitable.

Pour autant, toute gestion autonome des indivisaires dans le cadre de l'opération de titrisation n'est pas impossible. Leur passivité est en partie due au fait que leur intervention est actuellement plus souvent consultative que

---

[1] V. *supra* n° 7.

normative[1]. Il ne tient qu'aux fondateurs du FCT de prévoir, dans le règlement du fonds, une intervention plus importante des copropriétaires. Par ailleurs, leur rassemblement peut être facilité par la technologie. Les réunions peuvent être tenues à distance. De même, l'application des décisions adoptées par l'assemblée pourrait être facilitée par les outils technologiques. Au lieu de mandater un tiers, il serait possible de recourir à des *smart contracts,* c'est-à-dire à « des programmes informatiques permettant d'exécuter automatiquement les termes du contrat »[2]. La gestion courante de la copropriété serait alors automatisée. En ce sens, on pourrait imaginer une copropriété régie sur le modèle d'une organisation autonome décentralisée dite DAO[3]. La décentralisation permettrait aux membres de gouverner directement l'organisation. Elle fonctionnerait ensuite de façon autonome par le biais de *smart contracts.* Dans le cadre de la titrisation, la souscription des parts de copropriété permettrait d'être membre de cette organisation. Une fois une décision prise en assemblée, le *smart contract* l'exécuterait. Il pourrait ainsi rémunérer les investisseurs, acquérir ou céder des titres financiers. À ce stade, cela supposerait néanmoins une acculturation du mécanisme. Cela impliquerait également de créer les *smart contracts* nécessaires à la réalisation de l'opération. L'investissement dans la création de ces *smart contracts* serait cependant intéressant, car l'architecture pourrait être réutilisée pour mener à bien de nouvelles opérations de titrisation. Malgré ses utilités, le recours à cette technologie ne supprimerait pas complètement toute intermédiation. La copropriété aurait toujours besoin d'un représentant pour intenter une action en justice en vue de recouvrer certaines créances acquises par le fonds.

187. Gestion par une société de gestion. Le régime de l'indivision, qu'elle soit légale ou conventionnelle, permet également de confier la gestion du patrimoine d'affectation à un professionnel. L'étendue des pouvoirs du gérant dépend alors de la nature de l'indivision. En effet, un mandat général d'administration peut être conclu dans l'indivision légale[4]. Le mandataire peut ainsi effectuer des actes d'administration et de conservation. En principe, tout acte de disposition doit faire l'objet d'un mandat exprès[5]. La plupart des actes

---

[1] Par exemple, les investisseurs peuvent être consultés en cas de remplacement de la société de gestion. On les informe notamment de l'identité du nouveau gestionnaire, sans qu'ils aient la possibilité de remettre en cause cette désignation.

[2] J.-C. RODA, « *Smart contracts, dumb contracts* ? », *Dalloz IP/IT*, juillet 2018, n° 7-8, p. 397 et s. ; v. aussi A. BENSAMOUN, G. LOISEAU (dirs.), *Droit de l'intelligence artificielle,* 2e éd., coll. « Les intégrales », LGDJ, 2022, n° 936, p. 550.

[3] Une DAO est une organisation décentralisée. Ses règles de gouvernance sont automatisées par des *smart contracts.* Elles sont inscrites sur une *blockchain.* V. en ce sens la définition donnée par Blockchain France, https://blockchainfrance.net/2016/05/12/qu-est-ce-qu-une-dao/, consulté le 29 septembre 2023. V. pour une présentation détaillée, A. BENSAMOUN, G. LOISEAU (dirs.), *Droit de l'intelligence artificielle, op. cit.*, nos 945 et s., p. 556 et s.

[4] Art. 815-3, C. civ.

[5] Art. 1988, C. civ.

d'aliénation effectués dans le cadre de l'opération de titrisation ont toutefois pour but de conserver la valeur du patrimoine d'affectation, voire de l'accroitre. Ils se rattachent donc à la catégorie des actes d'administration et peuvent être effectués par le mandataire[1]. Cela vise notamment la cession d'actifs et l'émission de titres de créance. En revanche, la souscription d'instruments financiers doit être considérée comme un acte de disposition, ces instruments présentant un risque sérieux pour le patrimoine administré.

Le gérant de l'indivision conventionnelle peut quant à lui administrer et disposer des biens indivis[2]. Son pouvoir de disposition est simplement limité s'agissant des meubles corporels. Cette limitation est sans importance dans le cadre de la titrisation. Le patrimoine d'affectation est composé d'actifs incorporels. Le gérant de l'indivision conventionnelle peut donc librement souscrire à des instruments financiers.

La copropriété créée dans le cadre de l'opération de titrisation doit être rattachée à l'indivision conventionnelle. En effet, la pratique, notamment à travers les règlements de FCT, illustre actuellement la diversité des opérations de titrisation. Il est donc plus pertinent de se référer à un modèle accordant une grande place à la liberté contractuelle.

188. Risque de consécration d'une propriété illusoire. La désignation du gérant entraine naturellement une perte de pouvoir des indivisaires pour le temps de la gestion. Elle est temporaire et librement consentie. À l'inverse, dans le cadre de la titrisation, la liberté des investisseurs sera amputée puisque la gestion est obligatoirement confiée à un professionnel compétent. La situation n'est pas sans rappeler celle de la copropriété des immeubles bâtis obligatoirement gérée par un syndic. Cependant, dans la titrisation, la liberté des investisseurs n'est pas maintenue par le choix de l'identité du gestionnaire[3]. La société de gestion participe généralement à l'organisation de l'opération et à la rédaction de la convention d'indivision. Elle est donc désignée *de facto* gestionnaire du patrimoine. Les investisseurs n'ont que la possibilité d'adhérer à la convention. Le déroulé de l'opération de titrisation contredit donc l'exclusivité et le pouvoir de disposer des investisseurs[4]. Cette

---

[1] V. en ce sens R. VERDOT, *La notion d'acte d'administration en droit privé français*, préf. P. Kayser, coll. « Bibliothèque de droit privé », LGDJ, 1963, p. 266 pour qui les actes d'aliénation correspondant « à une exploitation normale et raisonnable, qui procurent un revenu moyen, sans risque sérieux pour le patrimoine administré » sont des actes d'administration.

[2] V. art. 1873-6, al. 2, C. civ.

[3] Comp. art. 17-2 et 21 de la loi n° 65-557 du 10 juillet 1965 fixant le statut de la copropriété des immeubles bâtis imposant la désignation d'un syndic professionnel, ou non professionnel parmi les copropriétaires. Les copropriétaires initiaux ont donc le choix de l'identité du syndic, et de sa composition.

[4] Comme déjà exposé (v. *supra* n° 183), nous adoptons la vision de la propriété du Professeur Zenati pour qui la propriété se caractérise par l'exclusivité et la disposition. Cependant, si l'on retenait une définition plus classique de la propriété, il ne serait pas non plus possible de

atteinte au droit de propriété des investisseurs empêche de consacrer une copropriété au régime spécial qui s'adapterait à la réalité de l'opération de titrisation[1].

Un usage approprié de la qualification de copropriété implique donc de modifier le déroulé de l'opération de titrisation. La société de gestion devrait intervenir en tant que gestionnaire de l'organisme après la création de la copropriété. Elle pourrait conserver son rôle dans la première phase de l'opération de titrisation uniquement en qualité d'intermédiaire. Sa fonction pourrait également être confiée à un autre acteur tel que l'initiateur. L'intermédiaire aurait dans ce cas pour mission de procéder à l'exposition du fonds, à l'émission des titres et à la réunion des investisseurs pour procéder à la désignation du gestionnaire. Un tel changement serait envisageable en pratique, mais aurait pour effet de multiplier les intermédiaires. Par ailleurs, au regard de la passivité actuelle des investisseurs, ils risqueraient de ne pas véritablement choisir leur gestionnaire, notamment s'ils s'abstenaient de participer au vote. Ils risqueraient également de se contenter de désigner un candidat proposé par l'intermédiaire. En cas de conflit entre les copropriétaires sur l'identité du gestionnaire, l'intermédiaire devrait assurer une gestion intérimaire du FCT pour garantir le succès de l'opération de titrisation. La situation actuellement critiquée dans le FCT ressurgirait alors puisqu'un gestionnaire s'arrogerait tous les pouvoirs sur des biens appartenant théoriquement à autrui. Ainsi, il faut se résoudre à admettre que la qualification de copropriété n'est pas adaptée à l'opération de titrisation. En effet, l'acculturation de cette opération implique nécessairement d'amputer la qualification de copropriété ou de modifier le déroulé de l'opération financière, sans pour autant obtenir un résultat irréprochable.

189. Obstacle temporel lié à la qualification de copropriété. Le déroulement temporel de l'opération de titrisation constitue également un obstacle à la qualification de copropriété. La première phase de l'opération de titrisation, la cession des créances, est réalisée avant l'intervention des copropriétaires. La copropriété est constituée en amont sans copropriétaire[2]. Dans la titrisation classique, il y a donc cession de créances sans cessionnaire. Or, à défaut de cessionnaire, on ne peut admettre l'existence d'une véritable

---

considérer que les investisseurs exercent de propriété puisqu'ils sont privés du droit d'en disposer.

[1] Comp. en ce sens P. ROUBIER, *Théorie générale du droit : Histoire des doctrines juridiques et philosophie des valeurs sociales*, 2e éd., Dalloz, 2005, n° 3, p. 17 pour qui « les efforts que les juristes se croient obligés de faire, en face d'un fait ou acte original, pour le faire rentrer dans les catégories existantes, n'aboutissent souvent qu'à violenter inutilement la réalité, et doivent être en pareil cas abandonnés si l'on veut répondre aux besoins véritables de la vie économique : il faut alors sortir bon gré mal gré des cadres connus et éprouvés, et convenir qu'on est en face d'une situation "*sui generis*" ».

[2] V. *supra* n° 141.

cession de créances[1]. Cette difficulté se rencontre également dans la titrisation synthétique dont la première étape de l'opération est la passation du contrat financier[2]. L'émission des titres et l'intervention des copropriétaires sont postérieures. Le contrat est ainsi passé avec le FCT, non personnifié, c'est-à-dire sans cocontractant. La qualification de copropriété ne concorde donc pas avec la temporalité de l'opération de titrisation. Ce choix de qualification pourrait même faciliter une remise en question des expositions des organismes. Actuellement, cette construction précaire parvient à être maintenue par les praticiens, mais l'objectif de sécurité des marchés financiers n'est pas pleinement rempli.

Pour permettre la conclusion des contrats financiers ou de cession de créances tout en ayant recours à la qualification de copropriété, trois possibilités coexistent : qualifier la société de gestion de cocontractante ; transposer le régime des sociétés en formation ; inverser les deux étapes de l'opération. Qualifier la société de gestion de cocontractante romprait avec le modèle légal de copropriété. En effet, cela supposerait que le fonds soit à l'origine la propriété individuelle d'un patrimoine affecté. Les créances et autres actifs seraient acquis par la société de gestion et directement affectés au fonds. De plus, la réalité du transfert de propriété aux copropriétaires serait douteuse. La société de gestion continuerait à exercer les mêmes prérogatives sur les actifs, tandis que les copropriétaires seraient, *ab initio*, privés de toute prérogative. La société de gestion n'a pas non plus vocation à supporter le risque des actifs cédés et des contrats conclus. Cela exclut qu'elle soit qualifiée de cocontractante. Ce schéma ne pourrait être conservé que si l'on considérait que l'opération de titrisation décrite se double d'une opération de titrisation synthétique. Dans ce cas, la société de gestion conserverait la propriété des actifs et ne transfèrerait que les risques qui leur sont attachés en émettant des titres sur les marchés. Les investisseurs supporteraient ces risques et seraient rémunérés en conséquence. Le système s'en trouverait néanmoins complexifié puisque deux opérations seraient superposées. Il ne serait également pas compatible avec l'objectif européen de limitation des retitrisations[3]. Le fait que la société de gestion n'ait pas vocation

[1] J. GHESTIN, M. BILLIAU et G. LOISEAU, *Traité de droit civil*, *op. cit.*, n° 338, p. 371.

[2] P. LE CANNU, T. GRANIER et R. ROUTIER, *Droit commercial*, *op. cit.*, n° 913, p. 677.

[3] V. not. cons. 8 du règlement 2017/2402 du Parlement européen et du Conseil du 12 décembre 2017 créant un cadre général pour la titrisation ainsi qu'un cadre spécifique pour les titrisations simples, transparentes et standardisées. La retitrisation consiste à rassembler des titres émis lors d'une première opération de titrisation et à émettre de nouveaux titres adossés à ces derniers. Dans un premier temps, un établissement de crédit cède ainsi ses créances à un organisme de titrisation. Ce dernier émet des titres qui sont en principe souscrits par les investisseurs. Dans un second temps, certains de ces titres émis sont regroupés par une entreprise ou directement par un organisme de titrisation. Une seconde opération de titrisation prend alors place. De nouveaux titres sont émis avec pour sous-jacent les premiers titres émis et non les créances titrisées. Ces retitrisations sont sujettes à critiques car elles ne permettent pas aux investisseurs d'appréhender correctement le niveau de risque de l'opération. En effet, ils n'ont pas

à supporter les risques de l'opération élimine également la transposition du régime des sociétés en formation. En effet, les personnes ayant souscrit des engagements pour le compte de la société en formation sont engagées jusqu'à ce que la société régulièrement constituée et immatriculée reprenne les actes concernés[1]. La transposition du régime des sociétés en formation impliquerait que celle-ci soit engagée par l'acte de cession réalisé pour le compte de la copropriété. Dès lors, la solution la plus opportune pour résoudre la difficulté temporelle consiste à inverser les étapes de l'opération et donc à émettre les titres avant l'exposition. Cela suppose de présenter le projet aux investisseurs et de recueillir leur souscription avant d'acquérir les actifs à titriser. Cette nécessité de modifier le déroulé de l'opération financière démontre une fois de plus que la qualification de copropriété ne peut parfaitement l'accueillir. Dès lors, aménager l'opération financière en fonction de la règlementation – et non l'inverse – serait insensé puisque cela conduirait les praticiens à se placer sous l'égide d'un droit étranger l'accueillant pleinement[2].

190. Responsabilité inadaptée des acteurs. Les conséquences de la qualification de copropriété ne sont pas non plus optimales concernant la responsabilité des acteurs de l'opération de titrisation. Les investisseurs copropriétaires pourraient engager la responsabilité de leur gestionnaire en cas de défaillance de la gestion, notamment en lui reprochant une gestion imprudente ou une mauvaise sélection des actifs. L'enjeu serait alors pour eux d'une part, d'en prendre conscience et, d'autre part, d'en apporter la preuve.

Par ailleurs, il faut constater que les copropriétaires feraient écran entre le gestionnaire et les titulaires de titres de créance – émis par le FCT afin de se financer. En effet, ces investisseurs sont les cocontractants des copropriétaires, émetteurs des titres, et non des gestionnaires. Ils pourraient donc leur reprocher directement le non-remboursement de leur créance, selon les modalités convenues. Cette situation serait paradoxale dans la mesure où les investisseurs du FCT partagent la même situation et où les copropriétaires sont tout aussi victimes des agissements de leur gestionnaire. Cela conduirait également à ce que la responsabilité des copropriétaires ne soit pas limitée au montant de leur souscription, à rebours de la pratique actuelle, sauf à considérer qu'ils ont conclu un contrat dont l'exécution n'est garantie que par le patrimoine d'affectation. Le principe d'identité des fautes délictuelle et contractuelle permettrait également aux titulaires de titres de créance émis par

---

connaissance des actifs initiaux, les créances, puisqu'ils font l'objet d'une retitrisation. Pour un schéma illustrant cette opération, v. *infra* n° 379.

[1] Art. 1843, C. civ. et art. L. 210-6, C. com.

[2] Rappr. M.-A. FRISON-ROCHE, « Le droit financier entre volontés et informations », art. préc., p. 12 « ce sont les exigences de l'objet lui-même que le droit doit servir et contre lequel il serait insensé d'aller, dans la mesure où l'objet malmené pourrait en quelque sorte s'enfuir et se placer hors du périmètre de la puissance d'un droit qui lui serait contraire par le phénomène de la délocalisation et de la virtualité ».

la copropriété d'engager la responsabilité de la société de gestion[1]. Ils devraient néanmoins être en mesure d'établir le manquement de la société de gestion, si bien que l'action contre les copropriétaires serait plus aisée à mettre en œuvre. Cette difficulté est actuellement illustrée lorsque la responsabilité de la société de gestion est soumise à un niveau d'intermédiation supérieur. En effet, dans l'actuel FCT, la gestion peut être assurée par un sponsor. Il délègue alors obligatoirement la gestion du portefeuille à la société de gestion. De ce fait, les copropriétaires sont les contractants du sponsor et sont obligés d'engager la responsabilité civile délictuelle de la société de gestion. L'établissement de sa faute n'est alors pas toujours évident. Cela suppose effectivement qu'ils aient une connaissance suffisamment importante des détails de la gestion pour identifier un comportement fautif, tel qu'une acquisition de créances ne répondant pas aux caractéristiques des créances admises au sein du fonds, et d'en administrer la preuve. Il en va de même concernant les porteurs de titres de créance soumis à ce niveau d'intermédiation supplémentaire.

191. Conclusion de section. La qualification de copropriété ne permet pas de saisir parfaitement l'opération de titrisation conduite à travers un FCT. Elle implique, tout d'abord, d'admettre la propriété du patrimoine d'affectation. Ensuite, elle ne peut être employée sans modification de l'opération financière. Enfin, la copropriété ne rend pas parfaitement compte de la répartition des prérogatives entre les différents acteurs. À cet égard, une solution consisterait à y découvrir une nouvelle forme de propriété ou une conception de la propriété propre au droit financier[2]. Elle n'est cependant pas acceptable puisqu'elle revient sur des notions définies et risquerait *in fine* d'attenter à la cohérence du système juridique. En effet, si chaque notion peut être comprise de façon spécifique selon chaque branche du droit, il n'est plus possible de construire un ensemble systémique logique[3]. Cela créerait

---

[1] Ass. plén., 6 octobre 2006, n° 05-13.255, *Bull. Ass. plén*, n° 9, p. 23 ; *D.*, 2006, p. 2825, obs. I. Gallmeister, note G. Viney ; *D.*, 2007, p. 1827, obs. L. Rozès ; *D.*, 2007, p. 2897, obs. P. Brun et P. Jourdain ; *D.*, 2007, p. 2966, obs. S. Amrani-Mekki et B. Fauvarque-Cosson ; *AJDI*, 2007, p. 295, obs. N. Damas ; *RDI*, 2006, p. 504, obs. P. Malinvaud ; *RTD civ.*, 2007, p. 61, obs. P. Deumier ; *RTD civ.*, 2007, p. 115, obs. J. Mestre et B. Fages ; *RTD civ.*, 2007, p. 123, obs. P. Jourdain ; *RLDC*, 2007, n° 34, p. 5, note Brun ; *JCP*, 2006, n° 46, p. 2111 et s., concl. Gariazzo, note M. Billiau ; *JCP*, 2007, n° 8, p. 18, obs. Stoffel-Munck ; *JCP E*, 2007, n° 1, p. 11, note F. Auque ; *LPA*, 22 janv. 2007, note Lacroix ; *LPA*, 22 janv. 2007, 16 mai 2007, note Depadt-Sebag ; Ass. plén., 13 janvier 2020, n° 17-19.963 ; *D.*, 2020, p. 416, note J.-S. Borghetti ; *D.*, 2020, p. 353, obs. M. Mekki ; *AJ contrat*, 2020, p. 80, obs. M. Latina ; *RTD civ.*, 2020, p. 96, obs. H. Barbier ; *RTD civ.*, 2020, p. 395, obs. P. Jourdain ; *JCP E*, 2020, n° 4, p. 15 note M. Mekki.

[2] V. en ce sens V. Forti, *La titrisation des créances en droit comparé*, *op. cit.* qui dans sa thèse considère que les créances sont dédoublées, et font l'objet d'une appropriation économique par les investisseurs et fiduciaire par la société de gestion.

[3] V. en ce sens F. Terre et N. Molfessis, *Introduction générale au droit*, 15e éd., coll. « Précis », Dalloz, 2023, n° 126, p. 200.

également des interrogations autour d'une notion bien établie. La notion – renouvelée, voire faussée – risquerait effectivement de servir de référence dans des situations plus ou moins similaires. Des régimes inadaptés pourraient ainsi être appliqués à des situations de fait mal analysées. Pour s'en convaincre, il suffit de prendre l'exemple du FCT, qualifié à tort de copropriété, sur le modèle du FCP[1]. Il en va de même concernant les fonds de financement spécialisé conçus sur le même modèle que le FCT[2]. La sécurité juridique impose donc de rejeter la qualification légale de copropriété attachée au FCT.

192. Conclusion de chapitre. Le FCT est structuré de telle manière qu'il existe un décalage entre son régime et sa qualification de copropriété. En effet, la règlementation de l'opération de titrisation organise la propriété individuelle de la société de gestion, et non la propriété collective des copropriétaires. Cette propriété individuelle parvient néanmoins à être artificiellement masquée, la société de gestion agissant en permanence pour les prétendus copropriétaires, voire pour le fonds. Cette situation présente des conséquences incongrues, dont la plus flagrante est la représentation de la copropriété, entité dépourvue de personnalité. Le respect de la qualification de copropriété impliquerait donc une modification du régime existant. Une telle réforme n'est cependant pas souhaitable dans la mesure où c'est la qualification qui est inadaptée à l'opération de titrisation. Cette qualification doit donc être supprimée.

La création de la société de titrisation aurait ainsi pu permettre de mettre un terme à ces difficultés. En effet, sa personnalité permet d'avoir toujours un contractant et les difficultés créées par le déroulé temporel de l'opération sont écartées grâce au régime des sociétés en formation. Cependant, sa création, effectuée sur le modèle du FCT, a donné naissance à d'autres difficultés faisant également douter de la pertinence de sa qualification.

---

[1] V. not. en ce sens ASSEMBLEE NATIONALE, *Compte-rendu intégral des débats parlementaires*, deuxième séance du mardi 13 décembre 1988, préc.

[2] V. en ce sens art. L. 214-90-3 et s., C. mon. fin.

CHAPITRE 2 : LA DIMENSION ARTIFICIELLE DE LA SOCIETE DE TITRISATION

193. Tout comme le FCT, la société de titrisation peut être critiquée en raison de l'inadéquation de son régime à sa qualification. Cette discordance, perçue dès le stade de l'analyse comparative des deux organismes de titrisation, résulte notamment de la reprise de la structure du FCT, destinée à organiser la gestion d'un portefeuille d'actifs sur le modèle du *trust*[1]. Certains auteurs considèrent que ce régime est spécialement adapté à l'opération financière et écartent l'incohérence existante en qualifiant le régime de la société de titrisation de régime *sui generis*[2]. Cette société n'a pourtant pas fait l'objet d'une véritable analyse[3]. Or, cette dernière révèle que son régime déroge largement au droit commun des sociétés (section 1), participant à un forçage de la qualification de société (section 2).

Section 1 : L'originalité du régime juridique

194. Présentation des dérogations expresses. Les dérogations au droit commun introduites en faveur de la société de titrisation sont de deux ordres. Premièrement, le régime de la société de titrisation s'affranchit des règles qui ne lui sont pas naturellement adaptées comme celles relative à la SA à participation ouvrière[4]. Deuxièmement, d'autres dérogations procèdent d'une volonté de simplifier le fonctionnement de la société de titrisation. Sont ainsi écartées les règles alourdissant la constitution des sociétés, notamment lorsque la société est constituée avec une offre au public, autre que l'une de celles mentionnées au 1° ou au 2° de l'article L. 411-2 ou à l'article L. 411-2-1 du Code monétaire et financier[5]. Les règles relatives à la souscription en

---

[1] V. *supra* n° 9.
[2] H. HOVASSE et N. MARTIAL-BRAZ, « Fasc. 2260, La titrisation », *JCl. Banque – Crédit – Bourse*, LexisNexis, 3 avril 2013, n° 13 (l'ancienne version du répertoire est ici conservée car l'expression disparait dans les nouvelles versions écrites par Monsieur Quiquerez.).
[3] Pour une critique du *sui generis* qui recèle souvent un paresseux refus d'analyse, v. P. MALAURIE, L. AYNES et P.-Y. GAUTIER, *Droit des contrats spéciaux*, 5e éd., coll. « Droit civil », Defrénois, 2011, n° 20, p. 15. (L'expression disparaît dans les éditions suivantes.)
[4] Art. L. 214-179, II, C. mon. fin. écartant les articles L. 225-258 à L. 225-270 du Code de commerce.
[5] Art. L. 214-179, II, C. mon. fin. écartant les articles L. 225-4 à L. 225-7, L. 225-9, L. 225-10 et les troisième et quatrième alinéas de l'article L. 225-8 du Code de commerce relatifs aux sociétés constituées avec offre au public, ainsi que l'article L. 225-13 relatifs à la constitution de société anonyme sans offre au public.

numéraire, aux apports en nature et aux avantages particuliers ne sont pas applicables. De même, les actionnaires ne sont pas consultés et les apports en numéraire ne sont pas constatés par un certificat du dépositaire. Les dispositions relatives à la dénomination sociale sont également écartées.

Les règles relatives au fonctionnement des sociétés sont également adaptées[1]. Les quorums des assemblées sont allégés et les règles de cumul des mandats sont évincées. Les commissaires aux comptes sont également désignés par les dirigeants, non par les associés[2], et les comptes certifiés n'ont pas à être approuvés par l'assemblée générale. En cas d'émission d'obligations, l'actif et le passif de la société n'ont pas à être vérifiés[3]. Par ailleurs, le régime des procédures collectives est écarté. Ces différentes dérogations au droit des sociétés permettent ainsi une mise en œuvre efficace de l'opération financière au sein de la société de titrisation, sur le modèle du FCT.

195. Spécificités de la SAS. Certaines de ces dérogations ne sont prévues que pour la société de titrisation prenant la forme d'une SA[4] et ne devraient pas s'appliquer à celle constituée sous la forme d'une SAS. Cependant, les renvois au régime de la SA opérés par l'article L. 227-1 du Code de commerce créent une situation paradoxale puisque les articles écartés pour la société de titrisation constituée sous la forme d'une SA seraient alors applicables à celle prenant la forme d'une SAS. Cette incohérence peut néanmoins être dissipée. En effet, le renvoi a pour objectif d'appliquer les dispositions du régime de la SA à la SAS, dans la limite de leur compatibilité. Or, le régime de la SA de titrisation est adapté à son objet particulier. Ces dispositions spéciales entrent donc dans le régime de la SA menant une activité de titrisation. Elles conduisent à un allègement des règles afférentes à la SA et sont compatibles avec la SAS. Elles doivent donc être également appliquées aux SAS ayant pour objet l'opération de titrisation[5]. Par ailleurs, d'autres dérogations mériteraient d'être reprises dans le cadre de la SAS. Il serait notamment plus cohérent de retirer la compétence de l'assemblée générale en matière de désignation du commissaire aux comptes afin d'aligner le régime de la SAS sur celui de la SA[6].

196. Si certaines de ces dérogations sont naturelles et justifiées par l'objet de la société de titrisation, d'autres dénaturent le régime de droit commun des

---

[1] Art. L. 214-179, I et II, C. mon. fin.

[2] *Contra* art. L. 225-228, C. com.

[3] *Contra* art. L. 228-39, C. com.

[4] Art. L. 214-179, I, C. mon. fin. Il s'agit des dérogations portant sur les quorums, le cumul des mandats, la désignation des commissaires aux comptes et la mise en œuvre des fusion, scission et transformation.

[5] *Contra* A. COURET *et al.*, *Droit financier*, *op. cit.*, n° 1077, p. 843.

[6] Sur la compétence de l'assemblée en droit commun, v. art. L. 227-9, C. com.

sociétés. En particulier, elles réduisent la participation des associés aux décisions sociales (§ 1) et altèrent l'organisation de la gestion de la société (§ 2). Elles permettent également à la société de créer plusieurs patrimoines d'affectation (§ 3).

§ 1 : La réduction de la participation des associés

197. Consultation limitée. La réduction de l'intervention des associés dans la vie sociale procède en grande partie d'une perte de souveraineté de la collectivité des associés[1]. À cet égard, les assemblées générales – lieu d'expression privilégié de cet organe – sont reléguées au second plan en raison d'une réduction de leur champ de compétence et de la suppression des règles de quorums. Les associés de la société de titrisation ne sont effectivement pas consultés sur les sujets de droit commun. Tout d'abord, ils ne participent pas à la nomination du commissaire aux comptes. Ensuite, à la lecture des dispositions dérogatoires au droit commun de la SA, il semble qu'ils n'approuvent pas les comptes annuels certifiés par un commissaire aux comptes. En effet, l'article L. 214-179 I 5° du Code monétaire et financier dispose que « l'assemblée générale extraordinaire qui décide de la transformation, de la fusion ou de la scission donne pouvoir au conseil d'administration ou au directoire d'évaluer les actifs et de déterminer la parité de l'échange à une date qu'elle fixe. Ces opérations s'effectuent sous le contrôle du commissaire aux comptes sans qu'il soit nécessaire de désigner un commissaire à la fusion. L'assemblée générale est dispensée d'approuver les comptes si ceux-ci sont certifiés par le commissaire aux comptes ». À première vue, la dispense d'approbation des comptes concerne les hypothèses de transformation, fusion et scission. Cependant, les dispositions de droit commun spécifiques à ces opérations n'exigent pas d'approbation des comptes. Tout au plus, l'article R. 236-3 du Code de commerce exige que la SA participant à une opération de fusion ou de scission mette à la disposition de ses actionnaires les comptes annuels approuvés par les assemblées générales. Cette disposition ne requiert pas pour autant d'approbation des comptes et ne justifie pas la dérogation expresse à l'approbation des comptes de l'article L. 214-179 I 5°. Dès lors, soit le législateur a commis une erreur de plume, soit il a introduit une dérogation à la compétence de l'assemblée des associés en matière d'approbation des comptes. La seconde hypothèse est la plus probable. En effet, la dérogation assouplit le fonctionnement de la société de titrisation dont les comptes sociaux sont certifiés par un expert-comptable spécialiste en la matière[2]. De plus, les règles d'affectation du

[1] Sur le rôle souverain de cet organe, v. P. LE CANNU et B. DONDERO, *Droit des sociétés*, *op. cit.*, n° 851, p. 632.

[2] Elle n'est pas pour autant toujours effective. Certains statuts conservent la compétence de l'assemblée d'actionnaires. V. en ce sens les statuts des sociétés de titrisation ESNI, Natixis Loan Funding et Managed And Enhanced Tap (MAGENTA) Funding S.T.

résultat sont déterminées en amont dans les statuts de la société, si bien que l'approbation des comptes par les associés de la société de titrisation est superflue[1]. Cette dérogation prive néanmoins les associés d'une réunion annuelle de l'assemblée[2]. Or, cette réunion est une occasion d'évoquer d'autres sujets comme la direction de la société.

Enfin, les associés ne sont pas sollicités dans le cadre de la mise en œuvre d'opérations de titrisation. Ils ne sont notamment pas obligatoirement consultés en cas de création d'un compartiment[3]. En effet, la possibilité de créer un tel compartiment doit être prévue dans les statuts[4], qui ne sont pas nécessairement rédigés par les associés de la société de titrisation. Les gestionnaires de la société, ou le sponsor de l'opération de titrisation, peuvent alors être compétents pour procéder à sa création et en déterminer les modalités de fonctionnement[5]. La création de compartiment, lorsqu'elle emporte une émission d'actions[6], implique une augmentation de capital. Cela devrait *a priori* permettre aux associés de conserver un certain contrôle sur l'opération. Néanmoins, en vue de garantir la rapidité des opérations de titrisation, il est fort probable qu'ils aient délégué leur compétence en la matière[7], ce d'autant plus que l'AGE nécessaire à cette délégation peut adopter la résolution avec un seul associé minoritaire, à défaut de véritables quorums.

198. Dérogations aux règles de quorums. La réduction de la participation des associés résulte également de la dérogation aux règles de quorums dans la société de titrisation prenant la forme d'une SA. L'AGO et l'AGE peuvent ainsi respectivement statuer sans quorums sur première et deuxième convocation. L'AGO n'est donc pas soumise au quorum de droit commun égal à un cinquième des actions ayant le droit de vote[8]. L'AGE n'est, quant à elle, pas soumise aux quorums égaux au quart et au cinquième des actions ayant le droit de vote, sur première et deuxième convocation[9]. De ce fait, les décisions sociales peuvent être prises par un seul associé, quelle que soit sa part de capital, puisque les règles de majorité sont calculées à partir des

---

[1] Ces actionnaires ne sont pas nécessairement les rédacteurs des statuts, si bien qu'on ne peut pas considérer qu'ils aient affecté en amont les résultats de la société. V. *supra* n° 45.
[2] Sur la réunion annuelle consacrée à l'approbation des comptes, v. art. L. 225-100, C. com.
[3] Ce dernier est un patrimoine d'affectation permettant de mener une opération de titrisation de façon isolée puisqu'il comprend certains actifs titrisés et répond d'un passif déterminé. Sur la pratique de la compartimentation, v. *supra* n° 26 ; sur la création d'un patrimoine d'affectation dans une société, v. *infra* n° 221 et s. et n° 257.
[4] Art. L. 214-169, I, C. mon. fin.
[5] V. en ce sens les statuts des sociétés de titrisation ESNI et MAGENTA Funding S.T.
[6] Art. L. 214-169, I, C. mon. fin. Sur l'incertitude concernant le caractère impératif de l'émission d'actions, v. *infra* n° 225.
[7] Art. L. 225-129-2, C. com. applicable également à la SAS par renvoi de l'article L. 227-1, al. 3, C. com.
[8] Art. L. 225-98, C. com.
[9] Art. L. 225-96, al. 2, C. com.

voix exprimées[1], de quoi exclure toute collaboration entre associés. En effet, si ces dérogations prennent acte de la passivité des investisseurs qui peuvent être associés de la société de titrisation, elles tendent également à l'encourager puisqu'elles ne soumettent pas le fonctionnement de la société à leur participation minimale.

Ces dérogations aux règles de quorums ne visent pas les SAS, dont les modalités d'adoption des décisions collectives sont fixées par les statuts[2]. Ces derniers sont rédigés par les fondateurs de la société, si bien qu'il est fort probable qu'aucun quorum ne soit prévu. Dans tous les cas, la présence d'un associé demeure indispensable pour que soit exprimé au moins un vote. En revanche, la collectivité des associés n'a pas vocation à intervenir. Cela suffit à maintenir un ersatz de participation et à gérer efficacement la société. L'instrumentalisation de la société est alors particulièrement flagrante lorsque le seul associé actif est l'initiateur de l'opération de titrisation ou la société de gestion. Dans cette hypothèse, elle n'est pas animée par les investisseurs associés mais par les personnes qui s'en servent d'enveloppe patrimoniale. Ce faisant, la place des actionnaires au sein de la société de titrisation peut être questionnée[3]. Ce d'autant plus que les autres droits des associés attestant de leur participation à la vie sociale sont assez limités. En effet, leur droit d'information est effectif mais procède davantage du régime des titres financiers[4]. De même, ils ne peuvent pas participer pleinement au contrôle de la gestion, la société de titrisation étant obligatoirement gérée par une société de gestion, qui n'a pas nécessairement le statut de dirigeant.

§ 2 : L'externalisation de la gestion de la société de titrisation

199. Les organes de direction de la société de titrisation sont les mêmes que ceux des SA et SAS de droit commun. Ces derniers devraient donc représenter la société et assurer sa gestion tant interne qu'externe[5]. Cependant, le législateur impose à l'article L. 214-168 III du Code monétaire et financier que la gestion des organismes de titrisation, et donc de la société de titrisation, soit assurée par une société de gestion désignée dans les statuts. Cette dernière, n'ayant pas obligatoirement le statut de dirigeant, doit coexister avec les organes de direction[6]. Son intervention se justifie par sa compétence et sa qualité de professionnel agréé qui permettent de sécuriser l'opération

---

[1] Art. L. 225-96, al. 3 et art. L. 225-98, al. 3, C. com.
[2] Art. L. 227-9, C. com.
[3] V. *infra* n° 230 et s.
[4] V. *supra* n° 65.
[5] P. Le Cannu et B. Dondero, *Droit des sociétés*, *op. cit.*, n° 458, p. 334.
[6] V. not. les statuts de la société de titrisation MAGENTA Funding S.T. qui qualifient la société de gestion de simple prestataire.

financière[1]. Cette gestion peut aussi être assurée par un sponsor[2], sous réserve que la gestion du portefeuille de la société de titrisation soit déléguée à la société de gestion[3]. L'intervention d'un sponsor n'ayant pu être observée dans les quelques sociétés de titrisation créées, il sera uniquement fait mention de l'administration de la société de titrisation par la société de gestion afin de simplifier le propos. Seules les particularités créées par l'intervention d'un sponsor seront mentionnées.

En pratique, il s'avère que la société de gestion exerce la quasi-intégralité des pouvoirs de gestion (A), dessaisissant les dirigeant légaux de leurs prérogatives habituelles. Le schéma d'organisation légale des sociétés est donc dénaturé (B).

A. L'exercice des pouvoirs de gestion par la société de gestion

200. Délimitation de la gestion de la société de gestion. Le législateur ne délimite pas clairement les pouvoirs de la société de gestion, dans la mesure où il ne définit pas le terme de gestion et où il n'aménage pas ses pouvoirs de gestion ou de représentation en fonction de ceux des organes de direction. À cet égard, l'article L. 214-168 du Code monétaire et financier s'appliquant à tous les organismes de financement, il est probable que le terme de gestion vise la réalisation de l'activité de l'organisme de financement, la mise en œuvre de l'opération de titrisation.

Par ailleurs, certaines dispositions légales réservent des tâches à la société de gestion comme la gestion du recouvrement des créances titrisées[4] ou l'inventaire de l'actif des compartiments[5]. D'autres dispositions mettent à la charge de la société de titrisation des obligations incombant à la société de gestion du FCT. Tel est notamment le cas de l'établissement des comptes annuels[6], l'élaboration du prospectus ainsi que la délivrance des informations financières[7]. Ceci s'explique par l'autonomie de la société de titrisation dont ne dispose pas le FCT. La compétence de la société de titrisation n'est cependant pas exclusive, à défaut de disposition en ce sens. Les parties sont donc libres d'aménager la gestion sur ces points et de désigner les personnes

---

[1] Sur le rôle prudentiel de cet acteur, v. *supra* n° 102.

[2] Le sponsor est un établissement de crédit qui rachète des créances auprès d'entreprises afin de les titriser. Il gère ensuite lui-même l'opération ou en délègue la gestion. V. en ce sens art. 2, § 5 du règlement 2017/2402 du Parlement européen et du Conseil du 12 décembre 2017 créant un cadre général pour la titrisation ainsi qu'un cadre spécifique pour les titrisations simples, transparentes et standardisées.

[3] Art. L. 214-175-1, IV, C. mon. fin.

[4] Art. L. 214-172, C. mon. fin.

[5] Art. L. 214-175, II, C. mon. fin.

[6] Art. L. 214-175, III C. mon. fin

[7] Art. 425-4, RG AMF ; v. également en ce sens A. COURET *et al.*, *Droit financier*, *op. cit.*, n° 1078, p. 843 ; P. LE CANNU, T. GRANIER et R. ROUTIER, *Droit commercial*, *op. cit.*, n° 738, p. 571.

responsables de ces obligations. En pratique, il est probable qu'elles incombent à la société de gestion en raison de son expertise[1].

201. Concurrence des dirigeants légaux. L'activité de la société de titrisation se limite à cette seule opération financière. Chargée de sa mise en œuvre, la société de gestion assure en réalité la totalité de la gestion externe de la société de titrisation. Elle gère ainsi la société dans ses rapports avec les tiers, via la conclusion de contrats ou d'actions en justice[2]. De ce fait, le patrimoine social de la société de titrisation, qui se limite aux seuls éléments nécessaires à l'opération de titrisation, est exclusivement administré par la société de gestion.

La société de gestion s'occupe également, en partie, de la gestion interne de la société. Elle peut notamment fixer les grandes orientations de l'activité de la société et veiller à leur mise en œuvre[3]. Le reste de la gestion interne est étrangère à la réalisation de l'opération de titrisation. Elle correspond à l'animation de la société et donc essentiellement au respect des obligations légales telles que la convocation des assemblées ou la proposition de résolutions[4]. Cette partie de la gestion peut ainsi être assurée par les dirigeants légaux mais demeure limitée puisque la société de titrisation n'est rien d'autre qu'une enveloppe patrimoniale. Le rôle réduit des assemblées limite les convocations et la société de titrisation ne dispose pas de salariés[5]. En outre, dans un souci de cohérence, certaines des obligations incombant aux dirigeants légaux, telles que l'élaboration du rapport de gestion, doivent être remplies par la société de gestion, véritable gestionnaire de la société.

202. Adaptation des pouvoirs de gestion des dirigeants sociaux. Aucune disposition n'est prévue afin d'adapter les pouvoirs des dirigeants sociaux à ceux de la société de gestion. Par exemple, les dirigeants ne sont pas littéralement soumis à une obligation de non-immixtion dans la gestion. Une telle obligation doit cependant nécessairement exister implicitement pour ce qui est de la gestion de l'opération de titrisation. Une concurrence entre la société de gestion et les dirigeants serait effectivement contreproductive, puisqu'elle risquerait d'entrainer une remise en cause mutuelle des décisions de gestion adoptées. Ce danger ne doit toutefois pas être surestimé dans la mesure où la société de gestion dispose d'une compétence exclusive pour la

---

[1] V. *supra* n° 35.

[2] P. LE CANNU et B. DONDERO, *Droit des sociétés*, *op. cit.*, n° 458, p. 334.

[3] Comp. art. L. 225-35, C. com.

[4] P. LE CANNU et B. DONDERO, *Droit des sociétés*, *op. cit.*, n° 458, p. 334.

[5] Les comptes de résultat des différentes sociétés de titrisation en témoignent, les charges de personnel étant toujours égale à zéro. V. not. les comptes de sociétés ENSI et MAGENTA Funding S. T. disponibles sur https://diane-r1-bvdinfo-com.ezscd.univ-lyon3.fr/version-20220902-2946-1/List.serv?_CID=253&product=diane2006, consulté le 28 septembre 2023.

gestion du portefeuille[1], et que les statuts peuvent répartir strictement les compétences restantes. Il résulte ainsi du domaine réservé de la société de gestion et de la non-immixtion des dirigeants qu'ils ne concourent pas directement à la réalisation de l'objet social, qui est la mise en œuvre de l'opération de titrisation.

Le législateur ne réserve pas non plus aux dirigeants de pouvoir de contrôle ou de supervision spécifique, qui leur permettrait pourtant de conserver une maîtrise de la gestion de la société. L'octroi d'un tel pouvoir aux dirigeants est donc directement fonction des stipulations statutaires ou contractuelles de la convention de gestion. À cet égard, les dirigeants représentant la société de titrisation dans le cadre de l'exécution de ses contrats, et notamment dans l'exécution de la convention de gestion, peuvent contrôler la société de gestion en application des stipulations de cette dernière.

203. Représentation légale de la société de titrisation par la société de gestion. De la même manière, le législateur ne traite pas non plus clairement de la question de la représentation de la société de titrisation. Il ne l'aborde qu'à travers une disposition intéressant le recouvrement des créances, alors qu'il l'envisage au sein d'une disposition spécifique concernant le FCT[2]. Il faudrait donc, selon certains auteurs[3], se référer au droit commun des sociétés selon lequel la représentation de la société est assurée par ses dirigeants[4]. Une gestion efficace de la société de titrisation commande néanmoins sa représentation par la société de gestion. Dans le cas contraire, pour chaque acte de gestion, la société de gestion serait obligée de se tourner vers l'un des dirigeants de la société. Avant la loi nº 2019-486 du 22 mai 2019 relative à la croissance et la transformation des entreprises, cette représentation de la société de titrisation était de nature conventionnelle. Elle faisait partie des dispositions comprises dans la convention de gestion signée entre la société de gestion et la société de titrisation. Depuis la loi PACTE, la société de gestion est qualifiée de représentant légal des organismes de titrisation à l'article L. 214-172 du Code monétaire et financier. Il s'agit de la première prise de position du législateur sur la représentation de la société de titrisation et sa nature. Le champ de cette représentation n'est cependant pas délimité puisque le législateur ne précise pas si la société de gestion représente de façon générale ou spéciale l'organisme. La représentation légale, évoquée au sein d'une disposition relative au recouvrement des créances de l'organisme, pourrait se réduire à ce seul aspect. Toutefois, l'usage général de l'expression « représentant légal » lui donne une ampleur plus importante. Il

---

[1] Cette compétence exclusive se déduit des art. L. 214-168, III et L. 214-175-1, IV, C. mon. fin. En effet, ce dernier article autorise une gestion des organismes par un sponsor mais impose la gestion du portefeuille par la société de gestion.
[2] Art. L. 214-183, C. mon. fin.
[3] V. not. X. DE KERGOMMEAUX, « Titrisation », *op. cit.*, nº 60.
[4] Art. L. 225-35, art. L. 225-56, art. L. 225-64 et art. L. 227-6, C. com.

faut donc considérer que la société de gestion est le représentant légal de la société de titrisation dans le cadre de la gestion de l'activité de titrisation, incluant les actions en justice en vue de recouvrer les créances.

Cette représentation heurte cependant le modèle d'organisation légale des sociétés de droit commun[1]. En effet, la société de titrisation est représentée légalement par un tiers. Si cela participe à l'efficacité de la gestion, il n'en demeure pas moins que cette représentation illustre le caractère instrumental de la société de titrisation. Face à la situation paradoxale créée, il s'agit sans doute d'une erreur de plume. Cette affirmation de la représentation légale de l'organisme se fait effectivement au détour d'une disposition intéressant le recouvrement des créances titrisées. Or, l'intervention législative avait pour objectif de tarir le contentieux abondant en la matière en permettant à la société de gestion d'agir en recouvrement des créances, même lorsqu'elle n'est pas directement chargée de leur recouvrement[2]. En effet, celui-ci est en principe assuré par le cédant mais la société de gestion peut décider de s'en charger ou de mandater un tiers. Avant l'intervention du législateur, seule la personne procédant à ce recouvrement avait qualité pour agir en justice, si bien que la société de gestion ne pouvait pas automatiquement intenter une action en la matière[3]. Depuis la réforme, la société de gestion a qualité à agir en toutes circonstances. Même s'il peut se retrouver en présence d'une société de titrisation, ce contentieux concernait essentiellement les FCT[4]. Il n'est donc pas certain que le législateur ait pensé aux effets de la qualification générale de représentant légal des organismes de titrisation, et ce d'autant plus que la représentation de la société de titrisation peut être assurée en pratique au moyen de la convention de gestion. Cette dernière permettrait d'ailleurs de répartir la compétence de chacun des représentants de la société et d'établir les règles gouvernant le statut de la société de gestion.

204. Concurrence entre les représentants légaux de la société de titrisation. Cette représentation originale de la société de titrisation est source d'interrogations concernant les pouvoirs des représentants légaux et habituels des sociétés. En effet, l'article 1159 du Code civil prévoit que la représentation légale dessaisit le représenté de ses pouvoirs pendant la durée de la représentation[5]. À cet égard, la société ne peut être dessaisie du fait de cette représentation puisqu'elle a par nature besoin d'un représentant pour exprimer

---

[1] Civ., 4 juin 1946, préc.

[2] R. LESCURE, *Rapport fait au nom de la commission spéciale chargée d'examiner le projet de loi après engagement de la procédure accélérée, relatif à la croissance et la transformation des entreprises, Tome I*, Assemblée nationale, 15 septembre 2018.

[3] V. en particulier Com., 13 décembre 2017, n° 16-19.681 et n° 16-24.853, préc.

[4] Sans doute car leur représentation était ambigüe et que la société de titrisation n'a connu qu'un faible succès.

[5] Art. 1159, C. civ.

sa volonté. La consécration d'un nouveau représentant légal pose donc davantage la question du dessaisissement des dirigeants légaux.

De prime abord, on pourrait considérer que le régime de représentation de la société de titrisation est un régime spécial dérogeant au régime général de représentation des sociétés. Dessaisis de leur pouvoir de représentation, les dirigeants légaux seraient alors des sortes d'hommes de paille qui ne gèreraient, ni ne représenteraient la société. Les tiers pourraient se méprendre sur leurs pouvoirs en les assimilant à des dirigeants ordinaires[1]. Toutefois, si le législateur avait souhaité un dessaisissement des dirigeants légaux, il est probable qu'une dérogation expresse au droit des sociétés aurait été incluse à l'article L. 214-179 du Code monétaire et financier[2]. Par ailleurs, une société peut avoir plusieurs représentants légaux, que ce soit dans l'hypothèse d'une cogérance ou de directeurs généraux délégués. Il est donc plus probable que la représentation légale de la société de titrisation n'implique pas de dessaisissement de ses dirigeants mais institue davantage une concurrence entre eux et la société de gestion. Une telle approche est opportune en pratique car elle permet aux dirigeants légaux d'exécuter la convention de gestion, et notamment de remplacer la société de gestion. Il faut néanmoins souligner que celle-ci assure la gestion externe de la société et apparaît aux yeux des tiers comme la seule représentante légale effective de la société.

205. Difficultés tenant au régime de la représentation. À l'instar de la gestion, les conditions de la représentation de la société de titrisation ne sont pas détaillées. Lorsque la représentation était de source conventionnelle, la désignation et la révocation de la société de gestion étaient de la compétence du dirigeant. Désormais, la société de gestion prend des airs d'organe, sans que l'identité de la personne compétente pour la désigner ou la révoquer et que la procédure à suivre, ne soient établies. Les statuts des sociétés de titrisation en témoignent puisque certains donnent compétence au dépositaire, d'autres à la collectivité des associés ou encore au conseil d'administration[3]. En l'état, force est de constater que les associés n'ont aucune compétence réservée concernant le contrôle de l'identité du représentant légal de leur société.

À l'instar des dirigeants, la société de gestion ne représente l'organisme que parce qu'elle en est la gestionnaire. Dès lors, la résiliation de la convention

---

[1] Ce risque est néanmoins minime dans la mesure où les cocontractants de la société de titrisation sont nécessairement liés à l'opération et ont très probablement connaissance du rôle particulier de la société de gestion de portefeuille.

[2] Cette disposition concentre les dérogations au droit commun des sociétés.

[3] Les statuts de la société Natixis Loan Funding prévoient ainsi que la société de gestion peut être révoquée par « décision unanime du dépositaire et de l'associé unique ou de la collectivité des associés, dans les cas et condition prévus contractuellement ». Les statuts de la société ESNI donnent compétence à la collectivité des associés. Les statuts de MAGENTA Funding S.T. prévoient quant à eux que la société de gestion peut être révoquée par le conseil d'administration « dans les cas et conditions prévus contractuellement ».

de gestion entraine automatiquement la perte de la qualité de représentant légal de la société. Cette approche s'avère assez réaliste puisque la révocation de la société de gestion est davantage due à une mauvaise gestion qu'à une mauvaise représentation[1]. Cependant, le lien entre ces deux missions n'est d'aucune aide car il ne permet pas d'identifier la personne compétente pour résilier cette convention. Il devrait en principe s'agir du dirigeant de la société qui la représente dans l'exécution de ses contrats – et donc de la convention de gestion. Toutefois, il s'avère en pratique que la révocation de la société de gestion, dans toutes ses qualités, peut être octroyée à d'autres parties prenantes à l'opération, laissant planer le doute sur ses conditions.

206. Le régime de gestion de la société de titrisation, reprenant le modèle du FCT, illustre une nouvelle fois l'instrumentalisation de la société au profit de l'opération de titrisation. Pensé en faisant abstraction du droit des sociétés, ce régime conduit à conserver les organes sociaux sans organiser leurs rapports avec les gestionnaires de l'organisme. La place laissée aux dirigeants se révèle être infime, faisant douter de leur utilité. La pratique le confirme à demi-mot puisque certaines sociétés de titrisation évitent cette situation paradoxale en attribuant le statut de dirigeant à la société de gestion[2]. Il aurait néanmoins été plus adéquate d'imposer une direction de la société de titrisation par la société de gestion[3]. En effet, la règlementation actuelle de la société de titrisation perd en lisibilité. Elle occasionne également une perte d'autonomie pour la société qui ne réalise pas son objet grâce à ses organes[4] et s'oppose au principe d'organisation légal des sociétés.

B. La dénaturation de l'organisation sociale

207. Au-delà des questions de répartition des compétences, la gestion externalisée de la société de titrisation s'avère problématique. En effet, elle s'oppose aux règles concernant les conventions de management (1) et rend inefficaces les mécanismes sociaux (2).

---

[1] V. sur ce point H. MOUBSIT, *La représentation en droit des sociétés, op. cit.*, p. 228 qui considère que la seule faute pouvant être commise en qualité de représentant est la mauvaise exécution d'une décision prise par les organes compétents. Or, en matière de titrisation, les actionnaires sont inactifs et le dirigeant est privé de son pouvoir de gestion. Les décisions sont prises par la société de gestion, réduisant le risque de faute de représentation. La seule faute que l'on pourrait rencontrer est l'absence d'action en recouvrement de créances, lorsque celle-ci n'a pas été initiée par la personne en charge du recouvrement des créances.

[2] La société de gestion Eurotitrisation a le rôle de président dans la société ESNI et de directeur général chez Natixis Loan Funding.

[3] V. sur ce point *infra* n°s 262-263 et n°s 326 et s.

[4] V. *supra* n° 40.

1. La dérogation aux règles concernant les conventions de management

208. Rejet de la délégation de pouvoir. Certains auteurs considèrent que la société de gestion tient ses pouvoirs d'une délégation[1]. Il s'agit sans doute d'une assimilation de la gestion de la société de titrisation à celle de la SICAV[2], qui peut être gérée par ses organes sociaux ou déléguer la totalité de la gestion de son portefeuille à une société de gestion[3]. À défaut d'un tel choix en matière de titrisation, les auteurs ont considéré qu'il y avait obligatoirement une délégation de pouvoirs à la société de gestion. Cette qualification doit cependant être écartée en l'absence de ses éléments caractéristiques. En effet, la délégation de pouvoirs est constituée en présence de trois éléments : un lien hiérarchique entre le délégant et le délégataire, un dessaisissement du délégant au profit du délégataire et un transfert de responsabilité pénale inhérente aux pouvoirs délégués[4]. Le lien hiérarchique n'existe pas entre la société de gestion et les dirigeants sociaux. Or, il est important en matière de délégation dans la mesure où il permet de la distinguer des situations relevant du mandat ou du contrat d'entreprise[5]. Le dessaisissement des dirigeants n'est pas non plus affirmé expressément, il est seulement probable afin de garantir l'efficacité de la gestion par la société de gestion. Par ailleurs, aucun transfert de responsabilité n'est envisagé par le législateur. Il est donc plus juste de considérer que la société de gestion tire ses pouvoirs d'un contrat-cadre de gestion, conclu avec la société de titrisation[6]. En présence de la société de titrisation, les obstacles à la qualification de contrat de gestion rencontrés dans le FCT ne se retrouvent pas[7]. En effet, la société conserve son droit de propriété sur les actifs car elle peut *a priori* s'en assurer la jouissance exclusive grâce à la révocation de la société de gestion. Les effets d'une telle qualification sont cependant limités puisqu'elle n'a pas été consacrée par le droit positif et implique de se référer aux stipulations contractuelles. De plus, la validité de cette convention est critiquable dans la mesure où elle s'avère en contrariété avec le régime applicable aux conventions de management.

---

[1] V. not. X. DE KERGOMMEAUX, « Titrisation », *op. cit.*, n° 65.

[2] La SICAV est l'une des deux formes d'OPCVM, aux côtés du FCP. Elle est donc l'équivalent de la société de titrisation chez ces organismes.

[3] Art. L. 214-24-30, C. mon. fin.

[4] D. GIBIRILA, « Délégation de pouvoirs », *Rép. soc.*, Dalloz, avril 2022, n° 7 ; F. MARMOZ, *La délégation de pouvoir*, préf. Y. Reinhard, coll. « Bibliothèque de droit de l'entreprise », n° 43, Litec, 2000, spéc. n° 284, p. 95 ; N. FERRIER, *La délégation de pouvoir, technique d'organisation de l'entreprise*, préf. P. Pétel, coll. « Bibliothèque de droit de l'entreprise », n° 68, Litec, 2005, n° 19, p. 32.

[5] D. GIBIRILA, « Délégation de pouvoirs », *op. cit.*, n°s 12-13.

[6] P. LE CANNU, T. GRANIER et R. ROUTIER, *Droit commercial*, *op. cit.*, n° 704, p. 552 ; T. GRANIER, *Titrisation et organismes de financement*, *op. cit.*, n° 135, p. 96.

[7] V. *supra* n°s 154 et s.

209. Validité des conventions de management. La convention de gestion conclue entre la société de titrisation et la société de gestion peut être assimilée aux conventions de direction, également appelées conventions de management. Ces conventions – issues de la pratique des secteurs de la gestion hôtelière, des réseaux de distribution et utilisées pour organiser des groupes de sociétés – extériorisent également des missions de direction et de représentation de la société. Leur régime est assez incertain et demeure en construction[1]. Dérogeant à l'organisation légale de la société, leur validité a effectivement été questionnée tant par la jurisprudence que par les auteurs.

Dans un premier temps, la jurisprudence a ainsi condamné les conventions de management pour absence de cause[2]. Ces conventions font effectivement double emploi avec l'exercice des fonctions sociales du dirigeant. En effet, la convention de prestation de service est généralement conclue entre une société cliente et une société prestataire. Le dirigeant de la société cliente est associé de la société prestataire. La convention permet ainsi à la société prestataire d'être rémunérée pour des fonctions que le dirigeant devrait exercer *ès-qualités* au sein de la société cliente, si bien que les obligations du prestataire sont privées de contrepartie sérieuse. Dans un second temps, ces conventions ont néanmoins été acceptées en matière de SAS, en l'absence d'organisation de la direction dans les statuts[3]. Désormais, la jurisprudence les valide dès lors que la mission confiée au prestataire ne recoupe pas celle des dirigeants[4].

---

[1] V. not. en ce sens Com., 12 décembre 2018, n° 16-15.217, *Rev. soc.*, 2019, p. 465, note L. Godon ; *RTD com.*, 2019, p. 172, obs. J. Moury ; *Dr. Sociétés*, 2019, n° 46, note C. Coupet ; *Gaz. Pal.*, 26 mars 2019, p. 76, obs. C. Barrillon ; C. COUPET, « Contrat de management et organisation sociétaire », *AJ Contrat*, février 2017, n° 2, p. 61 et s.

[2] Com., 14 septembre 2010, 09-16.084, *Dr. sociétés,* 2010, comm. 226, note D. Gallois-Cochet ; *JCP E,* 2010, 1995, note A. Viandier ; *Rev. soc.*, 2010, p. 462, note A. Lienhard ; *Rev. soc.*, 2011, p. 424, note J.-Ph. Dom ; *BJS,* 2010, p. 960, note P. Le Cannu ; *D.*, 2011, p. 57, note F. Marmoz ; *Gaz. Pal.*, 2011, p. 17, note B. Dondero ; Com., 23 octobre 2012, n° 11.23-376, *Bull. IV,* n° 190 ; *Dr. sociétés*, 2013, comm. 27, note M. Roussille ; *Rev. Soc.*, 2013, p. 160, note A. Reygrobellet ; *BJS*, 2013, p. 108, note N. Ferrier ; *Gaz. Pal.*, 2012, p. 21, note B. Dondero.

[3] Com., 24 novembre 2015, n° 14.19-685, *Dr. sociétés,* 2016, comm. 60, note D. Gallois-Cochet.

[4] Com., 12 décembre 2018, préc. L'état de cette jurisprudence n'a pas été modifié par l'arrêt du Conseil d'État du 4 octobre 2023 (CE, 9e et 10e ch., 4 oct. 2023, n° 466887, *Société Collectivision* ; *BJS*, 2023, n° 12, p. 54, note A. Couret). Les juridictions fiscales ont effectivement connaissance des conventions de gestion au titre de la taxation des sommes versées par la société cliente à la société prestataire. Jusqu'à présent, ces sommes pouvaient être déduites du résultat imposable de la société cliente, à condition que la prestation de gestion ne fasse pas double emploi avec les fonctions sociales de son dirigeant (CAA Nancy, 9 octobre 2003, n°98-2182, *SA Gamlor*). Le Conseil d'État est néanmoins revenu sur cette limite. En effet, il a estimé que dans une telle hypothèse, la rémunération du prestataire n'est pas constitutive d'un acte anormal de gestion, à défaut d'appauvrissement de la société cliente à des fins étrangères à son intérêt. Il ne faut pas voir dans cet arrêt l'admission de la validité des conventions de management car le juge fiscal se saisit uniquement des flux financiers générés par cette convention pour en organiser la taxation. À ce titre, l'arrêt impose que la rémunération

La majorité des auteurs suit un raisonnement similaire, s'inspirant de la jurisprudence en matière de création d'organes sociaux et de délégation de pouvoirs[1]. Elle estime ainsi que la convention de management doit respecter les principes issus de l'arrêt *Motte* rendu le 4 juin 1946 par la Chambre civile de la Cour de cassation, qui affirme le caractère impératif de la hiérarchie des organes sociaux et de la répartition de leurs pouvoirs. Les dirigeants ne doivent donc pas être dessaisis de leurs pouvoirs légaux au profit d'autres organes ou de tiers[2].

210. Appréciation du dessaisissement. Le dessaisissement des dirigeants est apprécié strictement, la jurisprudence admettant la validité du dessaisissement partiel du dirigeant[3]. Sa détermination implique alors de procéder à une distinction selon les formes sociales. Dans la SA, le directeur général ou le directoire sont investis « des pouvoirs les plus étendus pour agir en toute circonstance au nom de la société », sous réserve des pouvoirs attribués par la loi à l'assemblée générale des actionnaires et au conseil d'administration ou au conseil de surveillance[4]. À l'inverse, dans la SAS, seule la représentation de la société par un président est imposée. Le président dispose alors « des pouvoirs les plus étendus pour agir en toute circonstance au nom de la société »[5]. Dans cette limite, les statuts de la SAS fixent librement le mode de direction de la société [6]. Pour apprécier le dessaisissement, il faut donc vérifier si la direction est organisée par les statuts[7]. En effet, le dirigeant ne doit pas être privé de ses pouvoirs statutaires car ceci serait contraire à la volonté des associés et à la logique de la SAS. En revanche, à défaut de stipulations statutaires, il est *a priori* possible de conclure une convention de management octroyant de larges pouvoirs de

---

du dirigeant, même indirecte, ne soit pas privée de contrepartie, ce qui serait sans doute le cas si le dirigeant avait une double rémunération.

[1] C. Coupet, « Contrat de management et organisation sociétaire », art. préc.

[2] Civ., 4 juin 1946, préc.

[3] V. en ce sens Com., 6 décembre 2016, n° 15-11-105, *Dr. sociétés,* 2017, comm. 41, note C. Coupet ; *BJS,* 2017, p. 177, note A. Reygrobellet ; Com., 12 décembre 2018, préc. ; C. Coupet, « Contrat de management et organisation sociétaire », art. préc. ; A. Reygrobellet, « Les conventions de management fees : où en est-on ? », *BJS*, février 2018, n° 2, p. 120 et s. ; v. également en ce sens à propos des délégations de pouvoirs qui doivent avoir un objet limité et ne peuvent porter sur la totalité de l'objet social, P. Le Cannu et B. Dondero, *Droit des sociétés*, *op. cit.*, n° 513, p. 382 ; D. Gibirila, « Délégation de pouvoirs », *op. cit.*, n° 81 et s. ; A. Larcena et A. Elineau, « Pratique des délégations de pouvoirs : règles et évolutions récentes de cet outil de répartition des pouvoirs et responsabilités », *Dr. sociétés*, février 2012, n° 2, étude n° 4, spéc. n° 14.

[4] Art. L. 225-56 et art. L. 225-64, C. com.

[5] Art. L. 227-6, C. com.

[6] Art. L. 227-5, C. com.

[7] V. en ce sens C. Coupet, « Contrat de management et organisation sociétaire », art. préc. ; A. Reygrobellet, « Les conventions de management fees : où en est-on ? », art. préc., n° 19 ; Com., 12 décembre 2018, préc.

gestion au prestataire. La Chambre commerciale de la Cour de cassation s'est prononcée en ce sens par un arrêt du 24 novembre 2015. Une telle solution n'est cependant pas opportune. En effet, en l'absence de stipulations statutaires, l'article L. 227-6 du Code de commerce doit s'appliquer[1]. Or, ce dernier confie au président les pouvoirs les plus étendus pour agir au nom de la société et autorise leur répartition avec un directeur général. La convention de management octroyant de tels pouvoirs à un tiers devrait donc être annulée malgré l'absence de dispositions statutaires.

211. Opportunité d'une application aux sociétés de titrisation. La convention de gestion de la société de titrisation a le même effet que les conventions de management. Elle doit donc respecter les mêmes règles de validité. Or, le dessaisissement des dirigeants légaux de la société de titrisation est manifeste. Ils ne conservent pas un quelconque « noyau irréductible » de prérogatives et ne participent pas de façon générale à la gestion courante de la société[2]. Bien que ce dessaisissement soit directement institué par le législateur, il ne peut pas être légitimé. D'une part, la dérogation au droit commun est totale, si bien que l'organisation légale n'a plus de réalité. Il ne peut s'agir d'une spécificité du droit financier puisque la société de titrisation prend la forme de sociétés de droit commun. Dans le cas contraire, la cohérence du droit des sociétés serait menacée puisque les règles applicables pourraient varier selon le domaine d'activité de chaque société. L'organisation légale en perdrait son caractère impératif. D'autre part, la dérogation créée nuit à la sécurité juridique. En effet, le régime découlant de l'organisation légale est en principe protecteur des tiers et des associés. Or, il ne peut être appliqué en cas d'extériorisation de la gestion. Les règles relatives à la révocation, à la responsabilité du dirigeant ainsi qu'aux conventions règlementées sont écartées au profit des règles du droit des contrats. Les associés ne peuvent donc pas directement révoquer le gestionnaire de la société et ne peuvent engager sa responsabilité délictuelle au moyen de l'action *ut singuli*.

---

[1] V. également en ce sens C. COUPET, « Contrat de management et organisation sociétaire », art. préc. ; Com., 12 décembre 2018, préc. ; Com., 23 octobre 2012, préc.

[2] P. MERLE, « Contrat de management et organisation des pouvoirs dans la société anonyme », *D.*, 1975, n° 41, chron. p. 245 et s., spéc. n° 17 citant C. BERR, *L'exercice du pouvoir dans les sociétés commerciales : gérance et administration des sociétés commerciales*, préf. F. Givord, coll. « Bibliothèque de droit commercial », Sirey, 1961, n° 136, p. 100, v. également n° 121, pp. 90-91 ; K. TORBEY, *Les contrats de franchise et de management à l'épreuve du droit des sociétés : étude de droit français et de droit libanais*, préf. Ph. Merle, coll. « Bibliothèque de droit privé », n° 384, LGDJ, 2002, n° 510, p. 213.

212. Sanction de la convention de gestion. Contraire à l'ordre public[1], la convention de gestion encourt la nullité. Cette dernière peut être invoquée par tout intéressé, ce qui fait peser un risque sur l'opération financière. Mais encore faudrait-il que les juges la prononcent. À tout le moins, l'organisation de la société de titrisation peut conduire à un développement du contentieux sur ce point, entravant l'efficacité de l'opération financière.

Si les juges s'avéraient favorables à l'annulation de la convention de gestion, ses conséquences ne doivent pas être surestimées. La convention de gestion est à exécution successive, si bien que sa nullité mettrait fin à l'exécution du contrat mais n'entrainerait pas le retour au *statu quo ante*. En effet, la part de gestion déjà exécutée ne permettrait pas de procéder à des restitutions et impliquerait qu'une contrepartie soit versée à la société de gestion. Les différents actes de gestion effectués avant l'annulation du contrat ne risquent donc pas d'être annulés en cascade[2]. La nullité suffirait toutefois à désorganiser la société de titrisation. Pour conserver son gestionnaire, la société de titrisation serait contrainte d'en modifier le statut et de le nommer en tant que dirigeant. Il est ainsi plus stratégique de qualifier directement la société de gestion de dirigeant de la société de titrisation. L'automaticité de cette solution implique néanmoins une réforme du modèle actuel. Une telle réforme serait opportune, dans la mesure où elle assurerait l'effectivité des mécanismes sociaux, rendus inutiles par l'extériorisation de la gestion.

2. L'inefficacité des mécanismes sociaux

213. Absence de contrôle direct du dirigeant effectif par les associés. La contractualisation de la gestion empêche les associés de contrôler le dirigeant effectif de la société de titrisation. Leur pouvoir de contrôle s'exerce en principe en premier lieu à travers leur droit d'information. Tant la communication obligatoire de documents dans la SA[3], les questions écrites au dirigeant, que la désignation d'un expert[4] y contribuent. Le contrôle s'exerce en deuxième lieu grâce au mécanisme des conventions règlementées[5]. En

---

[1] Civ., 4 juin 1946, préc. ; P. MERLE, « Contrat de management et organisation des pouvoirs dans la société anonyme », art. préc., n° 14 ; K. TORBEY, *Les contrats de franchise et de management à l'épreuve du droit des sociétés*, *op. cit.*, n° 509, p. 213.

[2] De nombreux actes sont d'ailleurs protégés de façon autonome. Par exemple, le cessionnaire de titres financiers qui est de bonne foi est protégé par leur inscription en compte, v. art. L. 211-16, C. mon. fin.

[3] Art. L. 225-115 et s., C. com. écartés dans les SAS par l'art. L. 227-1, al. 3 du même code.

[4] Art. L. 225-231, C. com. applicable à la SAS en vertu de l'art. L. 227-1, al. 3, C. com. ; v. également en ce sens P. LE CANNU et B. DONDERO, *Droit des sociétés*, *op. cit.*, n° 1016, p. 738 ; P. MERLE et A. FAUCHON, *Sociétés commerciales*, *op. cit.*, n° 703, p. 860 ; et pour une application jurisprudentielle v. Com., 17 janvier 2012, n° 10-27.652.

[5] Art. L. 225-38 et art. L. 227-10, C. com.

troisième lieu, il s'illustre par le droit de révoquer le dirigeant[1]. Toutes ces prérogatives sont cependant orientées vers les dirigeants légaux et non vers les dirigeants effectifs, extérieurs à la société. La société de gestion échappe donc à l'application de ces règles. De la même façon, elle échappe aux règles organisant la responsabilité des dirigeants[2].

214. Exemple des questions écrites et de l'expertise de gestion. L'article L. 225-231 du Code de commerce dispose que les questions écrites posées au dirigeant portent sur les opérations de gestion de la société. Or, le dirigeant légal de la société de titrisation ne s'occupe que d'une part infime de la gestion, correspondant à la part de la gestion interne ne se rapportant pas directement à l'opération de titrisation[3]. Il est pour autant tenu de répondre aux questions posées. En pratique, il doit se renseigner auprès de la société de gestion, si bien que sa réponse dépend en grande partie du bon vouloir de cette dernière[4]. Si elle ne coopère pas, le dirigeant n'est pas en mesure de répondre et les associés peuvent solliciter une expertise de gestion portant sur une opération de gestion. Cependant, cette expertise ne peut pas porter sur les opérations de gestion menées dans la société de titrisation, car elle est limitée aux opérations accomplies par les organes de gestion et relevant de leur compétence[5]. Or, dans le cadre de la société de titrisation, les opérations de gestion échappent directement à la compétence des organes de gestion.

215. Exemple de la révocation. La société de gestion étant contractuellement liée à la société de titrisation, seul le dirigeant, en sa qualité de représentant de la société de titrisation, peut théoriquement mettre un terme à la convention de gestion. Le régime applicable dépend alors des stipulations contractuelles[6]. À défaut de dispositions contractuelles, le droit commun des contrats s'applique. Ce dernier permet de mettre fin unilatéralement aux contrats conclus pour une durée indéterminée[7]. Le contrat prévoyant que la

---

[1] Art. L. 225-18 et art. L. 225-61, C. com. en matière de SA, qui ne s'appliquent pas en matière de SAS puisqu'ils sont écartés part l'art. L. 227-1 C. com. qui laisse place à la liberté statutaire ; sur ce point v. également P. LE CANNU et B. DONDERO, *Droit des sociétés*, *op. cit.*, n° 1007, p. 733.

[2] Sur laquelle v. art. L. 225-251 et s., et art. L. 227-8, C. com.

[3] V. *supra* n° 201.

[4] Comp. dans une SA où le président du conseil d'administration interrogé peut poser la question au directeur général P. LE CANNU et B. DONDERO, *Droit des sociétés*, *op. cit.*, n° 960, p. 699.

[5] V. not. en ce sens Com., 15 juillet 1987, n° 86-13.644, *Bull. IV*, n° 193 p. 141 ; *BJS*, 1987, p. 703, note P. Le Cannu ; *RTD com.*, 1988, p. 75 obs. Y. Reinhard ; Com., 25 septembre 2012, n° 11-18.312, *Bull. IV*, n° 170 ; *D.*, 2012, p.2302, obs. A. Lienhard ; *Rev. sociétés*, 2013, p. 286, note J.-F. Barbièri ; *Dr.* sociétés, 2012, n° 206, obs. M. Roussille ; *BJS*, 2013, p. 48, note I. Parachkévova..

[6] Comp. en matière de révocation P.-F. CUIF, *Le contrat de gestion*, *op. cit.*, n° 649, p. 443 qui estime que la révocation ne peut s'effectuer *ad nutum* sauf disposition contractuelle contraire.

[7] Art. 1211, C. civ.

gestion s'effectue jusqu'à la liquidation de l'organisme est à durée déterminée lorsque celui-ci n'est créé que pour réaliser certaines opérations définies. En effet, l'horizon liquidatif est connu dans la mesure où il sert à établir le calendrier des paiements des investisseurs. Il ne peut donc être mis fin au contrat que par un accord commun des parties. Ce dernier peut également être exceptionnellement résolu unilatéralement par la société de titrisation, ou la société de gestion, en cas d'inexécution grave de ses obligations par l'autre partie[1]. Une observation de la pratique a néanmoins mis en évidence une absence généralisée de terme, la société de titrisation étant plus généralement créée pour effectuer des opérations de titrisation. La convention de gestion est donc le plus souvent à durée indéterminée et les dirigeants peuvent la résilier à leur convenance.

La contractualisation de la révocation empêche les associés de se séparer directement et efficacement du gestionnaire de leur société et sont contraints de solliciter la rupture de la convention auprès du dirigeant. À défaut de révocation par ce dernier, les associés ne peuvent que tenter de le révoquer et de nommer un dirigeant plus coopératif.

En pratique, il s'avère que d'autres acteurs que le représentant légal de la société de titrisation peuvent solliciter la révocation de la société de gestion[2]. Les statuts de certaines sociétés de titrisation donnent ainsi compétence au conseil d'administration ou aux associés. Bien qu'utiles, ces stipulations nient l'existence de la convention de gestion et de la compétence du représentant légal de la société. Elles illustrent ainsi le paradoxe créé par l'organisation de la gestion de la société de titrisation.

216. Exclusion du régime de responsabilité du dirigeant. À défaut d'en avoir le statut, la société de gestion échappe aux règles relatives à la responsabilité des dirigeants[3], si bien que les associés ne peuvent pas engager sa responsabilité au nom de la société par le biais de l'action *ut singuli*. À cet égard, le législateur n'a pas décidé de créer une action en responsabilité qui lui serait assimilable.

La société de gestion ne peut pas non plus se voir appliquer les règles relatives à la direction de fait puisque la situation de fait « à la fois se rapproche d'une situation juridique précise et s'en écarte pour ne pas avoir satisfait certaines des conditions légales qui y sont attachées »[4]. Le dirigeant de fait est ainsi celui qui dirige la société en toute souveraineté et indépendance sans avoir été nommé par les statuts ou une décision des organes

---

[1] Art. 1224, C. civ.

[2] V. *supra* n° 205 et note n° 888.

[3] Art. L. 225-251 et art. L. 227-8, C. com.

[4] N. DEDESSUS-LE-MOUSTIER, « La responsabilité du dirigeant de fait », *Rev. soc.*, octobre 1997, n° 3, n° 1 citant L. LEVENEUR, *Situations de fait et droit privé*, préf. M. Gobert, coll. « Bibliothèque de droit privé », n° 212, LGDJ, 1990, n° 3, p. 3.

compétents[1], et sans avoir le pouvoir de l'engager[2]. La société de gestion ne rentre pas dans cette hypothèse car elle est légalement habilitée à gérer la société de titrisation, et est même mentionnée dans ses statuts[3]. Par ailleurs, sa souveraineté et son indépendance peuvent être restreintes en présence d'une obligation de rendre des comptes stipulée dans la convention de gestion[4]. L'intérêt pratique du recours à la notion de direction de fait serait particulièrement limité dans le cadre de la société de titrisation car il ne permet pas, en principe, d'appliquer les règles de responsabilité du dirigeant de droit[5]. Les associés ne pourraient donc pas exercer l'action sociale par ce biais. De même, les dispositions du livre VI du Code de commerce visant à punir le dirigeant de fait ne peuvent pas être appliquées à la société de gestion, le Code monétaire et financier les excluant dans le cadre des organismes de titrisation[6]. À défaut de pouvoir utiliser les règles issues du droit des sociétés, il faut se référer aux règles de responsabilité du droit commun.

217. Responsabilité contractuelle de la société de gestion à l'égard de la société de titrisation. Représentée par son dirigeant légal, la société de titrisation peut directement engager la responsabilité contractuelle de la société de gestion. Au regard de ses différentes missions et de l'aléa pesant sur la gestion des actifs, la société de gestion est tenue d'une obligation de moyen et sa faute doit être démontrée. En effet, la société de gestion doit gérer l'organisme de façon prudente et loyale, dans le respect des dispositions légales, des statuts de la société de titrisation ainsi que des dispositions de la convention de gestion. Elle est notamment tenue de sélectionner et gérer les actifs de l'organisme, d'émettre les titres financiers et de rémunérer les investisseurs. Sa faute peut ainsi résulter d'une absence de recouvrement des créances, mais aussi de la violation de dispositions légales ou du document constitutif de l'organisme. Tel est notamment le cas en présence d'un refus de rémunération des investisseurs dans les conditions prévues. Il est en revanche difficile d'engager sa responsabilité en cas de placement malheureux, voire hasardeux, dans la mesure où tout placement financier est naturellement

---

[1] V. par exemple Com., 20 avr. 2017, n° 15-10.425 ; Com., 1er déc. 2015, n° 14-20.116 ; Com., 10 mai 2005, n° 03-20.984 ; Com., 7 janv. 2003, n° 00-16.890.

[2] P. Le Cannu et B. Dondero, *Droit des sociétés*, *op. cit.*, n° 499, p. 372.

[3] Art. L. 214-168, III, C. mon. fin.

[4] Rappr. Com., 13 février 2007, n° 05-20.126, *Bull civ. IV*, n° 41 ; *D.*, 2007, p. 1303, obs. M.-L. Bélaval ; *D.*, 2007, p. 731, obs. A. Lienhard ; *Dr. Sociétés*, 2007, n° 95, note D. Legros ; *BJS*, 2007, p. 697, note A. Lecourt, selon laquelle une personne agissant en vertu d'un mandat donné par un dirigeant ne peut être reconnue dirigeant de fait.

[5] Com., 21 mars 1995, n° 93-13.721, *Bull. civ. IV*, n° 98 ; *Rev. sociétés*, 1995, p. 501, note B. Saintourens ; *JCP*, 1996, II, 22603, note Y. Reinhard et I. Bon-Garcin ; *Dr. sociétés*, 1995, n° 170, obs. D. Vidal ; Com., 19 mars 2013, n° 12-14213, *Bull. civ. IV*, n° 42 ; *D.*, 2013, p.833 ; *BJS*, 2013, p. 316, note J.-F. Barbièri ; *RJDA*, 2013, n° 513 ; *Dr. sociétés*, 2013, n° 119, note M. Roussille ; *Gaz. Pal.* 28-29 juin 2013, p. 23, obs. B. Dondero ; *RJ com.* 2013, p. 242, obs. E. Cordelier ; Com., 14 févr. 2018, n° 15-24.146.

[6] Art. L. 214-175, III, C. mon. fin.

risqué. Il faut à ce titre démontrer l'imprudence de la société de gestion lors du placement. Pour ce faire, la société de titrisation peut établir que la société de gestion n'a pas tenu compte de la notation des actifs acquis ou du score de crédit de leur cédant. Il peut aussi lui être reproché de ne pas avoir procédé à un audit de ces actifs[1]. Cependant, ces éléments ne sont pas aisés à rapporter. La société de gestion serait davantage responsabilisée si elle était tenue d'une obligation de moyen renforcée.

218. Responsabilité délictuelle de la société de gestion à l'égard des associés. Les associés peuvent uniquement solliciter la réparation de leur préjudice personnel en engageant la responsabilité civile délictuelle de la société de gestion sur le fondement du droit commun. Ils peuvent à ce titre invoquer le manquement contractuel de la société de gestion afin d'établir sa faute délictuelle[2]. Cependant, dans la majorité des cas, les associés cherchent à engager la responsabilité de la société de gestion pour une mauvaise opération de gestion ayant conduit à une baisse de la valeur de leurs titres. Or, cette baisse de valeur n'est pas considérée comme un préjudice personnel et distinct subi par l'associé en droit des sociétés[3]. Les hypothèses permettant aux associés d'engager la responsabilité de la société de gestion sont donc rares, ce qui participe à une déresponsabilisation de la société de gestion. Le même constat peut s'effectuer concernant les investisseurs ayant souscrits les titres de créance émis par la société de titrisation pour se financer et dont le remboursement est tributaire de la gestion sociale[4].

219. Responsabilité indirecte et limitée de la société de gestion à l'égard des titulaires de titres de créance. La société de titrisation fait office d'écran entre la société de gestion et les titulaires de titres de créance. En effet, les investisseurs sont les cocontractants de la société de titrisation. En cas de manquement au contrat d'émission, ils engagent directement sa responsabilité contractuelle. L'écran mis en place ne peut être « percé » grâce au principe de responsabilité pour faute détachable des fonctions puisque la gestion est extériorisée[5]. Les investisseurs sont donc également contraints d'engager la responsabilité délictuelle de la société de gestion. Comme les actionnaires, ils

---

[1] V. par ex. F. GARROUSTE, « Les critiques s'aiguisent contre Smart Tréso », *L'AGEFI Hebdo*, avril 2022, p. 30 et s.
[2] Ass. plén., 6 octobre 2006, préc. ; Ass. plén., 13 janvier 2020, préc.
[3] Com., 26 janvier 1970, préc. ; Crim., 13 décembre 2000, n° 99-80.387, *Bull. crim.* n° 373, p. 1135 et n° 99-84.855, *Bull. crim.* n° 378, p. 1159 ; Com., 1 avril 1997, préc.
[4] V. *supra* n° 56.
[5] V. not. sur ce point Com., 20 mai 2003, n° 99-17.092, *Sati, Bull. IV*, n° 84 ; *D.*, 2003, p. 1502, obs. A. Lienhard ; *D.*, p. 2623, note B. Dondero ; *Rev. soc.*, 2003, p. 479, note J.-F. Barbièri ; *BJS*, 2003, p. 786, note H. Le Nabasque ; *RTD com.*, 2003, p. 523, obs. P. Chazal et Y. Reinhard ; *JCP E*, 2003, n° 40, p. 1580, note Hadji-Artinian; *Dr. sociétés*, 2003, n° 148, obs. Monnet ; M. GERMAIN et V. MAGNIER, *Les sociétés commerciales*, *op. cit.*, n° 801, p. 594 et s. ; P. LE CANNU et B. DONDERO, *Droit des sociétés*, *op. cit.*, n° 484, p. 355 et s.

peuvent s'appuyer sur le principe d'identité des fautes délictuelle et contractuelle[1], et sont confrontés aux difficultés tenant à la démonstration du manquement contractuel de la société de gestion et du préjudice personnel.

220. Intermédiation supplémentaire du sponsor. En cas de gestion de la société de titrisation par un sponsor, les mêmes difficultés se rencontrent. La société de titrisation peut engager la responsabilité contractuelle du sponsor tandis que les investisseurs, toutes catégories confondues, ne peuvent qu'engager sa responsabilité délictuelle.

Par ailleurs, l'intermédiation du sponsor complexifie également l'engagement de la responsabilité de la société de gestion. Celle-ci se voit déléguer la gestion du portefeuille d'actifs par le sponsor, si bien qu'elle n'est pas contractuellement liée à la société de titrisation. Aucune action directe n'étant prévue par le législateur, la société de titrisation est contrainte d'engager la responsabilité civile délictuelle de la société de gestion, tout comme les investisseurs, et ne peut que s'appuyer sur le principe d'identité de fautes délictuelle et contractuelle. Cela suppose néanmoins que les demandeurs à l'action soient en mesure de constater le manquement de la société de gestion. Dès lors, il est plus probable que les demandeurs recherchent davantage la responsabilité du sponsor, qui se retournera alors contre la société de gestion. L'absence d'effectivité des mécanismes sociaux causée par la perte de pouvoirs des organes de la société de titrisation, conduit ainsi à des détours inutiles et à une multiplication des actions. Elle contribue également à déresponsabiliser la société de gestion. Malgré les apparences, l'instrumentalisation de la société de titrisation au profit de l'opération financière n'a donc pas uniquement pour effet d'alléger de son fonctionnement. À cet égard, cette instrumentalisation ne se manifeste pas seulement par des dérogations aux dispositions de droit commun relatives aux organes sociaux. En effet, à rebours de la théorie du patrimoine, le législateur permet également à la société de titrisation de constituer des patrimoines d'affectation pour mener différentes opérations de titrisation.

§ 3 : La consécration de patrimoines affectés

221. Patrimoines d'affectation de la société de titrisation. Les organismes de titrisation ont la possibilité de constituer des compartiments pour mener plusieurs opérations de titrisation[2]. Ces patrimoines d'affectation permettent aux organismes d'isoler certains actifs et de leur attribuer un passif déterminé. Chaque opération est ainsi séparée patrimonialement et protégée de la défaillance d'une autre opération. Cette pratique permet de réutiliser la

---

[1] Ass. plén., 6 octobre 2006, préc. ; Ass. plén., 13 janvier 2020, préc.

[2] Art. L. 214-169, I, C. mon. fin. ; v. *supra* n° 26.

structure sociale créée et d'alléger la mise en place de nouvelles opérations. Le coût et le temps de création de la société sont ainsi rentabilisés.

Cette pratique s'inscrit dans le mouvement actuel de remise en cause de la théorie du patrimoine[1], qui résulte notamment de la consécration légale de patrimoines d'affectation à travers la fiducie, l'EIRL ou le patrimoine professionnel de l'entrepreneur individuel[2]. Cependant, les sociétés ne se sont pas véritablement affranchies de la théorie du patrimoine. Hormis les cas de fiducies ou d'autres organismes de placement collectif[3], les sociétés ne recourent pas au patrimoine d'affectation pour affecter une partie de leur activité. À ce titre, l'autonomisation et l'isolement d'une activité sociale s'effectue grâce à la création d'une nouvelle société, membre d'un même groupe de sociétés. Par ailleurs, une fusion-absorption ne conduit pas à distinguer deux patrimoines. Le patrimoine de la société absorbée rejoint celui de l'absorbante. La société de titrisation est donc originale en ce qu'elle est à la tête de plusieurs patrimoines tout en conservant son unité juridique et économique[4].

222. Unité économique de la société de titrisation. La notion d'unité économique ne fait pas l'objet d'une véritable définition. Elle ressort tout d'abord des groupes de sociétés qui rassemblent plusieurs sociétés pour optimiser leur activité économique. La notion d'unité économique ressort ensuite de la notion d'entreprise telle qu'utilisée en droit de la concurrence. Selon ce dernier, est une entreprise « toute entité exerçant une activité économique, indépendamment du statut juridique de cette entité et de son mode de financement »[5]. Cette notion permet de dépasser les personnes juridiques pour appréhender la réalité économique d'une situation. Constituent ainsi une entreprise, les entités séparées juridiquement au sein d'un groupe mais exerçant une même activité. Enfin, la notion d'unité économique peut être comprise à travers la notion d'unité économique et sociale[6]. Cette dernière permet d'exiger la représentation des salariés d'une seule entreprise constituée de sociétés distinctes. L'unité économique et sociale se caractérise « en premier lieu, par la concentration des pouvoirs de

---

[1] V. notamment en ce sens A.-L. THOMAT-RAYNAUD, *L'unité du patrimoine*, *op. cit.* ; P. DUPICHOT, « L'unicité du patrimoine aujourd'hui, Observations introductives », *JCP N*, décembre 2009, n° 52, p. 17 et s. ; F. TERRE et P. SIMLER, *Droit civil*, *op. cit.*, n° 21, p. 28.

[2] V. loi n° 2022-172 du 14 février 2022 en faveur de l'activité professionnelle indépendante.

[3] V. not. la SICAV et la société de libre partenariat, art. L. 214-5 et art. L. 214-162-9, C. mon. fin.

[4] L. PAPAÏS, *Titrisation et fiducie*, préc., n° 82, p. 66.

[5] CJCE, 23 avril 1991, aff. C-41/90, *Klaus Höfner et Fritz Elser c/ Macrotron GmbH*, *Rec.* p. I-1979.

[6] C. MORIN, « L'incompatibilité du groupe de sociétés et de l'unité économique et sociale (à propos de Cass. soc., 20 oct. 1999, S*té André et A. c/ Boitel et a.*) », *JCP E*, juin 2000, n° 25, p. 980 et s., spéc. n° 1.

direction à l'intérieur du périmètre considéré ainsi que la similarité ou la complémentarité des activités déployées par ces différentes entités, en second lieu, par une communauté de travailleurs résultant de leur statut social et de conditions de travail similaires »[1]. Seule la première caractéristique démontre l'unité économique de l'entreprise au sens large.

La compartimentation rapproche la société de titrisation du groupe de sociétés, si ce n'est qu'il n'y a pas une pluralité de personnes morales. En effet, elle centralise différentes opérations financières similaires ou complémentaires, l'activité de titrisation demeurant unique. De plus, chaque compartiment est géré par la société de gestion, en sa qualité de gestionnaire de la société de titrisation. La société de titrisation présente donc une unité économique, tout en conservant son unité juridique.

223. Unité juridique de la société de titrisation. À l'inverse du groupe ou de l'entreprise définie par le droit de la concurrence, la société de titrisation conserve son unité juridique théorique. Malgré une pluralité de patrimoines, elle n'est pas organisée au niveau de chaque compartiment. Elle demeure un seul sujet de droit auquel s'applique uniformément un seul régime juridique. Sa direction est assurée de façon globale par les dirigeants sociaux et la société de gestion[2]. Plusieurs activités peuvent donc être menées de façon autonome sous le couvert d'une structure sociale unique, ce qui allège son fonctionnement.

Cette unité n'est cependant pas parfaite. En effet, les compartiments du FCT peuvent être visés pour toute opération les concernant[3]. À défaut de disposition expresse, il est fort probable qu'il en soit de même pour les compartiments de la société de titrisation car cela permet d'identifier le patrimoine concerné par l'opération. Cette pratique s'observe dans d'autres techniques d'affectation puisque l'EIRL et le fiduciaire doivent faire mention de la qualité dans laquelle ils contractent[4]. Si elle est nécessaire pour permettre à l'affectation de produire tous ses effets, cette identification du compartiment de la société de titrisation conduit néanmoins à l'autonomiser et à sous-estimer la personne morale principale. Le compartiment prend presque des allures de sous-personne morale. Ceci est renforcé par l'objet particulier de chaque compartiment et l'obligation d'établir une comptabilité distincte des compartiments au sein de celle de l'organisme de titrisation[5].

---

[1] Soc., 18 juill. 2000, n° 99-60.353, *Bull. civ. V*, n° 299.

[2] V. en ce sens art. L. 214-168, III, C. mon. fin. qui n'autorise la mention que d'une société de gestion dans les statuts. Cette dernière gère donc l'ensemble des compartiments de la société de titrisation.

[3] V. art. L. 214-180, al. 4, C. mon. fin.

[4] Art. L. 526-6, al. 4, C. com. et art. 2021, C. civ. ; comp. art. L. 526-22, C. com. qui n'impose pas à l'entrepreneur individuel de préciser la qualité dans laquelle il contracte.

[5] Art. L. 214-175, II, C. mon. fin.

224. Perspectives en droit des sociétés. La pluralité de patrimoines de la société de titrisation ouvre des perspectives intéressantes dans l'hypothèse où cette pratique serait étendue à toutes les sociétés. Elle permet notamment d'affecter un patrimoine à des activités sociales et d'en isoler les risques. Elle peut donc concurrencer la pratique des groupes de sociétés[1]. Cette dernière se base sur l'autonomie patrimoniale de chaque société afin de cloisonner les activités et de compartimenter les biens, limitant ainsi les risques en cas de difficultés économiques subies par l'une des sociétés du groupe[2]. La pratique de la compartimentation est une solution plus souple et plus simple à mettre en œuvre car elle n'implique pas la création d'une nouvelle société pour chaque activité. Les délais de formation, le formalisme et les coûts engendrés sont donc limités. Pour autant, tout formalisme n'est pas exclu. La société devrait dresser et publier une liste des biens compris dans le patrimoine d'affectation afin d'en donner une image fidèle aux tiers[3]. Il s'agit ni plus ni moins du pendant, pour les sociétés, de l'EIRL. Considérer, à l'instar des règles régissant le patrimoine professionnel de l'entrepreneur individuel[4], que seuls les biens utiles à l'activité du patrimoine d'affectation en font partie, n'est pas satisfaisant puisque l'activité des patrimoines d'affectation des sociétés peut être très similaire et impliquer les mêmes biens. Tel est notamment le cas dans les compartiments des sociétés de titrisation. La liste des actifs évite ainsi une source de contentieux importante. Par ailleurs, la constitution de patrimoines d'affectation par les sociétés se heurte à la réalité de l'accès au crédit. Les patrimoines d'affectation réduisent l'assiette du gage commun des créanciers. Ces derniers risquent donc d'être moins enclins à accorder des prêts aux sociétés qui en font l'usage.

225. Émission d'actions par les compartiments et participation au résultat. La compartimentation pose des questions en termes de répartition du capital. En effet, l'article L. 214-169 I du Code monétaire et financier dispose que « chaque compartiment donne lieu à l'émission de parts ou d'actions et, le cas échéant, de titres de créance ». La conjonction de coordination « et » ainsi que les statuts de certaines sociétés de titrisation suggèrent que l'émission d'actions est obligatoire et peut être complétée par une émission de titres financiers[5]. L'émission d'actions par les compartiments ne conduit pas à la création d'un capital social au niveau de chacun des patrimoines d'affectation. La société de titrisation a une unité juridique et ne doit avoir qu'un seul capital

---

[1] P. Le Cannu et B. Dondero, *Droit des sociétés*, *op. cit.*, n° 1516, p. 1034.
[2] P. Le Cannu et B. Dondero, *Droit des sociétés*, *op. cit.*,7e éd., coll. « Précis Domat Droit privé », LGDJ, 2018, n° 1520, p. 1037.
[3] V. *infra* n° 259.
[4] V. art. L. 526-22, al. 2, C. com.
[5] La société de titrisation Natixis Loan Funding a émis deux actions qu'elle a affectées au compartiment NaLea ; v. en ce sens Natixis Loan Funding, « Documentation financière liée à l'émission de titres négociables à moyen terme par le compartiment NaLea », 2016, p. 35.

social. L'expression « émission d'actions par un compartiment » est donc trompeuse. Elle signifie en réalité que certaines actions composant le capital social sont affectées à un compartiment. Les associés porteurs de ces actions contribuent spécialement aux pertes du compartiment. De même, ils récupèrent leurs apports sur les seuls actifs de leur compartiment liquidé. Cette répartition des pertes est compatible avec l'article 1844-1 du Code civil. Ce dernier autorise une répartition inégalitaire des pertes et des bénéfices sous la réserve du régime des clauses léonines. Juridiquement, un compartiment ne correspond pas à une nouvelle société. Chaque associé subit les pertes de la société au niveau de son compartiment.

Face au peu de données pratiques, il est également possible que la conjonction de coordination « et » ne soit pas utilisée dans un but d'addition mais simplement de succession. Dans ce cas, l'émetteur a le choix entre l'émission d'actions ou de titres financiers. L'émission uniquement de titres financiers facilite alors la création des patrimoines d'affectation et la répartition des bénéfices et pertes.

226. Conclusion de section. La comparaison des organismes avait déjà mis en exergue que leur régime était modelé en fonction de l'opération financière. L'analyse approfondie du régime de la société de titrisation le confirme. Celui-ci reprend largement l'organisation du FCT grâce à un allègement des contraintes issues du droit commun des sociétés. La constitution de la société et son fonctionnement sont facilités, notamment par une minimisation de la participation des associés. Sa gestion est optimisée grâce à son extériorisation à une société de gestion de portefeuille et à l'utilisation de patrimoines d'affectation. Cependant, cette instrumentalisation de la société de titrisation affaiblit sa personnalité morale[1] et prive d'effet son organisation sociale[2]. En particulier, la gestion et la conservation de ses actifs sont assurées par des tiers à la société alors qu'elle dispose d'organes capables de s'en charger en son nom et pour son compte[3]. La société de titrisation se réduit donc à un simple rôle d'enveloppe patrimoniale, ce que reflète parfaitement la pratique. En effet, des établissements de crédit se réunissent au sein de sociétés de titrisation pour minimiser la lourdeur et le coût de la création du véhicule, et disposer par la suite d'un compartiment de la société dédié à leurs opérations, de quoi douter de la réalité de l'aventure sociale commune. Il en va de même lorsqu'un établissement de crédit crée une SASU pour réaliser de multiples opérations grâce à la compartimentation. En réalité, cet asservissement de la personne morale par l'opération financière, donne à observer un forçage de la qualification de société.

---

[1] V. *supra* n° 40.

[2] V. *supra* n° 211.

[3] V. *supra* n° 39.

Section 2 : Le forçage de la qualification de société

227. La société de titrisation est exploitée comme un outil de financement permettant de reproduire le schéma de l'opération financière. La souscription des titres qu'elle émet, par des investisseurs, permet ainsi de financer l'acquisition des créances titrisées. Dans cette logique, les actionnaires sont *a priori* des investisseurs[1]. Néanmoins, les schémas de fonctionnement de la société de titrisation sont tout aussi divers que ceux des SA et SAS de droit commun. Celle-ci peut notamment être constituée d'un nombre réduit d'associés plutôt investis, qu'il s'agisse d'investisseurs ou d'initiateurs, ou alors d'une multitude d'investisseurs passifs. Au regard de la pratique, elle semble fonctionner aujourd'hui avec un nombre limité d'associés et se financer majoritairement en émettant des titres de créance. Cette diversité des montages est encouragée par les dispositions du Code monétaire et financier qui offrent aux praticiens la possibilité de modeler la société en fonction de l'opération financière menée. Ces dernières peuvent néanmoins entraîner la disparition de certains éléments caractéristiques du contrat de société (§ 1), remettant en cause sa qualification (§ 2).

§ 1 : La disparition d'éléments caractéristiques du contrat de société

228. Au regard de sa qualification, la société de titrisation doit nécessairement réunir les éléments caractéristiques du contrat de société, que sont l'entreprise commune, l'affectation des biens, le partage des résultats et l'*affectio societatis* [2]. Il s'avère toutefois que les associés n'ont pas nécessairement vocation à se partager les résultats puisqu'ils peuvent être privés du *boni* de liquidation de la société et qu'ils peuvent potentiellement, grâce au jeu de la compartimentation et de la subordination des investisseurs, être payés avant certains créanciers sociaux[3]. De même, les actionnaires ne présentent pas d'*affectio societatis (*A) et l'affectation des biens à l'entreprise commune est artificielle (B).

A. L'absence d'affectio societatis

229. Pertinence du recours à l'*affectio societatis*[4]. L'utilisation de l'*affectio societatis* comme élément constitutif du contrat de société a fait

---

[1] V. *supra* n° 42.

[2] Sur l'entreprise commune, l'affectation des biens et le partage des résultats, v. art. 1832 C. civ. ; et sur le critère de l'*affectio societatis*, v. not. Com., 6 octobre 1953, *S.* 1954, I, p. 149, note Robert ; Com., 2 mars 1982, préc. ; Com., 3 juin 1986, n° 85-12.118, *Bull. civ. IV,* n° 116 ; *Rev. soc.,* 1986, p. 585, note Y. Guyon ; Com., 3 mars 2021, n° 19-10.693.

[3] V. *supra* n° 53.

[4] Nous utilisons l'expression au féminin puisque l'expression est composée de deux mots féminins latin, *affectio, affectionis et societas, societatis* selon V. CUISINIER, *L'affectio*

l'objet de vives contestations[1], ce d'autant plus que sa définition varie selon que l'on en adopte une conception unitaire ou pluraliste[2]. Cette notion conserve néanmoins de fervents partisans[3] et est toujours utilisée pour qualifier la société[4]. Elle permet également de déterminer l'existence ou l'opposabilité des sociétés[5]. Cet élément caractéristique du contrat de société conserve donc sa pertinence dans l'étude de la qualification de la société de titrisation. À cet effet, l'*affectio societatis* doit être définie comme « la volonté de chaque associé de collaborer effectivement à l'exploitation du fonds dans un intérêt commun et sur un pied d'égalité avec les autres associés »[6]. Censée se retrouver au moment de la constitution de la société et pendant la vie sociale, il faut constater qu'elle fait défaut dans l'actuelle société de titrisation.

230. Absence d'*affectio societatis* lors de la constitution de la société de titrisation. La constitution de la société de titrisation illustre la distinction

---

societatis, *op. cit.*, n° 2, p. 5 ; pour une définition de cette notion, v. not. J. HAMEL, « L'*affectio societatis* », *RTD civ.*, 1925, p. 761 et s. ; A. AMIAUD, « L'*affectio societatis* », in *Mélanges Simonius*, 1955, p. 1 et s. ; V. CUISINIER, *L'affectio societatis*, *op. cit.* ; I. TCHOTOURIAN, *Vers une définition de l'affectio societatis lors de la constitution d'une société*, *op. cit.* ; J. PAILLUSSEAU, *La société anonyme, technique d'organisation de l'entreprise*, Sirey, 1967, p. 43 et s. ; A. VIANDIER, *La notion d'associé*, préf. F. Terré, coll. « Bibliothèque de droit privé », n° 156, LGDJ, 1978, n° 75 et s. ; Y. GUYON et A. MAIROT, « Fasc. 20-10 : *Affectio societatis* », *op. cit.*, n° 1 et s. ; P. SERLOOTEN, « L'*affectio societatis*, une notion à revisiter », in *Aspects actuels du droit des affaires : mélanges en l'honneur de Yves Guyon*, Dalloz, 2003, p. 1007 et s. ; N. REBOUL, « Remarques sur une notion conceptuelle et fonctionnelle : l'*affectio societatis* », *Rev. soc.*, octobre 2000, n° 3, p. 425 et s.

[1] V. not. V. CUISINIER, *L'affectio societatis*, *op. cit.* ; J.-Fr. QUIEVY, « La double physionomie de l'*affectio societatis* », *RRJ*, décembre 2010, n° 3, p. 1369 et s. ; G. NAFFAH, « L'*affectio societatis*, un critère qui n'en est pas un », in *Mélanges en l'honneur de Jean-Jacques Daigre : autour du droit bancaire et financier et au-delà*, Joly, Lextenso éditions, 2017, p. 233 et s. ; pour une assimilation au consentement v. particulièrement M. GERMAIN et V. MAGNIER, *Les sociétés commerciales*, *op. cit.*, n° 37, p. 32 ; M. COZIAN, A. VIANDIER et F. DEBOISSY, *Droit des sociétés*, *op. cit.*, n° 256, p. 90 ; D. GALLOIS-COCHET, « Encore l'*affectio societatis* », *Dr. sociétés*, décembre 2013, n° 12, p. 11 et s. ; P. DIDIER et P. DIDIER, *Droit commercial, T. 2, Les sociétés commerciales*, 3e éd., coll. « Corpus Droit privé », Economica, 2011.

[2] P. SERLOOTEN, « L'*affectio societatis*, une notion à revisiter », art. préc., p. 1009.

[3] V. not. en ce sens I. TCHOTOURIAN, *Vers une définition de l'affectio societatis lors de la constitution d'une société*, *op. cit.* ; C. BARRILLON, *Le critère de la qualité d'associé*, *op. cit.* ; P. SERLOOTEN, « L'*affectio societatis*, une notion à revisiter », art. préc. ; N. REBOUL, « Remarques sur une notion conceptuelle et fonctionnelle : l'*affectio societatis* », art. préc.

[4] Pour une application récente v. not. Com., 3 avril 2012, n° 11-15.671 ; *Dr. sociétés*, 2012, n° 117, note R. Mortier ; *RJDA*, 2012, n° 677 ; sur son utilisation comme critère de distinction de la société et de l'indivision, v. *supra* n° 91 ; v. également en ce sens ; P. LE CANNU et B. DONDERO, *Droit des sociétés*, *op. cit.*, n° 108, p. 102 ; P. SERLOOTEN, « L'*affectio societatis*, une notion à revisiter », art. préc., p. 1013.

[5] P. LE CANNU et B. DONDERO, *Droit des sociétés*, *op. cit.*, nos 102 et s., p. 99 et s. ; I. TCHOTOURIAN, *Vers une définition de l'affectio societatis lors de la constitution d'une société*, *op. cit.*, n° 979, p. 606.

[6] Com., 3 juin 1986, préc.

entre associé et fondateur [1]. En effet, l'organisme de titrisation est généralement créé – et ses documents constitutifs rédigés – par le cédant des créances, ses conseillers et les gestionnaires de l'opération[2]. À l'inverse, les associés n'y participent pas, sauf s'ils prennent l'identité de l'un de ces fondateurs. Or, leur passivité dans le processus de création de la société fait douter de leur *affectio societatis,* dès le commencement de la vie sociale. Une telle passivité des associés s'observe également dans les grandes sociétés par actions. Ces dernières comptent davantage d'investisseurs que d'associés, notamment lorsqu'elles sont constituées avec offre au public[3]. Cependant, un petit groupe d'actionnaires fondateurs participe généralement à la constitution de ces sociétés et exprime ainsi une véritable *affectio societatis.* Les actionnaires-investisseurs qui se contentent de souscrire les titres manifestent également une *affectio societatis*, même si elle est de moindre importance par rapport à celle des actionnaires-fondateurs. Elle est effectivement exprimée à travers l'adhésion active au projet de statuts dans le cadre de l'assemblée constitutive[4]. Les actionnaires de la société de titrisation ne peuvent cependant pas être assimilés à ceux des grandes sociétés par actions puisqu'ils n'ont pas vocation à participer à la création de la société. En effet, ils ne sont pas nécessairement les fondateurs de la société de titrisation et l'obligation de tenir l'assemblée constitutive est supprimée[5]. Leur volonté est donc réduite à l'acte d'investissement. Or, cette dernière est insuffisante pour caractériser une véritable *affectio societatis.* En effet, cette volonté ne se distingue pas de celle des copropriétaires du FCT souscrivant aux parts du fonds ou à celle des titulaires de titres de créance[6].

Cette situation ne serait pas régularisée en procédant à une émission des actions en deux phases. En effet, la société de titrisation pourrait être créée par un nombre réduit d'associés fondateurs puis financer l'acquisition des créances par le biais d'une nouvelle émission d'actions [7]. Dans cette hypothèse, l'*affectio societatis* des actionnaires fondateurs serait discutable dans la mesure où ils ne s'associeraient que pour activer un mécanisme de financement. En outre, les associés de la seconde émission réitèreraient le même acte d'investissement qui vient d'être développé. Ce constat s'effectue également lorsque la seconde émission d'actions est remplacée par une émission de titres de créance. Cette absence d'*affectio societatis* au

---

[1] V. en ce sens P. LE CANNU et B. DONDERO, *Droit des sociétés, op. cit.*, n°s 330 et s., p. 253 et s. Cette distinction permet d'engager la responsabilité desdits fondateurs pour les fautes commises dans le cadre de la constitution de la société, conformément à l'article L. 210-8, C. com.

[2] V. *supra* n° 75.

[3] V. en ce sens F.-X. LUCAS, « Les actionnaires ont-ils tous la qualité d'associé ? Brefs propos discursifs autour du thème de l'associé et de l'investisseur », art. préc.

[4] Art. L. 225-7, C. com.

[5] Art. L. 214-179, II, C. mon. fin.

[6] V. *supra* n°s 92 et 93.

[7] Art. L. 214-175-1, C. mon. fin.

commencement de la société est d'autant plus problématique qu'elle n'est pas comblée en cours de vie sociale.

231. Absence d'*affectio societatis* en cours de vie sociale. L'*affectio societatis* se manifeste théoriquement tout au long de la vie sociale à travers la participation des associés. La réalité de cette participation est cependant depuis longtemps dénoncée, certains associés n'étant que de simples bailleurs de fonds[1]. Ces derniers se retrouvent principalement dans les grandes sociétés par actions et ne se préoccupent pas des affaires sociales, ne participant pas aux assemblées. La société n'est pour eux qu'un outil de placement. Les actionnaires de la société de titrisation sont assimilables à ces bailleurs de fonds. En effet, ils ne souscrivent leurs actions que dans une perspective d'investissement[2] et se désintéressent de la gestion de la société[3]. Cependant, à l'inverse des petits actionnaires de grandes sociétés par actions, leur passivité est forcée. Tout d'abord, les sujets sur lesquels sont consultés les associés sont limités puisqu'ils ne désignent pas les commissaires aux comptes, ne décident pas de la création d'un compartiment et n'ont vraisemblablement pas besoin d'approuver les comptes[4]. Ensuite, les assemblées sont tenues avec des quorums largement abaissés[5], voire supprimés. La collégialité, qui participe de l'essence de la société[6], sauf dans les sociétés unipersonnelles, fait donc défaut dans la société de titrisation. Enfin, l'extériorisation de la gestion de la société de titrisation prive d'efficacité les prérogatives des associés[7]. Le régime de la société de titrisation ne permet donc pas à l'associé d'exprimer une quelconque *affectio societatis*. En l'absence de cet élément constitutif du contrat de société la société de titrisation s'avère être une société fictive et devrait pouvoir être annulée et inopposable aux tiers[8]. En effet, si l'on considère que l'*affectio societatis* permet d'attribuer à un associé sa qualité[9],

---

[1] C. CHAMPAUD, *Le pouvoir de concentration de la société par actions*, préf. Y. Loussouarn, coll. « Bibliothèque de droit commercial », Sirey, 1962, n° 29, p. 29 ; D. SCHMIDT, *Les droits de la minorité dans la société anonyme*, préf. J.-M. Bischoff, coll. « Bibliothèque de droit commercial », n° 21, Sirey, 1970, n° 12, p. 7.

[2] Sur la distinction entre associé et investisseur, v. F.-X. LUCAS, « Les actionnaires ont-ils tous la qualité d'associé ? Brefs propos discursifs autour du thème de l'associé et de l'investisseur », art. préc. ; F.-X. LUCAS, « Du contrat de société au contrat d'investissement », *RDBF*, avril 2005, n° 2, p. 50 et s.

[3] L. PAPAÏS, *Titrisation et fiducie*, préc., n° 76, p. 61.

[4] V. *supra* n° 197.

[5] V. *supra* n° 198.

[6] J. DELVALLEE, *La collégialité en droit des sociétés*, préf. P. Le Cannu, coll. « Nouvelle Bibliothèque de Thèses », n° 181, Paris, Dalloz, 2019, n° 49 et s., p. 41 et s.

[7] V. *supra* n°s 213 et s.

[8] V. not. en ce sens Com. 4 oct. 2011, n° 09-16.293, *BJS*, janvier 2012, n° 1, p. 19, note I. Parachkévova ; v. aussi P. PIC, « De la simulation, dans les actes de société », *D.*, 1935, n° 15, chron. 8, p. 33 et s. v. *infra* n° 233 et s.

[9] V. en ce sens F.-X. LUCAS, « Les actionnaires ont-ils tous la qualité d'associé ? Brefs propos discursifs autour du thème de l'associé et de l'investisseur », art. préc. ; v. aussi A. VIANDIER,

il faut alors convenir que les associés de la société de titrisation ne l'ont pas[1]. Dès lors, sauf à admettre l'existence incongrue d'une société sans associé, il n'est pas possible de conserver la qualification de société. Il faut toutefois réserver l'hypothèse dans laquelle les actionnaires sont les fondateurs de la société de titrisation. En effet, au regard de leur identité, ces derniers sont davantage amenés à participer à la gestion de la société. Les limites à leur participation en qualité d'associé engendrées par le régime de la société de titrisation demeurent néanmoins une réalité.

232. Consolidation de la qualification par la pratique. Actuellement, la pratique permet d'évincer les difficultés liées à la participation des associés. En effet, certaines SAS de titrisation sont constituées par des établissements de crédit ou une société de gestion[2]. Il est probable que ce soit également le cas dans les SA[3]. Dans ces hypothèses, il est évident que ces personnes ont l'intention de constituer la société et de s'associer, et demeurent impliquées dans la gestion de la société. Leur participation est d'autant plus effective que la société de gestion est parfois la dirigeante de la société[4]. Par ailleurs, les sociétés de titrisation existantes se contentent d'une émission de titres sociaux en vue de leur constitution. Par la suite, elles émettent des titres financiers, tels que les titres de créance[5], limitant voire évinçant les associés dépourvus d'*affectio societatis*.

Ces configurations sont aujourd'hui majoritaires. Cependant, leur importance ne doit pas être exagérée. En effet, seules trois sociétés de

---

La notion d'associé, *op. cit.* pour qui l'associé est celui qui effectue un apport et qui a le droit d'intervention dans les affaires sociales à travers un droit de contrôle et d'information. Appliqués à la société de titrisation, ces critères ne permettent pas de valider la qualification d'actionnaires, ces derniers ne pouvant pas contrôler la vie sociale ; *contra* not. C. Coupet, *L'attribution du droit de vote dans les sociétés*, préf. H. Synvet, coll. « Bibliothèque de droit privé », n° 561, LGDJ, 2015, n° 384, p. 397 pour qui l'associé est celui qui supporte l'aléa social, compris comme une chance de gain ou un risque de perte ; C. Barrillon, *Le critère de la qualité d'associé*, *op. cit.*, n°s 558 et s., p. 361 et s. qui considère que l'associé est celui qui supporte le risque social. Sur la diversité des réalités regroupées sous le terme d'associé, v. F. Masson, « Les métamorphoses de l'associé », *Rev. soc.*, février 2016, n° 2, p. 84 et s.

[1] Si l'on considère les autres définitions de l'associé, il demeure difficile de lui attribuer cette qualité puisque l'actionnaire de la société de titrisation ne supporte pas plus le risque social que les autres investisseurs. V. *supra* n° 53.

[2] La société de titrisation Euro Secured Notes Issuer (ESNI) fut créée par cinq banques (http://www.fbf.fr/fr/espace-presse/communiques/la-nouvelle-societe-euro-secured-notes-issuer-(esni)-lance-les-premieres-emissions-de-titres-de-creances-garantis, consulté le 28 septembre 2023). La société de titrisation Natixis Loan Funding a pour seul associé sa société de gestion.

[3] La seule société de titrisation constituée sous la forme d'une SA que nous avons pu trouver à ce jour est MAGENTA Funding S.T. dont les associés sont inconnus.

[4] Dans la société Natixis Loan Funding, la société de gestion Eurotitrisation est le directeur général tandis que dans la société Euro Secured Notes Issuer, la société de gestion est le président.

[5] Cette pratique s'observe également en matière de fonds communs de titrisation.

titrisation ont pu être dénombrées en France[1] et ces dernières n'épuisent pas la totalité des organisations possibles de la société de titrisation. Si elles permettent en pratique de faire taire les critiques émises, elles ne garantissent pas l'absence d'avènement de sociétés de titrisation illustrant les nombreuses difficultés du régime actuel. Ce d'autant plus que l'absence d'*affectio societatis* peut être accompagnée d'une affectation des biens à l'entreprise commune artificielle.

B. Le caractère artificiel de l'affectation de biens à l'entreprise commune

233. Réalisation des apports incertaine. Le mode de financement de la société de titrisation peut faire douter de la réalité des apports. D'une part, les bilans des sociétés de titrisation montrent qu'elles émettent actuellement peu d'actions. Une fois créées, ces sociétés de titrisation financent l'achat des créances et toute autre exposition[2] par l'émission de titres financiers, autres que des actions. À cet égard, la souscription des actions – et donc la réalisation des apports – n'a pas pour objectif de réunir les ressources nécessaires à l'entreprise commune, mais davantage d'accéder au financement par les marchés. Ce faisant, la société de titrisation apparaît comme étant plutôt un outil de financement qu'une aventure sociale.

D'autre part, les associés de la société de titrisation ne sont pas nécessairement tenus de libérer la totalité de leur apport. En effet, l'article L. 214-179 II du Code monétaire et financier introduit une dérogation à l'article L. 228-39 du Code de commerce, qui interdit l'émission d'obligations en cas de libération partielle du capital social. Ce dernier, qui permet de caractériser l'affectation des biens à l'entreprise commune et de constituer le gage commun des créanciers sociaux, est en principe le premier mode de financement de la société[3]. Malgré la diversité des modes de financement des

---

[1] RAPPORT PARIS EUROPLACE, *Une titrisation au service de la croissance*, 18 novembre 2015, p. 54. Entre 2008 et 2012 seulement deux sociétés de titrisation ont été créées, v. en ce sens « Clifford Chance conseille Natixis », art. préc. Eu égard à la publicité financière ayant entouré la création de ces sociétés et à l'absence de données complémentaires, malgré nos recherches, il est probable qu'il n'en existe actuellement que trois, v. O. BIROUK et F. DARVES, « La titrisation en France : les évolutions récentes », art. préc., p. 100.

[2] Pour un aperçu des autres expositions, v. *supra* n° 28.

[3] La suppression d'un capital social minimum dans la SARL et la SAS, ainsi que la diversité des sources de financement des sociétés ont néanmoins conduit à remettre en question ces fonctions, et à critiquer les apports, qui ne seraient plus indispensables pour former la société. V. not. en ce sens T. MASSART, « La société sans apport », in *Études de Droit privé, Mélanges offerts à Paul Didier*, Economica, 2008, p. 289 et s. où l'auteur, constatant que l'apport était « une contrainte inutile pour devenir associé » et une « garantie superflue pour les créanciers sociaux », a ainsi émis l'idée d'une société sans apport. Il remarque en effet le gage des créanciers sociaux porte sur les capitaux propres de la société. À cet égard, le capital social servirait plutôt de « capital d'amorçage ». De plus, il explique que la réalisation des apports est inutile pour caractériser l'intention de s'associer. De même, les apports ne contribuent pas plus que d'autres ressources à l'entreprise commune et ne sont pas la contrepartie du droit aux

entreprises, il conserve son importance. En effet, l'absence d'apports est une cause de nullité des sociétés[1] et les associés doivent en principe les libérer après leur souscription dans un délai maximal de cinq ans à compter de l'immatriculation des SA et SAS, sous peine d'exclusion[2]. La dérogation introduite dans le Code monétaire et financier autorise cependant la société de titrisation à recourir à une source de financement externe de façon immédiate, alors même qu'elle disposerait de tout ou partie des ressources nécessaires en interne si les associés libéraient leurs apports[3]. Lorsqu'elle use de cette possibilité, la souscription des apports s'avère artificielle puisqu'elle conditionne uniquement l'accès à une source de financement externe à la société[4]. De plus, l'opération de titrisation peut être de courte durée. La société peut être dissoute dans les cinq ans de sa création, si bien que les associés ne sont alors pas tenus de libérer leurs apports. Dans cette hypothèse, à aucun moment les associés n'affectent complètement des biens à leur entreprise commune[5]. À défaut d'apports, on peut alors douter de la constitution de la société, mais également de la présence d'associés[6]. Qualité d'autant plus douteuse qu'ils ne participent pas pleinement aux résultats de la société[7]. Dès

---

bénéfices, les salariés pouvant notamment devenir associés grâce à des distributions gratuites d'actions (art. L. 225-197-1 et s., C. com). Ces distributions ne font toutefois figure d'exception dans la mesure où elles ne sont admises qu'une fois la société constituée, et donc après la réalisation d'apports. Par ailleurs, il nous semble que la mise en commun des apports et leur affectation à l'entreprise commune est essentielle pour caractériser la société, dans la mesure où sans elle, il y aurait une simple collaboration. Pour des critiques du capital social, v. not. P. DIDIER et P. DIDIER, *Droit commercial. T. 2, op. cit.*, n° 166, p. 150 ; M. GERMAIN et V. MAGNIER, *Les sociétés commerciales*, *op. cit.*, n° 437, p. 329 ; A. COURET et H. LE NABASQUE (dirs.), *Quel avenir pour le capital social*, coll. « Thèmes & commentaires », Dalloz, 2004 ; P. DIDIER, « Le capital social et la protection des créanciers sociaux », in *1807-2007, Le Code de commerce, Livre du bicentenaire*, Dalloz, 2007, p. 199 et s.

[1] L'article 1844-10 du Code civil affirme ainsi la nullité de la société résulte des dispositions de l'article 1832, et donc d'une absence d'apports. Dans le même sens, la jurisprudence a annulé des sociétés dont les apports étaient fictifs. V. en ce sens Civ., 11 avril 1927 ; Com., 9 juin 2009, n° 07-20.937, *Rev. soc.*, 2009, p. 781, note N. Mathey. Enfin, le groupe de travail ayant réfléchi sur les nullités en droit des sociétés a jugé les causes de nullités des sociétés satisfaisantes, confirmant l'actuelle importance des apports. V. *Rapport sur les nullités en droit des sociétés*, Paris, HCJP, 27 mars 2020, p. 39 et s., p. 2.

[2] V. not. art. L. 225-3, al. 2, C. com. applicable aux SA, mais aussi aux SAS par renvoi de l'article L. 227-1, C. com et art. L. 228-27, C. com.

[3] Sur l'importance de cet élément en droit commun v. A. LECOURT, « Obligation », *Rép. soc.*, Dalloz, avril 2021, n° 82.

[4] En cela, elle illustre les critiques émises à l'encontre du capital social et du financement de la société par la voie d'apports. En effet, selon l'analyse économique, « le recours au crédit s'impose lorsque le rendement attendu de l'activité économique est supérieur au taux d'intérêt exigé par les prêteurs ». Le Professeur Massart en déduit ainsi que « appliqué à l'extrême, l'effet de levier devrait inviter les associés à n'investir aucune somme personnelle ». V. en ce sens T. MASSART, « La société sans apport », art. préc., p. 304 et s.

[5] Pour s'en convaincre, il suffit d'imaginer une SAS constituée pour un euro, dont seuls cinquante centimes ont été libérés.

[6] *Contra T.* MASSART, « La société sans apport », art. préc.

[7] V. *supra* n° 53.

lors, si à première vue la société de titrisation semble répondre à la définition de société, il s'avère que chacun des éléments caractéristiques est artificiel. Si elle n'était pas instituée par le législateur, la société de titrisation pourrait donc considérée comme fictive[1] et être annulée[2]. Ces constats invitent ainsi à remettre en question la qualification de société.

§ 2 : La remise en question de la qualification de société

234. Requalification de la société de titrisation. En l'absence de certains éléments caractéristiques, et de son manque d'autonomie[3], la société de titrisation mériterait d'être annulée et l'opération requalifiée. Plusieurs qualifications pourraient ainsi être envisagées. Les premières sont celles de contrat de prêt et d'indivision. En effet, à défaut de société, les créances seraient considérées comme acquises par les « associés » en indivision. Pour financer cette cession, leur intention, à moins qu'elle ne fasse défaut, est d'effectuer une émission de titres financiers et donc de solliciter des prêts sur les marchés financiers[4], permettant une requalification de la seconde phase de l'opération en contrat de prêt[5]. Ce retour à la qualification d'indivision ne serait cependant pas souhaitable en raison de ses imperfections[6] et de l'obligation pesant sur les indivisaires de rembourser les souscripteurs des titres. De plus, en cas de requalification, il serait improbable que le juge estime que les créances fassent partie d'un patrimoine d'affectation en indivision, comme c'est le cas du FCT. En effet, aucun indice ne militerait en ce sens puisque c'est seulement un portefeuille de créances qui serait acquis. Les créances ne pourraient donc pas être parfaitement isolées et affectées au

[1] Pour une application récente de la fictivité en droit des sociétés en présence d'une *affectio societatis* douteuse, v. Com. 4 oct. 2011, n° 09-16.293, préc. En l'espèce, la fictivité fût reconnue pour plusieurs raisons dont une absence d'*affectio societatis*, au regard du manque d'intérêt des associés pour l'objet social et de l'ignorance de l'apport en nature effectué par chacun. Ce défaut d'*affectio societatis* s'ajoutait à d'autres indices objectifs démontrant que le gérant traitait la société comme son entreprise personnelle, tels qu'une absence de locaux et de salariés, un capital social composé pour moitié d'apports en nature dont la liste n'avait pas été déposée et la perception par le gérant de la moitié du chiffre d'affaires au cours de l'année 1998 au titre d'une convention relative à sa rémunération et à titre d'honoraires.

[2] V. en ce sens art. L. 235-1, C. com. et art. 1832, C. civ. Toutefois, ces dispositions ne sont pas en conformité avec le droit européen. En effet, l'article 11 de la directive (UE) 2017/1132 du Parlement européen et du Conseil du 14 juin 2017 relative à certains aspects du droit des sociétés n'envisage notamment pas comme causes de nullité de la société, le défaut d'*affectio societatis*, d'apports et plus généralement la fictivité de la société. Il n'a cependant pas été transposé et n'a pas d'effet direct. L'action en nullité se prescrit par trois ans à compter du jour où elle est encourue. V. en ce sens art. L. 235-9 al. 1er, C. com.

[3] V. *supra* nos 40 et 228.

[4] Sur l'assimilation des titres de créance à une forme de prêt, v. A. COURET *et al.*, *Droit financier*, *op. cit.*, n° 664, p. 469.

[5] V. par ex. Com., 12 décembre 1978, n° 77-11.742.

[6] V. *supra* nos 185 et s.

remboursement des investisseurs. N'importe quel créancier des « associés » en indivision pourrait effectivement demander le partage et se saisir des créances, portant atteinte à la sécurité de l'opération financière. Une telle requalification paraît à ce stade assez hypothétique car il est peu probable que les juges s'empressent de remettre en cause la qualification légale de société. Il n'en demeure pas moins qu'une telle perspective serait intéressante pour les obligataires et autres créanciers de la société de titrisation dans l'hypothèse où celle-ci ne serait pas en mesure de les rémunérer dans les conditions prévues. Ils pourraient effectivement tenter de recouvrer leur créance auprès de leurs véritables emprunteurs, les actionnaires [1]. La solvabilité de ces derniers est assez probable puisqu'il s'agit majoritairement d'initiateurs, notamment des établissements de crédit, ou d'investisseurs institutionnels. Le recours de nombreux créanciers, même s'il n'est pas accueilli favorablement par les juridictions, suffirait à entraver l'efficacité de l'opération financière et à porter atteinte à l'attractivité du droit français en la matière.

L'opération pourrait également être requalifiée en contrat de fiducie-gestion. Dans ce cas, les prétendus associés auraient en réalité constitué un patrimoine d'affectation et en auraient confié la gestion à une société de gestion. Il faudrait alors considérer que cette dernière finance sa gestion grâce à des prêts émis sur les marchés financiers[2].

Comme en présence des FCT, ces risques de requalification sont limités en pratique. En effet, la qualification étant d'origine légale, il est peu probable qu'une telle requalification soit demandée et acceptée par les juges car ceci contreviendrait à la sécurité des marchés financiers et nuirait à l'attractivité du droit français. Ces différentes qualifications alternatives illustrent néanmoins les imperfections de la qualification de société.

235. Compatibilité de la qualification de société et de la titrisation. En réalité, l'imperfection de la qualification de société résulte du régime de la société de titrisation. En effet, la qualification de société est compatible avec l'opération de titrisation. D'une part, la société permet de réaliser l'opération de titrisation. Les créances cédées à la personne morale sont isolées dans le patrimoine social. Leur acquisition est financée grâce à l'émission de titres financiers sur les marchés financiers et les flux issus de leur remboursement sont réservés aux investisseurs. D'autre part, la réunion des éléments caractéristiques du contrat de société peut être obtenue aisément. Les apports peuvent être effectués en numéraire ou en nature, un établissement de crédit pouvant apporter ses créances à la société de titrisation. *De lege ferenda,* la

---

[1] Sur cet intérêt dans les sociétés fictives, v. not. N.F. RAAD, *L'abus de personnalité morale en droit privé*, préf. F. Terré, coll. « Bibliothèque de droit privé », n° 214, LGDJ, 1991, n° 247, p. 233 ; M. GERMAIN et V. MAGNIER, *Les sociétés commerciales*, *op. cit.*, n° 40, p. 35 ; et pour une application, v. v. Com. 4 oct. 2011, n° 09-16.293, préc.

[2] Sur cette position dans le FCT v. *infra* n° 422.

suppression de la dérogation à l'article L. 228-39 du Code de commerce garantit l'effectivité des apports en numéraire. La présence de l'*affectio societatis* suppose de rétablir la participation des associés, notamment à travers leur consultation et le respect de quorums. La gestion de la société de titrisation doit également être intériorisée en conférant à la société de gestion la qualité d'organe. Ceci permet aux actionnaires de retrouver le contrôle de la gestion et d'autonomiser la société de titrisation. Une réforme du régime de la société de titrisation permettrait ainsi de réunir les éléments caractéristiques du contrat de société tout en garantissant la sécurité des marchés financiers. Ces éléments n'entravent pas la réalisation de l'opération de titrisation et se contentent d'alourdir le fonctionnement de la société.

236. Conclusion de section. Le Code monétaire et financier offre la possibilité aux opérateurs d'agencer la société de titrisation au gré de leurs besoins, jusqu'à la réduire à un simple outil de financement. La société de titrisation ne présente pas dans ce cas les caractéristiques des sociétés de droit commun. Les associés n'ont pas d'*affectio societatis* puisqu'ils ne participent pas à la création de la société ni à la vie sociale. De même, les règles de droit financier visant à simplifier les émissions de titres et à permettre la subordination des paiements, mettent en évidence le caractère artificiel de la réalisation des apports et de l'affectation du résultat. Dès lors, si l'on tirait toutes les conséquences de l'emploi de cette qualification, le contrat de société devrait être annulé et l'opération requalifiée.

237. Conclusion du chapitre. La dimension artificielle de la société de titrisation se manifeste à deux stades de l'analyse. Premièrement, la confrontation de son régime à celui des SA et SAS de droit commun met en évidence son caractère dérogatoire et la contradiction de principes fondamentaux du droit commun. En effet, l'opération financière laisse son empreinte sur la société, si bien que les organes sociaux ne remplissent plus leurs fonctions. De ce fait, les associés n'interviennent pas dans les affaires sociales, puisqu'ils ne peuvent pas contrôler la gestion et que de nombreux sujets échappent à la compétence des assemblées générales. De même, les dirigeants ne concourent pas à la réalisation de l'objet social. La société perd en autonomie et son rôle patrimonial est accentué par la possibilité qui lui est offerte de constituer des patrimoines d'affectation.

Deuxièmement, ces particularités participent à l'absence des éléments constitutifs du contrat de société, si bien qu'il n'est pas possible de considérer que la société de titrisation est une simple société *sui generis*. Ces constats invitent *a priori* à abandonner la qualification de société. En réalité, cette qualification, considérée en faisant abstraction du régime de la société de titrisation, n'est pas incompatible avec l'opération financière. Elle peut donc être conservée sous réserve d'une réforme du régime de la société de titrisation. Cette dernière est indispensable afin d'éliminer les critiques pensant sur cette qualification et de protéger le contrat de société.

238. Conclusion du titre. L'absence de conceptualisation des organismes de titrisation devient manifeste dès lors que l'on procède à leur analyse individuelle. En effet, leur régime, spécialement conçu pour régir l'opération financière, ne correspond pas à leur qualification. Singeant le *trust* anglo-saxon, il conduit à conférer tous les pouvoirs à une société de gestion au détriment des copropriétaires du FCT et des organes sociaux de la société de titrisation. La propriété des uns et les prérogatives des autres se révèlent ainsi artificielles. Or, ce décalage ne porte pas uniquement atteinte à l'orthodoxie juridique[1]. En effet, il contribue à diminuer la sécurité de l'opération de titrisation. Il crée notamment un risque d'annulation des opérations dans le FCT. Une telle annulation demeure à ce stade théorique, puisqu'il est fort probable que les juges garantissent la sécurité des marchés financiers au détriment de la cohérence du droit positif. De même, les dérogations instituées empêchent aussi les actionnaires de la société de titrisation de contrôler la gestion des affaires sociales, contribuant ainsi à une déresponsabilisation de la société de gestion. Les organismes de titrisation doivent donc faire l'objet d'une réforme. Inapte à saisir l'opération de titrisation, la qualification de copropriété doit être abandonnée. À l'inverse, la qualification de société demeure pertinente. Elle est toutefois dénaturée par le régime spécifique de la société de titrisation. Ce dernier doit donc être modifié afin de réhabiliter la qualification de société.

239. Conclusion de la première partie. Malgré l'utilisation des qualifications de copropriété et de société, les organismes de titrisation s'intègrent imparfaitement dans notre tradition juridique. Leur régime commun révèle tous leurs défauts. Il met ainsi en évidence leur identité de nature et le caractère artificiel de la distinction instituée par le législateur. La confrontation de leur régime au droit commun met également en évidence l'inanité de leurs qualifications respectives. En effet, ces dernières sont dénaturées par tant de spécificités. À cet égard, invoquer le pragmatisme économique ou le particularisme du droit financier n'est pas satisfaisant[2]. Les concepts utilisés sont issus du droit commun et le droit financier doit s'inscrire dans la logique globale du système juridique[3]. Une réforme des organismes

---

[1] Y. GUYON, *Droit des affaires, T. 1, Droit commercial général et Sociétés*, 12e éd., coll. « Droit des affaires et de l'entreprise, Série Enseignement », Economica, 2003, n° 25, p. 19.
[2] V. *supra* n° 15.
[3] V. not. P. DEUMIER, *Introduction générale au droit*, *op. cit.*, nos 127 et s., p. 123 ; F. TERRE et N. MOLFESSIS, *Introduction générale au droit*, *op. cit.*, n° 124, p. 197 ; v. aussi J. GHESTIN, H. BARBIER et J.-S. BERGE, *Introduction générale, T. 1*, 5e éd., coll. « Traités », LGDJ, 2018, n° 97, p. 72 pour qui il ne peut y avoir de systématisation rigoureuse du droit.

est donc nécessaire. Celle-ci permettrait de redynamiser voire de supprimer la distinction existante.

L'intérêt d'une telle réforme pourrait toutefois être questionné. En effet, les organismes sont adoptés par la pratique. De plus, la sécurité de l'opération est garantie indirectement par les magistrats, qui valident notamment la représentation du FCT non personnifié par la société de gestion à l'occasion de contentieux portant sur le recouvrement des créances. Il est également peu probable qu'ils procèdent à une annulation de la cession des créances au FCT. Il n'est toutefois pas possible de garantir leur position. En outre, la possibilité qu'un contentieux se développe en la matière entrave, à elle seule, l'efficacité de l'opération financière. Par ailleurs, les organismes de titrisation dévoient les concepts de droit commun. En l'état, ils risquent de servir de référence pour qualifier certaines situations de fait similaires, comme en témoigne la structuration des organismes de financement spécialisé sur leur modèle[1]. De même, les organismes pourraient être utilisés pour justifier des dérogations au droit commun, comme pour limiter les pouvoirs de copropriétaires ou les droits d'intervention des associés. À terme, les concepts de société et de copropriété perdraient en clarté. De plus, ils ne joueraient plus leur rôle de catégorie juridique puisque leur prétendue différence de nature ne conduirait plus à une différence de régime[2]. Ce faisant, ils ne permettraient plus de distinguer des situations, ni de les classer. Il est donc nécessaire de conceptualiser les organismes de titrisation. En effet, une réforme des organismes de titrisation ne peut se satisfaire de quelques corrections puisque les difficultés actuelles résultent d'un problème d'acculturation. Il faut donc dépasser les qualifications existantes et repartir de l'opération de titrisation. Une telle démarche permettra ainsi un retour à l'orthodoxie juridique mais également de gagner en attractivité.

---

[1] V. spéc. art. L. 214-190-2 et s., C. mon. fin.

[2] V. en ce sens J.-L. BERGEL, « Différence de nature = Différence de régime », art. préc.

PARTIE 2 – APPROCHE RENOUVELEE DES ORGANISMES DE TITRISATION

240. Méthodologie employée pour réformer les organismes. Façonné par les opérations qu'il règlemente, le droit financier répond davantage à une logique économique qu'à une logique juridique[1]. Il en résulte plusieurs difficultés comme l'enchaînement de réformes pour correspondre au mieux à l'objet règlementé en constante évolution ou encore une déformation de certains concepts de droit commun[2]. Pourtant, si l'on peut admettre un certain particularisme du droit financier, on ne peut reconnaître son autonomie. La règlementation de la matière doit dès lors s'effectuer davantage dans le respect de notre tradition juridique. Les précédents développements ont mis en évidence que les organismes de titrisation, créés pour importer une pratique financière anglo-saxonne, se plaçaient en rupture par rapport au droit commun, portant atteinte à la lisibilité du système juridique mais également à la sécurité des opérations de titrisation. Il importe donc de reconceptualiser ces organismes.

Dans cette démarche, la tentation est grande de s'inspirer des véhicules étrangers. En témoigne la création des organismes de titrisation sur le modèle du *trust* dès 1988[3]. À cet égard, quatre véhicules *ad hoc* sont généralement utilisés pour effectuer une opération de titrisation : les sociétés, les fonds, les *trust* et les fiducies[4]. Tous les pays utilisent la société[5]. En revanche, les pays

---

[1] V. *supra* n°s 13 et s. ; et sur ce phénomène de primauté de la logique financière, v. not. A. COURET, « Innovation financière et règle de droit », art. préc.

[2] Sur la succession des réformes, v. *supra* n° 19 ; sur le droit qui est désormais un « droit de réaction », v. F. OST, « Le temps virtuel des lois postmodernes ou comment le droit se traite dans la société de l'information », art. préc., p. 436.

[3] V. en ce sens la loi n° 88-1201 du 23 décembre 1988 relative aux organismes de placement collectif en valeurs mobilières et portant création des fonds communs de créances.

[4] Pour une présentation synthétique des différents véhicules de titrisation, v. not. P. BARNETO et G. GREGORIO, *Les mécanismes financiers de la titrisation, op. cit.*, pp. 54-55 ; A. QUIQUEREZ, *Droit et techniques internationales de la titrisation, Des actifs aux titres financiers, op. cit.*, n°s 195 et s., p. 168 et s.

[5] P. BARNETO et G. GREGORIO, *Les mécanismes financiers de la titrisation, op. cit.*, pp. 54-55 ; K.N. KLEE et B.C. BUTLER, « Asset-Backed Securitization, Special Purpose Vehicles and Other Securitization Issues », art. préc., pp. 26-27 ; F. BURNAT et J. CHARTIER, « French versus English securitisation: a comparative study following the Ordinance of June 13, 2008 », art. préc. ; et plus spécialement v. R. WALL et F. GLEBOCKI, « Structured finance and securitisation in the UK (England and Wales): overview », *op. cit.* ; PRACTICAL LAW FINANCE, « Securitization: The SPV », *op. cit.* ; S. WITTINGHOFER, « Structured finance and securitisation in Germany: overview », *op. cit.* ; J.E. YARETT, E.R. BERMAN et N.D. MARTIN, « Structured finance and securitisation in the United States: overview », *op. cit.* ; V. ZANEV et N. TAILLEFER, « Structured finance and

de *common law* utilisent le *trust* tandis que les pays de tradition romano germanique lui préfèrent les fonds[1], voire un patrimoine fiduciaire[2]. Si cette variété des organismes ne modifie par le déroulement de l'opération de titrisation[3], elle reflète nettement la diversité des systèmes juridiques. Ainsi, une réforme des organismes français ne peut s'inspirer indifféremment des différents modèles étrangers et doit s'inscrire dans notre tradition juridique. À défaut, le risque serait de maintenir des organismes de titrisation inadaptés au droit français. De même, conserver les formes de fonds et de société, sous prétexte qu'ils sont utilisés dans d'autres États, n'est pas opportun. Cela impliquerait uniquement de corriger les difficultés dénoncées, au gré de leur apparition, sans s'intéresser aux organismes de titrisation qui en sont la source. La reconstruction des organismes suppose donc de les repenser en s'extrayant des modèles pratiqués par les différents systèmes juridiques, qui deviennent tout au plus des indices pouvant orienter la réflexion. La réforme des organismes de titrisation commande ainsi de se concentrer sur l'opération de titrisation et ses éléments essentiels.

241. Piliers de l'opération de titrisation. Débarrassée de toute qualification, l'opération de titrisation suppose de permettre à des établissements de crédit de céder leurs créances à des investisseurs afin de se refinancer, les investisseurs étant rémunérés grâce au recouvrement des créances[4]. De ce fait, l'opération repose sur plusieurs piliers : une conversion des actifs illiquides en actifs liquides ; une appréhension de leur substance économique par les investisseurs ; une responsabilité limitée des investisseurs au montant de leur investissement ; une protection des actifs contre les créanciers des différentes parties prenantes à l'opération.

La conversion des actifs illiquides en actifs liquides correspond à la conversion des créances en titres, c'est-à-dire à la titrisation[5]. Cette conversion

---

securitisation in Luxembourg: overview », *op. cit.* ; V. FORTI, *La titrisation des créances en droit comparé*, *op. cit.*, n° 60, p. 60 ; J.-C. PAPEIANS, « Asset securitization: a comparative study between the United States and Belgium », art. préc.

[1] Le *Fondo de Titulización* est le véhicule privilégié pour les opérations de titrisation en Espagne, v. en ce sens P. RAVINA MARTIN, S. MORENO MERODIO et U. MENENDEZ ABOGADOS, « Structured finance and securitisation in Spain: overview », *op. cit.* Les Belges ont quant à eux recours à un fonds de placement en créances, v. sur ce point J.-C. PAPEIANS, « Asset securitization: a comparative study between the United States and Belgium », art. préc. ; E. WYMEERSCH, « Belgium », art. préc. Les Luxembourgeois utilisent quant à eux un fonds de titrisation pouvant être constitué sous la forme d'une copropriété, v. en ce sens art. 6 §1 de la loi du 22 mars 2004 relative à la titrisation.

[2] Le fonds de titrisation luxembourgeois peut également être constitué sous la forme d'un patrimoine fiduciaire, v. en ce sens art. 6 §1 de la loi du 22 mars 2004 relative à la titrisation.

[3] V. FORTI, *La titrisation des créances en droit comparé*, *op. cit.*, n° 63, p. 63.

[4] Elle peut également avoir pour objet de leur permettre de transférer uniquement les risques inhérents à ces créances. Sur l'opération de titrisation synthétique, v. *supra* n° 4.

[5] A. QUIQUEREZ, *Droit et techniques internationales de la titrisation, Des actifs aux titres financiers*, *op. cit.*, n° 8, p. 27. Nous préférons la définition employée par cet auteur plutôt que

est nécessaire à l'acquisition des créances de l'établissement de crédit. En effet, ces dernières sont difficilement cessibles, ce qui les rend peu attractives pour les investisseurs, à la différence des titres financiers. Les investisseurs seront donc plus enclins à souscrire des titres financiers adossés aux créances, qu'à acquérir directement ces créances. L'adossement des titres financiers aux créances signifie que les sommes issues de leur recouvrement servent à rémunérer les investisseurs. Dès lors, le montage juridique mis en œuvre doit permettre aux investisseurs de percevoir de façon exclusive ces revenus, notamment en protégeant les créances contre les créanciers des différentes parties prenantes à l'opération. Il doit également garantir une responsabilité limitée des investisseurs dans la mesure où ces derniers seraient effectivement moins enclins à investir si leur responsabilité pouvait être engagée au-delà du montant versé.

242. Raison d'être de l'organisme de titrisation. Ces différents éléments de l'opération de titrisation sont réunis lorsqu'elle se structure autour d'un véhicule d'ordre patrimonial hébergeant les actifs titrisés. En effet, la technique contractuelle ne réunit pas, à elle seule, les piliers de l'opération de titrisation. Elle supposerait que l'initiateur émette des titres financiers afin de se refinancer et affecte les sommes issues du recouvrement des créances au remboursement des investisseurs. Les investisseurs supporteraient ainsi le risque de défaillance des débiteurs de l'émetteur et leur responsabilité serait limitée au montant de leur investissement. Cependant, l'initiateur ne se séparerait pas de ses créances et leur affectation au profit des investisseurs ne les soustrairait pas automatiquement au gage général de ses créanciers. Il devrait effectivement obtenir leur accord. À défaut d'un tel accord, les créanciers de l'initiateur pourraient saisir les actifs titrisés, empêchant les investisseurs d'en percevoir les produits. La technique contractuelle alourdirait ainsi l'opération de titrisation et en augmenterait le coût, la rendant impraticable[1]. L'opération perdrait également une partie de son intérêt dans la mesure où elle ne permettrait pas à l'initiateur, toujours propriétaire des créances, d'alléger son bilan. Par ailleurs, la technique contractuelle ne s'inscrit pas dans la définition de la titrisation donnée par le règlement n° 2017/2402 du Parlement européen et du Conseil du 12 décembre 2017 créant un cadre général pour la titrisation ainsi qu'un cadre spécifique pour les

---

la définition plus classique mentionnant la transformation des créances en titres. Celle-ci nourrit une confusion puisque les créances transférées au *SPV* ne disparaissent pas et demeurent dans le patrimoine de ce dernier. En outre, cette définition un peu plus large permet d'accueillir la titrisation synthétique qui consiste en un transfert de risques et ne s'accompagne pas d'un transfert des créances. Pour une définition de la liquidité, v. *supra* n° 1.

[1] V. FORTI, *La titrisation des créances en droit comparé*, *op. cit.*, n° 207, p. 160 ; v. également en ce sens à propos de la séparation des actifs professionnels de l'entrepreneur H. HANSMANN et R. KRAAKMAN, « The Essential Role of Organizational Law », *The Yale Law Journal*, décembre 2000, vol. 110, n° 3, p. 387 et s., spéc. pp. 407-408.

titrisations STS. Celui-ci définit effectivement la titrisation comme le « *transfert de l'intérêt économique* » des créances de l'initiateur à une entité de titrisation[1]. Or, cette entité créée spécialement dans le but de réaliser des opérations de titrisation fait défaut lorsque l'on use de la seule technique contractuelle.

À l'inverse, un véhicule d'ordre patrimonial réunit les différents piliers de l'opération. En effet, l'émission de titres adossés aux actifs cédés assure tout d'abord la conversion des actifs de l'initiateur en titres financiers et l'attribution de leur substance aux investisseurs. Le patrimoine de l'organisme permet ensuite d'isoler les actifs et de les protéger des risques de faillite (le véhicule de titrisation est dit *bankruptcy remote*[2]). En premier lieu, les actifs sont séparés du patrimoine des parties prenantes à l'opération et à l'abri de leurs créanciers. Plus particulièrement, dans la titrisation classique, les créances font l'objet d'une cession parfaite[3]. Elles sortent du bilan du cédant[4] et sont protégées contre sa faillite et celle des autres parties prenantes à l'opération[5]. En effet, l'indépendance du véhicule *ad hoc* le protège de tout risque d'extension de la faillite de ces acteurs à l'organisme[6]. En deuxième lieu, l'organisme de titrisation est protégé contre sa propre faillite. Son objet étant limité à l'opération de titrisation[7], il ne peut réaliser aucune autre activité[8]. Le nombre de ses créanciers est donc restreint et les sommes

---

[1] V. art. 2, §2 du règlement (UE) 2017/2402 préc.

[2] v. not. K.N. Klee et B.C. Butler, « Asset-Backed Securitization, Special Purpose Vehicles and Other Securitization Issues », art. préc. ; D. Ramos Muñoz, *The law of transnational securitization*, Oxford University Press, 2010, n° 1.30, p. 10.

[3] Les anglo-saxons parlent alors de *true sale*, v. not. R.D. Ellis, « Securitization Vehicles, Fiduciary Duties, and Bondholders' Rights », *The Journal of Corporation Law*, 1999, vol. 24, n° 2, p. 295 et s., spéc. p. 305 ; K.N. Klee et B.C. Butler, « Asset-Backed Securitization, Special Purpose Vehicles and Other Securitization Issues », art. préc., p. 30.

[4] V. Forti, *La titrisation des créances en droit comparé*, *op. cit.*, n° 28, pp. 33-34.

[5] T.J. Gordon, « Securitization of Executory Future Flows as Bankruptcy-Remote True Sales », *University of Chicago Law Review*, 2000, vol. 67, n° 4, p. 1317 et s., spéc. pp. 1322-1323 ; v. également D. Ramos Muñoz, *The law of transnational securitization*, *op. cit.*, n° 1.05, p. 2 qui parlent d'isolement des actifs. Il en va de même en cas de titrisation synthétique. Cette dernière repose sur un contrat financier passé entre un initiateur et l'organisme de titrisation. Ce contrat permet à l'initiateur de « s'assurer » contre les risques attachés à ses actifs sans pour autant les céder. L'initiateur s'engage à verser une prime à l'organisme contre une indemnisation si le recouvrement de ses créances s'avère impossible. Les primes versées par l'acheteur de protection sont isolées dans le véhicule.

[6] C. Laporte, « Des véhicules de titrisation pour la Suisse : solutions en l'absence de législation », in *Droit des contrats, France, Suisse, Belgique*, coll. « Contrats & patrimoine », n° 3, Larcier, 2006, p. 169 et s., spéc. p. 169 ; P. Dupont, « Mécanismes particuliers de protection contre la faillite », in *La titrisation*, coll. « La vie du droit bancaire et financier », Anthémis, 2008, p. 61 et s., spéc. p. 65.

[7] D. Ramos Muñoz, *The law of transnational securitization*, *op. cit.*, n° 1.08, p. 3 ; C. Laporte, « Des véhicules de titrisation pour la Suisse : solutions en l'absence de législation », art. préc., p. 169 ; P. Dupont, « Mécanismes particuliers de protection contre la faillite », art. préc., p. 67.

[8] D'où l'usage de l'expression « *special purpose vehicle* ».

générées par les actifs titrisés sont ainsi réservées aux investisseurs. En troisième lieu, l'isolement des actifs au sein d'un patrimoine autonome permet également de circonscrire les pertes subies, si bien que la réalisation des risques attachés aux créances cédées n'affecte que l'organisme. Sa potentielle faillite ne s'étend donc pas aux investisseurs et aux autres acteurs de l'opération. L'utilité d'un véhicule d'ordre patrimonial indépendant pour mener l'opération de titrisation étant établie, la reconceptualisation des organismes de titrisation s'en trouve facilitée.

243. Acteurs essentiels. Au regard de la technicité de l'opération financière et des nombreux mouvements de flux financiers qu'elle engendre, le véhicule *ad hoc* doit être géré par un tiers compétent et indépendant. En droit français, la gestion active des organismes de titrisation est actuellement assurée par une société de gestion[1]. Celle-ci prend toutes les décisions stratégiques relatives à l'opération et les met en œuvre, notamment à travers l'acquisition des créances, la souscription d'instruments financiers ou l'information des investisseurs. Un dépositaire est chargé de la gestion passive des organismes. Il en conserve la valeur à travers la garde des actifs, la surveillance des flux et le contrôle de la conformité de la gestion[2]. De ce fait, la gestion de l'organisme est assurée par des professionnels indépendants, compétents et membres de professions règlementées[3]. Ces deux acteurs doivent être conservés dans le cadre de la reconstruction des organismes de titrisation puisqu'ils sécurisent l'opération[4]. Ce d'autant plus que leur gestion professionnelle permet une meilleure valorisation des actifs titrisés que celle qui résulterait de la gestion opérée par des investisseurs inexpérimentés[5]. Elle leur octroie également un droit à la passivité dont ils usent déjà largement[6]. Les modalités de la gestion du dépositaire et de la société de gestion dépendront de la forme empruntée par les organismes de titrisation reconstruits.

L'octroi de la gestion des nouveaux organismes de titrisation à ces acteurs empêche les sponsors de gérer les opérations de titrisation. Ces derniers sont des établissements financiers qui rachètent des créances afin de procéder eux-mêmes à une opération de titrisation. Ils peuvent actuellement gérer les organismes à condition de déléguer la gestion du portefeuille des actifs à une société de gestion[7]. La compétence exclusive de la société de gestion et du

---

[1] V. *supra* n° 35.

[2] V. *supra* n° 36.

[3] Sur leur rôle prudentiel v. not. A. BAVOUIDIBIO-MASSENGO, *Contribution à l'étude juridique de l'opération de titrisation*, préc., n° 375, p. 253.

[4] Sur cet impératif en droit financier, v. F. PELTIER, *Marchés financiers & droit commun*, *op. cit.*, n°s 105 et s., p. 73 et s.

[5] V. not. F. MASSON, *La propriété commune*, *op. cit.*, n° 504, p. 223.

[6] V. not. *Ibid.*, n° 503, p. 222.

[7] Art. L. 214-175-1, IV, C. mon. fin.

dépositaire proposée dans le cadre de la reconstruction des organismes de titrisation est plus réaliste et évite de multiplier les intermédiaires. Dans les prochains développements, les sponsors seront donc assimilés aux initiateurs.

244. Structures réunissant les piliers de l'opération de titrisation. En droit interne, deux techniques patrimoniales permettent *a priori* de réunir les piliers de l'opération de titrisation tout en entrant dans la définition de l'entité de titrisation proposée par le règlement n° 2017/2402 du Parlement européen et du Conseil du 12 décembre 2017 créant un cadre général pour la titrisation ainsi qu'un cadre spécifique pour les titrisations STS[1]. La première est celle de la personnalité morale. En effet, l'autonomie de la personne morale permet à la fois d'isoler les actifs titrisés au profit des investisseurs et d'en organiser la gestion. Cette technique est d'ailleurs déjà exploitée à travers la société de titrisation. Au regard des critiques émises à son encontre, il convient néanmoins de vérifier s'il n'existerait pas une personne morale plus à même de mener l'opération de titrisation ou s'il ne conviendrait pas de créer une nouvelle personne morale. Une étude des différentes personnes morales existantes démontre néanmoins que la société est une entité parfaitement adaptée à l'opération de titrisation. Il convient donc de conserver une société de titrisation, si bien que la reconstruction des organismes de titrisation à travers un organisme personnifié n'engendre pas une réforme d'ampleur.

La seconde technique consiste à recourir à un patrimoine d'affectation. Ce dernier permet également d'isoler les actifs titrisés au profit des investisseurs. Il est actuellement employé dans le FCT, sous couvert de la qualification de copropriété. La reconstruction des organismes de titrisation autour d'un patrimoine d'affectation suppose d'assumer pleinement son utilisation et de réagencer l'opération financière. Elle implique donc une réforme conséquente. En effet, elle impose de déterminer le cadre contractuel permettant l'exploitation du patrimoine d'affectation. La fiducie est l'outil le plus pertinent mais suppose de repenser l'opération de titrisation à son cadre.

Chacune de ces techniques est satisfaisante. Elles conduisent donc à maintenir une distinction entre deux organismes de titrisation : un organisme personnifié (titre 1) et un patrimoine d'affectation (titre 2). La conservation de deux organismes peut sembler contradictoire, au regard des critiques formulées à l'encontre de l'actuelle dualité instituée par le législateur. En réalité, ce choix se justifie à la fois juridiquement et politiquement. D'une part, la nouvelle distinction est effective. En effet, chacun de ces nouveaux organismes est doté d'un régime correspondant à sa qualification et présente des atouts. La société de titrisation est notamment plus adaptée aux opérations de grande envergure ou régulières dont les acteurs veulent garder le contrôle. D'autre part, la compétitivité du droit français invite à consacrer deux

[1] V. art. 2, §2 du règlement (UE) 2017/2402 préc.

organismes, la plupart des pays laissant le choix aux acteurs entre deux véhicules de titrisation.

TITRE 1 – L'ORGANISME DE TITRISATION PERSONNIFIE

245. Dès 2008, le législateur a consacré un organisme de titrisation personnifié : la société de titrisation [1]. La première partie de la thèse a cependant illustré les nombreux défauts de cette société. Tant la véritable nature de ce groupement que son régime ont été remis en question, si bien qu'il peut sembler inopportun de recourir à un organisme de titrisation personnifié. Toutefois, les différentes fonctions assumées par le véhicule de titrisation conduisent à s'intéresser intuitivement à la personne morale, en tant que technique patrimoniale. Une étude approfondie des fonctions de la personnalité morale confirme ainsi l'intérêt d'un organisme de titrisation personnifié. Ce dernier réunit les différents critères de l'opération de titrisation. De plus, les difficultés dénoncées dans les organismes de titrisation actuels sont écartées lorsque la notion de personnalité morale est véritablement respectée et que le fonctionnement de l'opération financière est adapté en conséquence.

L'organisme de titrisation personnifié doit alors être qualifié de société. En effet, malgré les critiques émises à l'encontre de la société de titrisation, il s'agit du groupement le plus adapté à l'opération de titrisation. Le choix de la forme sociétaire doit donc être réaffirmé (chapitre 1). Afin de dissiper les difficultés présentes dans l'actuelle société de titrisation, il convient de doter la nouvelle société de titrisation d'un régime spécial, respectueux de sa qualification et adapté à l'opération de titrisation (chapitre 2).

---

[1] Ordonnance n° 2008-556 du 13 juin 2008 transposant la directive 2005/68/ CE du Parlement européen et du Conseil du 16 novembre 2005 relative à la réassurance et réformant le cadre juridique des fonds communs de créances.

CHAPITRE 1 :
LA SOCIETE DE TITRISATION

246. La personnalité juridique présente une fonction utilitaire[1] qu'il est possible d'exploiter dans le cadre de la reconstruction de l'organisme de titrisation. Cette fiction juridique permet effectivement d'imputer des droits et des obligations à un sujet et de le doter d'un patrimoine[2], afin qu'il accède à la vie sociale[3]. Le recours à un organisme de titrisation personnifié permet ainsi de réaliser efficacement l'opération de titrisation dans tous ses aspects, tant patrimoniaux que contractuels (section 1). Sa personnification peut alors s'effectuer en le rattachant à l'un des groupements personnifiés existants, ou à défaut, en le consacrant comme un nouveau groupement *sui generis*. Une étude des différents groupements personnifiés, invite ainsi à le rattacher à la forme sociétaire (section 2).

Section 1 : L'autonomie de la personne morale, support de l'opération de titrisation

247. L'organisme de titrisation personnifié permet la réalisation de l'opération de titrisation à un double titre. D'une part, son indépendance patrimoniale permet de réunir les différents piliers de l'opération de titrisation (§ 1). D'autre part, sa structure interne permet d'intégrer les différentes parties prenantes à l'opération, en qualité d'organe. En tant que sujet de droit, l'organisme de titrisation est ainsi apte à réaliser l'opération financière de façon autonome (§ 2).

§ 1 : La fonction patrimoniale de l'organisme personnifié

248. L'organisme personnifié assure avant tout une fonction patrimoniale dans la mesure où il garantit l'affectation des actifs dans l'intérêt des investisseurs (A). Cette autonomie patrimoniale de l'organisme peut être affinée et optimisée grâce à la création de patrimoines d'affectation (B).

---

[1] Sur cette fonction v. not. S. MERABET, *Vers un droit de l'intelligence artificielle*, préf. H. Barbier, coll. « Nouvelle Bibliothèque de Thèses », n° 197, Dalloz, 2020, n° 129, p. 129.

[2] V. en ce sens C. AUBRY et C.-F. RAU, *Cours de droit civil français d'après la méthode de Zachariae, T. VI, op. cit.*, n° 573, p. 231 pour qui le patrimoine est une « émanation de la personnalité, et l'expression de la puissance juridique dont une personne se trouve investie comme telle ».

[3] J. ROCHFELD, *Les grandes notions du droit privé*, *op. cit.*, n° 3, p. 20.

A. L'affectation des actifs dans l'intérêt des investisseurs

249. L'affectation des actifs dans l'intérêt des investisseurs procède de la combinaison de deux aspects de la personne morale. Tout d'abord, l'autonomie de la personne morale garantit le cloisonnement patrimonial nécessaire à la mise en œuvre de l'opération de titrisation (1). Ensuite, la spécialité de la personne morale permet de réserver les flux financiers générés par l'opération aux investisseurs (2).

1. Le cloisonnement patrimonial

250. Autonomie patrimoniale de l'organisme personnifié. Le patrimoine de la personne morale assure l'isolement de ses biens par rapport à ceux de ses membres[1] ou de ses organes. Il est ainsi protégé des réclamations des créanciers personnels de ses membres ou organes[2], sauf à ce qu'ils agissent par le biais de l'action oblique[3]. Réciproquement, il constitue le gage général des créanciers sociaux[4]. L'étanchéité du patrimoine de la personne morale facilite ainsi l'affectation de biens à une activité, comme en témoignent les groupes de sociétés et les montages sociaux[5]. Le développement des sociétés unipersonnelles en est également une parfaite illustration. En effet, l'EURL et la SASU ont été consacrées à une époque où les personnes physiques ne pouvaient affecter leur activité professionnelle à un patrimoine spécifique. La création de l'EIRL, suivie du développement du patrimoine professionnel de l'entrepreneur, ont démontré depuis lors que l'affectation patrimoniale pouvait se réaliser sans création d'une personne morale[6]. Le recours à une personne morale demeure néanmoins nécessaire dans le cadre de la réalisation de l'opération de titrisation puisque les initiateurs sont eux-mêmes des personnes morales, et ne peuvent se voir appliquer le statut d'entrepreneur individuel.

---

[1] V. not. sur le refus de consacrer un droit de propriété de l'associé sur les biens de la société, Com. 4 déc. 1963, *Bull. civ. III*, n° 521, p. 436.
[2] H. HANSMANN et R. KRAAKMAN, « The Essential Role of Organizational Law », art. préc., p. 391.
[3] P. LE CANNU et B. DONDERO, *Droit des sociétés*, *op. cit.*, n° 449, p. 327.
[4] Art. 2284 et art. 2285, C. civ.
[5] V. en ce sens sur le montage SCI-société d'exploitation, M. COZIAN, « Société civile immobilière-société d'exploitation : est-ce vraiment un couple infernal ? », *JCP E*, mars 1997, n° 10, p. 107 et s., spéc. n° 1. Dans ce montage, les deux sociétés ont généralement les mêmes associés et les mêmes dirigeants. La SCI, propriétaire du bien immeuble, le loue à la société d'exploitation qui prend généralement la forme d'une société à responsabilité limitée. En cas de procédure collective de la société d'exploitation, les actifs de la SCI sont protégés et échappent aux créanciers de la société d'exploitation.
[6] V. la loi n° 2010-658 du 15 juin 2010 relative à l'entrepreneur individuel à responsabilité limitée et la loi n° 2022-172 du 14 février 2022 en faveur de l'activité professionnelle indépendante.

Exploitée dans le cadre de l'opération de titrisation, la fonction patrimoniale de la personne morale permet d'isoler les actifs titrisés et de minimiser les risques encourus par les différentes parties prenantes. Premièrement, la propriété des actifs est transférée par l'initiateur à l'organisme personnifié. Les actifs sont donc protégés de l'initiateur et de ses créanciers personnels. Réciproquement, l'initiateur ne supporte plus les risques attachés aux actifs cédés[1]. Deuxièmement, pendant toute la durée de l'opération, les actifs sont protégés des gestionnaires de l'organisme, qu'il s'agisse de la société de gestion ou du dépositaire. À ce titre, l'ouverture de comptes au nom de l'organisme dans les livres du dépositaire permet d'identifier les actifs titrisés[2], qui ne risquent pas d'être confondus avec les actifs du dépositaire. Troisièmement, les actifs sont en principe isolés par rapport aux investisseurs et à leurs créanciers personnels. Les investisseurs, créanciers de l'organisme de titrisation, peuvent néanmoins saisir le patrimoine social lorsque leur créance est exigible. Cette saisie demeure hypothétique au regard de la structuration de l'opération de titrisation. En effet, les investisseurs perçoivent généralement des intérêts au cours de l'opération tandis que le remboursement en capital intervient à l'issue de l'opération. Seul un échec de l'opération de titrisation entrave leur rémunération dans les délais convenus. Une saisie peut alors être effectuée mais elle n'est pas opportune. En effet, elle ne permet pas aux investisseurs de récupérer un actif liquide, mais uniquement les créances contenues dans le patrimoine. La liquidation anticipée de l'organisme est donc préférable à toute saisie car elle permet de payer les investisseurs en respectant l'ordre de priorité spécifié en amont[3]. Par ailleurs, le recours à un patrimoine indépendant permet en principe aux investisseurs, comme aux gestionnaires, d'être immunisés contre le risque de faillite de l'organisme. Le risque qu'ils supportent se limite ainsi au montant de leur investissement.

251. Effectivité de l'autonomie patrimoniale par rapport aux membres de la personne morale. En principe, l'isolement des actifs par rapport aux membres de l'organisme personnifié est assuré, quelle que soit l'identité de ses membres. En effet, la constitution d'un organisme personnifié peut résulter du groupement d'initiateurs ou d'investisseurs. La réunion des initiateurs présente l'avantage de répartir les coûts de l'opération de titrisation,

---

[1] L'initiateur peut cependant être amené à retenir 5 % du risque dans le cadre d'une titrisation simple, transparente et standardisée, conformément à l'art. 6 du règlement 2017/2402 du Parlement européen et du Conseil du 12 décembre 2017 créant un cadre général pour la titrisation ainsi qu'un cadre spécifique pour les titrisations simples, transparentes et standardisées.

[2] V. actuellement en ce sens art. 323-44, RG AMF.

[3] V. en dernier lieu la liquidation anticipée du FCT Smart Tréso ayant fait faillite à la suite d'une fraude. A. LEFEBVRE, « Smart Tréso, une liquidation qui fait tache », *Option finance*, mai 2021, n° 1608, p. 15 et s.

notamment issus de la création de l'organisme. Elle permet une exploitation à long terme du groupement avec la réalisation de plusieurs opérations par le même organisme. Ceci est particulièrement intéressant pour les établissements de crédit[1]. Il est effectivement moins probable que différents initiateurs s'allient pour former un organisme de titrisation dans le but d'effectuer une opération unique, sauf à ce qu'elle soit de grande ampleur. Des investisseurs, généralement institutionnels, peuvent également constituer l'organisme afin de réaliser une ou plusieurs opérations d'investissement. Ils partagent ainsi les coûts de création du groupement et les lissent en cas de réutilisation du véhicule de titrisation. Par ailleurs, les investisseurs réunis sont en mesure de répartir leur investissement dans le temps. Ils ne sont effectivement pas obligés d'investir une seule fois de façon massive et peuvent procéder à des investissements d'un montant moins élevé mais plus réguliers. Sauf rares cas particuliers où cédants et investisseurs s'entendraient en amont pour mener des opérations régulières ensemble, l'existence d'un groupement constitué par des cédants et des investisseurs est hautement improbable. En principe, ces acteurs ne s'organisent pas directement pour la conduite de l'opération, mais via l'intermédiaire d'une société de gestion. De la même manière, la société de gestion et le dépositaire ne font que gérer l'opération de titrisation en qualité d'intermédiaires compétents et ne peuvent être comptés parmi les membres de l'organisme. Dans le cas contraire, les gestionnaires des organismes pourraient être confrontés à un conflit entre leur intérêt d'investisseur et l'intérêt de l'organisme. Une mauvaise gestion de ce conflit porterait alors atteinte à la sécurité de l'opération.

Quelle que soit l'identité de ses membres, la personne morale est protégée contre leur initiative individuelle. En effet, ces derniers ne peuvent qu'agir collectivement sur le patrimoine social, en tant qu'organe exprimant la volonté de la personne morale. Leur action est donc contrainte par les règles encadrant l'élaboration des décisions sociales. En revanche, la limitation des risques subis par les membres dépend des règles applicables à la personne morale. Certains groupements présentent ainsi une étanchéité patrimoniale imparfaite, comme les sociétés à risque illimité ou les GIE dont les membres sont subsidiairement obligés à leur dette[2]. Cette responsabilité illimitée étant incompatible avec l'opération de titrisation, l'organisme personnifié devra

[1] Pour une illustration, v. la société de titrisation ESNI constituée par les banques Crédit Agricole, Société générale, BNP Paribas, BPCE et HSBC France ; S. POULLENNEC, « Le véhicule de titrisation de Place reste actif un an après son lancement », *L'AGEFI Quotidien*, avril 2015, p. 4 et s.

[2] V. par exemple art. 1857, C. civ. pour les sociétés civiles, art. L. 221-1, C. com. pour les sociétés en nom collectif et art. L. 251-6, C. com. pour le GIE. Sur la nature de garantie légale de cette obligation, v. P. LE CANNU et B. DONDERO, *Droit des sociétés*, *op. cit.*, n° 1409, p. 968 ; Civ. 1re, 17 janvier 2006, n° 03-11.461, n° 02-16.595, *Bull. civ. I*, n° 15, p. 15 ; *Dr. sociétés,* 2006, comm. n° 37, obs. F.-X. Lucas ; *RTD com.*, 2006, p. 419, obs. C. Champaud et D. Danet, p. 432, obs. M.-H. Monsèrié-Bon et L. Grosclaude ; *JCP E*, 2006, p. 1701, obs. J.-J. Caussain, F. Deboissy et G. Wicker.

donc être rattaché à un groupement garantissant une étanchéité patrimoniale parfaite.

252. Renforcement de l'isolement des actifs titrisés. Si l'isolement des actifs par rapport aux membres de la personne morale est satisfaisant, tel n'est pas le cas concernant les différentes parties prenantes à l'opération de titrisation. Tout d'abord, les créanciers de l'initiateurs peuvent remettre en cause le transfert de propriété des actifs à l'organisme en usant de l'action paulienne. Ils peuvent également tenter d'invoquer les nullités de la période suspecte en cas de défaillance de l'initiateur, notamment lorsque l'opération de titrisation est garantie par un surdimensionnement. Ce dernier repose sur une cession des créances à l'organisme de titrisation pour un prix inférieur à leur valeur réelle, l'écart de valeur permettant de garantir les créances cédées en compensant l'échec de recouvrement de certaines créances. Cette pratique du surdimensionnement est néanmoins susceptible d'entrer dans la liste de l'article L. 632-1 du Code de commerce selon lequel, est nul « tout contrat commutatif dans lequel les obligations du débiteur excèdent notablement celles de l'autre partie » conclu à compter de la date de cessation des paiements[1]. Dans le cadre de l'opération de titrisation, la difficulté réside dans l'appréciation de la disproportion. Les créances étant par nature risquées, il n'est pas anormal de les céder à un prix réduit en vue de les garantir. Le prix de cession ne doit cependant pas être dérisoire. En pratique, le risque d'annulation de la cession des créances en présence d'un surdimensionnement est minime mais ne peut être totalement exclu. *De lege ferenda,* il est possible de protéger les actifs titrisés contre une procédure collective de l'initiateur en maintenant la dérogation au livre VI du Code de commerce prévue par le Code monétaire et financier. À cet égard, si la reconstruction des organismes doit être intégrale et suppose de s'affranchir des dispositions existantes, les dispositions de droit positif demeurant pertinentes en présence des organismes reconstruits méritent d'être conservées. À ce titre, l'article L. 214-169 V 4° du Code monétaire et financier garantit les effets d'une acquisition ou d'une cession de créances, et d'une constitution de sûreté ou de garantie au bénéfice de l'organisme de financement malgré l'état de cessation des paiements de l'initiateur et l'ouverture d'une procédure collective au moment de l'une de ces opérations.

Ensuite, l'isolement des actifs peut également être remis en cause en cas d'extension de la procédure collective des gestionnaires à l'organisme. Une telle extension résulte d'une confusion de leur patrimoine[2], constatée en présence de relations financières anormales entretenues entre ces deux

---

[1] Art. L. 632-1, I, 2°, C. com.

[2] Art. L. 621-2, art. L. 631-7 et art. L. 641-1, I, C. com.

personnes morales[1]. La probabilité d'une telle extension peut être amoindrie en reprenant certaines règles actuellement applicables aux organismes de titrisation. Il faut ainsi imposer la surveillance constante de la société de gestion par le dépositaire[2] et la certification des comptes de l'organisme par un commissaire aux comptes[3]. Les dispositions du Code monétaire et financier excluant l'application du livre VI du Code de commerce aux organismes de titrisation doivent également s'appliquer aux organismes reconstruits[4].

253. Affectation économique des actifs au profit des investisseurs. En plus d'assurer l'isolement des actifs, l'autonomie patrimoniale de l'organisme de titrisation personnifié permet d'attribuer les flux financiers issus de l'opération de titrisation aux investisseurs. En effet, son patrimoine – composé des actifs titrisés tels que les créances ou des instruments financiers et de liquidités, dont les sommes issues du recouvrement des créances titrisées – est le gage de ses créanciers. Les investisseurs titulaires de titres de créance émis par l'organisme sont donc payés grâce aux flux financiers générés par ces différents actifs. Il en va de même pour les investisseurs ayant la qualité de membres de l'organisme. En effet, selon la catégorie de groupement à laquelle elle appartient, la personne morale peut rémunérer ses membres sur son patrimoine. De même, le *boni* issu de sa liquidation peut être partagé entre ses membres selon les règles qui lui sont applicables.

Quelle que soit leur qualification, les investisseurs ne s'approprient pas directement les actifs mais uniquement leur valeur patrimoniale, grâce aux sommes prélevées sur le patrimoine social et au produit de la réalisation des actifs. Les actifs titrisés ne font donc pas l'objet d'une affectation juridique au profit des investisseurs. La personne morale permet simplement l'affectation économique des actifs au paiement des investisseurs. Ce faisant, les investisseurs reçoivent le résultat de la gestion du patrimoine de l'organisme, le résultat économique positif de l'opération de titrisation[5].

254. Cloisonnement patrimonial également présent dans la titrisation synthétique. Le cloisonnement patrimonial est la première étape nécessaire à la mise en place de l'opération de titrisation, puisqu'il permet de réserver les flux financiers générés par les actifs titrisés au profit des seuls

---

[1] V en ce sens Com. 28 février 2018, n° 16-24.507 qui pose comme critère alternatif à la confusion des comptes entre le débiteur et une ou plusieurs autres personnes, l'entretien de relation financières anormales, v. sur ce point A. BEZERT, *Les effets de l'extension de la procédure collective pour confusion des patrimoine*, préf. Ph. Pétel, coll. « Bibliothèque de droit des entreprises en difficulté », n° 21, LGDJ, 2021, n° 17, p. 9.

[2] V. en ce sens le contrôle de conformité effectué par le dépositaire, art. L. 214-175-2, I, C. mon. fin. Pour plus de détails sur le contenu de la mission du dépositaire, v. *supra* n° 36.

[3] V. actuellement art. L. 214-179, I, et L. 214-185, C. mon. fin.

[4] V. actuellement art. L. 214-175, III, C. mon. fin.

[5] V. *supra* n° 114.

créanciers ou membres de l'organisme de titrisation. Il s'avère être effectif quel que soit le type de titrisation concerné. En effet dans le cadre d'une opération de titrisation synthétique ou de risque d'assurance, l'initiateur conserve ses actifs et achète uniquement une protection contre leurs risques à l'organisme. Celui-ci réunit les sommes nécessaires à l'indemnisation de l'acheteur de protection en investissant à la fois les primes versées par ce dernier et les sommes issues d'une émission de titres sur les marchés financiers. Les primes versées à l'organisme ainsi que les sommes issues de la souscription des titres sont isolées dans le patrimoine de l'organisme personnifié et servent également à rémunérer les investisseurs. Comme dans une opération de titrisation classique, l'affectation de ces flux financiers aux investisseurs est renforcée par la spécialité de l'organisme de titrisation.

2. La spécialité de l'organisme de titrisation

255. Spécialité de l'organisme personnifié. Les investisseurs ne sont qu'un type particulier de créanciers de l'organisme de titrisation. Ils n'ont donc pas un droit exclusif sur son patrimoine et sur les flux générés par l'opération. En pratique, les autres créanciers de l'organisme sont même prioritaires dans l'ordre des paiements. Le principe de spécialité des personnes morales permet cependant de réduire leur nombre. En effet, la capacité de jouissance des personnes morales est limitée à l'intérêt qui leur a permis d'être personnifiées[1]. Leur capacité est ainsi restreinte par les principes de spécialité légale et statutaire. Tout d'abord, la capacité du groupement dépend du but et de l'objet social que le législateur permet à chaque catégorie de groupement de poursuivre[2]. Ensuite, l'objet social statutaire précise les opérations que le groupement peut effectuer. *De lege lata,* l'objet social légal des organismes de titrisation est défini et limité par l'article L. 214-168 du Code monétaire et financier[3]. Les organismes ont ainsi « pour objet, d'une part, d'être exposés aux risques, y compris les risques d'assurance, mentionnés à l'article L. 214-175-1 et, d'autre part, d'en assurer en totalité le financement ou la couverture, dans les conditions prévues par cet article ». L'exposition aux risques résulte notamment de l'acquisition de créances ou de la conclusion de contrats financiers. Le financement ou la couverture des risques est notamment assuré par l'émission de titres financiers ou la conclusion de contrats financiers[4].

---

[1] G. WICKER, *Les fictions juridiques*, *op. cit.*, nº 224, p. 212 ; *adde* G. WICKER et J. PAGNUCCO, « Personne morale », *op. cit.*, nº 72.

[2] G. WICKER et J. PAGNUCCO, « Personne morale », *op. cit.*, nº 73.

[3] V. *supra* nº 28.

[4] V. art. L. 214-175-1, I, C. mon. fin. qui dispose que l'exposition « peut résulter de l'acquisition, la souscription ou la détention de créances ou d'autres éléments d'actif mentionnés au III [de l'article L. 214-175-1 du Code monétaire et financier] ci-dessous, l'octroi de prêts ou la conclusion de contrats constituant des instruments financiers à terme ou transférant des risques d'assurance, de garanties, de sûretés, ou de sous-participations en risque ou en

Dans cette limite légale, les fondateurs de l'organisme sont libres de préciser les opérations que l'organisme peut effectivement réaliser[1]. Les organismes de titrisation ne peuvent donc s'engager que dans le cadre d'une opération de titrisation [2], écartant leur participation à une quelconque aventure entrepreneuriale et limitant leur risque de faillite Le passif des organismes est ainsi nécessairement issu de l'opération de titrisation, si bien que les investisseurs ne sont concurrencés que par des créanciers dont les droits naissent d'engagements nécessaires à la conduite de l'opération. *De lege ferenda*, la définition de l'objet de l'organisme de titrisation et sa précision dans les documents constitutifs de l'organisme doivent donc être reprises pour assurer l'attribution des flux financiers issus de l'opération aux investisseurs. Dans les limites de ces dispositions, l'activité des organismes peut être assez variée et ces derniers peuvent notamment procéder à plusieurs opérations de titrisation concomitantes, chacune répondant à des modalités différentes. Cette pluralité d'opérations doit néanmoins être organisée à travers des compartiments.

B. L'admission des compartiments

256. Compartimentation des opérations. *De lege lata*, les organismes de titrisation peuvent organiser leur activité par le biais de compartiments[3]. Ces derniers sont des patrimoines d'affectation, isolant certains actifs de l'organisme et répondant exclusivement à un passif déterminé[4]. Cette compartimentation permet aux organismes de mener plusieurs opérations de titrisation de façon cloisonnée puisque chaque compartiment comprend l'actif et le passif d'une opération de titrisation déterminée. Les compartiments sont

---

trésorerie ». L'article dispose également que le financement ou la couverture des risques résulte de « l'émission de parts ou d'actions ou de titres de créance, de la conclusion de contrats constituant des instruments financiers à terme, de garanties, de sûretés, de sous-participations en risque ou en trésorerie ou transférant des risques d'assurance, ou encore par le recours à l'emprunt ou à d'autres formes de ressources, de dettes ou d'engagements ».

[1] V. *supra* n° 29 et par ex. art. 2.2 et 2.3 du règlement général du FCT Prêt d'Union où sont exclues les opérations de titrisation synthétique et où sont autorisées les opérations de cession de créances non échues ou déchues de leur terme.

[2] Comp. G. GOUBEAUX, « Personnalité morale, droit des personnes et droit des biens », in *Études dédiées à René Roblot, Aspects actuels du droit commercial français*, coll. « Anthologie du Droit », LGDJ, 2014, p. 199 et s., spéc. n° 16, p. 214 pour qui le principe de spécialité oriente et restreint les incidences patrimoniales de la personnalité morale.

[3] Art. L. 214-169, I, C. mon. fin.

[4] Sur la qualification de patrimoine d'affectation, v. *supra* n° 26 ; v. aussi M.-C. AUBRY, *Le patrimoine d'affectation*, préc., n° 332, p. 246 ; N. JULLIAN, *La cession de patrimoine*, *op. cit.*, n° 102, p. 118 ; T. BONNEAU, « Les fonds communs de placement, les fonds communs de créances, et le droit civil », art. préc., n° 45 et s. ; *contra* A.-L. THOMAT-RAYNAUD, *L'unité du patrimoine*, *op. cit.*, n° 394, p. 183 qui préfère la qualification d'universalité de droit.

gérés dans l'intérêt de leurs investisseurs respectifs[1] et selon une stratégie adaptée aux opérations menées. *De lege ferenda,* la pratique de la compartimentation doit être conservée puisqu'elle complète la fonction patrimoniale de la personne morale en garantissant l'affectation patrimoniale, même en présence de plusieurs opérations de titrisation concomitantes[2]. Elle suppose néanmoins que la titularité de patrimoines d'affectation par des personnes morales soit admise.

257. Admissibilité théorique du patrimoine d'affectation des personnes morales. Bien qu'elle s'oppose au principe d'unité du patrimoine, la compartimentation est admissible. En effet, le lien entre personnalité et patrimoine s'est distendu, le droit positif consacrant désormais divers patrimoines d'affectation, tel que le patrimoine fiduciaire ou le patrimoine professionnel de l'entrepreneur individuel[3]. Dès lors, si la personne physique peut être à la tête de plusieurs patrimoines, rien ne s'oppose à ce que la personne morale le soit également[4]. Au contraire, cela ouvre de nouvelles perspectives, notamment en matière d'ingénierie sociétaire puisque le patrimoine d'affectation de la société pourrait concurrencer les groupes de sociétés.

En réalité, le droit français consacre déjà implicitement le patrimoine d'affectation des personnes morales. Les établissements de crédit, les entreprises d'investissement ou d'assurance, ou encore les sociétés de gestion peuvent revêtir le rôle de fiduciaire[5]. De même, l'agent de sûretés – qui peut être une personne morale – se trouve à la tête d'un patrimoine affecté comprenant les droits et biens acquis dans l'exercice de sa mission[6]. Il est ainsi chargé d'inscrire, de gérer et de réaliser des sûretés au profit de créanciers. Ces différentes personnes morales se trouvent donc actuellement à la tête de

---

[1] V. également en ce sens M.-C. AUBRY, *Le patrimoine d'affectation*, préc., n° 177, p. 114 et n° 331, p. 246 ; N. JULLIAN, *La cession de patrimoine*, *op. cit.*, n° 102, p. 118.

[2] En pratique, le cloisonnement opéré grâce à la compartimentation peut être reproduit si l'organisme de titrisation personnifié a recours à la fiducie. Le patrimoine fiduciaire peut alors être géré par la société de gestion. Cependant, la fiducie ne peut pas être assimilée à la compartimentation. En effet, le fiduciaire est à la tête du patrimoine fiduciaire alors que l'organisme personnifié reste à la tête du patrimoine d'affectation. La pratique de la compartimentation garantit la gestion automatique du patrimoine d'affectation par l'organe de gestion de l'organisme de titrisation personnifié. Il n'est donc pas nécessaire de rédiger un contrat spécifique et de se soumettre au formalisme de la fiducie.

[3] V. la loi n° 2007-211 du 19 février 2007 instituant la fiducie et la loi n° 2022-172 du 14 février 2022 en faveur de l'activité professionnelle indépendante.

[4] V. aussi en faveur du patrimoine d'affectation des personnes morales, N. JULLIAN, *La cession de patrimoine*, *op. cit.*, n° 227, p. 228 ; A.-L. THOMAT-RAYNAUD, *L'unité du patrimoine*, *op. cit.*, n° 1010, p. 458 qui préfère la qualification de sous-patrimoine ; *contra F.* BELLIVIER, *Le patrimoine génétique humain : étude juridique*, Thèse Paris I, 1997, n°s 358 et s., p. 309 et s. qui estime que patrimoine d'affectation et personnalité morale sont deux techniques rivales.

[5] Art. 2015, C. civ.

[6] Art. 2488-6, C. civ.

plusieurs patrimoines : leur patrimoine personnel et le patrimoine dont elles assurent la gestion [1]. D'autres pays de tradition romano-germanique témoignent de façon encore plus flagrante de l'admission du patrimoine d'affectation des personnes morales. Le droit italien consacre ainsi expressément un patrimoine d'affectation réservé aux sociétés et destiné à l'exercice d'une activité particulière dit « *patrimoni destinati ad uno specifico affare* »[2]. L'indépendance de ce patrimoine est particulièrement importante puisqu'il permet notamment l'émission de titres financiers[3]. Ces différents éléments invitent ainsi à réitérer la pratique de la compartimentation.

258. Création de patrimoines d'affectation limitée par l'objet de la personne morale. Une fois admise, la création de patrimoines d'affectation ne peut cependant pas s'effectuer librement par les personnes morales. En effet, la personne morale existe dans la limite de l'intérêt qui préside à sa personnification. Comme cela a déjà pu être développé, cet intérêt conditionne son autonomie, conformément au principe de spécialité des personnes morales[4]. La personne morale ne peut donc créer des patrimoines d'affectation que dans la limite de son objet, défini par la loi, voire précisé par ses statuts. Sous cette réserve, la personne morale peut créer un nombre illimité de patrimoines d'affectation[5]. À cet égard, le choix entre la création d'une nouvelle personne morale ou le recours à un patrimoine d'affectation est fonction de l'existence d'un intérêt distinct ou simplement particularisé.

La création de compartiments au sein d'un organisme de titrisation personnifié est ainsi limitée par son objet. L'intérêt poursuivi par chacun des compartiments, chaque opération menée, doit ainsi être précisée. Ceci ne pose pas de difficultés dans la mesure où la pratique actuelle de la compartimentation impose une définition de l'activité de chaque patrimoine d'affectation.

259. Limites pratiques du patrimoine d'affectation. L'utilisation de patrimoines d'affectation par les personnes morales risque de se heurter aux mêmes difficultés que l'EIRL. D'une part, elle peut entraver l'accès au crédit. Les créanciers, dont l'assiette du gage est réduite par l'emploi de tels patrimoines, peuvent effectivement être moins enclins à accorder des prêts. D'autre part, le régime de ce patrimoine est encore à créer et un régime trop

---

[1] A. SERIAUX, « Patrimoine », *Rép. civ.*, Dalloz, juin 2016, n° 56.

[2] V. en ce sens art. 2447 bis *del Codice civile* introduit en 2004. Considérant qu'il s'agit d'un argument en faveur de l'admissibilité du patrimoine d'affectation des sociétés, v. N. JULLIAN, *La cession de patrimoine*, *op. cit.*, n° 227, p. 229.

[3] Art. 2447 *ter del Codice civile.*

[4] V. supra n° 255 ; G. WICKER, *Les fictions juridiques*, *op. cit.*, n° 224, p. 212.

[5] Cette possibilité existait pour les personnes physiques dans le régime de l'EIRL. Elle n'existe plus puisque l'entrepreneur individuel ne peut scinder son patrimoine professionnel, même s'il exerce plusieurs activités, v. art. L. 526-22, C. com.

formaliste aura tendance à décourager les personnes morales. Il est pourtant nécessaire. À ce titre, le patrimoine d'affectation italien impose l'établissement et l'enregistrement d'une liste des actifs affectés [1]. Les créanciers de la société ont alors soixante jours pour s'opposer à l'affectation à compter de l'enregistrement[2], ce qui n'est pas sans rappeler les règles de l'EIRL. Ces dernières ont néanmoins participé à son échec et à sa suppression par la loi du 14 février 2022 en faveur de l'activité professionnelle indépendante. Désormais, l'entrepreneur individuel n'a plus besoin d'établir une liste de ses actifs professionnels, tous les actifs permettant l'exercice d'une ou plusieurs activités professionnelles étant automatiquement affectés au patrimoine professionnel. En cas de litige, l'entrepreneur doit uniquement démontrer à quel patrimoine appartient l'actif concerné[3]. La répartition des actifs est facilitée par le fait que l'entrepreneur individuel n'a que deux patrimoines[4]. À l'inverse, la personne morale peut créer un nombre infini de patrimoines [5] qui participent tous à la réalisation de son objet social, complexifiant cette répartition. Cette dernière est d'autant plus difficile à effectuer que certains biens sont susceptibles de servir aux activités menées par plusieurs patrimoines. Les créances acquises par l'organisme de titrisation participent ainsi à son exposition. Comment justifier qu'elles appartiennent à un compartiment particulier, plutôt qu'à un autre sauf en présence d'une liste énumérant les éléments compris dans chacun d'entre eux ou d'un acte d'affectation ? Le patrimoine d'affectation ne peut donc pas être règlementé sur le modèle du régime de l'entrepreneur individuel sans susciter un contentieux important. Sa règlementation doit davantage s'effectuer sur le modèle de l'EIRL. L'établissement d'une liste des actifs précis pouvant figurer dans chaque compartiment est néanmoins facilitée par le fait qu'elle est actuellement dressée en amont de l'opération de titrisation pour la présenter aux investisseurs et pour assurer l'affectation des actifs. Grâce à la mise en œuvre de cette compartimentation, le recours à un organisme personnifié permettra d'assurer une affectation économique des actifs titrisés parfaitement aboutie. La personnalité morale ne se réduit pas pour autant à cette seule fonction patrimoniale. Elle est également une technique d'autonomisation qui fait de l'organisme le seul support de l'opération de titrisation.

---

[1] Art. 2447 *ter del Codice civile.*

[2] Art. 2447 *quater del Codice civile.*

[3] Art. L. 526-22, C. com.

[4] Sauf en cas d'application du livre VI du Code de commerce, v. en ce sens art. L. 526-22, C. com.

[5] La nécessité d'accès au crédit suffit en pratique à prévenir la multiplication des patrimoines d'affectation.

§ 2 : L'autosuffisance de l'organisme personnifié

260. La personnalité morale conférée à l'organisme de titrisation est la clé de voûte de l'opération. D'une part, elle joue un rôle structurant en permettant à chacune des parties prenantes à l'opération d'accéder à la qualité d'organe (A). D'autre part, elle conduit l'organisme à concentrer les rapports juridiques nés de l'opération de titrisation (B). Elle dissipe ainsi les difficultés théoriques, causées par la semi-personnalité des organismes[1]. Cette autonomie de l'organisme pourrait néanmoins susciter certaines craintes qu'il convient d'écarter (C).

A. Le rôle structurant de la personnalité

261. Organisation de l'organisme de titrisation. La personnification de l'organisme de titrisation conduit nécessairement à adopter la structure organique des personnes morales. Cette dernière assure l'expression et la défense de l'intérêt collectif porté par le groupement, indispensables à leur personnification[2]. Généralement, la personne morale est constituée d'un organe exécutif, d'un organe délibérant et éventuellement d'un organe de contrôle[3], chacun étant doté d'une compétence particulière[4] et impérative[5]. La personnification de l'organisme ancre ainsi juridiquement le rôle des différentes parties prenantes à l'opération de titrisation, chacune ayant vocation à être un organe de l'organisme. Elle offre également un cadre à leurs relations. Tout d'abord, elle les contraint à collaborer, chacune devant participer à la réalisation de l'intérêt de la personne morale. L'organe qui ne poursuit plus cet intérêt doit être dénoncé, à l'image du gérant de société révoqué pour juste motif en présence d'une mésentente empêchant le fonctionnement de la société et ainsi la réalisation de l'intérêt social[6]. Ensuite, la personnification peut donner lieu à une hiérarchisation des organes[7]. Cette organisation permet ainsi d'institutionnaliser l'actuelle coopération du

---

[1] V. *supra* n°s 81 et s.

[2] V. not en ce sens Civ. 2e, 28 janvier 1954, préc. ; L. MICHOUD, *La théorie de la personnalité morale et son application au droit français*, *op. cit.*, n° 53, p. 61 ; N. BARUCHEL, *La personnalité morale en droit privé*, *op. cit.*, n°s 559 et s., p. 313 et s.

[3] N. BARUCHEL, *La personnalité morale en droit privé*, *op. cit.*, n° 561, p. 314 ; G. WICKER et J. PAGNUCCO, « Personne morale », *op. cit.*, n° 94.

[4] L. MICHOUD, *La théorie de la personnalité morale et son application au droit français*, *op. cit.*, n° 64 bis, p. 79 ; N. BARUCHEL, *La personnalité morale en droit privé*, *op. cit.*, n° 561, p. 314.

[5] Civ., 4 juin 1946, préc.

[6] V. par ex. Com., 4 février 2014, n° 13-10.778 ; *Rev. soc.*, 2014, n° 12, p. 721, note M.-A. Rakotovahiny ; sur la révocation pour juste motif, v. not. art. L. 1851, C. civ et art. L. 223-25, C. com.

[7] Sur la hiérarchie des organes sociaux en droit des sociétés v. P. LE CANNU et B. DONDERO, *Droit des sociétés*, *op. cit.*, n° 461, p. 336.

dépositaire et de la société de gestion de l'organisme de titrisation, nécessaire à l'exercice de leurs missions respectives. À ce titre, la société de gestion et le dépositaire doivent partager les informations ayant trait à l'opération. Le dépositaire doit également exécuter les instructions de la société de gestion, notamment en procédant à des virements ou à des inscriptions en compte[1]. Cette collaboration permet aussi la mise en œuvre d'une surveillance mutuelle de ces deux acteurs. *De lege lata*, la société de gestion est surveillée par le dépositaire[2]. Réciproquement, elle peut lui demander des comptes en cas de perte des actifs conservés[3]. L'organisation de l'organisme personnifié permet de reprendre cet agencement des gestionnaires et d'institutionnaliser une véritable séparation des pouvoirs entre les acteurs de l'opération. Rappelant la théorie défendue par Montesquieu ou le système constitutionnel américain dit de *Check and Balance*[4], elle contribue à la sécurité de l'opération de titrisation et de l'organisme. Elle suppose néanmoins d'attribuer un rôle à chacune des parties prenantes à l'opération de titrisation.

262. La société de gestion : organe exécutif. La société de gestion doit être l'organe exécutif de l'organisme personnifié, puisque chargée de son administration courante et de sa représentation[5], elle en présente toutes les caractéristiques[6]. Cela peut sembler paradoxal dans la mesure où elle est alors une personne morale chargée d'incarner un autre être abstrait[7]. Il est cependant admis qu'une personne morale puisse être l'organe exécutif d'une seconde personne morale. Les SCA ou SAS peuvent ainsi être dirigées par des personnes morales du moment que leurs « dirigeants sont soumis aux mêmes conditions et obligations et encourent les mêmes responsabilités civile et pénale que s'ils étaient gérants en leur nom propre, sans préjudice de la responsabilité solidaire de la personne morale qu'ils dirigent »[8]. Par ailleurs, les dirigeants de la société de gestion de l'organisme de titrisation sont obligatoirement des personnes physiques[9], si bien qu'*in fine*, une personne

---

1 Art. L. 214-175-4, III, 3°, C. mon. fin.

2 Art. L. 214-175-2, I, C. mon. fin.

3 Art. L. 214-175-7, C. mon. fin. : « la responsabilité du dépositaire à l'égard des porteurs de parts, de titres de créance ou d'actions émis par l'organisme de titrisation peut être mise en cause directement, ou indirectement par l'intermédiaire de la société de gestion ».

4 Dans ce système tous les organes sont indépendants mais peuvent se demander des comptes.

5 V. *supra* n°s 35 et 243.

6 N. BARUCHEL, *La personnalité morale en droit privé*, *op. cit.*, n° 561, p. 314 ; G. WICKER et J. PAGNUCCO, « Personne morale », *op. cit.*, n° 98.

7 V. en ce sens N. BARUCHEL, *La personnalité morale en droit privé*, *op. cit.*, n° 560, p. 313.

8 V. art. L. 221-3, al. 2, C. com. applicable aux SNC mais aussi aux SCS et SCA par renvoi des articles L. 222-2 et L. 226-1 C. com ; v. également art. L. 227-7 C. com applicable à la SAS ; et L. 225-20, al. 1er, C. com. applicable à la SA mais ne permettant de désigner une personne morale qu'uniquement en qualité d'administrateur.

9 AMF, « Guide d'élaboration du programme d'activité des sociétés de gestion de portefeuille et des placements collectifs autogérés », *Position-recommandation n° 2012-19 modifiée le 24 janvier 2019*, p. 23.

physique incarne l'organisme personnifié. La société de gestion constitue simplement un niveau d'intermédiation.

De façon plus pragmatique, exiger que l'organe exécutif soit une personne physique nait de la volonté de prévenir toute fuite de sa responsabilité[1]. Cette exigence procède toutefois d'une vision un peu datée. Elle est également contreproductive au regard de l'importance des fonds propres que doit constituer la société de gestion. Elle doit en effet avoir un capital social de 125 000€ minimum entièrement libéré et des fonds propres d'un montant supérieur afin de couvrir les risques d'une éventuelle mise en cause de sa responsabilité[2]. Elle est donc plus solvable qu'une personne physique, ce qui justifie qu'on lui attribue la qualité d'organe exécutif.

263. Réservation de la qualité d'organe exécutif à la société de gestion. L'utilité de réserver la qualité d'organe exécutif à une société de gestion et non pas à toute personne intéressée peut être questionnée. En théorie, la mise en œuvre de l'opération de titrisation pourrait très bien s'effectuer sans la société de gestion. Cette dernière dispose cependant d'une compétence particulière et doit être agrée par l'AMF sous de strictes conditions. Elle participe ainsi à la sécurité de l'opération financière et partant à celle des investisseurs. Il est donc crucial de maintenir son rôle de gestionnaire.

De même, la société de gestion ne peut pas être un simple tiers par rapport à l'organisme, tenu d'une obligation de le gérer. Cette solution est actuellement consacrée par le législateur, la société de gestion gérant et représentant les organismes de titrisation de façon extériorisée[3]. Elle est cependant source de difficultés. Tout d'abord, la société de gestion a un rôle équivalent à celui d'un dirigeant mais sa qualité de tiers ne permet pas aux associés de la contrôler[4]. Ensuite, cette extériorisation de la gestion prive la société de titrisation de son autonomie, faisant douter de la réalité de sa personnalité[5]. En effet, le représentant se distingue de la personne morale et ne l'incarne pas, contrairement à l'organe qui procède de la personne morale[6].

---

[1] V. en ce sens P. Le Cannu et S. Kouhaiz, « Directoire et conseil de surveillance », *Rép. soc.*, Dalloz, juin 2023, n° 37 ; *adde* P. Le Cannu, *La société anonyme à directoire*, préf. J. Derrupé, coll. « Anthologie du Droit », LGDJ, 2014, n° 262, pp. 221-222.

[2] Art. 321-154, RG AMF et art. 321-10, RG AMF applicable par renvoi du premier article.

[3] Art. L. 214-172, al. 1er, C. mon. fin. ; v. *supra* n° 39.

[4] V. *supra* nos 213 et s.

[5] V. *supra* n° 40.

[6] V. en ce sens L. Michoud, *La théorie de la personnalité morale et son application au droit français*, Éditions Panthéon-Assas, 2020, n° 60, p. 71: « Dans la représentation il y a un rapport juridique entre deux sujets de droit, dont l'un agit pour l'autre ; les actes du représentant sont bien ses propres actes, mais on leur fait produire le même effet juridique que s'ils étaient ceux du représenté. Quand il y a organe, au contraire, c'est la personne juridique qui agit *elle-même* ; son organe n'est pas quelque chose qui soit distinct d'elle ; il est une partie d'elle-même dont elle se sert comme la personne physique se sert de la bouche ou de la main ; car

Ce faisant, les actes permettant de réaliser l'objet social ne sont pas réalisés par la société de titrisation mais par la seule société de gestion. Enfin, les prérogatives de la société de gestion sont si importantes qu'elles remettent en question la qualification de propriétaire de la société de titrisation et des copropriétaires du FCT. Elle est effectivement la seule à rassembler les attributs et la substance de la propriété sur les actifs titrisés[1]. À l'inverse, qualifiée d'organe exécutif, la société de gestion est la seule chargée de la gestion de l'organisme et ne fait pas doublon avec son organe exécutif. De ce fait, ses pouvoirs sont encadrés à la fois par le principe de spécialisation des organes et par le principe de spécialité des personnes morales. Elle est aussi contrôlée de façon effective par les membres de l'organisme de titrisation. De plus, ne faisant plus qu'un avec l'organisme, elle l'incarne aux yeux de tous[2], si bien que chacun des actes qu'elle accomplit est en réalité réalisé par l'organisme lui-même. L'organisme personnifié est donc véritablement autonome. La notion de personnalité morale, malmenée dans l'actuelle société de titrisation, regagne ainsi en cohérence. De même, la propriété de l'organisme ne risque plus d'être remise en cause puisque les pouvoirs traditionnellement attribués à la société de gestion dans le cadre de l'opération de titrisation sont justifiés par son rôle d'organe exécutif.

264. Identification du dépositaire à un organe de contrôle. Le dépositaire, tout aussi indispensable que la société de gestion pour la mise en œuvre de l'opération de titrisation, trouve également une place au sein de l'organisation interne de l'organisme personnifié. En effet, ce dernier assure également la sécurité de l'opération en sa qualité de professionnel agréé et règlementé. En particulier, il conserve la valeur du patrimoine de l'organisme à travers ses missions de conservation des actifs, du suivi des flux financiers et de surveillance de la société de gestion[3]. Au regard de sa fonction, il n'est pas un organe exécutif mais un organe de contrôle *ad hoc*. La surveillance de l'organe exécutif le rapproche du conseil de surveillance présence dans les SA de type dualiste[4]. Ses missions sont cependant plus diverses puisqu'elles comprennent également la conservation des actifs et le suivi des flux de l'organisme.

265. Identification de l'organe délibérant de l'organisme. L'organe délibérant se compose traditionnellement des membres du groupement[5] et

---

l'organisation juridique dont il est le produit appartient à l'essence de la personne morale ; elle est comme son corps juridique, sans laquelle elle est incapable d'existence ».

[1] V. *supra* n°s 38 et s.

[2] L. MICHOUD, *La théorie de la personnalité morale et son application au droit français*, *op. cit.*, n° 64, p. 70.

[3] V. *supra* n° 36.

[4] Art. L. 225-68, C. com.

[5] N. BARUCHEL, *La personnalité morale en droit privé*, *op. cit.*, n° 562, p. 314.

devrait donc se composer des initiateurs ou des investisseurs[1]. Cependant, leur identité n'est *a priori* pas compatible avec les fonctions de l'organe délibérant. En effet, ce dernier exprime l'intérêt collectif de l'organisme et statue sur les grandes décisions affectant la vie du groupement. Or, les investisseurs sont dans une situation de passivité forcée, nécessaire à l'efficacité de l'opération de titrisation [2]. Actuellement, l'organisme de titrisation est ainsi géré mécaniquement par la société de gestion, en application de la stratégie élaborée et sans concertation permanente de ses membres, afin de ne pas ralentir les opérations. De même, il importe que les initiateurs n'aient plus de pouvoir sur les actifs titrisés afin d'en assurer la protection[3], cette absence de pouvoir n'étant pas parfaitement opérante s'ils ont la possibilité d'adopter des décisions affectant le patrimoine de l'organisme.

En réalité, la qualité d'organe délibérant peut être attribuée à ces acteurs. En effet, la passivité des membres de l'organe est assurée par l'objet restreint de l'organisme et l'établissement d'une stratégie de gestion préalablement à toute opération. Les membres du groupement n'ont donc pas besoin d'intervenir, sauf évènement échappant à cette stratégie de gestion et affectant véritablement la vie de l'organisme. Leur champ de compétence est ainsi réduit puisqu'ils n'interviennent qu'en cas de nouvelle opération, de changement de stratégie ou de changement des autres organes. La plupart du temps l'organisme fonctionne donc sur un mode de gestion « pilotée », à l'image des SICAV dont l'objet social est généralement très développé. La répartition des pouvoirs entre les différentes parties prenantes qui résulte de la personnification de l'organisme permet ainsi de garantir à la fois la sécurité de l'opération de titrisation et son efficacité. Cette autonomisation de l'organisme présente également l'avantage de lui permet d'être le point d'imputation de tous les rapports juridiques nés de l'opération.

B. La concentration des rapports juridiques par l'organisme personnifié

266. L'organisme personnifié, sujet de droit. La mise en œuvre de l'opération de titrisation est facilitée par le fait que l'organisme personnifié soit titulaire de droits et d'obligations. En effet, l'autonomisation de l'organisme permet d'écarter les difficultés dénoncées dans le cadre de l'analyse critique du FCT. L'organisme est le contractant de tous les actes passés en son nom. Les différentes opérations, telles que la cession des créances, ne peuvent donc pas être remises en question pour absence de contractant[4]. Actuellement, sauf à considérer qu'il s'agit de la société de

---

[1] Il faut ici distinguer les investisseurs-membres, des simples investisseurs qui ont uniquement souscrit à des titres de créance.
[2] V. *supra* n°s 44 et s.
[3] V. *supra* n° 242.
[4] V. sur les difficultés posées à ce titre pour le FCT, *supra* n° 143.

gestion, aucun contractant n'est identifiable dans le cadre du FCT, ce dernier n'ayant pas la personnalité morale et les copropriétaires n'intervenant qu'après la conclusion des contrats. De même, l'organisme peut naturellement émettre des titres financiers garantis par son patrimoine [1] permettant la conversion des actifs illiquides compris dans le patrimoine de l'organisme en actifs liquides[2].

En outre, l'organisme personnifié est un atout incontestable dans la perspective du développement de la titrisation des actifs intellectuels en France[3]. Cette titrisation repose sur un transfert des risques issus de créances de redevances ou d'actifs intellectuels tels que les brevets[4]. En tant que cessionnaire, l'organisme est le titulaire des actifs intellectuels et peut en percevoir les revenus[5].

Par ailleurs, faire de l'organisme un sujet de droit lui permet d'ester en justice. L'organisme de titrisation peut donc intenter une action à l'encontre d'un débiteur défaillant ou de l'un de ses organes. Sa personnalité lui permet également de bénéficier des conventions fiscales internationales dont l'application est réservée aux personnes, notamment entendues comme les personnes morales[6]. L'organisme personnifié devrait donc pouvoir être utilisé dans le cadre d'opération internationales[7].

267. Représentation de l'organisme. Plus particulièrement, la personnification de l'organisme permet également de dissiper les difficultés liées à sa représentation. Actuellement, la société de gestion est le représentant légal des organismes de titrisation[8]. Cependant, la nature du FCT et l'absence des copropriétaires dès le début de l'opération conduisent à consacrer une représentation sans représenté[9]. La société de titrisation est quant à elle

---

[1] Sur la notion d'offre de contracter, v. *supra* n° 31.

[2] Sur cette conversion et la notion de liquidité v. *supra* n° 1 et n° 241.

[3] Pour une présentation de cette opération, v. *supra* n° 4 ; v. plus particulièrement A. QUIQUEREZ, *La titrisation des actifs intellectuels*, *op. cit.* ; A. QUIQUEREZ, « La titrisation de droits de propriété intellectuelle : actualité et innovations », art. préc.

[4] A. QUIQUEREZ, *La titrisation des actifs intellectuels*, *op. cit.*, n°s 263 et s., p. 349 et s.

[5] *Ibid.*, n° 319, p. 418.

[6] V. les définitions de ce terme dans les conventions conclues en vue d'éviter les doubles impositions, et par exemple l'article 3 de la convention entre le Gouvernement de la République française et le Gouvernement du Royaume-Uni de Grande-Bretagne et d'Irlande du Nord en vue d'éviter les doubles impositions et de prévenir l'évasion et la fraude fiscales en matière d'impôts sur le revenu et sur les gains en capital ou à l'article 3 1 d) de la convention entre le Gouvernement de la République française et le Gouvernement de la République d'Afrique du sud en vue d'éviter les doubles impositions et de prévenir l'évasion et la fraude fiscales en matière d'impôts sur le revenu et sur la fortune.

[7] Cet élément avait emporté la création de la société de titrisation, v. en ce sens le *rapport au Président de la République relatif à l'ordonnance n° 2017-1432 du 4 octobre 2017 portant modernisation du cadre juridique de la gestion d'actifs et du financement par la dette.*

[8] Art. L. 214-172, C. mon. fin.

[9] V. *supra* n° 142.

représentée par un tiers extérieur, perturbant l'organisation sociale et diminuant l'autonomie de la société de titrisation[1]. Personnifié, l'organisme est un sujet de droit pouvant être représenté. L'attribution de la qualité d'organe à la société de gestion lui permet alors d'incarner l'organisme de titrisation et d'exprimer sa volonté[2], dans la mesure où la représentation de la personne morale est généralement assurée par l'organe exécutif chargé de la gestion courante de la personne morale[3]. La représentation de l'organisme de titrisation est ainsi assurée par un acteur compétent dans le respect de l'organisation de la personne morale.

Cette représentation de l'organisme de titrisation ne risque pas d'être remise en cause par une convention de recouvrement. En principe, dans une opération de titrisation le recouvrement des créances titrisées peut être confié au cédant ou à un tiers par le biais d'une convention de recouvrement[4]. Le cocontractant de l'organisme est alors habilité à exercer toute action en justice nécessaire au recouvrement des créances[5]. Pendant longtemps, les tribunaux ont refusé la représentation de l'organisme par la société de gestion en présence d'une telle convention. Pour tarir le contentieux en la matière, le législateur a qualifié la société de gestion de représentant légal de l'organisme, sans considération pour les qualifications attribuées aux organismes[6]. En présence d'une convention de recouvrement, la représentation instituée est de nature conventionnelle et ne dessaisit pas l'organisme de l'exercice de ses droits[7], notamment par l'intermédiaire de la société de gestion. Ce faisant, l'autonomie de l'organisme de titrisation peut être pleinement exploitée au service de l'opération de titrisation. Celle-ci pourrait d'ailleurs susciter certaines craintes dans la mesure où elle est plus importante que dans les organismes actuels. Ces dernières peuvent néanmoins être écartées.

C. Les craintes illégitimes suscitées par l'autonomie de l'organisme personnifié

268. Rejet du droit des procédures collectives. L'organisme de titrisation personnifié n'est pas à l'abri d'une faillite[8]. Or, le droit des procédures collectives s'applique en principe à toute personne morale de droit

---

[1] V. *supra* n°s 40 et 211.

[2] Sur cette théorie, v. L. MICHOUD, *La théorie de la personnalité morale et son application au droit français*, *op. cit.*, n°s 60 et s., p. 71 et s.

[3] V. not. G. WICKER et J. PAGNUCCO, « Personne morale », *op. cit.*, n° 98.

[4] Art. L. 214-172, al. 1, C. mon. fin.

[5] Art. L. 214-172, al. 6, C. mon. fin.

[6] V. *supra* n° 203.

[7] Art. 1159, al. 2, C. civ.

[8] V. en dernier lieu la faillite du FCT Smart Tréso, sur ce point, v. A. LEFEBVRE, « Smart Tréso, une liquidation qui fait tache », art. préc.

privé[1]. Son application à l'organisme de titrisation personnifié affaiblit cependant la position des investisseurs, lui faisant perdre son attractivité[2]. En effet, les procédures de sauvegarde et de redressement sont contreproductives. L'opération de titrisation repose sur une structuration des paiements, si bien que la survenance de difficultés justifiant la mise en œuvre d'une procédure collective témoigne d'un échec de l'opération de titrisation qui ne peut être évité, sauf à procéder à de nouveaux investissements souhaités plus rentables[3]. Or, la mise en œuvre d'un plan de sauvegarde ou de redressement serait trop longue par rapport à l'objectif d'efficacité des marchés, la période d'observation pouvant durer jusqu'à dix-huit mois en cas de redressement judiciaire et l'exécution du plan pouvant prendre jusqu'à dix ans[4]. De plus, le succès d'un tel plan et partant les chances de remboursement des investisseurs seraient incertaines. Les investissements effectués par l'organisme en vue de reconstituer une partie de son patrimoine étant aléatoires, les investisseurs risqueraient de perdre davantage d'argent, ce qui les conduira à refuser tout nouveau financement de l'organisme. Seule la liquidation judiciaire de l'organisme serait donc véritablement envisageable. Cependant, la liquidation judiciaire alourdit le mécanisme financier et dénote avec la passivité des investisseurs en leur imposant de déclarer leurs créances.

À cet égard, les difficultés créées par l'application du droit des procédures collectives sont identiques à celles rencontrées dans le cadre de l'actuelle société de titrisation et peuvent être écartées en conservant la dérogation au livre VI du Code de commerce[5]. Cette dérogation ne nie pas pour autant l'autonomie de l'organisme. Elle se justifie par la structuration de l'opération financière qui suppose que l'ordre des paiements des investisseurs et des créanciers soit prévu en amont dans le document constitutif de l'organisme, résolvant ainsi la difficulté économique, sans emporter de conséquences sur le traitement des créanciers de l'organisme. En effet, les investisseurs sont généralement payés après les autres créanciers de l'organisme. Ces autres créanciers sont classés en application des règles de priorité figurant dans les contrats qu'ils ont conclus[6]. De même, les investisseurs sont payés en application des règles de priorité qu'ils ont acceptées lors de la souscription des titres. Les investisseurs sont alors distingués selon qu'ils détiennent des titres prioritaires, subordonnés ou super-subordonnés. Ces derniers ont moins de chance d'être remboursés mais l'absence de remboursement correspond

---

[1] Art. L. 620-2, L. 631-2 et L. 640-2, C. com.
[2] V. FORTI, *La titrisation des créances en droit comparé*, *op. cit.*, n° 320, p. 221.
[3] V. *supra* n° 89.
[4] Art. L. 626-12, C. com. applicable à la procédure de sauvegarde et à la procédure de redressement par renvoi de l'art. L. 631-19, C. com. Les procédures de sauvegardes accélérées ne sont ici d'aucun secours puisqu'elles supposent l'ouverture préalable d'une conciliation et l'élaboration d'un projet de plan (art. L. 628-1 et art. L. 628-9, C. com.).
[5] V. actuellement art. L. 214-175, III, C. mon. fin.
[6] V. en ce sens art. L. 214-175-1, II, C. mon. fin.

alors à la réalisation du risque financier qu'ils ont accepté de courir en souscrivant aux titres. En outre, cette liquidation est particulièrement efficace dans la mesure où le liquidateur applique, de façon automatique, les règles fixées. La personnification de l'organisme de titrisation ne complexifie donc pas son traitement en cas de difficultés. De même, elle ne conduit pas à une véritable concurrence entre son intérêt et celui de ses investisseurs, ou à alourdir l'opération de titrisation.

269. Risque de concurrence des intérêts des investisseurs. On pourrait également craindre que l'intérêt propre de l'organisme de titrisation ne concurrence celui de ses membres et des investisseurs[1]. Il s'agit en réalité de la même problématique que celle rencontrée en droit des sociétés avec l'intérêt social[2]. L'intérêt de l'organisme de titrisation est de mener des opérations de titrisation lucratives à leur terme. Il recoupe ainsi celui des investisseurs. Le seul point de divergence porte sur le risque accepté par ces différents acteurs. En effet, l'organisme peut souhaiter maximiser les profits de l'opération, quitte à prendre des positions plus risquées. À l'inverse, les investisseurs peuvent souhaiter minimiser les pertes, quitte à diminuer leur rendement. Cette divergence de stratégie survient notamment en cas de réinvestissement des sommes recouvrées par l'organisme. Elle peut néanmoins être limitée par les documents constitutifs de l'organisme qui délimitent son activité et prévoient les conditions de remboursement des investisseurs et d'acquisition des actifs. L'organisme de titrisation suit donc une ligne directrice contraignante. À cet égard, les membres de l'organisme peuvent à tout moment repréciser l'intérêt de l'organisme et les opérations qu'il peut faire.

270. Coûts et lourdeurs engendrés par la personnalité morale. L'organisme de titrisation personnifié peut également être critiqué pour son coût et sa lourdeur. En effet, l'accès à la personnalité morale est généralement conditionné par l'accomplissement de formalités[3]. Ce reproche a pu être effectué à l'actuelle société de titrisation comparée au FCT. Ce coût et cette lourdeur ne doivent cependant pas être exagérés dans la mesure où ils se retrouvent dans toute opération de titrisation. En effet, des experts établissent

---

[1] Sur l'intérêt propre des personnes morales et distinct de celui de ses membres, v. not. N. BARUCHEL, *La personnalité morale en droit privé*, *op. cit.*, n°s 514 et s., p. 292 et s. ; et plus spéc. à propos des sociétés, v. M. COZIAN, A. VIANDIER et F. DEBOISSY, *Droit des sociétés*, *op. cit.*, n° 660, p. 267 ; v. aussi J. PAILLUSSEAU, « Entreprise et société. Quels rapports ? Quelle réforme ? », *D.*, juillet 2018, n° 25, p. 1395 et s., spéc. n° 21.

[2] V. not. Civ. 3ème, 12 septembre 2012, n° 11-17.948, *Société ADC c/ Caisse de crédit mutuel Porte du Sundgau, Bull. III,* n° 121 qui invalide le cautionnement consenti à l'unanimité des associés d'une SCI pour contrariété à l'intérêt social de cette dernière ; *contra* D. SCHMIDT, « De l'intérêt social », *JCP E*, septembre 1995, n° 38, p. 361 et s.

[3] Les associations doivent faire l'objet d'une déclaration en préfecture et d'une insertion au Journal officiel (art. 5 de la loi du 1er juillet 1901 relative au contrat d'association), tandis que la société doit faire l'objet d'une immatriculation au RCS (art. 1842, C. civ.).

toujours les conditions financières de l'opération. Par la suite, les documents constitutifs de l'organisme doivent nécessairement être rédigés, et même s'il n'est pas personnifié, comme en témoignent le règlement de l'actuel FCT ou le contrat de la fiducie-titrisation[1]. L'alourdissement du fonctionnement de l'organisme personnifié suscité par l'organisation de la personne morale et la répartition des compétences entre les différents acteurs est actuellement dénoncé dans la société de titrisation. Il ne doit cependant pas être surestimé. D'une part, le fonctionnement de l'actuelle société de titrisation est alourdi par sa gestion extériorisée et la conservation des dirigeants légaux. D'autre part, la lourdeur du fonctionnement de la personne morale est directement fonction des règles applicables au groupement et peut donc être limitée.

271. Conclusion de section. L'opération de titrisation peut être réalisée grâce à un organisme personnifié. Son patrimoine permet d'isoler les actifs et d'en attribuer la substance économique aux investisseurs. Correctement exploitée, la personnalité morale sert également de support à l'opération financière, sans pour autant s'y soumettre et se voir dénaturer. Elle lui attribue un cadre défini, qui intègre les différents acteurs de l'opération et permet à l'organisme d'agir de façon autonome. De ce fait, les difficultés dénoncées dans les organismes de droit positif sont ainsi dissipées. Le respect de la notion de personnalité morale n'entrave pas pour autant l'efficacité de l'opération financière et n'est pas non plus source d'insécurité. La personnification de l'organisme de titrisation doit donc être recherchée. Cela suppose de pouvoir rattacher l'organisme à une catégorie de groupement personnifié. À défaut, il faudrait vérifier si l'organisme remplit les critères nécessaires à sa personnification et à la reconnaissance d'une personne morale *sui generis*. La catégorie de société est néanmoins suffisamment large pour accueillir l'organisme de titrisation.

Section 2 : Le rattachement de l'organisme à la société

272. Les conditions de personnification d'un certain nombre de groupements sont fixées par le législateur. Rattaché à l'un de ces derniers, l'organisme de titrisation est donc obligatoirement personnifié. La qualification du groupement doit néanmoins être compatible avec l'opération de titrisation. De même, les règles qui sont applicables à l'organisme doivent lui permettre de jouir pleinement des effets de la personnalité. L'étanchéité patrimoniale et l'affectation des actifs doivent notamment être parfaites. La première partie de la thèse a permis d'établir que la qualification de société remplissait ces conditions[2]. La méthodologie suivie dans la reconstruction impose toutefois de s'abstraire des organismes déjà existants pour déterminer

[1] V. *supra* n° 75 et *infra* n°s 443 et s.
[2] V. *supra* n° 235.

quelle structure est la plus satisfaisante. Il convient donc de vérifier quels groupements personnifiés remplissent les critères de l'opération de titrisation et quels sont les plus aptes à accueillir l'opération financière. En réalité, les autres groupements doivent être rejetés (§ 1) pour ne conserver que la qualification de société (§ 2).

§ 1 : Les groupements rejetés

273. Malgré leur personnalité, la fondation, l'association et le groupement d'intérêts économiques (GIE) ne peuvent pas servir de cadre structurel à l'opération de titrisation. En effet, le but dans lequel sont constituées la fondation[1] (A) et l'association (B) n'est pas compatible avec l'opération de titrisation. La qualification de GIE paraît, quant à elle, plus adaptée mais ses caractéristiques excluent tout rattachement de l'organisme de titrisation (C).

A. La fondation

274. Rejet de la qualification de fondation. Comme l'organisme de titrisation, la fondation permet l'affectation d'actifs. Elle est effectivement « l'acte par lequel une ou plusieurs personnes physiques ou morales décident l'affectation irrévocable de biens, droits ou ressources à la réalisation d'une œuvre d'intérêt général et à but non lucratif »[2]. Cependant, cette affectation a pour but la satisfaction l'intérêt général et s'effectue à titre gratuit. À l'inverse, la réalisation de l'opération de titrisation ne vise pas la satisfaction de l'intérêt général. Les membres de l'organisme sont toujours à la recherche d'une rémunération. En effet, l'initiateur a besoin de liquidités pour se refinancer tandis que les investisseurs souhaitent réaliser des plus-values. La constitution de l'organisme à des fins lucratives constitue également un obstacle à sa qualification d'association.

B. L'association

275. Rejet de l'association de cédants. L'association n'est pas non plus la forme de groupement la plus à même d'accueillir l'opération de titrisation

---

[1] Pour une critique néanmoins de la personnalité attribuée à la fondation, v. W. DROSS, « La distinction des personnes morales corporatives et des personnes morales fondatives : regard privatiste », in *Léon Michoud*, coll. « Colloques & essais », n° 10, Institut Universitaire Varenne, 2014, p. 211 et s.

[2] Art. 18, al. 1er de la loi n° 87-571 du 23 juillet 1987 sur le développement du mécénat.

malgré sa possible personnification[1]. Si elle ne peut être formée dans le but de partager des bénéfices[2], elle peut en revanche l'être en vue de réaliser des économies. Or, les cédants des créances peuvent poursuivre cet objectif lorsqu'ils se regroupent et constituent un organisme afin de minimiser les coûts afférents à cette méthode de financement. Dans cette hypothèse, l'association acquiert les créances en se finançant grâce à une émission de titres sur les marchés financiers[3]. Il n'y a alors pas de difficulté liée au partage des bénéfices puisque les sommes perçues par les investisseurs correspondent au remboursement de leur investissement. Les sommes versées aux cédants correspondent quant à elles au paiement des créances cédées, si bien qu'il n'y a pas de difficulté liée au partage des bénéfices. Cependant, ce schéma ne permet pas véritablement de mettre en œuvre l'opération de titrisation. D'une part, l'association ne permet pas de recourir véritablement aux marchés financiers, puisqu'elle n'est autorisée à émettre des obligations que si elle exerce une activité économique depuis au moins deux ans[4]. L'organisme de titrisation devrait donc exercer une activité économique – autre que celle de titrisation dont le financement dépend de l'émission d'obligations – pour pouvoir ensuite émettre des obligations. Les cédants devraient ainsi particulièrement anticiper leur opération, ce qui est une contrainte incompatible avec l'opération de titrisation. D'autre part, les règles d'attribution des bénéfices d'une association ne concordent pas avec la dévolution du *boni* de liquidation de l'organisme de titrisation. Ce dernier provient généralement d'une rémunération des investisseurs inférieure aux recettes de l'organisme ou de la pratique du surdimensionnement, servant à garantir les créances cédées. Celles-ci sont cédées à un prix inférieur à leur valeur réelle, si bien que la part excédentaire compense d'éventuels recouvrement infructueux[5]. Cette pratique peut conduire l'organisme de titrisation à être bénéficiaire, ce qui est *a priori* compatible avec la qualification d'association[6]. Toutefois, le *boni* de liquidation est généralement attribué au cédant ou aux acteurs de l'opération[7]. Cette dévolution n'est

---

[1] Sous réserve d'une déclaration en préfecture et d'une publication au journal officiel. Pour plus de détail sur ces formalités v. D. HIEZ, « Association », *Rép. civ.*, Dalloz, décembre 2019, n° 231 et s.

[2] Art. 1er de la loi du 1er juillet 1901 relative au contrat d'association.

[3] Sur la possibilité pour les associations d'émettre des obligations, v. art. L. 213-8, C. mon. fin.

[4] Art. L. 213-8, C. mon. fin.

[5] Ce surdimensionnement ne doit pas être confondu avec une garantie au sens strict, octroyée par le cédant. Les sommes excédentaires, constitutives du *boni* de liquidation de l'organisme, ne lui reviennent pas de droit. En effet, l'attribution du *boni* de liquidation n'est pas automatique et doit être prévue dans la convention de cession, conformément à l'article L. 214-169, IV, C. mon. fin. De ce fait, les sommes peuvent être perdues par le cédant, alors même qu'aucun débiteur n'a été défaillant, ce qui s'oppose à la raison d'être d'une garantie. *Contra* A. BAVOUIDIBIO-MASSENGO, *Contribution à l'étude juridique de l'opération de titrisation*, préc., n° 235, p. 161.

[6] M. COZIAN, A. VIANDIER et F. DEBOISSY, *Droit des sociétés*, *op. cit.*, n° 75, p. 26.

[7] V. not. X. DE KERGOMMEAUX, « Titrisation », *op. cit.*, n° 230.

accompagnée d'aucune charge et n'est pas non plus effectuée à des entités capables de recevoir des libéralités [1], en contrariété avec le régime de l'association. De ce fait, l'association ne permet donc pas de garantir l'opération selon les schémas connus de la pratique.

276. Rejet de l'association d'investisseurs. La constitution d'une association d'investisseurs est également exclue. Ces derniers ne peuvent pas partager les bénéfices tirés du recouvrement des créances titrisées. Ils pourraient contourner l'interdiction de partage des bénéfices en cumulant leur qualité de sociétaire avec celle d'obligataire de l'association. Les sommes perçues correspondraient alors au remboursement de leur investissement. Ils auraient également un titre aisément cessible sur les marchés. Cette solution n'est cependant pas réaliste au regard des deux ans d'activité économique effective préalables à l'émission d'obligations. Par ailleurs, l'émission d'obligations a uniquement pour objectif de contourner l'interdiction de partage des bénéfices, si bien que l'association risquerait d'être requalifiée en société créée de fait[2]. Dans cette hypothèse, le groupement ne serait plus personnifié et les investisseurs seraient tenus des engagements souscrits par l'organisme, si bien que leur responsabilité ne se limiterait plus au montant de leur investissement[3]. Le caractère désintéressé de l'association, comme de la fondation est donc inconciliable avec la réalité de l'opération de titrisation. Le GIE ne souffrant pas de cette contrainte s'avère alors, aux premiers abords, davantage adapté. La responsabilité illimitée de ses membres conduit cependant à l'écarter.

C. Le groupement d'intérêt économique

277. Utilisation primitive du GIE. Dès 2004, un GIE a été constitué pour faciliter la mise en place d'opérations régulières de titrisation par ses membres [4]. Ce GIE n'était pas un organisme de titrisation et servait d'intermédiaire dans la constitution de portefeuilles de créances avant leur cession à un FCT. La démarche de reconstruction des organismes de titrisation invite à une utilisation plus aboutie du GIE qui devient l'organisme de titrisation.

278. Rejet du GIE constitué par des cédants. Le but de l'organisme de titrisation qualifié de GIE doit être « de faciliter ou de développer l'activité

---

[1] K. RODRIGUEZ, « Association », *Rép. soc.*, Dalloz, janvier 2023, n° 233.
[2] Com., 2 mars 1982, préc. ; K. RODRIGUEZ, « Association », *op. cit.*, n° 3 ; D. HIEZ, « Association », *op. cit.*, n° 167.
[3] Art. 1872-1, C. civ. applicable par renvoi de l'art. 1873, C. civ.
[4] V. en ce sens le contrat constitutif du GIE AMEC SPIE Titrisation disponible sur www.pappers.fr, consulté le 29 septembre 2023.

économique de ses membres, d'améliorer ou d'accroître les résultats de cette activité. Il n'est pas de réaliser des bénéfices pour lui-même. Son activité doit se rattacher à l'activité économique de ses membres et ne peut avoir qu'un caractère auxiliaire par rapport à celle-ci »[1]. Tel est le cas en présence d'entreprises souhaitant procéder à des opérations de titrisation pour faciliter leur gestion financière. Les coûts de constitution et de fonctionnement de l'organisme sont alors réduits grâce à leur regroupement et les membres peuvent céder directement leurs créances au GIE qui les titrise. Le financement de la cession est assuré par une émission d'obligations, sous réserve que tous les membres du GIE satisfassent personnellement aux conditions d'émission des obligations[2]. Ce faisant, les personnes pouvant prétendre à la constitution de ce GIE pour mener une opération de titrisation sont peu nombreuses.

Une fois le groupement constitué, les potentiels bénéfices générés par l'opération peuvent être reversés à ses membres[3], ce qui leur permet de s'approprier les revenus générés par les actifs titrisés. En revanche, ces derniers ont une responsabilité illimitée[4]. La défaillance de l'organisme étant notamment causée par l'inexécution des débiteurs cédés, il en résulte que les cédants des créances ne se séparent pas véritablement du risque attaché aux actifs cédés. Au contraire, ils supportent le risque inhérent à leurs créances, mais également le risque inhérent aux créances cédées par les autres membres du GIE. À défaut de véritable cloisonnement patrimonial, le GIE ne peut donc pas être utilisé par les initiateurs des opérations de titrisation.

279. Rejet du GIE composé d'investisseurs. Le GIE constitué par des investisseurs doit également être rejeté. D'une part, l'usage du GIE est particulièrement limité puisque le caractère auxiliaire de son activité impose que les investisseurs aient pour activité principale la réalisation d'opérations d'investissement. Le groupement leur permet alors de diversifier aisément leurs placements à moindre coût. D'autre part, leur responsabilité illimitée demeure un frein à son utilisation dans le cadre de la titrisation. Leur risque est relativement limité s'ils financent seuls une opération de titrisation classique. Ils subissent uniquement les pertes nées de la défaillance des débiteurs et ne récupèrent pas le montant investi. En revanche, le GIE ne peut mener des opérations de titrisation synthétique[5]. Ces dernières impliquent que l'organisme s'engage à indemniser l'initiateur en cas de survenance d'un évènement de crédit. Selon le montant de l'indemnité, les investisseurs risquent donc d'être responsables au-delà du montant de leur investissement.

---

[1] Art. L. 251-1, al. 2 et 3, C. com.
[2] Art. L. 251-7, C. com.
[3] Y. GUYON, « Groupement d'intérêt économique », *Rép. soc.*, Dalloz, avril 2018, n° 19.
[4] Art. L. 251-6, C. com.
[5] Pour une définition de cette opération, v. *supra* n° 4.

De même, le GIE rend le financement par le marché obligataire trop risqué si la souscription et la détention des obligations n'est pas réservée à ses membres. En effet, ces derniers sont obligés de rembourser les obligataires en cas de défaillance de l'organisme.

280. L'utilisation du GIE pour une opération de titrisation est donc à la fois trop restreinte et trop risquée pour les différentes parties prenantes. Elle doit de ce fait être exclue, à l'instar de l'association et de la fondation. Le rejet de ces groupements conduit alors à se tourner vers la société. Cette dernière s'avère être parfaitement compatible avec l'opération de titrisation, si bien que le choix opéré par le législateur en 2008 doit être reconduit.

§ 2 : Le choix de la société

281. L'organisme de titrisation peut être qualifié de société puisqu'il en présente toutes les caractéristiques (A). La diversité des formes sociales existantes implique cependant d'opérer un choix plus précis et d'identifier la forme sociale qui sied le mieux à l'opération de titrisation (B).

A. La pertinence de la qualification de société

282. Définition de la société. Les apports, les associés, la participation aux résultats et l'*affectio societatis*[1] se retrouvent au sein de l'organisme de titrisation. Celui-ci peut donc être qualifié de société, qu'il soit constitué par les initiateurs (1) ou les investisseurs (2).

1. L'admission d'une société constituée par les initiateurs

283. Réalisation d'apports. Deux types d'apports peuvent être réalisés dans l'organisme de titrisation : l'apport en nature et l'apport en numéraire. Les initiateurs peuvent ainsi apporter leurs créances à l'organisme. Grâce à ce transfert de propriété, les créances disparaissent de leur bilan et ils n'en supportent plus les risques. Cependant, les initiateurs recourant majoritairement à l'opération de titrisation pour obtenir des liquidités, l'attribution de titres sociaux n'est pas une contrepartie satisfaisante à ce transfert de propriété. Il est donc préférable pour les initiateurs d'effectuer un apport en numéraire puis de céder leurs créances à l'organisme afin d'obtenir les liquidités recherchées, la cession étant financée par les investisseurs sur les marchés financiers.

---

[1] V. art. 1832, C. civ. ; et sur le critère de l'*affectio societatis*, v. not. Com., 6 octobre 1953, préc. ; Com., 2 mars 1982, préc. ; Com., 3 juin 1986, préc.

284. Participation au résultat. La participation au résultat se retrouve également dans l'organisme de titrisation. D'une part, le résultat constaté à l'issue de l'opération fait l'objet d'un partage entre les initiateurs. En effet, le solde positif de l'opération de titrisation leur est généralement attribué[1]. Les initiateurs réalisent également des économies en s'associant dans cette structure commune puisqu'ils ont accès à une nouvelle source de financement à moindre coût. D'autre part, les initiateurs participent aux pertes de l'organisme de titrisation constitué sous la forme sociale, puisqu'ils ne récupèrent pas leur apport en cas d'échec de l'opération. Cette contribution aux pertes ne doit pas conduire à rejeter la qualification de société dans la mesure où elle assure l'effectivité de l'obligation de rétention du risque instituée par le règlement 2017/2402 du Parlement européen et du Conseil du 12 décembre 2017 créant un cadre général pour la titrisation ainsi qu'un cadre spécifique pour les titrisations STS. Ce dernier impose effectivement à l'initiateur, au sponsor ou au prêteur initial d'une titrisation de conserver en permanence un intérêt économique net significatif d'au moins de 5 % de l'opération[2]. Concrètement, cet objectif est rempli lorsqu'en présence d'une titrisation classique, un établissement de crédit cédant des créances à terme, en conserve une partie, choisie aléatoirement parmi les créances devant être titrisées, pour un montant égal à 5 % du montant nominal des créances titrisées. Néanmoins, il est impératif que la société choisie soit à risque limité. Dans le cas contraire, les initiateurs contribueraient aux pertes de façon illimitée et seraient obligés aux dettes sociales, en leur qualité d'associés. Comme dans le GIE, ils supporteraient alors toujours les risques attachés aux créances cédées, ce qui est incompatible avec l'opération de titrisation.

285. Volonté de collaborer. L'*affectio societatis* est absente dans l'actuelle société de titrisation[3]. Elle peut néanmoins être identifiée chez les initiateurs qui décident de s'associer en vue de créer un organisme de titrisation. Les initiateurs sont effectivement à l'origine de la constitution de l'organisme et le fait qu'ils soient conseillés pour mettre en place l'opération et rédiger les statuts est sans conséquences. De plus, leur volonté de collaborer se manifeste également tout au long de la vie sociale, notamment lors de l'élaboration de décisions collectives. Ces dernières ne sont pas artificielles comme dans l'actuelle société de titrisation dont la gestion est externalisée[4]. En effet, *de lege ferenda,* la société de gestion est obligatoirement l'organe exécutif, si bien que les pouvoirs d'intervention des associés sont effectifs. La volonté de collaborer est également perceptible en présence d'opérations de

---

[1] X. DE KERGOMMEAUX, « Titrisation », *op. cit.*, n° 120.
[2] Art. 6 du règlement (UE) 2017/2402 du Parlement européen et du Conseil du 12 décembre 2017 créant un cadre général pour la titrisation ainsi qu'un cadre spécifique pour les titrisations simples, transparentes et standardisées.
[3] V. *supra* n°s 229 et s.
[4] V. *supra* n°s 199 et s.

titrisation régulièrement entreprises. Dès lors, le véhicule constitué par des initiateurs dans le but de mener à terme des opérations de titrisation peut être qualifié de société. La souplesse de cette qualification permet également d'accueillir les opérations menées par des investisseurs.

2. L'admission d'une société constituée par les investisseurs

286. Réalisation des apports. Les investisseurs constituant un organisme de titrisation réalisent des apports en numéraire dont le montant dépend de leur utilisation. Il doit être égal au prix de cession des créances si les apports financent leur acquisition. Ce montant risquant cependant d'être très élevé, les investisseurs peuvent préférer effectuer uniquement un apport en vue de constituer l'organisme et financer, par la suite, l'opération grâce à des apports réguliers en compte courant ou par l'émission de titres financiers. Cette dernière option sera préférée puisque les titres sont facilement échangeables sur les marchés, et permettent aux associés de réduire leur exposition à l'opération financière. L'émission de titres financiers leur permet également de financer une partie de l'opération grâce à des tiers et d'aménager leur risque.

287. Participation au résultat. Les investisseurs membres de l'organisme participent nécessairement à ses résultats. Les intérêts issus du remboursement des créances constituent des bénéfices partageables, sous réserve du paiement des potentiels obligataires. Les investisseurs participent également aux pertes, car ils ne récupèrent pas leur apport en cas d'échec de l'opération de titrisation. Il est cependant important que cette contribution aux pertes soit limitée au montant de leurs apports. En cas de financement de l'opération par une émission de titres financiers, les investisseurs ont intérêt à ne pas effectuer des apports trop importants et à souscrire à une partie des titres émis. Ils sont ainsi créanciers de la société et traités comme tels en cas de faillite de l'organisme. Ceci peut éventuellement leur permettre d'obtenir des paiements en priorité comparé à ceux qu'ils obtiendront en qualité d'associé. Cette répartition entre les différents types de titres souscrits leur permet ainsi de doser leur risque.

288. Volonté de collaborer. L'*affectio societatis* des investisseurs est présent puisqu'ils se réunissent afin de procéder à des opérations d'investissement sur-mesure tout en mutualisant les coûts de création du véhicule. Cette volonté transparait aussi dans l'élaboration de décisions collectives ou dans la mise en œuvre d'opérations de titrisation successives. De ce fait, les différents éléments caractéristiques de la société sont réunis par l'organisme de titrisation constitué par les initiateurs ou les investisseurs. L'organisme de titrisation peut être qualifié de société. À cet égard, il doit nécessairement être rattaché à une société personnifiée, afin de permettre la constitution des différents piliers de l'opération de titrisation. Cependant, même en excluant la société en participation[1], la qualification de société demeure trop large. Elle regroupe une diversité de sociétés aux multiples caractéristiques qui ne sont pas toutes compatibles avec l'opération de titrisation. Le type de société auquel l'organisme de titrisation peut être rattaché doit donc être précisé.

B. Le choix de la forme sociale

289. Le choix entre les diverses formes sociales s'effectue traditionnellement au moment de la rédaction des statuts et dépend des caractéristiques de chaque société. La qualification est effectivement instrumentalisée pour servir l'opération économique et les membres de la société. Le législateur la légitime puisqu'il offre une option entre diverses formes sociales aux acteurs économiques, ces derniers identifiant plus justement la forme répondant le mieux à leurs besoins. Il restreint également parfois ce choix pour l'exercice de certaines activités[2]. L'exploitation des débits de tabac est ainsi réservée aux sociétés en nom collectif[3]. De la même manière, il est opportun que le législateur limite ce choix dans le cadre de l'opération de titrisation. En effet, doivent automatiquement être exclues la société en participation et les sociétés à risque illimité qui ne permettent pas de mettre en place un véritable cloisonnement patrimonial.

De lege lata, le législateur réduit le choix des fondateurs de la société de titrisation aux SA et SAS. À l'inverse, d'autres pays comme le Luxembourg proposent un grand nombre de formes sociales, les fondateurs ayant le choix entre la SA, la SARL, la société en commandite par actions (SCA) et la société coopérative organisée comme une société anonyme[4]. La question de la forme sociale suppose donc de déterminer quelles formes sociales peuvent être utilisées pour mener l'opération de titrisation. Elle implique également d'établir le nombre d'options offertes aux fondateurs de l'organisme. La comparaison avec la pratique étrangère, plus éloquente que la nôtre, est à ce titre utile. En effet, la société de titrisation est généralement utilisée depuis plus longtemps et de façon plus importante à l'étranger[5], et sous des formes sociales présentant des équivalents en droit français. Ces différents éléments d'analyse permettent de déterminer les formes sociales devant être proposées aux fondateurs de l'organisme de titrisation. Il en résulte que les sociétés en

---

[1] V. art. 1871, al. 1er, C. civ.

[2] Sur la spécialisation des sociétés en fonction de leur objet, v. not. D. RANDOUX, « La spécialisation des sociétés », in *Études dédiées à Alex Weill*, Dalloz, Litec, 1983, p. 471 et s.

[3] Art. 3 du décret n° 2010-720 du 28 juin 2010 relatif à l'exercice du monopole de la vente au détail des tabacs manufacturés.

[4] Art. 4 de la loi du 22 mars 2004 relative à la titrisation modifiée.

[5] V. *supra* n° 10.

commandite, situées à mi-chemin entre les sociétés à risque limité et à risque illimité, doivent être écartées (1). Il en va de même pour la société à responsabilité limitée (2). Seules la société anonyme (3) et la société par actions simplifiée (4) peuvent être des sociétés de titrisation.

1. Le rejet des sociétés en commandite

290. Utilisation des commandites à l'étranger. Les sociétés en commandite simple (SCS) ou par actions (SCA) font partie des formes sociales proposées à l'étranger pour conduire l'opération de titrisation. La SCS se retrouve principalement au Royaume-Uni avec le *LLP* (*limited liability partnership*) [1]. Elle est également proposée aux États-Unis et au Canada. Cependant, ce *limited partnership* n'y rencontre pas un véritable succès[2]. Dans ces différents pays, la société est basée essentiellement sur le droit des contrats et du mandat [3]. Les associés présentent tous une responsabilité limitée[4]. Il n'y a donc pas de distinction entre deux catégories de membres selon que leur responsabilité est limitée ou non, comme dans les *limited partnerships* britanniques et plus généralement les *partnerships*[5].

La SCA est également proposée pour la constitution de sociétés de titrisation au Luxembourg[6] mais demeure peu utilisée[7]. Dans cette société, les commandités sont responsables solidairement et indéfiniment des dettes sociales tandis que les commanditaires ne sont responsables qu'à hauteur de leurs apports[8]. La gestion de la société est assurée par un ou plusieurs gérants qui ne peuvent être commanditaires, sous peine de perdre le bénéfice de leur responsabilité limitée[9]. Pour se financer, la SCA a la possibilité d'émettre des titres de créance[10]. La cession des parts d'intérêts d'un commanditaire est soumise à l'agrément des commandités, sauf stipulation contraire. La cession des parts d'intérêts des commandités est obligatoirement soumise à l'agrément

[1] R. WALL et F. GLEBOCKI, « Structured finance and securitisation in the UK (England and Wales): overview », *op. cit.*

[2] PRACTICAL LAW FINANCE, « Securitization: The SPV », *op. cit.* ; D. RUETER, C. BAMFORD et T. MCCARTHY, « Structured finance and securitisation in Canada: overview », *Practical Law Country Q&A 7-502-7802*, Thomson Reuters, 1er juillet 2020.

[3] C. GERNER-BEUERLE et M. SCHILLIG, *Comparative company law*, Oxford University Press, 2019, p. 10.

[4] *Ibid.*, pp. 11 et 16.

[5] *Ibid.*, p. 11.

[6] Art. 4 de la loi du 22 mars 2004 relative à la titrisation.

[7] PwC LUXEMBOURG, *Securitisation in Luxembourg, A comprehensive guide*, 2021, p. 124 et s., p. 11, disponible sur https://www.pwc.lu/en/securitisation/docs/pwc-securitisation-in-luxembourg-comprehensive-guide-2021.pdf, consulté le 29 septembre 2023.

[8] Art. 310-1 (1) de la loi modifiée du 10 août 1915 concernant les sociétés commerciales telle que modifiée par le règlement grand-ducal du 5 décembre 2017.

[9] Art. 310-2 et 310-3 de la loi modifiée du 10 août 1915 concernant les sociétés commerciales préc.

[10] Art. 310-1 (3) de la loi modifiée du 10 août 1915 concernant les sociétés commerciales préc.

des associés dans les conditions de modification du capital social[1]. La société ne prend pas fin par le décès, le retrait, la faillite ou tout autre élément empêchant l'un de ses commandités[2]. Ce faisant, ces différentes sociétés présentent de nombreuses similitudes avec les sociétés en commandite françaises.

291. Intérêts de la commandite. La répartition des risques entre commanditaires et commandités dans les sociétés en commandite françaises est la même que dans la SCA luxembourgeoise[3]. Le gérant est librement désigné parmi les commandités ou les tiers[4]. Contrairement à la SCS, la SCA peut émettre des valeurs mobilières représentatives de droits de créance[5] et procéder à des offres au public[6]. Ses titres sont admis aux négociations sur un marché réglementé ou sur un système multilatéral de négociation[7]. Elle permet donc un financement par les marchés et doit ainsi être privilégiée par rapport à la SCS pour mener une opération de titrisation.

La structure des sociétés en commandite est intéressante dans la mesure où elle reprend la distinction entre la gestion et la détention des capitaux que l'on retrouve dans l'opération de titrisation. La société de gestion administre l'opération tandis que les investisseurs sont passifs[8]. Il est ainsi possible d'imaginer une SCA où la société de gestion est le commandité et les investisseurs sont les commanditaires. Cette forme sociale permet aussi d'intégrer à la fois les investisseurs et les initiateurs. Dans ce cas, les initiateurs sont les commandités et les investisseurs sont les commanditaires.

292. Responsabilité illimitée des commandités faisant obstacle à l'utilisation des SCA. La responsabilité illimitée des commandités ne permet pas une mise en œuvre optimale de l'opération. En effet, aucun des acteurs de l'opération de titrisation ne souhaite prendre un tel risque. Il n'est ainsi pas admissible que la société de gestion ait une responsabilité illimitée puisque cela l'obligerait à supporter les risques de l'opération de titrisation, ce qui la dissuaderait de participer à une telle opération. Les initiateurs ne peuvent pas non plus être commandités puisque ceci les empêcherait de se défaire du risque attaché à leurs créances. En théorie, cela contribuerait à les responsabiliser et à respecter le ratio de rétention du risque. En réalité, cela les encouragerait surtout à choisir une autre forme sociale. Enfin, les investisseurs

---

[1] Art. 310-6 de la loi modifiée du 10 août 1915 concernant les sociétés commerciales préc.
[2] Art. 310-7 de la loi modifiée du 10 août 1915 concernant les sociétés commerciales préc.
[3] Art. L. 222-1 et art. L. 226-1, C. com.
[4] Art. L. 221-3, C. com. applicable par renvoi des articles L. 222-2 et L. 226-1, C. com. et art. L. 222-6, C. com.
[5] Art. L. 228-36, A, C. com.
[6] V. en ce sens art. L. 228-51, C. com.
[7] Art. L. 22-10-74 et s., C. com.
[8] A. COURET *et al.*, *Droit financier*, *op. cit.*, n° 1076, p. 841.

ne peuvent pas être des commandités, sauf s'ils ne procèdent pas à des émissions de titres financiers. En effet, les associés commandités sont responsables indéfiniment des dettes de la société. En cas d'émission de titres sur les marchés et d'échec de l'opération, les investisseurs associés devraient rembourser les titulaires de titres de créance. L'étanchéité imparfaite de la SCA est donc un obstacle à son utilisation. En témoigne la faible, voire inexistante, utilisation de la SCA luxembourgeoise et des simples *partnerships* anglo-saxons. La société en commandite doit donc être rejetée en faveur des autres sociétés à responsabilité limitée. Cependant, si la SARL présente une meilleure étanchéité patrimoniale, ses caractéristiques ne sont pas compatibles avec les besoins de l'opération de titrisation.

2. Le rejet de la SARL

293. Utilisation des homologues étrangers de la SARL comme organismes de titrisation. Les États-Unis structurent une grande partie de leurs organismes de titrisation sous la forme de *limited liability company (LLC)*[1]. Il s'agit de l'équivalent américain de la SARL. Cette société n'est pas dotée de la personnalité morale[2] et est fiscalement transparente. À la frontière entre la *corporation* et le *limited partnership*[3], elle peut être constituée par un ou plusieurs associés dont la responsabilité est limitée, garantissant un véritable cloisonnement patrimonial[4]. Elle est également stable puisque le retrait, le décès ou la défaillance d'un des associés ne conduit pas à sa dissolution[5]. Elle est aussi flexible, les associés définissant les règles de gouvernement interne de la société[6]. Ils peuvent ainsi la diriger ou faire appel à un tiers gestionnaire[7]. En revanche, ses titres ne sont pas parfaitement liquides car l'entrée de tout nouveau membre dans la société doit faire l'objet d'un agrément[8]. Par ailleurs, contrairement à la SARL de droit français, la *LLC* a la possibilité d'émettre des titres sur les marchés et de procéder à des

---

[1] J.E. Yarett, E.R. Berman et N.D. Martin, « Structured finance and securitisation in the United States: overview », *op. cit.*

[2] S. Rousseau, « La simplicité volontaire : observations transatlantiques sur la recherche et les manifestations de la flexibilité en droit des sociétés », in *La société par actions simplifiée (SAS), Bilan et perspectives*, coll. « Thèmes & commentaires », Dalloz, 2016, p. 244 et s., spéc. p. 249.

[3] C. Gerner-Beuerle et M. Schillig, *Comparative company law*, *op. cit.*, p. 17.

[4] S. Rousseau, « La simplicité volontaire : observations transatlantiques sur la recherche et les manifestations de la flexibilité en droit des sociétés », art. préc., p. 249.

[5] C. Gerner-Beuerle et M. Schillig, *Comparative company law*, *op. cit.*, p. 17.

[6] *Ibid.*

[7] S. Rousseau, « La simplicité volontaire : observations transatlantiques sur la recherche et les manifestations de la flexibilité en droit des sociétés », art. préc., p. 254.

[8] C. Gerner-Beuerle et M. Schillig, *Comparative company law*, *op. cit.*, p. 17.

offres au public[1]. De ce fait, une partie des titres qu'elle émet sont attractifs pour les investisseurs dans le cadre d'une opération de titrisation.

De la même manière, la SARL luxembourgeoise est désormais la forme sociale privilégiée pour la conduite de l'opération de titrisation[2]. Elle présente globalement les mêmes caractéristiques que la SARL française puisqu'elle est personnifiée et que ses associés ont une responsabilité limitée. La cession des parts est également soumise à l'agrément des associés[3]. En revanche, sa constitution suppose un capital minimum de 12 000 euros[4] alors que la SARL française n'a pas de capital social minimum. La SARL luxembourgeoise est également autorisée à émettre des obligations sur les marchés[5]. Toujours à rebours du droit français, son gérant peut être une personne morale[6], et partant une société de gestion.

La *GmbH,* SARL allemande, est, elle aussi, la forme favorisée pour la conduite de l'opération de titrisation[7]. Sa constitution requiert un capital social minimal de 25 000 euros[8]. En revanche, ses parts sont liquides. Leur cession n'est pas soumise à agrément[9], ce qui favorise la conversion des actifs. La *GmbH* peut également émettre des obligations sur les marchés. Comme en France, elle ne peut qu'être gérée par une personne physique[10]. Par ailleurs, ses associés ont également la possibilité de créer un conseil de surveillance[11].

294. Caractéristiques de la SARL. La responsabilité limitée des associés de la SARL française[12] permet aux différents acteurs de l'opération de titrisation d'avoir la qualité d'associés. En effet, elle permet aux investisseurs de limiter leur responsabilité au montant de leur investissement et aux cédants des créances de se défaire efficacement du risque attaché à leurs créances. Par ailleurs, la stabilité de la SARL est source de sécurité dans le cadre d'une opération de titrisation puisqu'elle n'est pas affectée par le retrait, le décès ou la défaillance d'un de ses membres. En revanche, les parts sociales ne sont pas liquides, la majorité des associés devant agréer le tiers

---

1 V. ZANEV et N. TAILLEFER, « Structured finance and securitisation in Luxembourg: overview », *op. cit.* ; PRACTICAL LAW FINANCE, « Securitisation : US overview », *Practical Law Practice Note Overview 5-501-7050*, Thomson Reuters, 1 août 2020.

2 PwC LUXEMBOURG, *Securitisation in Luxembourg*, préc., p. 11.

3 Art. 710-12 de la loi du 10 août 1915 concernant les sociétés commerciales préc.

4 Art. 710-5 (1) de la loi du 10 août 1915 concernant les sociétés commerciales préc.

5 Art. 100-14 du règlement grand-ducal du 5 décembre 2017 portant coordination de la loi modifiée du 10 août 1915 concernant les sociétés commerciales.

6 Art. 710-14 du règlement grand-ducal du 5 décembre 2017 préc.

7 S. WITTINGHOFER, « Structured finance and securitisation in Germany: overview », *op. cit.*

8 Section 5 (1) de la loi sur les sociétés à responsabilité limitée, *GmbHG*.

9 Section 15 de la loi sur les sociétés à responsabilité limitée, préc.

10 Section 6 de la loi sur les sociétés à responsabilité limitée, préc.

11 Section 52 de la loi sur les sociétés à responsabilité limitée, préc.

12 Art. L. 223-1, C. com.

cessionnaire, sauf s'il s'agit du conjoint, ascendant ou descendant de l'un des associés[1]. On pourrait craindre que cela ne porte atteinte à son utilisation dans le cadre de l'opération de titrisation car cela n'assure pas une conversion des actifs illiquides en actifs liquides. En réalité, cette restriction est présente chez les homologues étrangers de la SARL et n'entrave pas en tant que telle leur utilisation. La difficulté dans le système français vient du fait que la SARL peut difficilement procéder à des émissions de titres liquides. Enfin, le régime fiscal de la SARL est intéressant dans le cadre d'opérations internationales. En effet, la SARL est en principe soumise à l'impôt sur les sociétés. Elle peut néanmoins opter pour l'impôt sur le revenu[2]. Dans ce cas, seuls les associés de la société sont soumis à cet impôt pour leur part du résultat. Cette transparence fiscale est essentiellement utile dans le cadre d'opérations de titrisation internationales puisqu'elle évite que les sommes versées par l'organisme soient imposées une première fois dans le pays où est localisé l'organisme et une seconde fois dans le pays où sont établis les investisseurs[3]. Toutefois, si l'opération demeure à l'échelle nationale, la transparence fiscale ne permet pas une neutralité fiscale de la SARL. En effet, contrairement à ce que l'on observe notamment dans les SICAV[4], le résultat de la société est imposé. Les associés ne sont donc pas les seuls imposés au titre des distributions qu'ils perçoivent.

295. Obstacles à l'utilisation de la SARL. Malgré son franc succès international et sa fréquente utilisation en France[5], deux obstacles se dressent devant l'utilisation de la SARL. Premièrement, l'organisation interne de la SARL est moins souple que celle de la *LLC* ou de la SARL luxembourgeoise. Son gérant est obligatoirement une personne physique[6]. *De lege lata,* il ne peut s'agir de la société de gestion. La SARL devrait ainsi être utilisée sous réserve d'une extériorisation de sa gestion. Une personne physique serait officiellement gérante de la SARL et la gestion de l'opération de titrisation serait assurée contractuellement par une société de gestion. Cependant ce schéma de gestion, actuellement pratiqué dans la société de titrisation, n'est pas satisfaisant puisqu'il met à mal l'organisation légale de la société et prive les associés de tout contrôle de la gestion. L'utilisation de la SARL imposerait

[1] Art. L. 223-13, L. 223-14 et L. 223-16, C. com.
[2] Art. 239 bis, A, B, CGI.
[3] A. Quiquerez, *Droit et techniques internationales de la titrisation, Des actifs aux titres financiers*, *op. cit.*, n° 388, p. 281.
[4] V. art. 208, 1° *bis,* A, CGI.
[5] La SARL a pendant longtemps été la forme sociale privilégiée en France, bien qu'elle soit aujourd'hui dépassée par la SAS, v. en ce sens les statistiques de l'INSEE sur la création d'entreprise, disponibles sur https://www.insee.fr/fr/statistiques/5058366, consulté le 29 septembre 2023.
[6] Art. L. 223-18, C. com.

donc une dérogation aux dispositions légales pour permettre sa gestion par une personne morale.

Deuxièmement, les règles relatives aux émissions de titres par la SARL sont trop contraignantes. La SARL dotée d'un commissaire aux comptes et dont les comptes des trois derniers exercices ont été régulièrement approuvés par les associés n'est autorisée à émettre que des « obligations nominatives à condition qu'elle ne procède pas à une offre au public de ces obligations ou qu'elle procède à une offre mentionnée au 1° de l'article L. 411-2 du code monétaire et financier »[1]. Ces conditions excluent la constitution de la SARL par des initiateurs, qui ont besoin du marché pour financer l'acquisition de leurs créances par l'organisme de titrisation. Il en va de même si la société est constituée par des investisseurs, qui ne peuvent alors financer une partie de l'opération sur les marchés. Ces conditions entravent aussi l'émission de titres liquides par la SARL et donc son attractivité dans le cadre de l'opération financière. Cette limitation ne se retrouve pas dans les pays où la SARL est fréquemment utilisée pour la titrisation et l'importance de cette contrainte est particulièrement bien illustrée par le marché luxembourgeois. En effet, l'utilisation de la SARL s'est développée de façon exponentielle depuis que les émissions publiques d'obligations sont autorisées[2]. En l'état actuel, la SARL ne sera pas choisie par les fondateurs de l'organisme. Les conditions d'émission d'obligations doivent donc être assouplies pour privilégier l'utilisation de cette forme sociale. Une telle réforme risque néanmoins de trahir sa nature. Cette dernière se situe à mi-chemin entre la société de personnes et la société de capitaux. Ouvrir largement les possibilités d'émission de titres à la SARL la transformerait en société de capitaux. Une évolution en ce sens a déjà été admise en 2004 avec l'autorisation d'émission d'obligations. Néanmoins, la nature hybride de la SARL a été sauvegardée grâce aux conditions restrictives de l'émission et à la conservation de son régime. En effet, si cette dernière obéit à un régime similaire aux sociétés de capitaux en termes de formalités, de contrôle des conventions ou même de tenue d'assemblée, son caractère *intuitu personae* a été préservé. Il est notamment illustré par le régime de cession des parts. Il est également un vecteur de choix de cette forme sociale[3].

In fine, une évolution plus radicale de la SARL permettrait son utilisation dans l'opération de titrisation mais la rapprocherait sensiblement de la SA. La SARL réformée ferait donc doublon avec cette société. Il n'est donc pas souhaitable de procéder à une telle modification. De même, créer un régime dérogatoire pour son utilisation dans le cadre de la titrisation n'est pas pertinent puisque cela reviendrait à choisir une forme sociale pour en écarter

---

[1] Art. L. 223-11, C. com.

[2] PwC LUXEMBOURG, *Securitisation in Luxembourg*, préc., p. 11.

[3] M. STORCK, « Fasc. 71-10 : Sociétés à responsabilité limitée – Introduction – Caractéristiques, Intérêt de la SARL », *JCl. Sociétés Traité*, LexisNexis, 1 mai 2019, n° 28.

immédiatement le régime, ce qui est contradictoire. Cela conduirait finalement à dévoyer la qualification de SARL[1]. Celle-ci doit donc être écartée des formes sociales utilisables pour la titrisation au profit de la SA et de la SAS.

3. L'admission de la société anonyme

296. Intérêt de la société anonyme. Les caractéristiques de la SA servent parfaitement l'opération de titrisation. D'une part, la responsabilité limitée des associés garantit le cloisonnement patrimonial[2]. D'autre part, le financement de l'opération est assuré grâce au nombre illimité d'actionnaires et à l'accès aux marchés. En effet, la SA peut émettre des valeurs mobilières représentatives de titres de créance[3]. De plus, tous les titres qu'elle émet peuvent être offerts au public et être admis aux négociations sur un marché règlementé ou un système multilatéral de négociation. Ils sont également négociables[4], ce qui les rend particulièrement attractifs pour les investisseurs. Ces caractéristiques se retrouvent chez ses homologues étrangers, expliquant sa grande utilisation.

297. Utilisation de la SA dans d'autres pays. Avant que la SARL ne soit autorisée à procéder à des émissions au public, la SA était la forme plébiscitée au Luxembourg. Elle demeure la seconde forme sociale la plus utilisée dans ce pays[5]. Elle est la société la plus utilisée au Royaume-Uni où elle prend le nom de *private or public company limited by shares*[6]. La *private company* est néanmoins plus proche de la SAS ou de la SARL puisqu'elle est moins contraignante en termes de capital social, de nombre d'actionnaires et d'administrateurs que la SA française.

Ces sociétés anonymes étrangères partagent les caractéristiques clés de la SA. Ces différentes sociétés anonymes, mise à part la *private company limited by shares*, supposent la réunion d'un capital social minimum d'un montant globalement équivalent. Ce dernier est de £50 000 au Royaume-Uni[7] et de 30 000€ au Luxembourg[8] contre 37 000€ en France[9]. La responsabilité des

[1] Ceci conduit également à altérer le type sociétaire de la SARL. Elle ne correspondrait plus à un schéma typique, v. D. BUREAU, « L'altération des types sociétaires », in *Études de Droit privé, Mélanges offerts à Paul Didier*, Economica, 2008, p. 57 et s.
[2] Art. 225-1, C. com.
[3] Art. L. 228-36-A, C. com.
[4] Art. L. 228-10, C. com.
[5] PwC LUXEMBOURG, *Securitisation in Luxembourg*, préc., p. 11.
[6] R. WALL et F. GLEBOCKI, « Structured finance and securitisation in the UK (England and Wales): overview », *op. cit.*
[7] Art. 763 (1) du *Company Act 2006*.
[8] Art. 420-1 (1) de la loi du 10 août 1915 concernant les sociétés commerciales préc.
[9] Art. L. 224-2, C. com.

associés est limitée au montant de leurs apports[1] et leurs actions sont librement cessibles. Ces sociétés peuvent également procéder à des offres au public de leur titres financiers[2]. De même, la répartition des pouvoirs au sein de la société de droit anglais suit une logique similaire à celle du droit français, tout en étant moins contraignante. En effet, l'assemblée désigne un ou plusieurs administrateurs composant le conseil d'administration (*board of directors*) [3]. Ce dernier est chargé de la gestion quotidienne de la société et dispose, seul, des pouvoirs pour l'engager [4]. Un des administrateur (*directors*) doit obligatoirement être une personne physique[5]. À l'inverse, les règles de gestion de la société anonyme luxembourgeoise sont plus exigeantes et se rapprochent fortement des règles françaises. Les fondateurs ont le choix entre le système moniste et le système dualiste. Dans le premier, la gestion est assurée par le conseil d'administration [6]. Dans le deuxième, un directoire assume l'administration et la direction de la société[7] tout en étant contrôlé par un conseil de surveillance[8]. Le président du conseil d'administration, le directeur général et les membres du directoire doivent être des personnes physiques[9]. Le conseil d'administration ou le directoire de la SA luxembourgeoise peuvent accomplir tous les actes nécessaires ou utiles à la réalisation de l'objet social et représentent la société à l'égard des tiers et en justice[10]. Le régime luxembourgeois est néanmoins plus souple que le régime français puisque les différents organes ont la possibilité, et non l'obligation, d'élire un président agissant pour la société[11]. De même, le conseil d'administration peut déléguer ses pouvoirs de gestion à un comité de direction ou à un directeur général[12] alors qu'il ne s'agit pas d'options en France où la direction générale de la société est obligatoirement assumée par le président du conseil

---

[1] Art. 410-1 de la loi du 10 août 1915 concernant les sociétés commerciales préc. ; C. GERNER-BEUERLE et M. SCHILLIG, *Comparative company law*, *op. cit.*, p. 9.

[2] *Ibid.* ; et pour la SA luxembourgeoise, il n'existe pas de disposition interdisant de telles émissions comme pour la SARL ou la SAS, v. en ce sens art. 710-11 et 500-2 de la loi du 10 août 1915 concernant les sociétés commerciales préc.

[3] Un dans la *private comapny* et deux dans la *public company*, art. 154 du *Companies Act 2006.*

[4] C. GERNER-BEUERLE et M. SCHILLIG, *Comparative company law*, *op. cit.*, pp. 9-10.

[5] Art. 155 (1) du *Company Act 2006.*

[6] Art. L. 225-25, C. com. comp. art. 441-1 et s. de la loi du 10 août 1915 concernant les sociétés commerciales préc.

[7] Art. L. 225-58, C. com. comp. art. 442-1 et s. de la loi du 10 août 1915 concernant les sociétés commerciales préc.

[8] Art. L. 225-68, C. com. comp. art. 442-1 et s. de la loi du 10 août 1915 concernant les sociétés commerciales préc.

[9] Art. L. 225-47, art. L. 225-51-1, art. L. 225-59, al. 3, C. com.

[10] Art. 441-5 et 442-7 de la loi du 10 août 1915 concernant les sociétés commerciales préc. comp. art. L. 225-56 et art. L. 225-64, C. com.

[11] Art. 444-3 (2) et art. 100-16 de la loi du 10 août 1915 concernant les sociétés commerciales préc.

[12] Art. 441-11 de la loi du 10 août 1915 concernant les sociétés commerciales préc.

d'administration ou par un directeur général[1]. Enfin, une personne morale peut gérer la SA luxembourgeoise, être administrateur ou membre du directoire[2], contrairement à la règlementation française[3]. En outre, les sociétés luxembourgeoises et anglaises peuvent être unipersonnelles[4], même si la société anglaise qui procède à des offres au public doit présenter au minimum deux actionnaires. À l'inverse, la société française nécessite la présence minimale de deux actionnaires et de sept lorsque ses actions sont admises aux négociations sur un marché réglementé ou sur un système multilatéral de négociation[5]. L'importante utilisation des homologues étrangers de la SA s'explique donc par leurs caractéristiques et leur relative souplesse qui en facilite la mise en œuvre. À cet égard, la SA française est plus contraignante que ses homologues étrangers, notamment en termes de gestion.

298. Contraintes de la SA française. La gestion de la SA peut être assurée sur un mode moniste, avec un conseil d'administration, ou un système dualiste avec un directoire et un conseil de surveillance[6]. En cas d'option pour le système moniste dans une société constituée pour mener une opération de titrisation, il faut nécessairement d'autres administrateurs aux côtés de la société de gestion. La composition du conseil d'administration doit donc être en partie complétée avec des tiers ou des actionnaires, dont la compétence et l'effectivité de leur rôle peuvent être questionnées en matière de titrisation. Par ailleurs, le fait que les dirigeants exécutifs soient nécessairement des personnes physiques empêche la société de gestion d'exercer ce rôle organique. Cela ne permet pas non plus d'avoir recours au modèle dualiste puisque la société de gestion ne peut pas faire partir de l'organe de gestion. Une dérogation expresse quant au statut des dirigeants doit être introduite. Il faut autoriser la direction de la société de titrisation par une personne morale ayant désigné un représentant permanent personne physique. Une telle réforme est compatible avec l'esprit des dispositions relatives à la SA. En premier lieu, l'exigence de direction de la société par des personnes physiques s'explique par la volonté de prévenir toute fuite de responsabilité de la part des dirigeants[7]. Or, cette exigence est contreproductive en matière de titrisation. La solvabilité de la société de gestion est garantie puisque ses fonds propres doivent toujours être supérieurs à 125 000€[8] afin de couvrir les risques d'une éventuelle mise en cause de sa responsabilité. La société de gestion est

---

[1] Art. L. 225-51-1, C. com.
[2] Art. 441-3 et 442-4 de la loi du 10 août 1915 concernant les sociétés commerciales préc.
[3] Art. L. 225-47, L. 225-51-1, L. 225-59, al. 3, C. com.
[4] Art. 410-1 (1) de la loi modifiée du 10 août 1915 concernant les sociétés commerciales préc. et art. 123 du *Company Act*.
[5] Art. L. 225-1, al. 2 et L. 22-10-2, C. com.
[6] Art. L. 225-17 et s. et art. L. 225-57 et s., C. com.
[7] P. Le Cannu et S. Kouhaiz, « Directoire et conseil de surveillance », *op. cit.*, n° 37.
[8] Art. 321-154 III, RG AMF.

ainsi plus solvable qu'une personne physique susceptible d'être dirigeant et l'engagement de sa responsabilité est véritablement effectif. En second lieu, utiliser la SA sans dérogation concernant le statut des dirigeants impose de recourir à une gestion externalisée. Or, cette gestion déstabilise l'organisation légale de la société. Elle a pour effet d'irresponsabiliser la société de gestion et de priver les actionnaires de leur pouvoir de contrôle, comme cela a été critiqué dans l'actuelle société de titrisation[1]. La SA, satisfaisant les différents besoins de l'opération de titrisation, doit donc pouvoir être utilisée, sous réserve d'admettre sa direction par des personnes morales. Sa gestion étant par essence collective, que ce soit au sein du conseil d'administration ou du couple directoire-conseil de surveillance, le fonctionnement de l'organisme est nécessairement alourdi. La SAS, dont le mode de gestion est plus souple peut de ce fait lui être préférée par les opérateurs.

4. L'admission de la société par actions simplifiée

299. Souplesse de la SAS. La responsabilité limitée des associés[2] ainsi que la souplesse caractéristique de la SAS sont des atouts dans le cadre d'une opération de titrisation. En effet, la SAS peut notamment être unipersonnelle et aucun capital social minimum n'est exigé[3]. Par ailleurs, seule la présence d'un président est obligatoire[4]. Ce dernier peut être une personne morale et peut assurer la totalité de la gestion de la société ou seulement représenter la société[5]. Ce faisant, la SAS peut être modelée pour correspondre exactement à l'organisation de l'opération de titrisation. La société de gestion en assure la présidence sans qu'aucun autre organe de direction n'ait besoin d'être désigné tandis que son contrôle et sa surveillance peuvent être effectués par un organe *ad hoc* qui est le dépositaire. Cependant, malgré ses attraits, la SAS ne permet pas d'accéder pleinement aux marchés.

300. Sources de financement limitées. En principe, la SAS ne peut pas procéder à une offre au public de titres financiers et ses actions ne sont pas admises aux négociations sur un marché réglementé[6]. Elle peut néanmoins procéder à une offre de titres financiers auprès d'un cercle restreint d'investisseurs agissant pour leur propre compte ou auprès d'investisseurs qualifiés et effectuer une offre de titres de capital ou de créances relevant du financement participatif[7]. Elle peut également offrir des titres de capital à des

---

[1] V. *supra* n°s 213 et s.
[2] Art. L. 227-1, al. 1er, C. com.
[3] Art. L. 227-1, al. 1er et al. 3, C. com. excluant art. L. 224-2, C. com.
[4] Art. L. 227-1, al. 3, C. com.
[5] Art. L. 227-6 et art. L. 227-7, C. com.
[6] Art. L. 227-2, C. com.
[7] Art. L. 227-2, C. com.

personnes ou entités qui ont déjà la qualité d'associé[1]. Sont aussi autorisées l'offre de titres financiers pour un montant total par investisseur et par offre distincte supérieure à 100 000 euros ou portant sur des titres financiers dont la valeur nominale unitaire s'élève au moins à 100 000 euros[2]. Est enfin admise l'offre de valeurs mobilières « offertes, attribuées ou devant être attribuées aux administrateurs ou salariés anciens ou existants par leur employeur ou par une entreprise liée »[3]. L'accès aux marchés est donc plus restreint que dans la SA mais plus important que dans la SARL. La SAS peut ainsi être utilement proposée aux acteurs souhaitant effectuer une opération de titrisation, et ce d'autant plus qu'elle suit une tendance d'ouverture aux marchés[4], laissant présager un accès aux marchés encore plus important. Par ailleurs, ces restrictions en termes d'émission de titres n'entravent pas leur cessibilité. En effet, l'article L. 227-2 du Code de commerce interdit expressément « l'admission » des actions aux négociations sur un marché réglementé. Dès lors, tous les titres émis par la SAS sont « négociables » sur les systèmes multilatéraux de négociation. Les titres financiers émis par la SAS, à l'exception des actions, peuvent également être négociés sur les marchés règlementés[5].

301. Forme sociale privilégiée. La SAS n'a pas de véritable équivalent étranger mis à part au Luxembourg. Elle ne fait cependant par partie des formes sociales proposées par le législateur luxembourgeois pour constituer une société de titrisation. Par sa souplesse, elle se rapproche de la *private company limited by shares* et dans une certaine mesure de la *GmbH*. Ces dernières sont fréquemment utilisées pour la mise en place d'opérations de titrisation. Malgré les restrictions en matière d'offre au public, la SAS est à ce jour la forme sociale qui accueille le mieux l'opération de titrisation. Elle ne suppose pas de véritable réforme sauf éventuellement la possibilité d'offrir plus largement ses titres au public. Son essence n'est donc pas altérée par l'opération de titrisation.

302. Choix des formes sociales. À l'issue de l'étude des différentes formes sociales disponibles, deux formes doivent être privilégiées pour la mise en œuvre de l'opération de titrisation : la SAS et la SA. Elles réunissent les différents paramètres de l'opération de titrisation, contrairement à la SCA

---

[1] Art. L. 227-2, C. com.

[2] Art. L. 411-2-1, 2° et 3°, C. mon. fin. applicable par renvoi de l'art. L. 227-2, 3°, C. com.

[3] Art. 1er, § 4, I du règlement 2017/1129 du Parlement européen et du Conseil du 14 juin 2017 concernant le prospectus à publier en cas d'offre au public de valeurs mobilières ou en vue de l'admission de valeurs mobilières à la négociation sur un marché réglementé.

[4] V. en ce sens l'évolution de l'art. L. 227-2, C. com.

[5] H. AZARIAN, « Fasc. 1532 : Sociétés par actions simplifiées – Création et statut des associés », *JCl. Com.*, LexisNexis, 20 avril 2023, nos 37-38 ; COMITE JURIDIQUE DE L'ANSA, *Avis n° 09-027 du 6 mai 2009*.

et la SARL. Il est donc inutile de conserver ces deux dernières formes sociales parmi celles pouvant être choisies pour effectuer la titrisation.

La SAS, parfaitement compatible avec l'agencement de l'organisme de titrisation, est la forme à privilégier. La SA assure néanmoins un meilleur financement de l'opération et peut s'avérer plus intéressante que la SAS, selon les besoins des acteurs. La SA est notamment utile pour la conduite d'opérations de grande ampleur nécessitant un accès illimité aux marchés. Elle peut également être privilégiée pour la mise en œuvre d'opérations internationales. Les investisseurs étrangers connaissent effectivement davantage cette forme sociale qui trouve un équivalent dans leur droit et seront sans doute plus enclins à souscrire ses titres plutôt que ceux d'une SAS. Cette utilisation de la SA est néanmoins conditionnée à une réforme concernant le statut de ses dirigeants. À ce stade, la distinction entre ces deux formes sociales est effective, chacune présentant des caractéristiques propres. Toutefois, si la règlementation en matière d'émission de titres par les SAS évoluait, il serait possible qu'elle concurrence en tous points la SA. Il serait alors opportun d'imposer la constitution de la société de titrisation sous la forme d'une SAS. Cela éviterait toute dérogation au régime de la SA et ses caractéristiques pourraient être reproduites dans les SAS constituées sur son modèle.

303. Conclusion de section. Une fois établi que le recours à un véhicule de titrisation personnifié permettait de réaliser l'opération de titrisation, il fallait déterminer si un groupement personnifié existant pouvait être utilisé ou s'il convenait d'en créer un nouveau, spécialement adapté à l'opération. À cet égard, tout groupement personnifié ne peut être utilisé comme pivot d'une opération de titrisation. À l'inverse de la société, la fondation, l'association et le GIE ne peuvent être des organismes de titrisation. De même, les spécificités de chaque forme sociale conduisent à ne retenir que les formes de SA et SAS, qui permettent la mise en œuvre de l'opération de titrisation tout en conservant leurs caractéristiques essentielles. En effet, elles ne nécessitent pas de réforme d'ampleur qui conduirait à altérer leur nature mais seulement quelques aménagements. Elles évitent également de créer une nouvelle société dédiée aux opérations de titrisation et ne conduisent pas à une multiplication inutile des formes sociales.

304. Conclusion du chapitre. La reconstruction de l'organisme de titrisation peut passer par la personnification du véhicule de titrisation. Cette dernière permet effectivement de réunir tous les éléments nécessaires à la mise en œuvre d'une opération de titrisation. Elle assure l'affectation économique des actifs titrisés au profit des investisseurs et permet de limiter les risques de chaque acteur. Elle permet également de dépasser les difficultés constatées dans les organismes de titrisation de droit positif puisque les parties prenantes à l'opération de titrisation s'organisent au sein de la personne morale qui concentre tous les rapports juridiques nés de l'opération.

Dès 2008, le législateur avait choisi de recourir à une société de titrisation personnifiée pour des considérations fiscales [1]. Cette dernière soulève néanmoins un certain nombre de difficultés qui sont davantage dues à son régime qu'à sa qualification. En effet, une étude des différents groupements confirme objectivement qu'elle est le groupement personnifié le plus apte à satisfaire les besoins de l'opération de titrisation. Les formes sociales actuellement proposées aux acteurs, la SA et la SAS, sont également les plus appropriées. La particularité de l'opération de titrisation justifie un aménagement de certaines dispositions du Code de commerce. Ce dernier ne peut être celui mis en place par le législateur en 2008[2]. Il est source de trop nombreuses critiques et met en danger la qualification de société[3]. Le régime de la société de titrisation doit donc être reconstruit.

---

[1] A. COURET *et al.*, *Droit financier*, *op. cit.*, n° 1076, p. 841.
[2] V. art. L. 214-176 et s., C. mon. fin.
[3] V. *supra* spéc. n° 227 et s.

CHAPITRE 2 : LE REGIME DE LA SOCIETE DE TITRISATION

305. *De lege ferenda*, la société de titrisation revêt la forme d'une société anonyme ou d'une société par actions simplifiée, si bien que les règles issues du droit commun des sociétés et du droit des SA et SAS lui sont applicables. Si tel n'était pas le cas, l'emploi des qualifications de société, de SA et de SAS serait artificiel. Dès lors, si la particularité de l'objet de la société de titrisation implique d'aménager certaines règles, les dérogations mises en place doivent être limitées et indispensables[1]. Les spécificités de la société de titrisation se manifestent ainsi tant au moment de la constitution de la société de titrisation (section 1) que de son fonctionnement (section 2).

Puisque le régime des SA et SAS est bien connu[2], le propos se concentrera sur les dérogations aux dispositions de droit commun. Les différences de régime entre l'actuelle et la nouvelle société de titrisation, telles que le rétablissement de dispositions de droit commun, seront également signalées. Les dispositions propres à la SAS renvoient, sauf exception, aux dispositions relatives à la SA[3]. Il sera donc traité des deux sociétés simultanément, tout en signalant les éventuelles différences de régimes entre ces deux formes sociales.

Section 1 : La constitution de la société de titrisation

306. Conformément au droit commun des sociétés, la constitution de la société de titrisation suppose la réunion de conditions de fond (§ 1) et de conditions de forme (§ 2), aménagées en fonction des particularités de l'objet social.

---

[1] Sur le risque d'éclatement du droit des sociétés en l'absence d'une telle restriction, v. D. RANDOUX, « La spécialisation des sociétés », art. préc., p. 483.

[2] Pour une étude du régime général, v. art. L. 225-1 et s. C. com ; art. L. 227-1 et s. C. com. V. aussi not. P. LE CANNU et B. DONDERO, *Droit des sociétés*, *op. cit.* ; M. COZIAN, A. VIANDIER et F. DEBOISSY, *Droit des sociétés*, *op. cit.* ; P. MERLE et A. FAUCHON, *Sociétés commerciales*, *op. cit.* ; M. GERMAIN et V. MAGNIER, *Les sociétés commerciales*, *op. cit.*

[3] Art. L. 227-1, C. com.

§ 1 : Les conditions de fond

307. Parmi les différentes conditions de fond du contrat de société, seuls les apports – et à travers eux le montant minimal du capital social – ainsi que l'objet social de la société de titrisation méritent certains commentaires[1].

308. Montant minimal du capital social. Comme pour l'actuelle société de titrisation, le montant du capital social de la nouvelle société de titrisation est celui du droit commun. Il est ainsi de 37 000€ dans la SA[2] et n'est soumis à aucun minimum dans la SAS[3]. Son montant n'est donc pas surélevé comme dans la SICAV, dont le capital social minimum est de 300 000€[4], afin d'absorber la perte de valeur potentiellement illimitée subie par les instruments financiers qu'elle détient. Plusieurs raisons militent en faveur de la conservation de ce montant issu du droit commun. Premièrement, les pertes subies par la société de titrisation sont limitées. Dans le cadre d'une titrisation classique, elles peuvent atteindre au maximum le montant des créances acquises si l'intégralité des débiteurs fait défaut, tandis que dans le cadre d'une titrisation synthétique[5], elles dépendent du montant de l'indemnisation prévue. Deuxièmement, le capital social n'est pas essentiel au financement de la société de titrisation, qui peut émettre des titres financiers pour compléter le financement de l'opération. Troisièmement, fixer un capital social minimum plus élevé limite l'utilisation de la société de titrisation. D'une part, les investisseurs ou les initiateurs souhaitant la constituer sont contraints de réunir les fonds nécessaires sans pouvoir solliciter le marché obligataire, alors que celui-ci est préféré par les investisseurs. D'autre part, les associés étant responsables à hauteur de leur participation dans le capital social, plus le montant de ce dernier est élevé, plus les associés subissent un risque de perte important. Plus particulièrement, dans l'hypothèse où les actionnaires sont également des initiateurs, cette responsabilité les empêche de se défaire des risques attachés aux actifs transférés à la société, le résultat de la société dépendant du recouvrement des créances titrisées.

309. Libération des apports. *De lege ferenda,* la libération des apports dans la société de titrisation est également soumise au droit commun. Les associés doivent libérer leurs apports dans un délai de 5 ans à compter de

---

[1] Sur les conditions de fond du contrat de société, v. not. M. COZIAN, A. VIANDIER et F. DEBOISSY, *Droit des sociétés*, *op. cit.*, n°s 158 et s., p. 57 et s. ; M. GERMAIN et V. MAGNIER, *Les sociétés commerciales*, *op. cit.*, n°s 34 et s., p. 30 et s.

[2] Art. L. 224-2, C. com.

[3] Art. L. 227-1, al. 3, C. com.

[4] Art. D. 214-3, C. mon. fin.

[5] Pour une définition de la titrisation synthétique, v. *infra* n° 4.

l'immatriculation de la société[1]. De plus, la société de titrisation ne peut procéder à une émission d'obligations en cas de libération partielle du capital social[2]. Ce faisant, la mise en commun des apports par les associés de la société de titrisation est assurée. En effet, le régime de l'actuelle société de titrisation admet l'émission de titres financiers malgré une libération partielle du capital social[3]. Il résulte de cette autorisation à solliciter des financements extérieurs malgré l'existence de ressources internes inexploitées que l'obligation de libérer les apports incombant aux associés n'est pas effective[4]. En effet, l'opération de titrisation peut être de courte durée. Si celle-ci est inférieure à 5 ans, l'associé de la société de titrisation ne libère jamais la totalité de son apport et l'activité de la société se trouve ainsi majoritairement financée par des émissions de titres financiers.

De lege ferenda, l'émission d'obligations doit tout de même être facilitée en conservant la dérogation faite à l'article L. 228-39 du Code de commerce qui impose aux sociétés n'ayant pas établi deux bilans régulièrement approuvés par les actionnaires une vérification de l'actif et du passif avant toute émission[5]. En effet, la vérification est superflue puisque ces éléments sont constamment surveillés par le dépositaire. Cette dérogation doit par ailleurs être étendue aux sociétés de titrisation constituées sous la forme d'une SAS. Toujours de façon pragmatique et afin de répondre aux enjeux des marchés financiers, il convient également d'ajouter aux conditions de droit commun concernant l'objet social de la société de titrisation.

310. Objet social. Les dispositions de droit commun imposant que l'objet social soit licite et déterminé dans les statuts sont insuffisantes[6]. Elles ne garantissent pas l'affectation économique des actifs titrisés dans l'intérêt des investisseurs et des associés, notamment en ne limitant pas l'activité de la société à la conduite d'opérations de titrisation. Son objet social doit donc être défini légalement en amont des statuts[7]. *De lege lata*, l'article L. 214-168 I du Code monétaire et financier, dispose que l'objet des organismes de titrisation est « d'une part, d'être exposés aux risques, y compris les risques d'assurance, mentionnés à l'article L. 214-175-1 et, d'autre part, d'en assurer en totalité le financement ou la couverture, dans les conditions prévues par cet article ». L'article L. 214-175-1 du même code énumère les différents modes

[1] V. not. L. 225-3, al. 2, C. com. applicable aux SA, mais aussi aux SAS par renvoi de l'article L. 227-1, C. com.
[2] Art. L. 228-39, C. com.
[3] Art. L. 214-179, II, C. mon. fin.
[4] Rappr. A. LECOURT, « Obligation », *op. cit.*, n° 82.
[5] Art. L. 214-179, II, C. mon. fin.
[6] V. art. 1833, al. 1er, C. civ. et art. L. 210-2, C. com.
[7] V. *supra* n° 255.

d'exposition et de financement ou de couverture des risques[1]. L'objet statutaire des organismes précise quels sont les expositions et les modes de financement ou de couverture des risques utilisés[2]. Ceci permet d'établir les risques auxquels s'expose l'organisme, notamment en précisant le type de créances pouvant être acquises par la société de titrisation, ou les conditions d'émission de titres financiers et de conclusion de contrats financiers. Les statuts peuvent également subordonner les droits de certains investisseurs aux droits d'une autre catégorie d'investisseurs[3]. Enfin, les caractéristiques des actifs pouvant être acquis par l'organisme et des éléments de son passif sont fixées[4]. Ce faisant, les conditions de l'opération de titrisation sont développées très précisément, ce qui est source de sécurité pour les associés et futurs investisseurs. En effet, l'organisme ne peut pas s'engager dans d'autres opérations que celles déterminées. Ses créanciers ont donc tous un lien avec l'opération de titrisation, si bien que les sommes qu'il perçoit ont nécessairement vocation à les payer et donc, à rémunérer les investisseurs[5].

Ces dispositions doivent être reprises dans la nouvelle société de titrisation. Il faut préciser que son objet, tel que défini à l'actuel article L. 214-168 I du Code monétaire et financier est son objet social exclusif. La liberté des associés dans la fixation de l'objet social est donc réduite à la seule précision de l'objet social légal. Cette contrainte se justifie par le besoin de sécurité de l'opération et se retrouve actuellement dans d'autres sociétés, telles que les sociétés civiles de placement immobilier. Ces dernières ont pour objet exclusif « l'acquisition et la gestion d'un patrimoine immobilier locatif »[6]. *De lege ferenda*, l'effectivité du principe de spécialité est garantie par l'obligation de faire précéder ou suivre la dénomination sociale de la mention « société de titrisation ». Cette pratique se retrouve dans les SARL[7] et l'actuelle société de

---

[1] Art. L. 214-175-1, I, C. mon. fin. : « l'exposition aux risques mentionnée au I de l'article L. 214-168 peut résulter de l'acquisition, la souscription ou la détention de créances ou d'autres éléments d'actif mentionnés au III ci-dessous, l'octroi de prêts ou la conclusion de contrats constituant des instruments financiers à terme ou transférant des risques d'assurance, de garanties, de sûretés, ou de sous-participations en risque ou en trésorerie.
Le financement ou la couverture des risques mentionnée au I de l'article L. 214-168 peut résulter de l'émission de parts ou d'actions ou de titres de créance, de la conclusion de contrats constituant des instruments financiers à terme, de garanties, de sûretés, de sous-participations en risque ou en trésorerie ou transférant des risques d'assurance, ou encore par le recours à l'emprunt ou à d'autres formes de ressources, de dettes ou d'engagements ».

[2] *Contra* A. BAVOUIDIBIO-MASSENGO, *Contribution à l'étude juridique de l'opération de titrisation*, préc., n°s 259 et s., p. 179 et s. pour qui l'article L. 214-168 du Code monétaire et financier correspond au but de l'organisme de titrisation, et l'article L. 214-175-1 à son objet organique.

[3] Art. L. 214-175-1, II, C. mon. fin. Il faut préciser que les droits des créanciers de la société de titrisation ne peuvent être subordonnés à ceux des actionnaires.

[4] Art. R. 214-217, C. mon. fin.

[5] Sur l'affectation des actifs dans l'intérêt des investisseurs, v. *supra* n° 255.

[6] Art. L. 214-50, C. mon. fin.

[7] Art. L. 223-1, al. 4, C. com.

titrisation[1]. En droit commun des sociétés, les dirigeants ne peuvent pas engager la société pour des actes dépassant l'objet social. Cependant, les sociétés à risque limité sont engagées par les actes accomplis par leurs dirigeants en violation du principe de spécialité, sauf lorsque le tiers cocontractant avait connaissance du dépassement de l'objet social ou ne pouvait l'ignorer[2]. La mention de la qualité de société de titrisation informe ainsi obligatoirement les tiers de l'objet exclusif de la société. Cette dernière ne peut alors être engagée que pour des actes relevant d'une opération de titrisation. En revanche, les tiers n'ont pas automatiquement connaissance de l'objet social statutaire, si bien que la société de titrisation peut toujours être engagée par des actes relevant d'une opération de titrisation mais dépassant son objet social statutaire.

Les changements avec le régime de l'actuelle société de titrisation sont ainsi limités. De même, la spécificité de l'opération de titrisation ne déteint que très peu sur les conditions de fond du contrat de société. Seules certaines dispositions plus contraignantes, nécessaires à la sécurité de l'opération financière, sont ajoutées. À l'inverse, les conditions de forme sont allégées.

§ 2 : Les conditions de forme

311. Rédaction des statuts. *De lege ferenda,* les statuts de la société de titrisation doivent tout d'abord comporter les mentions obligatoires imposées aux sociétés par actions[3], comme la durée de la société. Celle-ci correspond à la durée de l'opération financière ou à une durée supérieure si la société a vocation à effectuer plusieurs opérations. L'objet social et la dénomination sociale doivent également être précisés. Comme évoqué précédemment, la dénomination sociale est suivie de la mention « société de titrisation » pour assurer l'effectivité du principe de spécialité.

Les mentions obligatoires de droit commun doivent ensuite être complétées par des mentions obligatoires spécifiques. Les statuts doivent ainsi préciser si la société a recours à des compartiments, et, le cas échéant, les règles d'affectation des sommes entre ceux-ci ainsi que leurs modalités de liquidation. En effet, les compartiments correspondent à des patrimoines d'affectation dont l'usage influence à la fois la situation des créanciers sociaux et des associés. La stipulation statutaire en la matière permet ainsi en premier lieu d'informer les tiers de l'existence de tels patrimoines d'affectation. Afin de maximiser leur information, cette dernière doit être réitérée au sein du Kbis de la société de titrisation grâce à la mention des différents compartiments. Une seconde information s'effectue au moment de la conclusion des contrats par la société de titrisation, lorsqu'elle fait suivre sa dénomination de la

[1] Art. L. 214-176, al. 2, C. mon. fin.
[2] Art. L. 223-18, al. 5, art. L. 225-56, I, art. L. 226-7, al. 2 et art. L. 227-6, al. 2, C. com.
[3] Art. L. 210-2 et R. 224-2, C. com.

mention « société de titrisation » et indique au titre de quel compartiment elle s'engage. En second lieu, la mention de la compartimentation permet de satisfaire à l'article 1844-1 du Code civil qui impose une stipulation statutaire pour toute participation aux résultats dérogatoire au droit commun. En effet, la compartimentation peut conduire à un aménagement de la participation aux résultats entre les associés, lorsque certains actionnaires participent exclusivement aux résultats d'un compartiment A, d'autres aux résultats du compartiment B, et cetera[1]. Cette dérogation aux règles de répartition des résultats de droit commun n'est pas obligatoire et intervient uniquement lorsque des actions sont affectées à un compartiment déterminé. L'associé participe alors aux résultats de ce seul compartiment. Un compartiment peut néanmoins donner lieu uniquement à des émissions de titres de créance, sans qu'aucune action ne lui soit spécifiquement affectée[2].

En l'absence de mention *ab initio* dans les statuts, le recours à la compartimentation est soumis à une modification statutaire. Par ailleurs, les modalités de fonctionnement des compartiments peuvent être précisées dans les statuts ou dans un règlement particulier annexé aux statuts. Ce dernier s'impose aux associés et aux dirigeants, limitant leurs prérogatives. En revanche, le règlement n'est pas opposable aux créanciers sociaux dont font partie les obligataires[3]. Ces derniers peuvent néanmoins s'en prévaloir et invoquer sa violation[4].

312. Rédaction des statuts par les fondateurs de la société de titrisation. Les statuts et l'éventuel projet de statuts sont rédigés par les fondateurs de la société de titrisation[5]. Dans le cadre d'une société constituée avec offre au public, les fondateurs sont également chargés de rédiger une notice présentant les caractéristiques de la société et un prospectus dans les conditions définies par le règlement (UE) 2017/1129 du 14 juin 2017[6].

Les fondateurs, l'initiateur, l'arrangeur ou la société de gestion, ne sont pas nécessairement les futurs associés. Leur intervention a été critiquée dans l'actuelle société de titrisation puisque les associés ne participent pas à sa constitution. Ceci contribue au fait que les associés de la société de titrisation ne manifestent pas d'*affectio societatis*[7]. Or, ils ne manifestent pas plus cette

---

[1] V. *supra* n°s 53 et 225.

[2] V. actuellement art. L. 214- 169, I, C. mon. fin.

[3] A. LECOURT, « Statuts et actes annexes », *Rép. soc.*, Dalloz, février 2023, n° 96.

[4] Art. L. 123-9, al. 2, C. com., v. également en matière de statuts Com., 18 février 2014, n° 12-29.752, *Bull. IV*, n° 40 ; *D.*, 2014, p. 764, note Favario ; *D.*, 2014, p. 2434, obs. J.-C. Hallouin ; *JCP E*, 2014, p. 36, note B. Dondero ; *RLDA*, mai 2014, p.10, obs. D. Gibirila ; *BJS*, 2014, p. 382, note B. Fages ; *RJ com.*, 2014, p. 188, obs. M.-C. Bénard ; *RDC*, 2014, p.372, note G. Viney.

[5] Le projet de statuts n'est obligatoire que dans les sociétés anonymes constituées avec offre au public en application de l'article L. 225-2 du Code de commerce.

[6] Art. L. 225-2, al. 2, C. com. et art. L. 412-1, C. mon. fin.

[7] V. *supra* n° 230.

volonté au cours de la vie sociale puisque l'externalisation de la gestion et la réduction du rôle de l'assemblée générale les empêchent de participer au fonctionnement de la société[1].

La reconstruction de la société de titrisation ne devrait pas conduire pas à un changement de pratique concernant la constitution de la société, du moins dans l'immédiat. Les associés ne seront donc pas plus actifs et témoigneront de leur volonté de collaborer en acceptant de s'associer et en réalisant leurs apports. En revanche, leur *affectio societatis* s'exprimera durablement au cours de la vie sociale dans la mesure où la nouvelle organisation de la société de titrisation garantit leur participation effective[2].

313. Responsabilité des fondateurs. Conformément au droit commun, les fondateurs de la nouvelle société de titrisation sont « solidairement responsables du préjudice causé par le défaut d'une mention obligatoire dans les statuts ainsi que par l'omission ou l'accomplissement irrégulier d'une formalité prescrite par la loi et les règlements pour la constitution de la société »[3]. Le droit commun assure ainsi un régime de responsabilité effectif qui s'adapte à la diversité des opérations de titrisation. En effet, chacun des acteurs peut voir sa responsabilité engagée, ce qui n'est pas actuellement le cas dans le FCT où la société de gestion est la seule responsable de la constitution du fonds alors qu'elle n'y participe pas nécessairement activement[4].

314. Certificat de dépositaire. Un retour au droit commun s'impose également concernant des fonds apportés à la société auprès d'un dépositaire et l'établissement d'un certificat de dépôt[5]. L'actuel article L. 214-179 II du Code monétaire et financier y déroge, simplifiant et accélérant la constitution de la société, sur le modèle des SICAV[6] ou du FCT.

Cette dérogation ne doit cependant pas être conservée. L'intervention d'un dépositaire est obligatoire dans la société de titrisation pour permettre la conservation des actifs et leur sécurisation[7]. Le dépôt des fonds auprès du dépositaire de la société de titrisation dès le commencement de l'opération facilite leur conservation et le suivi des flux financiers.

315. Adoption des statuts et assemblée constitutive. Une fois le capital social souscrit et le certificat de dépôt rédigé, les statuts de la société de

---

[1] V. *supra* n° 231.
[2] V. *infra* n°s 339 et s.
[3] Art. L. 210-8, C. com.
[4] V. art. L. 214-181, C. mon. fin.
[5] Art. L. 225-5 à L. 225-6, L. 225-12, C. com. applicables à la SA et à la SAS par renvoi de l'art. L. 227-1, al. 3, C. com.
[6] Art. L. 214-67-3, C. mon. fin.
[7] V. *supra* n°s 36-37.

titrisation peuvent être adoptés. Si la société de titrisation est constituée sans offre au public ou assimilé, les statuts de la société sont obligatoirement établis par écrit et sont signés par les associés ou par leur mandataire[1]. Si l'on s'en tenait au droit commun, en présence d'une société de titrisation constituée avec offre au public, les fondateurs devraient en principe convoquer une assemblée constitutive formée par les souscripteurs. Cette dernière est chargée de constater l'entière souscription du capital et la libération des actions. Elle doit également adopter les statuts et nommer les organes sociaux[2]. Il faut néanmoins reprendre la dérogation existant à l'article L. 214-179 II du Code monétaire et financier n'imposant pas la tenue de l'assemblée constitutive. La signature des associés doit en revanche être apposée sur les statuts au moment de la souscription des titres. Il convient à cet égard d'en autoriser la signature électronique[3]. La constitution de la société de titrisation avec offre au public est ainsi allégée et la procédure est également plus adaptée à la diversité des opérations de titrisation. En effet, les associés-investisseurs de la société de titrisation recherchent un outil de financement et ne se préoccupent pas forcément du contenu des statuts.

La suppression de cette assemblée les prive d'une partie de leurs prérogatives puisqu'ils ne peuvent pas choisir les dirigeants sociaux. En effet, ils ne peuvent qu'exprimer ou non leur accord en décidant de souscrire ou non les titres. Cette perte de pouvoir demeure cependant limitée puisque les prérogatives des associés ne seraient pas plus effectives en présence d'une assemblée constitutive. Dans cette hypothèse, les fondateurs de la société présenteraient des candidats aux associés, orientant ainsi leur choix. Ce dernier serait d'autant plus artificiel que les associés ne connaissent pas forcément les différents acteurs de ce marché auxquels ils peuvent faire appel. Par ailleurs, malgré la suppression de l'assemblée constitutive, les actionnaires conservent un pouvoir sur l'identité de leurs dirigeants qu'ils peuvent toujours révoquer. La réalité de leur *affectio societatis* ne peut donc pas être questionnée sur ce point[4].

316. Reprise des actes de la société en formation. Les dispositions de droit commun relatives à la reprise des engagements de la société en formation sont applicables à la nouvelle société de titrisation. Les difficultés liées à la chronologie de l'opération de titrisation constatées dans le FCT sont ainsi

---

[1] Art, 1835, C. civ., art. L. 225-15 et L. 227-1, C. com.

[2] Art. L. 225-7, C. com.

[3] Elle ne l'est pas actuellement. La signature électronique se développe néanmoins en droit des sociétés. Elle est désormais autorisée pour la signature des registres et des procès-verbaux. V. le décret n° 2019-1118 du 31 octobre 2019 relatif à la dématérialisation des registres, des procès-verbaux et des décisions des sociétés et des registres comptables de certains commerçants.

[4] En revanche, sur ce problème dans l'actuelle société de titrisation, v. *supra* n° 232.

écartées[1]. En effet, certains actes tels que l'acquisition du portefeuille de créances ou la souscription d'instruments financiers peuvent être effectués pendant la période de formation de l'organisme de titrisation. Le FCT n'étant pas personnifié et les copropriétaires n'étant pas nécessairement présents à ce stade de l'opération, les contrats passés pour le compte de l'organisme sont susceptibles d'être annulés pour défaut de contractant. Dans la nouvelle société de titrisation, ces engagements sont repris après l'immatriculation de la société[2]. Cette reprise suppose de dresser un état des actes accomplis pour le compte de la société de titrisation en formation en annexe des statuts. La signature des statuts emporte alors reprise des engagements par la société. Un actionnaire peut également être mandaté pour prendre des engagements pour le compte de la société[3]. *De lege ferenda*, cette procédure de droit commun s'applique également à la société de titrisation constituée avec offre au public puisque la suppression de l'assemblée constitutive l'empêche d'approuver ces actes conformément à l'article R. 210-7 du Code de commerce.

317. Conclusion de section. L'opération de titrisation déteint nécessairement sur les conditions de formation de la société. Différentes dérogations doivent être introduites pour sécuriser l'opération financière ou alléger la constitution de la société afin de permettre une réalisation rapide de l'opération financière. Ces dérogations ne dévoient pas pour autant le régime des SA et des SAS. En effet, la plupart concernent des dispositions dont l'effectivité n'est pas assurée dans la société de titrisation. Toujours dans cet esprit, les dispositions relatives au fonctionnement social sont également aménagées pour permettre la réalisation de l'opération de titrisation.

Section 2 : Le fonctionnement de la société de titrisation

318. Conservation des règles du droit commun des sociétés en matière fiscale et en matière de fusion et scission. Le respect des qualifications choisies implique de trouver le juste équilibre entre l'utilisation de dispositions dérogatoires et l'application du droit commun. Il en résulte par exemple que le régime fiscal de la nouvelle société de titrisation doit être celui de droit commun. La société de titrisation est donc soumise à l'impôt sur les sociétés. Ce régime est satisfaisant dans la mesure où il limite largement les doubles impositions des sommes perçues par la société lors du recouvrement des créances et reversées aux investisseurs. En effet, les rémunérations versées aux titulaires de titres de créance sont des charges déductibles du résultat. Les sommes issues du recouvrement des créances titrisées ne sont donc pas

---

[1] V. *supra* n°s 141 et s.
[2] Art. L. 210-6, C. com.
[3] Art. R. 210-6, C. com.

imposées une première fois lors de leur perception par l'organisme de titrisation et une seconde fois lors de leur distribution aux investisseurs. Elles sont uniquement imposées lors de leur distribution aux investisseurs puisqu'elles sont soumises au prélèvement forfaitaire unique de 30%, sauf option pour imposition au barème progressif après abattement de 40%. Seuls les dividendes versés aux actionnaires conduisent à une double imposition – au niveau de la société pour son résultat et au niveau des associés lors de leur distribution. Une part minime des investisseurs est alors concernée par cette double imposition, ce d'autant plus que la société de titrisation peut être constituée par des initiateurs n'ayant pas vocation à recevoir des dividendes. Cela n'entrave donc pas la mise en œuvre de l'opération[1] et il n'est pas nécessaire d'exonérer la société de titrisation de l'impôt sur les sociétés, à l'image des SICAV[2].

De la même manière il n'est pas nécessaire d'aménager le régime de transformation des sociétés pour réaliser l'opération financière. Le régime de transformation créé par le législateur pour l'actuelle société de titrisation doit donc être supprimé. En effet, l'actuel article L. 214-179 I 5° du Code monétaire et financier écarte l'intervention d'un commissaire à la transformation, à la scission ou à la fusion[3]. Le conseil d'administration de l'actuelle société de titrisation évalue donc, seul, les actifs et détermine la parité d'échange à une date fixée par l'assemblée générale extraordinaire en étant uniquement contrôlé par le commissaire aux comptes. L'intervention d'un commissaire à la transformation, scission ou fusion protège pourtant les actionnaires des conséquences de ces opérations qui peuvent faire intervenir un tiers impartial. Ces derniers peuvent néanmoins décider d'y renoncer à l'unanimité dans le cadre des fusions et scissions et permettre au conseil d'administration d'évaluer les actifs et de déterminer la parité d'échange. L'application des dispositions de droit commun, plutôt que d'une règle dérogatoire, est satisfaisante puisqu'elle laisse la possibilité aux actionnaires d'alléger la procédure en matière de fusions et scissions. Il n'est pas opportun d'ajouter une telle dérogation en matière de transformation dans la mesure où

---

[1] Cette neutralité fiscale au niveau de l'organisme se retrouve dans les véhicules étrangers puisqu'elle est l'un des enjeux de l'opération. À cet égard, les sociétés de titrisation luxembourgeoises sont soumises aux mêmes impôts que les autres sociétés commerciales, à savoir l'impôt sur le revenu des collectivités et l'impôt commercial communal. Ceux-ci s'avèrent généralement faible puisque les sociétés de titrisation peuvent déduire de leur résultat imposable toute obligation à l'égard des investisseurs (qu'il s'agisse d'associés ou de titulaires de titres de créance) et d'autres créanciers. A. QUIQUEREZ, *Droit et techniques internationales de la titrisation, Des actifs aux titres financiers*, *op. cit.*, n°s 390 et s., p. 282 et s. ; v. également sur la fiscalité de l'organisme de titrisation au Luxembourg A. STEICHEN, « Régime fiscal de la titrisation », *in* A. PRÜM (dir.), *La titrisation*, coll. « La vie du droit bancaire et financier », Anthémis, 2008, p. 75 et s., spéc. p. 94 et s.

[2] Art. 208, 1°, *bis*, A et 2°, CGI.

[3] Art. L. 225-245-1, art. L. 236-10 et art. L. 236-16, C. com.

l'équilibre trouvé par le droit commun, entre protection des actionnaires et simplification de l'opération, est satisfaisant.

Mis à part ces éléments pris du droit commun, le reste du fonctionnement de la société de titrisation doit être aménagé. Des règles dérogatoires s'appliquent ainsi aux organes de la société de titrisation (§ 1) et dans le cadre de la disparition de la société de titrisation (§ 2).

§ 1 : Les organes de la société de titrisation

319. Les organes de gestion (A) et l'organe délibérant (B) des SA et SAS se retrouvent dans la société de titrisation, bien qu'ils fassent preuve de certaines spécificités. De façon plus originale, ils sont complétés par des organes de contrôle obligatoires (C).

A. Les organes de gestion de la société de titrisation

320. Le régime applicable aux organes de gestion d'une société de titrisation étant spécifique à chaque forme sociale, il convient de présenter successivement celui de la SA (A) puis celui de la SAS (B).

1. Les organes de gestion de la société anonyme

321. Le régime de la SA offre traditionnellement le choix entre deux modes de direction de la société : un mode moniste avec un conseil d'administration ; un mode dualiste avec un directoire et un conseil de surveillance. Le modèle dualiste n'est cependant pas compatible avec l'organisation de l'opération de titrisation (a). L'organisation de la société de titrisation est donc nécessairement conçue sur un modèle moniste (b).

a. Le rejet du modèle dualiste

322. Difficultés attachées au directoire. Les règles de droit commun applicables au directoire ne permettent pas une mise en œuvre optimale de l'opération de titrisation pour plusieurs raisons. Tout d'abord, l'article L. 225-58 du Code de commerce, qui interdit aux personnes morales d'être membres du directoire, empêche la société de gestion de faire partie de l'organe de gestion de la société de titrisation[1]. Le recours au directoire imposerait donc d'y déroger, ce qui ne poserait pas de difficulté dans la mesure où les exigences de fonds propres pesant sur la société de gestion évitent une déresponsabilisation des dirigeants[2]. Ensuite, le caractère collégial du

---

[1] Sur cette nécessité, v. *supra* n° 263.

[2] V. *supra* n° 298.

directoire supposerait *a priori* de trouver d'autres membres disposant des compétences nécessaires pour diriger la société de titrisation. Il serait plus pertinent de déroger à cette collégialité pour confier la direction générale de la société à la seule société de gestion. Le régime de la SA autorise cette dérogation lorsque le capital social est inférieur à 150 000 euros[1]. Le capital social d'une société de titrisation pouvant être d'une valeur supérieure, la dérogation devrait être étendue à toutes les sociétés de titrisation.

323. Difficultés attachées au conseil de surveillance. Le dépositaire devrait obligatoirement être membre du conseil de surveillance. En effet, les attributions du conseil de surveillance et du dépositaire de l'organisme de titrisation sont similaires. Le conseil de surveillance contrôle *a posteriori* la régularité et l'opportunité de la gestion du directoire et peut demander la communication de tout document lui permettant de réaliser sa mission[2]. Le dépositaire de l'organisme de titrisation est, quant à lui, uniquement chargé d'un contrôle de conformité. Il vérifie que les décisions prises par la société de gestion respectent la loi, les règlements et les documents constitutifs de l'organisme. Ses contrôles visent ainsi à garantir la valeur de l'organisme de titrisation[3]. Pour ce faire, il peut également demander la communication d'un certain nombre de documents à la société de gestion. L'octroi du statut de membre du conseil de surveillance au dépositaire faciliterait ainsi l'exercice de sa mission, notamment grâce à son droit de communication généralisé. Par ailleurs, cette qualité élargirait ses attributions puisqu'elle permet au dépositaire de procéder à un contrôle d'opportunité de la gestion.

L'identification des autres membres du conseil s'avère en revanche moins aisée. Il pourrait s'agir d'actionnaires ou d'autres acteurs de l'opération de titrisation comme les cédants ou des établissements de crédit. Il n'est cependant pas certain qu'ils participeraient de façon effective à cette surveillance. Or, le conseil est composé de trois membres minimum[4]. Il ne peut délibérer valablement que si la moitié de ses membres sont présents[5]. Cela supposerait qu'au moins un autre membre soit un minimum actif. Afin d'éviter que le conseil de surveillance ne satisfasse à ce seuil de façon artificielle et soit composé de membres inactifs, il serait plus opportun de ne pas fixer un nombre minimal de membres du conseil de surveillance dans la société de titrisation. Seuls les volontaires seraient ainsi membres du conseil, ce qui est gage de la surveillance effective qu'ils sont prêts à réaliser. Si ces différentes dérogations aux règles de composition du directoire et du conseil de surveillance seraient admissibles dans la société de titrisation,

---

[1] Art. L. 225-58, al. 2 et L. 225-59, al. 2, C. com.

[2] Art. L. 225-68 al. 3, C. com. ; v. aussi P. Le Cannu et B. Dondero, *Droit des sociétés*, *op. cit.*, n° 841, p. 626.

[3] V. *supra* n° 36.

[4] Art. L. 225-69, al. 1er, C. com.

[5] Art. L. 225-82, al. 1er, C. com.

l'organisation des rapports entre ces organes constitue en revanche un obstacle dirimant à l'utilisation du modèle dualiste.

324. Interaction entre les organes incompatible avec la logique propre à l'opération de titrisation. En principe, le conseil de surveillance est appelé à désigner les membres du directoire. Cette compétence échappe donc à l'assemblée des actionnaires. Dans le cadre de la société de titrisation, cette désignation serait effectuée par le dépositaire, empêchant les associés de choisir la société de gestion amenée à être le directeur général unique. Par ailleurs, cela inverserait l'ordre d'intervention des acteurs de l'opération de titrisation puisque dans l'opération de titrisation, la société de gestion est le premier interlocuteur des parties. En effet, elle désigne traditionnellement le dépositaire et non l'inverse[1]. L'adoption du modèle dualiste imposerait donc un changement de logique inopportun. Il serait possible de parer à ces deux inconvénients en dérogeant aux conditions de nomination des membres du directoire. Cependant, toutes ces dérogations indispensables témoignent de l'inadaptation du régime de la SA dualiste à la société de titrisation. S'obstiner à laisser la possibilité d'utiliser ce modèle conduit à le dénaturer. Il est donc préférable de le rejeter et d'empêcher la société de titrisation d'y avoir recours. L'éviction de ce mode de direction constitue une dérogation de taille au régime de la SA. Elle permet néanmoins de sauvegarder l'essence du modèle dualiste en évitant tout rattachement et tout fonctionnement artificiel de la gestion. De plus, ce mode de direction a été ajouté au modèle moniste et ne connait pas un grand succès dans les SA[2], si bien qu'il n'est pas un des éléments les plus caractéristiques de la SA. Il est alors possible, sans dénaturer cette dernière, de faire de la société anonyme de titrisation une société fonctionnant obligatoirement sur le modèle moniste.

b. L'adoption du modèle moniste

325. La répartition des pouvoirs dans la société de titrisation constituée sous la forme d'une SA moniste est conforme au droit commun. Elle s'effectue entre trois organes différents : un conseil d'administration (α), un président du conseil (β) et un directeur général (γ), dont il convient de développer les spécificités en présence de l'opération de titrisation.

---

[1] Sauf dans l'hypothèse où l'initiateur est un établissement de crédit et demeure dépositaire. Sur le cumul de ces deux qualités, v. A. QUIQUEREZ, « Fasc. 2260 : Les organismes de titrisation », *op. cit.*, n° 39.

[2] P. MERLE et A. FAUCHON, *Sociétés commerciales*, *op. cit.*, n° 497, p. 606 ; sur l'histoire de la société anonyme à directoire, v. P. LE CANNU, *La société anonyme à directoire*, *op. cit.*, n°s 1 et s., p. 22 et s.

α. Le conseil d'administration

326. Attributions du conseil d'administration. En principe, le conseil d'administration « détermine les orientations de l'activité de la société et veille à leur mise en œuvre »[1]. Il se saisit également « de toute question intéressant la bonne marche de la société » et peut réaliser tous les contrôles et vérifications qu'il juge opportuns[2]. Cependant, les conditions de l'opération de titrisation étant largement développées dans les statuts, le rôle stratégique du conseil d'administration est moins important. Il conserve néanmoins un rôle d'impulsion en termes de gestion dans le respect des limites statutaires. Il décide notamment de l'émission d'obligations, sauf si les statuts donnent cette compétence à l'assemblée générale ou que celle-ci ne décide de l'exercer[3]. Par ailleurs, l'exercice des autres attributions du conseil d'administration, telles que la surveillance de la mise en œuvre des orientations de la société, est tout aussi effective que dans les autres sociétés anonymes.

327. Conservation d'un conseil d'administration collégial. La collégialité du conseil d'administration est également source de difficultés dans le modèle moniste[4]. Mise à part la société de gestion, il n'est pas évident d'identifier des acteurs pouvant diriger la société de titrisation. Il n'est pourtant pas possible de déroger au droit commun en la matière, en supprimant le nombre minimal d'administrateurs puisque le mode d'organisation légal de la SA – basé sur une répartition des pouvoirs entre le conseil d'administration, son président et le directeur général – se trouverait privé d'effectivité. En effet, dans l'hypothèse d'une suppression du nombre minimal d'administrateurs, le conseil d'administration serait composé par la seule société de gestion. Elle en serait donc automatiquement la présidente. Elle serait également le directeur général de la société de titrisation puisqu'elle est chargée de la gestion courante de l'opération de titrisation. Le mode de direction mis en place dans cette hypothèse s'identifierait alors davantage au mode de direction existant dans la SARL ou la SAS dirigée par son seul président, faisant perdre tout son sens à la qualification de société anonyme. Dès lors, si les fondateurs de la société de titrisation ont le choix de recourir à la société anonyme, il convient de respecter son organisation légale et d'identifier les membres du conseil d'administration.

328. Identification des membres du conseil d'administration. La société de gestion peut être membre du conseil d'administration de la société de titrisation, à moins que les fondateurs n'en fassent un simple dirigeant

---

[1] Art. L. 225-35, C. com.
[2] Art. L. 225-35, C. com.
[3] Art. L. 228-40, C. com.
[4] Art. L. 225-17, al. 1er, C. com.

exécutif[1]. De même, le dépositaire peut lui aussi être administrateur de la société de titrisation. Il participe actuellement à la gestion de l'organisme de titrisation en préservant sa valeur à travers la conservation de ses actifs, le suivi de ses flux et la surveillance de la société de gestion[2]. Cette gestion est passive et il n'a pas vocation à gérer activement la société de titrisation. La qualité d'administrateur est néanmoins compatible avec sa mission. Tout d'abord, la gestion active de la société de titrisation par le dépositaire en sa qualité d'administrateur s'avère réduite puisque les stipulations statutaires détaillent les modalités de l'opération de titrisation, limitant le rôle du conseil d'administration. Ensuite, l'attribution de la qualité d'administrateur au dépositaire ne modifie pas son rôle dans l'opération de titrisation. La répartition des pouvoirs opérée entre ce dernier et la société de gestion est sauvegardée. En effet, les pouvoirs de surveillance et de contrôle conférés au conseil d'administration sont en adéquation avec sa mission de surveillance. En revanche, cette fonction ne lui permet pas d'effectuer un suivi des flux financiers. De ce fait, il doit nécessairement être, en plus, un organe à part entière de la société de titrisation[3].

Les autres acteurs de l'opération de titrisation peuvent également être membres du conseil d'administration. Il s'agit des investisseurs, des cédants, ou des sponsors. Parmi eux, peuvent figurer des actionnaires ou des fondateurs de la société de titrisation. Si ces acteurs ne souhaitent pas être administrateurs, les places vacantes peuvent être occupées par les salariés de la société de gestion. Cette solution est toutefois moins souhaitable. Ces salariés n'étant pas indépendants par rapport à la société de gestion, les délibérations du conseil d'administration seront davantage artificielles. Cette possibilité doit néanmoins être conservée car elle engendre peu de conséquences pratiques, les attributions du conseil étant limitées par le détail des statuts de la société.

329. Conditions de nomination des administrateurs. *De lege ferenda*, les conditions de nomination des administrateurs de la société de titrisation sont identiques à celles des SA de droit commun[4]. Les administrateurs peuvent être des personnes morales, du moment qu'est désigné « un représentant permanent qui est soumis aux mêmes conditions et obligations et qui encourt les mêmes responsabilités civile et pénale que s'il était administrateur en son nom propre, sans préjudice de la responsabilité solidaire de la personne morale qu'il représente »[5].

---

[1] V. *infra* n° 335.
[2] V. *supra* n° 36.
[3] V. *infra* n°s 349 et s.
[4] Art. L. 225-17 et s., C. com.
[5] Art. L. 225-20, C. com.

Les administrateurs personnes physiques et les représentants permanents des personnes morales administrateurs sont en principe soumis à une limitation en termes de cumul des mandats. Ils ne peuvent exercer plus de cinq mandats d'administrateur ou de directeur général de sociétés anonymes ayant leur siège en France[1]. L'actuelle dérogation à la règle du cumul des mandats dans les sociétés de titrisation pour les représentants permanents des personnes morales administrateurs de l'article L. 214-179 I 3° du Code monétaire et financier doit être reprise. D'une part, les administrateurs personnes morales de la société de titrisation sont généralement des acteurs de l'opération. Certains, comme la société de gestion ou le dépositaire, sont amenés à gérer plusieurs organismes de titrisation. La limitation issue du droit commun leur interdit de gérer plus de cinq sociétés de titrisation alors qu'il s'agit de l'une de leurs activités principales. D'autre part, les considérations ayant conduit à la règlementation du cumul des mandats ne se retrouvent pas dans le contexte de la société de titrisation. Il n'existe pas de problèmes de disponibilité de ces acteurs ou de recrutements croisés et le cumul de leurs rémunérations se justifie par une activité effective[2]. En revanche, ces considérations ne sont pas écartées en présence d'administrateurs personnes physiques. La limitation du cumul des mandats conserve alors tout son sens et doit être maintenue pour ces personnes. La dérogation introduite en la matière par le législateur à l'article L. 214-179 I 2° du Code monétaire et financier doit donc être supprimée.

330. Cessation des fonctions. Les dispositions applicables à la cessation des fonctions des administrateurs sont applicables à la nouvelle société de titrisation[3]. La société de gestion administratrice est donc révocable *ad nutum* par les actionnaires de la société de titrisation. Ces derniers retrouvent ainsi un pouvoir de contrôle sur la gestion de la société et les difficultés liées à la révocation de la société de gestion dans les organismes de titrisation actuels sont donc écartées. En effet, l'organisation actuelle du FCT ne permet pas aux copropriétaires de révoquer la société de gestion[4]. Les actionnaires de l'actuelle société de titrisation ne peuvent pas non plus s'en séparer puisqu'elle n'a pas le statut de dirigeant[5].

331. Responsabilité des administrateurs. *De lege feranda,* les administrateurs de la société de titrisation engagent leur responsabilité dans les conditions du droit commun, ce qui participe à la responsabilisation des acteurs de l'opérations financière Les contours de la responsabilité de la

---

[1] Art. L. 225-20, L. 225-21 et L. 225-94-1, C. com.
[2] P. Le Cannu et B. Dondero, *Droit des sociétés*, *op. cit.*, n° 713, p. 528.
[3] V. art. L. 225-18 et art. L. 225-24, C. com.
[4] V. *supra* n° 132.
[5] V. *supra* n° 215.

société de gestion administrateur sont ainsi mieux définis que dans l'actuelle société de titrisation[1]. En effet, les administrateurs engagent la responsabilité de la société, mais également leur responsabilité civile et pénale au cours de leurs fonctions. Ils sont individuellement ou solidairement responsables envers les tiers ou envers la société « soit des infractions aux dispositions législatives ou réglementaires applicables aux sociétés anonymes, soit des violations des statuts, soit des fautes commises dans leur gestion »[2]. Ils commettent notamment une faute individuelle lorsqu'ils participent à la prise d'une décision fautive du conseil d'administration par leur action ou leur abstention[3]. Les administrateurs engagent ainsi leur responsabilité lorsqu'ils se désintéressent de leurs fonctions et ne surveillent pas les dirigeants exécutifs[4]. Ils ne peuvent s'exonérer qu'en démontrant qu'ils se sont comportés en administrateurs prudents et diligents, notamment en s'opposant à la décision de l'organe[5]. De ce fait, les administrateurs de la société de titrisation doivent s'impliquer un minimum dans l'administration de la société. Ce régime de responsabilité assure un équilibre des pouvoirs au sein du conseil d'administration et évite que la société de gestion le gouverne exclusivement. Plus particulièrement, les administrateurs de la société de titrisation engagent leur responsabilité lorsqu'ils ne censurent pas un placement particulièrement risqué effectué par les dirigeants exécutifs, ne respectant pas les caractéristiques des opérations pouvant être menées par la société de titrisation. Tel peut être le cas lorsque la société acquiert des actifs « toxiques ». La responsabilité des administrateurs ne peut être engagée que si l'acquisition a lieu après la constitution de la société et leur désignation en qualité de dirigeant. En revanche, les administrateurs n'engagent pas leur responsabilité en présence de pertes comptabilisées par l'organisme ou en l'absence de rémunération des actionnaires ou des investisseurs causées par des placements hasardeux ou d'échec dans le recouvrement des créances. En effet, toute opération financière comporte une part de risques matérialisée par l'absence de rémunération.

---

[1] Sur les difficultés d'une action en responsabilité à l'encontre de la société de gestion, v. *supra* n°s 216 et s.
[2] Art. L. 225-251, C. com.
[3] Com., 30 mars 2010, n° 08-17.841, *Crédit martiniquais*, *Bull. IV*, n° 69 ; *D.*, 2010, p. 1118, obs. R. Salomon ; *D.*, 2010, p. 1678, note B. Dondero ; *RTD com.*, 2010, p. 377, obs. P. Le Cannu et B. Dondero ; *Rev. soc.*, 2010, p. 304, note Le Cannu ; *JCP E*, 2010, n° 1416, note Couret ; *RJDA*, 2010, n° 640 et n° 760 ; *Dr. sociétés*, 2010, n° 117, obs. M. Roussille ; *BJS*, 2010, p. 533, note Raffray ; *D.*, 2010, p. 2802, obs. J-C. Hallouin ; *D.*, 2010, p. 960, obs. A. Lienhard ; *Banque et Droit,* 2010, n° 5-6, p.45, obs M. Storck ; *Gaz.Pal.*, 6-7 oct. 2010, p. 22, obs. Zattara-Gros ; *RJ com.*, 2010, p. 263, note Monsérié-Bon ; *Dr. et part.*, 2011, n° 5, p. 79, obs. Poracchia.
[4] V. not. T. com. Roubaix, 26 septembre 1956, *D.*, 1957, p. 10, note Goré ; CA Paris, 4 février 1994, *BJS,* 1994, p. 403, note Pariente.
[5] Com., 30 mars 2010, préc.

Les dispositions prévoyant la responsabilité des administrateurs en cas de contribution à l'insuffisance d'actif de la société en liquidation judiciaire[1] ne sont, quant à elles, pas applicables dans la mesure où le droit des procédures collectives est écarté en présence de la société de titrisation[2].

Par ailleurs, les administrateurs de la société de titrisation engagent leur responsabilité pénale lorsqu'ils commettent une infraction, l'abus de bien sociaux étant la plus susceptible d'être commise[3].

332. Titulaires de l'action en responsabilité. L'engagement de la responsabilité de la société de gestion administrateur est également facilité par l'application du droit commun. D'une part, les représentants légaux de la société de titrisation peuvent engager la responsabilité de la société de gestion au nom de la société de titrisation par le biais de l'action *ut universi*. D'autre part, les associés peuvent exercer l'action *ut singuli*. Cette dernière est plus probable car l'action *ut universi* est plus difficile à mettre en œuvre. Elle suppose effectivement que tous les représentants légaux de la société ne soient pas fautifs ou qu'un changement de direction ait été opéré. L'action sociale *ut singuli* responsabilise ainsi davantage la société de gestion dont la responsabilité peut être engagée, même lorsqu'elle est le représentant légal de la société de titrisation[4].

En revanche, comme en droit commun, les hypothèses dans lesquelles les actionnaires et les investisseurs peuvent engager la responsabilité des administrateurs en leur nom propre sont limitées puisqu'ils doivent démontrer l'existence d'un préjudice personnel. Or, les administrateurs engagent généralement leur responsabilité lorsque la société subit un préjudice financier et les investisseurs ne s'y intéressent que dans l'hypothèse où la société de titrisation n'a pas été en mesure de les rémunérer conformément au contrat d'émission. Le préjudice des actionnaires ou des investisseurs correspond alors à la répercussion du préjudice social et ne leur est pas personnel. Par ailleurs, les investisseurs qui ne sont pas actionnaires doivent démontrer la

---

[1] Pour une application de l'article L. 651-2, C. com. aux administrateurs, v. Com., 31 mai 2011, n° 09-13.975, *Bull. IV*, n° 87 ; *D.*, 2011, actu. 1551, obs. Lienhard ; *Rev. soc.*, 2011, p. 521, obs. Roussel Galle ; *JCP E*, 2011, 1655, note Couret et Dondero ; *LEDEN*, 7/2011, 5, obs. Parachkévova ; *APC*, 2011, n° 207, obs. Pagnucco ; *RJDA*, 2011, n° 725 ; *BJS*, 2011, p. 817, note Saintourens ; *BJE*, 2011, p. 268, note Dammann et Boché-Robinet ; *Gaz. Pal.*, 7-8 oct. 2011, p. 39, obs. Montéran ; *Dr. sociétés*, 2011, n° 200, note Legros ; *RPC*, 2011, n° 199, obs. Martin-Serf. ; et pour une application en présence d'une personne morale administrateur, v. Com., 8 janvier 2020, n° 18-15.027, *D.*, 2020, actu. 77 ; *JCP E*, 2020, 1216, note D. Gibirila ; *JCP E*, 2021, 1014, n° 5, obs. Cerati ; *APC*, 2020, n° 56, obs. Lafaurie ; *BJS*, 2020, n° 3, p. 29, note Grundeler ; *RJDA*, 2020, n° 232 ; *BJE*, 2020, n° 2, p. 48, note T. Favario ; *Dr. sociétés*, 2020, n° 54, note D. Legros ; *RJ com.*, 2020, p. 237, obs. P. Serlooten ; *RLDA*, juill. 2020, p. 17, obs. S. Mérabet ; *RPC*, 2020, n° 75, obs. A. Martin-Serf.

[2] V. *supra* n° 268.

[3] Art. L. 242-6, 3°, C. com.

[4] Sur cette difficulté dans l'actuelle société de titrisation, v. *supra* n° 216.

faute séparable des fonctions et personnellement imputable à l'administrateur, conformément au droit commun[1].

Le conseil d'administration de la société de titrisation présente ainsi les mêmes caractéristiques que celui des sociétés anonymes de droit commun, et ce d'autant plus qu'il est lui aussi gouverné par un président du conseil.

β. Le président du conseil d'administration

333. Président personne morale. Les règles gouvernant le statut du président du conseil d'administration doivent être reprises dans l'ensemble[2]. En revanche, il convient d'autoriser l'accès à cette fonction aux personnes morales[3]. Classiquement, le président est chargé d'orienter et de diriger les travaux du conseil. Il garantit aussi le « bon fonctionnement des organes de la société »[4]. Ce rôle de direction et d'intermédiaire entre les différents organes de la société[5] correspond à celui de la société de gestion dans l'opération de titrisation. Dès lors, réserver la présidence du conseil d'administration aux personnes physiques risquerait de conduire à une inertie du président du conseil d'administration. En effet, les décisions concernant l'orientation de l'opération de titrisation sont prises par la société de gestion, limitant le rôle du président du conseil d'administration personne physique. Les difficultés dénoncées dans l'actuelle société de titrisation seraient reproduites puisque la société de gestion gère l'opération de titrisation sans avoir le statut de dirigeant[6]. Cette première difficulté ne doit toutefois pas être surestimée, le rôle d'orientation du président du conseil d'administration étant relativement réduit dans le cadre de la société de titrisation. En effet, le conseil d'administration fixe les orientations de la société uniquement dans la limite des statuts de la société, si bien que son président n'est pas amené à gérer les opérations de titrisation. Réserver aux personnes physiques la qualité de président du conseil d'administration est également source d'insécurité pour l'opération. En effet, les personnes physiques susceptibles d'accéder à ce poste ne sont pas agréées et ne disposent pas des compétences d'une société de gestion, d'un sponsor, d'une entreprise d'investissement ou d'assurance ou d'un établissement de crédit. Enfin, le rejet d'une présidence de la SA par des personnes morales en droit commun procède de la volonté de garantir la responsabilité des dirigeants de la société mais produit l'effet inverse dans le

[1] Com., 28 avril 1998, 96-10.253, *Bull. IV*, n° 139, p. 110 ; *D.*, 1998, p. 136 ; *D.*, 1998, p. 1008, obs. A. Lienhard ; *BJS*, 1998, p. 808, note P. Le Cannu ; *JCP E,* 1998, n° 31, p. 1258, note Y. Guyon ; *Dr. sociétés*, 1998, n° 115, note D. Vidal ; *JCP*, 1998, II, 10177, note D. Ohl ; *Rev. Soc.*, 1998, p. 767, note B. Saintourens ; *RTD com.*, 1998, p. 623, obs. B. Petit et Y. Reinhard.

[2] V. art. L. 225-47 et s. et L. 225-251 et s., C. com.

[3] *Contra* art. L. 225-47, al. 1er, C. com.

[4] Art. L. 225-51, C. com.

[5] P. Le Cannu et B. Dondero, *Droit des sociétés, op. cit.*, n° 754, p. 558.

[6] V. *supra* nos 39 et 199 et s.

cadre de la société de titrisation. En effet, elle ne permet pas de responsabiliser les acteurs principaux de l'opération de titrisation. De plus, elle ne tire pas partie de leur solvabilité puisque ces derniers sont soumis à une règlementation stricte en matière de fonds propres[1] – à l'inverse des personnes physiques – assurant davantage l'indemnisation des investisseurs. Ce constat ne se retrouve pas en droit commun où l'absence de règlementation en matière de fonds propres et la responsabilité limitée de certaines formes sociales peut permettre aux personnes morales d'échapper au paiement d'une réparation. Au regard de ces éléments, les personnes morales doivent pouvoir présider le conseil d'administration de la société de titrisation. Les fonctions de président doivent néanmoins être réservées aux personnes morales précitées qui sont agréées et disposent des compétences nécessaires. Il s'agit des sociétés de gestion, des sponsors, des établissements de crédit, des entreprises d'investissement et entreprises d'assurance. Ces dernières doivent désigner un représentant permanent soumis aux mêmes conditions et obligations que la personne morale et encourant les mêmes responsabilités, à l'instar des administrateurs personnes morales[2]. Afin de sécuriser l'opération, il faut également interdire aux personnes physiques d'accéder à la présidence du conseil. Enfin, les règles applicables en matière de cumul des mandats sociaux doivent être écartées afin de permettre aux personnes morales de présider le conseil d'administration de plusieurs sociétés de titrisation, ce qui peut faire partie de leur activité habituelle.

Dès lors, le schéma d'organisation idéal de la société de titrisation est celui où la société de gestion a le statut de président directeur général. Une option peut néanmoins être laissée aux actionnaires concernant l'identité du président du conseil d'administration. En revanche, les fonctions de directeur général doivent être réservées à la société de gestion.

γ. Le directeur général

334. Statut du directeur général. Les règles applicables au directeur général de SA sont adaptées à la société de titrisation, mise à part celle réservant cette qualité aux personnes physiques[3]. En effet, la direction générale de la société de titrisation doit être assurée par une société de gestion

---

[1] V. not. le règlement 2019/2033 du Parlement européen et du conseil du 27 novembre 2019 concernant les exigences prudentielles applicables aux entreprises d'investissement, le règlement 575/2013 du Parlement européen et du Conseil du 26 juin 2013 concernant les exigences prudentielles applicables aux établissements de crédit et aux entreprises d'investissement et la directive 2009/138/CE du Parlement européen et du Conseil du 25 novembre 2009 sur l'accès aux activités de l'assurance et de la réassurance et leur exercice (solvabilité II) fixant des exigences en matière de fonds propres pour les établissements de crédit, entreprises d'investissement, et aux entreprises d'assurance.

[2] L. 225-20, al. 1er, C. com.

[3] V. art. L. 225-54 et s., C. com. et spéc. art. L. 225-51-1, C. com.

désignant un représentant permanent en raison de ses compétences et de son expertise[1]. Elle ne peut en être chargée par le biais d'une convention de gestion, sous peine de perturber l'organisation légale de la société[2]. Une telle restriction quant à l'identité du directeur général n'est pas originale et se retrouve dans d'autres sociétés exerçant une activité règlementée. Les directeurs généraux de sociétés d'architecture ou de sociétés de géomètres experts doivent ainsi être architectes ou exercer la profession de géomètre expert[3].

La révocation de la société de gestion et l'engagement de sa responsabilité sont facilités par sa qualité de directeur général[4]. Elle est effectivement révocable à tout moment par le conseil d'administration[5]. Les actionnaires engagent sa responsabilité dans les mêmes conditions que pour un administrateur[6], ses obligations en termes de fonds propres garantissant alors sa solvabilité. Pour compléter ce statut, il faut également déroger aux exigences en termes de cumul des mandats[7].

335. Maintien de la liberté des actionnaires. Il serait possible d'imposer à la société de titrisation d'avoir une société de gestion pour président directeur général[8]. La société de gestion serait ainsi révocable *ad nutum* par les actionnaires[9], qui contrôleraient alors la totalité de la direction de la société de titrisation[10]. Ce contrôle pourrait également se retrouver en imposant la direction générale de la société de titrisation par une société de gestion ayant la qualité d'administrateur. Les actionnaires disposeraient ainsi d'une possibilité de révoquer indirectement la société de gestion assurant la direction générale de la société. Ces exigences en matière de cumul des statuts sont cependant trop restrictives et conduisent à écarter une grande partie du régime applicable aux SA. Or, ce dernier, combiné avec la direction générale de la société de titrisation par la société de gestion, garantit déjà une participation effective des actionnaires. Par ailleurs, le cumul des statuts par la société de gestion réduit drastiquement la liberté de choix des actionnaires et dirigeants. Les avantages conférés par ces obligations sont donc moindres par rapport au risque de dénaturer la société anonyme[11].

---

[1] V. *supra* n° 262.
[2] V. *supra* n°s 199 et s.
[3] V. en ce sens art. 13, 5° de la loi n° 77-2 du 3 janvier 1977 sur l'architecture et art. 6-2, 4° de la loi n° 46-942 du 7 mai 1946 instituant l'Ordre des géomètres-experts.
[4] Comp. dans l'actuelle société de titrisation, v. *supra* n°s 216 et s.
[5] Art. L. 225-55, C. com.
[6] Art. L. 225-251 et s., C. com.
[7] Art. L. 225-54-1, C. com.
[8] Sur le cumul de ces fonctions, v. art. L. 225-51-1, C. com.
[9] Art. L. 225-47 et L. 225-55, C. com.
[10] À l'inverse, v. dans l'actuelle société de titrisation *supra* n°s 213-214.
[11] V. not. sur ce sujet D. BUREAU, « L'altération des types sociétaires », art. préc.

336. Pouvoirs du dirigeant exécutif. Le directeur général de la société de titrisation est notamment compétent pour procéder aux émissions de titres de créances négociables. Il procède aux émissions d'obligations décidées par le conseil d'administration[1]. Cette intervention systématique de la société de gestion est opportune puisqu'elle dispose des compétences nécessaires en la matière et peut apprécier les conditions relatives aux émissions. Elle rédige ainsi le prospectus lorsqu'il est obligatoire. Elle engage à ce titre la responsabilité de la société de titrisation en application de l'article L. 412-1 II du Code monétaire et financier. En sa qualité de représentant légal de la société de titrisation[2], elle conclut également les différents contrats financiers. Ses pouvoirs peuvent être restreints par une disposition statutaire, lui imposant d'obtenir l'approbation du conseil d'administration avant de souscrire à des instruments financiers. En effet, une telle opération est risquée pour la société de titrisation, en particulier lorsqu'elle répond à une logique spéculative, justifiant l'intervention du conseil d'administration. Le régime applicable à la société de titrisation constituée sous la forme d'une société anonyme est ainsi le fruit d'un compromis entre l'organisation légale de la SA et les besoins de la société de titrisation. La structure globale de la SA est maintenue, la seule véritable contrainte étant que la direction générale de la société soit assurée par la société de gestion. Cet équilibre est plus simple à trouver dans la société par actions simplifiée dont les organes de gestion relèvent majoritairement de la liberté statutaire.

2. Les organes de gestion de la société par actions simplifiée

337. Principe de liberté statutaire. La libre organisation de la direction de la SAS[3] permet de l'adapter à la réalité de l'opération de titrisation. En effet, puisque seule la représentation de la SAS par un président est obligatoire[4], trois modèles de gestion sont envisageables. Premièrement, le président peut être l'organe de gestion unique de la société de titrisation. Il représente et gère la société. Dans ce cas, cette qualité doit être réservée à la société de gestion. Cette organisation est la plus simple à mettre en œuvre. Elle ne suppose aucune dérogation au droit commun, les personnes morales pouvant représenter une SAS[5]. Cette organisation garantit également l'efficacité de la gestion puisque les difficultés liées à l'externalisation de la

---

[1] Sur la compétence du conseil d'administration pour décider ou autoriser l'émission d'obligations et sur sa possibilité d'en déléguer l'autorisation à toute personne de son choix, v. art. L. 228-40, C. com. ; v. aussi REDACTION DES EDITIONS FRANCIS LEFEBVRE, *Mémento Sociétés commerciales 2024*, 55e éd., coll. « Mémento pratique », Francis Lefebvre, 2023, nos 71290 et s.

[2] Art. L. 225-56, C. com.

[3] Art. L. 227-5, C. com.

[4] Art. L. 227-6, al. 1er, C. com.

[5] Art. L. 227-7, C. com.

gestion et à la représentation des organismes de titrisation actuels sont écartées[1].

La deuxième possibilité consiste à copier le mode de direction de la SA. Cette hypothèse intervient lorsque les associés souhaitent prendre part à la gestion de la société. La direction exécutive de la société de titrisation doit alors être assurée par la société de gestion qui peut être le président directeur général de la société ou un simple directeur général de la société.

Troisièmement, il est possible de créer des organes de gestion originaux. Un organe peut ainsi être chargé de l'orientation stratégique aux côtés d'une société de gestion assurant la gestion et la représentation de la société de titrisation.

338. Aménagement de la liberté statutaire. Le premier modèle d'organisation est le plus adéquat car il est celui qui retranscrit le mieux la réalité pratique de l'opération de titrisation. Il est facile à mettre en œuvre et permet un fonctionnement allégé de la société de titrisation. Il devrait donc être privilégié par les acteurs. Il est néanmoins important de leur laisser la liberté d'organiser la gestion de la société de titrisation. Leur imposer un modèle de gestion serait contraire à l'essence de la SAS. Il est cependant nécessaire d'exiger une direction exécutive de la société par la société de gestion. Cette atteinte à la liberté des associés est proportionnée puisqu'elle garantit la direction exécutive de la société par le gestionnaire effectif et compétent de l'opération de titrisation. La société de gestion est ainsi soumise aux règles applicables aux dirigeants sociaux et partant au contrôle effectif des associés[2].

À cet égard, les associés de la SAS sont libres de fixer dans les statuts les conditions de nomination et de cessation des fonctions des dirigeants[3]. Il est pertinent qu'ils se réservent le droit de nommer et de révoquer leur dirigeant pour contrôler pleinement la gestion. Il n'y a pas lieu d'imposer des restrictions en matière de cumul des mandats sociaux en l'absence de dispositions en ce sens en droit commun. La gestion de la société de titrisation répond ainsi au droit commun des SAS mais aussi à certaines dispositions spécifiques justifiées par sa fonction d'organisme de titrisation. Comme dans la SA, ces dernières permettent *in fine* d'internaliser la société de gestion et donc d'accroitre le pouvoir de contrôle des associés. Inopérants dans l'actuelle société de titrisation[4], les droits de vote, d'information ou encore d'agir en

---

[1] V. *supra* n° 38 et spéc. dans la société de titrisation n°s 199 et s.

[2] À l'inverse de l'actuelle société de titrisation v. *supra* n°s 213 et s.

[3] Art. L. 227-5, C. com.

[4] Nous avons mis en évidence, dans l'actuelle société de titrisation, que l'expertise de gestion ou la révocation organes de gestion étaient privées d'intérêt puisque qu'elles visent uniquement les organes de gestion de la société, auxquels ne s'identifie pas nécessairement la société de gestion. V. *supra* n°s 214 et s.

justice de l'associé sont ainsi réhabilités, comme le montre le régime de l'organe délibérant de la société de titrisation.

B. L'organe délibérant de la société de titrisation

339. Réunion des actionnaires en assemblée dans les SA. L'enjeu de la refonte du régime de la société de titrisation porte en partie sur la participation des actionnaires. Celle-ci est amoindrie dans l'actuelle société de titrisation, notamment en raison du rôle marginal des assemblées générales. Un certain nombre de sujets leur échappe et leurs quorums sont abaissés, rendant l'intervention des actionnaires superflue et conduisant *in fine* à questionner leur qualité d'associé[1].

Dans la nouvelle société de titrisation, l'assemblée des actionnaires doit donc retrouver son rôle d'organe souverain de la société anonyme[2]. Par conséquent, les articles L. 225-96 et suivants du Code de commerce doivent être appliquées à la société de titrisation et les dérogations consacrées par l'article L. 214-179 du Code monétaire et financier, notamment en termes de compétence, doivent être abandonnées. L'assemblée générale de la société de titrisation traite ainsi de tous les sujets envisagés par le droit commun[3], et approuve notamment les comptes sociaux. En outre, pour faciliter et augmenter la participation des actionnaires de la société de titrisation, les statuts peuvent ouvrir la participation aux assemblées par visioconférence ou des moyens de télécommunication. Ils peuvent également autoriser le vote par voie électronique[4].

340. Quorums applicables. Les règles de droit commun en matière de quorums sont également applicables à la nouvelle société de titrisation. Ces derniers poursuivent un double objectif[5]. D'une part, ils garantissent la légitimité des décisions adoptées par une partie représentative des actionnaires. D'autre part, ils sont source d'efficacité dans la prise de décision puisque les assemblées se tiennent dès que le taux de participation minimal est atteint. Remplir ces deux objectifs suppose de trouver un juste équilibre, le « quorum ne doit être ni trop bas, ni trop élevé »[6]. Dans cette optique, supprimer tout quorum conduit à accepter la prise de décisions non représentatives, ce qui peut s'avérer risqué pour les actionnaires. Tel est le cas dans l'actuelle société de titrisation où les quelques décisions relevant de la compétence de l'assemblée générale peuvent être adoptées par une part

---

[1] Art. L. 214-179, I, 5°, C. mon. fin. et *supra* n°s 197 et s. et n° 231.

[2] Sur ce rôle souverain, v. P. LE CANNU et B. DONDERO, *Droit des sociétés*, *op. cit.*, n° 851, p. 632.

[3] Art. L. 225-96 et s., C. com.

[4] Art. L. 225-103-1 et L. 225-107, C. com.

[5] A. ROCHER, *L'exercice du droit de vote dans les sociétés*, préc., n°s 376-377, pp. 318-320.

[6] X. DELPECH, « Q... comme - Quorum », *Juris associations*, décembre 2016, n° 550, p. 50 et s.

minime d'actionnaires, aucun quorum n'étant requis pour la tenue des assemblées générales ordinaires et en cas de seconde convocation d'assemblées générales extraordinaires. L'objet social de la société de titrisation peut ainsi être modifié par une minorité d'actionnaires au cours d'une AGE convoquée une seconde fois. Ceci leur permet pourtant d'inclure davantage d'opérations de titrisation dans l'objet de la société, dont des opérations portant sur des actifs plus risqués. Plus globalement, le rôle des actionnaires est ainsi marginalisé, si bien qu'ils se confondent avec de simples investisseurs. Ce faisant, les actuelles dispositions applicables à la société de titrisation doivent être écartées pour permettre un retour aux quorums applicables aux SA de droit commun. Ces derniers ne risquent pas d'entraver la prise de décision en cas d'absentéisme. En effet, sauf clause contraire, le quorum de l'assemblée générale ordinaire est égal au cinquième des actions ayant le droit de vote sur première convocation. Aucun quorum n'est requis en cas de seconde convocation [1]. Sauf clause contraire, le quorum de l'assemblée générale extraordinaire est fixé au quart des actions sur première convocation et au cinquième des actions en cas de seconde convocation[2]. Ces quorums permettent un bon compromis entre la participation minimale des actionnaires et une prise de décisions efficace. Ils peuvent, en tant que tels, être repris dans la SAS, si les actionnaires souhaitent en imposer.

341. Liberté dans la SAS. Le fonctionnement des assemblées de la société titrisation constituée sous la forme d'une SAS est laissé à la discrétion des associés. Les statuts de la société de titrisation déterminent donc les décisions devant être prises par les associés. Sachant que sont nécessairement de la compétence exclusive de l'assemblée générale des associés, les décisions en matière « d'augmentation, d'amortissement ou de réduction de capital, de fusion, de scission, de dissolution, de transformation en une société d'une autre forme, de nomination de commissaires aux comptes, de comptes annuels et de bénéfices »[3]. Ce noyau dur de sujets garantit ainsi une participation minimale des associés. Les statuts établissent également les formes et conditions des décisions sociales[4]. Ils peuvent donc écarter tout quorum ou fixer un quorum relativement bas.

Ces règles issues du droit commun n'ont pas besoin d'être adaptées à la société de titrisation. Fixer des quorums en amont ou allonger la liste des compétences exclusives de l'assemblée générale dénaturerait la SAS, dont la liberté des associés est caractéristique. Par ailleurs, l'exercice de leur liberté par les associés témoigne de leur participation à la vie sociale. En effet, même

---

[1] Art. L. 225-98, al. 2, C. com.
[2] Art. L. 225-96, al. 2, C. com.
[3] Art. L. 227-9, al. 2, C. com.
[4] Art. L. 227-9, al. 1er, C. com.

s'ils ne participent pas à la rédaction des statuts originaux, ils peuvent toujours procéder à des modifications statutaires.

342. Assemblées d'actionnaires au sein des compartiments. En cas de compartimentation, les assemblées peuvent être complétées par d'autres assemblées réunissant les actionnaires dont les actions sont affectées au même compartiment[1]. Ces assemblées sont notamment compétentes pour décider de l'augmentation des engagements des associés du compartiment et pour approuver les comptes établis distinctement pour chaque compartiment[2], ce qui ne dispense pas l'assemblée générale des associés de la société de titrisation d'approuver les comptes de la société dans leur ensemble. Cette participation des associés au sein des différentes assemblées garantit leur collaboration à l'activité sociale et assure le rétablissement de leur qualité d'actionnaire.

343. Rétablissement de la qualité d'associé. Les associés de l'actuelle société de titrisation n'ont d'associé que le nom et correspondent davantage à des investisseurs[3], dans la mesure où ils ne présentent pas de véritable *affectio societatis*. La participation aux assemblées d'actionnaires et la réalisation des apports qui la concrétisent font effectivement défaut[4]. La rénovation du régime applicable à la société de titrisation permet néanmoins de les rétablir. En particulier, le régime de droit commun applicable aux assemblées permet aux actionnaires de la nouvelle société de titrisation d'exprimer leur *affectio societatis* de façon effective. En effet, l'activité technique de cette société la rend plutôt rétive à une participation active des actionnaires dans sa gestion courante. Grâce à l'internalisation des gestionnaires de l'opération de titrisation, les associés participent indirectement à la gestion par le biais des assemblées. Ils la contrôlent notamment via l'approbation des comptes, les questions posées au dirigeant et leur révocation. L'effectivité de leur participation est alors uniquement fonction de leur volonté. À ce titre, le risque d'absentéisme et l'incompétence des associés ne permettent pas à l'assemblée générale de contrôler parfaitement les organes de gestion[5]. L'intervention d'un commissaire aux comptes et d'un dépositaire est donc nécessaire.

---

[1] Les associés dont les actions sont affectées à un compartiment participent au résultat du compartiment visé. V. *supra* n° 311.
[2] V. actuellement art. L. 214-175, II, C. mon. fin.
[3] Sur cette question, v. *supra* n° 228 et s. ; v. aussi F.-X. LUCAS, « Les actionnaires ont-ils tous la qualité d'associé ? Brefs propos discursifs autour du thème de l'associé et de l'investisseur », art. préc. ; F.-X. LUCAS, « Du contrat de société au contrat d'investissement », art. préc.
[4] V. *supra* n° 233.
[5] P. MERLE et A. FAUCHON, *Sociétés commerciales*, *op. cit.*, n° 561, p. 679.

C. *Les organes de contrôle de la société de titrisation*

344. La présence d'un commissaire aux comptes et d'un dépositaire est indispensable au sein de la société de titrisation pour assurer la sécurité de l'opération financière, notamment à travers la surveillance des comptes mais également la conservation des actifs. À cet égard, ces deux acteurs doivent être qualifiés d'organes plutôt que de mandataires. Ils font effectivement partie de la structure de la société de titrisation et sont amenés à exprimer la volonté de cette personne morale dans leurs domaines respectifs[1]. De plus, la qualification d'organe est déjà largement admise pour les commissaires aux comptes[2]. Elle doit être adoptée pour le dépositaire car elle l'intègre à l'organisation sociale et permet de lui attribuer certaines compétences et certains pouvoirs en considération des prérogatives des autres organes. Cette qualification permet également de rendre sa présence obligatoire puisque la fonction du dépositaire est alors protégée par le principe d'organisation légale de la société de titrisation.

Le rôle de contrôle de l'assemblée générale ayant déjà été envisagé, il convient d'étudier successivement le commissaire aux comptes (1) et le dépositaire (2) de la société de titrisation.

1. Le commissaire aux comptes

345. Présence obligatoire des commissaires aux comptes. La désignation de commissaires aux comptes est obligatoire dans l'actuelle société de titrisation constituée sous la forme de société anonyme[3]. Leur intervention n'est donc pas soumise au dépassement des seuils de droit commun ou à la demande des actionnaires[4]. Cette obligation doit être maintenue dans la société de titrisation refondue et étendue à la société de titrisation constituée sous la forme de SAS. En effet, les dispositions issues du droit commun des sociétés ne garantissent pas l'intervention d'un commissaire aux comptes dans la société de titrisation dans la mesure où les seuils fixés ont peu de chance d'être atteints. L'obligation de désigner un commissaire aux comptes naît lors de la clôture d'un exercice social dépassant deux des trois seuils suivants : un total du bilan de 4 millions d'euros, un montant hors taxe du chiffre d'affaires de 8 millions d'euros, un nombre moyen de 50 salariés au cours de l'exercice. La société de titrisation n'a

[1] P. Le Cannu et B. Dondero, *Droit des sociétés*, *op. cit.*, n° 454, p. 332.
[2] V. not. P. Merle et A. Fauchon, *Sociétés commerciales*, *op. cit.*, n° 563, p. 682 ; P. Le Cannu et B. Dondero, *Droit des sociétés*, *op. cit.*, n° 517, p. 386 ; M. Germain et V. Magnier, *Les sociétés commerciales*, *op. cit.*, n° 753, p. 551 ; D. Poracchia, L. Merland et M. Lamoureux, « Commissaire aux comptes », *Rép. soc.*, Dalloz, juillet 2021, n° 18.
[3] Art. L. 214-179, I, 4°, C. com.
[4] Art. L. 225-218, L. 227-9-1 C. com et art. D. 221-5, C. com. applicable par renvoi des articles D. 225-164-1 et D. 227-1, C. com.

généralement pas de salariés. Seuls les seuils de bilan et de chiffre d'affaires sont donc *a priori* susceptibles d'être dépassés. Cependant, les documents comptables de diverses sociétés de titrisation mettent en évidence une absence de chiffre d'affaires[1].

Une telle dérogation au droit commun des sociétés se retrouve dans d'autres sociétés de droit financier. Par exemple, la présence d'un commissaire aux comptes est obligatoire dans les SICAV[2]. Elle est également imposée dans les sociétés civiles de placement immobilier et les sociétés d'épargne forestière[3]. Par ailleurs, jusqu'à ce que la loi PACTE du 22 mai 2019 uniformise le régime applicable aux commissaires aux comptes, les SAS qui contrôlaient une ou plusieurs sociétés ou qui étaient contrôlées par une ou plusieurs sociétés avaient aussi l'obligation d'en désigner un[4].

La désignation d'un commissaire aux comptes suppléant doit également être exigée[5]. Ceci évite que la société de titrisation ne soit privée de commissaire aux comptes. Cela garantit également le remplacement rapide du commissaire défaillant.

346. Modalités de désignation dans la SA. Dans le cadre de l'actuelle société de titrisation constituée sous la forme d'une société anonyme, la désignation du commissaire aux comptes est de la compétence du conseil d'administration, et non de l'assemblée générale ordinaire[6]. Ce pouvoir du conseil d'administration se justifie par la passivité des actionnaires de la société de titrisation, comparable à celle des copropriétaires du FCT[7]. Une telle inertie se retrouve également dans les grandes sociétés par actions, sans que la désignation du commissaire aux comptes échappe pour autant à la compétence de l'assemblée générale ordinaire. Par ailleurs, cette dérogation participe à la perte de contrôle des actionnaires de la société de titrisation. Elle peut également générer des conflits d'intérêts dans la nouvelle société de titrisation. En effet, la gestion quotidienne n'est pas de la compétence du conseil d'administration. Cependant, la société de gestion qui en est chargée peut être un administrateur et participerait dès lors, à la désignation du commissaire aux comptes. Or, si la collégialité du conseil d'administration limite les conflits d'intérêts, elle ne les élimine pas totalement, si bien que le droit commun des SA est plus adapté à la nouvelle société de titrisation. En

---

[1] V. not. les documents comptables des sociétés Natixis Loan Funding, MAGENTA Funding ST et ESNI.

[2] Art. L. 214-7-2, C. mon. fin.

[3] Art. L. 214-110, C. mon. fin.

[4] V. anc. art. L. 277-9-1, C. com.

[5] *contra* art. L. 214-179, I, 4°, C. mon. fin.

[6] Art. L. 214-179, I, 4°, C. mon. fin. comp. art. L. 225-218, al. 1er, C. com.

[7] Sur la passivité des copropriétaires et les modalités de désignation des commissaires aux comptes, v. P. LE CANNU, T. GRANIER et R. ROUTIER, *Droit commercial*, *op. cit.*, n° 845, p. 638.

application de ce dernier, le conseil d'administration propose aux actionnaires un commissaire aux comptes[1]. Il se contente ainsi d'influencer leur choix. En principe, le dirigeant exécutif ayant la qualité d'administrateur participe à la sélection d'un candidat, sauf si les actions de la société sont admises aux négociations sur un marché règlementé[2]. Il convient néanmoins, dans le cadre de la société de titrisation, d'autoriser la participation du directeur général administrateur au choix du commissaire aux comptes même dans le cas où les actions sont admises à la négociation sur les marchés règlementés. Du fait de son activité, la société de gestion peut connaitre des commissaires aux comptes « spécialisés » dans les organismes de placement collectif et peut donc proposer des acteurs compétents, facilitant le contrôle des comptes.

347. Modalités de désignation dans la SAS. La dérogation en matière de désignation des commissaires aux comptes n'existe pas expressément dans la société de titrisation constituée sous la forme d'une SAS[3]. L'article L. 227-9-1 du Code de commerce donne compétence aux assemblées et doit être appliqué à la société de titrisation réformée.

348. Missions et moyens du commissaire aux comptes. Le commissaire aux comptes de la société de titrisation exerce les missions listées aux articles L. 823-9 et suivants du Code de commerce. Il est principalement chargé de contrôler et de certifier les comptes de la société de titrisation. Il est également chargé de contrôler les informations contenues dans le rapport de gestion du conseil d'administration et dans les documents adressés aux actionnaires sur la situation financière et les comptes annuels[4]. Cette mission de contrôle est adaptée à la société de titrisation et à ses particularités. Par ailleurs, un plan de mission et un programme de travail annuels doivent être établis par écrit, en tenant compte notamment de la forme juridique de la personne contrôlée et de la nature de ses activités[5]. Le commissaire peut également certifier les comptes et informations présentés dans le prospectus en cas d'offre au public des titres de la société[6]. Pour exercer cette mission, le commissaire est doté de larges pouvoirs. Il peut ainsi procéder à toutes les vérifications et contrôles qu'il juge opportuns. Il peut également se faire communiquer sur place toutes les pièces qu'il estime utiles à l'exercice de sa mission et notamment tous contrats, livres, documents comptables et registres des procès-verbaux[7].

---

[1] Art. L. 225-228, C. com.
[2] Art. L. 22-10-66, C. com.
[3] L'article L. 214-179 du Code monétaire et financier posant cette dérogation ne vise que les sociétés anonymes.
[4] Art. L. 823-10, C. com.
[5] Art. R. 823-11, C. com.
[6] Art. 212-15, RG, AMF.
[7] Art. L. 823-13, al. 1er, C. com.

En application du droit commun, le commissaire aux comptes est aussi investi d'une mission d'information. Il doit notamment informer l'assemblée générale des associés et les organes de gestion de toute irrégularité ou inexactitude qu'il constate [1]. L'actuel article L. 214-178 I 4° du Code monétaire et financier doit en partie être supprimé en ce qu'il ne permet pas l'information de l'assemblée générale des associés. En revanche, il faut reprendre l'obligation d'information de l'AMF et l'étendre à la société de titrisation constituée sous la forme d'une SAS.

La présence obligatoire du commissaire aux comptes couplée avec les règles issues du droit des SA et SAS assurent un contrôle effectif de la gestion de la société de titrisation. De façon originale, ce contrôle est complété par celui d'un dépositaire.

2. Le dépositaire

349. Le dépositaire de la société de titrisation est un organe indispensable de la société de titrisation puisqu'il participe à la bonne exécution de l'opération financière en veillant à la conservation de la valeur de l'organisme. Cet organe est inconnu des sociétés de droit commun. Son statut (a) et ses fonctions (b) sont inspirés du régime des dépositaires d'organisme de titrisation.

a. Le statut du dépositaire

350. Nature organique. Le dépositaire est l'un des organes légaux de contrôle de la société de titrisation[2]. À cet effet, il est doté par la loi d'une compétence propre, identique à celle dont il dispose dans les actuels organismes de titrisation. Il conserve ainsi les actifs de la société de titrisation, veille au suivi de ses flux financiers et surveille la société de gestion. Sa qualification d'organe permet de l'intégrer à l'organisation sociale et de mettre fin aux difficultés entourant son lien avec la société de titrisation. En effet, contrairement aux dispositions légales, le dépositaire s'avère actuellement être le cocontractant de la société de gestion et non celui de la société de titrisation[3].

Le dépositaire est nécessairement un organe à part entière de la société de titrisation. S'il a la possibilité de siéger au sein du conseil d'administration de la société de titrisation constituée sous la forme d'une SA, le statut d'administrateur ne lui permet pas d'exercer pleinement ses missions. Ce

---

[1] Art. L. 823-12, al. 1er et L. 823-16, I, 3°, C. com.

[2] Sur la nécessité d'en faire un organe, v. *supra* n° 264 et n° 344. Sur cette qualification appliquée aux commissaires aux comptes, v. not. P. Le Cannu et B. Dondero, *Droit des sociétés*, *op. cit.*, n° 517, p. 386.

[3] Sur ces difficultés dans nos organismes de titrisation actuels, v. *supra* n° 36.

dernier lui permet uniquement de contrôler la société de gestion. Les administrateurs veillent à la mise en œuvre des grandes orientations qu'ils fixent et à toute affaire concernant la bonne marche de la société en procédant à tous les contrôles et vérifications nécessaires[1], et donc nécessairement en surveillant la société de gestion assurant la direction générale de la société. Cependant, le fonctionnement du conseil d'administration étant collégial, la voix du dépositaire est néanmoins diluée parmi celles des autres administrateurs et notamment de la société de gestion. L'effectivité de son contrôle ne peut donc être assurée qu'en lui réservant cette surveillance à travers sa qualité d'organe indépendant. Cette qualification d'organe se justifie également par le fait que la conservation des actifs et le suivi des flux financiers n'entrent pas dans les attributions d'un administrateur[2].

351. Respect de l'organisation légale. La création de cet organe spécifique au sein de la SA particulièrement structurée n'est pas source de difficulté puisqu'elle ne remet pas en question son organisation légale[3] et la répartition des compétences entre ses différents organes. La liberté caractéristique de la SAS facilite quant à elle l'intégration du dépositaire au schéma organisationnel de cette société, qui ne heurte pas l'organisation sociale minimaliste. En revanche, son existence ne doit pas être conditionnée par des dispositions statutaires, si bien que sa présence doit être obligatoire dans toute société de titrisation.

352. Identité du dépositaire. Pour maximiser la sécurité de l'opération financière, le législateur doit fixer légalement le statut du dépositaire. À cet égard, il suffit de reprendre les dispositions actuelles du Code monétaire et financier et du règlement général de l'AMF détaillant le régime lui étant applicable. Le dépositaire doit être « un établissement de crédit établi dans un État partie à l'Espace économique européen, ou tout autre établissement choisi sur une liste d'entités arrêtée par le ministre chargé de l'économie » ayant son siège ou une succursale en France[4]. Pour limiter les conflits d'intérêts, une société de gestion ou un sponsor ne peuvent être dépositaire. Réciproquement, le dépositaire ne peut exercer d'activités qui concernent « la société de gestion agissant pour son compte ou son sponsor, qui seraient susceptibles d'engendrer des conflits d'intérêts entre l'organisme de titrisation, les porteurs de parts, les porteurs de titres de créance ou les actionnaires de cet organisme de titrisation, la société de gestion et le dépositaire lui-même, à moins que le dépositaire n'ait séparé, sur le plan fonctionnel et hiérarchique, l'exécution de ses tâches de dépositaire et ses autres tâches et que les conflits d'intérêts potentiels aient

---

[1] Art. L. 225-35, al. 1er et al. 3, C. com.
[2] V. art. L. 225-35, al. 1er, C. com.
[3] Civ., 4 juin 1946, préc.
[4] Art. L. 214-175-2, I, C. mon. fin.

été identifiés, gérés, suivis et révélés aux porteurs de parts, de titres de créance ou aux actionnaires de l'organisme de titrisation de manière appropriée »[1].

353. Désignation et révocation du dépositaire. Intervenant avant l'adoption définitive des statuts, lors du dépôt des fonds, le dépositaire est nécessairement choisi par les fondateurs de la société de titrisation. Plusieurs possibilités existent concernant les modalités de sa révocation et de son remplacement. Tout d'abord, cette compétence peut appartenir à l'assemblée générale. Cela se justifie par le fait que la désignation d'un dépositaire participe *in fine* du pouvoir de contrôle de l'assemblée. Ensuite, cette compétence peut être confiée aux organes de gestion. Dans la SA de droit commun, le conseil d'administration a en partie pour mission de procéder aux nominations de certains organes de la société[2]. Suivant ce modèle, la nomination, la fixation de la rémunération et la révocation, du dépositaire peuvent donc lui être confiées. Cette compétence est quelque peu artificielle lorsque le dépositaire a également la qualité d'administrateur. Cependant, dans cette hypothèse, le dépositaire est nommé administrateur par les actionnaires de la société de titrisation, ce qui suffit à légitimer sa présence. Dans la SAS, cette compétence appartiendrait alors à l'organe de gestion existant. Enfin, un organe de gestion peut proposer un dépositaire à l'assemblée générale. L'auteur de cette proposition peut être le dirigeant exécutif, c'est-à-dire la société de gestion. Cette solution est la plus opportune. Amenée à collaborer étroitement avec le dépositaire, la société de gestion présente effectivement un dépositaire dans lequel elle place sa confiance. En ratifiant ce choix, les actionnaires conservent une part de leur pouvoir.

La révocation doit, quant à elle, être laissée à la compétence de l'assemblée, la société de gestion ayant la possibilité de solliciter sa révocation auprès des actionnaires. La révocation du dépositaire doit être fondée sur l'existence d'un juste motif qui se définit comme la faute commise dans le cadre de la conservation des actifs de la société ou du suivi des flux. Dans l'hypothèse où les associés souhaitent que le dépositaire soit également administrateur de la société, il est opportun de conditionner la qualité de dépositaire à celle d'administrateur. De ce fait, l'administrateur révoqué de ses fonctions ne peut plus être dépositaire. Ce faisant, le statut du dépositaire est ainsi largement délimité, laissant peu de place à la liberté des acteurs. Ceci est source de sécurité pour l'opération financière et cette démarche doit être prolongée dans le cadre de l'exercice de ses fonctions.

---

[1] Art. L. 214-175-3, 2°, C. mon. fin.

[2] V. not. art. L. 225-51-1, C. com. sur la détermination du mode de direction générale de la société et la désignateur du directeur.

b. L’exercice des fonctions

354. Les pouvoirs du dépositaire garantissent l’accomplissement de ses missions (α). En cas d’inexécution, le dépositaire engage sa responsabilité (β).

α. Les pouvoirs du dépositaire

355. Prérogatives du dépositaire. Les dispositions du Code monétaire et financier et du règlement général de l’AMF relatives aux modalités d’exercice de la gestion du dépositaire doivent être reprises dans la nouvelle société de titrisation. Le dépositaire est ainsi tenu d’agir de manière honnête, loyale, professionnelle et indépendante. Les statuts de la société de titrisation peuvent être plus précis et indiquer dans quelle mesure il contrôle la conformité de la gestion opérée. Par ailleurs, les pouvoirs du dépositaire sont les mêmes que dans les actuels organismes de titrisation. Il peut notamment demander tout élément utile à la société de gestion[1]. Les autres organes de la société doivent également répondre à toutes ses demandes d’information. Afin de lui permettre d’exercer pleinement sa mission, le régime légal de société de titrisation doit l’autoriser à effectuer toutes les vérifications et contrôles qu’il juge nécessaire. De plus, le dépositaire doit informer les actionnaires, les dirigeants, et toute autre entité chargée du contrôle et de la surveillance de l'organisme de titrisation de toute irrégularité constatée dans sa gestion[2].

356. Délégation de la conservation des actifs. La possibilité offerte au dépositaire de déléguer la conservation des actifs de la société de titrisation doit être reprise, tout comme le régime l’accompagnant[3]. Ainsi, même en cas de délégation, le dépositaire est personnellement responsable de la perte des actifs. Il ne peut s’exonérer qu’en démontrant qu’il a respecté les obligations concernant la délégation de ses tâches de conservation. Il doit également établir qu’un contrat écrit conclu avec le délégataire lui transfère expressément sa responsabilité et prévoit la possibilité pour l'organisme de titrisation de déposer une plainte contre ce tiers au titre de la perte d'instruments financiers, ou au dépositaire de déposer plainte en son nom[4]. L’article L. 214-175-6 III du Code monétaire et financier requiert enfin un contrat écrit entre le dépositaire et l'organisme de titrisation autorisant expressément une décharge de sa responsabilité et mentionnant les raisons objectives la justifiant. En revanche, le dépositaire étant un organe de la société de titrisation, cette décharge ne doit pas être envisagée dans un contrat

[1] V. not. art. 323-53, RG AMF.
[2] Sur cette alerte des entités chargées du contrôle et de la surveillance de l’organisme, voir actuellement art. 323-63, RG AMF.
[3] V. not. sur le sujet X. de Kergommeaux, « Titrisation », *op. cit.*, nº 76.
[4] Art. L. 214-175-6, III, C. mon. fin.

mais dans les statuts. *In fine*, le dépositaire de la nouvelle société de titrisation exerce ses fonctions de la même manière que dans les actuels organismes de titrisation, facilitant la réception d'une réforme par les praticiens. En revanche, le régime de responsabilité du dépositaire doit être modifié afin de supprimer le risque de double indemnisation des investisseurs.

β. Le régime de responsabilité du dépositaire

357. Responsabilité du dépositaire dans l'ordre interne. Le changement de statut du dépositaire implique de repenser le régime de sa responsabilité en se fondant sur les règles du droit commun des sociétés. Le dépositaire engage ainsi sa responsabilité civile délictuelle envers la société et les associés pour les fautes et négligences qu'il commet, telle que la perte d'instruments financiers ou de tout autre élément d'actif[1]. À cet égard, la répartition entre les obligations de moyen et de résultat du dépositaire issue de l'actuelle règlementation des organismes de titrisation doit être reprise. La conservation des instruments financiers de la société de titrisation est ainsi une obligation de résultat. Le dépositaire est donc responsable de la perte desdits instruments, par lui-même ou par un tiers auquel il en aurait délégué la conservation, à moins qu'il ne parvienne à démontrer que cette perte résulte d'un élément extérieur[2]. La charge de la preuve est ainsi allégée pour les demandeurs à l'action qui n'ont qu'à établir la perte desdits instruments. En revanche, les obligations de surveillance de la société de gestion et de conservation des actifs autres que les instruments financiers sont ainsi des obligations de moyens[3], et le demandeur à l'action en responsabilité doit établir que le dépositaire n'a pas exécuté son obligation en raison d'un manque de diligence[4]. À cet égard, la preuve d'un manquement à l'obligation de surveillance de la société de gestion est difficile à rapporter, sauf en présence d'une violation des dispositions règlementaires n'ayant pas été signalée par le dépositaire.

358. Action en responsabilité. La société de titrisation est représentée par son représentant légal – la société de gestion – lorsqu'elle engage la responsabilité du dépositaire. Elle peut également être représentée par les actionnaires dans le cadre d'une action *ut singuli*. *A priori,* les actionnaires ne devraient pas pouvoir invoquer une telle action, le dépositaire n'étant pas un dirigeant de la société. Cependant, cette action est un gage de sécurité

---

[1] V. actuellement art. L. 214-175-6, I, C. mon. fin.

[2] Art. L. 214-175-6, I, al. 1er, C. mon. fin.

[3] X. de KERGOMMEAUX, C. VAN GALLEBAERT et B. DE MEAUX-BECDELIEVRE, « La responsabilité du dépositaire d'un fonds commun de titrisation », *RTDF*, septembre 2009, n° 3, p. 112 et s., spéc. p. 115.

[4] V. actuellement art. L. 214-175-6, I, al. 3, C. mon. fin.

puisqu'elle permet à la société de titrisation d'engager ensemble la responsabilité du dépositaire et de la société de gestion. Par ailleurs, les actionnaires peuvent rechercher la responsabilité du dépositaire dans le cadre d'une action individuelle lorsqu'ils démontrent qu'ils ont subi un préjudice personnel.

359. Responsabilité du dépositaire à l'égard des tiers. Le dépositaire est également responsable à l'égard des tiers pour les fautes et négligences qu'il commet. En raison de la mission exercée par le dépositaire, ceux-ci n'ont pas à démontrer l'existence d'une faute détachable de ses fonctions. En effet, si cette dernière doit être caractérisée pour engager la responsabilité des dirigeants et des associés[1], elle n'est pas envisagée pour les membres de certains organes de contrôle comme le conseil de surveillance[2] ou les commissaires aux comptes[3]. La personnalité morale ne fait effectivement pas parfaitement écran pour ces organes en raison de leur mission d'intérêt général. Or, le dépositaire exerce lui aussi une mission d'intérêt général puisqu'en tant qu'acteur prudentiel, il participe à la sécurité de l'opération de titrisation menée par la société de titrisation et partant à la sécurité des marchés financiers.

En pratique, les cas dans lesquels la responsabilité du dépositaire peut être engagée par les tiers sont réduits, ces derniers devant démontrer qu'ils ont subi un préjudice personnel. Or, la plupart des manquements du dépositaire créent un préjudice à la société de titrisation avant de se répercuter sur les tiers.

360. Responsabilité pénale. Le dépositaire est responsable pénalement dans les conditions de droit commun, notamment au titre d'un abus de confiance ou de toute infraction concernant les organismes de placement collectif définies aux articles L. 231-3 et suivants du Code monétaires et financier. En revanche, n'ayant pas le statut de dirigeant de la société de titrisation, il ne peut se rendre coupable d'un abus de biens sociaux[4].

361. Réussissant à concilier les impératifs de l'opération financière et le droit des sociétés, le régime de la nouvelle société de titrisation reprend les organes des SA et SAS, tout en imposant la présence d'un commissaire aux

---

[1] V. en ce sens à propos des dirigeants et associés, Com., 28 avril 1998, préc. ; Com., 18 février 2014, n° 12-29.752, préc.

[2] Sur cette responsabilité des membres du conseil qui n'est jamais envisagée à l'égard des tiers, v. not. P. Merle et A. Fauchon, *Sociétés commerciales*, *op. cit.*, n° 513, p. 626 ; P. Le Cannu et B. Dondero, *Droit des sociétés*, *op. cit.*, n° 845, p. 628 ; P. Le Cannu et S. Kouhaiz, « Directoire et conseil de surveillance », *op. cit.*, n° 276 et s. ; H. Azarian, « Fasc. 133-60 : Conseil de surveillance », *JCl. Sociétés Traité*, LexisNexis, mars 2022, n° 44 et s. ; M. Germain et V. Magnier, *Les sociétés commerciales*, *op. cit.*, n° 744, p. 544.

[3] Art. L. 822-17, C. com.

[4] Art. L. 242-6, 3°, C. com.

comptes et d'un dépositaire. Leur organisation ne diffère pas sensiblement selon la forme sociale choisie et le régime qui leur est applicable est majoritairement issu du droit commun des sociétés – ou du droit financier pour le dépositaire. Il sera ainsi aisé pour les praticiens de se familiariser à la nouvelle société de titrisation. De plus, ce nouveau régime permet de revitaliser le droit commun des sociétés qui était largement écarté au sein de l'actuelle société de titrisation, comme le montre le rétablissement de la participation des associés. En effet, les aménagements du droit commun proposés sont limités et indispensables à la conduite de l'opération de titrisation. C'est également dans cet esprit que les règles applicables à la disparition de la société de titrisation sont adaptées.

§ 2 : La disparition de la société de titrisation

362. Dissolution de la société de titrisation. Les règles de droit commun s'appliquent à la dissolution de la nouvelle société de titrisation[1]. Cette dernière est en principe dissoute au terme de l'opération de titrisation et du paiement des investisseurs. En présence de plusieurs opérations, il faut attendre le terme de chacune d'entre elles. Seuls les compartiments dont l'opération est achevée sont liquidés pendant cette période.

En cas d'échec de l'opération de titrisation, la société peut faire l'objet d'une dissolution anticipée. Le droit des procédures collectives est écarté car il ne permet pas un sauvetage de la société de titrisation et aggrave la situation des investisseurs[2] et la société est liquidée dans les conditions prévues par ses statuts et les documents contractuels éventuels.

363. Liquidation de la société de titrisation. La liquidation de la société de titrisation ou de l'un de ses compartiments est normalement règlementée par les statuts de la société. Ces derniers précisent l'ordre de paiement des créanciers sociaux, conformément à l'article L. 237-1 du Code de commerce. À défaut de précisions statutaires, il convient de se référer aux documents d'émission et autres documents ayant pu être adressés aux investisseurs et déterminant leur place dans l'ordre des paiements. Les modalités prescrites s'imposent quelle que soit la situation financière de la société de titrisation. Généralement, ses créanciers courants sont payés avant les investisseurs. Les associés de la société de titrisation sont payés après les investisseurs titulaires de titres de créance[3] et se partagent le *boni* de liquidation. Ils peuvent également en autoriser la distribution à un autre acteur de l'opération de titrisation en amont dans les statuts. Les conventions de cession de créances

---

[1] V. art. 1844-7, C. civ, art. L. 225-246 et art. L. 227-9, C. com.

[2] Sur l'exclusion du droit des procédures collectives, v. *supra* n° 268.

[3] Ils ont donc vocation à contribuer aux pertes de la société. Pour une critique dans l'actuelle société de titrisation v. *supra* n° 53.

peuvent alors mettre en pratique cette décision collective et attribuer le *boni* au cédant des créances, reproduisant ainsi la pratique du surdimensionnement[1]. De ce fait, l'attribution du *boni* à un tiers relève de la seule décision des associés et ne remet pas en cause leur vocation au partage des résultats[2].

La qualité de liquidateur de la société de titrisation doit être réservée à la société de gestion qui dispose des compétences nécessaires à sa mise en œuvre. L'article L. 214-175 IV du Code monétaire et financier lui octroyant une telle compétence doit donc être repris.

364. Conclusion de section. Le fonctionnement de la société de titrisation est celui des SA et SAS de droit commun. Sont ainsi conservées les règles de droit commun applicables en matière fiscales et de fusion, scission et transformation. De même, les modes de directions de ces deux sociétés sont préservés, mis à part le directoire de la SA. En effet, ce mode de direction ne peut être utilisé convenablement dans la société de titrisation car il supposerait que le dépositaire, en tant que membre du conseil de surveillance, participe au choix de la société de gestion en tant que membre du directoire, alors que dans le déroulé de l'opération de titrisation, c'est davantage cette société de gestion qui choisit le dépositaire. Par ailleurs, les dispositions applicables à la société de titrisation imposent que sa direction exécutive soit assurée par la société de gestion et qu'un dépositaire soit chargé de conserver ses actifs et de surveiller la société de gestion. Ces aménagements renforcent ainsi l'effectivité des organes sociaux, notamment de l'assemblée d'actionnaires, sans alourdir le fonctionnement de l'opération financière. Enfin, la disparition de la société est aménagée ponctuellement pour assurer la réalisation de l'opération financière.

365. Conclusion du chapitre. L'enjeu de la règlementation de la nouvelle société de titrisation est de concilier les impératifs des marchés financiers et le droit commun pour permettre une réalisation efficace de l'opération de titrisation sans travestir les qualifications. Empruntant les formes de SA ou de SAS, la société de titrisation a pour trame le régime de droit commun des sociétés, tant au niveau de sa constitution que de son fonctionnement. La spécificité de son objet social justifie certains aménagements, limités et proportionnés aux objectifs de sécurité et d'efficacité poursuivis. La particularité de l'opération de titrisation ne conduit ainsi qu'à de minimes dérogations, lorsque le droit commun ne permet pas d'atteindre le résultat escompté. Il en résulte que les règles dérogatoires au droit commun sont moins nombreuses que dans l'actuelle société de titrisation. À ce titre, elles sont souvent plus contraignantes et sécurisent l'opération financière.

---

[1] V. *supra* n° 252.

[2] Pour une critique dans l'actuelle société de titrisation, v. *supra* n° 45.

Le compromis trouvé facilite ainsi la réception d'une réforme dans la mesure où le régime créé s'avère pragmatique. Il est également facilement compréhensible par les praticiens qui peuvent se référer aux éléments clés de l'opération de titrisation mais aussi du droit des sociétés. En pratique, les dispositions spécifiques à la société de titrisation doivent être conservées au sein du Code monétaire et financier, dans le chapitre relatif aux placements collectifs, pour éviter tout encombrement du Code de commerce et faciliter leur appréhension par les praticiens. Une première disposition introductive doit alors rappeler les deux formes sociales disponibles et l'application du droit commun des sociétés, sauf disposition contraire.

366. Conclusion de titre. La recherche d'un organisme de titrisation respectant les impératifs de l'opération financière et les concepts tirés du droit commun a mis en évidence que l'opération de titrisation pouvait être réalisée grâce à une société personnifiée prenant la forme d'une SA ou d'une SAS. Cette dernière permet d'en réunir les différents piliers patrimoniaux. En effet, le patrimoine social permet d'isoler les actifs et de limiter les risques courus par les différentes parties prenantes à l'opération. Ce cloisonnement des actifs, combiné à l'objet social de la société de titrisation, garantit l'affectation des revenus générés par les actifs titrisés au remboursement des investisseurs. Il peut être affiné grâce à l'utilisation de patrimoines d'affectation, permettant la réalisation de plusieurs opérations de titrisation indépendantes les unes des autres. Par ailleurs, l'émission de titres par la personne morale assure la conversion des actifs titrisés – les créances – en actifs liquides plus attractifs pour les investisseurs. La personne morale sécurise également l'opération en concentrant les rapports juridiques issus de l'opération et en intégrant les différentes parties prenantes à l'opération de titrisation en qualité d'organes. Les investisseurs ou les initiateurs sont ainsi des associés tandis que les gestionnaires de l'organisme sont des dirigeants ou des organes *ad hoc*. Grâce à cette organisation, la société de titrisation n'est pas gérée de façon extériorisée et les prérogatives de ses organes sont toutes effectives. La qualification de société retrouve ainsi le sens qu'elle avait perdu dans l'actuelle société de titrisation. De même, le régime des SA et SAS s'applique largement à la société de titrisation, si bien qu'il n'y a pas de distorsion entre la forme sociale choisie et le régime de la société de titrisation. Le respect du régime des SA et SAS évite ainsi d'altérer ces types sociétaires[1]. Il ne conduit pas non plus à un morcellement des formes sociales ou à une surspécialisation des sociétés, facilitant la compréhension du droit des sociétés[2]. Celui-ci pourrait d'ailleurs être enrichi en cas de généralisation de certaines spécificités de la société de titrisation telles que la compartimentation.

---

[1] V. sur ce point D. BUREAU, « L'altération des types sociétaires », art. préc.

[2] Sur le risque d'éclatement du droit des sociétés en raison de la spécialisation des sociétés, v. D. RANDOUX, « La spécialisation des sociétés », art. préc.

Le recours à une société personnifiée pour permettre la mise en œuvre de l'opération de titrisation était à l'origine motivé par l'autonomie patrimoniale de la société. Cette autonomie n'est cependant pas le propre de la personne morale et peut être obtenue grâce à un patrimoine d'affectation. Exploité sous la forme d'une fiducie-titrisation[1], ce dernier permet également de mettre en œuvre une opération de titrisation et se présente comme une alternative à la technique sociétaire.

---

[1] La paternité de ce terme revient à Monsieur Papaïs qui l'utilise pour désigner la fiducie utilisée aux fins de titrisation, v. L. PAPAÏS, *Titrisation et fiducie*, préc.

TITRE 2 – L'ORGANISME DE TITRISATION, PATRIMOINE FIDUCIAIRE

367. Les pays de *common law* ont été réticents à adopter la théorie de la personnalité morale en vue de réaliser une affectation, et lui ont préféré le *trust*[1]. Ce dernier a ainsi servi de base aux opérations de titrisation menées dans les pays anglo-saxons[2]. En effet, il assure à la fois l'isolement des actifs, leur conversion en actifs liquides et leur gestion par un tiers dans l'intérêt des bénéficiaires. Le *trust* et l'organisation de la propriété à laquelle il conduit sont inconnus du droit français, ce qui explique la tentative de reproduction de ses seuls effets par le biais du FCT. L'étude de ce dernier a néanmoins mis en évidence que son régime, façonné par l'opération financière, ne correspond plus à la qualification de copropriété[3]. Au contraire, cette dernière se révèle être inadaptée à la réalisation de l'opération financière, et le FCT se présente davantage comme un patrimoine d'affectation administré par des acteurs règlementés disposant de pouvoirs prudentiels dont la substance économique est appropriée par les investisseurs grâce à leur droit de créance[4].

Depuis l'introduction de la titrisation en 1988, le droit français a évolué et connait désormais une meilleure alternative au *trust* à travers le patrimoine d'affectation. Cet ensemble de biens autonome affecté à un usage déterminé[5] a effectivement pénétré le droit positif à travers la consécration de la fiducie[6] et du patrimoine professionnel de l'entrepreneur individuel[7]. Cependant,

---

[1] V. not. V. FORTI, *La titrisation des créances en droit comparé*, *op. cit.*, n° 201, p. 156. Pour une présentation du *trust*, v. *supra* n° 7 ; pour une étude complète du *trust*, v. M.-F. PAPANDREOU, *Le droit anglais des biens*, *op. cit.*, n°s 597 et s., p. 415 et s.

[2] V. *supra* n° 7.

[3] V. *supra* n°s 121 et s.

[4] V. *supra* n°s 100 et s.

[5] S. GUINCHARD, *L'affectation des biens en droit privé français*, *op. cit.*, n° 15, p. 15 ; P. BERLIOZ, « Patrimoine d'affectation : esquisse d'un régime général », art. préc., p. 499 ; A.-L. THOMAT-RAYNAUD, *L'unité du patrimoine*, *op. cit.*, n° 904, p. 418 se référant à une utilité déterminée ; M.-C. AUBRY, *Le patrimoine d'affectation*, préc., n° 657, p. 472 qui parle d'une « universalité de droit dont l'existence et la gestion dépendent soit d'une activité, soit de l'intérêt de tiers ou d'un intérêt collectif, les créanciers dont le droit est né à l'occasion de l'activité ou de l'intérêt en cause ayant un droit de gage limité et exclusif sur l'actif dudit patrimoine » ; v. également F. TERRE et P. SIMLER, *Droit civil*, *op. cit.*, n° 23, p. 30 se référant à une destination particulière ; J.-L. BERGEL *et al.*, *Les biens*, *op. cit.*, n° 5, p. 11 ; J. ROCHFELD, *Les grandes notions du droit privé*, *op. cit.*, n°s 13 et s., p. 357 et s.

[6] V. la loi n° 2007-211 du 19 février 2007 instituant la fiducie.

[7] V. la loi n° 2022-172 du 14 février 2022 en faveur de l'activité professionnelle indépendante. Cette loi est venue abroger la loi n° 2010-658 du 15 juin 2010 relative à l'entrepreneur individuel à responsabilité limitée. Cette dernière permettait à l'entrepreneur individuel de créer un ou plusieurs patrimoines professionnels, composé de l'ensemble des biens, droits,

malgré l'occasion qui lui était donnée en 2008 avec la réforme des organismes de titrisation et la reconnaissance de la fiducie l'année précédente, le législateur n'a pas envisagé son utilisation dans le cadre d'opérations de titrisation. Il convient donc de vérifier si le patrimoine d'affectation peut véritablement servir de véhicule *ad hoc.* Il se trouve que ce dernier assume parfaitement la fonction patrimoniale qui incombe à l'organisme de titrisation. Toutefois, le patrimoine d'affectation se réduit à ce rôle d'enveloppe patrimoniale et ne permet pas, à lui seul, de mettre en œuvre l'opération de titrisation. La technique contractuelle doit donc venir en renfort. La fiducie apparaît comme étant le contrat le plus adapté à la réalisation de l'opération financière. Un nouvel organisme peut donc être créé sous la forme d'un patrimoine d'affectation exploité au moyen d'une fiducie-titrisation (chapitre 1). La spécificité de l'opération financière menée grâce à cette fiducie justifie qu'elle soit dotée d'un régime spécifique (chapitre 2).

---

obligations ou sûretés dont l'entrepreneur individuel est titulaire et nécessaires à l'exercice de son activité professionnelle, en procédant à une déclaration d'affectation, jointe d'un état descriptif des biens composant ce patrimoine. Cette affectation était opposable de plein droit aux créanciers dont les droits étaient nés postérieurement à son dépôt, ou antérieurement à son dépôt à la condition que l'entrepreneur individuel à responsabilité limitée l'ait mentionné dans sa déclaration et les en ait informés (anc. art. L. 526-12, C. com.). Dès lors, ces créanciers, dont les droits naissaient de l'exercice de l'activité professionnelle, avaient pour seul gage le patrimoine affecté, tandis que les autres exerçaient leurs droits sur le patrimoine non affecté. Face à la lourdeur de ce mécanisme, le législateur est venu simplifier le statut de l'entrepreneur individuel. Celui-ci a désormais automatiquement un patrimoine professionnel, sans avoir à effectuer de déclaration. Seuls les biens, droits, obligations et sûretés dont il est titulaire et qui sont utiles à son activité ou à ses activités professionnelles indépendantes constituent son patrimoine professionnel. Ils sont saisissables par ses créanciers dont les droits sont nés de l'exercice de son activité professionnelle. Le reste de ses biens, droits, obligations et sûretés, et notamment sa résidence principale font partie de son patrimoine personnel et ne peuvent être saisis par ces derniers.

CHAPITRE 1 : LA FIDUCIE-TITRISATION

368. Depuis sa reconnaissance[1], le patrimoine d'affectation concurrence la société comme technique d'organisation de l'entreprise[2]. Son utilisation dans le cadre de l'opération de titrisation mérite donc d'être envisagée. Il s'avère que le patrimoine d'affectation en réunit les différents piliers. Il peut donc, tout aussi bien que la personne morale, en constituer le pivot (section 1). Cependant, contrairement à cette dernière, il ne fonctionne pas de façon autonome et ne peut réaliser, seul, l'opération financière. Il est ainsi nécessaire que son exploitation soit contractuellement encadrée (section 2). À cet égard, la fiducie paraît être le contrat le plus adéquat, ce d'autant plus que comme le *trust* ou l'opération financière, elle institue une relation à trois personnes.

Section 1 : Le patrimoine d'affectation, pivot de l'opération de titrisation

369. Unité du patrimoine d'affectation. À rebours du principe d'unité du patrimoine, la théorie du patrimoine d'affectation fut dans un premier temps rejetée[3]. Elle est désormais reconnue et peut s'avérer utile dans le cadre de l'opération de titrisation. En effet, selon celle-ci, l'unité des éléments constitutifs du patrimoine n'est pas réalisée autour de la personne par la force de sa volonté, mais autour d'une affectation[4]. Cette dernière justifie que le patrimoine d'affectation réponde des dettes nées de son exploitation[5].

---

1 V. la loi n° 2007-211 du 19 février 2007 instituant la fiducie et la loi n° 2022-172 du 14 février 2022 en faveur de l'activité professionnelle indépendante.

2 Selon les chiffres recueillis par l'Insee, plus des deux tiers des créations d'entreprises en 2022 étaient des entreprises individuelles, bénéficiant d'un patrimoine professionnel, v. https://www.insee.fr/fr/statistiques/6692134#tableau-figure1, consulté le 29 septembre 2023.

3 Pour un exposé de la théorie originelle du patrimoine d'affectation développée par Brinz, v. not. F. BELLIVIER, « Brinz et la réception de sa théorie du patrimoine en France », art. préc.

4 M.-C. AUBRY, *Le patrimoine d'affectation*, préc., n°s 301 et s., p. 222 et s.

5 S. GUINCHARD, *L'affectation des biens en droit privé français*, *op. cit.*, n° 393, p. 338 et s. ; M.-C. AUBRY, *Le patrimoine d'affectation*, préc., n°s 272 et s., p. 199 et s. ; P. BERLIOZ, « Patrimoine d'affectation : esquisse d'un régime général », art. préc., p. 504 ; N. JULLIAN, *La cession de patrimoine*, *op. cit.*, n° 72, p. 80.

Notion fonctionnelle[1], l'affectation correspond à la soumission d'un bien à un usage déterminé[2], à un but[3]. Celui-ci peut être l'exploitation d'une activité définie lors de la constitution du patrimoine[4]. Le patrimoine professionnel de l'entrepreneur individuel s'unifie ainsi autour de son activité professionnelle[5]. Le but peut également être la satisfaction de l'intérêt d'une personne ou d'un groupe de personnes[6]. C'est ainsi que le patrimoine fiduciaire est unifié autour de l'intérêt des bénéficiaires[7]. Fédéré autour d'une opération de titrisation menée dans l'intérêt des investisseurs, le patrimoine d'affectation réunit les critères patrimoniaux nécessaires à la conduite de l'opération financière (§ 1). La reconnaissance du patrimoine d'affectation par le droit positif n'a pas conduit à une rupture totale avec la théorie classique de patrimoine. Un sujet de droit demeure donc à la tête du patrimoine et sert de support à l'opération financière en concentrant les rapports juridiques (§ 2).

§ 1 : L'affectation des actifs dans l'intérêt des investisseurs

370. Les caractéristiques du patrimoine d'affectation permettent de réaliser l'opération de titrisation. Au lieu de procéder à une cession des actifs, notamment des créances, à l'organisme de titrisation personnifié, les actifs titrisés sont isolés au sein du patrimoine d'affectation par le biais d'une cession ou d'une affectation. De ce fait, leur cloisonnement patrimonial est assuré (A). L'affectation est réalisée au profit des investisseurs, ce qui permet de leur réserver les sommes issues du remboursement des créances (B). Ce cloisonnement patrimonial et cette affectation des actifs peuvent même être affinés au sein du patrimoine d'affectation. En effet, ce dernier peut être divisé en sous-patrimoines d'affectation, si bien que la pratique de la compartimentation pourrait être reconduite. Elle est néanmoins superflue en présence d'un patrimoine d'affectation (C).

---

[1] S. GUINCHARD, *L'affectation des biens en droit privé français*, *op. cit.*, n° 51, p. 41 ; M.-C. AUBRY, *Le patrimoine d'affectation*, préc., n° 281, p. 205.
[2] S. GUINCHARD, *L'affectation des biens en droit privé français*, *op. cit.*, n° 15, p. 15.
[3] Sur la notion de patrimoine-but, v. not. F. BELLIVIER, « Brinz et la réception de sa théorie du patrimoine en France », art. préc., p. 169.
[4] Le but est différent selon la nature réelle ou personnelle de l'affectation. Pour une définition de ces affectations, v. S. GUINCHARD, *L'affectation des biens en droit privé français*, *op. cit.*, n° 56, p. 45 ; M.-C. AUBRY, *Le patrimoine d'affectation*, préc., n° 284, p. 206 ; N. JULLIAN, *La cession de patrimoine*, *op. cit.*, n° 73, p. 80.
[5] Art. L. 526-22, C. com.
[6] M.-C. AUBRY, *Le patrimoine d'affectation*, préc., n°s 289 et s., p. 212 et s.
[7] Art. 2011, C. civ.

A. Le cloisonnement patrimonial

371. Isolement des actifs. L'autonomie du patrimoine d'affectation garantit l'isolement des actifs titrisés par rapport aux différentes parties prenantes à l'opération. L'initiateur, la société de gestion, le dépositaire et les investisseurs n'ont donc aucun droit sur ces actifs et leurs créanciers personnels ne peuvent les saisir. Seul le titulaire du patrimoine d'affectation exerce ses prérogatives sur le patrimoine d'affectation. Son action est néanmoins limitée au strict cadre de l'affectation, si bien qu'il ne peut utiliser les actifs titrisés à des fins personnelles. Cet isolement des actifs les protège de l'initiative des parties prenantes et de leurs créanciers, ce qui participe à la sécurité de l'opération financière. Réciproquement, elle permet de protéger les parties prenantes à l'opération en cas de réalisation du risque de crédit. Ces deux protections doivent néanmoins être améliorées.

372. Limite à l'isolement des actifs. L'isolement des actifs au sein du patrimoine d'affectation est imparfait, comme en présence de l'organisme personnifié. En effet, les créanciers personnels de l'initiateur peuvent remettre en cause le transfert opéré au moyen de l'action paulienne. Ce dernier peut également être remis en cause par une application des règles de nullités de la période suspecte en cas de faillite de l'initiateur, ou de tout autre acteur à l'origine de l'affectation. Il est effectivement possible d'annuler tout transfert de biens ou droits dans un patrimoine fiduciaire intervenu au cours de la période suspecte[1]. De même, peuvent être annulés « tout avenant à un contrat de fiducie affectant des droits ou biens déjà transférés dans un patrimoine fiduciaire à la garantie de dettes contractées antérieurement à cet avenant » ainsi que toute affectation ou modification de l'affectation d'un bien par l'entrepreneur intervenu au cours de cette période[2]. Ces règles visent, certes, des patrimoines d'affectation spécifiques. Cependant, il n'est pas exclu que le patrimoine d'affectation employé dans le cadre de la titrisation soit exploité dans le cadre d'un contrat de fiducie. Il ne serait alors pas protégé contre le risque de faillite de l'initiateur. Par ailleurs, les règles de nullités de la période suspecte peuvent facilement être étendues à tout nouveau patrimoine d'affectation par le législateur, quel que soit son objet. L'isolement des actifs doit donc être garanti en permettant une dérogation à l'application des articles du Livre VI du Code de commerce dans le cadre d'une opération de titrisation.

373. Minimisation des risques des parties prenantes. Le patrimoine d'affectation permet de réduire les différents risques encourus dans le cadre

[1] Art. L. 632-1, I, 10°, C. com.
[2] Art. L. 632-1, I, 1 1°, 1 2°, C. com.

d'une opération de titrisation puisqu'il est une masse à responsabilité limitée[1], répondant en principe exclusivement des dettes nées de son exploitation. Les parties prenantes ne sont donc pas obligées aux dettes du patrimoine. Le risque pris par les investisseurs est ainsi limité à leur investissement, les sommes qu'ils investissent rejoignant le patrimoine d'affectation et étant perdues en cas d'échec de l'opération.

374. Étanchéité patrimoniale à renforcer. Les patrimoines d'affectation consacrés par le législateur présentent différents degrés d'étanchéité[2]. Le patrimoine d'affectation de l'entrepreneur individuel est ainsi très hermétique. Le droit de gage de ses créanciers professionnels porte uniquement sur le patrimoine professionnel tandis que celui de ses créanciers personnels porte en principe sur son patrimoine personnel. Son cloisonnement est toutefois imparfait puisque le droit de gage de l'administration fiscale et des organismes de sécurité sociale porte sur l'ensemble des patrimoines professionnel et personnel de l'entrepreneur individuel en cas de manœuvres frauduleuses ou d'inobservation grave et répétée à ses obligations et pour certaines impositions[3]. De même, en cas d'insuffisance de son patrimoine personnel, ses créanciers personnels peuvent exercer leur droit de gage sur le patrimoine professionnel, dans la limite du montant du bénéfice du dernier exercice clos[4]. Le patrimoine fiduciaire est, quant à lui, encore plus poreux. En principe, en cas d'insuffisance de ce dernier, le patrimoine personnel du constituant ou du fiduciaire sert de gage commun aux créanciers du patrimoine fiduciaire. Le contrat de fiducie peut néanmoins y déroger, sous réserve de l'acceptation des créanciers du patrimoine fiduciaire[5].

L'étanchéité de ces patrimoines d'affectation consacrés par le droit positif est insuffisante dans le cadre de l'opération de titrisation. En effet, le patrimoine d'affectation utilisé doit permettre un cloisonnement patrimonial parfait en vue de protéger tous les acteurs d'un échec de l'opération de titrisation, cette hypothèse se rencontrant principalement en cas de défaillance massive des débiteurs des créances titrisées. La responsabilité, même subsidiaire, de l'initiateur l'empêcherait de se défaire des risques attachés aux créances titrisées, et priverait en partie d'utilité l'opération. La responsabilité subsidiaire des gestionnaires de l'organisme n'est pas non plus satisfaisante

---

[1] V. not. M.-C. AUBRY, *Le patrimoine d'affectation*, préc., n°s 239 et s., p. 171 et s.
[2] V. not. en ce sens J. ROCHFELD, *Les grandes notions du droit privé*, *op. cit.*, n° 16, p. 465 et s. qui distingue plusieurs niveaux d'affectation selon le caractère plus ou moins hermétique de la séparation introduite entre le patrimoine principal et le patrimoine affecté. Le premier niveau ne permet d'ailleurs pas de reconnaitre un véritable patrimoine séparé et se limite à une simple affectation. V. également H. GAZIN, *Essai critique sur la notion de patrimoine dans la doctrine classique*, A. Rousseau éditeur, 1910, p. 363 qui distingue patrimoine de conservation, d'administration et de liquidation dont seuls les deux derniers sont parfaitement séparés.
[3] Art. L. 526-24, C. com.
[4] Art. L. 526-22, C. com.
[5] Art. 2025, al. 2 et 3, C. civ.

puisqu'ils n'ont pas vocation à supporter les risques attachés aux actifs titrisés. Au contraire, cette responsabilité les dissuaderait de gérer une telle opération. Enfin, les investisseurs ne peuvent pas être responsables en cas d'insuffisance du patrimoine d'affectation, car cela ne leur permettrait pas de limiter leurs pertes au montant de leur investissement, les dissuadant de procéder à cet investissement. L'étanchéité du patrimoine d'affectation étant actuellement fonction de la volonté du législateur[1], nul doute que dans le cadre d'une reconstruction des organismes de titrisation, il permette un cloisonnement patrimonial parfait. En effet, il adopte actuellement une telle position dans le cadre du FCT, dont l'actif répond exclusivement du passif, à rebours du droit commun de l'indivision[2]. Or, si l'indivision est en principe une « affectation de niveau 1 » [3], disposant d'un actif et d'un passif propre, sa porosité empêche en principe de considérer que la masse de biens est séparée du patrimoine principal des indivisaires[4]. Cela explique notamment que les créanciers des indivisaires puissent en provoquer le partage[5].

Par ailleurs, en plus d'assurer la sécurité des acteurs, cette étanchéité doit également être accordée par le législateur dans la mesure où elle conditionne la réservation des flux financiers générés par les actifs au profit des investisseurs.

B. La réservation des flux financiers au profit des investisseurs

375. Attribution des flux financiers pour les investisseurs. Dans l'opération de titrisation, les investisseurs ont vocation à recevoir les flux financiers générés par les créances, isolées au sein du patrimoine d'affectation. Cette réservation des flux s'effectue en organisant leur perception par les investisseurs, mais également en s'assurant que la gestion des actifs compris au sein du patrimoine s'effectue en leur faveur. Deux techniques peuvent être utilisées pour assurer l'attribution des flux aux investisseurs. Ces derniers peuvent être titulaires ou créanciers du patrimoine d'affectation. Dans le second cas, ils ne peuvent saisir les biens compris dans le patrimoine d'affectation que lorsque leur créance est exigible. Cette éventualité est toutefois très hypothétique[6]. En effet, la structure de l'opération de titrisation

---

[1] En faveur d'une étanchéité patrimoniale parfaite de principe, v. M.-C. AUBRY, *Le patrimoine d'affectation*, préc., n° 222, p. 153, et note n° 838 ; P. BERLIOZ, *Droit des biens*, coll. « Cours magistral », Ellipses, 2014, n° 114, p. 135 ; A.-L. THOMAT-RAYNAUD, *L'unité du patrimoine*, *op. cit.*, n° 974, p. 442 et n°s 1023 et s., p. 462 et s.

[2] Art. L. 214-175, III, C. mon. fin. , v. *supra* n° 25.

[3] J. ROCHFELD, *Les grandes notions du droit privé*, 2e éd., coll. « Thémis Droit », PUF, 2017, n° 17, p. 362. Dans la nouvelle édition de l'ouvrage, l'auteur préfère le terme « d'affectation à frontière poreuse » ; comp. J. ROCHFELD, *Les grandes notions du droit privé*, *op. cit.*, n° 17, p. 466.

[4] J. ROCHFELD, *Les grandes notions du droit privé*, *op. cit.*, n° 17, p. 362.

[5] Art. 815-17, al. 3, C. civ.

[6] V. *supra* n° 250.

permet de faire coïncider le recouvrement des créances titrisées avec le remboursement des investisseurs. Il est ainsi fréquent que les investisseurs perçoivent des intérêts pendant la durée de l'opération et le principal soit remboursé à l'issue du recouvrement intégral des créances titrisées. La créance des investisseurs est donc en principe payée dès son exigibilité, sauf échec de l'opération. Dans cette hypothèse, les investisseurs ne procèdent cependant pas à des saisies, car le patrimoine d'affectation est liquidé pour permettre leur paiement selon leur ordre de priorité. En effet, les investisseurs n'ont pas intérêt à récupérer les éléments d'actifs bruts du patrimoine, tels que les créances ou instruments financiers souscrits. Ces derniers sont d'ailleurs impropres à une division entre les investisseurs. La perception des flux ainsi organisée au profit des investisseurs n'est alors véritablement efficiente que si les conditions de l'affectation des actifs sont clairement définies.

376. Usage déterminé des biens affectés. La définition de l'affectation dans le cadre de l'opération de titrisation n'est pas neutre. En effet, elle sécurise l'opération en ce qu'elle oriente la composition et la gestion du patrimoine[1]. Elle réduit les pouvoirs du titulaire du patrimoine et de son gestionnaire, et permet de diversifier plus ou moins les opérations menées. Le patrimoine ne peut effectivement être composé que d'actifs entrant dans le champ de l'affectation. Selon les termes employés pour définir l'affectation, seules les créances peuvent figurer à l'actif du patrimoine, ou seules certaines catégories de créances, telles que les créances hypothécaires. De plus, l'affectation a la même fonction que l'objet social de la société de titrisation puisqu'elle limite le risque de faillite du patrimoine et prémunit ses créanciers – y compris les investisseurs – de toute diminution de l'assiette de leur gage par des opérations étrangères à la titrisation[2].

Afin de jouer correctement ce rôle, l'affectation doit néanmoins être strictement définie. Une définition légale est opportune, car elle garantit systématiquement l'affectation économique des actifs compris dans le patrimoine d'affectation au remboursement des investisseurs pour toutes les opérations de titrisation. Dans cette opération, deux intérêts sont susceptibles de fédérer le patrimoine. Il s'agit d'une part de l'activité de titrisation et d'autre part de l'intérêt collectif des investisseurs[3].

377. Fédération du patrimoine d'affectation autour de l'activité de titrisation. L'activité de titrisation est un fondement de l'affectation particulièrement large. En effet, elle inclut toutes les opérations entrant dans

---

[1] M.-C. AUBRY, *Le patrimoine d'affectation*, préc., n° 303, p. 224.

[2] V. *supra* n°s 255 et 310.

[3] V. à propos des FCP, M. STORCK, « De la nature juridique des fonds communs de placement », in *Mélanges en l'honneur du Professeur Gilles Goubeaux*, Dalloz, LGDJ, 2009, p. 509 et s., spéc. p. 513 qui considère que le patrimoine d'affectation est structuré autour de la gestion collective des actifs dans l'intérêt des souscripteurs.

la définition de la titrisation, soit toutes les opérations consistant en une exposition à des risques et en leur financement ou leur couverture dans les conditions prévues à l'actuel article L. 214-175-1 du Code monétaire et financier[1]. Ce fondement rend compte de la diversité des opérations et réduit l'intérêt des investisseurs à un simple paramètre parmi d'autres. En effet, ces derniers sont considérés en ce qu'ils assurent le financement de l'opération, mais ne sont pas strictement indispensables. Les organismes de titrisation ont désormais d'autres sources de financement comme les contrats financiers[2], si bien que l'opération de titrisation n'est plus uniquement une opération d'investissement au bénéfice d'investisseurs, mais davantage un mécanisme financier au service de l'économie.

378. Rejet de l'activité de titrisation comme intérêt fédérateur. La fédération du patrimoine d'affectation autour de l'opération de titrisation doit être écartée, car elle est source de risques pour les investisseurs et les marchés financiers. L'ampleur du champ de l'affectation est trop large et conduit à privilégier une vision financière à court terme. *In fine*, cette affectation mènerait à une pratique déraisonnée de la titrisation. Elle permettrait ainsi à une banque de transférer des créances douteuses ou irrécouvrables au sein du patrimoine d'affectation et à des investisseurs de souscrire aux titres adossés à ces créances toxiques. En effet, malgré les risques qu'elle engendrerait, cette opération entrerait dans le champ de l'affectation. Les notes attribuées par les agences de notation et l'information des investisseurs sur les risques de l'opération ne seraient alors pas des garanties suffisantes. D'une part, la crise des *subprimes* a mis en évidence les conflits d'intérêts créés par la rémunération des agences par les émetteurs. D'autre part, les produits financiers sont désormais d'une grande complexité, si bien que le risque peut facilement être masqué, notamment en procédant à une retitrisation[3].

---

[1] Art. L. 214-175-1, I, C. mon. fin. : « L'exposition aux risques mentionnée au I de l'article L. 214-168 peut résulter de l'acquisition, la souscription ou la détention de créances ou d'autres éléments d'actif mentionnés au III ci-dessous, l'octroi de prêts ou la conclusion de contrats constituant des instruments financiers à terme ou transférant des risques d'assurance, de garanties, de sûretés, ou de sous-participations en risque ou en trésorerie.
Le financement ou la couverture des risques mentionnée au I de l'article L. 214-168 peut résulter de l'émission de parts ou d'actions ou de titres de créance, de la conclusion de contrats constituant des instruments financiers à terme, de garanties, de sûretés, de sous-participations en risque ou en trésorerie ou transférant des risques d'assurance, ou encore par le recours à l'emprunt ou à d'autres formes de ressources, de dettes ou d'engagements ».

[2] V. art. L. 214-175-1, I, C. mon. fin. comp. art. 34 de la loi n° 88-1201 du 23 décembre 1988 relative aux organismes de placement collectif en valeurs mobilières et portant création des fonds communs de créances.

[3] Pour une présentation détaillée de cette pratique, v. B. BOUZID, « Titrisation des emprunts hypothécaires et bulle immobilière aux États-Unis : les origines d'une débâcle », *Revue d'économie financière*, 2010, n° 97, p. 101 et s., spéc. n° 114.

379. Définition de la retitrisation. La retitrisation est née aux États-Unis et consiste à rassembler les titres émis lors d'une première opération de titrisation. Ces derniers sont diversifiés : certains appartiennent la tranche senior et sont peu risqués et peu rentables, d'autres à la tranche junior et sont particulièrement risqués et rentables, d'autres encore appartiennent à la tranche mezzanine intermédiaire. Tous ces titres vont alors être rassemblés et servir de sous-jacents à de nouveaux titres. Ces derniers sont des obligations garanties par des créances appelées en pratique *collateralized debt obligations (CDO)*. Le groupement des diverses catégories de titres aux notes différentes permet de diluer, en apparence, le risque encouru par les investisseurs. Les nouveaux titres émis bénéficient ainsi de meilleures notes de la part des agences de notation. Ce processus peut être décliné à l'infini et les praticiens sont allés jusqu'à créer des *CDO* de *CDO*, soit des *CDO* au carré (CDO^2), et des *CDO* au cube (CDO^3). Même s'ils sont mieux notés que les titres auxquels ils sont adossés, ces titres ne sont pas forcément un meilleur investissement. En effet, si les créances initiales ne sont pas honorées, les différents titres émis par la suite ne sont pas non plus remboursés, si bien que le système s'effondre comme un château de cartes[1].

[1] La crise des *subprimes* en a donné un bon exemple puisque la retitrisation a consisté à recycler les mêmes crédits immobiliers *subprimes*, sur la crise, v. *supra* n° 5.

Schéma représentant le processus de retitrisation des emprunts hypothécaires[1]

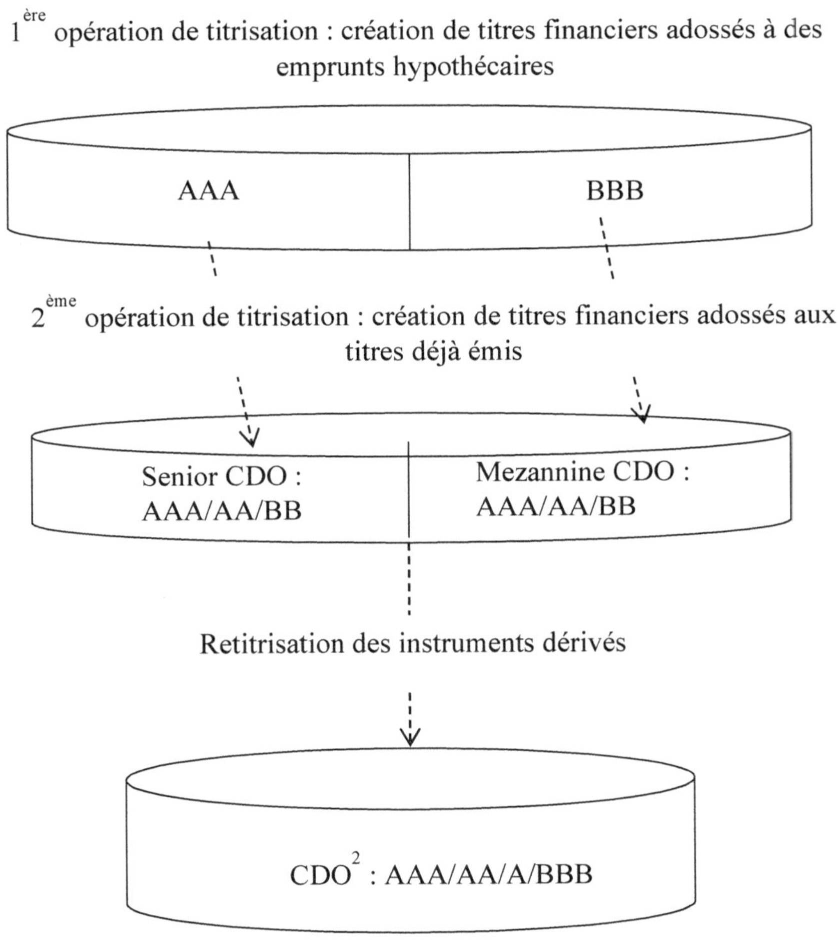

380. Choix de l'intérêt collectif des investisseurs. Il est préférable que le patrimoine d'affectation soit unifié autour d'une opération de titrisation menée dans l'intérêt collectif des investisseurs[2]. Une définition légale de chacun des termes de l'affectation permet alors de préciser les activités entrant dans le champ de cette affectation. Il convient d'abord de reprendre l'actuelle

[1] B. BOUZID, « Titrisation des emprunts hypothécaires et bulle immobilière aux États-Unis », art. préc., n° 115.
[2] Sur la gestion dans l'intérêt des investisseurs, v. également L. PAPAÏS, *Titrisation et fiducie*, préc., n° 385 et s., pp. 277-278.

définition de l'opération de titrisation[1]. Celle-ci correspond d'une part à une exposition du patrimoine d'affectation et d'autre part à son financement. L'exposition procède de l'acquisition, la souscription ou la détention de créances ou d'autres titres financiers. Elle peut également être issue de l'octroi de prêts, de contrats constituant des instruments financiers à terme ou transférant des risques d'assurance, de garanties, de sûretés, ou de sous-participations en risque ou en trésorerie. Le financement résulte quant à lui de l'émission de titres financiers ou de la souscription d'instruments financiers. Il peut également résulter de garanties, de sûretés, de sous-participations en risque ou en trésorerie ou transférant des risques d'assurance, de dettes ou d'engagements.

L'intérêt collectif des investisseurs doit ensuite être défini, ce qui est complexifié par leurs intérêts personnels divergents. Selon les investisseurs concernés, certains peuvent être prêts à prendre davantage de risques dans l'espoir de gains plus importants tandis que d'autres sont plus averses au risque et se satisfont d'un rendement moins important. Pour identifier leur intérêt collectif, il est possible de s'inspirer de la définition de l'intérêt collectif des personnes morales. Ce dernier, ne se confondant ni avec l'intérêt individuel de ses membres ni avec l'intérêt général, correspond aux intérêts des membres poursuivis collectivement[2]. Dans l'opération de titrisation, les investisseurs ont tous intérêt à tirer la plus forte rémunération possible[3]. L'obtention de cette rémunération dépend du risque encouru puisque selon son importance, les investisseurs sont moins susceptibles d'être payés en totalité. L'intérêt collectif des investisseurs correspond donc au juste équilibre entre le rendement et le risque encouru. Ce fondement est assez imprécis, mais suffit à fédérer des actifs au sein du patrimoine d'affectation et à sécuriser l'opération. En effet, celle-ci est davantage encadrée que si cet intérêt n'était pas un élément de définition de l'affectation. Elle ne peut ainsi pas être mise en place avec des actifs uniquement toxiques. De plus, si elle permet les opérations de retitrisation, une analyse approfondie des sous-jacents est nécessaire pour déterminer si ces opérations entrent dans l'intérêt des investisseurs.

381. Affectation des actifs dans l'intérêt des investisseurs. L'affectation ainsi définie rapproche l'organisme de titrisation reconstruit du

---

[1] V. art. L. 214-175-1, I, C. mon. fin.

[2] V. not. en ce sens N. BARUCHEL, *La personnalité morale en droit privé*, *op. cit.*, nos 540 et s., p. 306 ; L. MICHOUD, *La théorie de la personnalité morale et son application au droit français*, *op. cit.*, n° 71, p. 93 ; E. GAILLARD, *Le pouvoir en droit privé*, *op. cit.*, nos 296 et s., p. 196 et s.

[3] Rappr. I. RIASSETTO, « Le devoir du gestionnaire d'OPC d'agir dans l'intérêt des porteurs de parts », in *Droit bancaire et financier, Mélanges AEDBF France VI*, Revue banque, 2013, p. 581 et s., spéc. n° 21, p. 588 ; F. BUSSIERE, « De l'intérêt des porteurs dans la gestion collective pour le compte de tiers », in *Mélanges D. Schmidt, Liber Amicorum*, Joly éditions, 2005, p. 109 et s. et s., spéc. p. 115.

trust, dont la gestion est orientée vers les bénéficiaires. En effet, l'affectation permet à la fois de garantir une gestion du patrimoine d'affectation dans l'intérêt des investisseurs et de leur réserver les actifs titrisés. Tout au long de l'opération de titrisation, le titulaire du patrimoine d'affectation ou son gestionnaire doit ainsi recouvrer les créances composant le patrimoine. Les sommes issues du recouvrement sont subrogées aux créances et servent à rémunérer les investisseurs.

Le patrimoine d'affectation sert néanmoins de gage aux créanciers dont la créance est née de son exploitation. Les investisseurs disposant d'une créance (investisseurs-créanciers) sur le patrimoine d'affectation sont alors payés après les créanciers du patrimoine d'affectation n'ayant pas la qualité d'investisseurs, grâce au jeu de la subordination. Les investisseurs titulaires du patrimoine d'affectation se partagent l'actif net à l'issue de l'opération. Les investisseurs se répartissent ainsi uniquement l'actif net du patrimoine, qu'ils en soient créanciers ou titulaires[1]. La créance des investisseurs-créanciers s'exerce donc sur le résultat de la gestion du patrimoine d'affectation, à l'instar des investisseurs titulaires du patrimoine et des associés de la société de titrisation[2]. Ce faisant, le patrimoine d'affectation permet, tout aussi bien que la personne morale, de réunir les éléments patrimoniaux de l'opération de titrisation. En revanche, les efforts de rédaction nécessaires à la création de ce patrimoine rendent inutile le recours à la compartimentation.

C. Le rejet de la compartimentation

382. Admissibilité théorique de sous-patrimoines d'affectation. Les organismes de titrisation peuvent actuellement avoir recours à des patrimoines d'affectation appelés compartiments[3]. Ces derniers comprennent certains actifs titrisés et répondent exclusivement d'un passif déterminé. La compartimentation permet ainsi aux organismes de titrisation de cloisonner différentes opérations de titrisation[4].

La reproduction de cette pratique dans un organisme de titrisation reconstruit autour d'un patrimoine d'affectation n'est pas évidente. Elle suppose que ce patrimoine d'affectation puisse être divisé en sous-patrimoines d'affectation. Or, l'unité du patrimoine d'affectation est réalisée autour de la

[1] Sur le détail de ces deux positions, v. *infra* n° 422.
[2] V. *supra* n° 114.
[3] Art. L. 214-169, I, C. mon. fin. Sur la qualification de patrimoine d'affectation, v. supra n° 26 ; v. aussi M.-C. AUBRY, *Le patrimoine d'affectation*, préc., n° 332, p. 246 ; N. JULLIAN, *La cession de patrimoine*, *op. cit.*, n° 102, p. 118 ; T. BONNEAU, « Les fonds communs de placement, les fonds communs de créances, et le droit civil », art. préc., n° 45 et s. ; *contra* A.-L. THOMAT-RAYNAUD, *L'unité du patrimoine*, *op. cit.*, n° 394, p. 183 qui préfère la qualification d'universalité de droit.
[4] V. *supra* n° 26.

gestion d'une opération de titrisation dans l'intérêt des investisseurs[1]. Il n'est donc pas possible de procéder à une division du patrimoine pour poursuivre une activité ou des intérêts divergents. Si le patrimoine d'affectation satisfait les intérêts des investisseurs A, le sous-patrimoine ne peut pas satisfaire les intérêts des investisseurs B. Le patrimoine poursuivant les intérêts des investisseurs B est en réalité un nouveau patrimoine d'affectation, les deux patrimoines ne se fédérant pas autour du même élément.

En revanche, l'affectation peut être précisée. Au niveau du patrimoine d'affectation, il peut être fait référence à une opération de titrisation définie de façon générale, tandis que les conditions de chaque opération de titrisation sont précisées au niveau de chaque compartiment. Ainsi, le compartiment A1 n'acquiert que des créances issues de crédits immobiliers. Le compartiment A2 n'acquiert que des créances issues de crédits à la consommation. Parallèlement, chaque compartiment peut préciser l'intérêt des investisseurs, qui fait uniquement l'objet d'une définition globale au niveau du patrimoine d'affectation. Le compartiment A1 poursuit l'intérêt des investisseurs de tout l'organisme, mais plus particulièrement du groupe d'investisseurs A1. Il en va de même pour le compartiment A2. L'unité du patrimoine d'affectation, divisé en sous-patrimoines, est alors assurée par l'intérêt principal poursuivi tandis que l'unité des sous-patrimoines est assurée par l'intérêt précisé. La situation est ainsi comparable à celle de l'EIRL qui disposait d'un patrimoine personnel et d'un ou plusieurs patrimoines affectés à ses activités professionnelles[2]. L'unité de chaque patrimoine était assurée autour de l'activité et l'unité d'ensemble était assurée par le sujet de droit.

383. Étanchéité des sous-patrimoines d'affectation incertaine. Cette unité des sous-patrimoines d'affectation autour de l'affectation générale – définie au niveau du patrimoine d'affectation – s'oppose *a priori* à leur étanchéité. Dès lors, il ne serait pas possible de recourir à une subdivision patrimoniale efficace dans le cadre d'une opération de titrisation. La défaillance d'un compartiment rejaillirait sur le patrimoine d'affectation principal, constitué des différents patrimoines d'affectation. Les actifs de ces patrimoines pourraient alors servir à acquitter les dettes du compartiment défaillant, si bien qu'ils ne seraient pas réservés aux investisseurs des compartiments auxquels ils appartiennent. En outre, les risques des investisseurs ne seraient pas limités à leur compartiment. Il ne serait alors pas possible de recourir à la compartimentation.

---

[1] V. *supra* n° 380.

[2] V. en ce sens art. L. 526-22, al. 2, C. com. qui précise qu'un « même bien, droit, obligation ou sûreté ne peut entrer dans la composition que **d'un seul patrimoine affecté** ». Sur la suppression de l'EIRL et le nouveau statut de l'entrepreneur individuel, v. la loi n° 022-172 du 14 février 2022 en faveur de l'activité professionnelle indépendante.

En réalité, il est possible de valoriser l'unité des sous-patrimoines d'affectation en se focalisant sur leur affectation spécifique. Il faut alors admettre leur étanchéité. En définitive, ce choix est une question de politique législative. Il est probable que le législateur y soit favorable puisqu'il a toujours admis largement la compartimentation des opérations de titrisation. Sa position n'est cependant pas certaine dans la mesure où la récente réforme du statut de l'entrepreneur individuel a supprimé la possibilité de créer autant de patrimoines d'affectation que d'activités professionnelles[1]. De plus, un choix en faveur de la compartimentation n'est pas indispensable en pratique.

384. Inutilité pratique de la compartimentation. La compartimentation a pour objectif d'accélérer la mise en œuvre d'opérations distinctes grâce à la réutilisation d'une même structure et des mêmes gestionnaires et de minimiser le coût d'utilisation d'une telle source de financement. En réalité, elle suppose la rédaction d'un règlement particulier pour chaque compartiment créé. Dès lors, il s'avère que de nombreux opérateurs préfèrent créer un nouveau fonds, sur le modèle d'un premier, en reprenant notamment ses gestionnaires[2]. Un tel effort de rédaction se retrouve en présence d'un organisme de titrisation constitué autour d'un patrimoine d'affectation puisqu'il est nécessaire de préciser pour chaque compartiment l'intérêt poursuivi et les éléments d'actifs et de passif admis. Cet effort étant indispensable, il est préférable de ne pas ouvrir la voie de la compartimentation et de s'en tenir à la création d'un patrimoine d'affectation par opération[3]. Cette solution s'avère plus orthodoxe et n'a pas pour effet de pousser à l'extrême la logique des patrimoines d'affectation. De plus, elle évite toute difficulté en termes d'étanchéité. Ce rejet de la compartimentation ne permet donc pas de reproduire à l'identique l'actuelle pratique de la titrisation. Elle ne devrait pas pour autant diminuer l'attractivité de l'organisme de titrisation constitué sous la forme d'un patrimoine d'affectation, qui est un véhicule *ad hoc* performant. Au-delà de l'aspect patrimonial, son unification par l'affectation ne conduit pas à une rupture totale du lien de droit existant avec son titulaire. La conservation du sujet de droit permet ainsi de résoudre les difficultés créées par la semi-personnalité

---

[1] Art. L. 526-22, al. 2 comp. art. L. 526-6, al. 1er, C. com.

[2] Cette observation ressort d'échanges avec des praticiens. Les FCT Hugo créances I, II, III et IV en sont un bon exemple. Cette standardisation est appelée en pratique « *repeat deals* » et se constate principalement lorsque le même type d'actifs et les mêmes investisseurs sont concernés par la nouvelle opération.

[3] Pour la même raison, il est inutile de recourir à une fiducie-titrisation dans laquelle le fiduciaire pourrait être à la tête de plusieurs patrimoines d'affectation, à l'image du fonds de titrisation luxembourgeois, v. en ce sens art. 8 de la loi du 22 mars 2004 relative à la titrisation, préc. En revanche, cet effort de rédaction est moindre dans la société de titrisation, justifiant le recours à la compartimentation.

des organismes de titrisation[1], le titulaire du patrimoine d'affectation étant alors le support de l'opération de titrisation.

§ 2 : La fonction support du titulaire du patrimoine

385. Un sujet de droit est nécessairement présent à la tête du patrimoine d'affectation (A). Dans le cadre de l'opération de titrisation, le titulaire du patrimoine d'affectation sert ainsi de point d'imputation de tous les rapports juridiques issus de l'opération (B). Il peut alors émettre des titres financiers ou conclure tout contrat nécessaire à la conduite de l'opération, sans que l'absence de personnalité du patrimoine d'affectation ne constitue un obstacle[2].

A. La présence obligatoire du sujet de droit

386. Présentation de la théorie du patrimoine sans maître. Dans ses prémisses, la théorie du patrimoine d'affectation s'affranchit de la présence du sujet de droit. Brinz rejette ainsi la personnalité reconnue aux entités qui ne sont pas des êtres humains, mais admet qu'elles sont dotées d'un patrimoine. L'unité des éléments constituant leur patrimoine est alors assurée par le but poursuivi et non par la personne. Dans le patrimoine-but, les biens n'appartiennent pas à une personne, mais au « ce pour quoi »[3]. Le « ce pour quoi » est le maître du patrimoine[4]. Le but n'exerce cependant pas une propriété, au sens classique du terme, sur les biens[5], mais leur sert davantage de « point d'ancrage »[6]. Cette rupture du lien entre la personne et le patrimoine proposée par Brinz était trop drastique et a conduit à un rejet de sa théorie[7]. Le patrimoine d'affectation a donc été accueilli en conservant le lien entre le patrimoine et le sujet de droit.

387. Rejet de la théorie de Brinz. Le rejet de la théorie de Brinz doit être maintenu malgré la relecture de la théorie de Brinz par le Professeur

---

[1] V. *supra* n°s 31-32 et n° 143.
[2] Cette difficulté est en revanche présente dans le FCT, v. *supra* n°s 31 et s.
[3] F. BELLIVIER, « Brinz et la réception de sa théorie du patrimoine en France », art. préc., p. 169.
[4] *Ibid.*, p. 175 ; *contra* M.-C. AUBRY, *Le patrimoine d'affectation*, préc., n° 296, p. 216.
[5] M.-C. AUBRY, *Le patrimoine d'affectation*, préc., n° 296, p. 216 ; sur l'usage du vocabulaire de la propriété, v. not. F. BELLIVIER, « Brinz et la réception de sa théorie du patrimoine en France », art. préc., p. 169.
[6] N. JULLIAN, *La cession de patrimoine*, *op. cit.*, n° 34, p. 40.
[7] Seuls Duguit et Plastara s'en firent l'écho en France. V. en ce sens G. PLASTARA, *La notion juridique de patrimoine*, *op. cit.*, p. 68 ; N. JULLIAN, *La cession de patrimoine*, *op. cit.*, n° 34, p. 39.

Bellivier[1] ainsi que sa consécration par le droit québécois[2]. Tout d'abord, le but ne peut être érigé en tant que sujet de droit. Ensuite, à défaut de sujet de droit, il devient difficile de connaitre le sort des éléments compris dans le patrimoine car ils ne peuvent être appropriés[3]. Dès lors, comment expliquer le transfert d'un bien au patrimoine sans sujet ?[4] De quel droit le bien fait-il l'objet ? La propriété ne peut être utilisée à défaut de sujet de droit pour l'exercer[5]. On pourrait considérer qu'il ne faut pas rechercher une propriété, mais simplement constater la situation dans laquelle le bien se trouve affecté. Cette solution n'épuise cependant pas le problème. D'une part, l'affectation se définit actuellement comme une atteinte ou une charge portant sur le droit de propriété[6]. Elle ne peut donc en réalité exister en l'absence de tout droit de propriété. D'autre part, elle signifie que le bien affecté demeure la propriété du premier propriétaire jusqu'à ce qu'il soit à nouveau transmis à un sujet de droit. Au mieux, elle peut impliquer que le bien n'est pas approprié tant qu'il est affecté. Cette dernière possibilité laisse toutefois de nombreuses interrogations en suspens et requiert que le droit de propriété soit repensé. En outre, le patrimoine sans maître s'oppose radicalement à d'autres conceptions de droit commun. En effet, les défenseurs de la théorie du patrimoine sans maître estiment qu'en pratique, un représentant pallie l'absence de sujet. Le représentant du but peut ainsi agir sur le bien affecté et non approprié. Cependant, à ce jour, seule la représentation d'un sujet de droit est admise, faisant obstacle à toute représentation du but[7].

---

[1] F. BELLIVIER, « Brinz et la réception de sa théorie du patrimoine en France », art. préc., pp. 174-175.

[2] L'article 1261 du Code civil du Québec précise que le patrimoine fiduciaire est un « patrimoine d'affectation autonome et distinct de celui du constituant, du fiduciaire ou du bénéficiaire, sur lequel aucun d'entre eux n'a de droit réel ». V. cependant F. ZENATI-CASTAING, « L'affectation québécoise, un malentendu porteur d'avenir, Réflexions de synthèse », *La Revue juridique Thémis de l'Université de Montréal*, novembre 2014, vol. 2, n° 48, p. 633 qui considère que les codificateurs ont souhaité reprendre la théorie développée par Brinz mais ont en réalité involontairement personnifié la fiducie.

[3] *Contra* F. BELLIVIER, *Le patrimoine génétique humain*, préc., n° 341, pp. 292-293 qui explique que pour Brinz, la propriété n'est pas la maîtrise juridique de la chose mais « consiste en un rapport juridique de la chose avec quelque chose [...] une réunion de la chose avec la personne, il est vrai invisible, n'existant que dans le droit, et si intime que la chose devient désormais qualité ou propriété de la personne ou du but ».

[4] La question inverse serait vraie également, comment expliquer la transmission d'un bien du patrimoine sans sujet à un autre patrimoine ?

[5] C'est l'astuce trouvée par les québécois puisque l'article 915 du Code civil du Québec précise que « les biens appartiennent aux personnes ou à l'État, ou font, en certains cas, l'objet d'une affectation ». Proposant dans sa thèse de substituer « à la catégorie de sujet de patrimoines, l'idée de l'affectation de ces derniers », v. G. PLASTARA, *La notion juridique de patrimoine*, *op. cit.*, p. 68.

[6] M.-C. AUBRY, *Le patrimoine d'affectation*, préc., n° 289, p. 212.

[7] En ce sens, v. la critique du FCT *supra* n° 142.

388. Lien entre patrimoine et sujet. La réception de la théorie du patrimoine d'affectation s'est faite en admettant l'unité du patrimoine autour d'un intérêt, mais en conservant la présence d'un sujet de droit[1]. Le patrimoine fiduciaire et le patrimoine professionnel de l'entrepreneur individuel sont ainsi rattachés au sujet de droit[2].

Comme Aubry et Rau l'affirment, le lien existant entre le patrimoine d'affectation et le sujet est la propriété[3]. Les auteurs classiques refusent néanmoins cette qualification[4]. Selon eux, le droit de propriété ne peut s'exercer pleinement avec ses différents attributs sur le patrimoine. Par ailleurs, ce dernier comprend tous les biens objets de propriété, si bien que la propriété du patrimoine conduit à une situation absurde où le patrimoine est compris dans lui-même[5].

Cependant, comme nous l'avons déjà abordé, il est possible de dépasser ces difficultés en considérant que la propriété est une relation d'appartenance entre le bien et le sujet de droit[6], dont les deux attributs sont l'exclusivité et la disposition[7], et desquels découlent les attributs classiques. La personne a alors une exclusivité de jouissance sur son patrimoine car elle peut en exclure les tiers et peut en disposer lorsqu'elle conclut des « actes constitutifs de droit personnels »[8]. Ce faisant, le patrimoine peut faire l'objet d'un droit de

---

[1] V. not. en ce sens H. GAZIN, *Essai critique sur la notion de patrimoine dans la doctrine classique*, *op. cit.*, p. 453 ; F.H. SPETH, *La divisibilité du patrimoine et l'entreprise d'une personne*, préf. M. Philonenko, LGDJ, 1957 ; S. GUINCHARD, *L'affectation des biens en droit privé français*, *op. cit.*, spéc. n° 399, pp. 343-344 ; G. WICKER, *Les fictions juridiques*, *op. cit.*, n°s 191 et s., p. 185 et s., spéc. n° 197, p. 190 ; A.-L. THOMAT-RAYNAUD, *L'unité du patrimoine*, *op. cit.*, n°s 908 et s., p. 420 et s., spéc. n° 928, p. 427 où l'auteur explique que la divisibilité du patrimoine repose sur une pluralité de personnalités ; M.-C. AUBRY, *Le patrimoine d'affectation*, préc., n° 10, p. 17.

[2] V. la loi n° 2007-211 du 19 février 2007 instituant la fiducie et la loi n° 2022-172 du 14 février 2022 en faveur de l'activité professionnelle indépendante.

[3] C. AUBRY et C.-F. RAU, *Cours de droit civil français d'après la méthode de Zachariae, T. VI*, *op. cit.*, § 576, p. 240.

[4] V. not. en ce sens J.-L. AUBERT et É. SAVAUX, *Introduction au droit et thèmes fondamentaux du droit civil*, *op. cit.*, n° 225, p. 317 ; M. HENRI, C. FRANÇOIS et M. LEON, *Leçons de droit civil, Introduction à l'étude du droit*, *op. cit.*, n° 283, p. 320 ; G. CORNU, *Les biens*, *op. cit.*, n° 5, p. 10 ; F. TERRE et P. SIMLER, *Droit civil*, *op. cit.*, n° 19, p. 26 ; J.-L. BERGEL *et al.*, *Les biens*, *op. cit.*, n° 4, p. 11.

[5] Pour un exposé de ces difficultés, v. N. JULLIAN, *La cession de patrimoine*, *op. cit.*, n°s 65-66, pp. 74-75.

[6] V. supra n° 183 ; S. GINOSSARD, *Droit réel, propriété et créance : élaboration d'un système rationnel des droits patrimoniaux*, *op. cit.*, n° 12, p. 33 ; F. ZENATI, *Essai sur la nature juridique de la propriété*, préc.

[7] F. ZENATI, *Essai sur la nature juridique de la propriété*, préc., n°s 504-505, pp. 688-689.

[8] N. JULLIAN, *La cession de patrimoine*, *op. cit.*, n° 67, p. 77.

propriété[1], et ce d'autant plus qu'il peut être qualifié de bien[2]. Dès lors, si le patrimoine est lié au sujet de droit par un droit de propriété, il en va naturellement de même pour le patrimoine d'affectation. Cette présence d'un sujet de droit à la tête du patrimoine d'affectation est un avantage essentiel dans le cadre de l'opération de titrisation puisqu'il en concentre tous les rapports juridiques.

B. La concentration des rapports juridiques par le titulaire du patrimoine

389. Dépassement des difficultés théoriques. Le titulaire du patrimoine d'affectation permet de résoudre les difficultés créées par l'absence de personnalité du FCT[3]. Tout d'abord, le titulaire du patrimoine d'affectation constitue le contractant principal dans l'opération de titrisation[4]. L'opération de titrisation en ressort sécurisée. En effet, dans l'actuel FCT, le déroulé temporel de l'opération ne permet pas d'identifier le cessionnaire des créances titrisées. Ces dernières sont cédées au FCT non personnifié avant toute intervention des copropriétaires, si bien que la cession pourrait être remise en cause pour défaut de cocontractant. À l'inverse, le titulaire du patrimoine d'affectation peut être le cessionnaire des créances. De même, le sujet de droit peut souscrire à des instruments financiers, permettant la réalisation d'opérations de titrisation synthétique[5] ou de titrisation d'actifs intellectuels. Le titulaire peut effectivement acquérir des créances de redevances ou des actifs intellectuels qui sont isolés dans le patrimoine d'affectation[6].

Ensuite, le titulaire du patrimoine peut être représenté, notamment dans l'hypothèse où la société de gestion, en assure la gestion sans en être la titulaire. Les difficultés tenant à la représentation du FCT non personnifié sont donc écartées[7]. Par ailleurs, le titulaire du patrimoine d'affectation peut ester en justice, tant en demande qu'en défense. Il peut donc intenter une action à l'encontre d'un débiteur défaillant.

Enfin, la présence du sujet de droit permet de bénéficier des conventions fiscales internationales de non double imposition dont l'application est notamment réservée aux personnes physiques[8]. Il s'agit d'un avantage

---

[1] V. supra n° 183 ; également en faveur de cette conception v. Y. EMERICH, *La propriété des créances*, *op. cit.* ; J. LAURENT, *La propriété des droits*, *op. cit.* ; N. JULLIAN, *La cession de patrimoine*, *op. cit.* ; rappr. A. NALLET, *La notion d'universalité, Étude de droit civil*, *op. cit.* qui fait du patrimoine, notamment de l'EIRL et du fiduciaire, un bien universel appropriable.
[2] V. *supra* n° 184.
[3] V. not. *supra* n°s 31 et s. et n°s 142 et s.
[4] V. sur les difficultés posées à ce titre pour le FCT, *supra* n° 143.
[5] Pour une définition de cette opération, v. *supra* n° 4.
[6] Pour une étude complète de la titrisation des actifs intellectuels et des modes d'affectation v. A. QUIQUEREZ, *La titrisation des actifs intellectuels*, *op. cit.*, p. 263 et s., p. 349 et s.
[7] V. *supra* n°s 142 et s.
[8] V. en ce sens les définitions du terme personne dans les conventions conclues en vue d'éviter les doubles impositions, et par exemple l'article 3 de la convention entre le Gouvernement de

important dans un contexte international puisqu'il a motivé la création de la société de titrisation en 2008, le FCT ne pouvant en bénéficier[1].

390. Nécessité de la conversion des actifs illiquides en actifs liquides. Plus particulièrement, la présence du titulaire du patrimoine d'affectation assure la conversion des actifs illiquides en actifs liquides. Cette conversion est nécessaire à la réalisation de l'opération de titrisation, les investisseurs n'étant pas intéressés par des actifs qu'ils ne peuvent facilement céder – comme les créances transmises par les initiateurs – et préfèrent des titres financiers. La conversion des actifs titrisés s'effectue grâce à l'émission de titres représentatifs de ces derniers[2]. Les titres émis constatent ainsi un droit de créance sur le patrimoine d'affectation ou la propriété d'une fraction du patrimoine sans se confondre avec les actifs titrisés. Leur valeur est donc directement fonction de la valeur de l'actif net du patrimoine d'affectation, regroupant la totalité des actifs titrisés. La valeur de ces actifs ainsi que leurs risques intrinsèques sont fractionnés lors de l'émission des titres et répartis entre les investisseurs.

Les titres émis qui constatent un droit de créance sur le patrimoine d'affectation doivent être soumis au régime des titres financiers. Ces derniers sont négociables[3], si bien qu'ils échappent au formalisme de la cession de créance et que leur possesseur de bonne foi est protégé[4]. En revanche, les titres qui constatent la propriété d'une fraction du patrimoine d'affectation doivent être cédés selon les règles du droit des biens[5]. Quelle que soit leur nature, les titres sont nécessairement émis par le titulaire du patrimoine d'affectation.

391. Émission des titres par le titulaire du patrimoine d'affectation. *De lege lata*, le patrimoine d'affectation ne peut émettre des titres. L'article L. 211-2 du Code monétaire et financier réserve notamment l'émission de titres financiers à « l'État, une personne morale, un fonds commun de placement, un fonds de placement immobilier, un fonds professionnel de placement immobilier, un fonds de financement spécialisé, ou un fonds commun de titrisation »[6]. Le patrimoine d'affectation utilisé aux fins de titrisation ne peut être ajouté à cette liste puisque l'émission correspond à une

---

la République française et le Gouvernement du Royaume-Uni de Grande-Bretagne et d'Irlande du Nord préc. et l'article 3 1 d) de la convention entre le Gouvernement de la République française et le Gouvernement de la République d'Afrique du Sud préc.

[1] V. *supra* n° 9.

[2] Sur les titres représentatifs, v. V. MALASSIGNE, *Les titres représentatifs*, *op. cit.*

[3] Sur la négociabilité qui n'est pas inhérente à la représentation parfaite de la créance par un titre, v. *Ibid.*, n°s 665 et s., p. 439 et s.

[4] En pratique, le formalisme de la cession de créance est assuré par les exigences relatives à la cession de ce type de titres, v. *supra* n° 62.

[5] V. *supra* n° 62.

[6] L. PAPAÏS, *Titrisation et fiducie*, préc., n° 528, p. 380.

offre de contracter émise au profit de l'investisseur[1], qui ne peut être effectuée par une entité non personnifiée[2]. En revanche, le titulaire du patrimoine d'affectation peut procéder à l'émission des titres. Il doit simplement être une personne morale ou ajouté à la liste de l'article L. 211-2 du Code monétaire et financier.

392. Conclusion de section. Le patrimoine d'affectation peut servir de fondement pour reconstruire les organismes de titrisation. Il permet d'isoler les actifs et de réserver les flux financiers générés par les actifs titrisés dans l'intérêt des investisseurs grâce à l'émission de titres financiers adossés à ces actifs. De plus, son titulaire sert de point d'imputation aux rapports juridiques nécessaires à la mise en place de l'opération financière. Il est ainsi un véritable concurrent de la société de titrisation[3]. À ce titre, il présente notamment un fonctionnement plus souple qui dépend uniquement de l'acte qui le crée alors que la société est toujours régie par un cadre légal relativement développé selon les formes sociales[4]. Cependant, contrairement à cette dernière, il n'est pas un sujet de droit autonome. Il est uniquement un support patrimonial ne possédant pas de structure interne permettant d'accueillir le dynamisme de l'opération de titrisation et de ses parties prenantes. Son exploitation doit donc être organisée dans un cadre contractuel pour garantir la réalisation de l'opération financière.

Section 2 : L'encadrement contractuel de l'exploitation du patrimoine d'affectation

393. Les modalités d'exploitation du patrimoine d'affectation dépendent de l'identité de son titulaire. L'étude de ses différents titulaires potentiels permet d'identifier les gestionnaires comme les titulaires idoines du patrimoine d'affectation (§ 1). La gestion du patrimoine d'affectation par ces derniers dans l'intérêt des investisseurs conduit à organiser l'opération de titrisation au sein d'un contrat de fiducie (§ 2).

---

[1] T. Bonneau *et al.*, *Droit financier*, *op. cit.*, n° 848, p. 549 ; F.-G. Trebulle, *L'émission de valeurs mobilières*, *op. cit.*, n°s 1 et s., p. 35 et s. ; H. Causse, *Les titres négociables*, *op. cit.*, n° 46, p. 26 et sur les FCT spéc. n° 799, p. 403.

[2] Pour la critique du FCT sur ce point, v. *supra* n° 31.

[3] Sur la concurrence entre ces techniques, v. M.-C. Aubry, *Le patrimoine d'affectation*, préc., n° 383, p. 281 ; N. Jullian, *La cession de patrimoine*, *op. cit.*, n° 80, p. 89.

[4] N. Jullian, *La cession de patrimoine*, *op. cit.*, n° 81, p. 92 ; M.-C. Aubry, *Le patrimoine d'affectation*, préc., n° 390, p. 286.

§ 1 : L'identification du titulaire du patrimoine d'affectation

394. Les acteurs de l'opération de titrisation sont tous des titulaires potentiels du patrimoine d'affectation. La propriété du patrimoine par l'initiateur n'est cependant pas optimale et doit être écartée (A). La propriété du patrimoine d'affectation par les investisseurs est quant à elle impraticable puisqu'ils ne peuvent pas l'exercer réellement (B). Seule la propriété des gestionnaires est donc admise (C).

A. Le rejet de la propriété de l'initiateur

395. Exclusion de l'initiateur. Si l'on s'en tient aux étapes classiques de l'opération de titrisation, l'initiateur ne peut pas être propriétaire du patrimoine d'affectation. Dans le cas contraire, l'affectation des créances ne produit pas les effets recherchés. En effet, si l'initiateur est titulaire du patrimoine d'affectation, les créances ne font pas l'objet d'un véritable transfert de propriété. Dès lors, l'initiateur ne perçoit pas de contrepartie financière à l'affectation et ne peut donc pas se refinancer directement. Il subit également toujours les risques attachés aux créances malgré leur isolement au sein du patrimoine d'affectation, si bien que l'opération ne lui permet pas d'améliorer ses ratios financiers. Pour pallier l'absence de refinancement, l'initiateur pourrait procéder à un emprunt obligataire. L'opération mise en place fonctionnerait alors sur le modèle de la titrisation synthétique dans la mesure où l'initiateur conserverait ses actifs et les isolerait dans le patrimoine d'affectation[1]. Il émettrait des titres financiers garantis par ce dernier et souscrits par des investisseurs. Ce faisant, les investisseurs seraient rémunérés par les actifs compris dans le patrimoine et assumeraient les risques qui leur sont attachés. Toutefois, une difficulté demeurerait. Les sommes perçues par l'initiateur lors de la souscription des titres entreraient dans le patrimoine d'affectation, l'émission des titres faisant partie de ses activités. Elles ne pourraient donc pas être utilisées à des fins personnelles par l'initiateur. Pour y remédier, les sommes devraient être désaffectées, ce qui supposerait d'obtenir le consentement des créanciers du patrimoine d'affectation dont le droit de gage serait réduit. Une clause dans le contrat d'émission excluant un exercice du droit de gage sur les sommes issues de l'émission permettrait de l'obtenir efficacement. La difficulté liée aux ratios financiers supposerait quant à elle de déterminer leur respect patrimoine par patrimoine sans les consolider. Les ratios ne représenteraient alors plus la situation globale de l'initiateur mais sa situation effective dans la mesure où il ne subirait plus les risques attachés aux actifs isolés.

---

[1] Pour une définition de la titrisation synthétique, v. *supra* n° 4.

Si ce schéma est envisageable, il n'est pas le plus optimal, car il consiste à revenir sur les différentes étapes de l'opération de titrisation qui sont désormais bien établies. Par ailleurs, la gestion du patrimoine d'affectation doit être assurée par une société de gestion et un dépositaire. S'il est possible de recourir à un contrat de gestion[1], le cadre de la fiducie paraît plus adapté. Il permet de mettre en œuvre toutes les étapes classiques de l'opération et est bien connu des praticiens. La titularité du patrimoine d'affectation par l'initiateur doit donc être écartée au profit de celle de la société de gestion. Il en va de même pour celle des investisseurs. Comme pour la propriété de l'initiateur, elle suppose des changements dans le déroulement de l'opération de titrisation. Par ailleurs, sa mise en œuvre soulève des difficultés irrémédiables conduisant à son rejet.

B. *Le rejet de la propriété des investisseurs*

396. L'opération de titrisation est incompatible avec la propriété du patrimoine d'affectation par les investisseurs. D'une part cette propriété est difficile à admettre d'un point de vue théorique (1). D'autre part, elle ne parvient pas à être effective (2). La situation créée est donc identique à celle des copropriétaires sans pouvoir du FCT, préalablement critiquée[2].

1. La difficile admission théorique de la propriété des investisseurs

397. Copropriété ou propriété commune. La propriété du patrimoine d'affectation par les investisseurs conduit à la consécration d'un patrimoine d'affectation collectif. Madame Aubry considère que le patrimoine d'affectation collectif est nécessairement une copropriété[3]. Cependant, la pluralité de titulaires du patrimoine ne doit pas entraîner obligatoirement une division du droit de propriété. Celui-ci peut être unique et exercé pleinement par chacun des investisseurs dans la limite du respect de l'affectation. Le patrimoine d'affectation fait alors l'objet d'une propriété commune[4]. Dans ces deux schémas, les investisseurs sont propriétaires des actifs titrisés, si bien que l'opération de titrisation menée correspond aux définitions qui en sont

---

[1] Sur lequel v. not. P.-F. CUIF, *Le contrat de gestion, op. cit.*

[2] V *supra* n°s 120 et s.

[3] M.-C. AUBRY, *Le patrimoine d'affectation*, préc., n° 390, p. 286.

[4] Sur laquelle v. not. F. MASSON, *La propriété commune, op. cit.* ; S. JAMBORT, *La propriété collective en droit des affaires : contribution à l'ébauche d'un nouveau régime juridique*, Thèse Toulouse 1, 2005 ; L. JOSSERAND, « Essai sur la propriété collective », art. préc. ; P. CATALA, « Trois figures de la propriété collective », art. préc. ; F. ZENATI-CASTAING, « La propriété collective existe-t-elle ? », art. préc.

traditionnellement données[1]. Plusieurs obstacles militent cependant contre cette propriété du patrimoine d'affectation par les investisseurs.

398. Difficile reconnaissance de la propriété des investisseurs. L'obstacle temporel s'opposant à la qualification légale de copropriété du FCT demeure tout d'abord présent[2]. En effet, l'opération de titrisation débute par la cession des actifs par l'initiateur à l'organisme de titrisation et se poursuit par l'émission de titres sur les marchés et leur souscription par les investisseurs. La cession des actifs suppose que le patrimoine d'affectation soit constitué à ce stade. Ses titulaires ne sont pourtant pas encore présents. Dès lors, la cession des créances ne peut pas avoir lieu entre deux sujets de droit[3]. Cette première difficulté pourrait être surmontée en modifiant les modalités de l'opération de titrisation. Les termes de la cession devraient être négociés en amont et la cession devrait être reportée jusqu'à la réunion des investisseurs. Le patrimoine d'affectation serait ainsi constitué par ses titulaires avant le transfert de propriété. La société de gestion pourrait se charger de la négociation préalable de la convention de cession. Elle pourrait notamment être mandatée par l'initiateur afin de trouver des investisseurs, à l'image d'un courtier[4].

Cette constitution tardive du patrimoine rejaillirait néanmoins sur l'émission des titres. En effet, ces derniers représentent la propriété du patrimoine d'affectation et ne peuvent être émis qu'une fois le patrimoine constitué et les investisseurs réunis. Dès lors, l'émission des titres ne jouerait plus son rôle de voie d'accès aux marchés. Le champ des opérations de titrisation pouvant être réalisées serait réduit puisque les investisseurs devraient être repérés en amont de l'émission. Pour minimiser cette contrainte, il faudrait identifier des initiateurs, prêts à procéder à l'opération, dans un premier temps, sans émission. Une fois le patrimoine d'affectation constitué, il serait possible d'émettre des titres représentatifs. Cette solution complique néanmoins le financement et le déroulement de l'opération. Précisons qu'une

---

[1] La titrisation est généralement présentée comme l'émission de titres représentatifs des créances comprises dans l'organisme. De ce fait, les investisseurs sont perçus comme les propriétaires des créances. V. not. G. CORNU (dir.), *Vocabulaire juridique*, *op. cit.*, s. v. « Titrisation ». Sur l'illusion d'un droit de propriété des investisseurs, v. V. MALASSIGNE, *Les titres représentatifs*, *op. cit.*, n°s 681 et s., p. 451 et s.

[2] V. *supra* n° 189.

[3] Pour ce problème dans le FCT, v. *supra* n° 143.

[4] Il ne nous semble pas possible de sécuriser le montage par le mécanisme de la promesse de porte-fort de ratification. Il est effectivement délicat, pour la société de gestion, de s'engager à ce que la convention de cession soit ratifiée par les investisseurs. En effet, l'article 1204 du Code civil dispose que l'on « peut se porter fort en promettant le fait d'un tiers. [...] Lorsque le porte-fort a pour objet la ratification d'un engagement, celui-ci est rétroactivement validé à la date à laquelle le porte-fort a été souscrit ». Les tiers en question, c'est-à-dire les investisseurs, ne sont pas identifiés au moment des négociations, si bien qu'il est difficile de promettre leur fait.

émission par les gestionnaires du patrimoine d'affectation ne permettrait pas de procéder à une émission des titres plus tôt. Théoriquement, en leur qualité de détenteurs précaires du patrimoine, les gestionnaires peuvent émettre des titres le représentant imparfaitement, mais directement[1]. Cependant, les titres ne pourraient être émis qu'une fois le patrimoine constitué et sa gestion confiée, supposant la présence des investisseurs. Dès lors, si la propriété du patrimoine d'affectation par les investisseurs est conceptuellement envisageable, elle demeure non optimale. Elle doit donc être rejetée, ce d'autant plus qu'elle ne peut être effective.

2. L'absence d'effectivité de la propriété des investisseurs

399. Qu'elle soit organisée sur le modèle d'une copropriété (a) ou d'une propriété commune (b), la propriété des investisseurs n'est pas effective puisque le gestionnaire de l'opération de titrisation est le seul à agir en qualité de propriétaire.

a. Une copropriété du patrimoine d'affectation artificielle

400. Impossible gestion directe du patrimoine d'affectation par les investisseurs. La copropriété du patrimoine d'affectation se heurte aux mêmes critiques que celles formulées à l'encontre du FCT[2]. En effet, la gestion du patrimoine d'affectation par les investisseurs est irréaliste. L'affectation et la copropriété limitent nécessairement leurs pouvoirs si bien qu'ils ne peuvent engager le patrimoine d'affectation pour mener toute opération d'ordre personnel. Sous cette contrainte, ils en disposent théoriquement à leur guise et peuvent l'administrer. Cependant, les investisseurs sont généralement passifs et la gestion du patrimoine d'affectation utilisé aux fins de titrisation requiert une compétence technique dont ils sont généralement dépourvus. La sécurité de l'opération de titrisation commande ainsi que la gestion soit confiée à un tiers compétent. *A priori*, les régimes de l'indivision légale et conventionnelle le permettraient[3]. Il conviendrait simplement d'imposer cette gestion par une société de gestion. Au regard de la spécificité de son objet et de la diversité des opérations de titrisation, il conviendrait de soumettre la copropriété au régime de l'indivision conventionnelle. En effet, cette dernière est plus stable et laisse

[1] Les titres émis par les gestionnaires du patrimoine d'affectation sont des titres représentatifs imparfaits et directs dans la mesure où ils permettent à leur titulaire de s'approprier la valeur des actifs compris dans le patrimoine au moyen d'un droit personnel, sans pour autant conduire à une appropriation juridique des actifs. V. sur ce point V. MALASSIGNE, *Les titres représentatifs*, *op. cit.*, n°s 803 et s., p. 527 et s. et sur les modalités de création de tels titres v. n°s 986 et s., p. 641 et s.

[2] V. *supra* n°s 185 et s.

[3] V. art. 815-3, 2° et art. 1873-5, C. civ.

plus de place à la liberté contractuelle que l'indivision légale[1]. Ainsi, dans les conditions qu'ils détermineraient, les indivisaires pourraient désigner un gérant chargé d'administrer l'indivision et de les représenter[2]. Ce dernier exercerait « les pouvoirs attribués à chaque époux sur les biens communs », et ne pourrait « disposer des meubles corporels que pour les besoins d'une exploitation normale des biens indivis »[3]. Le patrimoine d'affectation utilisé dans le cadre d'une opération de titrisation étant essentiellement composé d'actifs incorporels, tels que les créances titrisées, le gérant pourrait effectuer librement tout acte de disposition. Il pourrait notamment souscrire des instruments financiers. Les décisions excédant les pouvoirs du gérant seraient prises à l'unanimité des indivisaires, sauf si, en l'absence d'incapables et de décision portant sur l'alinéation d'un immeuble, ils décidaient de les adopter autrement[4].

401. Risque de consécration d'une propriété ineffective. En réalité, la gestion de l'indivision par un gérant crée une difficulté insurmontable puisqu'elle rendrait la propriété des investisseurs ineffective. En effet, cette gestion supposerait que les indivisaires consentent à une perte de pouvoir temporaire au profit de ce dernier. Cependant, cette liberté des indivisaires ne peut pas se retrouver pleinement dans l'opération de titrisation dans la mesure où la gestion du patrimoine d'affectation doit obligatoirement être confiée à un professionnel que les investisseurs ne choisissent pas. En effet, la société de gestion participe généralement à l'organisation de l'opération de titrisation, et notamment à la rédaction des documents constitutifs. Elle est donc désignée *de facto* gestionnaire du patrimoine d'affectation et les investisseurs ne peuvent qu'adhérer à ce choix. Ils ne peuvent donc pas être comparés aux copropriétaires des immeubles bâtis qui confient obligatoirement la gestion de l'immeuble à un syndic, dont ils en désignent librement les membres[5]. La situation des investisseurs dans l'opération de titrisation contredit donc à la fois le principe d'exclusivité et leur droit de disposer[6]. Leur propriété ne pourrait être effective que s'ils choisissaient la société de gestion, impliquant son intervention en qualité de gérant après leur apparition. Ceci ne poserait pas de difficulté théorique puisque, en tant que gestionnaire du patrimoine

---

[1] Sur la synonymie des termes d'indivision et de copropriété, v. *supra* n° 121.

[2] Art. 1873-5 et art. 1873-6, C. civ.

[3] Art. 1873-6, al. 2, C. civ.

[4] Art. 1873-8, C. civ.

[5] V. art. 17-2 et 21 de la loi n° 65-557 du 10 juillet 1965 fixant le statut de la copropriété des immeubles bâtis imposant la désignation d'un syndic professionnel ou non, parmi les copropriétaires. Les copropriétaires initiaux ont donc le choix de l'identité du syndic et de sa composition.

[6] Comme nous l'avons déjà exposé, nous adoptons la vision du Professeur Zenati pour qui la propriété se caractérise par l'exclusivité et la disposition. Cependant, si l'on retenait une définition plus classique de la propriété, il ne serait pas non plus possible de considérer que les investisseurs exercent la propriété, puisqu'ils sont privés du droit d'en disposer.

d'affectation, la société de gestion n'est censée intervenir qu'après sa constitution. Durant la phase préparatoire de l'opération, la société de gestion (ou tout autre acteur) pourrait agir en qualité d'intermédiaire. Elle pourrait notamment être mandatée par un initiateur pour trouver des investisseurs. Cette solution n'est cependant pas optimale car elle ne correspond pas à la réalité de l'opération de titrisation, notamment à la passivité des investisseurs, et conduit à multiplier les intermédiaires. Elle doit donc être écartée. Ces difficultés créées par les impératifs de gestion du patrimoine d'affectation se retrouvent également lorsqu'il fait l'objet d'une propriété commune. Cette dernière doit donc être rejetée.

b. Une propriété commune illusoire

402. Propriété commune du patrimoine d'affectation par les investisseurs. La propriété commune permet, tout comme l'indivision, de confier la gestion du patrimoine d'affectation à une société de gestion. Le Professeur Masson explique ainsi dans sa thèse que la loi peut imposer une gestion déléguée de la propriété commune[1]. Le gestionnaire dont la présence est obligatoire s'apparente alors à un représentant légal[2]. Cependant, la représentation légale dessaisissant le représenté de ses pouvoirs[3], les investisseurs seraient privés de tout pouvoir sur le patrimoine d'affectation. Ils ne pourraient pas non plus jouir de façon exclusive de leur bien puisqu'ils ne choisiraient pas leur gestionnaire. Par ailleurs, ils ne retrouveraient pas l'exercice de leur droit de propriété à un moment quelconque de l'opération de titrisation. Leur propriété serait donc ineffective dès l'origine.

Le seul remède existant serait un changement du déroulé de l'opération de titrisation. Les investisseurs devraient constituer le patrimoine d'affectation avant d'en confier la gestion. Pendant la phase préparatoire de l'opération, la société de gestion pourrait jouer un rôle d'intermédiaire. Cette solution souffre toutefois des mêmes critiques que la copropriété, si bien qu'elle doit être rejetée. Dès lors, la propriété du patrimoine par l'initiateur ou les investisseurs n'étant pas optimale, il convient de s'intéresser à la propriété des gestionnaires. Cette dernière se révèle plus adaptée à la réalité de l'opération financière. En effet, le contrat de fiducie permet de l'organiser aisément, sans pour autant modifier le déroulé de l'opération de titrisation.

---

[1] F. MASSON, *La propriété commune*, *op. cit.*, n° 503, p. 222.
[2] *Ibid.*, n° 511, p. 226.
[3] Art. 1159, C. civ.

C. *L'admission de la propriété fiduciaire du patrimoine par les gestionnaires*

403. Propriété du patrimoine par les gestionnaires. L'appropriation du patrimoine d'affectation par la société de gestion et le dépositaire satisfait les différents critères d'une opération de titrisation. Elle permet tout d'abord le transfert de propriété des actifs de l'initiateur aux gestionnaires. L'initiateur peut ainsi en percevoir la contrepartie financière et n'assume plus les risques liés aux actifs. Les risques encourus par les gestionnaires sont ensuite limités grâce à l'autonomie du patrimoine d'affectation. Par ailleurs, leurs droits patrimoniaux sont restreints, le patrimoine étant géré dans l'intérêt collectif des investisseurs[1]. La réalité de leur propriété n'est pas pour autant remise en cause. En effet, la fiducie témoigne de l'existence de propriétés asservies[2]. Enfin, les gestionnaires peuvent émettre des titres financiers qui seront souscrits par les investisseurs. Ce faisant, les investisseurs peuvent intervenir après la constitution du patrimoine d'affectation et l'émission des titres peut jouer son rôle de voie d'accès au financement par les marchés financiers. La propriété des gestionnaires évacue ainsi les difficultés présentées par la propriété de l'initiateur ou des investisseurs.

404. Configuration de la propriété. Plusieurs configurations de la propriété des gestionnaires sont envisageables. D'une part, seul l'un d'eux peut être propriétaire du patrimoine d'affectation. Cette propriété individuelle doit alors être réservée à la société de gestion puisqu'elle est la seule à procéder à une gestion courante du patrimoine. D'autre part, les deux gestionnaires peuvent être propriétaires ensemble du patrimoine d'affectation. Il faut alors préférer la propriété commune à la copropriété. En effet, dans le cadre de la titrisation, les gestionnaires n'ont pas vocation à être propriétaires d'une partie du patrimoine d'affectation. Ils le gèrent entièrement dans tous ses aspects et doivent donc être propriétaires de sa totalité[3]. Le choix entre propriété commune et propriété d'un seul des gestionnaires dépend de la technique contractuelle utilisée pour exploiter le patrimoine d'affectation. Il convient donc de la déterminer.

À cet égard, la propriété du patrimoine d'affectation des gestionnaires n'est pas une véritable innovation[4]. Elle s'apparente au *trust* dans lequel le *trustee* exerce la propriété juridique et gère les actifs titrisés au profit des

---

[1] T. REVET et F. ZENATI, *Les biens*, *op. cit.*, n° 237, p. 386 ; M.-C. AUBRY, *Le patrimoine d'affectation*, préc., n° 307, p. 227.
[2] V. *infra* n° 408.
[3] Comp. C. BERGER-TARARE, *Le fiduciaire défaillant, Regards croisés en droit des biens et droit des obligations*, préf. B. Mallet-Bricout, coll. « Bibliothèque de droit privé », n° 563, LGDJ, 2015, n° 216, p. 98 sur la cofiducie.
[4] La propriété des gestionnaires est ici entendue dans un sens large, comme visant l'hypothèse d'une propriété commune, ou celle de la propriété d'un seul gestionnaire.

bénéficiaires[1]. Ces derniers perçoivent uniquement les fruits de la gestion et sont seulement les propriétaires économiques des actifs. Cet éclatement de la propriété, inconnu de notre tradition juridique, a été reproduit par les organismes de titrisation, sous le masque de qualifications issues du droit interne. La critique des organismes de titrisation a effectivement mis en évidence la propriété exercée par leurs gestionnaires et la passivité des investisseurs qui se contentent de percevoir les fruits de la gestion. En effet, la réalité de l'opération de titrisation ne correspond pas aux qualifications légales. Elle ne peut être appréhendée parfaitement par la propriété, sauf à reconnaitre l'essence fiduciaire du mécanisme[2]. Généralement présentée comme l'équivalente du *trust*, la qualification de fiducie semble alors évidente[3]. Son incompatibilité avec les qualifications légales de copropriété et de société a néanmoins conduit à son rejet dans la première partie de la thèse[4]. Toutefois, l'objectif poursuivi est désormais de reconstruire les organismes de titrisation et la pertinence de la titularité du patrimoine d'affectation par les gestionnaires a été démontrée. La qualification de fiducie doit donc être réétudiée. Son utilisation s'avèrerait d'autant plus intéressante qu'elle ne nécessite pas que soit admise la propriété du patrimoine d'affectation. Dès lors, l'opération proposée ne dépend pas d'une conception doctrinale particulière et risque moins d'être fragilisée par la critique.

---

[1] Sur l'utilisation du *trust* comme véhicule *ad hoc* pour les opérations de titrisation, v. *supra* n° 7.

[2] C. WITZ, *La fiducie en droit privé français*, *op. cit.*, n° 133, p. 122 ; F. BARRIERE, *La réception du trust au travers de la fiducie*, *op. cit.*, n° 275, p. 223 ; V. MALASSIGNE, *Les titres représentatifs*, *op. cit.*, n°s 472 et s., p. 321 et s. ; V. FORTI, *La titrisation des créances en droit comparé*, *op. cit.*, n° 181, p. 139 ; H. DE VAUPLANE, « La fiducie avant la fiducie : le cas du droit bancaire et financier », art. préc. ; M. GRIMALDI, « La fiducie : réflexions sur l'institution et sur l'avant-projet de loi qui la consacre », art. préc. ; R. LIBCHABER, « Les aspects civils de la fiducie dans la loi du 19 février 2007 », *Defrénois*, août 2007, n° 15, p. 1094 et s., spéc. n° 11 ; T. REVET, « Décret n° 97-919 du 6 octobre 1997 portant modification du décret n° 89-158 du 9 mars 1989 portant application des articles 26 et 34 à 42 de la loi n° 88-1201 du 23 décembre 1988 et relatif aux fonds communs de créances », art. préc. ; T. REVET et F. ZENATI, *Les biens*, *op. cit.*, n° 64, p. 113 ; P. MALAURIE, L. AYNES et M. JULIENNE, *Droit des biens*, *op. cit.*, n° 401, p. 292 ; v. également, à l'origine de cette idée dans le cadre des FCP P. JESTAZ, « obs. sous la loi n° 79-594 du 13 juillet 1979, le décret n° 79-835 du 27 septembre 1979 et l'arrêté du 27 novembre 1979, » art. préc.

[3] Sur l'équivalence de la fiducie et du *trust* bien qu'ils procèdent de deux techniques différentes, v. not. G.L. GRETTON, « Trust without Equity », *International and Comparative Law Quarterly*, 2000, vol. 49, p. 599 et s.

[4] V. *supra* n° 160. On ne peut effectivement admettre que la société de gestion soit un fiduciaire en présence de la société de titrisation dans la mesure où le patrimoine qu'elle gère est le patrimoine social. Celui-ci ne saurait être identifié au patrimoine fiduciaire, dans la mesure où cela supposerait que la société n'en est plus propriétaire.

§ 2 : L'organisation de l'opération de titrisation par le contrat de fiducie

405. Précisions terminologiques. Comme cela a été expliqué dans son approche primaire, la notion d'organisme de titrisation peut faire l'objet d'une double appréhension[1]. Au sens strict, celle-ci désigne le véhicule *ad hoc*, le contenant. À cet égard, la fiducie ne peut pas être qualifiée d'organisme de titrisation[2]. Elle est un contrat qui se substitue aux organismes de titrisation, si bien que l'adoption de la fiducie conduit en réalité à une réforme de l'opération de titrisation. Le patrimoine fiduciaire joue alors le rôle du véhicule *ad hoc*. Son inertie s'oppose néanmoins à ce qu'il soit qualifié d'organisme, dans la mesure où ce dernier implique une certaine animation[3]. Il est alors préférable de le désigner sous le terme de fonds, en ce qu'il rassemble un ensemble de biens[4]. Il se substitue ainsi à l'actuel FCT.

La notion d'organisme de titrisation peut néanmoins être appréhendée plus largement, comme l'ensemble des parties prenantes assurant la fonction de titrisation. Dans ce cas, l'ensemble du mécanisme fiduciaire peut être qualifié d'organisme de titrisation. Cette acception suppose cependant une attention particulière lors de la rédaction des nouvelles dispositions légales. Il faut toujours désigner le fiduciaire ou le patrimoine fiduciaire. En effet, l'organisme de titrisation basé sur la fiducie ne peut être visé de façon générale puisqu'il n'est pas une entité autonome, à la différence de la société de titrisation.

406. L'exploitation du patrimoine d'affectation constitué aux fins de titrisation peut s'effectuer à travers une fiducie, celle-ci présentant les mêmes caractéristiques que l'opération de titrisation (A). Chaque intervenant de l'opération de titrisation doit alors être identifié à l'un des acteurs de la fiducie car elle conduit à un nouvel agencement de l'opération de titrisation (B).

---

[1] V. *supra* n° 2.

[2] V. également en ce sens L. PAPAÏS, *Titrisation et fiducie*, préc., n° 464, p. 336. *A contrario*, le droit luxembourgeois admet cette qualification. V. en ce sens art. 1er de la loi du 22 mars 2004 définissant largement l'organisme de titrisation et incluant la fiducie.

[3] Le dictionnaire de l'Académie française définit ainsi l'organisme comme « l'ensemble des organes qui assurent les principales fonctions d'un être vivant, de l'homme en particulier » et comme un « ensemble de services, d'administrations auxquels est assignée une tâche précise, une mission particulière », (disponible sur https://www.dictionnaire-academie.fr, consulté le 28 septembre 2023). Le Trésor de la Langue Française informatisé adopte la même définition (disponible sur https://www.cnrtl.fr/definition/organisme, consulté à la même date).

[4] V. en ce sens G. CORNU (dir.), *Vocabulaire juridique*, *op. cit.*, s. v. « Fonds » qui définit le terme comme « le capital constitué avec une affectation particulière » ; v. aussi le dictionnaire de l'Académie française qui le définit comme un « bien ou ensemble de biens appartenant en propre à une personne physique ou morale, et de nature à permettre l'exercice d'une activité, d'une profession », (disponible sur https://www.dictionnaire-academie.fr, consulté le 28 septembre 2023).

A. *L'identification des éléments caractéristiques de l'opération de titrisation dans la fiducie*

407. Compatibilité apparente de la fiducie et de la titrisation. Fiducie et titrisation sont souvent désignées sous le terme d'« opérations », illustrant la complexité de leur fonctionnement. Elles partagent toutes les deux certaines spécificités qui militent en faveur de l'utilisation de la fiducie aux fins de titrisation. En effet, elles sont des opérations à trois personnes qui reposent sur un transfert temporaire d'actifs (1) au sein d'un patrimoine d'affectation (2). Ces derniers sont gérés par un tiers exerçant les attributs de la propriété, mais ne bénéficiant pas de ses utilités (3). En revanche, la fiducie ne permet pas actuellement d'émettre des titres financiers. Une telle émission, indispensable à la conduite d'une opération de titrisation, peut néanmoins aisément être autorisée (4).

1. Un transfert d'actifs

408. Nature du transfert. La fiducie organise un transfert de propriété[1]. En effet, si la nature du transfert n'est pas précisée par l'article 2011 du Code civil, elle est, depuis 2009[2], expressément mentionnée au sein de l'article 2372-1 du Code civil relatif à la fiducie-sûreté. La réflexion doctrinale porte donc désormais majoritairement, non pas sur la nature du transfert, mais sur la nature de la propriété transférée[3]. Certains auteurs estiment ainsi que la fiducie conduirait à un démembrement de la propriété[4]. Pour d'autres auteurs, la fiducie procéderait à un éclatement droit de propriété[5] sur le modèle du *trust* ou de l'Ancien droit[6]. Le constituant ou le bénéficiaire jouiraient ainsi d'une propriété économique tandis que le fiduciaire a la propriété juridique. En réalité, il est inutile de procéder à un tel éclatement du droit de propriété. Le

---

[1] *Contra* R. LIBCHABER, « Les aspects civils de la fiducie dans la loi du 19 février 2007 », art. préc., n° 25 ; A. BENABENT, « La fiducie (Analyse d'un projet de loi lacunaire) », *JCP N*, juillet 1993, n° 26, p. 275 et s.

[2] V. art. 5 de l'ordonnance n° 2009-112 du 30 janvier 2009 portant diverses mesures relatives à la fiducie.

[3] Pour un résumé des différentes positions, v. not. W. DROSS, *Droit civil*, *op. cit.*, n° 111, p. 217.

[4] V. not. P. PUIG, « La fiducie et les contrats nommés », *Dr. & Patr.*, juin 2008, n° 171, p. 68 et s.

[5] R. LIBCHABER, « Une fiducie française, inutile et incertaine... », in *Mélanges Philippe Maurie, Liber amicorum*, Defrénois, 2005, p. 303 et s. ; M. GRIMALDI, « La fiducie : réflexions sur l'institution et sur l'avant-projet de loi qui la consacre », art. préc., n° 18 ; G. BLANLUET, *Essai sur la notion de propriété économique en droit privé français*, *op. cit.*, n° 399 et s., pp. 245-246 ; pour une critique, v. B. MALLET-BRICOUT, « Le fiduciaire propriétaire ? », art. préc., n° 16 ; W. DROSS, *Droit civil*, *op. cit.*, n° 111-2, p. 219 et n°s 113 et s., p. 223 et s.

[6] L'Ancien droit distinguait la propriété éminente de la propriété utile. Dans le cadre de la fiducie, la propriété éminente reviendrait au fiduciaire. Le constituant aurait la propriété utile. V. sur ce point, W. DROSS, *Droit civil*, *op. cit.*, n° 111-2, p. 219.

fiduciaire est seul propriétaire des biens transmis[1]. Il a effectivement un droit exclusif sur les biens compris dans le patrimoine fiduciaire et peut en disposer librement dans la limite de l'affectation[2]. Les restrictions portées à sa propriété trouvent leur source dans le contrat de fiducie. Le fiduciaire est ainsi débiteur d'obligations de nature personnelle à l'égard du constituant[3].

Grâce au transfert de propriété opéré, la fiducie assure la première étape de l'opération de titrisation. À ce titre, il n'y a pas lieu de distinguer selon la nature des actifs transférés, la fiducie permettant le transfert de biens et de droits[4]. L'initiateur peut donc transférer ses actifs et les risques qui y sont attachés, en obtenant une contrepartie financière, ce qui lui permet de se refinancer et ce qui facilite le respect de ses ratios financiers. Ce transfert de propriété se retrouve même en présence d'une titrisation synthétique.

409. Identification du transfert d'actifs dans la titrisation synthétique. La fiducie peut également être utilisée pour procéder à une titrisation synthétique. Celle-ci repose sur un transfert de risques sans transfert de l'actif-sous-jacent. Un établissement de crédit peut ainsi conclure un contrat financier avec l'organisme de titrisation dans lequel il s'engage à lui verser une prime en échange d'une indemnisation en cas de réalisation du risque de crédit. Jusqu'à l'issue de l'opération, l'organisme doit avoir les fonds nécessaires pour indemniser la banque. Pour réunir ces fonds, il investit la prime versée par l'établissement de crédit en acquérant des titres souverains[5] qui lui permettent de réaliser des plus-values. Il émet également en complément des titres financiers sur les marchés et investit le produit des

---

[1] C. WITZ, *La fiducie en droit privé français*, *op. cit.*, n° 246, p. 242 ; F. BARRIERE, *La réception du trust au travers de la fiducie*, *op. cit.*, n° 386, p. 202 ; P. CROCQ, « Propriété fiduciaire, propriété unitaire », in *La fiducie dans tous ses états, Journées nationales, tome XV, Paris-Est Créteil*, coll. « Thèmes & commentaires », Dalloz, 2011, p. 9 et s. ; N. JULLIAN, *La cession de patrimoine*, *op. cit.*, n° 91, p. 102 ; T. REVET et F. ZENATI, *Les biens*, *op. cit.*, n° 271, p. 429 ; P. MALAURIE, L. AYNES et M. JULIENNE, *Droit des biens*, *op. cit.*, n° 402, p.293 ; C. KUHN, *Le patrimoine fiduciaire*, préc. ; W. DROSS, *Droit civil*, *op. cit.*, n° 112, p. 220.

[2] V. not. N. JULLIAN, *La cession de patrimoine*, *op. cit.*, n° 91, p. 103 ; T. REVET et F. ZENATI, *Les biens*, *op. cit.*, n° 271, pp. 429-430 qui considèrent que seul le fiduciaire gère les biens transmis ; M. GRIMALDI, « La fiducie : réflexions sur l'institution et sur l'avant-projet de loi qui la consacre », art. préc., n°s 17 et 18 qui considère de la même façon que le fiduciaire gère seul le bien transféré. L'auteur admet néanmoins une double exclusivité de gestion et économique, profitant respectivement au fiduciaire et au bénéficiaire ; *contra* B. MALLET-BRICOUT, « Fiducie et propriété », art. préc., n° 12, p. 308 qui considère que l'article 2027 du Code civil permet au bénéficiaire ou au constituant d'exclure le fiduciaire, si bien que celui-ci ne peut être considéré comme étant le propriétaire.

[3] V. not. W. DROSS, *Droit civil*, *op. cit.*, n° 112, p. 220 ; C. WITZ, *La fiducie en droit privé français*, *op. cit.*, n° 16, p. 15 ; M. GRIMALDI, « La fiducie : réflexions sur l'institution et sur l'avant-projet de loi qui la consacre », art. préc., n° 1 ; *contra* C. KUHN, *Le patrimoine fiduciaire*, préc., n°s 389 et s., p. 287 et s. qui préfère la qualification d'obligation réelle.

[4] Art. 2011, C. civ.

[5] Il s'agit d'obligations assimilables du Trésor et de bons du Trésor à taux fixe.

souscriptions[1]. Généralement, la titrisation synthétique est résumée à un transfert de risques, sans transfert d'actifs. Il est alors *a priori* difficile d'identifier un transfert de propriété pouvant être organisé au sein de la fiducie. En effet, le transfert de risques ne conduit pas, en tant que tel, à un transfert de propriété. D'une part, le risque n'est pas un bien. Il est une conséquence (financière) potentielle et dommageable[2]. Il est par essence aléatoire et ne peut faire l'objet d'un droit de propriété. Il n'est pas non plus possible de lui reconnaître une quelconque valeur[3], car il ne présente pas d'utilité pour l'homme[4]. Il ne peut pas non plus servir d'instrument d'échange pour permettre l'accès à une chose satisfaisant davantage les désirs du propriétaire[5]. D'autre part, l'opération de titrisation synthétique conduit uniquement à un transfert économique du risque, en faisant supporter sa charge par un tiers.

En réalité, la titrisation synthétique donne lieu à un transfert de propriété puisque l'acheteur de protection verse une prime à l'organisme de titrisation. Cette somme d'argent est alors gérée activement par le gestionnaire de l'organisme afin de pouvoir indemniser la banque en cas de réalisation du risque de crédit[6].

410. Finalité du transfert identique. Monsieur Papaïs considère que la fiducie du Code civil ne peut pas être utilisée aux fins de titrisation[7], les finalités du transfert de propriété n'étant pas identiques. Dans l'opération de titrisation, le transfert serait motivé par la contrepartie monétaire attendue par l'initiateur et obtenue grâce à l'émission de titres financiers[8] tandis que dans la fiducie, l'objectif poursuivi serait « d'investir le fiduciaire de prérogatives étendues, d'une indépendance dans la gestion afin qu'il puisse réaliser une

---

[1] Les titres émis sont souvent des *CLN* (*credit-linked notes*), v. sur ce point P. LE CANNU, T. GRANIER et R. ROUTIER, *Droit commercial*, *op. cit.*, n° 918, p. 680.

[2] S. PRAICHEUX et P. MOUSSERON, « ... Et le risque devint produit », in *Mélanges AEDBF France V*, Revue Banque, 2008, p. 407 et s. ; L. PAPAÏS, *Titrisation et fiducie*, préc., n° 31, p. 31 ; et plus généralement, sur la notion v. Y. LAMBERT-FAIVRE et L. LEVENEUR, *Droit des assurances*, 14e éd., coll. « Précis », Dalloz, 2017, nos 352 et s., p. 277 ; G. CORNU (dir.), *Vocabulaire juridique*, *op. cit.*, s. v. « risque ».

[3] Ceci peut paraitre contradictoire avec l'opération de titrisation synthétique où l'initiateur paye pour couvrir son risque. Cependant, si le risque est estimé, il n'a pas pour autant de valeur intrinsèque.

[4] Sur la notion de valeur d'usage, v. W. DROSS, *Droit civil*, *op. cit.*, n° 10, p. 13 ; sur l'absence d'utilité du risque, v. L. PAPAÏS, *Titrisation et fiducie*, préc., n° 31, p. 32.

[5] W. DROSS, *Droit civil*, *op. cit.*, nos 23 et s., p. 34 et s.

[6] Cette approche est plus réaliste dans la mesure où la société de gestion n'a pas pour mission de gérer les risques attachés aux actifs mais d'indemniser la banque.

[7] V. spéc. L. PAPAÏS, *Titrisation et fiducie*, préc., n° 544, pp. 390-391. Pour surmonter cette difficulté, l'auteur propose de créer une fiducie-titrisation distincte de celle du Code civil, v. sur ce point nos 577 et s., p. 411 et s.

[8] *Ibid.*, n° 555, p. 397.

gestion plus dynamique que s'il n'avait pas eu cette propriété des biens »[1]. Le constituant ne serait donc pas à la recherche d'une contrepartie matérielle ou monétaire[2].

Cette analyse découle cependant d'une vision restrictive de chacune des opérations. En effet, la fiducie ne peut pas procéder d'une intention libérale au profit du bénéficiaire[3], si bien que le constituant doit nécessairement rechercher une contrepartie matérielle ou monétaire au transfert de propriété. Il peut donc recourir à la fiducie afin de réaliser un transfert onéreux de biens après leur gestion temporaire par le fiduciaire. Cette finalité se retrouve dans l'opération de titrisation dans la mesure où la cession des créances de l'initiateur est financée par les investisseurs. Les sommes issues de la souscription des titres financiers peuvent donc être identifiées à la contrepartie due au constituant[4]. Par ailleurs, la nature des actifs cédés et la présence d'une multitude d'investisseurs commandent leur gestion par un tiers compétent. Cette gestion par autrui des actifs titrisés est d'ailleurs l'une des conditions d'accès aux marchés puisqu'elle permet aux investisseurs de demeurer passifs tout en profitant d'une gestion efficace de leur investissement. Le transfert des actifs à titriser a ainsi pour objectif à la fois la recherche d'une contrepartie monétaire et d'une gestion par autrui des biens transmis. Le transfert opéré dans les opérations de fiducie et de titrisation a donc en réalité la même finalité. Il présente également le même effet puisqu'il isole les actifs au sein d'un patrimoine d'affectation.

2. Un isolement des actifs au sein d'un patrimoine d'affectation

411. Utilisation commune d'un patrimoine d'affectation. Les opérations de titrisation et de fiducie se structurent toutes les deux autour d'un patrimoine d'affectation. Le patrimoine fiduciaire est effectivement une masse de biens unifiée par l'intérêt d'un ou plusieurs bénéficiaires[5]. Il comprend notamment les biens et les droits transférés, et son actif répond du passif né de sa conservation et de sa gestion. En effet, l'article 2025 du Code civil dispose que « le patrimoine fiduciaire ne peut être saisi que par les titulaires de créances nées de la conservation ou de la gestion de ce patrimoine ». Le patrimoine fiduciaire est donc protégé des créanciers personnels du constituant, du fiduciaire et des bénéficiaires de la fiducie. Il est également

---

[1] *Ibid.*, n° 561, p. 402.
[2] *Ibid.*, n° 562, p. 403.
[3] Art. 2013, C. civ.
[4] C. BERGER-TARARE, « La fiducie-titrisation : c'est possible ! », art. préc., n° 9.
[5] V. en ce sens art. 2011, C. civ. qui dispose que les fiduciaires « agissent dans un but déterminé au profit d'un ou plusieurs bénéficiaires » ; M.-C. AUBRY, *Le patrimoine d'affectation*, préc., n° 14, p. 78 ; C. KUHN, *Le patrimoine fiduciaire*, préc., n°s 399 et s., p. 287 et s. ; *contra* N. JULLIAN, *La cession de patrimoine*, *op. cit.*, n° 87, p. 98 pour qui l'affectation est fondée par le « but déterminé » de la gestion.

protégé contre les agissements de ces acteurs. Le constituant et les bénéficiaires n'ont effectivement pas de droits sur les biens transmis puisqu'ils n'en sont pas les propriétaires et le fiduciaire ne peut agir que dans les limites de l'affectation précisées dans le contrat de fiducie. Utilisé à des fins de titrisation, le patrimoine fiduciaire assure donc l'isolement des actifs titrisés. Cet isolement est néanmoins imparfait en raison de son étanchéité partielle.

412. Étanchéité imparfaite du patrimoine fiduciaire. Les deux patrimoines se distinguent au niveau du cloisonnement patrimonial. Celui-ci est parfait dans le cadre de l'opération de titrisation, tandis qu'il n'est que partiel dans le cadre de la fiducie[1]. En effet, seuls les bénéficiaires de la fiducie sont totalement protégés contre le passif né de la gestion ou de la conservation du patrimoine. En cas d'insuffisance du patrimoine fiduciaire, le patrimoine du constituant est en principe le gage commun des créanciers[2]. Une stipulation contraire peut néanmoins mettre ce passif à la charge du fiduciaire[3]. Utilisée à des fins de titrisation, la fiducie permet donc uniquement de limiter le risque encouru par les investisseurs. Or, la responsabilité subsidiaire du constituant et du fiduciaire est incompatible avec l'opération financière. D'une part, l'initiateur, qui s'apparente au constituant, cherche à se défaire des risques attachés aux actifs cédés, ce qu'il ne peut faire s'il demeure responsable en cas d'échec de l'opération. À cet égard, la responsabilité subsidiaire du constituant va au-delà de la rétention de 5 % du risque de l'opération de titrisation exigée par la règlementation européenne[4]. En effet, le constituant-initiateur ne retient pas uniquement 5 % du risque de la totalité de l'exposition[5] mais en retient la totalité dans la mesure où il est tenu d'indemniser les créanciers fiduciaires en cas d'échec de l'opération. D'autre part, s'il est admis que les gestionnaires de l'opération sont responsables personnellement des fautes qu'ils commettent, à l'image d'un fiduciaire[6], ils n'ont pas vocation à rembourser personnellement les investisseurs et autres créanciers de l'organisme en cas d'échec de l'opération. Dans le cas contraire, ils ne souhaiteraient plus animer de telles opérations. L'étanchéité du patrimoine fiduciaire peut toutefois être perfectionnée par une stipulation au sein du

---

[1] Cela conduit certains auteurs à lui refuser la qualification de patrimoine d'affectation, v. en ce sens M.-C. AUBRY, *Le patrimoine d'affectation*, préc., n° 344, p. 254 ; Y. EMERICH, « Les fondements conceptuels de la fiducie française face au *trust* de la *common law* : entre droit des contrats et droit des biens », *RIDC*, mars 2009, vol. 61, n° 1, p. 49 et s., spéc. pp. 64-65.
[2] Art. 2025, al. 2, C. civ.
[3] Art. 2025, al. 2, C. civ.
[4] Art. 6 du règlement 2017/2402 du Parlement européen et du Conseil du 12 décembre 2017 créant un cadre général pour la titrisation ainsi qu'un cadre spécifique pour les titrisations simples, transparentes et standardisées.
[5] L'initiateur, c'est-à-dire le cédant des créances, peut notamment retenir 5 % du risque de la totalité de l'exposition. Ainsi, l'établissement de crédit qui prévoit de céder 100 créances doit en conserver 5 choisies aléatoirement.
[6] Art. 2026, C. civ.

contrat de fiducie limitant le passif fiduciaire à ce seul patrimoine[1]. Cette clause n'étant opposable qu'aux créanciers l'ayant expressément acceptée, l'utilisation de la fiducie à des fins de titrisation supposerait d'inclure une clause type dans chaque contrat conclu. En pratique, cette solution n'est pas optimale car elle alourdirait l'opération. De plus, le risque d'un oubli et de l'engagement de la responsabilité de l'un des acteurs de l'opération subsisterait. Il faut donc perfectionner le cloisonnement patrimonial en présence d'une fiducie.

Cela ne pose pas de véritable difficulté, l'étanchéité partielle du patrimoine fiduciaire étant en contradiction avec la logique de l'opération. Tout d'abord, le transfert de propriété des biens du constituant n'emporte pas de conséquences sur sa responsabilité. Ensuite, les risques personnels encourus par le fiduciaire sont de nature à le dissuader d'occuper cette fonction[2]. Enfin, la responsabilité subsidiaire du constituant ou du fiduciaire contredit l'exclusivité du droit de gage général des créanciers sur le patrimoine de leur débiteur, même si elle se justifie par un souci de protection des créanciers[3]. La fiducie étant désormais bien intégrée à notre système juridique, la protection des créanciers ne nécessite plus des moyens aussi importants. En effet, ces derniers savent que leur droit de gage se limite en principe au patrimoine fiduciaire. Cela leur est rappelé dès qu'ils contractent avec le fiduciaire qui a l'obligation de préciser qu'il agit pour le compte de la fiducie[4]. Une réforme du patrimoine fiduciaire peut donc être envisagée afin de lui conférer une étanchéité parfaite[5], ce qui permettrait son utilisation à des fins de titrisation. Cette dernière est déjà favorisée par le fait que la fiducie organise sa gestion par un tiers dans l'intérêt des bénéficiaires.

3. Une gestion du patrimoine par un tiers dans l'intérêt d'autrui

413. Gestion du patrimoine d'affectation. Le patrimoine fiduciaire et le patrimoine d'affectation utilisé comme support d'une opération de titrisation sont tous deux gérés par un tiers dans l'intérêt d'autrui. Le régime légal de la fiducie réserve la qualité de fiduciaire aux établissements de crédit, aux institutions et services énumérés à l'article L. 518-1 du Code monétaire et financier, aux entreprises d'investissement, aux sociétés de gestion de portefeuille, aux entreprises d'assurance et aux membres de la profession

[1] Art. 2025, C. civ.

[2] J.-P. BERAUDO, « La loi du 19 février 2007 créant une fiducie française », in *Trust & fiducie : concurrents ou compléments ? Actes du colloque tenu à Paris les 13 et 14 juin 2007*, Academy & Finance, 2008, p. 125 et s., spéc. n°s 27-28, p. 138.

[3] N. JULLIAN, *La cession de patrimoine*, *op. cit.*, n° 88, p. 99.

[4] *Ibid.*, n° 88, p. 100.

[5] V. en ce sens M.-C. AUBRY, *Le patrimoine d'affectation*, préc., n° 346, p. 256 ; N. JULLIAN, *La cession de patrimoine*, *op. cit.*, n° 89, p. 100.

d'avocat[1]. Cette limitation est compatible avec l'esprit de la titrisation où le tiers est nécessairement la société de gestion ou le dépositaire[2]. En effet, ces deux acteurs sont les seuls à disposer des compétences nécessaires pour procéder à la gestion du patrimoine d'affectation et ont le mérite de faire déjà partie de la liste des personnes pouvant avoir la qualité de fiduciaire.

414. Gestion orientée dans la fiducie. La propriété du fiduciaire s'exerce dans l'intérêt des bénéficiaires. Il doit donc gérer les biens qui lui sont transmis conformément au but fixé[3] et ne peut, en principe, accomplir un acte qui dépasse les termes de sa mission. Dans le cas contraire, il engage sa responsabilité. Le sort de l'acte passé en dépassement de ses pouvoirs est en revanche incertain. En effet, l'article 2023 du Code civil établit une présomption de pouvoirs du fiduciaire au profit des tiers qui peut être renversée en démontrant que le tiers avait connaissance de la limitation des pouvoirs du fiduciaire. La seule information du tiers par le fiduciaire qu'il agit *ès-qualités* est à ce titre insuffisante. L'article 2023 du Code civil entendant protéger les tiers, il serait effectivement contre-productif de leur imposer de vérifier le détail de l'affectation avant toute transaction. Le législateur n'envisage cependant pas expressément la sanction applicable en cas de renversement de la présomption. Les termes de l'article 2023 du Code civil rappellent les dispositions applicables aux pouvoirs des dirigeants de sociétés à risque limité[4]. Il paraît donc *a priori* pertinent de reprendre la sanction applicable en la matière et que les actes passés soient frappés de nullité[5]. Cependant, l'analogie avec les sociétés à risque limité est critiquée, le constituant – répondant subsidiairement et indéfiniment des dettes sociales sauf clause contraire – se rapprochant davantage de l'associé de société à risque illimité[6]. Cette vision est néanmoins aussi incomplète, car elle met de côté les bénéficiaires de la fiducie qui souffrent tout autant d'un dépassement de pouvoir et ne répondent pas du passif fiduciaire. La situation envisagée dans son ensemble est en réalité la même que celle des sociétés en commandite par actions, où les associés commandités sont responsables indéfiniment des

---

[1] Art. 2015, C. civ.

[2] Le dépositaire peut être considéré comme étant le tiers gestionnaire dans la mesure où il gère passivement le patrimoine d'affectation en assurant la conservation de sa valeur en contrôlant la régularité des décisions de la société de gestion, suivant les flux financiers de l'organisme et en gardant ses actifs. V. *supra* n° 36.

[3] V. art. 2011, C. civ.

[4] V. not. art. L. 223-18 et art. L. 255-56, C. com.

[5] v. not. C. DE LAJARTE, « La nature juridique des droits du bénéficiaire d'un contrat de fiducie », art. préc., n° 41 ; C. KUHN, « Une fiducie française », *Dr. & Patr.*, avril 2007, n° 158, p. 32 et s., spéc. p. 43 ; *contra* C. WITZ et A. PRÜM, « Fasc. 786 : Fiducie – Effets et extinction », *JCl. Droit bancaire et financier*, LexisNexis, juillet 2023, n° 32.

[6] V. not. N. BORGA, « Le fiduciaire responsable (exégèse de l'article 2026 du Code civil) ? », *RLDA*, mars 2010, n° 47, p. 83 et s., spéc. n° 26 ; B. FRANÇOIS, « Fiducie », *Rép. soc.*, Dalloz, juillet 2023, n° 161.

dettes sociales et les associés commanditaires ont une responsabilité limitée[1]. Dans cette société, l'acte passé en dépassement de l'objet social connu du tiers cocontractant encourt la nullité. Cette sanction doit donc être reprise par référence à la SCA et non aux sociétés à risque limité. Elle est source de sécurité à la fois pour les tiers de bonne foi, mais également pour les bénéficiaires et le constituant puisqu'elle garantit, un minimum, une gestion du patrimoine fiduciaire conforme aux termes du contrat. Cette gestion orientée au profit d'autrui se retrouve dans les mêmes conditions dans l'opération de titrisation.

415. Gestion orientée dans la titrisation. La gestion des actifs compris dans le patrimoine d'affectation constitué aux fins d'une opération de titrisation est effectuée dans l'intérêt des investisseurs. En cas de non-respect de cette finalité, la société de gestion engage sa responsabilité personnelle. En revanche, le droit positif n'envisage pas le sort de l'acte. Dans l'actuelle, comme dans la nouvelle société de titrisation, il faut faire application du droit commun des sociétés. La société est engagée par les actes dépassant l'objet social, sauf connaissance par le tiers de son dépassement. Le nombre de ces actes est réduit puisque l'objet social de la société de titrisation est largement détaillé par le législateur et que le tiers est informé de sa qualité[2]. Il ne peut donc ignorer qu'elle ne peut effectuer que certains actes.

Cette sanction doit être reprise dans le cadre du patrimoine d'affectation. Seul l'acte passé avec un tiers ayant connaissance ou qui aurait dû avoir connaissance des limites de l'affectation doit être annulé. Or, l'affectation – tout comme les actes entrant dans son champ – est définie légalement comme étant la réalisation d'une opération de titrisation dans l'intérêt des investisseurs[3]. Ainsi, le tiers, informé qu'il contracte avec le gestionnaire d'un patrimoine d'affectation utilisé aux fins de titrisation, a nécessairement connaissance des actes pouvant être effectués. Il ne peut ignorer que les modalités pratiques de l'opération. Afin d'assurer son information automatique, il faut donc imposer au gestionnaire de préciser au tiers qu'il agit *ès-qualités*. Dès lors, seuls des actes entrant dans le cadre d'une opération de titrisation et n'étant pas manifestement contraires à l'intérêt des investisseurs peuvent engager le patrimoine d'affectation malgré un dépassement de l'affectation. La même logique doit s'appliquer au dépositaire. La sanction du dépassement de pouvoirs dans la fiducie et le patrimoine d'affectation utilisé à des fins de titrisation sont donc identiques. La nullité est simplement plus facile à obtenir dans le cadre du patrimoine d'affectation utilisé à des fins de titrisation puisque l'affectation est définie légalement et s'impose aux tiers alors qu'elle n'est définie que de façon contractuelle dans la fiducie.

---

[1] Art. L. 226-1, C. com.
[2] V. *supra* n°s 29 et 310.
[3] V. *supra* n° 380.

416. Finalités multiples de la fiducie. La finalité de la gestion fiduciaire est déterminée par le contrat de fiducie. Les possibilités sont donc aussi illimitées que l'imagination des parties. Dès lors, la fiducie accueille parfaitement les différents aspects de la gestion d'une opération de titrisation[1]. Dans le cadre d'une telle opération, les investisseurs espèrent que la contrepartie versée à l'initiateur sera moindre par rapport à la rémunération qu'ils percevront. Le montant de cette dernière dépend en premier lieu de la qualité des créances acquises, et en second lieu de leur gestion. La gestion doit donc être à la fois conservatoire et dynamique. D'une part, les actifs titrisés ne doivent pas être perdus. D'autre part, selon les modalités propres à chaque opération, la société de gestion peut effectuer de nouveaux placements pour compenser les pertes ou maximiser les profits[2]. La fiducie permet alors d'attribuer le résultat de cette gestion selon les mêmes modalités que dans l'opération de titrisation.

417. Attribution des utilités de la gestion aux bénéficiaires. Dans l'opération de titrisation, les investisseurs perçoivent les résultats de la gestion de façon fractionnée. Généralement, les sommes correspondant aux intérêts générés par les actifs titrisés sont versées pendant la durée de l'opération tandis que le principal est remboursé au terme de l'opération. Dans la fiducie, le transfert des biens aux bénéficiaires s'opère en principe à l'issue de l'opération. Il est cependant possible de prévoir contractuellement un transfert anticipé et fractionné des résultats de la gestion[3]. En effet, si les fruits et produits générés par les biens compris dans le patrimoine fiduciaire l'augmentent par voie d'accession, rien n'interdit expressément leur emploi. Les parties peuvent donc prévoir une désaffectation des sommes correspondantes pour rémunérer le fiduciaire[4] ou effectuer des versements au

---

[1] *Contra* A. BAVOUIDIBIO-MASSENGO, *Contribution à l'étude juridique de l'opération de titrisation*, préc., n° 225, p. 157. Pour cet auteur, la mission de la société de gestion dans le cadre de l'opération de titrisation n'est pas de « "préserver l'intérêt des investisseurs en leur donnant la possibilité d'apprécier la conduite du gestionnaire et en créant les conditions d'une gestion conforme à leurs préférences". Bien au contraire : les investisseurs, en s'exposant au risque via la souscription de titres financiers, désirent avant tout participer à un pari collectif portant sur l'évolution de la valeur des sous-jacents : c'est cette dimension spéculative que la qualification de contrat fiduciaire laisse en lisière ».

[2] L'aléa pesant sur la gestion confère ainsi une dimension spéculative à l'opération et permet aux investisseurs de diversifier leur portefeuille d'investissement. En effet, l'investissement dans une opération de titrisation leur permet d'accéder à de nouveaux produits. Ils réduisent ainsi la volatilité de leur performance et diminuent le risque global supporté par leur portefeuille. Puisqu'ils parient sur des produits différents, la défaillance de l'un d'eux n'implique pas la défaillance de leur totalité. Au contraire, certains produits peuvent même permettre de compenser les pertes subies.

[3] *Contra A.* BAVOUIDIBIO-MASSENGO, *Contribution à l'étude juridique de l'opération de titrisation*, préc., n° 227, p. 158.

[4] T. REVET et F. ZENATI, *Les biens*, *op. cit.*, n° 279, p. 439 ; C. WITZ et A. PRÜM, « Fasc. 786 : Fiducie – Effets et extinction », *op. cit.*, n° 45.

profit des bénéficiaires[1]. La fiducie permet ainsi de reverser immédiatement les intérêts générés par les actifs employés dans une opération de titrisation. Cependant, malgré ces nombreuses similitudes, les opérations de fiducie et de titrisation divergent de façon flagrante concernant le contrôle de la gestion.

418. Contrôle de la gestion. Le contrôle de la gestion n'implique pas les mêmes acteurs dans la fiducie et dans l'opération de titrisation. Dans la fiducie, le contrôle est essentiellement opéré par le constituant qui est créancier de l'obligation de reddition de comptes[2]. Les bénéficiaires ou le tiers protecteur sont contraints de la solliciter. En revanche, sauf stipulation contractuelle contraire, tous peuvent demander le remplacement du fiduciaire[3]. Dans l'opération de titrisation, l'initiateur n'est intéressé que par la cession de ses créances et disparaît dès lors qu'elle est effectuée[4]. Si l'initiateur a la qualité de constituant, sa présence et ses pouvoirs sur la gestion sont au contraire source de risque pour les investisseurs. En effet, cela lui permet notamment de solliciter le remplacement d'une société de gestion qui conviendrait aux investisseurs.

Il ne faut pas pour autant en déduire une incompatibilité entre la fiducie et la titrisation. D'une part, le risque est fortement limité par l'indépendance de la gestion fiduciaire. Le constituant joue ainsi un rôle minime, n'étant qu'informé de la gestion et n'intervenant qu'en cas de difficultés. Au demeurant, ce n'est pas parce qu'il est titulaire de droits qu'il est appelé à en user. Par ailleurs, l'intervention des juges permet de tempérer une partie de ses prérogatives, lorsque le constituant sollicite le remplacement du fiduciaire en justice[5]. D'autre part, les dispositions du Code civil laissent une grande marge de manœuvre aux parties pour organiser leurs obligations[6]. Le constituant et le fiduciaire déterminent ainsi librement les modalités de la reddition des comptes et du remplacement du fiduciaire. Les droits du constituant peuvent donc être minimisés par le contrat de fiducie au profit de

---

[1] A. ARSAC, *La propriété fiduciaire : nature et régime*, coll. « Droit des affaires », LGDJ, 2015, n° 412, p. 222 ; F. BARRIERE, « Le fiduciaire-actionnaire », *Rev. soc.*, juillet 2018, n° 7-8, p. 428 et s., spéc. n° 50 ; C. WITZ et A. PRÜM, « Fasc. 786 : Fiducie – Effets et extinction », *op. cit.*, n° 38 ; *contra* B. MALLET-BRICOUT, « Le fiduciaire, véritable pivot ou simple rouage de l'opération de fiducie ? », *Revue de droit de McGill*, juin 2013, vol. 58, n° 4, p. 905 et s., spéc. p. 914 qui n'admet l'attribution des fruits aux bénéficiaires qu'en cas de stipulation contractuelle.

[2] Art. 2022, C. civ.

[3] Art. 2027, C. civ.

[4] L'initiateur n'a plus aucun pouvoir de contrôle sur la gestion effectuée par la société de gestion. S'il peut procéder au recouvrement des créances, ce n'est qu'en fonction de la volonté de cette dernière. Historiquement, cette disparition de l'initiateur s'explique par le recours au *trust* pour mener l'opération de titrisation et la reproduction de ses effets en droit français. En effet, dans le *trust,* le constituant tend à disparaitre et à laisser un rôle davantage actif au bénéficiaire, titulaire d'un droit de propriété sur les biens mis en *trust.*

[5] Art. 2027, C. civ.

[6] V. art. 2022 et art. 2027, C. civ.

ceux des investisseurs ayant la qualité de bénéficiaires. Un tel aménagement est d'ailleurs plus en adéquation avec la logique de la fiducie qui vise une gestion pour autrui. En effet, cette finalité est censée justifier l'existence et l'agencement des différentes obligations contractuelles [1]. Or, centrer les obligations du contrat de fiducie autour de la personne du constituant revient à se concentrer sur le contractant initial et à occulter la finalité de la gestion fiduciaire. Les pouvoirs du constituant l'apparentent ainsi au mandant[2], libre de révoquer son mandataire et de lui demander des comptes[3]. Le Professeur Béraudo dénonce ainsi une incohérence entre une gestion orientée vers le bénéficiaire, l'importance de son acceptation et le rôle de premier plan occupé par le constituant[4]. Cette dernière est simplement masquée par le fait que la gestion du patrimoine fiduciaire dans l'intérêt des bénéficiaires fait *a priori* partie des intérêts du constituant. Cependant, tel n'est pas toujours le cas et le constituant peut se retrouver face à un conflit d'intérêts. Les intérêts antagonistes des bénéficiaires et du constituant peuvent ainsi être illustrés en présence d'une opération de titrisation. L'initiateur, constituant de la fiducie, a pour intérêt de se défaire d'un maximum de créances, et en particulier, des créances risquées. Il n'est pas intéressé par la bonne gestion au profit des investisseurs ni par la rémunération de ces derniers. Par ailleurs, les bénéficiaires sont en mesure de veiller au respect de leurs intérêts et à la bonne exécution du contrat de fiducie puisqu'une fois désignés, ils peuvent se voir rendre des comptes[5] ou solliciter le remplacement du fiduciaire[6]. Le rôle du constituant fait alors « double emploi » et peine à se justifier dans la mesure où il n'est plus propriétaire des biens gérés[7]. Son intervention n'est utile que pendant la période où les bénéficiaires ne sont pas désignés et n'ont pas accepté la fiducie, puisqu'ils ne sont pas engagés par le contrat. En effet, il est alors le seul acteur présent et en mesure de s'assurer que la gestion fiduciaire est régulière.

Plutôt que de s'en tenir à un aménagement contractuel des droits et obligations des parties prenantes à la fiducie, il est opportun de réformer les dispositions du Code civil sur la fiducie pour établir une meilleure répartition des droits du constituant et des bénéficiaires, en fonction de l'acceptation de la fiducie. De même, le tiers protecteur veille actuellement à la sauvegarde des intérêts du constituant. Il faut donc procéder à une réécriture de l'article 2017

---

1 J. ROCHFELD, *Cause et type de contrat*, *op. cit.*, n° 199, p. 192.

2 Sur les relations entre fiducie et mandat, v. P. PUIG, « La fiducie et les contrats nommés », art. préc.

3 Art. 2004 et art. 1993, C. civ.

4 J.-P. BERAUDO, « La loi du 19 février 2007 créant une fiducie française », art. préc., n° 17, p. 132.

5 Art. 2022, C. civ.

6 Art. 2027, C. civ.

7 Sur l'incohérence entre la propriété du fiduciaire et la prééminence du constituant, v. B. MALLET-BRICOUT, « Le fiduciaire, véritable pivot ou simple rouage de l'opération de fiducie ? », art. préc.

du Code civil et préciser que le tiers protecteur sauvegarde les intérêts des bénéficiaires.

419. La plupart des éléments-clés de l'opération de titrisation se retrouvent ainsi dans l'opération de fiducie. La souplesse de ce contrat et certains aménagements lui permettent d'accueillir l'opération de titrisation dans toute sa complexité, sans pour autant trahir son essence. Le seul élément manquant à la réalisation de l'opération financière est l'émission de titres garantis par le patrimoine fiduciaire.

4. L'absence d'émission de titres par la fiducie

420. Absence d'émission de titres par la fiducie en droit positif. L'émission de titres financiers est un indispensable au financement de l'opération de titrisation et à la conversion des actifs[1]. Leur émission sur les marchés financiers permet de solliciter facilement un grand nombre d'investisseurs potentiels et leur souscription permet de collecter les fonds nécessaires à l'acquisition des créances titrisées. *De lege lata,* la fiducie ne peut pas émettre de tels titres. En effet, il n'existe pas de disposition en ce sens dans le Code civil et l'article L. 211-2 du Code monétaire et financier réserve l'émission de tels titres à « l'État, une personne morale, un fonds commun de placement, un fonds de placement immobilier, un fonds professionnel de placement immobilier, un fonds de financement spécialisé, ou un fonds commun de titrisation »[2]. L'émission de titres dans le cadre de la fiducie est néanmoins envisageable.

421. Possibilité d'émission de titres par la fiducie. Puisque le législateur admet une émission de titres par le FCT, on pourrait imaginer étendre cette autorisation à la fiducie. Cette solution n'est cependant pas exempte de critiques. En effet, l'émission de titres est de nature contractuelle et ne peut être effectuée par une entité dépourvue de la personnalité juridique, que ce soit un FCT ou une fiducie, sans enfreindre les principes de base du droit des obligations[3].

La seconde possibilité est d'autoriser le fiduciaire à émettre des titres financiers garantis par le patrimoine fiduciaire[4]. L'absence de sujet de droit

---

[1] V. *supra* n°s 3 et 241.
[2] L. Papaïs, *Titrisation et fiducie*, préc., n° 528, p. 380.
[3] V. supra n° 31 ; et sur la définition de l'émission de titres comme offre de contracter, v. T. Bonneau *et al.*, *Droit financier*, *op. cit.*, n° 848, p. 549 ; F.-G. Trebulle, *L'émission de valeurs mobilières*, *op. cit.*, n°s 1 et s., p. 35 et s. ; H. Causse, *Les titres négociables*, *op. cit.*, n° 46, p. 26 et sur les FCT spéc. n° 799, p. 403.
[4] En faveur de cette émission, v. aussi I. Riassetto et M. Storck, « La fiducie et la structuration des fonds d'investissement de droit français », in *Mélanges en l'honneur du*

n'est alors plus un obstacle. Dans cet esprit, le sénateur Philippe Marini avait proposé d'habiliter le fiduciaire à cette fin lors de l'élaboration de la loi n° 2009-526 du 12 mai 2009 de simplification et de clarification du droit et d'allègement des procédures. Bien qu'il n'ait pas été adopté, le nouvel article 2014 proposé disposait que « le fiduciaire agissant pour le compte de la fiducie peut, en accord avec le constituant, émettre des instruments financiers représentatifs de la propriété des actifs figurant dans le patrimoine fiduciaire »[1]. Aujourd'hui, rien n'empêche le législateur de procéder à une telle réforme. En revanche, les termes de la disposition doivent diverger de ceux de la proposition d'amendement. Celle-ci vise des titres représentatifs de la propriété des actifs du patrimoine fiduciaire et raviverait le débat sur l'identité du propriétaire des actifs mis en fiducie[2]. Il faut plutôt envisager l'émission de titres représentatifs du droit de créance des bénéficiaires dans la fiducie[3] ou représentatifs de la qualité de bénéficiaire[4]. Dans les deux cas, il s'agit de titres de créances. Ce faisant, l'émission des titres présente également l'avantage d'identifier les bénéficiaires de la fiducie parmi la masse d'investisseurs potentiellement intéressés par l'opération. Ils n'ont pas besoin d'être désignés nominativement en amont dans le contrat de fiducie. Il n'est donc pas nécessaire de trouver la totalité des investisseurs avant de réaliser l'opération.

422. Nature variable des titres. La nature des titres financiers émis par la fiducie-titrisation dépend des caractéristiques de l'opération, celle-ci pouvant donner lieu à l'émission de plusieurs catégories de titres. Tout d'abord, les titres de bénéficiaires, titres résiduels de la fiducie-titrisation[5], sont des titres de créance *sui generis* appartenant à la catégorie des titres financiers[6]. Ils ne peuvent pas être qualifiés d'obligations ou de titres de créances négociables car les sommes transmises par les investisseurs lors de la souscription des titres ne correspondent pas à un prêt, mais sont la

Professeur Claude Witz, LexisNexis, 2018, p. 795 et s., spéc. n° 43, p. 815 ; V. MALASSIGNE, *Les titres représentatifs*, *op. cit.*, n°s 923 et s., p. 601 et s.

[1] P. MARINI, Amendement n° 145 du 18 mars 2009 à la proposition de loi de simplification et de clarification du droit et d'allègement des procédures.

[2] Sur la confusion instituée par la fiducie dans l'esprit du porteur entre une appropriation singulière et imparfaite des biens, et leur véritable appropriation juridique, v. V. MALASSIGNE, *Les titres représentatifs*, *op. cit.*, n° 924, p. 602.

[3] Sur le droit de créance des bénéficiaires, v. C. DE LAJARTE, « La nature juridique des droits du bénéficiaire d'un contrat de fiducie », art. préc.

[4] L. PAPAÏS, *Titrisation et fiducie*, préc., n° 536, p. 385.

[5] Ces titres sont les derniers à être rémunérés puisque les bénéficiaires ont vocation à recevoir l'actif net du patrimoine fiduciaire. Sur la notion de titre résiduel, v. *supra* n° 42.

[6] Ils appartiennent à cette catégorie car il s'agit de titres de créance émis par une personne morale, conformément à l'article L. 211-2, C. mon. fin. Sur le caractère *sui generis* des titres émis par la fiducie, v. V. MALASSIGNE, *Les titres représentatifs*, *op. cit.*, n° 803, p. 527.

contrepartie du transfert fiduciaire des créances par l'initiateur[1]. Les titres de bénéficiaires représentent ainsi un droit de créance, comprenant à la fois une créance de gestion du patrimoine fiduciaire et une créance sur son actif net à l'issue de l'opération. Les conditions d'émission de ces titres se rapprochent toutefois de celle des obligations ou des titres de créances négociables[2]. Les titres de bénéficiaires peuvent ainsi conférer les mêmes droits aux bénéficiaires au cours d'une même émission à l'instar des obligations. Ils peuvent également être émis au gré de l'émetteur à l'instar des TCN. La valeur unitaire minimale de 150 000 euros des TCN peut être reprise car elle ne dissuade pas les investisseurs institutionnels[3].

Le fiduciaire peut ensuite émettre des obligations ou des titres de créances négociables. Les porteurs de ces titres ne sont alors pas des bénéficiaires de la fiducie mais de simples créanciers, auxquels s'applique le régime de droit commun. Ainsi, en admettant l'émission de titres pas le fiduciaire, toutes les caractéristiques de l'opération de titrisation se retrouvent au sein de la fiducie, facilitant son adoption par les praticiens. La conduite de l'opération de titrisation à travers le contrat de fiducie suppose néanmoins d'attribuer un rôle particulier à chacun des acteurs et donc de présenter l'agencement de la fiducie-titrisation.

B. L'agencement de l'opération de fiducie-titrisation

423. La fiducie offre un cadre très souple pour mener l'opération de titrisation si bien que divers montages peuvent être imaginés (1). Les initiateurs et les investisseurs peuvent ainsi être des constituants et/ou des bénéficiaires. En revanche, la société de gestion occupe nécessairement la place de fiduciaire. Le dépositaire est le seul acteur dont le rôle n'est pas instantanément identifié. Sa présence est pourtant essentielle puisqu'il participe de façon passive à la gestion du patrimoine fiduciaire, en conservant sa valeur via la surveillance la société de gestion et la garde des actifs. Il doit ainsi intégrer la fiducie-titrisation en qualité de tiers-protecteur et de conservateur (2).

1. La diversité des montages de l'opération de fiducie-titrisation

424. Constituant-initiateur et bénéficiaires-investisseurs. Le montage « classique » de l'opération de fiducie-titrisation transparaît de l'analyse des deux opérations. Il consiste à avoir un constituant-initiateur et des bénéficiaires-investisseurs. En application du droit commun de la fiducie, les bénéficiaires ne participent pas aux négociations et à la désignation des

---

[1] V. *supra* n° 42.
[2] Sur les différentes catégories de titres financiers, v. *supra* n° 42.
[3] Art. 1 de l'arrêté du 30 mai 2016 portant réforme des titres de créances négociables.

fiduciaires. Leur absence de prérogatives est ainsi justifiée par leur qualité et met fin à la situation paradoxale des investisseurs qualifiés de copropriétaires, mais dépourvus de pouvoirs dénoncée dans le FCT[1]. Dans ce montage, le fiduciaire peut diversifier les sources de financement en émettant des titres de créance sur les marchés qui ne confèrent pas la qualité de bénéficiaire de la fiducie.

En application de l'article 2011 du Code civil, la fiducie-titrisation peut être initiée par plusieurs constituants-initiateurs. Plusieurs établissements de crédit ou plusieurs entreprises commerciales peuvent ainsi décider de recourir ensemble à une fiducie-titrisation. Ils peuvent notamment user de cette technique de refinancement alors qu'ils ne disposent pas individuellement d'un montant suffisant de créances pour qu'elle soit intéressante. Cela leur permet également de mutualiser les coûts engendrés par l'opération. Dans cette hypothèse, les constituants forment une partie plurale[2].

425. Constituant-initiateur et bénéficiaire. Le constituant-initiateur peut également être l'un des bénéficiaires de la fiducie. Dans ce cas, le contrat de fiducie-titrisation précise que le constituant est bénéficiaire de la fiducie, même s'il n'a pas souscrit de titres.

En tant que porteur de parts résiduelles ayant vocation à se voir transférer l'actif net du patrimoine fiduciaire[3], il conserve une partie infime des risques attachés aux actifs qu'il a transférés. En effet, sa rémunération dépend en grande partie de la qualité de ces actifs. Le risque qu'il supporte est néanmoins amoindri dans la mesure où il est partagé avec les investisseurs qui financent l'opération. Cette conservation d'une partie du risque attaché à ses actifs est intéressante dans la mesure où elle lui permet de respecter les exigences de rétention du risque imposées au niveau européen pour les titrisations STS[4].

Grâce à sa qualité de bénéficiaire, l'initiateur récupère automatiquement le *boni* de liquidation du patrimoine fiduciaire[5]. Ceci permet notamment de reproduire à l'identique la pratique du surdimensionnement, et ce peu important que l'initiateur ait aussi la qualité de constituant[6]. Le *boni* de liquidation de la fiducie-titrisation, correspondant au résultat total de la

---

[1] V. *supra* n°s 125 et s.

[2] F. MASSON, « La fiducie plurale », *Dr. & Patr.*, janvier 2017, n° 265, p. 40 et s., spéc. p. 41.

[3] Sur le transfert de l'actif net du patrimoine fiduciaire, v. *infra* n° 480.

[4] V. en ce sens art. 6 du règlement 2017/2402 du Parlement européen et du Conseil du 12 décembre 2017 créant un cadre général pour la titrisation ainsi qu'un cadre spécifique pour les titrisations simples, transparentes et standardisées, imposant une rétention du risque de 5 % de la titrisation.

[5] V. MALASSIGNE, *Les titres représentatifs*, *op. cit.*, n° 475, p. 324.

[6] Pour mémoire, cette pratique suppose que le cédant transmette un montant de créances supérieur au montant de sa contrepartie financière afin de garantir le remboursement des investisseurs en cas de défaillance de certains débiteurs. En cas de succès de l'opération, le cédant récupère le *boni* de liquidation correspondant à la différence entre la valeur des créances cédées et la contrepartie financière qu'il a obtenue.

gestion du patrimoine fiduciaire, a vocation à être partagé entre tous les bénéficiaires. Il faut donc prévoir dans le contrat de fiducie qu'en cas de pluralité de bénéficiaires, le constituant aura vocation à récupérer au moins la somme correspondant au surdimensionnement. Une telle différence de traitement entre les bénéficiaires de la fiducie semble possible dans le silence du Code civil.

426. Investisseurs-constituants. Qualifiant le FCT de fiducie *sui generis*[1], le Professeur Malassigné considère que les investisseurs sont les constituants-bénéficiaires de la fiducie[2]. Un tel agencement de la fiducie-titrisation est possible mais marginal dans la mesure où les investisseurs sont rarement à l'origine de l'opération de titrisation.

Dans cette fiducie-titrisation, les investisseurs transfèrent des sommes d'argent au fiduciaire. Ces dernières sont destinées à acquérir des créances auprès d'établissements de crédit ou de tout autre acteur pouvant être un initiateur. Les créances acquises sont alors subrogées aux sommes versées par les investisseurs et gérées par le fiduciaire. Ce dernier reverse ensuite aux investisseurs les sommes issues du recouvrement des créances.

Dans cette hypothèse, les investisseurs à l'origine de l'opération sont identifiés en amont, si bien qu'il n'est pas indispensable de procéder à une émission de titres de bénéficiaires. Elle demeure néanmoins possible et permet de les céder plus aisément.

427. Grâce aux différents rôles pouvant être occupés par l'initiateur et les investisseurs, la fiducie s'ajuste à la diversité des opérations de titrisation. Chargée de la gestion courante de l'organisme, la société de gestion est nécessairement le fiduciaire. En revanche, le rôle du dépositaire est moins évident dans la mesure où il participe uniquement de façon passive à la gestion. Afin de s'assurer de sa présence dans le cadre d'une fiducie-titrisation, il doit avoir la qualité de tiers protecteur-conservateur.

2. Le dépositaire, tiers protecteur-conservateur

428. Rôle du dépositaire. Au regard de la diversité des missions du dépositaire, certains auteurs peinent à l'inclure dans le schéma traditionnel de la fiducie[3]. Dans son essai de requalification du FCT en fiducie, le Professeur Malassigné considère ainsi qu'il est une fiducie *sui generis*[4]. En effet, si la surveillance de la société de gestion rapproche le dépositaire du tiers

[1] V. Malassigne, *Les titres représentatifs*, *op. cit.*, n° 477, p. 324.
[2] *Ibid.*, n° 474, p. 322.
[3] *Ibid.*, n° 478, p. 325 ; A. Bavouidibio-Massengo, *Contribution à l'étude juridique de l'opération de titrisation*, préc., n° 236, p. 162.
[4] V. Malassigne, *Les titres représentatifs*, *op. cit.*, n°s 478 et s., p. 325 et s.

protecteur de la fiducie chargé de préserver les intérêts du constituant[1], sa mission de conservation serait incompatible avec la fiducie du Code civil. En réalité, le dépositaire peut être intégré à la fiducie du Code civil en revêtant la qualité de tiers protecteur ou de cofiduciaire. La première option doit néanmoins être préférée.

429. Dépositaire tiers protecteur. Le dépositaire peut effectivement avoir la double qualité de tiers protecteur et de conservateur. Tout d'abord, en assurant le suivi des flux financiers et en veillant à la régularité des décisions de la société de gestion, il veille à la bonne exécution du contrat de fiducie par la société de gestion. Il peut ainsi être le tiers protecteur prévu dans le cadre de la fiducie, mais sa présence doit être impérative dans le cadre de la titrisation. En cette qualité, il peut solliciter le remplacement de la société de gestion[2]. Sa qualité de dépositaire lui permet ensuite de conserver les actifs compris dans le patrimoine d'affectation. Pour cette mission, le dépositaire est donc lié contractuellement au fiduciaire. Sa présence dans toute opération doit être garantie par une disposition légale imposant la conservation des actifs de la fiducie-titrisation par un dépositaire.

Cette qualité de tiers protecteur-conservateur du dépositaire tend à multiplier les liens contractuels puisque le dépositaire est lié à la fois aux investisseurs et à la société de gestion. Ceci n'est cependant pas problématique dans la mesure où cela permet un engagement optimal de sa responsabilité. En effet, il a été préalablement établi que la mission du tiers protecteur doit s'effectuer dans l'intérêt des bénéficiaires et non du constituant[3]. Les bénéficiaires-investisseurs peuvent donc engager sa responsabilité en cas de manquement à son obligation de surveillance de la société de gestion ou de suivi des flux financiers. En revanche, ils ne peuvent pas engager sa responsabilité en cas de perte des actifs conservés. Seul le fiduciaire, propriétaire des actifs, peut l'engager. Or, ce dernier se rend compte plus rapidement de la perte des actifs que les investisseurs, qui ne s'en aperçoivent qu'au moment où ils n'obtiennent pas leur rémunération. L'indemnisation perçue par le fiduciaire *ès-qualités* intègre le patrimoine fiduciaire, profitant *in fine* aux bénéficiaires et aux éventuels titulaires de titres de créance[4]. Enfin, le risque de conflits d'intérêts entre le dépositaire et la société de gestion est limité puisqu'ils appartiennent tous deux à des professions règlementées et que la bonne exécution de leurs obligations respectives repose sur leur coopération.

---

[1] Art. 2017, C. civ. ; *Ibid.*, n° 478, p. 235 ; également en ce sens dans les fonds d'investissement v. I. RIASSETTO et M. STORCK, « La fiducie et la structuration des fonds d'investissement de droit français », art. préc., n° 39, p. 814.
[2] Art. 2027, C. civ.
[3] V. *supra* n° 418.
[4] Comp. à la double indemnisation instituée dans le FCT, v. *supra* n°s 56 et s.

430. Dépositaire cofiduciaire. Le dépositaire pourrait également être un cofiduciaire. En effet, sa mission de conservation correspond à la gestion matérielle des actifs de l'organisme[1] et participe, avec la surveillance de la société de gestion, à la conservation de la valeur du patrimoine d'affectation. Cette conservation participe à la gestion du patrimoine fiduciaire et s'inscrit dans les missions pouvant être confiées au fiduciaire dans l'intérêt des bénéficiaires[2]. De ce fait, le dépositaire pourrait partager la qualité de fiduciaire avec la société de gestion[3], l'article 2011 du Code civil autorisant le recours à plusieurs fiduciaires. La société de gestion et le dépositaire seraient alors propriétaires communs du patrimoine d'affectation et de ses actifs. Dans ce cadre, chaque fiduciaire pourrait disposer d'une compétence spéciale et de pouvoirs particuliers[4]. Pour sauvegarder les missions classiques de chacun de ces acteurs dans l'opération de titrisation, il conviendrait de reprendre l'actuelle répartition de leurs pouvoirs. Celle-ci éviterait les incertitudes concernant les actes pouvant être effectués par chacun des fiduciaires et n'alourdirait pas le fonctionnement de la fiducie. En effet, elle n'imposerait pas le consentement des cofiduciaires pour tout acte de gestion. La loi devrait préciser en amont les modalités de cette cofiducie afin de garantir cette répartition dans toute fiducie-titrisation et éviter l'émergence de difficultés.

Malgré ces précautions, cette cofiducie n'est pas optimale au regard du régime de responsabilité des fiduciaires. En effet, chacun serait responsable personnellement des fautes qu'il commettrait dans sa gestion[5]. Leurs attributions étant clairement délimitées, il serait aisé de déterminer lequel serait responsable. En revanche, les cofiduciaires n'engageraient leur responsabilité qu'à l'égard du constituant et des bénéficiaires. Ils ne pourraient donc pas engager mutuellement leur responsabilité. De ce fait, la société de gestion ne pourrait pas demander des dommages et intérêts au dépositaire en cas de perte des actifs. En effet, l'inexécution de ce dernier ne lui crée pas un dommage pour lequel elle serait susceptible de demander réparation. Pour cette même raison, le dépositaire ne pourrait pas non plus engager la responsabilité de la société de gestion en cas de gestion irrégulière. Il ne pourrait qu'informer les investisseurs. Sauf stipulation contractuelle contraire, il ne pourrait pas non plus solliciter son remplacement[6]. La cofiducie ne permet donc pas une gestion efficace et sécurisée en présence d'investisseurs passifs. Il est donc plus adapté de conférer au dépositaire la qualité de tiers protecteur.

---

[1] Également en ce sens, au moins concernant la mission de conservation du dépositaire, v. V. MALASSIGNE, *Les titres représentatifs*, *op. cit.*, n° 478, p. 325.
[2] Cette conservation se retrouve dans la fiducie-sûreté, où le fiduciaire a pour mission principale de conserver les biens transmis en garantie, et chez l'agent de sûreté.
[3] Également en ce sens v. V. MALASSIGNE, *Les titres représentatifs*, *op. cit.*, n° 479, p. 326.
[4] F. MASSON, *La propriété commune*, *op. cit.*, n° 174, p. 84.
[5] Art. 2026, C. civ.
[6] V. en ce sens art. 2027, C. civ.

431. Conclusion de section. La fiducie partage la même logique et les mêmes caractéristiques que l'opération de titrisation. Elle est donc le contrat idéal pour organiser l'exploitation du patrimoine d'affectation utilisé à des fins de titrisation. Afin d'en permettre une gestion optimale, elle suppose que l'étanchéité du patrimoine fiduciaire soit améliorée et que les termes de la gestion soient strictement définis. Elle implique également que la société de gestion soit le fiduciaire et que le dépositaire soit un tiers protecteur-conservateur. Sous ces réserves, les conditions de la fiducie sont celles formulées par le contrat, en faisant un cadre particulièrement souple pouvant permettre divers agencements de l'opération financière. À cet égard, les différents aménagements proposés ne risquent pas de dénaturer la qualification de fiducie dans la mesure où ils respectent son essence. De même, le déroulé de l'opération de titrisation n'est pas modifié par le recours à la fiducie, si bien que la réforme opérée ne déstabilisera pas les acteurs. Au contraire, la fiducie est désormais un outil connu et maîtrisé qui est susceptible de les attirer.

432. Conclusion du chapitre. Le patrimoine d'affectation peut servir de véhicule de titrisation lorsqu'il est exploité à travers une fiducie. En effet, il permet d'isoler les actifs titrisés et d'en assurer la gestion au profit des investisseurs. Il assigne également un rôle à chacune des parties prenantes à l'opération. Leurs droits et obligations sont issus du contrat de fiducie et justifient notamment les larges pouvoirs de la société de gestion. En sa qualité de fiduciaire, cette dernière concentre tous les rapports juridiques nés de l'opération financière, sécurisant et apportant plus de cohérence à cette dernière. Elle peut ainsi émettre des titres financiers garantis par le patrimoine d'affectation. Ce faisant, au contact de l'opération financière, tant le patrimoine d'affectation que le contrat de fiducie sont amenés à évoluer. L'opération financière met ainsi en évidence le besoin de renforcer l'étanchéité du patrimoine et de redistribuer les différentes prérogatives issues du contrat de fiducie. Par ailleurs, la fiducie est un outil suffisamment souple pour permettre divers agencements de l'opération de titrisation. La fiducie-titrisation se présente ainsi comme une concurrente de la société de titrisation, de la fiducie luxembourgeoise et du *trust*. À ce titre, elle s'intègre parfaitement au niveau européen puisqu'elle est déjà visée par les règlements consacrés à la titrisation[1].

Le régime de la fiducie issu du Code civil s'applique en principe à la fiducie-titrisation. Cependant, la particularité de l'opération financière appelle néanmoins à en adapter certains points.

---

[1] V. not. art. 2, § 2 du règlement (UE) 2017/2402 du Parlement européen et du conseil du 12 décembre 2017 créant un cadre général pour la titrisation ainsi qu'un cadre spécifique pour les titrisations STS qui vise la fiducie parmi les entités de titrisation.

CHAPITRE 2 : LE REGIME DE LA FIDUCIE-TITRISATION

433. Le régime de la fiducie issu du Code civil sert de base à la règlementation de la fiducie-titrisation. La mise en œuvre de l'opération financière impose néanmoins d'introduire certaines dispositions dérogatoires, indispensables à sa sécurité et à son efficacité. Les règles ajoutées sont tantôt plus souples, tantôt plus restrictives et se rencontrent à tous les stades de l'opération fiduciaire. Le régime de la fiducie étant connu, le propos se concentra sur les particularités de la fiducie qui se manifestent tant au moment de sa constitution (section 1) que de son fonctionnement (section 2).

Section 1 : La constitution de la fiducie-titrisation

434. D'origine contractuelle, la fiducie-titrisation doit répondre aux conditions de validité du contrat définies à l'article 1128 du Code civil. Elle doit également satisfaire aux exigences du contrat de fiducie. Or, tant les conditions de fond (§ 1) que de forme (§ 2) de ce contrat sont adaptées à son objet spécifique.

§ 1 : Les conditions de fond du contrat de fiducie-titrisation

435. Les conditions de fond de la fiducie-titrisation sont aménagées afin de sécuriser l'opération. Ainsi, le fiduciaire et le tiers protecteur de la fiducie-titrisation doivent satisfaire à des conditions dérogatoires au droit commun. Néanmoins, au regard de leur situation originale en présence de l'opération financière, tous les acteurs de la fiducie méritent quelques observations. (A). De même, l'objet de la fiducie-titrisation doit être suffisamment précisé pour n'inclure que les actifs nécessaires à l'opération de titrisation (B).

A. Les intervenants de l'opération de fiducie-titrisation

436. Application des règles de droit commun au constituant. Les règles issues du Code civil s'appliquent au constituant de la fiducie-titrisation. Il doit ainsi être résident « d'un État de la Communauté européenne ou d'un État ou territoire ayant conclu avec la France une convention fiscale en vue d'éliminer les doubles impositions qui contient une clause d'assistance administrative en vue de lutter contre l'évasion fiscale »[1]. Ce faisant, la fiducie-titrisation est donc adaptée à une pratique internationale.

Lorsque la fiducie est instituée par une pluralité d'initiateurs, c'est-à-dire de cédants de créances, ou plusieurs investisseurs[2], les constituants forment une partie plurale. En cas de vice du consentement ou d'incapacité de l'un des membres de la partie plurale, le contrat de fiducie encourt une nullité partielle et se poursuit avec les autres constituants. Le constituant victime récupère les biens qu'il a transmis en application des règles de droit commun relatives aux restitutions[3]. Le contrat de fiducie n'est annulé dans sa totalité que « " s'il est prouvé que la présence de la personne vis-à-vis de laquelle l'acte est nul a été une condition sine qua non de l'accord des autres " ou que l'objet transféré est indivisible »[4]. Cette exception se présente dans la fiducie-titrisation lorsque la présence de chaque acteur est indispensable pour réaliser l'opération. Tel est le cas si le groupement des initiateurs est indispensable pour réunir un montant de créances suffisant pour mettre en place l'opération, ou si la réunion des investisseurs leur permet de financer un investissement qu'ils ne pourraient effectuer autrement. En revanche, l'objet transféré au sein du patrimoine fiduciaire est divisible et ne peut permettre d'annuler le contrat. En effet, selon l'identité des constituants, il correspond aux créances des initiateurs, ou aux fonds engagés par les investisseurs.

437. Statut du fiduciaire. Le fiduciaire fait quant à lui l'objet de restrictions supplémentaires par rapport à celles de l'article 2015 du Code civil. Il doit être une société de gestion « résident[s] d'un État de la Communauté européenne ou d'un État ou territoire ayant conclu avec la France une convention fiscale en vue d'éliminer les doubles impositions qui contient une clause d'assistance administrative en vue de lutter contre l'évasion fiscale »[5]. À cet égard, il n'est pas pertinent d'inclure le sponsor parmi les fiduciaires. Ce dernier, qui est un établissement de crédit ou une entreprise d'investissement qui crée une opération de titrisation en rachetant les créances d'autres entités et en procédant par la suite aux différentes étapes

---

[1] Art. 13 de la loi n° 2007-211 du 19 février 2007 instituant la fiducie.

[2] Sur les différents montages de l'opération de fiducie-titrisation, v. *supra* n°s 424 et s.

[3] F. MASSON, « La fiducie plurale », art. préc., p. 42.

[4] *Ibid.* citant P. SIMLER, *La nullité partielle des actes juridiques*, préf. A. Weill, coll. « Bibliothèque de droit privé », n° 101, LGDJ, 1969, n° 125, p. 151.

[5] Art. 13 de la loi n° 2007-211 du 19 février 2007 instituant la fiducie. Sur le risque d'avoir des professionnels incompétents en matière de gestion financière, avec notamment l'ouverture de la qualité de fiduciaire aux avocats, v. D. STUCKI, « La fiducie de droit français : un outil juridique adapté à la gestion de portefeuille ? (1ère partie : gestion individuelle de portefeuille) », *Actes pratiques et ingénierie sociétaire*, avril 2010, n° 110, p. 1 et s., spéc. pp. 4-5.

de l'opération de titrisation[1], est actuellement autorisé à gérer les organismes de titrisation[2]. Il doit néanmoins déléguer la gestion du portefeuille de l'organisme à une société de gestion, conduisant à une multiplication des intermédiaires et témoignant de la compétence exclusive de la société de gestion.

438. Règles spécifiques au fiduciaire. Il convient de reprendre l'exigence d'agrément de la société de gestion dans le cadre de la fiducie-titrisation, puisqu'elle est un gage supplémentaire de la qualité du fiduciaire et permet à l'AMF de le contrôler. L'article L. 532-9 du Code monétaire et financier doit donc être complété pour exiger l'agrément de toute société de gestion fiduciaire dans une opération de fiducie-titrisation. Par ailleurs, l'article L. 214-175-3 du Code monétaire et financier doit être conservé, car il limite les conflits d'intérêts entre les différents acteurs de la fiducie-titrisation. Il empêche effectivement la société de gestion, ou le sponsor, d'agir en tant que dépositaire. Il interdit également au dépositaire d'exercer toute activité concernant l'organisme de titrisation, la société de gestion ou le sponsor, susceptible d'engendrer des conflits d'intérêts à moins qu'il n'ait « séparé, sur le plan fonctionnel et hiérarchique, l'exécution de ses tâches de dépositaire et ses autres tâches et que les conflits d'intérêts potentiels aient été identifiés, gérés, suivis et révélés aux porteurs de parts, de titres de créance ou aux actionnaires de l'organisme de titrisation de manière appropriée ».

439. Les bénéficiaires. Aucune condition, même géographique, ne s'impose aux bénéficiaires de l'opération de fiducie-titrisation. Les bénéficiaires de la fiducie-titrisation sont généralement les investisseurs et acquièrent cette qualité en souscrivant les titres émis par le fiduciaire. Afin de sécuriser au maximum l'opération de titrisation, il faut prévoir que la souscription des titres de bénéficiaire emporte automatiquement acceptation de la fiducie. Cette dernière est nécessaire dans la mesure où elle a pour effet de garantir la cession parfaite des actifs[3] et de figer les conditions de l'opération de titrisation. En effet, les créances sont transférées au fiduciaire au moment de la conclusion du contrat, si bien que le constituant n'en a plus la propriété. Il peut cependant modifier ou révoquer la fiducie tant que celle-ci n'est pas acceptée. Le risque de révocation est assez théorique, car elle priverait le constituant du refinancement. En revanche, le risque de modification est réel et le constituant peut décider de récupérer certains des actifs transférés ou d'en affecter d'autres, notamment plus risqués. Il peut

[1] V. en ce sens la définition du sponsor de l'article 2, § 5 du règlement 2017/2402 du Parlement européen et du Conseil du 12 décembre 2017 créant un cadre général pour la titrisation ainsi qu'un cadre spécifique pour les titrisations simples, transparentes et standardisées.
[2] Art. L. 214-175-1, IV, C. mon. fin.
[3] Sur la notion de cession parfaite (ou *true sale*), v. *supra* n° 242.

également modifier les pouvoirs des fiduciaires en autorisant, par exemple, le recours à des instruments financiers. Les risques pris par les investisseurs peuvent ainsi être modifiés substantiellement et ne plus correspondre à ceux présentés par le prospectus. Seule l'acceptation de la fiducie empêche le constituant de révoquer ou de modifier le contrat de fiducie sans l'accord des bénéficiaires ou autorisation judiciaire[1]. Il est dans ce cas improbable que le juge, confronté à l'entièreté de l'opération de fiducie-titrisation, ait un motif suffisamment sérieux et légitime pour y consentir[2].

Le constituant peut également être bénéficiaire de la fiducie-titrisation. L'émission de titres n'est alors pas nécessaire pour qu'il acquière cette qualité, car il peut être désigné nominativement. La signature du contrat de fiducie emporte son acceptation. Dans l'hypothèse où le constituant est l'initiateur de l'opération, une émission de titres est nécessaire pour financer le transfert de ses créances au fiduciaire. Si des titres représentatifs de la qualité de bénéficiaire sont émis, la fiducie sera automatiquement acceptée par les investisseurs-bénéficiaires lors de leur souscription. Si les constituants-bénéficiaires sont les investisseurs, l'acceptation de la fiducie joue également un rôle essentiel dans la mesure où les titres de bénéficiaires sont cessibles et l'identité des bénéficiaires est amenée à être modifiée. L'hypothèse est improbable mais l'on pourrait imaginer qu'après cession de leurs titres, les constituants de la fiducie décident de désaffecter une partie des sommes qu'ils auraient originellement transmises au patrimoine fiduciaire, au détriment des nouveaux bénéficiaires.

440. Tiers protecteur. La fiducie-titrisation doit imposer la désignation d'un tiers protecteur ayant la qualité de dépositaire. Conformément à l'actuelle règlementation des organismes de titrisation, ce dernier est « un établissement de crédit établi dans un État partie à l'Espace économique européen, ou tout autre établissement choisi sur une liste d'entités arrêtée par le ministre chargé de l'économie »[3]. Comme la société de gestion, il fait partie de professions règlementées soumises à un contrôle prudentiel important. Ses compétences garantissent ainsi un contrôle efficace de la société de gestion. Le tiers protecteur assure également une mission de conservation des actifs pour laquelle il contracte avec le fiduciaire. Les missions de conservateur et de tiers protecteur sont ainsi complémentaires et permettent au dépositaire d'assurer le même rôle que dans les actuelles opérations de titrisation. Les qualités de tiers protecteur et de conservateur doivent donc être consubstantielles, si bien que le dépositaire remplacé dans ses fonctions de conservateur ne doit plus pouvoir être tiers protecteur et inversement.

---

[1] Art. 2028, C. civ.
[2] V. également en ce sens L. PAPAÏS, *Titrisation et fiducie*, préc., n° 709, p. 491.
[3] Art. L. 214 -175-2, I, C. mon. fin.

Les modalités de désignation du tiers protecteur de droit commun doivent être modifiées. Actuellement, ce dernier est désigné par le constituant et veille à la préservation de ses intérêts. Son rôle dénote cependant une incohérence dans la logique de la fiducie dans la mesure où la gestion est opérée dans l'intérêt des bénéficiaires et que le constituant, qui n'en est pas directement attributaire, conserve des prérogatives importantes[1]. Ses intérêts personnels, tels que définis dans le contrat, sont nécessairement protégés si l'intérêt des bénéficiaires est respecté, alors que la réciproque n'est pas vraie. Il faut donc adapter le rôle du tiers protecteur pour qu'il veille directement au respect des intérêts des investisseurs, et non du constituant. À cet égard, tant que les bénéficiaires ne sont pas déterminés, le constituant est la seule partie prenante à l'opération susceptible de désigner le tiers protecteur. Pendant ce laps de temps, celui-ci veille au respect des intérêts des bénéficiaires mais en rend compte au constituant. En revanche, une fois déterminés, les bénéficiaires sont en mesure de le désigner, de le remplacer et sont ses seuls interlocuteurs. Ce changement d'appréhension du statut du tiers protecteur ne doit pas être réservé à la fiducie-titrisation mais doit s'opérer dans le régime de droit commun de la fiducie, afin de lui apporter davantage de cohérence. De ce fait, les aménagements propres à la fiducie-titrisation se limitent à l'identité du fiduciaire et du tiers protecteur-conservateur. La particularité de l'opération de fiducie se révèle davantage lorsque l'on s'intéresse à son objet.

B. L'objet de la fiducie

441. Transmission de biens en vue de leur gestion. La fiducie-titrisation suppose un transfert d'actifs au fiduciaire. L'article 2011 du Code civil ne laisse pas la place au débat concernant la nature des actif concernés, puisqu'il admet largement le transfert de biens et de droits[2]. L'article 2011 autorise également la cession de biens futurs. La titrisation de créances futures actuellement prévue à l'article D. 214-219 du Code monétaire et financier peut ainsi être effectuée sans difficulté. Si l'on souhaite maintenir les frontières actuelles de l'opération de titrisation, il faut limiter les actifs pouvant être transmis dans la fiducie-titrisation. Il ne doit s'agir que de créances, de titres financiers, d'instruments financiers à terme ou transférant des risques d'assurance, de primes issues de la souscription à des titres financiers, de garanties, de sûretés, ou de sous-participations en risque ou en trésorerie. Cette liste peut néanmoins être complétée afin de diversifier les opérations de

[1] V. *supra* n° 418 ; v. aussi J.-P. BERAUDO, « La loi du 19 février 2007 créant une fiducie française », art. préc., n° 17, p. 132.

[2] À cet égard, l'article 2011 du Code civil introduit même une tautologie, si l'on considère que les droits sont des biens. V. en ce sens not. T. REVET et F. ZENATI, *Les biens*, *op. cit.*, n° 3, p. 21.

titrisation. Elle pourrait notamment inclure les actifs intellectuels dont la titrisation est pratiquée à l'étranger[1].

En revanche, la fiducie-titrisation ne peut pas être utilisée lorsque l'opération repose uniquement sur l'octroi d'un prêt par l'organisme[2]. Ce dernier ne conduit pas à un transfert d'actifs du constituant au fiduciaire. L'octroi de prêt ne peut être envisagé qu'une fois la fiducie instituée et le transfert d'actif effectué, s'il entre dans les limites de la gestion fiduciaire. Malgré cette contrainte, les conditions de fond du contrat de fiducie-titrisation demeurent peu exigeantes. Elles ne sont pas de nature à entraver la réalisation de l'opération puisqu'elles trouvent leur source dans l'actuelle pratique financière. Les conditions de forme de la fiducie-titrisation dérogent davantage au droit commun, les conditions classiques ne permettant pas de répondre aux différents besoins de l'opération de titrisation.

§ 2 : Les conditions de forme du contrat de fiducie-titrisation

442. La fiducie-titrisation doit satisfaire à des exigences formelles qui sont de deux ordres. D'une part, le contrat de fiducie-titrisation doit respecter les conditions de forme classiques du contrat de fiducie (A). Au regard de la spécificité de son objet, certaines mentions obligatoires doivent être ajoutées. D'autre part, la fiducie-titrisation doit répondre à un formalisme simplifié pour la cession des créances (B), le formalisme de droit commun attaché au transfert fiduciaire de créances étant trop contraignant[3].

A. Les conditions de forme propres au contrat de fiducie

443. Nécessité d'un écrit. En application du droit commun, la fiducie-titrisation est expresse. En théorie, la forme écrite n'est légalement imposée que dans l'hypothèse où les biens transmis dépendent d'une communauté entre époux ou d'une indivision[4]. En pratique, l'écrit est néanmoins indispensable car le contrat de fiducie doit déterminer à peine de nullité plusieurs éléments et être enregistré dans un délai d'un mois à compter de sa conclusion[5]. La forme écrite présente l'avantage d'ancrer toutes les conditions de l'opération de fiducie. Elle est ainsi source de sécurité et de visibilité pour les parties. Dans la fiducie-titrisation, cet écrit facilite également le contrôle

---

[1] V. A. QUIQUEREZ, *La titrisation des actifs intellectuels*, *op. cit.*

[2] V. art. L. 214-175-1, C. mon. fin. qui permet aux organismes de titrisation de s'exposer à des risques par l'octroi de prêts.

[3] V. art. 2018-2 et art. 2019, C. civ. prévoyant certaines formalités pour le transfert de créances, d'immeubles et droits réels immobiliers.

[4] Art. 2012, C. civ.

[5] Art. 2018 et art. 2019, C. civ. ; art. 635, 8°, CGI ; v. aussi en ce sens C. WITZ et A. PRÜM, « Fasc. 785 : Fiducie – Introduction et constitution », *JCl. Droit bancaire et financier*, LexisNexis, 3 février 2023, n° 63.

des autorités prudentielles, ces dernières pouvant s'en servir comme d'un document de référence pour apprécier les modalités de chaque opération.

444. Mentions obligatoires. L'article 2018 du Code civil imposant un certain nombre de mentions obligatoires dans le contrat de fiducie est également applicable dans le cadre de la fiducie-titrisation. Il permet ainsi de préciser les conditions de l'opération. Doivent donc tout d'abord être mentionnés les biens, droits ou sûretés transférés. Les biens futurs transférés doivent également être déterminables. La durée du transfert doit être mentionnée. Cette dernière correspond à la durée de l'opération de titrisation que les parties peuvent aisément anticiper en se fondant sur les délais de recouvrement des créances.

L'identité des constituants, fiduciaires et bénéficiaires doit ensuite être précisée. Si les bénéficiaires ne peuvent être identifiés, il faut au minimum mentionner les règles permettant leur désignation. Il convient donc de préciser que les investisseurs ayant souscrit aux titres émis par la société de gestion en qualité de fiduciaire sont les bénéficiaires de la fiducie.

Enfin, la mission des fiduciaires et « l'étendue de leurs pouvoirs d'administration et de disposition » doivent être développées. La mission de la société de gestion est identique à celle qui lui incombe dans les actuels organismes de titrisation. Le contrat de fiducie-titrisation précise donc que le fiduciaire est chargé de la réalisation de l'opération de titrisation à travers la gestion courante des actifs qui lui sont confiés et peut effectuer tout acte pour le compte de la fiducie. En revanche le fiduciaire n'est pas doté de pouvoir de représentation comme dans les actuels organismes de titrisation puisqu'il agit en qualité de propriétaire des biens[1]. Les modalités particulières de la gestion doivent être prévues pour chaque opération. Il faut notamment préciser à chaque fois les actifs pouvant être acquis par la société de gestion. Ces derniers se limitent nécessairement aux actifs pouvant être transférés à la fiducie-titrisation. Il est néanmoins possible de n'autoriser que l'acquisition de certains de ces actifs, tels que les créances commerciales. Les conditions dans lesquelles la société de gestion peut disposer du patrimoine d'affectation doivent également être strictement définies. Elle peut ainsi être autorisée à émettre des titres de créance, des instruments financiers. Elle peut aussi octroyer des prêts ou être autorisée à céder des éléments du patrimoine d'affectation si cela lui permet d'en optimiser la gestion. Elle peut par exemple être autorisée à céder les créances qu'elle juge irrécouvrables[2].

Ce faisant, l'important formalisme du contrat de fiducie-titrisation permet, comme les documents constitutifs des actuels organismes de titrisation, d'en établir précisément les conditions et peut servir de document de référence aux

---

[1] Sur la représentation du FCT par la société de gestion prévue à l'article L. 214-183 du Code monétaire et financier et l'impasse théorique à laquelle elle conduit, v. *supra* n°s 141 et s.

[2] Sur cette pratique actuellement, v. art. L. 214-177 et art. L. 214-183, C. mon. fin.

opérateurs. À l'inverse, le formalisme attaché au transfert fiduciaire des créances est inadapté à l'opération de titrisation et doit être simplifié.

B. La simplification du formalisme de la cession de créances

445. Dérogation au formalisme en matière de cession de créances. Dans le cadre d'une fiducie de droit commun, le transfert de créances est opposable aux tiers dès la date de conclusion de l'acte. En revanche, la notification du débiteur par le cédant ou le fiduciaire est obligatoire pour que la cession lui soit opposable[1]. Ce formalisme est identique à celui de la cession de créances de droit commun[2]. Il est néanmoins inadapté à l'opération de titrisation qui repose sur la cession d'une masse de créances. En effet, la notification de chaque débiteur cédé alourdirait à l'excès l'opération financière. Celle-ci prendrait plus de temps et un risque d'oubli de notification du débiteur cédé subsisterait. Ces contraintes justifient l'actuelle dérogation au formalisme de la cession de créances pour les opérations de titrisation. L'article L. 214-169 V du Code monétaire et financier conditionne ainsi l'acquisition ou la cession de créances par un organisme de titrisation à la seule remise d'un bordereau. La cession prend effet entre les parties et devient opposable aux tiers et au débiteur cédé à compter de la date apposée sur le bordereau lors de sa remise. La date de naissance, d'échéance ou d'exigibilité des créances importe donc peu. La loi applicable aux créances et la loi du pays de résidence des débiteurs sont également sans influence. Les sûretés, garanties et accessoires attachés aux créances sont transférés dans les mêmes conditions, ce qui participe à l'efficacité de la cession. Cette dernière est également garantie par le fait que le débiteur ne risque pas d'opposer les exceptions nées postérieurement de ses rapports avec le cédant et qu'elle ne peut pas être remise en question par la procédure collective du cédant[3]. Ce régime dérogatoire diminue la protection du débiteur mais de façon proportionnée car il demeure informé en cas de changement de la personne chargée de recouvrer sa créance, s'il ne s'agit pas de son créancier initial ou de la société de gestion[4]. Ce régime dérogatoire doit être repris dans le cadre de la fiducie-titrisation afin d'assurer l'efficacité du transfert des créances. La reprise de ces modalités permet également de conserver une pratique déjà bien établie.

---

[1] Art. 2018-1, C. civ.

[2] Comp. art. 1323 et art. 1324, C. civ. prévoyant que l'opposabilité de la cession aux tiers à la date de l'acte, et au débiteur à compter de sa notification ou prise d'acte, sauf consentement donné antérieurement.

[3] Art. L. 214-169, V, 4°, C. mon. fin.

[4] Art. L. 214-172, C. mon. fin.

446. Conclusion de section. Les conditions de constitution de la fiducie-titrisation sont celles issues du Code civil, auxquelles s'ajoutent des dispositions spécifiques visant à garantir la conduite de l'opération financière. Les conditions de fond de la fiducie-titrisation supposent ainsi que le fiduciaire soit une société de gestion de portefeuille et qu'un tiers protecteur, obligatoirement présent, soit un dépositaire. De même, les actifs pouvant être transférés sont limités à ceux concernés par les opérations de titrisation. Les conditions de forme du contrat de fiducie permettent quant à elles de fixer les conditions de l'opération, sous réserve que les modalités de la gestion soient assez développées. Seules les conditions du transfert des créances au sein du patrimoine fiduciaire méritent d'être écartées, au profit du régime dérogatoire institué pour les opérations de titrisation. De ce fait, les conditions de constitution de la fiducie sont faciles à satisfaire, si bien que l'opération de fiducie-titrisation peut être instituée rapidement. À ce stade, la fiducie-titrisation est plus souple que la société de titrisation dont les modalités de constitution sont plus exigeantes[1]. Cette souplesse de la fiducie-titrisation se retrouve également dans son fonctionnement qui est essentiellement dicté par les stipulations contractuelles.

Section 2 : Le fonctionnement de la fiducie-titrisation

447. Le fonctionnement de la fiducie-titrisation est celui de la fiducie de droit commun. Elle présente ainsi des effets réels (§ 1) et personnels (§ 2) qui se manifestent jusqu'à son extinction (§ 3). L'objet particulier de cette fiducie appelle néanmoins quelques précisions sur ces effets. Le fonctionnement de la fiducie-titrisation met également en évidence les insuffisances du régime fiscal de la fiducie et son manque d'attractivité. Ce dernier doit donc être réformé (§ 4).

§ 1 : Les effets réels de la fiducie-titrisation

448. Transfert des biens, droits et sûretés. Le transfert de la propriété des actifs et des sûretés au fiduciaire est réalisé au moment de la signature du contrat de fiducie-titrisation. À compter de cette date, le fiduciaire subit les risques attachés aux actifs transmis, permettant ainsi au constituant-initiateur de se défaire des risques inhérents aux créances transférées[2]. Ce transfert a aussi pour effet de protéger les biens transmis des agissements du constituant

---

[1] V. *supra* n° 306 et s.

[2] D'un point de vue économique, ces risques sont toutefois subis par les investisseurs à compter de la souscription des titres émis par le fiduciaire.

et de ses créanciers[1], à qui la cession est opposable dès la remise du bordereau des créances au fiduciaire.

L'efficacité de ce transfert doit néanmoins être renforcée pour conduire à une cession parfaite des actifs. La cession doit conserver ses effets même si le constituant fait l'objet d'une procédure collective. La dérogation au droit des procédures collectives de l'article L. 214-169 V 4° du Code monétaire et financier doit ainsi être reprise. Selon cette disposition, « l'acquisition ou la cession de créances ou la constitution de toute sûreté ou garantie au bénéfice de l'organisme de financement conserve ses effets nonobstant l'état de cessation des paiements du cédant ou **constituant** au moment de cette acquisition, cession ou constitution et nonobstant l'ouverture éventuelle d'une procédure mentionnée au livre VI du code de commerce ou d'une procédure équivalente sur le fondement d'un droit étranger à l'encontre du cédant postérieurement à cette acquisition, cession ou constitution »[2]. L'utilisation du vocabulaire de la fiducie, avec la mention du constituant, permet d'utiliser cet article en l'état.

449. Cloisonnement patrimonial parfait de la fiducie-titrisation. Les actifs transférés sont logés dans le patrimoine fiduciaire, qui constitue le gage de ses créanciers lorsqu'il agit *ès-qualités*[3]. Ils sont donc protégés des créanciers personnels du fiduciaire, et ce même s'il fait l'objet d'une procédure collective[4]. Les actifs sont également protégés des bénéficiaires et de leurs créanciers personnels pendant la durée de l'opération, assurant leur réservation finale aux bénéficiaires.

Réciproquement, le patrimoine fiduciaire permet d'isoler les risques attachés aux actifs transférés. Aucune des parties prenantes à l'opération de fiducie-titrisation n'est responsable en cas de défaillance massive des débiteurs cédés et d'insuffisance du patrimoine fiduciaire pour satisfaire ses créanciers. Il s'agit *a priori* d'une dérogation au droit commun de la fiducie qui ne propose qu'un cloisonnement patrimonial imparfait. En effet, le régime de droit commun de la fiducie prévoit la responsabilité subsidiaire du constituant ou du fiduciaire en cas d'insuffisance du patrimoine fiduciaire, sauf clause contraire[5]. Comme cela a déjà été développé, l'article 2025 du Code civil empêche ainsi le constituant-initiateur de se défaire des risques attachés aux actifs cédés et prive l'opération de titrisation d'une partie de son intérêt[6]. De la même manière, la responsabilité subsidiaire du fiduciaire, prévue par le droit commun, le dissuade en pratique de procéder à des opérations de fiducie-titrisation car elle suppose qu'il supporte les risques

[1] V. toutefois *supra* n° 372.
[2] Nous soulignons.
[3] Art. 2025, C. civ.
[4] Art. 2024, C. civ.
[5] Art. 2025, C. civ.
[6] V. *supra* n° 412.

attachés aux actifs cédés. Le droit commun permet d'écarter ces responsabilités subsidiaires par le biais d'une stipulation contractuelle et son acceptation par les créanciers du patrimoine fiduciaire[1]. Cette mesure n'est cependant pas adaptée à la fiducie-titrisation. Elle s'avère à la fois trop contraignante et trop risquée, un créancier pouvant facilement être oublié.

450. Renforcement du cloisonnement patrimonial. L'étanchéité du patrimoine fiduciaire ne doit pas être renforcée par une disposition dérogatoire aux dispositions du Code civil et applicable uniquement à la fiducie-titrisation. Elle doit plutôt être raffermie par le biais d'une modification du droit commun de la fiducie. En effet, la responsabilité subsidiaire du constituant et du fiduciaire n'existait pas dans le projet de loi initial et a été ajoutée par le Sénat[2]. Elle est née d'une volonté de protection des tiers et de garantie contre les usages frauduleux de la fiducie. Elle s'explique également par le contexte entourant l'adoption de la loi puisque la fiducie constituait la première introduction du patrimoine d'affectation en droit français. La rupture avec la théorie du patrimoine s'est donc faite timidement, comme en témoignent la perméabilité du patrimoine mais aussi la substitution de la mention de patrimoine « fiduciaire » à celle de patrimoine « d'affectation »[3]. Cependant, le patrimoine d'affectation est désormais acculturé et l'imperfection du patrimoine fiduciaire a été critiquée[4]. Le patrimoine fiduciaire doit donc être modernisé en supprimant les deux derniers alinéas de l'article 2025 du Code civil. Le danger créé pour les tiers est alors minime. En effet, ils savent que le patrimoine fiduciaire est un patrimoine d'affectation dont seul l'actif répond du passif. Ils sont également automatiquement informés par le fiduciaire agissant *ès-qualités*[5].

451. Exclusion du droit des procédures collectives. En cas d'échec de l'opération de titrisation, le patrimoine fiduciaire peut être en difficulté. Le fiduciaire devrait alors en principe faire l'objet d'une procédure collective au

---

[1] Art. 2025, C. civ.

[2] X. DE ROUX, *Rapport n° 3655 fait au nom de la commission des lois constitutionnelles, de la législation et de l'administration générale de la République sur la proposition de loi n° 3385, adoptée par le Sénat, instituant la fiducie*, Assemblée nationale, 1er février 2007.

[3] V. en ce sens P. MARINI, *Proposition de loi instituant la fiducie*, Sénat, Session ordinaire 2004-2005, 8 février 2005, projet n° 178 ; X. DE ROUX, *Rapport n° 3655 fait au nom de la commission des lois constitutionnelles, de la législation et de l'administration générale de la République sur la proposition de loi n° 3385, adoptée par le Sénat, instituant la fiducie*, préc. qui mentionnent régulièrement l'existence d'un patrimoine d'affectation. L'article 2062 de la proposition de loi parle de patrimoine d'affectation mais la mention disparaît dans la version adoptée à l'article 2011 du Code civil.

[4] V. *supra* n° 412.

[5] N. JULLIAN, *La cession de patrimoine*, *op. cit.*, n° 88, p. 100.

titre du patrimoine fiduciaire[1]. Il est dans le même cas que l'EIRL qui faisait, jusqu'à présent, l'objet d'une procédure collective au titre de l'un de ses patrimoines professionnels[2].

L'application du droit des procédures collectives n'est cependant pas pertinente dans le cadre d'une opération de titrisation, comme cela a été développé pour la société de titrisation[3]. La défaillance du patrimoine fiduciaire signifie que l'opération de titrisation a échoué. Il n'y a pas de place pour une prévention ou un traitement des difficultés. Un traitement reposerait sur la réalisation de nouveaux investissements avec l'espérance de gains importants. Ces investissements accroîtraient néanmoins le passif et feraient courir de nouveaux risques aux investisseurs. Ces derniers pourraient ainsi perdre un montant plus élevé que celui des pertes déjà constatées. La liquidation du patrimoine fiduciaire doit être préférée. Cependant, la procédure de liquidation judiciaire est trop contraignante pour les créanciers de la fiducie. L'application du droit des procédures collectives aux fiduciaires *ès-qualités* agissant dans le cadre d'une opération de titrisation est donc à exclure.

Les règles de liquidation de la fiducie-titrisation doivent être fixées en amont dans le contrat de fiducie-titrisation. Elles prévoient, dans un premier temps, le paiement des créanciers du patrimoine fiduciaire. Dans un second temps, la souplesse de ce contrat permet d'organiser l'ordre des paiements entre les bénéficiaires. Les investisseurs possédant des titres de catégorie senior sont payés avant les détenteurs de titres subordonnés, qui sont préférés aux titulaires de titres super-subordonnés. L'absence de paiement de certains bénéficiaires constitue uniquement la réalisation du risque qu'ils ont accepté de courir en investissant dans l'opération financière. Cette procédure de liquidation, mise en œuvre par le fiduciaire, est ainsi identique à celle qui se déroule dans la société de titrisation et assure la satisfaction de tous les créanciers[4].

452. Les effets réels de la fiducie-titrisation sont relativement limités et correspondent aux effets patrimoniaux de l'opération de titrisation. La gestion du patrimoine d'affectation et les relations entre les parties prenantes à l'opération sont quant à elles organisées grâce aux effets personnels de la fiducie.

---

[1] Sur les règles applicables aux entreprises règlementées en difficulté, v. T. Bonneau et V. Jamet, « Fasc. 190 : Difficultés des entreprises règlementées – Établissements de crédit, entreprises d'investissement, établissements de paiement et entreprises d'assurance – Procédures administratives et judiciaires », *JCl. Droit bancaire et financier*, LexisNexis, mai 2021.

[2] V. également en ce sens N. Borga, « La fiducie-gestion et l'ouverture d'une procédure collective », *RLDC*, mars 2019, n° 168, p. 55 et s., spéc. n° 11, p. 56.

[3] V. *supra* n°s 89 et 268.

[4] V. *supra* n° 363.

§ 2 : Les effets personnels de la fiducie-titrisation

453. Le constituant (A), le fiduciaire (B) et les bénéficiaires de la fiducie-titrisation (C) présentent, sauf exception, les mêmes droits et obligations que les participants à une opération de fiducie de droit commun. Leurs modalités, parfois adaptées contractuellement pour permettre la réalisation de l'opération financière, doivent être exposées. De façon plus originale, ces acteurs sont complétés par le dépositaire, tiers protecteur-conservateur, dont les droits et obligations doivent être développés (D).

A. Les droits et obligations du constituant

454. Obligations du constituant. Le constituant de la fiducie-titrisation a pour obligation de délivrer les biens dont la propriété a été transférée au fiduciaire. Si le constituant a la qualité d'initiateur, il s'agit principalement des créances titrisées. En présence d'une titrisation synthétique, c'est-à-dire d'une titrisation impliquant une cession des risques sans transfert de créances, le constituant-initiateur est tenu de verser une prime au fiduciaire[1]. Cette dernière correspond à l'achat de la couverture et peut être versée de façon fractionnée. Si le constituant a la qualité d'investisseur, il est tenu de verser au fiduciaire les sommes correspondant à son investissement.

Le constituant est également tenu d'exécuter le contrat de fiducie de bonne foi. Il ne doit donc pas s'immiscer dans la gestion des fiduciaires censée être indépendante. Selon les dispositions contractuelles, il peut également être tenu de rémunérer les fiduciaires pour leur gestion. Enfin, le constituant-initiateur peut être chargé de recouvrer les créances cédées pour le compte du fiduciaire. Cette modalité existe déjà en matière de titrisation et s'avère intéressante dans la mesure où elle permet à l'initiateur de conserver une relation avec ses clients, malgré la cession de sa créance à l'organisme de titrisation. Le constituant engage sa responsabilité en cas d'inexécution de ses obligations dans les conditions de droit commun.

455. Droits du constituant-initiateur inadaptés. Le constituant-initiateur obtient le paiement lié au transfert de propriété des actifs titrisés. Dans le cadre d'une opération de titrisation synthétique, il est indemnisé par le fiduciaire en application des modalités prévues dans le contrat de fiducie.

En revanche, les autres droits du constituant, issus du régime de la fiducie sont inadaptés[2]. Le constituant peut actuellement exiger des fiduciaires la bonne exécution de leur mission. Il est ainsi créancier d'une obligation de reddition de comptes de la part du fiduciaire et peut le révoquer[3]. Il a

---

[1] Pour une définition de cette opération, v. *supra* n° 4.

[2] V. *supra* n° 418.

[3] Art. 2022 et art. 2027, C. civ.

également la possibilité de désigner un tiers protecteur chargé de préserver ses intérêts [1]. Cependant, ces droits tendent à l'assimiler à un mandataire propriétaire, malgré le transfert de propriété opéré et la réalisation de la gestion dans l'intérêt des bénéficiaires. Dans le cadre de l'opération de titrisation, il y a également de grandes chances que le constituant-initiateur se désintéresse de l'opération une fois son refinancement acquis. Ses prérogatives sont alors dépourvues d'utilité. À l'inverse, s'il demeure présent, ses droits lui permettent d'intervenir dans l'opération de titrisation, ce qui contrarie tant le besoin de stabilité de l'opération que l'exigence de non-immixtion du cédant. Puisque les droits du constituant contredisent la logique de la fiducie, il convient de la réformer, et non d'introduire une simple dérogation à ces règles en matière de fiducie-titrisation[2]. Dans le cas où le législateur refuserait de modifier le droit commun de la fiducie en ce sens, il serait nécessaire d'adopter ces dispositions spécialement conçues pour la fiducie-titrisation.

456. Changement d'orientation des droits du constituant. Une modification des droits du constituant doit s'effectuer au moyen d'une réécriture des dispositions légales actuelles. Les droits du constituant doivent tout d'abord être supprimés et attribués aux bénéficiaires de la fiducie. Ce n'est alors que dans l'attente des bénéficiaires que le constituant est créancier de la reddition des comptes et peut remplacer le fiduciaire[3].

Il faut ensuite autoriser, à la discrétion des bénéficiaires, la conservation d'un ou de la totalité de ses droits par le constituant, tout en modifiant leur logique. Dans ce cas, les droits du constituant ne visent pas la protection de ses intérêts, mais celle des intérêts des bénéficiaires. Autorisé à surveiller et à proposer le remplacement du fiduciaire dans leur intérêt exclusif, le constituant devient un tiers protecteur et est l'équivalent d'un lanceur d'alerte. Ce rôle est particulièrement opportun dans le cadre de la fiducie-titrisation où les bénéficiaires réalisent généralement de façon tardive, au moment de leur paiement, que le contrat a été mal exécuté[4]. Dans ce cas précis, le rôle de tiers protecteur du constituant n'éclipse pas celui du dépositaire. Le remplacement du fiduciaire par le constituant-initiateur doit néanmoins toujours être soumis à l'accord des bénéficiaires de la fiducie, destinataires finaux de la gestion. Cet accord diminue également le risque créé par le pouvoir du constituant. Actuellement, les bénéficiaires donnent seulement indirectement leur consentement lorsque le constituant fait une demande de remplacement en justice, puisqu'ils ont la possibilité de former opposition. Par ailleurs, l'article

---

[1] Art. 2017, C. civ. ; v. *supra* n° 441 *infra* n° 475.
[2] V. *supra* n° 418.
[3] V. *supra* n° 418.
[4] L'effectivité de ce rôle dépend toutefois de la présence du constituant une fois son refinancement acquis, celui-ci pouvant alors se désintéresser de l'affaire.

2027 du Code civil offre actuellement aux parties la possibilité de prévoir contractuellement les modalités de remplacement du fiduciaire, permettant ainsi d'imposer contractuellement leur consentement. *De lege ferenda,* il convient de modifier l'article 2027 du Code civil en prévoyant que les bénéficiaires ont la possibilité de remplacer discrétionnairement le fiduciaire, sans avoir recours à la voie judiciaire, et que les modalités de ce remplacement sont prévues dans le contrat de fiducie. Dans la fiducie-titrisation, il est ainsi opportun de stipuler que les bénéficiaires statuent à la majorité et que le fiduciaire, et à défaut le tiers de confiance, doit être chargé de procéder à l'organisation matérielle du vote une fois le remplacement sollicité.

457. Droit à la révocation de la fiducie. En principe, le constituant peut révoquer ou modifier la fiducie, tant qu'elle n'a pas été acceptée par les bénéficiaires. Son droit est cependant verrouillé, la fiducie-titrisation étant acceptée dès la souscription des titres par les bénéficiaires[1]. Le droit de révocation ne peut donc être exercé qu'avant la souscription des titres, ce qui ne pose pas de difficulté dans la mesure où cela revient à avorter l'opération. Mise à part cette hypothèse de révocation de la fiducie, le fonctionnement de l'opération de fiducie-titrisation met ainsi en lumière le besoin de modernisation des droits et obligations du constituant de la fiducie de droit commun. À l'inverse, les droits et obligations du fiduciaire prévus par le Code civil sont parfaitement adaptés.

B. Les droits et obligations du fiduciaire

458. Le régime applicable à la société de gestion, fiduciaire de la fiducie-titrisation, est en substance celui issu du droit commun. Ses droits et pouvoirs (1), ses obligations (2), ainsi que les conditions dans lesquelles elle engage sa responsabilité (3) doivent néanmoins être développés au regard de la spécificité de l'opération financière.

1. Les droits et pouvoirs du fiduciaire

459. Pouvoirs du fiduciaire. En tant que propriétaire, la société de gestion jouit de larges pouvoirs, uniquement limités par le contrat de fiducie. Selon le cadre déterminé par le constituant de la fiducie-titrisation, sa gestion est plus ou moins active. Elle peut se restreindre au recouvrement des créances ou comprendre la cession d'actifs. La société de gestion peut également être habilitée à recourir à l'emprunt, ce qui lui permet de diversifier les sources de liquidités, notamment en cas de difficulté de financement de la gestion.

---

[1] V. *supra* n° 439.

460. Recouvrement des créances. En sa qualité de propriétaire des créances, la société de gestion gère leur recouvrement[1]. Elle peut ainsi les recouvrer elle-même et assigner les débiteurs défaillants, sans avoir besoin de justifier d'un quelconque pouvoir de représentation, de quoi tarir le contentieux existant actuellement en la matière[2].

Le fiduciaire peut également charger un tiers, dont le constituant, du recouvrement. Ceci ne remet pas en cause le caractère *intuitu personae* du contrat de fiducie[3]. En effet, la société de gestion ne confie qu'une partie matérielle de sa gestion n'incluant aucune décision stratégique. Dans cette hypothèse, les modalités du recouvrement doivent être prévues dans le contrat de fiducie ou dans une convention autonome. Afin de sécuriser l'opération, le mandataire du fiduciaire doit ouvrir un compte spécialement affecté au profit du fiduciaire *ès-qualités*. Le fonctionnement de ce compte est actuellement prévu au sein des articles L. 214-173 alinéa 1er et D. 214-228 du Code monétaire et financier. Ces dispositions doivent être reprises, moyennant une adaptation de leur vocabulaire à la fiducie-titrisation. Elles doivent ainsi prévoir que les sommes dues ou bénéficiant directement au fiduciaire peuvent être portées au crédit d'un compte spécialement affecté au profit d'un fiduciaire gérant un patrimoine déterminé. Seul ce dernier a alors la possibilité de disposer des sommes portées au crédit du compte. Les créanciers de l'entité chargée de l'encaissement ne peuvent ainsi poursuivre le paiement de leurs créances sur ces comptes. De même, l'affectation n'est pas remise en cause par l'ouverture d'une procédure collective à l'encontre de cette entité. En pratique, le compte spécialement affecté est tenu par un établissement de crédit. Il peut s'agir d'un compte existant ouvert au nom de toute entité chargée de l'encaissement de sommes dues ou bénéficiant directement ou indirectement au fiduciaire[4].

461. Pouvoirs de la société de gestion à l'égard des tiers. « *Dans ses rapports avec les tiers, le fiduciaire est réputé disposer des pouvoirs les plus étendus sur le patrimoine fiduciaire* »[5]. Le fiduciaire engage sa responsabilité s'il dépasse les termes de sa mission. En revanche, le sort des actes accomplis dépend de la connaissance du tiers. La présomption de pouvoir du fiduciaire est renversée lorsque le tiers a connaissance de la limitation de ses pouvoirs[6]. Dans ce cas, l'acte conclu encourt la nullité[7]. Cette sanction est cependant insuffisante pour assurer, à elle seule, la sécurité de l'opération de titrisation.

---

[1] Sur la propriété des créances, v. *supra* n° 168.
[2] V. *supra* n° 203.
[3] C. Witz et A. Prüm, « Fasc. 786 : Fiducie – Effets et extinction », *op. cit.*, n° 20 ; F. Barriere, « Fiducie », *Rép. civ.*, Dalloz, mai 2017, n° 85.
[4] Art. D. 214-228, C. mon. fin.
[5] Art. 2023, C. civ.
[6] Art. 2023, C. civ.
[7] Sur la nature de cette sanction, v. *supra* n° 414.

Il faut en amont imposer au fiduciaire d'informer les tiers qu'il agit en qualité de fiduciaire d'une « fiducie-titrisation ». Cette mention porte automatiquement à leur connaissance la nature spéciale de cette fiducie et les actes entrant dans son champ, ces derniers étant légalement définis. Les tiers ne peuvent alors qu'ignorer les modalités spécifiques de chaque fiducie-titrisation. De ce fait, le patrimoine fiduciaire ne peut pas être engagé par des actes sortant du champ de l'opération de titrisation, mais peut l'être par les actes ressortant de la définition de la titrisation et dépassant les limites contractuelles de la mission du fiduciaire, sauf si le tiers en a connaissance[1].

462. Droit à la rémunération. Les fiduciaires ont le droit d'être rémunérés pour leur gestion conformément aux stipulations contractuelles. Dans le cadre d'une titrisation classique, les gestionnaires sont généralement rémunérés grâce aux sommes issues du recouvrement des créances, c'est-à-dire du remboursement du principal et des intérêts. Dans le cadre de la fiducie, les intérêts constituent des fruits perçus par les fiduciaires et accroissent, en principe, le patrimoine fiduciaire. Le contrat de fiducie peut néanmoins permettre au fiduciaire de les désaffecter pour se rémunérer[2]. La souplesse de ce contrat permet ainsi d'aménager les droits et pouvoirs de la société de gestion afin de reprendre son rôle dans l'opération de titrisation. Le même constat peut être fait à propos de ses obligations, ce qui facilite l'implémentation de la fiducie-titrisation.

2. Les obligations du fiduciaire

463. Devoirs fiduciaires. La société de gestion a l'obligation de s'exécuter conformément aux termes de sa mission, et plus spécialement d'agir avec diligence et loyauté[3]. Ses devoirs fiduciaires sont inspirés des *fiduciary duties* auquel est notamment soumis le *trustee*[4]. À défaut de disposition expresse[5], ils trouvent leur source dans le devoir de bonne foi

[1] V. *supra* n° 415.
[2] T. REVET et F. ZENATI, *Les biens*, *op. cit.*, n° 279, p. 439 ; C. WITZ et A. PRÜM, « Fasc. 786 : Fiducie – Effets et extinction », *op. cit.*, n° 45.
[3] V. not. C. WITZ et A. PRÜM, « Fasc. 786 : Fiducie – Effets et extinction », *op. cit.*, n° 21 ; F. BARRIERE, « Fiducie », *op. cit.*, n° 86 ; B. KAN-BALIVET, « Les clés du contrat de fiducie gestion », *Dr. & Patr.*, octobre 2009, n° 185, p. 70 et s., spéc. p. 75 ; N. BORGA, « Le fiduciaire responsable (exégèse de l'article 2026 du Code civil) ? », art. préc., n° 12, p. 86.
[4] F. BARRIERE, *La réception du trust au travers de la fiducie*, *op. cit.*, n°s 555 et s., p. 440 et s.
[5] Cependant, v. en ce sens P. MARINI, Proposition de loi instituant la fiducie, projet n° 178, *op. cit.*, art. 2070, al. 2, non repris qui disposait « le fiduciaire exerce ses prérogatives avec diligence et loyauté. Le fiduciaire doit éviter tout conflit d'intérêt personnel, sauf stipulation expresse du contrat de fiducie mais sans qu'il soit possible de déroger à l'article 1596. Le conflit d'intérêt entre bénéficiaires d'une fiducie ou entre plusieurs fiducies n'empêche pas le fiduciaire d'exercer ses prérogatives, à condition qu'il agisse en bon père de famille ».

contractuelle prévu à l'article 1104 du Code civil[1]. Le devoir de diligence implique que le fiduciaire agisse avec soin et compétence[2]. Le devoir de loyauté suppose, quant à lui, que le fiduciaire respecte l'affectation et évite les conflits d'intérêts[3]. L'article 1596 du Code civil interdit ainsi au fiduciaire de se porter adjudicataire des biens ou droits composants le patrimoine fiduciaire. Le respect de ce devoir est facilité par les obligations professionnelles incombant aux sociétés de gestion. En leur qualité d'intermédiaires de confiance, ces dernières « doivent prendre toutes les mesures raisonnables pour empêcher les conflits d'intérêts de porter atteinte aux intérêts de leurs clients »[4].

Actuellement, l'article L. 214-175-2 II du Code monétaire et financier soumet la société de gestion aux mêmes devoirs fiduciaires lorsqu'elle gère un organisme de titrisation[5]. Cette disposition peut être conservée mais sa tournure doit être modifiée pour correspondre à la fiducie. Elle doit ainsi préciser que « la société de gestion agit de manière honnête, loyale, professionnelle, indépendante dans l'intérêt des bénéficiaires du patrimoine d'affectation ». Ces devoirs fiduciaires ne peuvent pas être invoqués par les porteurs de titres de créance qui ne sont pas bénéficiaires de la fiducie, comme c'est le cas dans les actuels organismes de titrisation. En effet, ils ne sont que de simples créanciers du patrimoine fiduciaire, et non de la société de gestion. Si la disposition proposée crée une redondance avec le droit commun, elle est un rappel utile à l'égard du fiduciaire dans un contexte de sécurité des marchés financiers.

464. Obligation de gestion. L'obligation de gestion du patrimoine fiduciaire dans l'intérêt des bénéficiaires implique nécessairement l'obligation de recouvrer les créances cédées et d'émettre des titres, que ce soient des titres de bénéficiaires de la fiducie ou d'autres titres de créance. Les premiers titres permettent au fiduciaire d'identifier les bénéficiaires de la fiducie. Dans tous les cas, les titres émis permettent de collecter les sommes nécessaires au paiement du constituant. Ces titres étant soumis au régime des titres financiers, la société de gestion doit veiller au respect des règles d'émission. Elle doit notamment informer les investisseurs potentiels[6] et respecter l'obligation de

---

[1] V. également en ce sens B. KAN-BALIVET, « Les clés du contrat de fiducie gestion », art. préc.
[2] N. BORGA, « Le fiduciaire responsable (exégèse de l'article 2026 du Code civil) ? », art. préc., n° 12, p. 86.
[3] *Ibid.*
[4] Art. 533-10, C. mon. fin. Sur les devoirs fiduciaires de la société de gestion, v. également I. RIASSETTO et M. STORCK, « La fiducie et la structuration des fonds d'investissement de droit français », art. préc., n° 38, p. 814.
[5] V. art. L. 214-175-2, II, C. mon. fin.
[6] Les modalités de l'information dépendent de la nature de l'offre et de la nature des titres. Sur ces règles, v. *supra* n°s 63 et s.

notation des titres offerts au public posée par l'article L. 214-170 du Code monétaire et financier.

Si les titres émis par le fiduciaire sont des obligations, il convient de déroger à l'obligation de procéder à une vérification de l'actif et de passif[1]. En effet, les titres émis par la société de gestion sont émis par une société par actions et répondent ainsi par principe au régime du Code de commerce. Si les sociétés de gestion peuvent revêtir toute forme sociale[2], il est probable, au regard de la nature risquée de leurs opérations, qu'elles optent pour une forme à responsabilité limitée et notamment pour une forme de société de capitaux. Toutefois, afin de ne pas limiter le financement des opérations de fiducie-titrisation en fonction de la forme sociale de la société de gestion, il convient de permettre à la société de gestion, quelle que soit sa forme, d'émettre des obligations soumises aux prescriptions du Code de commerce. Par ailleurs, l'émission d'obligations est en principe décidée ou autorisée par les dirigeants de la société émettrice et peut être déléguée à toute personne de leur choix[3]. Le fiduciaire est la société émettrice. Une clause dans les statuts du fiduciaire confiant cette émission à ses salariés ayant la charge du patrimoine fiduciaire est opportune.

465. Obligations comptables. L'article 2011 du Code civil impose au fiduciaire de tenir les actifs qui lui sont cédés au sein du patrimoine d'affectation. Ce dernier doit faire l'objet d'une comptabilité autonome[4]. En droit commun de la fiducie, cette dernière est contrôlée par un commissaire aux comptes lorsque le constituant est lui-même tenu d'en désigner un[5]. Au regard de l'identité des constituants de la fiducie, il est probable que le fiduciaire soit assisté d'un commissaire aux comptes. Cependant, le contrôle du patrimoine fiduciaire étant un gage de sécurité pour les bénéficiaires de la fiducie, il est préférable d'imposer la désignation d'un commissaire aux comptes dans toutes les fiducies-titrisations[6].

466. Obligation de rendre compte. Les modalités de la reddition de comptes de la gestion fiduciaire ne sont actuellement pas satisfaisantes. Elles orientent la gestion autour du constituant et non des bénéficiaires[7]. Comme déjà exposé, l'article 2022 du Code civil doit être réécrit pour que le fiduciaire rende compte de sa mission aux bénéficiaires de la fiducie. Cette information doit être, au minimum, annuelle. Elle doit également être automatique et non simplement quérable.

---

[1] Art. L. 228-39, C. com.

[2] Art. 321-9, RG AMF applicable par renvoi de l'art. 321-154, III, RG AMF.

[3] Art. L. 228-40, C. com.

[4] Art. 12 I et II de la loi n° 2007-211 du 19 février 2007 instituant la fiducie.

[5] Art. 12 III de la loi du 19 février 2007 préc.

[6] Comp. dans la société de titrisation, v. *supra* n° 345.

[7] V. *supra* n°s 418 et 455.

467. Obligation de transfert de la propriété. La propriété des fiduciaires n'est que temporaire. À l'issue du contrat de fiducie-titrisation, le fiduciaire liquide le patrimoine fiduciaire et répartit les sommes restantes entre les bénéficiaires conformément aux stipulations contractuelles. Si aucune rémunération périodique n'était prévue ou n'a fait défaut, c'est généralement à ce stade que les bénéficiaires peuvent s'apercevoir des manquements du fiduciaire et engager sa responsabilité.

3. Responsabilité du fiduciaire

468. Fautes de la société de gestion. La société de gestion engage sa responsabilité en cas d'inexécution ou de mauvaise exécution de sa mission. Il peut s'agir d'une violation de ses obligations ou d'un manquement à ses devoirs fiduciaire[1]. La société de gestion engage notamment sa responsabilité lorsqu'elle acquiert des actifs n'entrant pas dans le champ de l'affectation. Elle est ainsi responsable de l'acquisition de créances douteuses qui ne sont pas admises à l'actif de l'organisme ou de la perte d'actifs qui résulte d'un manque de diligence. En effet, les actifs et les opérations menées par la société de gestion étant par nature risqués, toute perte de valeur procédant d'une réalisation du risque ne peut constituer une faute susceptible d'engager sa responsabilité[2]. Elle est notamment responsable lorsque la gestion opérée était plus risquée que ne le permettaient les termes du contrat de fiducie ou que la perte des actifs résulte d'un manquement du dépositaire qu'elle est censée encadrer. Dans cette dernière hypothèse, la société de gestion a la possibilité de se retourner contre ce dernier.

469. Nature de la responsabilité de la société de gestion. Pour les fautes commises dans l'exercice de sa mission, la société de gestion engage son patrimoine personnel en application de l'article 2026 du Code civil. Les dispositions légales ne définissent pas la nature de la responsabilité du fiduciaire. La nature contractuelle de la fiducie-titrisation implique que l'action en responsabilité engagée par le constituant soit de nature contractuelle. S'agissant de la nature de la responsabilité des fiduciaires envers les bénéficiaires, il faut distinguer selon qu'ils aient ou non accepté la fiducie. S'ils n'ont pas accepté la fiducie, ils ne peuvent qu'engager la responsabilité délictuelle des fiduciaires à l'instar de tous les tiers. Une fois la fiducie acceptée, les bénéficiaires engagent la responsabilité contractuelle des

---

[1] Sur la violation de ces obligations, v. également C. BERGER-TARARE, *Le fiduciaire défaillant*, *op. cit.*, n° 553, p. 245.

[2] N. BORGA, « Le fiduciaire responsable (exégèse de l'article 2026 du Code civil) ? », art. préc., n° 14, p. 86.

fiduciaires[1]. L'acceptation de la fiducie étant concomitante à la souscription des titres, les bénéficiaires de la fiducie-titrisation engagent nécessairement la responsabilité contractuelle de la société de gestion.

470. Responsabilité pénale. Le fiduciaire engage également sa responsabilité pénale pour les infractions qu'il commet. Il peut notamment être responsable d'un abus de confiance lorsqu'il « détourne, au préjudice d'autrui, des fonds, des valeurs ou un bien quelconque qui lui ont été remis et qu'elle a acceptés à charge de les rendre, de les représenter ou d'en faire un usage déterminé »[2]. La jurisprudence exige actuellement une remise à titre précaire et non un transfert de propriété des biens[3], de telle sorte que le transfert de biens au fiduciaire ne pourrait pas constituer l'un des éléments de l'infraction. Cependant, la propriété fiduciaire étant exercée à titre temporaire, une détention précaire peut être identifiée[4]. Par ailleurs, la fiducie implique une obligation de faire un usage déterminé du bien. L'abus est donc constitué dès que le fiduciaire ne remet pas le bien à l'issue du contrat ou ne respecte pas l'usage qui doit en être fait[5].

Le fiduciaire peut également commettre l'infraction de blanchiment de capitaux. La société de gestion est néanmoins automatiquement soumise à des obligations de lutte contre le blanchiment et le financement du terrorisme qui préviennent la réalisation de cette infraction[6].

471. Les droits et obligations du fiduciaire issues du droit commun et précisés contractuellement suffisent à garantir l'exploitation du patrimoine d'affectation et le bon déroulement de l'opération de titrisation. Il en va de même concernant ceux des bénéficiaires de la fiducie-titrisation.

C. Les droits et obligations des bénéficiaires

472. Obligation de payer la contrepartie. Les bénéficiaires de la fiducie-titrisation souscrivent les titres émis par le fiduciaire. Ils ont donc

---

1 *Ibid.*, nos 7 et s., p. 85 ; v. également la proposition d'article 2026 du Code civil de X. DE ROUX, *Rapport n° 3655 fait au nom de la commission des lois constitutionnelles, de la législation et de l'administration générale de la République sur la proposition de loi n° 3385, adoptée par le Sénat, instituant la fiducie*, préc.

2 Art. 314-1, C. pén.

3 R. OLLARD, « La fiducie : aspects de droit pénal », *RSC*, septembre 2009, n° 3, p. 545 et s., spéc. n° 10 ; B. KAN-BALIVET, « Les clés du contrat de fiducie gestion », art. préc., p. 77.

4 V. en faveur de l'application du délit d'abus de confiance à la fiducie v. R. OLLARD, « La fiducie : aspects de droit pénal », art. préc., n° 10 ; A. ARSAC, *La propriété fiduciaire*, *op. cit.*, nos 430-431, pp. 232-233 ; C. WITZ et A. PRÜM, « Fasc. 786 : Fiducie – Effets et extinction », *op. cit.*, n° 27 ; F. BARRIERE, « Fiducie », *op. cit.*, n° 90 ; B. FRANÇOIS, « Fiducie », *op. cit.*, n° 166.

5 A. ARSAC, *La propriété fiduciaire*, *op. cit.*, n° 431, p. 233.

6 Art. L. 561-3, C. mon. fin.

l'obligation de payer le montant de cette souscription au fiduciaire. En cas de manquement, ils engagent leur responsabilité contractuelle. À cet égard, chaque bénéficiaire est responsable individuellement.

473. Droits des bénéficiaires. Les bénéficiaires sont créanciers des obligations du fiduciaire issues du contrat de fiducie et envisagées précédemment. L'émission de titres fiduciaires crée également de nouveaux droits au profit des bénéficiaires. Ces titres de créance[1] entrent dans la catégorie des titres financiers et se voient appliquer leur régime. Ils sont donc facilement compréhensibles par les opérateurs. Les investisseurs ont notamment un droit d'information conséquent[2], satisfaisant leur besoin de transparence, et qui est l'occasion pour la société de gestion de s'acquitter de son obligation de reddition de comptes. Afin de faciliter l'exercice de leurs droits, les investisseurs peuvent se réunir en assemblée. Les modalités d'organisation de cette dernière peuvent être prévues en amont dans le contrat de fiducie.

Les investisseurs ont également le droit de disposer de leurs titres. Leur cession est facilitée par l'application du régime des titres financiers. Ces derniers sont négociables et « se transmettent par virement de compte à compte ou par inscription dans un dispositif d'enregistrement électronique partagé »[3]. La cession est ainsi opposable dès l'inscription en compte, par dérogation au formalisme de la cession de créances[4]. Le cessionnaire de bonne foi est également à l'abri de toute revendication[5].

474. Mis à part les droits nés de titres fiduciaires, les droits et obligations des bénéficiaires de l'opération de fiducie-titrisation sont ceux du droit commun de la fiducie et n'appellent pas de commentaires particuliers. Ces derniers permettent de réaliser l'opération de titrisation de façon satisfaisante, sans que les investisseurs ne souffrent d'une diminution de leurs droits par rapport au FCT ou à l'actuelle société de titrisation. La protection de leurs droits doit néanmoins être garantie par un dépositaire. Ce dernier est à la fois tiers protecteur de la fiducie et conservateur. Ce faisant, ses droits et obligations s'inscrivent dans le régime de la fiducie, tout en reprenant le régime applicable au dépositaire d'organismes de titrisation.

---

[1] Pour leur définition, v. art. L. 213-0-1, C. mon. fin.

[2] V. not. art. L. 412-1, C. mon. fin. ; pour une étude détaillée du droit à l'information des porteurs de titres financiers, v. *supra* n°s 63 et s.

[3] Art. L. 211-15, C. mon. fin.

[4] Art. 1322 et s., C. civ. ; v. également anc. art. 1690, C. civ.

[5] Art. L. 211-16, C. com. fin.

D. Les droits et obligations du tiers protecteur-conservateur

475. Missions du dépositaire. En qualité de tiers protecteur, le dépositaire doit surveiller la société de gestion et suivre les flux de liquidités du patrimoine d'affectation. En sa qualité de conservateur, il assure la garde des actifs du patrimoine fiduciaire et des éléments s'y rapportant. Il peut notamment conserver les bordereaux de cession des créances. Les modalités de la mission du dépositaire sont actuellement détaillées dans le Code monétaire et financier ainsi que dans le règlement général de l'AMF. Elles n'ont pas vocation à varier au gré des opérations. Il est donc opportun de reprendre les dispositions existantes afin d'attribuer un rôle standard obligatoire au dépositaire. Le contrat de fiducie et la convention de dépositaire servent alors uniquement à préciser certaines modalités d'exécution de la mission du dépositaire. Ils ont donc la même fonction que l'actuelle convention de dépositaire et s'intègrent parfaitement à la pratique. De ce fait, l'article L. 214-175-4 du Code monétaire et financier doit être adapté au vocabulaire de la fiducie et disposer que « I. le dépositaire :

1° Veille à ce que tous les paiements effectués par des actionnaires, des porteurs de titres de créance émis par la société de titrisation, ou des bénéficiaires d'une fiducie-titrisation, ou en leur nom, lors de la souscription de ces titres, aient été reçus et que toutes les liquidités aient été comptabilisées ;

2° Veille au suivi adéquat des flux de liquidités de la société de titrisation et du patrimoine fiduciaire.

II. Au titre de la garde des actifs compris dans le patrimoine social ou fiduciaire, le dépositaire :

1° Assure dans les conditions fixées par le règlement général de l'Autorité des marchés financiers, la conservation des instruments financiers enregistrés sur un compte ouvert dans ses livres et de ceux qui lui sont physiquement livrés ;

2° Détient les bordereaux de cession de créance mentionnés au 2° du V de l'article L. 214-169 ou à l'article L. 313-23, effectue la tenue de registre des créances cédées par ce moyen, vérifie l'existence de ces mêmes créances sur la base d'échantillons et, sous réserve des dispositions de l'article L. 214-175-5, détient les actes dont résultent les créances. Lorsque la transmission des créances s'opère par un procédé informatique permettant de les identifier, le bordereau est conservé sous forme électronique ;

3° Tient le registre des autres actifs et procède à des contrôles portant sur la réalité des actifs cédés ou acquis et des sûretés, garanties et accessoires qui y sont attachés.

III. Le dépositaire s'assure que la vente, l'émission, le remboursement et l'annulation des actions, des titres de créance ou des titres de bénéficiaire, effectués par la société de titrisation ou le fiduciaire sont conformes aux dispositions législatives ou réglementaires, et aux documents constitutifs ainsi qu'au document mentionné à l'article L. 412-1 et que le calcul de la valeur de ces titres est effectué conformément aux dispositions législatives ou réglementaires, aux documents constitutifs ainsi qu'au document mentionné à l'article L. 412-1. Par ailleurs, il vérifie que dans les opérations portant sur les actifs du patrimoine social ou fiduciaire, la contrepartie lui est remise dans les délais d'usage, et que les produits du patrimoine d'affectation reçoivent une affectation conforme aux dispositions législatives ou réglementaires, au règlement et aux documents constitutifs ainsi qu'au document mentionné à l'article L. 412-1.

IV. Le dépositaire veille à la régularité de la gestion sociale ou fiduciaire. En cas d'irrégularité, il est tenu d'informer les dirigeants de la société de titrisation, ses actionnaires et toute autre entité chargée de son contrôle, les bénéficiaires de la fiducie-titrisation ainsi que l'Autorité des marchés financiers ». Cette information de l'AMF est protectrice des bénéficiaires s'ils sont passifs, puisque cette dernière s'intéressera à la fiducie en cas de difficulté liée à sa gestion. Plus largement, cela permet au dépositaire de jouer son rôle prudentiel puisqu'il est en mesure d'alerter les autorités compétentes qu'un acteur ne respecte pas les règles fixées et porte atteinte à la sécurité des marchés financiers.

476. Délégation de la conservation des actifs. L'interdiction de délégation de certaines fonctions essentielles du dépositaire de l'article L. 214-175-5 du Code monétaire et financier doit être appliquée au dépositaire. Cette interdiction vise les tâches énoncées au I et III de l'article L. 214-175-4 du Code monétaire et financier tel que réécrit, c'est-à-dire le suivi des paiements et des flux, ainsi que la surveillance des modalités d'émission, de vente ou de remboursement ou d'annulation des titres émis. Cette interdiction empêche également le dépositaire de déléguer la surveillance de la société de gestion. Ceci est essentiel dans la mesure où ses fonctions de tiers protecteur ont un caractère *intuitu personae*. Le dépositaire peut en revanche déléguer la conservation des actifs, à l'exception de la conservation des bordereaux de créances. En effet, cette dernière est l'une des tâches principales confiées au dépositaire en tant que conservateur et sa délégation trahirait le caractère *intuitu personae* de la convention de dépositaire.

477. Responsabilité du dépositaire. Le dépositaire engage sa responsabilité pour les différentes fautes qu'il commet dans le cadre de sa mission. En sa qualité de tiers protecteur, il engage sa responsabilité lorsqu'il n'exécute pas sa mission avec diligence. Tel est le cas s'il ne veille pas au suivi des flux financiers du patrimoine d'affectation ou s'il n'alerte pas les bénéficiaires et autres personnes concernées des irrégularités de la gestion du fiduciaire. Il engage alors sa responsabilité à l'égard des bénéficiaires du contrat de fiducie, créanciers de son obligation, et du constituant, tant que celui-ci est son créancier.

Le dépositaire est également responsable contractuellement à l'égard du fiduciaire, en sa qualité de conservateur s'il ne restitue pas les actifs conservés à sa demande[1]. Il engage sa responsabilité en cas de perte des actifs, notamment des créances et instruments financiers conformément à l'actuel article L. 214-175-6 du Code monétaire et financier. Il est également responsable de toute autre perte résultant de la mauvaise exécution de ses obligations. À cet égard, le dépositaire demeure responsable de la perte des actifs, même s'il en a confié la garde à un tiers par le biais d'un contrat de dépôt[2]. *De lege lata,* le dépositaire peut néanmoins s'exonérer s'il prouve que toutes les obligations concernant la délégation de ses tâches de conservation ont été remplies. Il doit également démontrer qu'un contrat écrit conclu avec le délégataire lui transfère expressément sa responsabilité. Ce contrat doit également offrir la possibilité à l'organisme de titrisation, ou à sa société de gestion, de déposer une plainte contre le délégataire au titre de la perte d'instruments financiers, ou au dépositaire de déposer plainte en leur nom. Le dépositaire doit enfin établir qu'il a passé un contrat écrit, avec l'organisme de titrisation ou sa société de gestion, autorisant expressément une décharge de la responsabilité du dépositaire et mentionnant les raisons objectives justifiant une telle décharge[3].

Conserver cette exonération n'est *a priori* pas indispensable. En effet, le dépositaire pourrait engager la responsabilité contractuelle du tiers contractant ayant perdu les actifs dont il avait la garde, si bien que la réparation qu'il obtient lui permettrait d'indemniser le fiduciaire *ès-qualités*. L'exonération doit néanmoins être conservée pour que le régime de responsabilité du dépositaire ne soit pas plus contraignant que dans la société de titrisation.

Ce régime de responsabilité permet de réparer indirectement le préjudice des bénéficiaires et autres créanciers du patrimoine fiduciaire, sans que ne soit instituée une double indemnisation comme c'est actuellement le cas dans les organismes de titrisation. En effet, le législateur admet aujourd'hui que les investisseurs et l'organisme puissent engager la responsabilité du dépositaire. Les investisseurs peuvent donc être indemnisés directement et indirectement à travers l'indemnisation de l'organisme[4]. Afin de compenser une éventuelle inaction de la société de gestion, il faut également permettre aux bénéficiaires et au constituant de la fiducie-titrisation d'engager la responsabilité délictuelle du dépositaire en cas de perte des actifs, ce qui est facilité par le principe

---

[1] Cette obligation porte essentiellement sur les biens subrogés puisque les créances du patrimoine fiduciaire ont vocation à être recouvrées et certains actifs cédés.

[2] V. également en ce sens en cas de recours à un mandataire dans le cadre de la fiducie, C. BERGER-TARARE, *Le fiduciaire défaillant*, *op. cit.*, n°s 640-641, p. 277.

[3] Art. L. 214-175-6, III, C. mon. fin.

[4] V. *supra* n° 56 et s.

d'identité des fautes délictuelle et contractuelle[1]. Dans ce cas, les dommages et intérêts doivent être versés au sein du patrimoine fiduciaire. Le préjudice est ainsi intégralement réparé et rend les deux actions exclusives l'une de l'autre.

478. L'essence fiduciaire de l'opération de titrisation se confirme lorsque l'on s'intéresse au fonctionnement de la fiducie-titrisation. En effet, le régime de droit commun de la fiducie ne souffre que de minimes dérogations justifiées par son exécution dans un contexte financier. Dans l'ensemble, les effets réels et personnels de la fiducie permettent de réaliser les différentes étapes de l'opération de titrisation, et ce jusqu'à l'extinction de l'opération.

§ 3 : L'extinction de la fiducie-titrisation

479. Causes d'extinction. La plupart des causes d'extinction de la fiducie s'appliquent à la fiducie-titrisation[2]. La survenance du terme est ainsi la cause la plus probable d'extinction de la fiducie-titrisation. À l'inverse, il y a peu de chances que la fiducie prenne fin à la suite d'une renonciation de la totalité des bénéficiaires de la fiducie. Ces derniers, ayant une responsabilité limitée, ne prennent aucun risque supplémentaire à demeurer bénéficiaires lorsque l'opération de titrisation ne se déroule pas dans les conditions espérées. En effet, leur renonciation permet simplement de mettre un terme de façon anticipée à la fiducie et d'opérer un retour des biens dans le patrimoine du constituant[3]. Une liquidation anticipée de la fiducie, sans renonciation des bénéficiaires, leur est donc plus profitable. Cette dernière repose sur une modification du terme de la fiducie et suppose l'accord du constituant et des bénéficiaires[4]. Afin de la faciliter, le contrat de fiducie doit prévoir l'accord de principe du constituant. Dans ces conditions, la liquidation peut être proposée par le fiduciaire aux bénéficiaires lorsqu'il constate l'échec de l'opération de titrisation et souhaite limiter les pertes.

Le décès d'une personne physique doit en revanche être écarté des causes d'extinction de la fiducie-titrisation. Ce motif d'extinction a été créé par le législateur pour éviter toute interaction avec le droit des successions et l'utilisation de la fiducie à des fins de transmission[5]. Cette cause d'extinction conserve son intérêt en droit commun et sa suppression doit être réservée à l'hypothèse de la fiducie-titrisation. Plusieurs éléments conduisent à en admettre la possibilité. Tout d'abord, cette cause d'extinction est peu réaliste en présence d'une fiducie-titrisation. Il est peu probable que la fiducie-

---

[1] Ass. plén., 6 octobre 2006, préc. ; Ass. plén., 13 janvier 2020, préc.
[2] Art. 2029, C. civ.
[3] Art. 2030, al. 1er, C. civ.
[4] Art. 2028, al. 2, C. civ.
[5] C. WITZ et A. PRÜM, « Fasc. 786 : Fiducie – Effets et extinction », *op. cit.*, n° 68.

titrisation soit constituée par une personne physique unique. En effet, une personne seule ne constituera pas une fiducie-titrisation pour procéder à des investissements en raison de son coût. Cela supposerait qu'un initiateur détienne un portefeuille de créances suffisamment conséquent pour procéder à une opération de titrisation rentable. De même, en cas de pluralité de constituants personnes physiques, elle supposerait le décès de la totalité des co-constituants car le contrat de fiducie peut prévoir qu'il se poursuit entre les co-constituants restants. Ensuite, même s'il n'envisage pas en droit commun la possibilité de déroger contractuellement à cette cause d'extinction de la fiducie, le législateur prévoit que la fiducie-sûreté ne prend pas fin par le décès du constituant[1]. Cette cause d'extinction de la fiducie ne parait donc pas d'ordre public[2]. Enfin, cette cause d'extinction crée une insécurité dans l'opération de titrisation. Elle permet d'y mettre fin avant son terme programmé, c'est-à-dire avant le remboursement des créances. La société de gestion serait obligée de liquider le patrimoine fiduciaire et céderait les créances restantes pour un montant sans doute inférieur à leur valeur réelle. Les investisseurs réaliseraient donc très certainement un retour sur investissement moins important, voire une moins-value. L'efficacité de l'opération financière implique ainsi d'écarter cette cause d'extinction.

Il faut également écarter légalement les causes d'extinction tenant au fiduciaire dans la fiducie-titrisation et imposer son remplacement. À cet égard, le contrat de fiducie-titrisation doit prévoir les modalités de remplacement du fiduciaire pour assurer la continuité de l'opération de titrisation. Il peut ainsi stipuler qu'il incombe au dépositaire de soumettre un nouveau fiduciaire aux bénéficiaires.

480. Liquidation du patrimoine d'affectation. Le Code civil est muet sur les conditions du transfert à l'issue du contrat de fiducie[3]. Il n'envisage pas la nature des biens transférés et ne traite pas d'un éventuel passif fiduciaire. À défaut, les parties ont le choix entre une transmission de l'actif net du patrimoine fiduciaire ou une transmission universelle de ce patrimoine[4]. Dans le cadre de l'opération de fiducie-titrisation, il est indispensable de procéder à la réalisation des actifs restants et à l'apurement du passif. Ceci permet au fiduciaire de verser les produits de l'opération aux bénéficiaires. La répartition du *boni* de liquidation du patrimoine fiduciaire entre les bénéficiaires s'effectue selon l'ordre de priorité fixé en amont dans le contrat

---

[1] Art. 2372-1, al. 3, C. civ.

[2] V. également en ce sens F. MASSON, « La fiducie plurale », art. préc., p. 42.

[3] Il n'y a qu'en cas de l'absence de bénéficiaire ou de décès du constituant que l'article 2030 du Code civil prévoit que « les droits, biens ou sûretés présents dans le patrimoine fiduciaire font de plein droit retour au constituant », ou que le patrimoine fiduciaire fait retour dans la succession.

[4] V. aussi en ce sens T. REVET et F. ZENATI, *Les biens*, *op. cit.*, n° 286, p. ; C. WITZ et A. PRÜM, « Fasc. 786 : Fiducie – Effets et extinction », *op. cit.*, n° 79.

de fiducie. La société de gestion, chargée des opérations de liquidation, doit alors également enregistrer, sous peine de nullité, le transfert du *boni*[1]. Ces modalités s'appliquent même en cas d'échec de l'opération de titrisation, le droit des procédures collectives n'ayant pas vocation à régir la liquidation du patrimoine fiduciaire[2].

481. La liquidation du patrimoine fiduciaire au profit des bénéficiaires met ainsi en évidence leur vocation de propriétaire. Le recouvrement des créances tout au long de l'opération et la réalisation des actifs restants permettent aux investisseurs de percevoir les sommes subrogées à ces actifs. Comme dans toute opération de titrisation, les investisseurs s'approprient uniquement les flux financiers générés par les actifs. Par son fonctionnement assez simple, la fiducie-titrisation est une concurrente sérieuse de la société de titrisation. Ce d'autant plus que le peu de dérogations au régime de la fiducie ou à celui des organismes de titrisations faciliteront son appréhension tant par les adeptes de la fiducie que par ceux de la titrisation. Son utilisation et son attractivité dépendront néanmoins en grande partie de son traitement fiscal[3]. À cet égard, le régime fiscal actuel de la fiducie n'est pas satisfaisant et doit faire l'objet d'un aménagement.

§ 4 : La fiscalité de la fiducie-titrisation

482. Fiducie fiscalement neutre. Le législateur craignait que la fiducie soit un outil d'évasion fiscale à l'image du *trust*[4]. Il s'est donc efforcé de la rendre fiscalement neutre. Le constituant est ainsi réputé demeurer propriétaire des biens mis en fiducie[5] et bénéficie d'un sursis d'imposition des plus-values réalisées au titre du transfert des biens au fiduciaire, si les conditions de l'article 238 *quater B* du Code général des impôts sont

---

[1] Art. 2019, al. 3, C. civ.

[2] V. *supra* n° 451.

[3] V. en ce sens Dominique Schmidt qui précise dans sa préface que « l'avenir de l'institution fiduciaire dépend d'abord de son traitement fiscal », dans C. WITZ, *La fiducie en droit privé français*, *op. cit.*, p. VI.

[4] G. BLANLUET et J.-P. LE GALL, « La fiducie, une œuvre inachevée, Commentaire des dispositions fiscales de la loi du 19 février 2007 », *Dr. fiscal*, juin 2007, n° 26, étude 676, p. 7 et s., spéc. n° 1 ; R. VABRES, « La fiducie-gestion : quelle neutralité fiscale ? », *RLDC*, mars 2019, n° 168, p. 59 et s., spéc. p. 59.

[5] V. en ce sens P. MARINI, Proposition de loi instituant la fiducie, projet n° 178, préc. qui explique que « dans un souci de simplicité et de sécurité, cette proposition dispose de rendre l'institution totalement transparente sur le plan fiscal. Le constituant est en quelque sorte toujours réputé fiscalement titulaire des droits mis en fiducie, et est donc redevable de l'impôt à ce titre. Ceci évitera en outre le risque d'utilisation de la fiducie à fins d'évasion fiscale » ; X. DE ROUX, *Rapport n° 3655 fait au nom de la commission des lois constitutionnelles, de la législation et de l'administration générale de la République sur la proposition de loi n° 3385, adoptée par le Sénat, instituant la fiducie*, préc.

remplies[1]. Au cours de la fiducie, le résultat est déterminé au niveau du patrimoine fiduciaire selon les règles applicables à la détermination du résultat du constituant et est imposé chez ce dernier[2]. En cas de pluralité de constituants, chacun est imposé pour la part de bénéfices correspondant aux biens et droits qu'il a transférés[3]. Le retour des biens dans le patrimoine du constituant à l'issue du contrat de fiducie est fiscalement neutre. En revanche, en cas de transfert du patrimoine fiduciaire, le régime de la cessation d'entreprise est appliqué. Les bénéfices non encore imposés, les plus-values constatées lors de la cessation de la fiducie, ainsi que les provisions non encore réintégrées sont immédiatement imposées[4]. Le bénéficiaire n'est donc jamais imposé. Le fiduciaire est quant à lui redevable de la TVA au titre de son activité[5].

483. Frein au développement de la fiducie-titrisation. Le traitement fiscal de la fiducie est favorable aux bénéficiaires. En revanche, il est défavorable au constituant, en particulier lorsqu'il s'agit de l'initiateur de l'opération de titrisation. En effet, le constituant est redevable de l'impôt sur des biens dont il n'a plus la propriété et pour les bénéfices qu'ils génèrent, alors même qu'il n'a pas vocation à les percevoir. Il s'agit donc d'un coût supplémentaire qui n'existe pas dans la société de titrisation. Cette dernière est personnellement soumise à l'impôt sur les sociétés et les initiateurs de l'opération de titrisation ne sont pas imposés en l'absence de distribution. Le coût fiscal de l'opération pour les initiateurs risque ainsi d'entraver le développement de la fiducie-titrisation.

Par ailleurs, le régime fiscal de la fiducie ne permet pas de remplir l'objectif de neutralité fiscale des organismes de titrisation[6]. La fiducie-

---

[1] Le constituant, exerçant une activité commerciale doit avoir inscrit les droits ou biens transférés à son bilan. Le fiduciaire est par ailleurs chargé d'inscrire dans les écritures du patrimoine fiduciaire les biens ou droits transférés ainsi que les amortissements et provisions de toute nature y afférents ; de se substituer au constituant pour la réintégration des provisions et résultats afférents aux biens ou droits transférés dont la prise en compte avait été différée pour l'imposition de ce dernier ; de calculer les plus-values réalisées ultérieurement à l'occasion de la cession des immobilisations non amortissables qui ont été transférées dans le patrimoine fiduciaire d'après la valeur qu'elles avaient, du point de vue fiscal, dans les écritures du constituant et de réintégrer dans les bénéfices imposables au titre du patrimoine fiduciaire les plus ou moins-values dégagées lors du transfert de biens amortissables. Enfin, les éléments autres que les immobilisations transférées dans le patrimoine fiduciaire doivent être inscrits dans les écritures du patrimoine fiduciaire pour la valeur qu'ils avaient, du point de vue fiscal, dans les écritures du constituant.

[2] Art. 238 *quater,* F, et art. 238 *quater,* H, CGI.

[3] Art. 238 *quarter,* F, CGI.

[4] B. FRANÇOIS, « Fiducie », *op. cit.*, n° 244.

[5] *Ibid.*, n° 238.

[6] A. QUIQUEREZ, *Droit et techniques internationales de la titrisation, Des actifs aux titres financiers*, *op. cit.*, n° 388, p. 281 ; sur la neutralité fiscale, v. not. D. GUTMANN, *Droit fiscal des affaires*, 14e éd., coll. « Précis Domat », LGDJ, 2023, n° 124, p. 128.

titrisation ne conduit pas à une absence d'imposition du véhicule *ad hoc* alors qu'elle est relativement garantie dans la société de titrisation. Le régime de l'impôt sur les sociétés évite effectivement une double imposition des sommes perçues par la société et reversées aux investisseurs. Les rémunérations versées aux titulaires de titres de créances sont des charges déductibles du résultat de la société. Cette dernière n'est donc imposée que pour le montant net des produits réalisés. Seuls les dividendes versés aux actionnaires conduisent à une double imposition au niveau de la société et lors de la distribution. Le régime de la fiducie-titrisation ne permet pas non plus une égalité de traitement fiscal avec la société de titrisation. En effet, l'initiateur peut être imposé tout au long de l'opération, selon la technique utilisée. Les investisseurs de la fiducie-titrisation ne sont pas assujettis à l'impôt contrairement à ceux de la société de titrisation. À ce stade, le choix des caractéristiques de l'opération de titrisation risque de dépendre avant tout du régime fiscal.

484. Pistes de réforme. Le traitement fiscal de la fiducie-titrisation doit être plus attractif et son aménagement peut s'effectuer grâce à une réforme du régime fiscal de la fiducie de droit commun. En effet, ce régime ne tient pas compte de la finalité de la fiducie et est inadapté lorsque le constituant n'est pas le seul bénéficiaire de la fiducie. *De lege ferenda,* il est ainsi préférable de distinguer deux régimes, selon que le constituant ait vocation ou non à récupérer la totalité des biens mis en fiducie[1]. Cette distinction avait été proposée dans le premier avant-projet de régime fiscal de la fiducie en 1991. L'avant-projet distinguait ainsi les fiducies imparfaites où les biens retournaient dans le patrimoine du constituant à l'issue de l'opération et les vraies fiducies[2]. Selon l'avant-projet, la fiducie était transparente uniquement lorsque le constituant en était bénéficiaire. Cette distinction s'inspirait du régime fiscal du *trust*, bien que dans celui-ci, l'impôt soit uniquement perçu sur le *trust* ou sur les bénéficiaires[3]. L'avortement du projet de loi et la crainte de l'évasion fiscale ont cependant eu raison de cette proposition. Dans la perspective d'une réforme du régime de la fiducie, elle constitue une piste de réflexion intéressante. En effet, le traitement fiscal actuel est satisfaisant dans l'hypothèse d'un retour des biens chez le constituant. En revanche, en cas de transmission des biens, plusieurs solutions peuvent être proposées. Dans tous les cas, le constituant doit d'abord être imposé pour les plus-values réalisées grâce au bien cédé. La première solution consisterait, ensuite, à appliquer le

---

[1] R. VABRES, « La fiducie-gestion : quelle neutralité fiscale ? », art. préc., p. 62 ; G. BLANLUET et J.-P. LE GALL, « La fiducie, une œuvre inachevée », art. préc., n° 11 ; S. LE NORMAND-CAILLERE, « Fiducie : appel à la rénovation du régime fiscal », *RFP*, novembre 2021, n° 11, étude 20, p. 13 et s., spéc. n° 11 et s.
[2] J. TUROT, « Fiducie : être ou ne pas être neutre, voici la question », *Dr. fiscal*, avril 2007, n° 16, étude 433, p. 8 et s., spéc. n° 8.
[3] *Ibid.*, n° 7.

régime de translucidité fiscale au patrimoine fiduciaire. Le résultat serait calculé annuellement au niveau de la fiducie et imposé chez les bénéficiaires à proportion de leur « participation », même en l'absence de rémunération. Cette solution n'est cependant pas satisfaisante. Les bénéficiaires seraient imposés régulièrement pour des bénéfices qu'ils n'auraient que l'espoir de percevoir[1].

La deuxième solution consisterait à instaurer une transparence fiscale à l'image des SICAV ou des actuels FCT[2]. Il s'agirait d'exonérer d'impôt la fiducie pour les bénéfices qu'elle réaliserait. Seuls les bénéficiaires seraient imposés au titre des distributions perçues. Il n'y aurait donc pas de double imposition. La solution est particulièrement avantageuse et rendrait la fiducie-titrisation plus attrayante que la société de titrisation soumise à l'impôt sur les sociétés. Cette imposition répondrait également à la logique économique de la fiducie puisque les deux transferts de propriété seraient imposés. Si ce modèle était choisi, il faudrait appliquer un régime similaire à la société de titrisation afin de respecter le principe de neutralité fiscale entre les deux organismes. Cependant, le passage du régime fiscal actuel à une totale exonération de la fiducie paraît assez improbable. Le législateur pourrait souhaiter continuer à imposer les bénéfices issus de la gestion du patrimoine fiduciaire.

Un compromis peut ainsi être trouvé dans la troisième solution. Elle consiste à calculer et à imposer le bénéfice au niveau du patrimoine fiduciaire. Le paiement des bénéficiaires constitue alors une charge déduite du résultat, et ces derniers sont imposés à ce moment-là. L'impôt est dû par le fiduciaire et est fractionné selon ses différents patrimoines. À cet égard, le régime d'imposition dépend du régime qui lui est applicable. Dans le cas de la fiducie-titrisation, il s'agit de l'impôt sur les sociétés, la société de gestion y étant assujettie[3]. Ce fractionnement de l'impôt selon différents patrimoines n'est pas original et se retrouve actuellement pour l'entrepreneur individuel. Ce dernier peut opter pour une assimilation à une EURL ou EARL et donc être soumis à l'impôt sur les sociétés[4]. Le fiduciaire se voit également appliquer les conventions fiscales internationales conclues en vue d'éliminer les doubles impositions. Par ailleurs, la gestion du patrimoine d'affectation doit être exonérée de TVA, conformément à l'actuel article 261 C 1° f du Code général des impôts[5]. Les bénéficiaires doivent, quant à eux, être soumis au prélèvement forfaitaire unique de 30% pour les distributions effectuées. Seules les distributions correspondant au remboursement du principal sont

---

[1] V. en ce sens *ibid.*, n° 11.
[2] Sur les SICAV, v. art. 208, CGI.
[3] Art. 206, CGI.
[4] Art. 1655 *sexies*, CGI.
[5] Il est néanmoins possible d'opter pour un assujettissement à la TVA, sauf pour ce qui est des profits réalisés sur la cession des créances et des rémunérations perçues à l'occasion de la gestion des créances cédées, v. en ce sens art. 260, B et art. 260, C, 8°, CGI ; BOI-TVA-SECT-50-10-10. La société de titrisation se voit appliquer le même régime.

exonérées. Les sommes versées correspondant au *boni* de liquidation sont aussi soumises au prélèvement forfaitaire unique. Les bénéficiaires personnes physiques peuvent opter pour une imposition au barème progressif de l'impôt sur le revenu et les bénéficiaires personnes morales peuvent opter pour l'impôt sur les sociétés. La plus-value réalisée en cas de cession des titres fiduciaires doit également être imposée. Les bénéficiaires non-résidents personnes physiques doivent faire l'objet d'une retenue à la source au titre des revenus et de la part du *boni* perçus à hauteur de 12,8%, sous réserve de l'application de conventions fiscales. Pour les personnes morales, ce taux est de 17%[1]. Ce régime correspond ainsi à celui actuellement pratiqué dans la société de titrisation. Le principe de neutralité fiscale entre les organismes est donc respecté. Le choix opéré entre la fiducie-titrisation et la société de titrisation dépendra alors des autres caractéristiques de ces organismes.

485. Conclusion de section. L'organisation globale du contrat de fiducie-titrisation permet à la fois de justifier les pouvoirs de chacun des acteurs de l'opération de titrisation et d'en aménager le contrôle. Les critiques émises à propos de l'organisation des pouvoirs dans les actuels organismes de titrisation peuvent donc être évincées. En effet, la passivité des investisseurs et des initiateurs tout au long de l'opération s'explique par leur qualité de créanciers de la fiducie tandis que les pouvoirs de la société de gestion se justifient par sa qualité de fiduciaire. Cette dernière est néanmoins contrôlée par les différentes parties prenantes à l'opération, dont le dépositaire en sa qualité de tiers protecteur-conservateur.

Malgré l'impérativité de certaines dispositions légales liées aux objectifs de sécurité des opérations, la fiducie-titrisation laisse la part belle à la liberté contractuelle. Elle peut donc être ajustée à chaque opération de titrisation. À ce titre, les parties doivent être particulièrement attentives lors de la rédaction du contrat de fiducie, dans la mesure où il fixe toutes les conditions du déroulé de l'opération financière. La fiducie-titrisation est également plus souple dans son fonctionnement que la société de titrisation, soumise aux impératifs du droit des sociétés. Son régime fiscal doit néanmoins être adapté afin de lui permettre d'être tout aussi attractive.

486. Conclusion du chapitre. Le régime de la fiducie-titrisation permet de réaliser l'opération de titrisation selon ses modalités actuelles. De ce fait, la fiducie-titrisation s'avère être une technique permettant de produire les mêmes effets que le *trust* anglo-saxon, tout en respectant nos concepts fondamentaux. Pour être efficace, cette fiducie-titrisation suppose que la cession des créances à la fiducie par le biais d'un bordereau soit autorisée. Elle implique également que le fiduciaire soit la société de gestion et que le dépositaire soit le tiers protecteur-conservateur. Les obligations de ces

---

[1] Art. 119 *bis* et art. 187, CGI.

derniers sont issues du régime de la fiducie – pour son rôle de tiers protecteur – et du régime applicable aux dépositaires des organismes de titrisation – pour son rôle de conservateur. Ce faisant, la reprise de l'organisation de l'opération financière combinée à l'application du régime de la fiducie du Code civil facilite l'implémentation d'une réforme des organismes de titrisation. En effet, les aménagements justifiés par l'opération économique, tantôt plus souples, tantôt plus contraignants sont issus de la règlementation actuellement applicable aux organismes de titrisation. Limités au strict nécessaire, ces derniers ne modifient pas la nature fiduciaire de l'opération et le recours à la qualification de fiducie conserve tout son sens. Ces dérogations sont rarement laissées à la libre volonté des parties. En effet, la liberté contractuelle est davantage utilisée pour personnaliser l'opération de titrisation dans ce cadre bien délimité. Par ailleurs, l'interaction de la fiducie et de l'opération financière a pu mettre en évidence certaines limites de la fiducie et conduit à certaines réformes du régime général. Ces dernières visent à améliorer l'étanchéité du patrimoine d'affectation et à faire des bénéficiaires de la fiducie les créanciers des obligations du tiers protecteur.

Pour plus de lisibilité, le régime de la fiducie-titrisation doit être développé au sein du Code monétaire et financier, aux côtés de celui de la société de titrisation. En effet, ceci permet de grouper les règles communes afférentes aux gestionnaires et de rendre l'opération de titrisation intelligible. Une première disposition doit alors rappeler que la fiducie-titrisation, sauf disposition dérogatoire, répond au régime du Code civil.

487. Conclusion du titre. Le patrimoine d'affectation permet d'accéder à une autonomie patrimoniale sans passer par la personnification. Dès lors, il peut être utilisé comme pivot de l'opération de titrisation et son exploitation à travers la fiducie-titrisation permet de mener l'opération financière de façon satisfaisante. En effet, cette dernière assure le cloisonnement patrimonial des actifs titrisés et leur gestion dans l'intérêt des investisseurs. Le fiduciaire peut émettre des titres financiers. Il peut donc procéder à la conversion des actifs illiquides en actifs liquides et permettre le financement de l'opération par les marchés. Le régime de la fiducie-titrisation n'a pas besoin d'être adapté à son objet particulier outre mesure, les opérations de fiducie et de titrisation partageant une même logique. De ce fait, le peu de dérogations nécessaires n'a pas pour effet de dénaturer la fiducie. Par ailleurs, le recours à la fiducie permet de résoudre les difficultés jusqu'à présent constatées, en particulier dans le FCT. La société de gestion, en qualité de fiduciaire, est naturellement propriétaire des actifs. Elle dispose donc des pouvoirs les plus larges sur ces derniers, contrairement aux investisseurs ou aux initiateurs. En tant que sujet de droit, la société de gestion concentre également les rapports juridiques nés de l'opération. Les problématiques de représentation et de semi-personnalité dénoncées dans le FCT sont ainsi écartées[1]. La fiducie-titrisation se substitue donc efficacement au FCT. Reposant en grande partie sur la liberté contractuelle, elle s'avère tout aussi souple et devrait constituer un outil attractif pour les praticiens.

488. Conclusion de la seconde partie. Les difficultés créées par les actuels organismes de titrisation imposent une réforme. Celle-ci implique de repartir des différents besoins de l'opération financière pour identifier l'instrument juridique le plus efficace. Deux techniques juridiques ont ainsi été identifiées : la société de titrisation et la fiducie-titrisation. La technique sociétaire repose sur un véhicule *ad hoc* doté de la personnalité morale. Celui-ci permet à la fois de constituer les piliers patrimoniaux de l'opération financière, d'organiser les rapports entre les différentes parties prenantes et de concentrer les rapports juridiques nés de l'opération. Le recours à une société de titrisation suppose l'adoption d'un nouveau régime, dans lequel la société de gestion est le dirigeant exécutif et où la participation des associés répond aux règles de droit commun. La technique fiduciaire correspond, quant à elle, davantage à une nouvelle manière de conduire l'opération de titrisation. Le patrimoine fiduciaire est le véhicule *ad hoc*. Sa gestion est extériorisée et organisée par le contrat de fiducie. L'opération de titrisation adopte alors le régime de la fiducie, moyennant quelques ajustements. Ces deux techniques s'intègrent parfaitement à l'actuelle règlementation européenne qui inclut à la fois les sociétés et les fiducies comme véhicules de titrisation[2].

Le régime de ces organismes répondant à leur qualification, ils peuvent être distingués efficacement. Tout d'abord, les prérogatives des actionnaires de la société de titrisation et des bénéficiaires de la fiducie-titrisation sont justifiées par la forme de l'organisme et non par l'application globale d'un régime de droit financier, faisant abstraction des qualifications de droit commun. Les droits et obligations des gestionnaires sont également fonction de la forme de l'organisme. Le respect des qualifications choisies conduit ainsi à des différences de régimes exploitables par les acteurs. Chacun présente ses avantages et ses inconvénients. La fiducie-titrisation permet l'organisation d'une opération de titrisation plus souple mais *a priori* moins participative que la société de titrisation. En effet, le contrat de fiducie-titrisation est généralement rédigé par le constituant-initiateur et la société de gestion. Il est peu probable qu'il prévoit l'intervention des bénéficiaires. La fiducie-titrisation a plutôt vocation à être utilisée pour des opérations uniques où les constituants ne souhaitent pas nécessairement se grouper ou souhaitent disparaître rapidement. Elle est aussi adaptée aux investisseurs souhaitant être totalement passifs. À l'inverse, la société de titrisation permet une plus grande participation de ces acteurs. Son régime garantit automatiquement un contrôle

---

[1] V. *supra* n°s 81 et 141.

[2] V. *supra* n° 432.

plus important de l'opération. Elle est également plus pérenne puisqu'il est possible, grâce à ses patrimoines d'affectation[1], de réutiliser la même structure pour plusieurs opérations. Elle est ainsi particulièrement adaptée aux acteurs souhaitant se regrouper et réaliser ensemble plusieurs opérations de titrisation. La compétitivité de ces deux techniques permet de les conserver toutes les deux. De ce fait, le renouvellement de la distinction entre deux organismes de titrisation permet de proposer aux opérateurs différents outils, permettant au droit français de rivaliser avec les droits étrangers qui présentent généralement deux types d'organismes de titrisation aux praticiens.

[1] V. *supra* nº 256.

CONCLUSION GENERALE

489. Transmutation des concepts. Au début de notre étude, nous faisions le constat que les organismes de titrisation étaient la pierre philosophale des marchés financiers transformant des actifs illiquides en actifs liquides. En réalité, la transmutation ne s'opère pas uniquement sur les actifs mais également sur les concepts de droit commun qui sont adaptés à l'opération économique[1]. Étudiés de façon sommaire, le FCT et la société de titrisation présentent certaines incohérences dans leur règlementation, résultant de l'importation de la pratique financière anglo-saxonne. Une approche commune mais aussi individuelle de ces organismes ont confirmé la prééminence de la logique financière sur la logique juridique.

490. *Trust* à la française. Pour mieux cerner ces entités, une étude de leur règlementation était nécessaire. Celle-ci a mis en évidence une identité de régime des organismes, tant au niveau de leur structure, que de leurs investisseurs. Qu'ils soient ou non personnifiés, les organismes sont dotés d'un patrimoine et sont représentés par une société de gestion de portefeuille pour tous les actes concourant à la réalisation de leur objet social. Il en résulte une autonomisation du FCT et une réification de la société de titrisation. En effet, le traitement du FCT à l'image d'un sujet de droit laisse transparaitre sa semi-personnalité tandis que la gestion obligatoire de la société de titrisation par une société de gestion, et son cantonnement à un rôle patrimonial, amputent son autonomie. De même, les investisseurs, qu'ils soient légalement qualifiés d'actionnaires, de copropriétaires ou de titulaires de titres de créance, font l'objet d'une réglementation unique, guidée par leur seule qualité d'investisseur. Le régime des organismes supprime ainsi les spécificités attachées aux qualifications de copropriété et de société, et invite plutôt à considérer les caractéristiques globales des organismes de titrisation. Ces derniers sont ainsi des patrimoines d'affectation, gérés conjointement par une société de gestion et un dépositaire. Les investisseurs ont un droit de créance sur ces gestionnaires, garanti par le patrimoine d'affectation. Les organismes de titrisation sont ainsi la copie du *trust* des pays de *common law*.

491. Nécessité d'une réforme des organismes de titrisation. La reproduction de cette institution étrangère ne s'effectue pas sans heurts, dans la mesure où les catégories de société et d'indivision en perdent leurs

[1] Sur les interactions entre droit commun et droit financier, v. F. PELTIER, *Marchés financiers & droit commun*, *op. cit.*

caractéristiques essentielles[1]. Il en résulte que la distinction opérée entre le FCT et la société de titrisation n'est pas effective et doit être abandonnée. La correction de cette distinction invitait à s'interroger sur la pertinence des qualifications de copropriété et de société. Or, nous avons pu constater que ces dernières étaient usurpées. En effet, le FCT s'avère davantage être la propriété individuelle de la société de gestion qui dispose des pouvoirs les plus étendus sur les actifs titrisés et intervient en amont de l'opération financière. À l'inverse, les prétendus copropriétaires sont privés de tous pouvoirs et relégués au rang de simples créanciers de la société de gestion. Des correctifs apportés au régime du FCT ne permettraient pas de conserver la qualification de copropriété, celle-ci étant en réalité inapte à saisir l'opération de titrisation. De même, le régime spécialement conçu pour la société de titrisation révèle sa dimension artificielle. L'organisation sociale est occultée au profit d'une gestion de la société par un tiers. La société de titrisation peut ainsi être gérée et représentée par une société de gestion qui n'a pas nécessairement la qualité de dirigeant. De ce fait, les dirigeants légaux de la société ne participent pas véritablement à la réalisation de l'objet social. De plus, simple contractante de la société de titrisation, la société de gestion échappe au contrôle des actionnaires. L'inutilité des mécanismes sociaux de contrôle des dirigeants, combinée à la perte de souveraineté des assemblées, mettent en évidence la passivité des actionnaires. Privés *d'affectio societatis* et ne participant pas pleinement au résultat de la société, ils n'ont d'associés que le nom et ne se distinguent pas de simples investisseurs.

Les qualifications de droit commun se révèlent ainsi trahies par les régimes édictés par le droit financier. Les velléités d'autonomisation de la matière sont ainsi particulièrement bien illustrées par l'accumulation des règles dérogatoires et une transformation des concepts originels[2]. Mise à part une simple atteinte à la beauté des concepts, ce travestissement affecte la sécurité des marchés dans la mesure où les opérations de titrisation pourraient être remises en question si les juges ne se contentaient plus de les entériner. En effet, le forçage des qualifications actuellement opéré conduit à autoriser une cession de créances sans cessionnaire dans le cadre du FCT. Un débiteur ne souhaitant pas payer le FCT cessionnaire des créances pourrait ainsi invoquer la nullité de la cession opérée entre son créancier initial et le FCT. De même, un obligataire confronté à un échec de l'opération financière pourrait invoquer la fictivité de la société de titrisation pour recouvrer sa créance auprès de leurs véritables emprunteurs, les actionnaires. Ces difficultés n'ont cependant pas été dénoncées par la pratique, et il est actuellement improbable que les juges remettent en cause les opérations effectuées. Cela supposerait notamment qu'ils s'affranchissent des dispositions légales relatives à la titrisation et se

---

[1] Comp. H. MOTULSKY, « De l'impossibilité de constituer un “trust” anglo-saxon sous l'empire de la loi française », art. préc., n° 19, p. 21.

[2] Sur la question de l'autonomie du droit financier, v. *supra* n° 14.

réfèrent aux concepts de droit commun, ce qu'ils ont jusqu'à présent refusé, dans les rares contentieux dont ils ont été saisis. La représentation du FCT par la société de gestion a ainsi pu être remise en question en raison de l'absence de personnalité du premier, sans pour autant emporter la conviction des juges[1]. Pour autant, le potentiel développement d'un contentieux en la matière, même s'il ne recevait pas de réponse positive de la part des juridictions, suffirait à nuire à l'efficacité de l'opération financière et à l'attractivité du droit français. Par ailleurs, ce n'est pas parce que les opérateurs se satisfont des organismes que la théorie est obligée de suivre[2]. Il n'est effectivement pas souhaitable de maintenir la règlementation des organismes de titrisation en l'état, dans la mesure où le droit financier n'est pas autonome. La référence aux notions de droit commun et leur altération portent ainsi atteinte à la lisibilité du système juridique.

492. Renouvellement des organismes de titrisation. Les imperfections des organismes ne pouvaient être corrigées via quelques interventions législatives minimes. Il fallait davantage repenser les véhicules de titrisation français en se détachant du *trust,* des qualifications de copropriété et de société, et en se concentrant sur les besoins de l'opération financière. Cette démarche a permis de dégager une nouvelle dualité d'organismes reposant sur une personne morale et sur un patrimoine d'affectation, chacun permettant de réunir les aspects patrimoniaux et contractuels de l'opération de titrisation. Il devint ainsi nécessaire de trouver l'habillage juridique le plus adéquat. Nous proposons donc de retenir une société de titrisation et une fiducie-titrisation. La première présente un régime différent de celui de l'actuelle société de titrisation, afin de rétablir la qualité des associés et d'inscrire les parties prenantes à l'opération dans l'organisation sociale. La seconde s'avère plus novatrice et se substitue au FCT. Le patrimoine fiduciaire permet de réunir les fonctions patrimoniales de l'organisme de titrisation, tandis que la société de gestion, en qualité de fiduciaire, concentre tous les rapports juridiques nés de l'opération de titrisation. Ce faisant, les concepts issus du droit commun ne sont pas aussi vétustes qu'ils pourraient le paraître et leur place peut être rétablie au sein du domaine financier. L'innovation financière s'avère également être une source d'enrichissement du droit commun, pour peu qu'elle soit pensée à travers les concepts établis, et non en rupture avec ces derniers. Elle invite ainsi à faire évoluer nos notions. C'est ainsi que la vision moderne de la propriété et du patrimoine trouve à s'épanouir[3]. Dans ce prolongement, l'approche renouvelée des organismes de titrisation conduit

[1] V. not. en ce sens CA Reims, chambre civile, 1e section, 14 septembre 2021, n° 19/02368.
[2] P. Jestaz, « obs. sous la loi n° 79-594 du 13 juillet 1979, le décret n° 79-835 du 27 septembre 1979 et l'arrêté du 27 novembre 1979, » art. préc., p. 183.
[3] Pour une étude de la propriété au contact de l'opération de titrisation, v. déjà V. Forti, *La titrisation des créances en droit comparé*, *op. cit.*

aussi à autoriser la constitution d'un patrimoine d'affectation par les personnes morales.

La dualité issue de la reconstruction des organismes mérite d'être conservée. En effet, la société de titrisation, grâce à ses patrimoines d'affectation [1], permet de réutiliser la même structure pour plusieurs opérations. Elle s'avère particulièrement intéressante lorsque plusieurs initiateurs souhaitent se regrouper fréquemment pour effectuer des opérations de titrisation. À l'inverse, la fiducie-titrisation, ne permettant pas la compartimentation des opérations et n'étant pas soumise aux contraintes du droit des sociétés, est un outil plus adapté pour des opérations ponctuelles. Cette dualité se justifie également par la souplesse – et partant, l'attractivité – qu'elle confère au droit français, ainsi que par son effectivité. En effet, chaque organisme est doté d'un régime correspondant à sa qualification. Ce régime est issu du droit commun, seules quelques dérogations, indispensables au respect des impératifs du droit financier étant ajoutées. Pour plus de lisibilité, ces dérogations intègrent le Code monétaire et financier, à la suite d'une disposition renvoyant à la fiducie du Code civil et aux sociétés anonymes et par actions simplifiées.

493. Avenir des organismes de titrisation. Les organismes de titrisation sont au centre du financement de l'économie et de plusieurs disciplines. Ces interactions soulèvent trois enjeux : juridiques, financiers et techniques. Le premier est celui de la régulation de l'opération financière, particulièrement après la crise des *subprimes*. À ce titre, le législateur, notamment européen, a pris des mesures pour réduire le risque qui lui est associé[2]. Seul l'avenir permettra de juger de leur efficacité.

Le second enjeu était celui de la dénaturation des concepts issus du droit français. Celle-ci, dénoncée dès l'adoption du FCC en 1988, imposait toutefois d'en prendre la teneur et de proposer une solution. Cette dernière, réhabilitant le droit commun, facilite l'appréhension des nouveaux organismes de titrisation et aura pour effet de renforcer l'attractivité du droit français en la matière, et partant de la place de Paris. Celle-ci est effectivement fonction des règles applicables et de leur lisibilité, les opérateurs recherchant l'efficacité de leurs opérations pour un coût juridique minime. À cet égard, les organismes renouvelés pourraient servir de modèle pour réformer d'autres organismes de placement collectif présentant la même configuration que les organismes de titrisation. Tel est notamment le cas des organismes de

[1] V. *supra* n° 256.

[2] V. le règlement (UE) 2017/2402 créant un cadre général pour la titrisation ainsi qu'un cadre spécifique pour les titrisations simples, transparentes et standardisées, afin de favoriser la reprise après la crise liée à la COVID-19.

financement spécialisé, auxquels il serait aisé d'appliquer la même réforme[1]. Par ailleurs, les organismes de titrisation renouvelés pourraient également inspirer les autres pays de tradition romano-germanique qui ont rencontré les mêmes difficultés d'intégration de la pratique financière[2], ou une réflexion européenne en la matière, notamment si l'on souhaitait uniformiser les véhicules de titrisation.

Le troisième enjeu auquel sont confronté les organismes de titrisation est quant à lui plus pratique et a trait au progrès technologique. La *blockchain* et l'intelligence artificielle pourraient profondément modifier la pratique de l'opération financière, notamment, en se substituant à la société de gestion[3]. Concrètement, une intelligence artificielle serait apte à gérer les prêts, leur recouvrement, les investissements et les redistributions aux investisseurs. Selon son développement, elle pourrait également être en mesure de prendre des décisions, d'effectuer des arbitrages entre différents produits financiers et de procéder à la structuration de nouvelles opérations de titrisation, au sein de l'organisme dont elle a déjà la charge. En revanche, elle ne pourrait constituer à elle seule l'organisme de titrisation, dans la mesure où elle ne regroupe pas ses différents aspects, notamment patrimoniaux. Objet de propriété [4], l'intelligence artificielle appartient nécessairement aux acteurs de l'opération.

---

[1] Sur le fonctionnement et la configuration des organismes de financement spécialisé sur le modèle des organismes de titrisation, v. art. L. 214-166-1 et s. et art. L. 214-190-1 et s., C. mon. fin.

[2] Déjà sur le rôle modèle du FCC lors de l'importation de la titrisation dans les autres pays de tradition romano-germanique, v. *supra* n° 10.

[3] V. not. R.P. BUCKLEY *et al.*, « Regulating artificial intelligence in finance: Putting the human in the loop », *Sydney Law Review*, mars 2021, vol. 43, n° 1, p. 43 et s., spéc. p. 64. Sur l'intelligence artificielle et le droit des marchés financiers, v. aussi A. BENSAMOUN, G. LOISEAU (dirs.), *Droit de l'intelligence artificielle, op. cit.*, n°s 673 et s., p. 420 et s. ; F. BARRIERE, « Le droit financier à l'heure de l'intelligence artificielle », in *Droit des affaires et intelligence artificielle, Diagnostic et prospective*, coll. « Droit privé & sciences criminelles », Mare & Martin, 2023, p. 191 et s.

[4] L'intelligence artificielle ne peut être personnifiée et ne peut donc pas être dotée d'un patrimoine. D'une part, elle ne peut être assimilée à une personne physique, leur nature étant trop différente. D'autre part, il n'est pas possible de l'ériger en tant que sujet de droit au même titre que les personnes morales car elle n'en remplit pas les critères. Il n'est donc pas possible de la personnifier, sauf à en faire un troisième type de personne, aux côtés des personnes physiques et morales. Le Professeur Merabet met néanmoins en garde contre une telle option puisqu'elle conduit à davantage de difficultés qu'elle n'en résout. En effet, si sa personnification lui permet d'avoir un patrimoine, on ne sait pas qui doit contribuer à ce patrimoine. De même, la responsabilité de l'intelligence artificielle pour les dommages qu'elle cause conduit à une dilution de la responsabilité des différents acteurs. Enfin, sa personnification suscite des difficultés théoriques à plus ou moins long terme puisqu'elle pourrait conduire à un dévoiement de la notion de personne et à une modification des droits défavorable aux personnes physiques. Pour ces différentes raisons, il est peu probable que l'intelligence artificielle soit personnifiée et vienne remplacer la société de gestion ou l'organisme de titrisation. Sur ces considérations au sujet de la personnification de l'intelligence artificielle, v. S. MERABET, *Vers un droit de l'intelligence artificielle, op. cit.*, n°s 135 et s., p. 136 et s.

Le plus probable est qu'elle appartienne à la société de gestion. La réforme proposée permet également d'intégrer une pratique de la titrisation via la *blockchain*. Cette dernière a pour ambition de réduire les coûts des opérations de titrisation, de les accélérer et d'en accroitre la sécurité[1]. La *blockchain* peut ainsi être utilisée à tous les stades de l'opération de titrisation, qu'il s'agisse de l'administration des prêts, de leur cession ou de l'affectation des sommes issues de leur remboursement qui peut être organisée via des *smart-contracts*[2]. Il est ainsi possible d'imaginer un *smart-contract*, approuvé par les parties prenantes à l'opération de titrisation et régissant la fiducie-titrisation. Il permettrait ainsi de façonner un modèle unique de gestion des flux de trésorerie issus du recouvrement des prêts [3] et d'émettre des titres automatiquement [4]. Les documents de l'opération seraient enregistrés, facilitant l'accès des parties aux informations relatives aux prêts, permettant une évaluation exacte et commune des titres. À ce stade, il nous parait difficile d'automatiser l'émission de titres dans la société de titrisation sans porter atteinte aux droits des actionnaires ou des dirigeants. En revanche, un *smart-contract* peut permettre la gestion des sommes issues du recouvrement des créances en les redistribuant automatiquement aux investisseurs dès leur

---

[1] DELOITTE, *Applying blockchain in securitization: opportunities for reinvention*, 2017, disponible sur https://www2.deloitte.com/us/en/pages/regulatory/articles/applying-blockchain-in-securitization.html, consulté le 28 septembre 2023.

[2] Pour des exemples d'application v. FIGURE TECHNOLOGIES, *Press releases - Figure Achieves Breakthrough With Completion of First Asset-Backed Securitization on Blockchain, Generating Over 100 Basis Points of Savings*, 11 mars 2020, disponible sur https://www.figure.com/blog/abs-securitization/ ; IBM, *Press releases - Centotrenta Servicing redefines credit securitization management with IBM Blockchain Platform*, 20 février 2020, disponible sur https://newsroom.ibm.com/2020-02-20-Centotrenta-Servicing-redefines-credit-securitization-management-with-IBM-Blockchain-Platform, consulté le 28 septembre 2023 ; F. GARROUSTE, « LBBW teste la titrisation en blockchain », *L'AGEFI Hebdo*, mars 2019, p. 33 et s. ; et plus généralement sur l'utilisation de la blockchain v.v. DELOITTE, *Applying blockchain in securitization: opportunities for reinvention*, préc. ; A. APPS et M. MALLIA-DARE, « The Potential Impact of Blockchain Technology on Securitization », *Business Law Today*, décembre 2019 ; THINKING AHEAD INSTITUTE, *When securitisation meets blockchain*, 2020, disponible sur https://www.thinkingaheadinstitute.org/research-papers/asset-classes-of-tomorrow-when-securitisation-meets-blockchain/, consulté le 28 septembre 2023.

[3] Dans une titrisation classique, chaque partie prenante à l'opération, crée des modèles indépendants pour calculer la cascade de paiements de l'opération. Or, ces modèles peuvent varier selon les logiciels utilisés, l'interprétation de certains termes ou la focalisation sur certains aspects de la transaction. Ces modèles doivent par la suite être révisés lorsque le document d'offre devient définitif. L'utilisation de la blockchain permet ici un véritable gain de temps et d'argent ainsi qu'une meilleure sécurité. DELOITTE, *Applying blockchain in securitization: opportunities for reinvention*, préc., p. 13.

[4] Il faut bien ici distinguer la titrisation de la tokenisation. Cette dernière consiste à émettre des jetons numériques représentatifs d'une portion du prêt. La personne souscrivant le *token* finance directement l'emprunteur. Dans la titrisation, le prêt n'est qu'un sous-jacent sur lequel sont adossés les titres émis sur la blockchain par le véhicule de titrisation. Sur le sujet, v. A. QUIQUEREZ, « Titrisation et tokenisation : confusion ou fusion ? », *Banque et Droit*, mai 2023, n° 209, p. 10 et s.

perception par le véhicule. Les nouveaux organismes de titrisation permettent de mieux appréhender ces deux innovations. En effet, le recours à de telles technologies par la société de gestion dans le cadre du FCT actuel s'imposerait nécessairement aux copropriétaires et nierait une fois de plus leur propriété. Cette difficulté ne se retrouve pas dans le cadre de la fiducie-titrisation, les bénéficiaires n'étant pas propriétaires des actifs titrisés. De même, dans le cadre de la nouvelle société de titrisation, les actionnaires sont en mesure de contrôler la société de gestion et de donner leur avis sur l'opportunité de recourir à de telles technologies, ce qu'ils ne peuvent pas faire dans l'actuelle société de titrisation lorsque la gestion est externalisée. Cette adaptabilité des nouveaux organismes de titrisation évitera ainsi de procéder à de nouveaux correctifs pour intégrer les pratiques émergentes suscitées par le progrès technologique. Elle participe aussi à la compétitivité des organismes français. Plus encore, l'adaptation en amont des organismes permet de se prémunir de la transposition, dans l'urgence, de pratiques ou règlementations étrangères incompatibles avec notre système juridique.

BIBLIOGRAPHIE

I. Traités, manuels et ouvrages généraux

AUBERT, J.-L. et SAVAUX, É., *Introduction au droit et thèmes fondamentaux du droit civil*, 19e éd., coll. « Université », Dalloz, Paris, 2023.

AUBRY, C. et RAU, C.-F., *Cours de droit civil français d'après la méthode de Zachariae,* t. VI, 4e éd., Librairie générale de droit et de jurisprudence Cosse, Marchal et Billard, Imprimeurs-Éditeurs, Librairies de la Cour de cassation, Paris, 1873.

BENABENT, A., *Droit des contrats spéciaux civils et commerciaux*, 14e éd., coll. « Précis Domat », LGDJ, Paris, 2021.

BERGEL, J.-L. et al., *Les biens*, 3e éd., coll. « Traité de droit civil », LGDJ, Paris, 2019.

BERLIOZ, P., *Droit des biens*, coll. « Cours magistral », Ellipses, Paris, 2014.

BONNEAU, T., *Droit bancaire*, 15e éd., coll. « Précis Domat », LGDJ, Paris, 2023.

BONNEAU, T. et al., *Droit financier*, 4e éd., coll. « Précis Domat », LGDJ, Paris, 2023.

BONNEAU, T. et DRUMMOND, F., *Droit des marchés financiers*, 3e éd., coll. « Corpus droit privé », Economica, Paris, 2010.

CARBONNIER, J., *Droit civil, t. 2, Les biens, Les obligations*, coll. « Quadrige, Manuels », PUF, Paris, 2004.

CAUSSE, H., *Droit bancaire et financier*, préf. D. Tricot, coll. « Droit privé & sciences criminelles », Mare & Martin, Paris, 2015.

CHABAS, F., *Obligation : théorie générale, t. 2*, vol. 1, 9 e éd., coll. « Leçons de droit civil Henri, Jean et Léon Mazeaud », LGDJ, Paris, 1998.

CHAINAIS, C. et al., *Procédure civile, Droit commun et spécial du procès civil, MARD et arbitrage*, 36e éd., coll. « Précis », Dalloz, Paris, 2022.

COLLART DUTILLEUL, F. et DELEBECQUE, P., *Contrats civils et commerciaux*, 11e éd., coll. « Précis », Dalloz, Paris, 2019.

CORNU, G., *Les biens*, 13e éd., Montchrestien, Paris, 2007.

COURET, A. et al., *Droit financier*, 3e éd., coll. « Précis », Dalloz, Paris, 2019.

COZIAN, M., VIANDIER, A. et DEBOISSY, F., Droit des sociétés, 36e éd., coll. « Manuels », LexisNexis, Paris, 2023.

DEUMIER, P., *Introduction générale au droit*, 7e éd., coll. « Manuel », LGDJ, Paris, 2023.

DIDIER, P. et DIDIER, P., *Droit commercial, t. 2, Les sociétés commerciales*, 3e éd., coll. « Corpus Droit privé », Economica, Paris, 2011.

DROSS, W., *Droit civil, Les choses*, LGDJ, Paris, 2012.

DRUMMOND, F., *Droit financier, Les institutions - Les activités - Les abus de marché*, coll. « Corpus Droit privé », Economica, Paris, 2020.

FRANÇOIS, J., *Traité de droit civil, t. 4, Les obligations – Régime général*, 6e éd., coll. « Corpus Droit privé », Economica, Paris, 2022.

FLOUR, J., AUBERT, J.-L. et SAVAUX, É., *Droit civil, Les obligations, t.1, L'acte juridique*, 17e éd., coll. « Université », Dalloz, Paris, 2022.

GERMAIN, M. et MAGNIER, V., *Traité de droit des affaires, t. 2, Les sociétés commerciales*, 23e éd., coll. « Traité », LGDJ, Paris, 2022.

GHESTIN, J., BARBIER, H. et BERGE, J.-S., *Introduction générale, t. 1*, 5e éd., coll. « Traités », LGDJ, Issy-les-Moulineaux, 2018.

GHESTIN, J., BILLIAU, M. et LOISEAU, G., *Traité de droit civil, Le régime des créances et des dettes*, coll. « Traité de droit civil », LGDJ, Paris, 2005.

GHESTIN, J., JAMIN, C. et BILLIAU, M., *Les effets du contrat*, 3e éd., coll. « Traité de droit civil », LGDJ, Paris, 2001.

GOUBEAUX, G. et VOIRIN, P., *Droit civil, t. 1, Introduction au droit, Personnes, Famille, Personnes protégées, Biens, Obligations, Sûretés*, 42e éd., coll. « Manuel », LGDJ, Paris, 2022.

GUTMANN, D., *Droit fiscal des affaires*, 14e éd., coll. « Précis Domat », LGDJ, Paris, 2023.

GUYON, Y., *Droit des affaires, t. 1, Droit commercial général et Sociétés*, 12e éd., coll. « Droit des affaires et de l'entreprise, Série Enseignement », Economica, Paris, 2003.

HALPERIN, J.-L., *Histoire du droit des biens*, coll. « Corpus Histoire du droit », Economica, Paris, 2008.

HENRI, M., FRANÇOIS, C. et LEON, M., *Leçons de droit civil, Introduction à l'étude du droit*, Montchrestien, Paris, 2000.

HUET, J. et al., *Les principaux contrats spéciaux*, 3e éd., coll. « Traité de droit civil », LGDJ, Issy-les-Moulineaux, 2012.

LAMBERT-FAIVRE, Y. et LEVENEUR, L., *Droit des assurances*, 14e éd., coll. « Précis », Dalloz, Paris, 2017.

LARROUMET, C. et BROS, S., *Droit civil, t. 3, Les obligations, Le contrat*, 10e éd., coll. « Corpus Droit privé », Economica, Paris, 2021.

LARROUMET, C. et MALLET-BRICOUT, B., *Traité de droit civil, t. 2, Les biens, les droits réels principaux*, 6e éd., coll. « Corpus Droit privé », Economica, Paris, 2019.

LE CANNU, P. et DONDERO, B., *Droit des sociétés*, 10e éd., coll. « Précis Domat », LGDJ, Issy-les-Moulineaux, 2023.

LE CANNU, P., GRANIER, T. et ROUTIER, R., *Droit commercial : instruments de paiement et de crédit, titrisation*, 9e éd., coll. « Précis », Dalloz, Paris, 2016.

LEVY, J.-P. et CASTALDO, A., *Histoire du droit civil*, 2e éd., coll. « Précis », Dalloz, Paris, 2010.

LIBCHABER, R., *Le contrat au XXIe siècle, L'ingénierie juridique et les nouveaux contrats d'affaires*, coll. « Droit des affaires », LGDJ, Issy-les-Moulineaux, 2020.

Malaurie, P. et Peterka, N., *Droit des personnes, La protection des mineurs et des majeurs*, 12e éd., coll. « Droit civil », LGDJ, Paris, 2022.

Malaurie, P., Aynes, L. et Gautier, P.-Y.,

- *Droit des contrats spéciaux*, 5e éd., coll. « Droit civil », Defrénois, Paris, 2011.
- *Droit des contrats spéciaux*, 12e éd., coll. « Droit civil », LGDJ, Issy-les-Moulineaux, 2022.

Malaurie, P., Aynes, L. et Julienne, M., *Droit des biens*, 10e éd, coll. « Droit civil », LGDJ, Issy-les-Moulineaux, 2023.

Merle, P. et Fauchon, A., *Droit commercial, Sociétés commerciales*, 27e éd., coll. « Précis », Dalloz, Paris, 2023.

Patault, A.-M., *Introduction historique au droit des biens*, coll. « Droit fondamental », PUF, Paris, 1989.

Raynard, J. et Seube, J.-B., *Droit des contrats spéciaux*, 10e éd., coll. « Manuels », LexisNexis, Paris, 2019.

Redaction des Editions Francis Lefebvre, *Mémento Sociétés commerciales 2024*, 55e éd., coll. « Mémento pratique », Francis Lefebvre, Levallois-Perret, 2023.

Revet, T. et Zenati, F., *Les biens*, 3e éd., coll. « Droit fondamental », PUF, Paris, 2008.

Riassetto, I. et Storck, M.,

- *Les organismes de placement collectif, t. 1, OPCVM*, 2e éd., coll. « Pratique des affaires », Joly éditions – Lextenso éditions, Issy-les-Moulineaux, 2016.
- *Les organismes de placement collectif. t. 2, les fonds d'investissement alternatifs,* coll. « Pratique des affaires », Joly éditions, Paris, 2022.

Roland, H. et Boyer, L., *Introduction au droit*, coll. « Traités », Litec, Paris, 2003.

von Savigny, F.C., *Traité de droit romain*, Librairie de Firmin Didot Frères, Paris, 1855.

Terre, F. et al., *Droit civil, Les obligations*, 13e éd., coll. « Précis », Dalloz, Paris, 2022.

Terre, F. et Molfessis, N., *Introduction générale au droit*, 15e éd., coll. « Précis », Dalloz, Paris, 2023.

Terre, F. et Simler, P., *Droit civil, Les biens*, 10e éd., coll. « Précis », Dalloz, Paris, 2018.

Zenati-Castaing, F. et Revet, T., *Cours de droit civil - Obligations - Régime*, coll. « Droit fondamental », PUF, Paris, 2013.

II. Thèses et ouvrages spécialisés

A. Ouvrages juridiques en français

AÏDAN, P., *Droit des marchés financiers, Réflexions sur les sources*, préf. X. Boucobza, Banque éditeur, Paris, 2001.

ANDRE, É., *Les actifs incorporels de l'entreprise en difficulté*, préf. N. Borga, coll. « Nouvelle Bibliothèque de Thèses », n° 191, Dalloz, Paris, 2020.

ARCHAMBAULT, A.-L., *La nature juridique des valeurs mobilières*, Thèse Paris I, 1998.

ARSAC, A., *La propriété fiduciaire : nature et régime*, coll. « Droit des affaires », LGDJ, Paris, 2015.

AUBRY, M.-C., *Le patrimoine d'affectation*, Thèse Paris 13, 2010.

AYNES, L., *La cession de contrat et les opérations juridiques à trois personnes*, préf. Ph. Malaurie, coll. « Droit civil », Economica, Paris, 1984.

BALAT, N., *Essai sur le droit commun*, préf. M. Grimaldi, coll. « Bibliothèque de droit privé », n° 571, LDGJ, Issy-les-Moulineaux, 2016.

BARRIERE, F., *La réception du trust au travers de la fiducie*, préf. M. Grimaldi, coll. « Bibliothèque de droit de l'entreprise », n° 66, Litec, Paris, 2004.

BARRILLON, C., *Le critère de la qualité d'associé*, préf. M.-L. Coquelet, coll. « Institut de Droit des Affaires », PUAM, Aix-en-Provence, 2017.

BARUCHEL, N., *La personnalité morale en droit privé : éléments pour une théorie*, préf. B. Petit, coll. « Bibliothèque de droit privé », n° 410, LGDJ, Paris, 2004.

BAVOUIDIBIO-MASSENGO, A., *Contribution à l'étude juridique de l'opération de titrisation*, Thèse Paris II, 2019.

BELLIVIER, F., *Le patrimoine génétique humain : étude juridique*, Thèse Paris I, 1997.

BENSAMOUN, A. et LOISEAU, G. (dirs.), *Droit de l'intelligence artificielle,* 2e éd., coll. « Les intégrales », LGDJ, Paris, 2022.

BERGER-TARARE, C., *Le fiduciaire défaillant, Regards croisés en droit des biens et droit des obligations,* préf. B. Mallet-Bricout, coll. « Bibliothèque de droit privé », n° 563, LGDJ, Paris, 2015.

BERLIOZ, P., *La notion de bien*, préf. L. Aynès, coll. « Bibliothèque de droit privé », n° 489, LGDJ, Paris, 2007.

BERR, C., *L'exercice du pouvoir dans les sociétés commerciales : gérance et administration des sociétés commerciales*, préf. F. Givord, coll. « Bibliothèque de droit commercial », Sirey, Paris, 1961.

BEZERT, A., *Les effets de l'extension de la procédure collective pour confusion des patrimoine*, préf. Ph. Pétel, coll. « Bibliothèque de droit des entreprises en difficulté », n° 21, LGDJ, Paris, 2021.

Blanluet, G., *Essai sur la notion de propriété économique en droit privé français, Recherches au confluent du droit fiscal et du droit civil*, préf. P. Catala et M. Cozian, coll. « Bibliothèque de droit privé », n° 313, LGDJ, Paris, 1999.

Boffa, R., *La destination de la chose*, préf. M.-L. Mathieu-Izorche, coll. « Doctorat & notariat », n° 32, Defrénois, Paris, 2008.

Bonfils, S., *Le droit des obligations dans l'intermédiation financière*, préf. M.-A. Frison-Roche, coll. « Droit & Économie », LGDJ, Paris, 2005.

Bonneau, T., *Régulation bancaire et financière européenne et internationale*, 6e éd., coll. « Droit de l'Union européenne », n° 2, Bruylant, Bruxelles, 2022.

Brignon, B., *L'actif social, Plaidoyer pour la reconnaissance de la notion*, préf. J. Mestre, coll. « Institut de Droit des Affaires », PUAM, Aix-en-Provence, 2009.

Brunetti-Pons, C., *L'obligation de conservation dans les conventions*, préf. Ph. Malinvaud, coll. « Institut de Droit des Affaires », PUAM, Marseille, 2003.

Buchberger, M., *Le contrat d'apport, Essai sur la relation entre la société et son associé*, préf. M. Germain, coll. « Thèses », Éditions Panthéon-Assas, Paris, 2011.

Cabrillac, R., *L'acte juridique conjonctif en droit privé français*, préf. P. Catala, coll. « Bibliothèque de droit privé », n° 213, LGDJ, Paris, 1990.

Carbonnier, J., *Sociologie juridique*, 3e éd., coll. « Quadrige Manuels », PUF, Paris, 2016.

Causse, H., *Les titres négociables*, préf. B. Teyssié, coll. « Bibliothèque de droit de l'entreprise », n° 29, Litec, Paris, 1993.

Champaud, C., *Le pouvoir de concentration de la société par actions*, préf. Y. Loussouarn, coll. « Bibliothèque de droit commercial », Sirey, Paris, 1962.

Chatain-Autajon, L., *La notion de fonds en droit privé*, préf. P. Mousseron, coll. « Bibliothèque de droit de l'entreprise », n° 72, Litec-LexisNexis, Paris, 2006.

Coupet, C., *L'attribution du droit de vote dans les sociétés*, préf. H. Synvet, coll. « Bibliothèque de droit privé », n° 561, LGDJ, Paris, 2015.

Couret, A. et Le Nabasque, H. (dirs.), *Quel avenir pour le capital social*, coll. « Thèmes & commentaires », Dalloz, Paris, 2004.

Cuif, P.-F., *Le contrat de gestion*, préf. L. Aynès, coll. « Recherches juridiques », Economica, Paris, 2004.

Cuisinier, V., *L'affectio societatis*, préf. A. Martin-Serf, coll. « Bibliothèque de droit de l'entreprise », n° 78, Litec, LexisNexis, Paris, 2008.

Danos, F., *Propriété, possession et opposabilité*, préf. L. Aynès, coll. « Recherches juridiques », Economica, Paris, 2007.

Delhay, F., *La nature juridique de l'indivision, Contribution à l'étude des rapports de la notion d'indivision avec la notion de sociétés civiles et de personnalité morale*, préf. J. Patarin, coll. « Bibliothèque de droit privé », n° 89, LGDJ, Paris, 1968.

Delmas-Marty, M. (dir.), *Critique de l'intégration normative*, coll. « Les voies du droit », PUF, Paris, 2004.

Delvallee, J., *La collégialité en droit des sociétés*, préf. P. Le Cannu, coll. « Nouvelle Bibliothèque de Thèses », n° 181, Dalloz, Paris, 2019.

Denizot, A., *L'universalité de fait*, préf. R. Libchaber, coll. « Thèses », n° 23, Fondation Varenne, LGDJ, Clermont-Ferrand, 2008.

Didier, P., *De la représentation en droit privé*, préf. Y. Lequette, coll. « Bibliothèque de droit privé », n° 339, LGDJ, Paris, 2000.

Dissaux, N., *La qualification d'intermédiaire dans les relations contractuelles*, préf. C. Jamin, coll. « Bibliothèque de droit privé », n° 485, LGDJ, Paris, 2007.

Dondero, B., *Les groupements dépourvus de personnalité juridique en droit privé : contribution à la théorie de la personnalité morale*, vol. 1 et 2, préf. H. Le Nabasque, coll. « Institut de Droit des Affaires », PUAM, Aix-en-Provence, 2006.

Drain, A., *Les organismes de placement collectif en valeurs mobilières : réflexions sur les relations entre le droit commun et le droit financier*, Thèse Paris I, 2006.

Dubertret, M., *Négociabilité et possession : essai sur l'inopposabilité des vices de la propriété mobilière*, préf. A. Ghozi, coll. « Thèses », Éditions Panthéon-Assas, Paris, 2010.

Emerich, Y., *La propriété des créances : approche comparative*, préf. F. Zenati-Castaing, coll. « Bibliothèque de droit privé », n° 469, LGDJ, Paris, 2007.

Ferrier, N., *La délégation de pouvoir, technique d'organisation de l'entreprise*, préf. Ph. Pétel, coll. « Bibliothèque de droit de l'entreprise », n° 68, Litec, Paris, 2005.

Forti, V., *La titrisation des créances en droit comparé : contribution à l'étude de la propriété*, préf. É. Savaux, coll. « Thèses », n° 59, Fondation de Varenne, Clermont-Ferrand, 2013.

Frison-Roche, M.-A., *Droit, finance, autorité : les modes de régulation juridique propres aux autorités de marchés financiers, Résumé et synthèse de la recherche*, Paris, Laboratoire de sociologie juridique, Paris II, 1999, disponible sur https://mafr.fr/media/assets/mafr-resume-droit-finance-autorite-1999.pdf.

Gaillard, E., *Le pouvoir en droit privé*, préf. G. Cornu, coll. « Droit civil, Série Études et recherches », Economica, Paris, 1985.

Gary, R., *Les notions d'universalité de fait et d'universalité de droit dans leur état actuel*, Thèse Bordeaux, 1931.

Gaudemet, A., *Les dérivés*, préf. H. Synvet, coll. « Recherches juridiques », Economica, Paris, France, 2010.

Gazin, H., *Essai critique sur la notion de patrimoine dans la doctrine classique*, A. Rousseau éditeur, Paris, 1910.

Geny, F., *Science et technique en droit privé positif, Nouvelle contribution à la critique de la méthode juridique, t. 3, Troisième partie : élaboration technique du droit positif*, Recueil Sirey, Paris, 1921.

Ginossard, S., *Droit réel, propriété et créance : élaboration d'un système rationnel des droits patrimoniaux*, LGDJ, Paris, 1960.

Gouret, C., *L'administration fiduciaire, Contribution à l'étude de la fiducie*, préf. Ch. Albiges et F. Pérochon, coll. « Doctorat & Notariat », n° 67, Defrénois, Paris, 2022.

Granier, C., *Les sources du droit financier, Étude sur la singularité de la production de la norme financière*, préf. P. Deumier et A.-C. Muller, coll. « Bibliothèque de droit privé », n° 628, LGDJ, Paris, 2023.

Granier, T., *Titrisation et organismes de financement, Approche juridique*, coll. « Droit », RB Édition, Paris, 2018.

Grillet-Ponton, D., *Essai sur le contrat innomé*, Thèse Lyon III, 1982.

Guinchard, S., *L'affectation des biens en droit privé français*, préf. R. Nerson, coll. « Bibliothèque de droit privé », n° 145, LGDJ, Paris, 1976.

Hiez, D., *Étude critique de la notion de patrimoine en droit privé actuel*, préf. Ph. Jestaz, coll. « Bibliothèque de droit privé », n° 399, LGDJ, Paris, 2003.

Izorche, M.-L., *L'avènement de l'engagement unilatéral en droit privé contemporain*, préf. J. Mestre, coll. « Institut de Droit des Affaires », PUAM, Aix-en-Provence, 1995.

Jambort, S., *La propriété collective en droit des affaires : contribution à l'ébauche d'un nouveau régime juridique*, Thèse Toulouse 1, 2005.

Jullian, N., *La cession de patrimoine*, préf. R. Mortier, coll. « Nouvelle Bibliothèque de Thèses », n° 174, Dalloz, Paris, 2018.

Kuhn, C., *Le patrimoine fiduciaire : contribution à l'étude de l'universalité*, Thèse Paris I, 2003.

Lacroix-De Sousa, S., *La cession de droits sociaux : à la lumière de la cession de contrat*, préf. M.-E. Ancel, coll. « Thèses », n° 37, Fondation Varenne, Clermont-Ferrand, 2010.

Lapousterle, J., *L'influence des groupes de pression sur l'élaboration des normes, Illustration à partir du droit de la propriété littéraire et artistique*, préf. P. -Y. Gautier, coll. « Nouvelle Bibliothèque de Thèses », n° 88, Dalloz, Paris, 2009.

Larroumet, C., *Les opérations juridiques à trois personnes en droit privé*, Thèse Bordeaux, 1968.

Laurent, J., *La propriété des droits*, préf. Th. Revet, coll. « Bibliothèque de droit privé », n° 537, LGDJ, Paris, 2012.

Le Cannu, P., *La société anonyme à directoire*, préf. J. Derrupé, coll. « Anthologie du Droit », LGDJ, Issy-les-Moulineaux, 2014.

Le Normand-Caillere, S., *Droit et fiscalité du transfert temporaire de valeurs mobilières*, préf. Y. Sérandour, coll. « Bibliothèque de droit de l'entreprise », n° 87, LexisNexis, Paris, 2015.

Leveneur, L., *Situations de fait et droit privé*, préf. M. Gobert, coll. « Bibliothèque de droit privé », n° 212, LGDJ, Paris, 1990.

LIBCHABER, R., *Recherches sur la monnaie en droit privé*, préf. P. Mayer, coll. « Bibliothèque de droit privé », n° 225, LGDJ, Paris, 1992.

LUCAS-PUGET, A.-S., *Essai sur la notion d'objet du contrat*, préf. M. Fabre-Magnan, coll. « Bibliothèque de droit privé », n° 441, LGDJ, Paris, 2005.

MALASSIGNE, V., *Les titres représentatifs, Essai sur la représentation juridique des biens par des titres en droit privé*, préf. A. Ghozi, coll. « Nouvelle Bibliothèque de Thèses », n° 158, Dalloz, Paris, 2016.

MARMOZ, F., *La délégation de pouvoir*, préf. Y. Reinhard, coll. « Bibliothèque de droit de l'entreprise », n° 43, Litec, Paris, 2000.

MASSON, F., *La propriété commune*, préf. Ph. Stoffel-Munck, coll. « Bibliothèque de droit privé », n° 605, LGDJ, Paris, 2021.

MATHEY, N., *Recherche sur la personnalité morale en droit privé*, Thèse Paris II, 2001

MEKKI, M. (dir.), *La force et l'influence normatives des groupes d'intérêt : identification, utilité et encadrement*, Gazette du Palais, Paris, 2011.

MERABET, S., *Vers un droit de l'intelligence artificielle*, préf. H. Barbier, coll. « Nouvelle Bibliothèque de Thèses », n° 197, Dalloz, Paris, 2020.

MESTRE, JACQUES, J. et al., *Les principales clauses des contrats d'affaires*, vol. 3, 2e éd., coll. « Les intégrales », LGDJ, Issy-les-Moulineaux, 2018.

MICHOUD, L., *La théorie de la personnalité morale et son application au droit français*, Éditions Panthéon-Assas, Paris, 2020.

MORON-PUECH, B., *L'acte juridique : une réponse à la crise du contrat*, préf. D. Fenouillet, coll. « Bibliothèque de droit privé », n° 591, LGDJ, Paris, 2020.

MOUBSIT, H., *La représentation en droit des sociétés*, coll. « Logiques juridiques », L'Harmattan, Paris, 2013.

NALLET, A., *La notion d'universalité, Étude de droit civil*, préf. F. Zenati-Castaing, coll. « Nouvelle Bibliothèque de Thèses », n° 209, Dalloz, Paris, 2021.

NIZARD, F., *Les titres négociables*, préf. H. Synvet, coll. « Pratique du droit », Economica, Revue Banque Édition, Paris, 2003.

NOBLOT, C., *La qualité du contractant comme critère légal de protection, Essai de méthodologie législative*, préf. F. Labarthe, coll. « Bibliothèque de droit privé », n° 382, LGDJ, Paris, 2002.

OPPETIT, B., *Les rapports des personnes morales et de leurs membres*, Thèse Paris, 1963.

OVERSTAKE, J.-F., *Essai de classification des contrats spéciaux*, préf. J. Brèthe de La Gressaye, coll. « Bibliothèque de droit privé », LGDJ, Paris, 1969.

PAILLER, P., *Le contrat financier, un instrument financier à terme*, préf. J.-J. Daigre, coll. « Bibliothèque de l'Institut de Recherche Juridique de la Sorbonne - André Tunc », n° 28, IRJS, Paris, 2011.

PAILLUSSEAU, J., *La société anonyme, technique d'organisation de l'entreprise*, Sirey, Paris, 1967.

PAPAÏS, L., *Titrisation et fiducie*, Thèse Toulouse 1, 2012.

PAPANDREOU, M.-F., *Le droit anglais des biens*, préf. C. Witz et S. Geoffrey, coll. « Bibliothèque de droit privé », n° 418, LGDJ, Paris, 2004.

PELTIER, F., *Marchés financiers & droit commun*, Revue Banque, Paris, 1997.

PIETRANCOSTA, A., *Le droit des sociétés sous l'effet des impératifs financiers et boursiers*, Thèse Paris I, 1999.

PLASTARA, G., *La notion juridique de patrimoine*, Arthur Rousseau éditeur, Paris, 1903.

PUIG, P., *La qualification du contrat d'entreprise*, préf. B. Teyssié, coll. « Droit privé », Éditions Panthéon-Assas, Paris, 2002.

QUEMARD, J.-L., *Dérivés de crédit*, Revue banque, Paris, 2003.

QUIEVY, J.-F., *Anthropologie juridique de la personne morale*, préf. D. R. Martin, coll. « Bibliothèque de droit privé », n° 510, LGDJ, Paris, 2009.

QUIQUEREZ, A.,

- *Droit et techniques internationales de la titrisation, Des actifs aux titres financiers*, 2e éd., coll. « Cahiers financiers », Larcier, Bruxelles, 2023.
- *La titrisation des actifs intellectuels*, coll. « Collection de la faculté de Droit, d'Économie et de Finance de l'Université du Luxembourg », Larcier, Bruxelles, 2014.

RAAD, N.F., *L'abus de personnalité morale en droit privé*, préf. F. Terré, coll. « Bibliothèque de droit privé », n° 214, LGDJ, Paris, 1991.

RENOUF, M., *Contribution à l'analyse juridique de la notion de valeur : essai sur les biens à valeur négative*, Thèse Caen, 2012.

RIPERT G.,

- *Aspect juridique du capitalisme moderne*, 2e éd., LGDJ, Paris, 1951.
- *Les forces créatrices du droit*, 2e éd., LGDJ, Paris, 1955.

RIZZO, F., *Le traitement juridique de l'endettement*, préf. J. Mestre, coll. « Institut de Droit des Affaires », PUAM, Aix-en-Provence, 1996.

ROBINE, D., *La sécurité des marchés financiers face aux procédures collectives*, préf. P. Le Cannu, coll. « Bibliothèque de droit privé », n° 400, LGDJ, Paris, 2003.

ROCHER, A., *L'exercice du droit de vote dans les sociétés*, Thèse Lyon III, 2018.

ROCHFELD, J.,

- *Cause et type de contrat*, préf. J. Ghestin, coll. « Bibliothèque de droit privé », n° 311, LGDJ, Paris, 1999.
- *Les grandes notions du droit privé*, 2e éd., coll. « Thémis Droit », PUF, Paris, 2017.
- *Les grandes notions du droit privé*, 3e éd., coll. « Thémis Droit », PUF, Paris, 2022.

ROUAST, A., *Essai sur la notion juridique de contrat collectif dans le droit des obligations*, LGDJ, Arthur Rousseau, Paris, 1909.

ROUBIER, P., *Théorie générale du droit : Histoire des doctrines juridiques et philosophie des valeurs sociales*, 2e éd., Dalloz, Paris, 2005.

ROUJOU DE BOUBEE, G., *Essai sur l'acte juridique collectif*, préf. G. Marty, coll. « Bibliothèque de droit privé », n° 27, LGDJ, Paris, 1961.

ROUVIERE, F., *Argumentation juridique*, coll. « Thémis Droit », PUF, Paris, 2023.

SAVAGE, V., *La fiducie sur parts et actions de sociétés*, préf. F. Lenglart et J.-C. Rivalland, coll. « Crimen », Larcier, Bruxelles, 2015.

SCHMIDT, D., *Les droits de la minorité dans la société anonyme*, préf. J.-M. Bischoff, coll. « Bibliothèque de droit commercial », n° 21, Sirey, Paris, 1970.

SIMLER, P., *La nullité partielle des actes juridiques*, préf. A. Weill, coll. « Bibliothèque de droit privé », n° 101, LGDJ, Paris, 1969.

SPETH, F.H., *La divisibilité du patrimoine et l'entreprise d'une personne*, préf. M. Philonenko, LGDJ, Liège, 1957.

STORCK, M., *Essai sur le mécanisme de la représentation dans les actes juridiques*, préf. D. Huet-Weiller, coll. « Bibliothèque de droit privé », n° 172, LGDJ, Paris, 1982.

TCHOTOURIAN, I., *Vers une définition de l'affectio societatis lors de la constitution d'une société*, préf. Y. Dereu, coll. « Bibliothèque de droit privé », n° 522, LGDJ, Issy-les-Moulineaux, 2011.

TERRAY, J., *La titrisation des crédits*, coll. « Pratique des affaires », GLN-éditions, Paris, 1990.

TERRE, F., *L'influence de la volonté individuelle sur les qualifications*, préf. R. Le Balle, coll. « Anthologie du Droit », LGDJ, Issy-les-Moulineaux, 2014.

THOMAT-RAYNAUD, A.-L., *L'unité du patrimoine : essai critique*, préf. D. Tomasin, coll. « Doctorat & notariat », n° 25, Defrénois, Paris, 2007.

TORBEY, K., *Les contrats de franchise et de management à l'épreuve du droit des sociétés : étude de droit français et de droit libanais*, préf. P. Merle, coll. « Bibliothèque de droit privé », n° 384, LGDJ, Paris, 2002.

TOSI, I., *Acte translatif et titularité des droits*, préf. M.-L. Mathieu-Izorche, coll. « Bibliothèque de droit privé », n° 471, Paris, 2006.

TREBULLE, F.-G., *L'émission de valeurs mobilières*, préf. Y. Guyon, coll. « Recherches juridiques », n° 3, Economica, Paris, 2002.

VERDOT, R., *La notion d'acte d'administration en droit privé français*, préf. P. Kayser, coll. « Bibliothèque de droit privé », LGDJ, Paris, 1963.

VIANDIER, A., *La notion d'associé*, préf. F. Terré, coll. « Bibliothèque de droit privé », n° 156, LGDJ, Paris, 1978.

VON JHERING (R.), *De l'esprit du droit romain dans les diverses phases de son développement*, T. IV, trad. O. de Meulenaere, 2e éd., A. Marescq Aîné, Paris, 1880.

WICKER, G., *Les fictions juridiques : contribution à l'analyse de l'acte juridique*, préf. J. Amiel-Donat, coll. « Bibliothèque de droit privé », n° 253, LGDJ, Paris, 1996.

WITZ, C., *La fiducie en droit privé français*, préf. D. Schmidt, Economica, Paris, 1980.

XIFARAS, M., *La propriété, Étude de philosophie du droit*, coll. « Fondements de la politique », PUF, Paris, 2004.

ZENATI, F., *Essai sur la nature juridique de la propriété : contribution à la théorie du droit subjectif*, Thèse Lyon III, 1981.

B. Ouvrages juridiques en anglais

GERNER-BEUERLE, C. et SCHILLIG, M., *Comparative company law*, Oxford University Press, Oxford, 2019.

RAMOS MUÑOZ, D., *The law of transnational securitization*, Oxford University Press, New York, 2010.

C. Ouvrages d'économie

BARNETO, P. et GREGORIO, G., *Les mécanismes financiers de la titrisation*, coll. « Finance et économie », Hermes science publications - Lavoisier, Paris, 2011.

BEACCO, J.-M. et HUBAUD, B., *La titrisation, Maillon clé du financement de l'économie*, Eyrolles, RB Édition, Paris, 2013.

ORLEAN, A., *De l'euphorie à la panique : penser la crise financière*, coll. « Collection du CEPREMAP », n° 16, Éditions Rue d'Ulm, Paris, 2009.

VERNIMMEN, P., LE FUR, Y. et QUIRY, P., *Finance d'entreprise*, 22e éd., coll. « Dalloz Gestion », Dalloz, Paris, 2023.

III. Encyclopédies

A. Encyclopédies en français

ALBIGES, C.,

- « Indivision : généralités », *Rép. civ.*, Dalloz, avril 2023.
- « Indivision : régime légal », *Rép. civ.*, Dalloz, juillet 2023.

AZARIAN, H.,

- « Fasc. 133-60 : Conseil de surveillance », *JCl. Sociétés Traité*, LexisNexis, mars 2022.
- « Fasc. 1532 : Sociétés par actions simplifiées – Création et statut des associés », *JCl. Com.*, LexisNexis, avril 2023.

BARRIERE, F., « Fiducie », *Rép. civ.*, Dalloz, mai 2017.

BONNEAU, T. et JAMET, V., « Fasc. 190 : Difficultés des entreprises règlementées – Établissements de crédit, entreprises d'investissement, établissements de paiement et entreprises d'assurance – Procédures administratives et judiciaires », *JCl. Droit bancaire et financier*, LexisNexis, mai 2021.

BOUBLI, B., « Contrat d'entreprise », *Rép. civ.*, Dalloz, avril 2023.

DE KERGOMMEAUX, X., « Titrisation », *Rép. soc.*, Dalloz, décembre 2022.

FRANÇOIS, B., « Fiducie », *Rép. soc.,* Dalloz, juillet 2023.

GIBIRILA, D., « Délégation de pouvoirs », *Rép. soc.*, Dalloz, avril 2022.

GRANIER, T., « Fasc. 1610 : Offre de titres au public et admission de titres aux négociations sur un marché règlementé », *JCl. Sociétés Traité*, LexisNexis, décembre 2020.

GUYON, Y. et MAIROT, A., « Fasc. 20-10 : *Affectio societatis* », *JCl. Sociétés Traité*, LexisNexis, mars 2023.

GUYON, Y., « Groupement d'intérêt économique », *Rép. soc.*, Dalloz, avril 2018.

HIEZ, D., « Association », *Rép. civ.*, Dalloz, décembre 2019.

HOVASSE, H. et MARTIAL-BRAZ, N., « Fasc. 2260, La titrisation », *JCl. Banque – Crédit – Bourse*, LexisNexis, avril 2013.

HOVASSE, H., MARTIAL-BRAZ, N. et QUIQUEREZ, A., « Fasc. 2260 : La titrisation », *JCl. Droit bancaire et financier*, LexisNexis, juillet 2020.

LE CANNU, P. et KOUHAIZ, S., « Directoire et conseil de surveillance », *Rép. soc.*, Dalloz, juin 2023.

LE TOURNEAU, P., « Mandat », *Rép. civ.*, Dalloz, mai 2023.

LECOURT, A.,

- « Obligation », *Rép. soc.*, Dalloz, mai 2023.
- « Statuts et actes annexes », *Rép. soc.*, Dalloz, février 2023.

LIBCHABER, R., « Biens », *Rép. civ.*, Dalloz, décembre 2019.

LOISEAU, G., « Nom commercial », *Rép. com.*, Dalloz, septembre 2011.

MATHEY, N., « Représentation », *Rép. civ.*, Dalloz, mai 2018.

PICOD, Y., « Obligations », *Rép. civ.*, Dalloz, janvier 2019.

PORACCHIA, D., MERLAND, L. et LAMOUREUX, M., « Commissaire aux comptes », *Rép. soc.*, Dalloz, juillet 2023.

QUIQUEREZ, A., « Fasc. 2260 : Les organismes de titrisation », *JCl. Sociétés Traité*, LexisNexis, juin 2023.

RODRIGUEZ, K., « Association », *Rép. soc.*, Dalloz, janvier 2023.

SERIAUX, A., « Patrimoine », *Rép. civ.*, Dalloz, juin 2016.

STORCK, M.,

- « Art. 1119 - Fasc. unique : Contrats et obligations – Représentation dans les actes juridiques », *JCI. Civil Code*, LexisNexis, août 2018.
- « Fasc. 71-10 : Sociétés à responsabilité limitée – Introduction – Caractéristiques, Intérêt de la SARL », *JCI. Sociétés Traité*, LexisNexis, mai 2019.

WICKER, G. et DEBOISSY, F., « Fasc. 60 : Indivision - Indivision et société », *JCl. Civil Code*, LexisNexis, février 2011.

WICKER, G. et PAGNUCCO, J., « Personne morale », *Rép. civ.*, Dalloz, mai 2018.

WITZ, C. et PRÜM, A.,

- « Fasc. 785 : Fiducie – Introduction et constitution », *JCl. Droit bancaire et financier*, LexisNexis, février 2023.
- « Fasc. 786 : Fiducie – Effets et extinction », *JCl. Droit bancaire et financier*, LexisNexis, juillet 2023.

B. Encyclopédies en anglais

PRACTICAL LAW FINANCE, « Securitisation : US overview », *Practical Law Practice Note Overview 5-501-7050*, Thomson Reuters, 1er août 2020.

PRACTICAL LAW FINANCE, « Securitization: The SPV », *Practice Note 7-501-8497*, Thomson Reuters, 25 septembre 2023.

RAVINA MARTÍN, P., MORENO MERODIO, S. et MENÉNDEZ ABOGADOS, U., « Structured finance and securitisation in Spain: overview », *Practical Law Country Q&A 6-523-1219*, Thomson Reuters, 1er juin 2020.

RUETER, D., BAMFORD, C. et MCCARTHY, T., « Structured finance and securitisation in Canada: overview », *Practical Law Country Q&A 7-502-7802*, Thomson Reuters, 1er juillet 2020.

WALL, R. et GLEBOCKI, F., « Structured finance and securitisation in the UK (England and Wales): overview », *Practical Law Country Q&A 1-501-1955*, Thomson Reuters, 1er décembre 2019.

WITTINGHOFER, S., « Structured finance and securitisation in Germany: overview », *Practical Law Country Q&A 6-501-1000*, Thomson Reuters, 1er avril 2021.

YARETT, J.E., BERMAN, E.R. et MARTIN, N.D., « Structured finance and securitisation in the United States: overview », *Practical Law Country Q&A 5-501-4117*, Thomson Reuters, 1er juin 2021.

ZANEV, V. et TAILLEFER, N., « Structured finance and securitisation in Luxembourg: overview », *Practical Law Country Q&A 0-624-2615*, Thomson Reuters, 1er juillet 2020.

IV. Articles

A. Articles en français

ABERKANE, H., « L'étalon, la société en participation et la convention d'indivision », in *Mélanges en hommage à André Breton et Fernand Derrida*, Dalloz, Paris, 1991, p. 11 et s.

AGBOYIBOR, P.K., « Un nouveau cadre législatif et réglementaire pour les opérations de titrisation en France », *RDAI*, mars 2005, n° 2, p. 245 et s.

AGBOYIBOR, P.-K. et GRANIER, T., « Un nouveau décret pour les opérations de titrisation (décret n° 2004-1255 du 24 novembre 2004) », *D.*, février 2005, n° 8, p. 570 et s.

ALLEGAERT, V., « De la propriété des valeurs mobilières », *BJS*, mars 2005, n° 3, p. 339 et s.

AMIAUD, A., « L'*affectio societatis* », in *Mélanges Simonius*, 1955, p. 1 et s.

ANCEL, P., « Force obligatoire et contenu obligationnel du contrat », *RTD civ.*, décembre 1999, n° 4, p. 771 et s.

ARANDA, N., « Le *sui generis* : un paradoxe pour la représentation du droit ? », in *Les affres de la qualification juridique*, Presses de l'Université Toulouse 1 Capitole, 2015, p. 143 et s.

AYNES, L., « "Cession de contrat, cession de créance : rôle de la signification au débiteur cédé ", note sous Civ. 1ère, 5 févr. 2009, n° 08-10.230 », *D.*, 2009, n° 12, p. 842 et s.

BARRIERE, F.,

- « La loi instituant la fiducie : entre équilibre et incohérence », *JCP E*, septembre 2007, n° 36, p. 2053 et s.
- « Le fiduciaire-actionnaire », *Rev. soc.*, juillet 2018, n° 7-8, p. 428 et s.
- « Le droit financier à l'heure de l'intelligence artificielle », in *Droit des affaires et intelligence artificielle, Diagnostic et prospective*, coll. « Droit privé & sciences criminelles », Mare & Martin, Paris, 2023, p. 191 et s.

BAYER, E., « La propriété du contrat », *LPA*, mars 2006, n° 43, p. 6 et s.

BELLIVIER, F., « Brinz et la réception de sa théorie du patrimoine en France », in *La science juridique française et la science juridique allemande de 1870 à 1918, Actes du colloque organisé à la Faculté de droit de Strasbourg les 8 et 9 décembre 1995*, coll. « Annales de la Faculté de droit de Strasbourg », n° 1, Presses universitaires de Strasbourg, Strasbourg, 1997, p. 165 et s.

BENABENT, A., « La fiducie (Analyse d'un projet de loi lacunaire) », *JCP N*, juillet 1993, n° 26, p. 275 et s.

BERAUDO, J.-P., « La loi du 19 février 2007 créant une fiducie française », in *Trust & fiducie : concurrents ou compléments ? Actes du colloque tenu à Paris les 13 et 14 juin 2007*, Academy & Finance, Genève, 2008, p. 125 et s.

BERGEL, J.-L., « Différence de nature = Différence de régime », *RTD civ.*, 1984, p. 258 et s.

BERGER-TARARE, C., « La fiducie-titrisation : c'est possible ! », *RDBF*, mai 2016, n° 3, p. 21 et s.

BERLIOZ, P.,

- « Patrimoine d'affectation : esquisse d'un régime général », in *Le droit des affaires à la confluence de la théorie et de la pratique, Mélanges en l'honneur du Professeur Paul Le Cannu*, Dalloz, LGDJ, IRJS, Thomson Reuters Transactive, Paris, 2014, p. 499 et s.

BLANLUET, G. et LE GALL, J.-P., « La fiducie, une œuvre inachevée, Commentaire des dispositions fiscales de la loi du 19 février 2007 », *Dr. fiscal*, juin 2007, n° 26, étude 676, p. 7 et s.

Bonneau, T.,

- « La diversification des valeurs mobilières et ses implications en droit des sociétés », *RTD com.*, décembre 1988, n° 4, p. 535 et s.
- « Les fonds communs de placement, les fonds communs de créances, et le droit civil », *RTD civ.*, mars 1991, n° 1, p. 1 et s.
- « Législation " financière " et droit communautaire », in *1807-2007, Le Code de commerce, Livre du bicentenaire*, Dalloz, Paris, 2007, p. 707 et s.

Borga, N.,

- « Le fiduciaire responsable (exégèse de l'article 2026 du Code civil) ? », *RLDA*, mars 2010, n° 47, p. 83 et s.
- « La fiducie-gestion et l'ouverture d'une procédure collective », *RLDC*, mars 2019, n° 168, p. 55 et s.

Bouloc, B., « La responsabilité en matière de gestion de titres », in *Mélanges Michel Cabrillac*, Dalloz, Litec, 1999, p. 437 et s.

Bureau, D., « L'altération des types sociétaires », in *Études de Droit privé, Mélanges offerts à Paul Didier*, Economica, Paris, 2008, p. 57 et s.

Bussiere, F., « De l'intérêt des porteurs dans la gestion collective pour le compte de tiers », in *Mélanges D. Schmidt, Liber Amicorum*, Joly éditions, Paris, 2005, p. 109 et s.

Cabrillac, M., « L'impertinente réapparition d'un condamné à mort ou la métempsychose de la masse des créanciers », in *Propos impertinents de droit des affaires, Mélanges en l'honneur de Christian Gavalda*, coll. « Études, mélanges, travaux », Dalloz, Paris, 2001, p. 69 et s.

Cantin Cumyn, M., « Réflexions autour de la diversité des modes de réception ou d'adaptation du *trust* dans les pays de droit civil », *Revue de droit de McGill*, juin 2013, vol. 58, n° 4, p. 813 et s.

Caporale, S., « Société et indivision », *Rev. soc.*, 1979, p. 265 et s.

Cassagnabere, C., « De la division du patrimoine au démembrement de la personnalité : étude du concept de patrimoine d'affectation à travers l'exemple québécois », *RLDC*, avril 2012, n° 92, p. 63 et s.

Castres Saint-Martin-Drummond, F., « Le contrat comme instrument financier », in *L'avenir du droit, Mélanges en hommage à François Terré*, Dalloz, PUF, Éditions du Jurisclasseur, Paris, 1999, p. 661 et s.

Catala, P., « Trois figures de la propriété collective », in *Famille et patrimoine*, PUF, Paris, 2000, p. 107 et s.

Causse, H., « L'investisseur », in *Liber amicorum Jean Calais-Auloy, Études de droit de la consommation*, Dalloz, Paris, 2004, p. 261 et s.

Cayla, O., « Ouverture : La qualification ou la vérité du droit », *Droits*, juin 1993, n° 18, p. 3 et s.

Champy, D. et Durand, L., « Titrisation », *Gaz. Pal.*, avril 2008, n° 120, p. 5 et s.

CHARTIER, Y., « Les nouveaux fonds communs de placement (Commentaire du Titre Ier de la loi n° 79-594 du 13 juillet 1979 et de ses textes d'application) », *JCP G*, 1980, doctrine n° 3001.

CHAZAL, J.-P., « La propriété : dogme ou instrument politique ? », *RTD civ.*, décembre 2014, n° 4, p. 763 et s.

CHENEDE, F., « La mutation du patrimoine, colloque Entreprise et patrimoine », *Gaz. Pal.*, mai 2011, n° 139, p. 19 et s.

CHILSTEIN, D., « Les biens à valeur vénale négative », *RTD civ.*, décembre 2006, n° 4, p. 663 et s.

COUPET, C., « Contrat de management et organisation sociétaire », *AJ Contrat*, février 2017, n° 2, p. 61 et s.

COURET, A.,

- « Innovation financière et règle de droit », *D.*, juin 1990, n° 21, p. 135 et s.
- « De quelques apports conceptuels au droit financier contemporain », in *Mélanges en l'honneur de Claude Champaud, Le droit de l'entreprise dans ses relations externes à la fin du XXe siècle*, Dalloz, Paris, 1997, p. 215 et s.
- « La dimension internationale de la production du droit », in *Les transformations de la régulation juridique et la production du droit*, coll. « Droit et Société, Recherches et Travaux », n° 5, LGDJ, Paris, 1998, p. 197 et s.

COZIAN, M., « Société civile immobilière-société d'exploitation : est-ce vraiment un couple infernal ? », *JCP E*, mars 1997, n° 10, p. 107 et s.

CROCQ, P., « Propriété fiduciaire, propriété unitaire », in *La fiducie dans tous ses états, Journées nationales*, tome XV, Paris-Est Créteil, coll. « Thèmes & commentaires », Dalloz, Paris, 2011, p. 9 et s.

CUMYN, M., « Les catégories, la classification et la qualification juridiques : réflexions sur la systématicité du droit », *Les Cahiers de droit*, décembre 2011, vol. 52, n° 3-4, p. 351 et s.

DAIGRE, J.-J., « L'étalon au prétoire ou des saillies comme critère de la société en participation », *BJS*, février 1998, n° 2, p. 99 et s.

DALMASSO, Th. et BOURCEREAU, A., « Mandats de gestion et délégations de pouvoirs, une nécessaire distinction », *JCP E*, juin 2010, n° 24, p. 31 et s.

DE BERMOND DE VAULX, J.-M., « Le spectre de l'*affectio societatis* », *JCP E*, mars 1994, n° 13, p. 183 et s.

DE KERGOMMEAUX, X. et SAINT MARC, G., « La technique de la titrisation », *Dr. & Patr.*, juin 1996, vol. 2, n° 39, p. 22 et s.

DE KERGOMMEAUX, X., VAN GALLEBAERT, C. et DE MEAUX-BECDELIEVRE, B., « La responsabilité du dépositaire d'un fonds commun de titrisation », *RTDF*, septembre 2009, n° 3, p. 112 et s.

de Kergommeaux, X. et Vandevooghel, C., « Le nouveau régime juridique du dépositaire d'organisme de titrisation : où en est-on ? », *RTDF*, octobre 2018, n° 4, p. 71 et s.

de Lajarte, C., « La nature juridique des droits du bénéficiaire d'un contrat de fiducie », *RLDC*, mai 2009, n° 60, p. 71 et s.

de Vareilles-Sommiere, M., « La définition et la notion juridique de la propriété », *RTD civ.*, 1905, p. 443 et s.

de Vauplane, H.,

- « La fiducie avant la fiducie : le cas du droit bancaire et financier », *JCP E*, septembre 2007, n° 36, p. 8 et s.
- « Marchés financiers : régulation, réglementation ou autoréglementation ? », in *1807-2007, Le Code de commerce, Livre du bicentenaire*, Dalloz, Paris, 2007, p. 373 et s.
- « Crise du "subprime" : quelle responsabilité pour les juristes ? », *RB*, février 2008, n° 699, p. 67 et s.

Deboissy, F. et Wicker, G., « La distinction de l'indivision et de la société et ses enjeux », *RTD civ.*, avril 2000, n° 2, p. 241 et s.

Dedessus-Le-Moustier, N., « La responsabilité du dirigeant de fait », *Rev. soc.*, octobre 1997, n° 3, p. 499 et s.

Delmas-Marty, M., « La mondialisation du droit : chances et risques », *D.*, février 1999, n° 5, p. 43 et s.

Delpech, X., « Q... comme - Quorum », *Juris associations*, décembre 2016, n° 550, p. 50 et s.

Didier, P., « Le capital social et la protection des créanciers sociaux », in *1807-2007, Le Code de commerce, Livre du bicentenaire*, Dalloz, Paris, 2007, p. 199 et s.

Dom, J.-P., « La fiducie-gestion et le contrat de société - Éléments de comparaison », *Rev. soc.*, octobre 2007, n° 3, p. 481 et s.

Dondero, B.,

- « Une personne morale sans patrimoine, ça n'existe pas ! », *D.*, juin 2015, n° 23, p. 1356 et s.
- « Détenir des actions sans avoir la personnalité juridique, et autres questions passionnantes », *D.*, novembre 2022, n° 38, p. 1950 et s.

Donzel-Taboucou, C., « Les actions : une espèce, au sein du genre des droits personnels », in *Le droit des affaires à la confluence de la théorie et de la pratique, Mélanges en l'honneur du Professeur Paul Le Cannu*, Dalloz, LGDJ, IRJS, Thomson Reuters Transactive, 2014, p. 269 et s.

Douvreleur, O., « La modernisation de la fonction de dépositaire d'organismes de placement collectif », *RTDF*, juillet 2007, n° 2, p. 111 et s.

Dross, W. et Mallet-Bricout, B., « L'avant-projet de réforme du droit des biens : premier regard critique », *D.*, février 2009, n° 8, p. 508 et s.

DROSS, W.,

- « L'identité des concepts juridiques : quelles distinctions entre concept, notion, catégorie, qualification, pratique ? », *RRJ*, décembre 2012, n° 5, p. 2229 et s.
- « L'évolution du droit de l'indivision », *Droit et Ville*, juin 2014, n° 77, p. 3 et s.
- « La distinction des personnes morales corporatives et des personnes morales fondatives : regard privatiste », in *Léon Michoud*, coll. « Colloques & essais », n° 10, Institut Universitaire Varenne, Bayonne, 2014, p. 211 et s.
- « La valeur, moteur des nouveaux biens de l'entreprise », in *Le patrimoine de l'entreprise : d'une réalité économique à un concept juridique ?*, coll. « Contrats & patrimoine », Larcier, Bruxelles, 2014, p. 63 et s.
- « Que l'article 544 du code civil nous dit-il de la propriété ? », *RTD civ.*, mars 2015, n° 1, p. 27 et s.

DRUMMOND, F., « Code de commerce et Code monétaire et financier, ou l'enchevêtrement des codes », in *1807-2007, Le Code de commerce, Livre du bicentenaire*, Dalloz, Paris, 2007, p. 96 et s.

DUPICHOT, P., « L'unicité du patrimoine aujourd'hui, Observations introductives », *JCP N*, décembre 2009, n° 52, p. 17 et s.

DUPONT, P., « Mécanismes particuliers de protection contre la faillite », in *La titrisation*, coll. « La vie du droit bancaire et financier », Anthémis, Louvain-la-Neuve, 2008, p. 61 et s.

DUVERT, C., « La propriété collective », *LPA*, mai 2002, n° 90, p. 4 et s.

EISENMANN, C., « Quelques problèmes de méthodologie des définitions et des classifications en science juridique », *APD*, 1966, n° 11, p. 25 et s.

EMERICH, Y., « Les fondements conceptuels de la fiducie française face au *trust* de la *common law* : entre droit des contrats et droit des biens », *RIDC*, mars 2009, vol. 61, n° 1, p. 49 et s.

FABRE-MAGNAN, M., « Propriété, patrimoine et lien social », *RTD civ.*, juillet 1997, n° 3, p. 583 et s.

FERRY, C., « *Trust* et titrisation aux Etats-Unis, Aspects juridiques », *RDBB*, décembre 1993, n° 40, p. 243 et s.

FRANÇOIS, J.,

- « Les créances sont-elles des biens ? », in *Liber Amicorum Christian Larroumet*, Economica, 2009, p. 149 et s.
- « Retour sur la revendication des sommes d'argent », *D.*, juin 2012, n° 23, p. 1493 et s.
- « Les opérations sur la dette », *RDC*, avril 2016, hors-série, p. 45 et s.

Frison-Roche, M.-A.,

- « Aspects juridiques de la mondialisation des marchés financiers », *Banque et Droit*, juin 1995, n° 41, p. 46 et s.
- « Le contrat et la responsabilité : consentements, pouvoirs et régulation économique », *RTD civ.*, mars 1998, n° 1, p. 43 et s.
- « Le droit financier entre volontés et informations », in *Prospectives du droit économique, Dialogues avec Michel Jeantin*, Dalloz, Paris, 1999, p. 11 et s.

Gailliard, A., « De la difficulté d'exister sans personnalité juridique : les curiosités d'une cession de créances à un fonds commun de titrisation », *RTD com.*, septembre 2018, n° 3.

Gallois-Cochet, D., « Encore l'*affectio societatis* », *Dr. sociétés*, décembre 2013, n° 12, p. 11 et s.

Gavalda C., « Les fonds communs de créances bancaires : un exemple du phénomène de titrisation financière (art. 34 à 42 de la loi n° 88-1201 du 23 décembre 1988) », *Rev. soc.*, 1989, p. 187 et s.

Geny, F., « Le particularisme du droit fiscal », *RTD civ.*, 1931, p. 797 et s.

Gissinger, P., « Le droit face à la finance moderne : adaptation, inadaptation ? Conclusion », *RDBF*, janvier 2009, n° 1, p. étude 9 et s.

Godon, L., « L'éclatement des formes sociales », *Rev. soc.*, mai 2017, n° 5, p. 267 et s.

Goubeaux, G., « Personnalité morale, droit des personnes et droit des biens », in *Études dédiées à René Roblot, Aspects actuels du droit commercial français*, coll. « Anthologie du Droit », LGDJ, Issy-les-Moulineaux, 2014, p. 199 et s.

Granier, T.,

- « La technique de titrisation hors du cadre légal », *Dr. & Patr.*, novembre 1996, vol. 2, n° 43, p. 31 et s.
- « L'évolution de l'organisation de la société de gestion du fonds commun de créances », *RTDF*, décembre 2006, n° 3, p. 137 et s.
- « Le recouvrement des créances dans une opération de titrisation », *BJB*, mars 2018, n° 2, p. 107 et s.

Grillet-Ponton, D., « Nouveau regard sur la vivacité de l'innommé en matière contractuelle », *D.*, juin 2000, n° 21, p. 331 et s.

Grillot, F., « La titrisation internationale, aspects juridiques », *Banque Magazine*, août 2000, n° 17.

Grimaldi, M., « La fiducie : réflexions sur l'institution et sur l'avant-projet de loi qui la consacre », *Defrénois*, septembre 1991, n° 17, p. 897 et s.

Grua, F.,

- « Le dépôt de monnaie en banque », *D.*, juillet 1998, n° 27, p. 259 et s.
- « Les divisions du droit », *RTD civ.*, mars 1993, n° 1, p. 59 et s.

Hamel, J., « L'*affectio societatis* », *RTD civ.*, 1925, p. 761 et s.

JESTAZ, P.,

- « obs. sous la loi n° 79-594 du 13 juillet 1979, le décret n° 79-835 du 27 septembre 1979 et l'arrêté du 27 novembre 1979 », *RTD civ.*, mars 1980, n° 1, p. 180 et s.
- « La qualification en droit civil », *Droits. Revue française de théorie, de philosophie et de culture juridiques*, juin 1993, n° 18, p. 45 et s. et s.

JOSSERAND, L., « Essai sur la propriété collective », in *Le Code civil 1804-1904, Livre du Centenaire*, coll. « Bibliothèque Dalloz », Dalloz, Paris, 2004, p. 355 et s.

JUEN, E., « Contrat-lien ou contrat-bien », *RRJ*, octobre 2012, n° 2, p. 737 et s.

JULIEN, J., « Sonder les cœurs et les reins ou la qualification contractuelle », in *Les affres de la qualification juridique*, Presses de l'Université Toulouse 1 Capitole, 2015, p. 67 et s.

JULIENNE, M., « La cession de dette : une théorie inachevée », *Dr. & Patr.*, juillet 2016, n° 260, p. 56 et s.

KAN-BALIVET, B., « Les clés du contrat de fiducie gestion », *Dr. & Patr.*, octobre 2009, n° 185, p. 70 et s.

KUHN, C.,

- « Une fiducie française », *Dr. & Patr.*, avril 2007, n° 158, p. 32 et s.
- « La mission du fiduciaire », *Dr. & Patr.*, juin 2008, n° 171, p. 52 et s.

LACROIX, F., « Retour en grâce, Titrisation : le diable au service de l'économie réelle ? », *RB*, juillet 2014, vol. 774, p. 34 et s.

LAGARDE, X., « Le droit des marchés financiers présente-t-il un particularisme ? », *JCP G*, novembre 2005, n° 44-45, p. 2045 et s.

LAPORTE, C., « Des véhicules de titrisation pour la Suisse : solutions en l'absence de législation », in *Droit des contrats, France, Suisse, Belgique*, coll. « Contrats & patrimoine », n° 3, Larcier, Bruxelles, 2006, p. 169 et s.

LARCENA, A. et ELINEAU, A., « Pratique des délégations de pouvoirs : règles et évolutions récentes de cet outil de répartition des pouvoirs et responsabilités », *Dr. sociétés*, février 2012, n° 2, étude n° 4.

LARROUMET, C., « La fiducie inspirée du *trust* », *D.*, mai 1990, n° 19, p. 119 et s.

LE NABASQUE, H., « Les actions sont des droits de créance négociables », in *Aspects actuels du droit des affaires : mélanges en l'honneur de Yves Guyon*, Dalloz, Paris, 2003, p. 671 et s.

LE NORMAND-CAILLERE, S., « Fiducie : appel à la rénovation du régime fiscal », *RFP*, novembre 2021, n° 11, étude 20, p. 13 et s.

LEBAUBE, E. et BRUN, J.-P., « L'émission de titres de créance par les fonds communs de créances, contraintes juridiques et premières applications pratiques », *RTDF*, juillet 2007, n° 2, p. 96 et s.

LIBCHABER, R.,

- « Le portefeuille de valeurs mobilières : bien unique ou pluralité de biens », *Defrénois*, janvier 1997, n° 2, p. 65 et s.
- « Pour un renouvellement de l'analyse des droits sociaux », in *Aspects actuels du droit des affaires : mélanges en l'honneur de Yves Guyon*, Dalloz, Paris, 2003, p. 717 et s.
- « Une fiducie française, inutile et incertaine... », in *Mélanges Philippe Maurie, Liber amicorum*, Defrénois, Paris, 2005, p. 303 et s.
- « Les aspects civils de la fiducie dans la loi du 19 février 2007 », *Defrénois*, août 2007, n° 15, p. 1094 et s.

LUCAS, F.-X.,

- « Retour sur la notion de valeur mobilière », *BJS*, août 2000, n° 8-9, p. 765 et s.
- « Les actionnaires ont-ils tous la qualité d'associé ? Brefs propos discursifs autour du thème de l'associé et de l'investisseur », *RDBF*, juillet 2002, n° 4, p. 216 et s.
- « Du contrat de société au contrat d'investissement », *RDBF*, avril 2005, n° 2, p. 50 et s.

MALASSIGNE, V., « Le principe d'équivalence de l'inscription en compte et de l'inscription dans un dispositif d'enregistrement électronique partagé », in *Blockchain et droit des sociétés*, coll. « Thèmes & commentaires », Dalloz, Paris, 2019, p. 37 et s.

MALLET-BRICOUT, B.,

- « Fiducie et propriété », in *Liber amicorum Christian Larroumet*, 2009, p. 297 et s.
- « Le fiduciaire propriétaire ? », *JCP E*, février 2010, n° 8, p. 13 et s.
- « Le fiduciaire, véritable pivot ou simple rouage de l'opération de fiducie ? », *Revue de droit de McGill*, juin 2013, vol. 58, n° 4, p. 905 et s.

MARTIAL-BRAZ, N., « Un vent de modernisation souffle sur la titrisation ! (vraie tempête ou faux-semblant ?) », *RLDC*, octobre 2008, n° 53, p. 30 et s.

MARTIN, D.R.,

- « Valeurs mobilières : défense d'une théorie », *D.*, avril 2001, n° 15, p. 1228 et s.
- « De la revendication des sommes d'argent », *D.*, décembre 2002, n° 44, p. 3279 et s.

MARTIN-SERF, A.,

- « L'intérêt collectif des créanciers ou l'impossible adieu à la masse », in *Procédures collectives et droit des affaires, Mélanges en l'honneur d'Adrienne Honorat*, Frison-Roche, Paris, 2000, p. 143 et s.
- « L'instrumentalisation du droit des sociétés », *RJ com.*, mars 2002, n° 3, p. 108 et s.

Massart, T., « La société sans apport », in *Études de Droit privé, Mélanges offerts à Paul Didier*, Economica, Paris, 2008, p. 289 et s.

Masson, F.,

- « Les métamorphoses de l'associé », *Rev. soc.*, février 2016, n° 2, p. 84 et s.
- « La fiducie plurale », *Dr. & Patr.*, janvier 2017, n° 265, p. 40 et s.

Mekki, M.,

- « La distinction entre acte juridique et acte matériel à l'aune du contrat de mandat », in *Le mandat en question*, Bruylant, Bruxelles, 2013, p. 13 et s.
- « Le contrat, objet des *smart contracts* (Partie 1) », *Dalloz IP/IT*, juillet 2018, n° 7-8, p. 409 et s.

Merle, P., « Contrat de management et organisation des pouvoirs dans la société anonyme », *D.*, 1975, n° 41, chron. p. 245 et s.

Mervorach, M. N., « Le patrimoine », *RTD civ.*, 1936, p. 811 et s.

Minor, P., « La titrisation : mécanisme décrié mais toujours utilisé », *JCP E*, juin 2009, n° 23, 1572.

Morin, C., « L'incompatibilité du groupe de sociétés et de l'unité économique et sociale (à propos de Cass. soc., 20 oct. 1999, Sté André et a. c/ Boitel et a.) », *JCP E*, juin 2000, n° 25, p. 980 et s.

Motulsky, H., « De l'impossibilité de constituer un "trust" anglo-saxon sous l'empire de la loi française », *Revue critique de droit international privé*, 1948, p. 451 et s.

Naffah, G., « L'*affectio societatis*, un critère qui n'en est pas un », in *Mélanges en l'honneur de Jean-Jacques Daigre : autour du droit bancaire et financier et au-delà*, Joly, Lextenso éditions, Issy-les-Moulineaux, 2017, p. 233 et s.

Normand, S., « La culture juridique et l'acculturation du droit : le Québec », *ISAIDAT Law Review*, 2011, vol. 1, n° 1, article 23.

Ollard, R., « La fiducie : aspects de droit pénal », *RSC*, septembre 2009, n° 3, p. 545 et s.

Ost, F., « Le temps virtuel des lois postmodernes ou comment le droit se traite dans la société de l'information », in *Les transformations de la régulation juridique*, coll. « Droit et Société, Recherches et Travaux », n° 5, LGDJ, Paris, 1998, p. 423 et s.

Pailler, P., « Existe-t-il une notion d'instrument financier à terme ? », *RTDF*, décembre 2010, vol. 4, p. 36 et s.

Paillusseau, J.,

- « Le droit est aussi une science d'organisation », *RTD com.*, mars 1989, n° 1, p. 1 et s.
- « Le droit moderne de la personnalité morale », *RTD civ.*, décembre 1993, n° 4, p. 705 et s.

- « Entreprise et société. Quels rapports ? Quelle réforme ? », *D.*, juillet 2018, n° 25, p. 1395 et s.

PAINCHAUX, M., « La qualification sui generis : l'inqualifiable peut-il devenir catégorie ? », *RRJ*, juin 2004, n° 3, p. 1567 et s.

PAPAÏS, L., « La fiducie comme instrument de réalisation de la titrisation ? », *RTDF*, janvier 2013, vol. 1, p. 61 et s.

PIC, P., « De la simulation, dans les actes de société », *D.*, 1935, n° 15, chron. 8, p. 33 et s.

PIEDELIEVRE, S., « Remarques sur la responsabilité en matière de gestion de portefeuille », *RLDC*, décembre 2010, n° 77, p. 18 et s.

PLANIOL, M., « Classification synthétique des contrats », *Rev. crit. de législation et de jurisprudence*, 1904, p. 470 et s.

PLANTAMP, D., « Le point de départ de la période de formation des sociétés commerciales », *RTD com.*, mars 1994, n° 1, p. 1 et s.

PRAICHEUX, S. et MOUSSERON, P., «... Et le risque devint produit », in *Mélanges AEDBF-France V*, Revue Banque, Paris, 2008, p. 407 et s.

PUIG, P., « La fiducie et les contrats nommés », *Dr. & Patr.*, juin 2008, n° 171, p. 68 et s.

QUIEVY, J.-Fr., « La double physionomie de l'*affectio societatis* », *RRJ*, décembre 2010, n° 3, p. 1369 et s.

QUIQUEREZ, A.,

- « Le rapport de l'ABE Developing a framework for sustainable securitisation : la titrisation au bénéfice du développement durable », *RTDF*, avril 2022, n° 2, p. 143 et s.
- « La titrisation de droits de propriété intellectuelle : actualité et innovations », *Communication - Commerce électronique*, janvier 2023, n° 1, étude 1.
- « Titrisation et tokenisation : confusion ou fusion ? », *Banque et Droit*, mai 2023, n° 209, p. 10 et s.
- « Titrisation et startup : quels mariages possibles ? », *RTDF*, juin 2023, n° 2, p. 125 et s.

RANDOUX, D., « La spécialisation des sociétés », in *Études dédiées à Alex Weill*, Dalloz, Litec, Paris, 1983, p. 471 et s.

REBOUL, N., « Remarques sur une notion conceptuelle et fonctionnelle : l'*affectio societatis* », *Rev. soc.*, octobre 2000, n° 3, p. 425 et s.

REVET, T., « Décret n° 97-919 du 6 octobre 1997 portant modification du décret n° 89-158 du 9 mars 1989 portant application des articles 26 et 34 à 42 de la loi n° 88-1201 du 23 décembre 1988 et relatif aux fonds communs de créances », *RTD civ.*, mars 1998, n° 1, p. 198 et s.

REYGROBELLET, A.,

- « Le fonds commun de titrisation émetteur d'obligations : qui peut le moins pourrait-il le plus ? », in *Mélanges en l'honneur d'Alain Couret,*

Un juriste pluriel, coll. « Études, mélanges, travaux », Dalloz, Éditions Francis Lefebvre, Paris, 9 décembre 2020, p. 743 et s.

- « Les conventions de management fees : où en est-on ? », *BJS*, février 2018, n° 2, p. 120 et s.

RIASSETTO, I. et STORCK, M.,

- « La fiducie et la structuration des fonds d'investissement de droit français », in *Mélanges en l'honneur du Professeur Claude Witz*, LexisNexis, Paris, 2018, p. 795 et s.
- « Les compartiments d'OPC entre indépendance et dépendance », in *Droit bancaire et financier, Mélanges AEDBF France VII*, 2018, p. 351 et s.

RIASSETTO, I., « Le devoir du gestionnaire d'OPC d'agir dans l'intérêt des porteurs de parts », in *Droit bancaire et financier, Mélanges AEDBF France VI*, Revue banque, Paris, 2013, p. 581 et s.

RIERA, A., « Le contrat de gestion d'entreprise ou de management : l'art de travailler avec l'argent des autres ? », *AJ Contrat*, février 2017, n° 2, p. 56 et s.

RODA, J.-C., « *Smart contracts, dumb contracts* ? », *Dalloz IP/IT*, juillet 2018, n° 7-8, p. 397 et s.

ROMAIN, J.F., « Examen du régime de la titrisation des créances du droit belge (la loi du 5 août 1992) », *Revue de Droit Commercial Belge*, 1992, p. 837 et s.

ROMAN, B., « Le patrimoine dans l'avant-projet de réforme du droit des biens », *Defrénois*, mars 2009, n° 5, p. 504 et s.

RONTCHEVSKY, N., STORCK, J.-P. et STORCK, M., « Le réalisme du droit des marchés financiers », in *Mélanges D. Schmidt, Liber amicorum*, Joly éditions, Paris, 2005, p. 425 et s.

ROUSSEAU, S., « La simplicité volontaire : observations transatlantiques sur la recherche et les manifestations de la flexibilité en droit des sociétés », in *La société par actions simplifiée (SAS), Bilan et perspectives*, coll. « Thèmes & commentaires », Dalloz, Paris, 2016, p. 244 et s.

ROUVIERE, F., « Le revers du principe "différence de nature (égale) différence de régime" », in *Le droit entre autonomie et ouverture, Mélanges en l'honneur de Jean-Louis Bergel*, Bruylant, Bruxelles, 2013, p. 427 et s.

SAINT-ALARY-HOUIN, C., « Les critères distinctifs de la société et de l'indivision depuis les réformes récentes du code civil », *RTD com.*, décembre 1979, n° 4, p. 645 et s.

SAINTOURENS, B., « La flexibilité du droit des sociétés », *RTD com.*, décembre 1987, n° 4, p. 457 et s.

SAVAUX, É., « La personnalité morale en procédure civile », *RTD civ.*, mars 1995, n° 1, p. 1 et s.

SCHMIDT, D.,
- « La titrisation des créances, Rapport au colloque de l'association Droit et commerce », *RJ com.*, juin 1989, p. 117 et s.
- « De l'intérêt commun des associés », *JCP E*, décembre 1994, n° 48, p. 535 et s.
- « De l'intérêt social », *JCP E*, septembre 1995, n° 38, p. 361 et s.

SERIAUX, A., « La notion juridique de patrimoine », *RTD civ.*, décembre 1994, n° 4, p. 801 et s.

SERLOOTEN, P., « L'*affectio societatis*, une notion à revisiter », in *Aspects actuels du droit des affaires : mélanges en l'honneur de Yves Guyon*, Dalloz, Paris, 2003, p. 1007 et s.

STEICHEN, A., « Régime fiscal de la titrisation », in A. PRÜM (dir.), *La titrisation*, coll. « La vie du droit bancaire et financier », Anthémis, Louvaine-la-Neuve, 2008, p. 75 et s.

STORCK, M.,
- « De la nature juridique des fonds communs de placement », in *Mélanges en l'honneur du Professeur Gilles Goubeaux*, Dalloz, LGDJ, Paris, 2009, p. 509 et s.
- « La SICAV, une société par actions à la personnalité morale limitée », in *Le droit des affaires à la confluence de la théorie et de la pratique, Mélanges en l'honneur du Professeur Paul Le Cannu*, Dalloz, LGDJ, IRJS, Thomson Reuters Transactive, 2014, p. 399 et s.

STUCKI, D., « La fiducie de droit français : un outil juridique adapté à la gestion de portefeuille ? (1ère partie : gestion individuelle de portefeuille) », *Actes pratiques et ingénierie sociétaire*, avril 2010, n° 110, p. 1 et s.

SUPIOT, A., « Contribution à une analyse juridique de la crise économique de 2008 », *Revue internationale du Travail*, août 2010, vol. 149, n° 2, p. 165 et s.

TEHRANI, A., « Gestion collective d'actifs : le droit des sociétés a-t-il droit de cité ? », *RTD com.*, octobre 2016, n° 4, p. 617 et s.

TERRAY, J. et DEROUIN, P., « La titrisation des crédits », *BJS*, janvier 1989, n° 1, p. 7 et s.

TERRE, F., « Retour sur la qualification », in *La procédure en tous ses états, Mélanges en l'honneur de Jean Buffet*, coll. « Les Mélanges », LGDJ, Paris, 2004, p. 419 et s.

THIBIERGE, N., « De l'*affectio societatis* », in *Liber amicorum Georges Daublon*, Defrénois, 2001, p. 313 et s.

TOLEDO-WOLFSOHN A.-M. et HOVASSE, H., « L'art de la titrisation », *Cahiers de droit de l'entreprise*, septembre-octobre 2005, n° 5, p. 11 et s.

TRISSON-COLLARD, P., « Tentative de distinction des contrats d'entreprise et de mandat fondée sur l'objet du contrat », *LPA*, février 2001, n° 27, p. 4 et s.

TROTABAS, L., « Essai sur le droit fiscal », *Revue de science de législation financière*, 1928, p. 201 et s.

Turot, J., « Fiducie : être ou ne pas être neutre, voici la question », *Dr. fiscal*, avril 2007, n° 16, étude 433, p. 8 et s.

Vabres, R., « La fiducie-gestion : quelle neutralité fiscale ? », *RLDC*, mars 2019, n° 168, p. 59 et s.

Wicker, G., « La théorie de la personnalité morale depuis la thèse de Bruno Oppetit », in *Études à la mémoire du Professeur Bruno Oppetit*, Litec, LexisNexis, Paris, 2009, p. 691 et s.

Witz, C., « La fiducie française face aux expériences étrangères et à la convention de La Haye relative au "trust" », *D.*, mai 2007, n° 20, p. 1369 et s.

Zenati F.,

- « Pour une rénovation de la théorie de la propriété », *RTD civ.*, juin 1993, n° 2, p. 305 et s.

Zenati-Castaing, F.,

- « La propriété, mécanisme fondamental du droit », *RTD civ.*, septembre 2006, n° 3, p. 445 et s.
- « La propriété collective existe-t-elle ? », in *Mélanges en l'honneur du Professeur Gilles Goubeaux*, Dalloz LGDJ, Paris, 2009, p. 590 et s.
- « L'affectation québécoise, un malentendu porteur d'avenir, Réflexions de synthèse », *La Revue juridique Thémis*, novembre 2014, vol. 2, n° 48, p. 623 et s.

Zenati, F. et Coeuret, A., obs. sous la loi n° 88-1201 du 23 décembre 1988 relative aux organismes de placement collectif en valeurs mobilières et portant création des fonds communs de créances, *RTD civ.*, mars 1989, n° 1, p. 162 et s.

B. Articles en anglais

Apps, A. et Mallia-Dare, M., « The Potential Impact of Blockchain Technology on Securitization », *Business Law Today*, décembre 2019.

Buckley, R.P. et al., « Regulating artificial intelligence in finance: Putting the human in the loop », *Sydney Law Review*, mars 2021, vol. 43, n° 1, p. 43 et s.

Burnat, F. et Chartier, J., « French versus English securitisation: a comparative study following the Ordinance of June 13, 2008 », *International Business Law Journal*, 2010, vol. 2, p. 143 et s.

Ellis, R.D., « Securitization Vehicles, Fiduciary Duties, and Bondholders' Rights », *The Journal of Corporation Law*, 1999, vol. 24, n° 2, p. 295 et s.

Gordon, T.J., « Securitization of Executory Future Flows as Bankruptcy-Remote True Sales », *University of Chicago Law Review*, 2000, vol. 67, n° 4, p. 1317 et s.

Gretton, G.L., « Trust without Equity », *International and Comparative Law Quarterly*, 2000, vol. 49, p. 599 et s.

Hansmann, H. et Kraakman, R., « The Essential Role of Organizational Law », *The Yale Law Journal*, décembre 2000, vol. 110, n° 3, p. 387 et s.

KLEE, K.N. et BUTLER, B.C., « Asset-Backed Securitization, Special Purpose Vehicles and Other Securitization Issues », *Uniform Commercial Code Law Journal*, décembre 2002, vol. 35, n° 2, p. 23 et s.

PAPEIANS, J.-C., « Asset securitization: a comparative study between the United States and Belgium », *International Business Law Journal*, 1996, vol. 3, p. 341 et s.

WYMEERSCH, E., « Belgium », in *Asset backed securitization in Europe*, Kluwer Law International, London, août 1996, p. 25 et s.

C. Articles d'économie

ANSELMI, F., « Boursorama a placé auprès de la Société Générale sa première titrisation RMBS », *L'AGEFI Quotidien*, novembre 2022, p. 5 et s.

BIROUK, O. et DARVES, F., « La titrisation en France : les évolutions récentes », *Bulletin de la Banque de France*, décembre 2013, n° 194, p. 99 et s.

BOUZID, B., « Titrisation des emprunts hypothécaires et bulle immobilière aux États-Unis : les origines d'une débâcle », *Revue d'économie financière*, 2010, n° 97, p. 101 et s.

DE CORMIS, J.-P. et ROSEAU, I., « L'arrangeur, conseiller du cédant », *Revue d'économie financière*, 2000, n° 59, p. 99 et s.

GARROUSTE, F.,

- « LBBW teste la titrisation en blockchain », *L'AGEFI Hebdo*, mars 2019, p. 33 et s.
- « Les critiques s'aiguisent contre Smart Tréso », *L'AGEFI Hebdo*, avril 2022, p. 30 et s.

LEFEBVRE, A., « Smart Tréso, une liquidation qui fait tache », *Option finance*, mai 2021, n° 1608, p. 15 et s.

PLIHON, D., « II. La globalisation financière », in *Les enjeux de la mondialisation, Les grandes questions économiques et sociales, III*, coll. « Repères », La Découverte, Paris, 2013, p. 23 et s.

POCHARD, L., « BNP Paribas transfère le risque d'un gros portefeuille de prêts », *L'AGEFI*, février 2022.

POULLENNEC, S., « Le véhicule de titrisation de Place reste actif un an après son lancement », *L'AGEFI Quotidien*, avril 2015, p. 4 et s.

V. Lexiques et dictionnaires

CORNU, G. (dir.), *Vocabulaire juridique*, 14e éd., coll. « Association Henri Capitant, Quadrige », PUF, Paris, 2022.

GUINCHARD, S. et DEBARD, T., *Lexique des termes juridiques*, 31e éd., coll. « Lexique », Dalloz, Paris, 2023.

SOUSI-ROUBI, B., DUSSART, S. et MARMOZ, F., *Lexique de la banque et des marchés financiers*, 6e éd., coll. « Lexiques et dico », Dunod, Paris, 2009.

VI. Lois, ordonnances, conventions, règlements et directives

A. Lois

Loi du 1er juillet 1901 relative au contrat d'association, *JORF* du 2 juillet 1901.
Loi n° 46-942 du 7 mai 1946 instituant l'Ordre des géomètres-experts, *JORF* du 8 mai 1946.
Loi n° 65-557 du 10 juillet 1965 fixant le statut de la copropriété des immeubles bâtis, *JORF* du 11 juillet 1965.
Loi n° 67-563 du 13 juillet 1967 sur le règlement judiciaire, la liquidation des biens, la faillite personnelle et les banqueroutes, *JORF* du 14 juillet 1967.
Loi n° 76-1286 du 31 décembre 1976 relative à l'organisation de l'indivision, *JORF* du 1 janvier 1977.
Loi n° 77-2 du 3 janvier 1977 sur l'architecture, *JORF* du 4 janvier 1977.
Loi n° 78-627 du 10 juin 1978 modifiant diverses dispositions du Code civil relatives à l'indivision, *JORF* du 11 juin 1978.
Loi n° 87-571 du 23 juillet 1987 sur le développement du mécénat, *JORF* du 24 juillet 1987.
Loi n° 88-1201 du 23 décembre 1988 relative aux organismes de placement collectif en valeurs mobilières et portant création des fonds communs de créances, *JORF* du 31 décembre 1988.
Loi n° 93-06 du 4 janvier 1993 relative aux sociétés civiles de placement immobilier, aux sociétés de crédit foncier et aux fonds communs de créances, *JORF* n° 3 du 4 janvier 1993.
Loi n° 93-1444 du 31 décembre 1993 portant diverses dispositions relatives à la Banque de France, à l'assurance, au crédit et aux marchés financiers, *JORF* n° 4 du 5 janvier 1994.
Loi n° 2003-706 du 1 août 2003 de sécurité financière, *JORF* n° 177 du 2 août 2003.
Loi n° 2006-728 du 23 juin 2006 portant réforme des successions et des libéralités, *JORF* n° 145 du 24 juin 2006.
Loi n° 2007-211 du 19 février 2007 instituant la fiducie, *JORF* n° 44 du 21 février 2007.
Loi n° 2009-526 du 12 mai 2009 de simplification et de clarification du droit et d'allègement des procédures, *JORF* n° 0110 du 13 mai 2009.
Loi n° 2010-658 du 15 juin 2010 relative à l'entrepreneur individuel à responsabilité limitée, *JORF* n° 0137 du 16 juin 2010.
Loi n° 2019-486 du 22 mai 2019 relative à la croissance et la transformation des entreprises, *JORF* n° 0119 du 23 mai 2019.
Loi n° 2022-172 du 14 février 2022 en faveur de l'activité professionnelle indépendante, *JORF* n° 0038 du 15 février 2022.

B. Ordonnances

Ordonnance n° 2008-556 du 13 juin 2008 transposant la directive 2005/68/ CE du Parlement européen et du Conseil du 16 novembre 2005 relative à la réassurance et réformant le cadre juridique des fonds communs de créances, *JORF* n° 0138 du 14 juin 2008.
Ordonnance n° 2009-112 du 30 janvier 2009 portant diverses mesures relatives à la fiducie, *JORF* n° 0026 du 31 janvier 2009.
Ordonnance n° 2016-131 du 10 février 2016 portant réforme du droit des contrats, du régime général et de la preuve des obligations, *JORF* n° 0035 du 11 février 2016.
Ordonnance n° 2017-1432 du 4 octobre 2017 portant modernisation du cadre juridique de la gestion d'actifs et du financement par la dette, *JORF* n° 0233 du 5 octobre 2017.
Ordonnance n° 2019-1067 du 21 octobre 2019 modifiant les dispositions relatives aux offres au public de titres, *JORF* n° 0246 du 22 octobre 2019.

C. Décrets

Décret n° 2010-720 du 28 juin 2010 relatif à l'exercice du monopole de la vente au détail des tabacs manufacturés, *JORF* n° 0149 du 30 juin 2010.
Décret n° 2016-707 du 30 mai 2016 portant réforme des titres de créances négociables et supprimant la distinction entre les certificats de dépôts, les billets de trésorerie et les bons à moyen termes négociables, *JORF* n° 0125 du 31 mai 2016.
Décret n° 2019-1118 du 31 octobre 2019 relatif à la dématérialisation des registres, des procès-verbaux et des décisions des sociétés et des registres comptables de certains commerçants, *JORF* n° 0256 du 3 novembre 2019.

D. Arrêtés

Arrêté du 30 mai 2016 portant réforme des titres de créances négociables, *JORF* n°0125 du 31 mai 2016.

E. Conventions

Convention entre le Gouvernement de la République française et le Gouvernement du Royaume-Uni de Grande-Bretagne et d'Irlande du Nord en vue d'éviter les doubles impositions et de prévenir l'évasion et la fraude fiscales en matière d'impôts sur le revenu et sur les gains en capital.
Convention entre le Gouvernement de la République française et le Gouvernement de la République d'Afrique du Sud en vue d'éviter les doubles impositions et de prévenir l'évasion et la fraude fiscales en matière d'impôts sur le revenu et sur la fortune.

F. Règlements

Règlement (UE) 575/2013 du Parlement européen et du Conseil du 26 juin 2013 concernant les exigences prudentielles applicables aux établissements de crédit et aux entreprises d'investissement et modifiant le règlement (UE) n° 648/2012, *JOUE* du 27 juin 2013.

Règlement (UE) 2017/1129 du Parlement européen et du Conseil du 14 juin 2017 concernant le prospectus à publier en cas d'offre au public de valeurs mobilières ou en vue de l'admission de valeurs mobilières à la négociation sur un marché réglementé, *JOUE* du 30 juin 2017.

Règlement (UE) 2017/2402 du Parlement européen et du Conseil du 12 décembre 2017 créant un cadre général pour la titrisation ainsi qu'un cadre spécifique pour les titrisations simples, transparentes et standardisées, et modifiant les directives 2009/65/CE, 2009/138/CE et 2011/61/UE et les règlements (CE) n° 1060/2009 et (UE) n° 648/2012, *JOUE* du 28 décembre 2017.

Règlement (UE) 2019/2033 du Parlement européen et du conseil du 27 novembre 2019 concernant les exigences prudentielles applicables aux entreprises d'investissement, *JOUE* du 5 décembre 2019.

Règlement (UE) 2021/557 du Parlement européen et du Conseil du 31 mars 2021 modifiant le règlement (UE) 2017/2402 créant un cadre général pour la titrisation ainsi qu'un cadre spécifique pour les titrisations simples, transparentes et standardisées, afin de favoriser la reprise après la crise liée à la COVID-19, *JOUE* du 6 avril 2021.

Règlement (UE) 2021/558 du Parlement européen et du Conseil du 31 mars 2021 modifiant le règlement (UE) n° 575/2013 en ce qui concerne les ajustements à apporter au cadre relatif à la titrisation afin de soutenir la reprise économique en réponse à la crise liée à la COVID-19, *JOUE* du 6 avril 2021.

G. Directives

Directive 85/611/CEE du Conseil du 20 décembre 1985 portant coordination des dispositions législatives, réglementaires et administratives concernant certains organismes de placement collectif en valeurs mobilières, *JOUE* du 31 décembre 1985.

Directive 2005/68/CE du Parlement européen et du Conseil du 16 novembre 2005 relative à la réassurance et modifiant les directives 73/239/CEE et 92/49/CEE du Conseil ainsi que les directives 98/78/CE et 2002/83/CE ayant offert un cadre légal à la titrisation du risque d'assurance, *JOUE* du 9 décembre 2005.

Directive 2009/111/CE du Parlement européen et du Conseil du 16 septembre 2009 modifiant les directives 2006/48/CE, 2006/49/CE et 2007/64/CE en ce qui concerne les banques affiliées à des institutions centrales, certains éléments des fonds propres, les grands risques, les dispositions en matière de surveillance et la gestion des crises, *JOUE* du 17 novembre 2009.

Directive 2009/138/CE du Parlement européen et du Conseil du 25 novembre 2009 sur l'accès aux activités de l'assurance et de la réassurance et leur exercice, *JOUE* du 17 décembre 2009.

Directive 2011/61/UE du Parlement européen et du Conseil du 8 juin 2011 sur les gestionnaires de fonds d'investissement alternatifs, *JOUE* du 1er juillet 2011.
Directive (UE) 2017/1132 du Parlement européen et du Conseil du 14 juin 2017 relative à certains aspects du droit des sociétés, *JOUE* du 30 juin 2017.

H. Lois étrangères

Loi modifiée du 10 août 1915 concernant les sociétés commerciales telle que modifiée par le règlement grand-ducal du 5 décembre 2017.
Loi du 5 août 1992 modifiant en ce qui concerne les organismes de placement en créances, la loi du 4 décembre 1990, relative aux opérations financières et aux marchés financiers (Belgique).
Loi n° 130 de 1999 (Italie).
Loi du 22 mars 2004 relative à la titrisation (Luxembourg).
Company Act 2006 (Royaume-Uni).
Dodd-Frank Act de 2010 (États-Unis).
*Gesetz betreffend die Gesellschaften mit beschränkter Haftung (*loi sur les sociétés à responsabilité limitée, GmbHG, Allemagne) telle que modifiée en juillet 2022.
Règlement grand-ducal du 5 décembre 2017 portant coordination de la loi modifiée du 10 août 1915 concernant les sociétés commerciales.

VII. Jurisprudence

A. Tribunaux et cours d'appel

- T. com. Roubaix, 26 septembre 1956.
- CA Paris, 4 février 1994.
- CA Versailles, 3ème Chambre, 17 mars 2000.
- CA Rouen, Chambre de la proximité, 4 juin 2020, no 19/04155.
- CA Basse-Terre, civ. 2ème, 12 octobre 2020, no 19/01171.
- CA Cayenne, civ., 26 avril 2021, no 18/00275.
- CA Reims, Chambre civile, 1ère section, 14 septembre 2021, no 19/02368.
- CA Paris, Pôle 1, Chambre 10, 23 février 2023, no 22/13160.

B. Cour de cassation

- Req., 3 août 1915, n° 00-02.378, *Coquerel c/ Clément-Bayard.*
- Civ., 3 novembre 1914, *DP*, 1916, n° 1, p. 191.
- Civ., 11 avril 1927.
- Civ., 4 juin 1946, *Motte.*
- Com., 6 octobre 1953.
- Civ. 2e, 28 janvier 1954, n° 54-07.081, *Bull. II,* n° 32, p. 20.

- Com. 17 janvier 1956.
- Com. 4 déc. 1963, *Bull. civ. III*, n° 521, p. 436.
- Com., 26 janvier 1970, n° 67-14.787, *Fouilly c/ Sté Sodina, Bull. civ. IV*, n° 30, p. 31.
- Com., 12 février 1973, n° 71-13.615, *Bull. civ. IV*, n° 70.
- Com., 12 décembre 1978, n° 77-11.742.
- Com., 2 mars 1982, n° 80-13.790, *Bull. civ. IV*, n° 85.
- Civ. 1re, 20 oct. 1982, n° 81-15.560, *Bull. civ. I*, n° 297, p. 254.
- Com., 3 juin 1986, n° 85-12.118, *Bull. civ. IV,* n° 116 ; *Rev. soc.*, 1986, p. 585, note Y. Guyon.
- Com., 15 juillet 1987, n° 86-13.644, *Bull. IV*, n° 193 p. 141 ; *BJS,* 1987, p. 703, note P. Le Cannu ; *RTD com.,* 1988, p. 75 obs. Y. Reinhard.
- Civ. 1re, 6 juillet 1988, n° 86-11.153 et n° 86-11.450, *Bull. civ. I*, n° 227, p. 159.
- Soc. 23 janv. 1990 : n° 86-14.947, *Bull. civ. V*, n° 20.
- Soc., 17 avr. 1991 : n° 89-17.993, 89-43.767 et 89-43.770, *Bull. civ. V,* n° 206.
- Civ. 1re, 4 janvier 1995, n° 93-10.175, *Bull. civ. I*, n° 6, p. 5.
- Com., 21 mars 1995, n° 93-13.721, *Bull. civ. IV*, n° 98.
- Com., 1er avril 1997, n° 94-18.912.
- Com., 1er octobre 1997, n° 95-15.499, *Bull. civ. IV*, n° 234.
- Com., 7 octobre 1997, 95-15.270, *Bull. IV,* p. 243 et s.
- Com., 18 novembre 1997, n° 96-10.999.
- Com., 28 avril 1998, 96-10.253, *Bull. IV*, n° 139, p. 110.
- Crim., 13 décembre 2000, n° 99-80.387, *Bull. crim.*, n° 373, p. 1135 n° 99-84.855, *Bull. crim.*, n° 378, p. 1159.
- Com., 7 janv. 2003, n° 00-16.890.
- Com., 20 mai 2003, n° 99-17.092, *Sati, Bull. IV,* n° 84 ; *D.*, 2003, p. 1502, obs. A. Lienhard ; *D.,* p. 2623, note B. Dondero ; *Rev. soc.*, 2003, p. 479, note J.-F. Barbièri ; *BJS*, 2003, p. 786, note H. Le Nabasque.
- Com., 10 mai 2005, n° 03-20.984.
- Civ. 1re, 17 janvier 2006, n° 03-11.461 et n° 02-16.595, *Bull. civ. I*, n° 15, p. 15 ; *JCP E*, 2006, p. 1701, obs. J.-J. Caussain, F. Deboissy et G. Wicker.
- Ass. plén., 6 octobre 2006, n° 05-13.255, *Bull. Ass. plén*, n° 9, p. 23 ; *RTD civ.*, 2007, p. 115, obs. J. Mestre et B. Fages ; *RTD civ.*, 2007, p. 123, obs. P. Jourdain ; *JCP*, 2007, n° 8, p. 18, obs. Stoffel-Munck.
- Com., 13 février 2007, n° 05-20.126, *Bull civ. IV*, n° 41.
- Com., 9 juin 2009, n° 07-20.937, *Rev. soc.*, 2009, p. 781, note N. Mathey.
- Com., 7 juillet 2009, n° 08-19.512.
- Com., 30 mars 2010, n° 08-17.841, *Crédit martiniquais*, *Bull. IV*, n° 69 ; *D.*, 2010, p. 1678, note B. Dondero ; *RTD com.*, 2010, p. 377, obs. P. Le Cannu et B. Dondero ; *Rev. soc.*, 2010, p. 304, note Le Cannu ; *JCP E*, 2010, n° 1416, note Couret.
- Com., 14 septembre 2010, 09-16.084, *Dr. sociétés,* 2010, comm. 226, note D. Gallois-Cochet ; *JCP E,* 2010, 1995, note A. Viandier ; *Rev. soc.*,

2010, p. 462, note A. Lienhard ; *Rev. soc.,* 2011, p. 424, note J.-Ph. Dom ; *BJS,* 2010, p. 960, note P. Le Cannu ; *D.*, 2011, p. 57, note F. Marmoz ; *Gaz. Pal.,* 2011, p. 17, note B. Dondero ; *Dr. & Patr.*, n° 5 2011 p.78, obs. D. Poracchia.

- Com., 31 mai 2011, n° 09-13.975, *Bull. IV*, n° 87 ; *Rev. soc.*, 2011, p. 521, obs. Roussel Galle ; *JCP E*, 2011, 1655, note A. Couret et B. Dondero.
- Com. 4 octobre 2011, n° 09-16.293, *BJS,* janvier 2012, n° 1, p. 19, note I. Parachkévova.
- Com., 17 janvier 2012, n° 10-27.562.
- Com., 3 avril 2012, n° 11-15.671.
- Civ. 3e, 12 septembre 2012, n° 11-17.948, *Société ADC c/ Caisse de crédit mutuel Porte du Sundgau, Bull. III,* n° 121.
- Com., 25 septembre 2012, n° 11-18.312, *Bull. IV*, n° 170 ; *D.,* 2012, p. 2302, obs. A. Lienhard.
- Com., 23 octobre 2012, n° 11.23-376, *Bull. IV,* n° 190 ; *Dr. sociétés*, 2013, comm. 27, note M. Roussille ; *Rev. Soc.*, 2013, p. 160, note A. Reygrobellet ; *BJS*, 2013, p. 108, note N. Ferrier ; *Gaz. Pal.*, 21-22 déc. 2012, p. 21, note B. Dondero.
- Civ. 3e, *Maison de Poésie I*, 31 octobre 2012, n° 11-16304, *Bull. III,* n° 159 ; *D.*, 2013, p. 53, note L. d'Avout et B. Mallet-Bricout ; *RTD civ.*, 2013, p. 141, obs. W. Dross.
- Com., 19 mars 2013, n° 12-14213, *Bull. civ. IV,* n° 42 ; *BJS,* 2013, p.316, note J.-F. Barbièri.
- Com., 4 février 2014, n° 13-10.778.
- Com., 18 février 2014, n° 12-29.752, *Bull. IV,* n° 40 ; *D.*, 2014, p. 764, note T. Favario.
- Com., 24 novembre 2015, n° 14.19-685, *Dr. Sociétés.*, 2016, comm. 60, note D. Gallois-Cochet.
- Com., 1er déc. 2015, n° 14-20.116.
- Civ. 3e, *Maison de Poésie II*, 8 septembre 2016, n° 14-26.953 ; *JCP G*, 2016, n° 38, p. 1692, obs. S. Milleville ; *D.*, 2017, p. 134, note d'Avout et Mallet-Bricout.
- Com., 6 décembre 2016, n° 15-11-105, *Dr. sociétés*, 2017, comm. 41, note C. Coupet ; *BJS*, 2017, p. 177, note A. Reygrobellet.
- Com., 29 mars 2017, n° 16-10.016.
- Com., 20 avril 2017, n° 15-10.425.
- Com., 17 mai 2017, n° 15-25.788.
- Com., 13 décembre 2017, n° 16-19.681 et n° 16-24.853, *Bull. IV,* n° 163 ; *D.*, 2018, p. 7 ; *AJ contrat*, 2018, p. 133, obs. V. Forti ; *JCP E*, 2018, p. 25, note Klein ; *RDBF*, 2018, n° 21, obs. M. Storck ; *BJB*, 2018, p. 107, note T. Granier ; *Banque et Droit*, avril 2018, p. 22, obs. T. Bonneau.
- Com., 14 févr. 2018, n° 15-24.146.
- Com. 28 février 2018, n° 16-24.507.

- Com., 12 décembre 2018, n° 16-15.217, *Rev. soc.*, 2019, p. 465, note L. Godon ; *RTD com.*, 2019, p. 172, obs. J. Moury ; *Dr. Sociétés*, 2019, n° 46, note C. Coupet ; *Gaz. Pal.*, 26 mars 2019, p. 76, obs. C. Barrillon.
- Com. 17 avril 2019, n° 18-11.964.
- Com., 8 janvier 2020, n° 18-15.027, *BJE*, 2020, n° 2, p. 48, note T. Favario ; *Dr. sociétés*, 2020, n° 54, note D. Legros
- Ass. plén., 13 janvier 2020, n° 17-19.963 ; *D.*, 2020, p. 353, obs. M. Mekki.
- Com., 3 mars 2021, n° 19-10.693.
- Com., 19 janvier 2022, n° 20-13.719.

C. Cour administrative d'appel et Conseil d'État

- CAA Nancy, 9 octobre 2003, n°98-2182, *SA Gamlor.*
- CE, 8e et 9e ss-sect., 13 mars 1998, Ministre c/ Carcassonne, Dr. fisc., 1998, comm. 588, concl. F. Lolum ; RJF, 1998, p. 420 ; RTD com., 1998, p. 974, obs. F. Deboissy.
- CE, 9e et 10e ch., 4 oct. 2023, n° 466887, *Société Collectivision, BJS*, 2023, n° 12, p. 54, note A. Couret.

D. Commission des sanctions de l'AMF

- Décision de la Commission des sanctions à l'égard de la Société Générale, 29 juillet 2013.

E. Juridictions européennes

- CJCE, 23 avril 1991, aff. C-41/90, Klaus Höfner et Fritz Elser c/ Macrotron GmbH, Rec. p. I-1979.

VIII. Avis, guides, notes, rapports et travaux parlementaires

A. Avis, guides et notes

AMF,

- « Guide d'élaboration du programme d'activité des sociétés de gestion de portefeuille et des placements collectifs autogérés », Position-recommandation n° 2012-19 modifiée le 24 janvier 2019.
- *Instruction portant sur les organismes de titrisation, DOC-2011-01*, 23 juillet 2015.

ANC,

- Note de présentation du règlement n° 2016-02 du 11 mars 2016 relatif aux comptes annuels des organismes de titrisation, 2016, p. 8 et s.

- Règlement n° 2014-03 relatif au plan comptable général dans sa version consolidée au 1er janvier 2023.

Association for Financial Markets in Europe, *European Green Securitisation Regulatory State of Play, Obstacles to growth and opportunities for leadership*, décembre 2022.

Comite juridique de l'ANSA, Avis n° 09-027 du 6 mai 2009.

Deloitte, *Applying blockchain in securitization: opportunities for reinvention*, 2017, disponible sur https://www2.deloitte.com/us/en/pages/regulatory/articles/applying-blockchain-in-securitization.html.

Natixis Loan Funding, *Documentation financière liée à l'émission de titres négociables à moyen terme par le compartiment NaLea*, 2016.

PwC Luxembourg, *Securitisation in Luxembourg, A comprehensive guide*, 2021, p. 124 et s., disponible sur https://www.pwc.lu/en/securitisation/docs/pwc-securitisation-in-luxembourg-comprehensive-guide-2021.pdf.

Thinking Ahead Institute, *When securitisation meets blockchain*, 2020, disponible sur https://www.thinkingaheadinstitute.org/research-papers/asset-classes-of-tomorrow-when-securitisation-meets-blockchain/.

B. Rapports

EBA, *Report on developing a framework for sustainable securitisation*, 2022.

HCJP, *Rapport sur les nullités en droit des sociétés*, 27 mars 2020, p. 39 et s.

Lepetit, J.-F., *Rapport sur le risque systémique*, La Documentation française, avril 2010.

Paris Europlace, *Rapport Paris Europlace*, « Une titrisation au service de la croissance », 18 novembre 2015.

Rapport au Président de la République relatif à l'ordonnance n° 2008-556 du 13 juin 2008 transposant la directive 2005/68/CE du Parlement européen et du Conseil du 16 novembre 2005 relative à la réassurance et réformant le cadre juridique des fonds communs de créances.

Rapport au Président de la République relatif à l'ordonnance n° 2016-131 du 10 février 2016 portant réforme du droit des contrats, du régime général et de la preuve des obligations, 11 février 2016.

Rapport au Président de la République relatif à l'ordonnance n° 2017-1432 du 4 octobre 2017 portant modernisation du cadre juridique de la gestion d'actifs et du financement par la dette.

C. Travaux parlementaires

Assemblee nationale,

- *Compte rendu intégral*, Première séance du mercredi 7 février 2007, 133e séance de la session ordinaire 2006-2007, *JO*, 8 février 2007.
- *Compte-rendu intégral des débats parlementaires*, deuxième séance du mardi 13 décembre 1988, *JO*, 14 décembre 1988.

DAILLY, E., *Rapport fait au nom de la commission des Lois constitutionnelles, de législation, du suffrage universel, du Règlement et d'administration générale, sur le projet de loi adopté par l'Assemblée nationale après déclaration d'urgence, relatif aux fonds communs de placement*, Sénat, seconde session ordinaire de 1978-1979.

DE ROUX, X., *Rapport n° 3655 fait au nom de la commission des lois constitutionnelles, de la législation et de l'administration générale de la République sur la proposition de loi n° 3385, adoptée par le Sénat, instituant la fiducie*, Assemblée nationale, 1er février 2007.

LARCHE, J., *Rapport sur le projet de loi relatif aux organismes de placement collectif en valeurs mobilières et aux fonds communs de créances*, Sénat, première session ordinaire de 1988-1989, p. 128 et s.

LESCURE, R., *Rapport fait au nom de la commission spéciale chargée d'examiner le projet de loi après engagement de la procédure accélérée, relatif à la croissance et la transformation des entreprises, Tome I*, Assemblée nationale, 15 septembre 2018.

MARINI, P. :

- *Amendement n° 145 du 18 mars 2009 à la proposition de loi de simplification et de clarification du droit et d'allègement des procédures.*
- *Proposition de loi instituant la fiducie*, Sénat, Session ordinaire 2004-2005, 8 février 2005, projet n° 178.

IX. Sites internet consultés

ACADEMIE FRANÇAISE, https://www.dictionnaire-academie.fr.

BLOCKCHAINFRANCE, https://blockchainfrance.net/2016/05/12/qu-est-ce-qu-une-dao/.

CNRTL, https://www.cnrtl.fr.

DIANE, https://diane-r1-bvdinfo-com.ezscd.univ-lyon3.fr/version-20220902-2946-1/List.serv?_CID=253&product=diane2006.

FEDERATION BANCAIRE FRANÇAISE, http://www.fbf.fr/fr/espace-presse/communiques/la-nouvelle-societe-euro-secured-notes-issuer-(esni)-lance-les-premieres-emissions-de-titres-de-creances-garantis.

FIGURE TECHNOLOGIES, *Press releases - Figure Achieves Breakthrough With Completion of First Asset-Backed Securitization on Blockchain, Generating Over 100 Basis Points of Savings*, 11 mars 2020, disponible sur https://www.figure.com/blog/abs-securitization/.

IBM, *Press releases - Centotrenta Servicing redefines credit securitization management with IBM Blockchain Platform*, 20 février 2020, disponible sur https://newsroom.ibm.com/2020-02-20-Centotrenta-Servicing-redefines-credit-securitization-management-with-IBM-Blockchain-Platform.

INSEE, https://www.insee.fr.

LE MONDE DU DROIT, « Clifford Chance conseille Natixis », février 2015, disponible sur https://www.lemondedudroit.fr/.

PAPPERS, www.pappers.fr.
REGLEMENT DU FCC CREDILEGE 2005, http ://abcgestion.com/c05rg_en5382.pdf.
REGLEMENT GENERAL DU FCT PRET D'UNION, https://www.younited-credit.com/media/192626/fct-pret-dunion-reglement-general.pdf.

INDEX

Les numéros renvoient aux paragraphes

U

V

TABLE DES MATIERES

Structures éditoriales du groupe L'Harmattan

L'Harmattan Italie
Via degli Artisti, 15
10124 Torino
harmattan.italia@gmail.com

L'Harmattan Hongrie
Kossuth l. u. 14-16.
1053 Budapest
harmattan@harmattan.hu

L'Harmattan Sénégal
10 VDN SICAP AMITIE 3
BP 45034 Dakar-Fann
direction@senharmattan.com

L'Harmattan Cameroun
Tsinga/Derrière polyclinique FECAFOOT
BP 11486 Yaoundé
Jacques.koukam@harmattan.fr

L'Harmattan Burkina Faso
Villa 281, secteur 23 623, rue 14.32
Ouagadougou
zagbie@outlook.fr

L'Harmattan Guinée
Almamya, rue KA 028 OKB Agency
BP 3470 Conakry
harmattanguinee@yahoo.fr

L'Harmattan RDC
185, avenue Nyangwe
Commune de Lingwala - Kinshasa
matangilamusadila@yahoo.fr

L'Harmattan Congo
219, avenue Nelson Mandela
BP 2874 Brazzaville
deunovmikhael@gmail.com

L'Harmattan Mali
Immeuble Mgr Jean Marie Cissé
Aci Hamadallaye
BP 145 Bamako
syllaka@yahoo.fr

L'Harmattan Togo
Djidjole - Maison Amela
face EPP BATOME
02 BP 20680 Lomé
didieramela11@gmail.com

L'Harmattan Côte d'Ivoire
Résidence Karl - Cité des Arts
Abidjan-Cocody
03 BP 1588 Abidjan
harmattan.ivoire@gmail.com

L'Harmattan Bénin
Rue 604, (Immeuble à l'entrée
de la rue UCAO- Cite de Saint-Jean)
Cotonou
stepcorpus@gmail.com

Nos librairies en France

Librairie internationale
16, rue des Écoles
75005 Paris
librairie.internationale@harmattan.fr
01 40 46 79 11
www.librairieharmattan.com

Librairie des savoirs
21, rue des Écoles
75005 Paris
librairie.sh@harmattan.fr
01 46 34 13 71
www.librairieharmattansh.com

www.ingramcontent.com/pod-product-compliance
Lightning Source LLC
LaVergne TN
LVHW021143061026
849535LV00002B/335
* 9 7 8 2 3 3 6 5 6 0 8 8 5 *